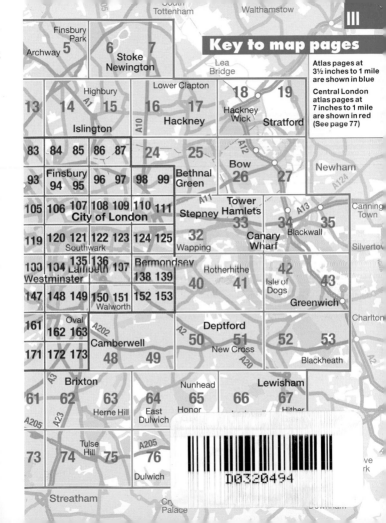

III

Key to map pages

Atlas pages at
3½ inches to 1 mile
are shown in blue

Central London
atlas pages at
7 inches to 1 mile
are shown in red
(See page 77)

South Tottenham

Walthamstow

Finsbury Park

Archway **5**

6
Stoke Newington

7

Lea Bridge

Highbury

13

14 A1 **15**

16 Lower Clapton **17**
Hackney

18 **19**
Hackney Wick Stratford

Islington

A10

A12

83 **84** **85** **86** **87**

24

25

Bow
26

27

Newham

A124

93
Finsbury
94 **95**

96 **97**

98 **99**

Bethnal Green

A11

Tower Hamlets
Stepney

A13

34 **35**

Canning Town

105 **106** **107** **108** **109** **110** **111**
City of London

33

Canary Wharf

Blackwall

Silvertov

119 **120** **121** **122** **123** **124** **125**
Southwark

32
Wapping

100 **104** **135** **136** **137**
Westminster Lambeth

138 **139**

Bermondsey

Rotherhithe
40 **41**

42
Isle of Dogs

43

Greenwich

Charlton

147 **148** **149** **150** **151** **152** **153**
Walworth

161 Oval
162 **163**
Camberwell
48

49

Deptford
A2 **50** **51**
New Cross
A20

52

53

Blackheath

A2

171 **172** **173**

A3

61

Brixton

62

A23

63
Herne Hill

64
East Dulwich

Nunhead
65
Honor

66

Lewisham
67
Hither

73 **74** Tulse Hill **75**

A205
76

Dulwich

ve rk

Streatham

Cr   Palace

Downham

D0320494

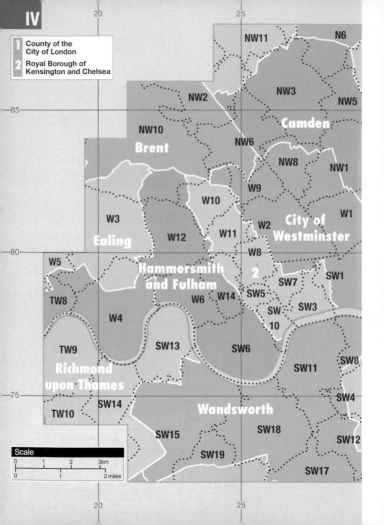

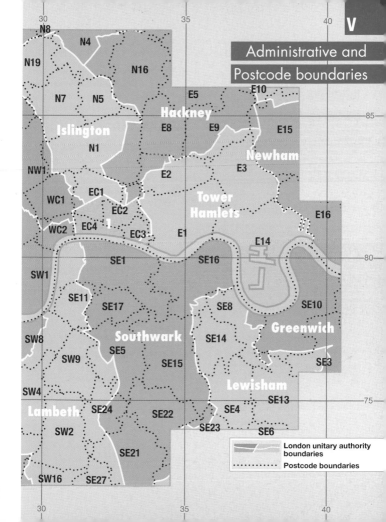

Key to map symbols

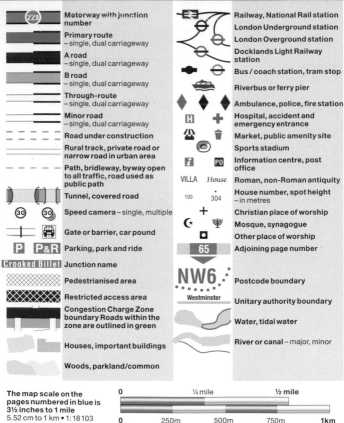

Motorway with junction number	
Primary route – single, dual carriageway	
A road – single, dual carriageway	
B road – single, dual carriageway	
Through-route – single, dual carriageway	
Minor road – single, dual carriageway	
Road under construction	
Rural track, private road or narrow urban area	
Path, bridleway, byway open to all traffic, road used as public path	
Tunnel, covered road	
Speed camera – single, multiple	
Gate or barrier, car pound	
Parking, park and ride	
Junction name	
Pedestrianised area	
Restricted access area	
Congestion Charge Zone boundary Roads within the zone are outlined in green	
Houses, important buildings	
Woods, parkland/common	

Railway, National Rail station

London Underground station

London Overground station

Docklands Light Railway station

Bus / coach station, tram stop

Riverbus or ferry pier

Ambulance, police, fire station

Hospital, accident and emergency entrance

Market, public amenity site

Sports stadium

Information centre, post office

VILLA House Roman, non-Roman antiquity

100 304 House number, spot height – in metres

Christian place of worship

Mosque, synagogue

Other place of worship

65 Adjoining page number

NW6 Postcode boundary

Westminster Unitary authority boundary

Water, tidal water

River or canal – major, minor

The map scale on the pages numbered in blue is 3½ inches to 1 mile
5.52 cm to 1 km • 1: 18 103

0	¼ mile	½ mile	
0	250m	500m	750m	1km

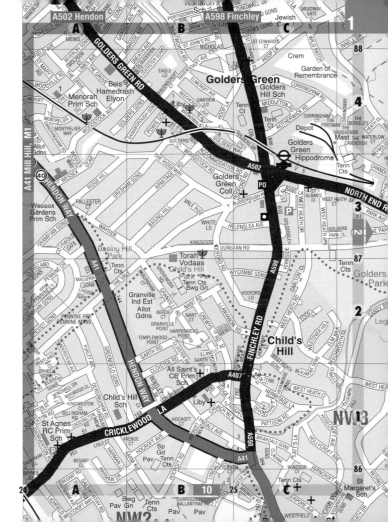

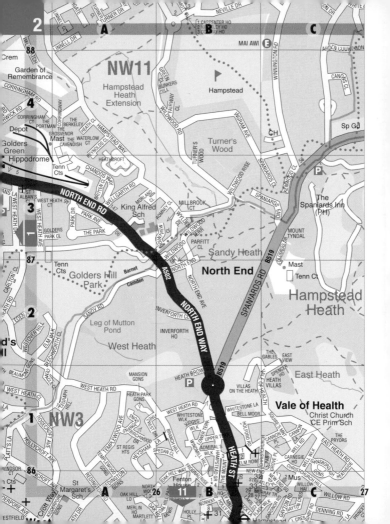

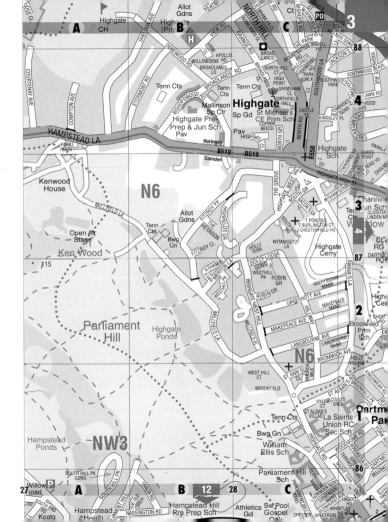

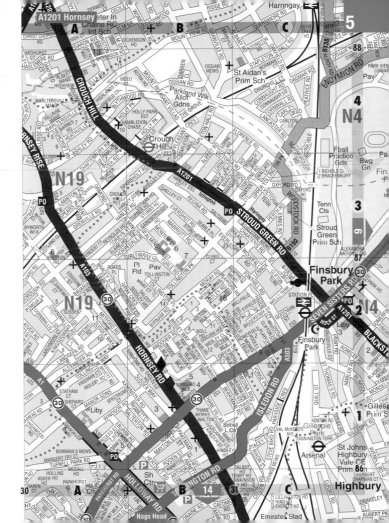

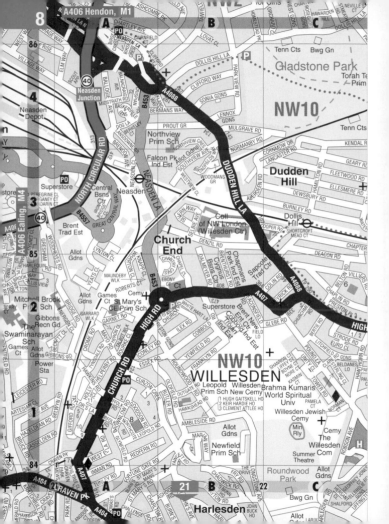

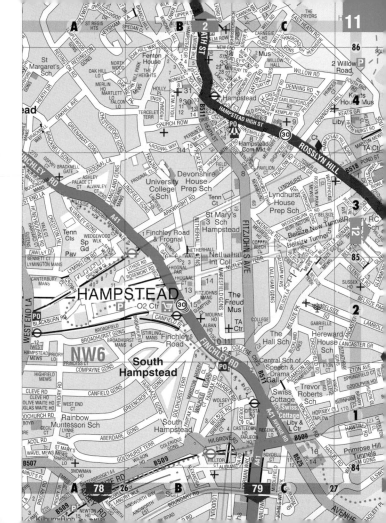

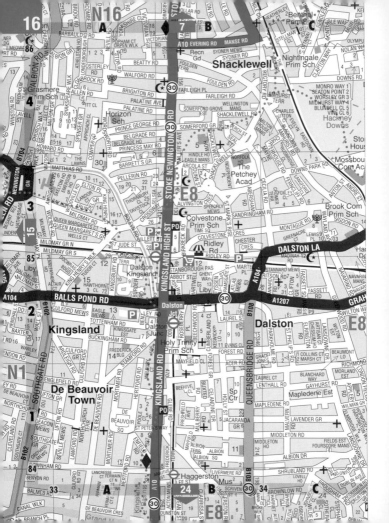

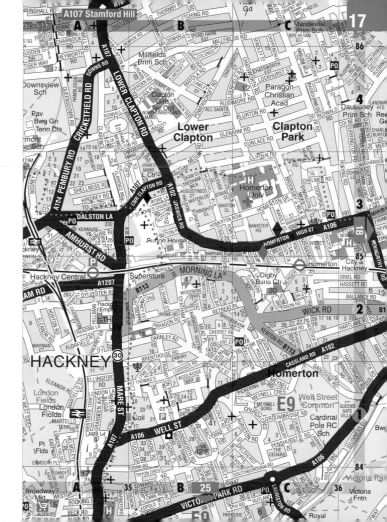

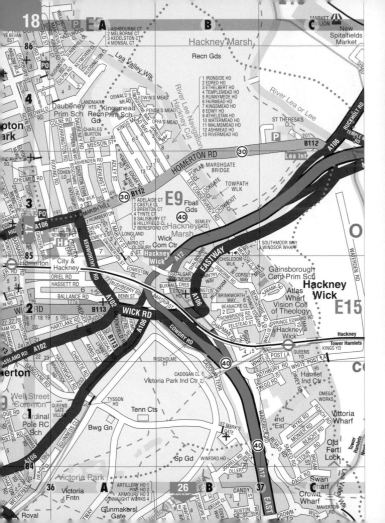

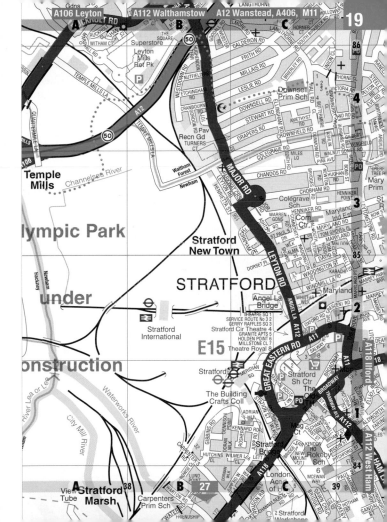

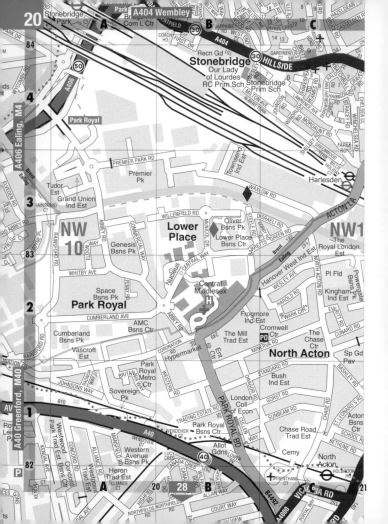

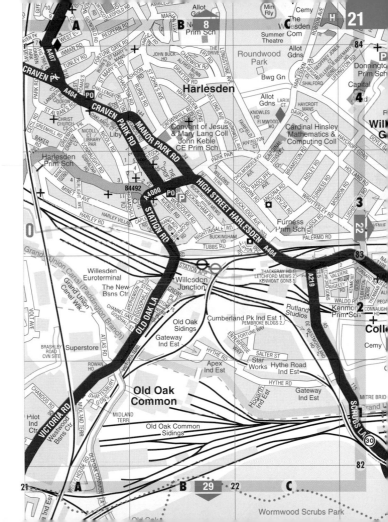

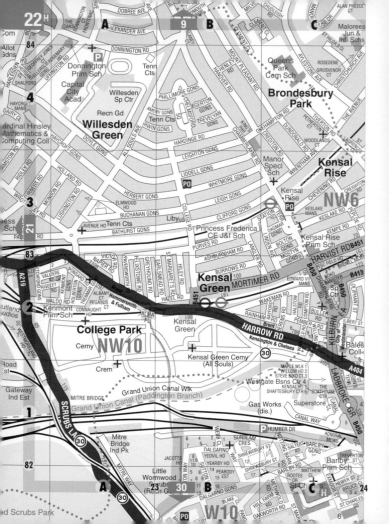

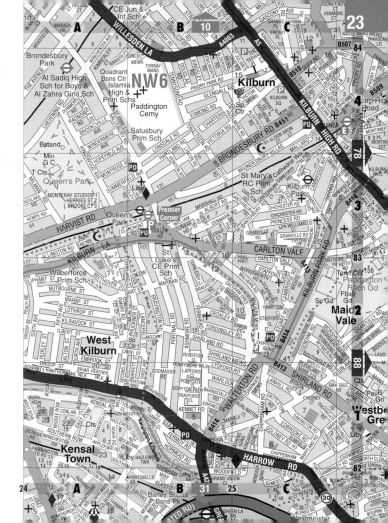

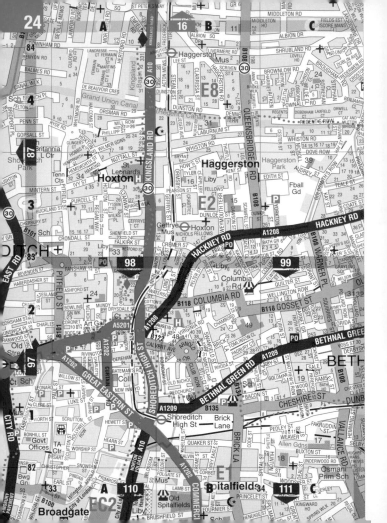

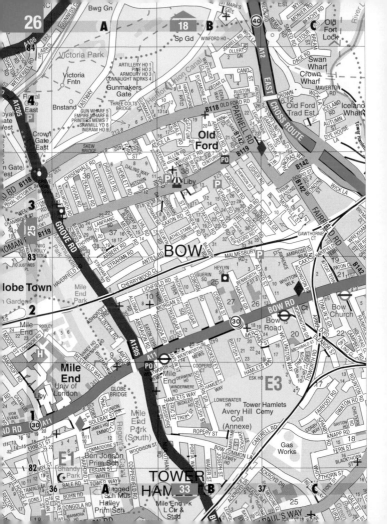

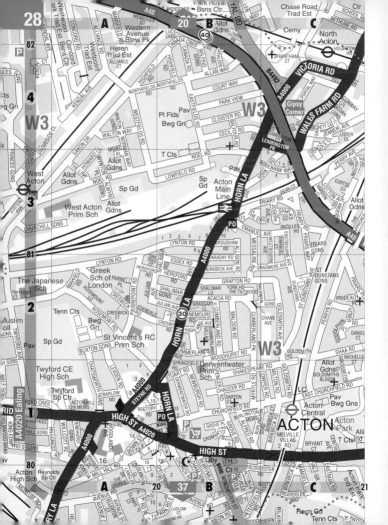

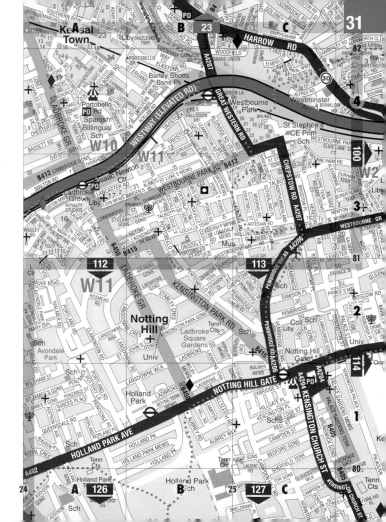

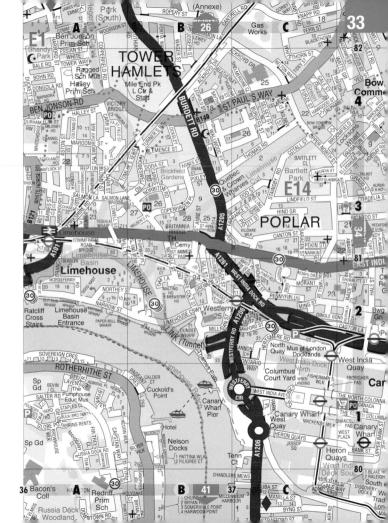

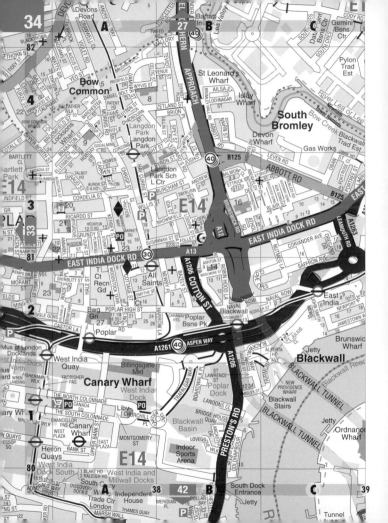

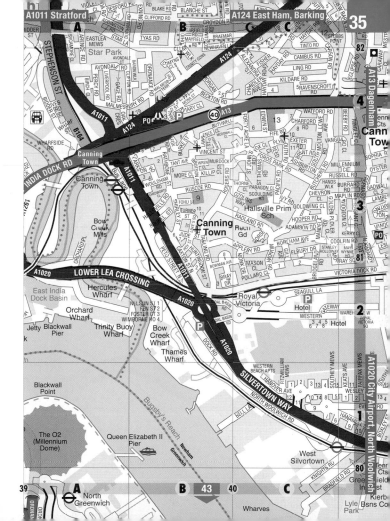

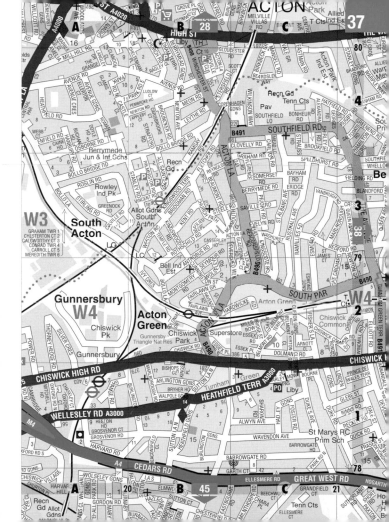

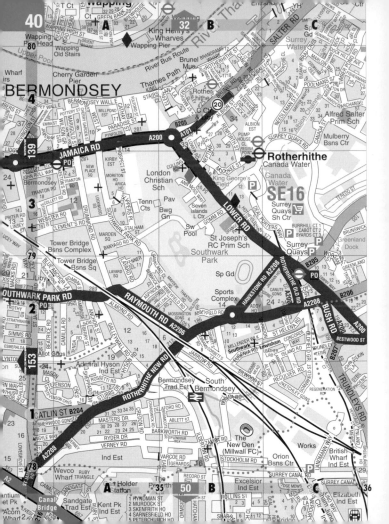

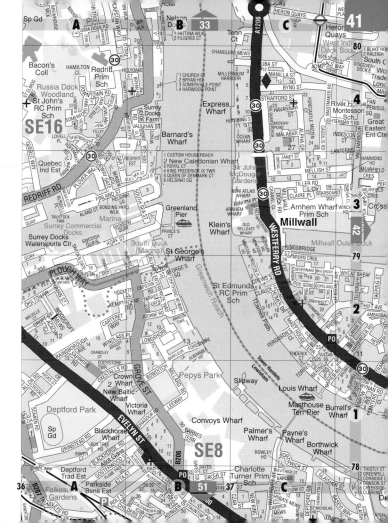

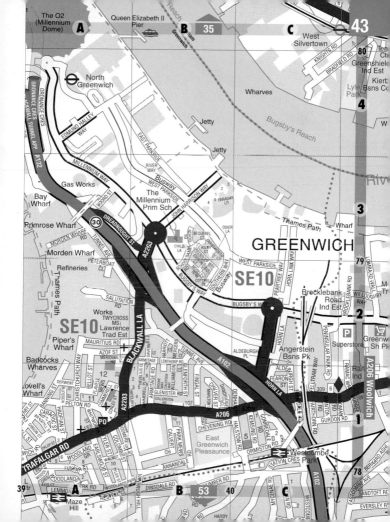

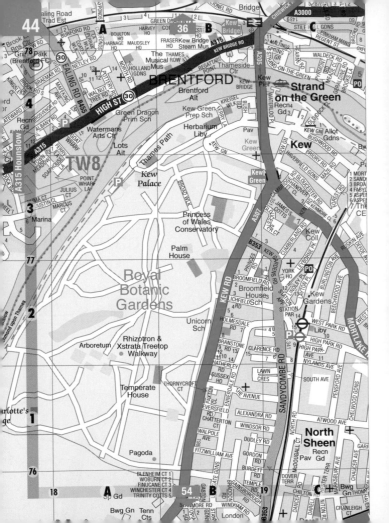

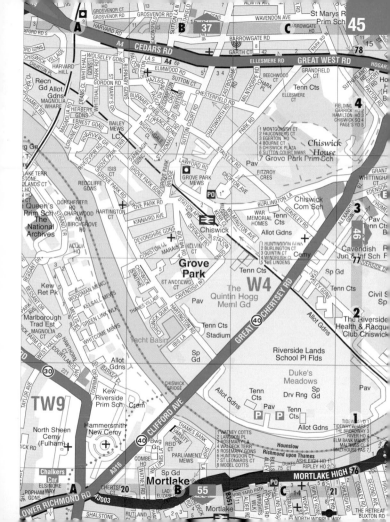

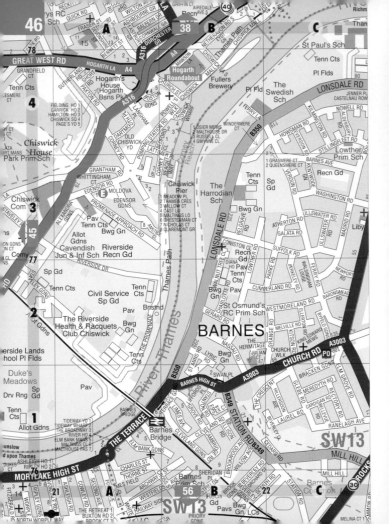

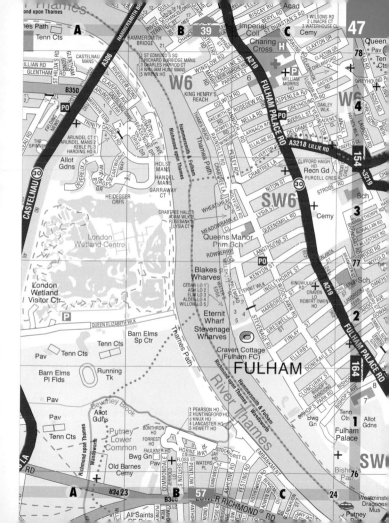

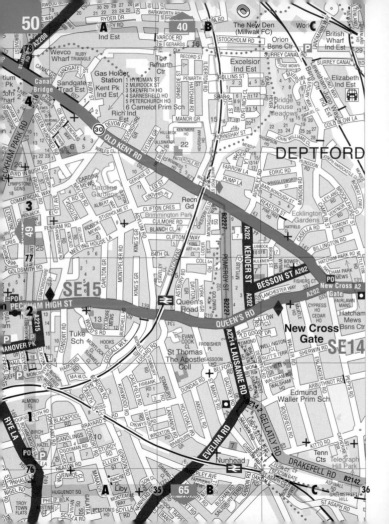

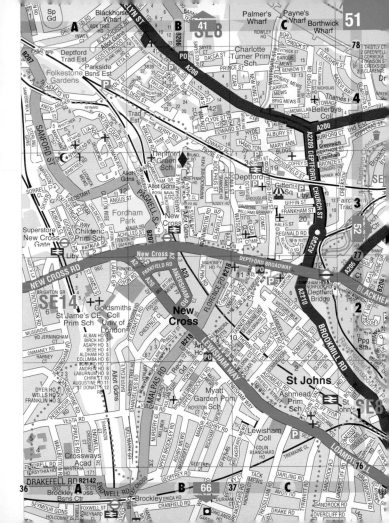

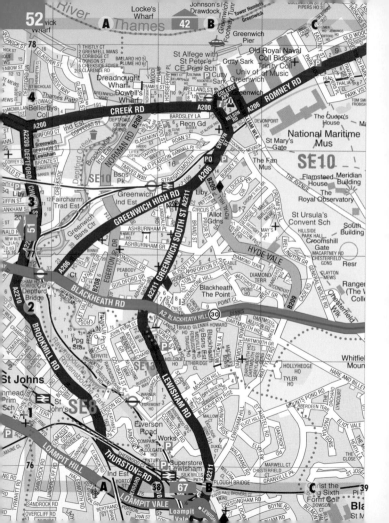

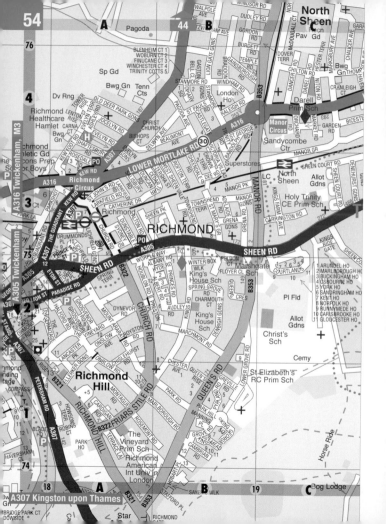

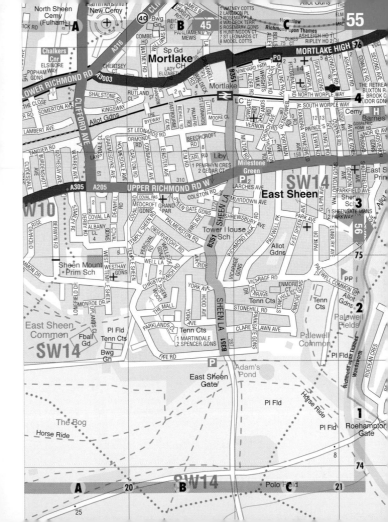

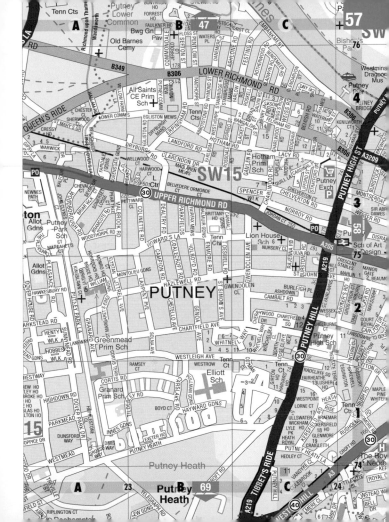

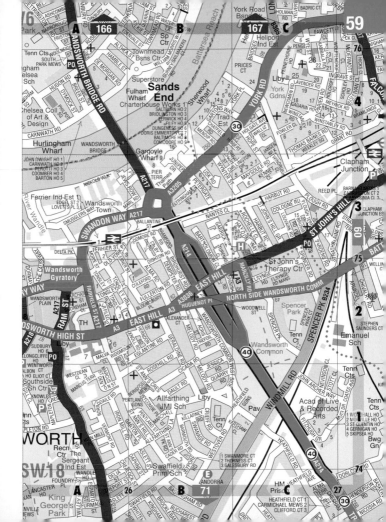

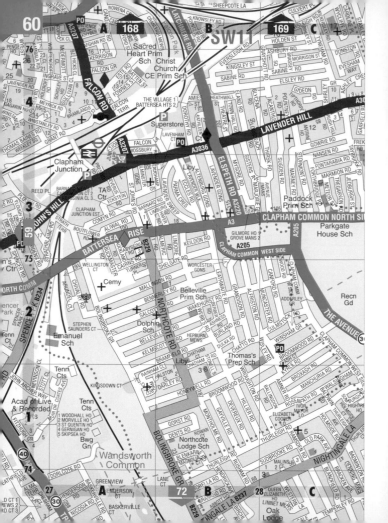

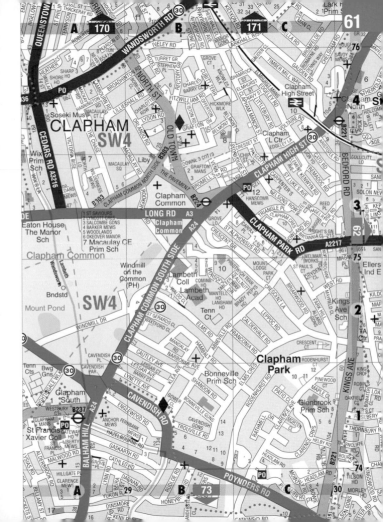

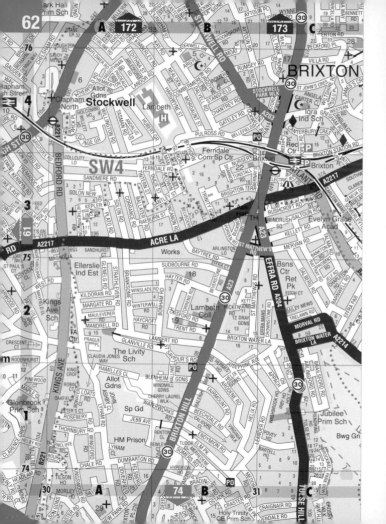

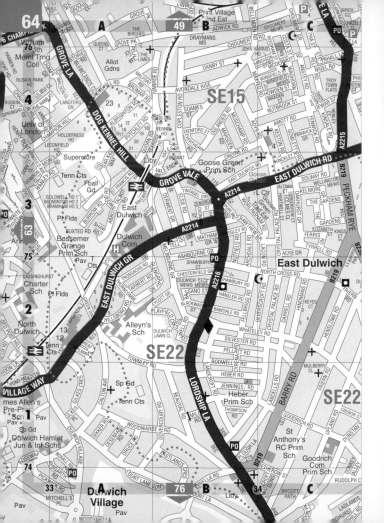

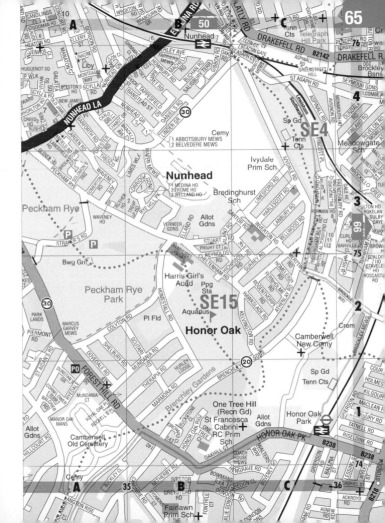

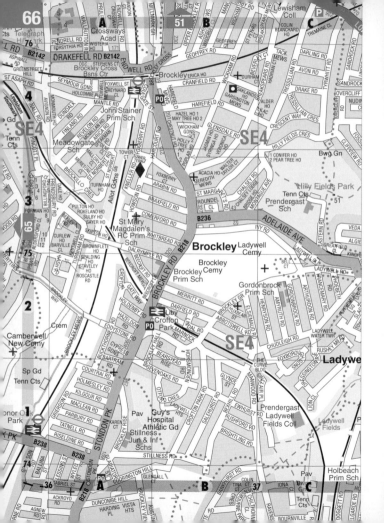

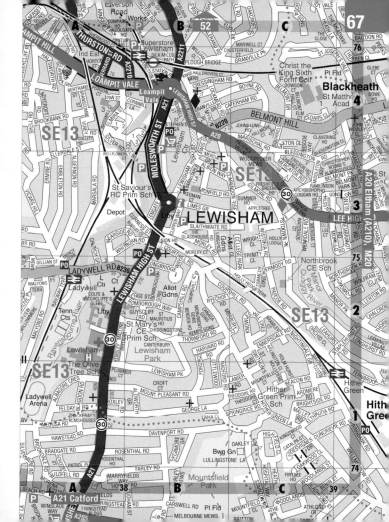

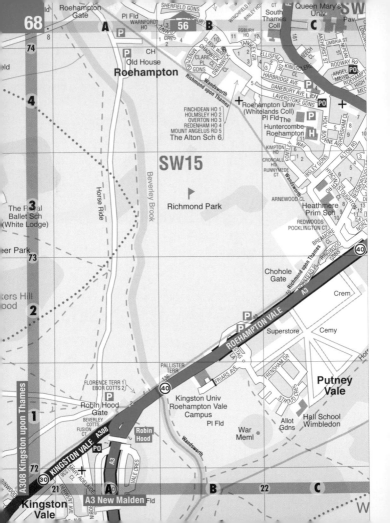

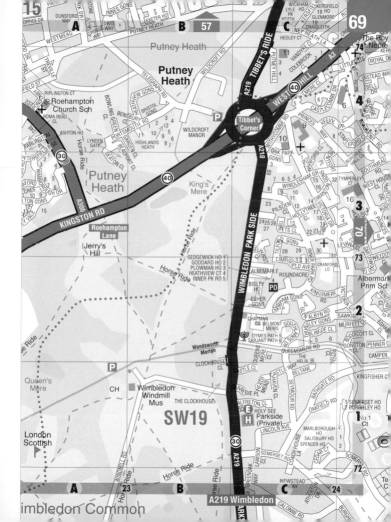

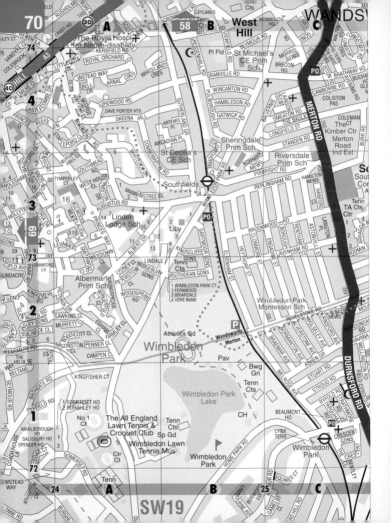

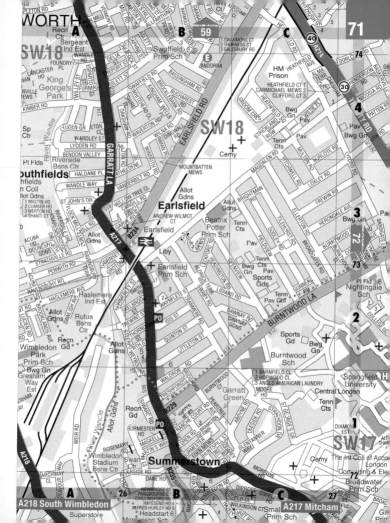

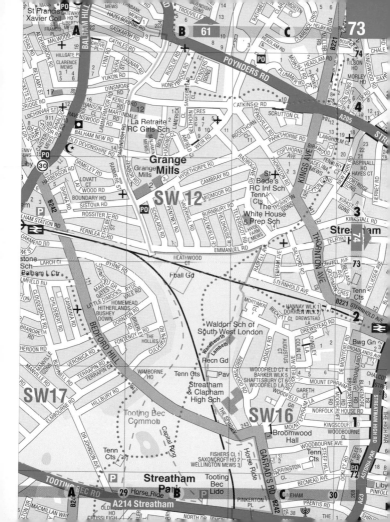

Key to central London map pages

	78 79 St John's Wood	Primrose Hill **80 81** Regent's	**82 83** Somers	Islington **84 85** King's Cross	**86 87**	A10
Maida Vale **88 89** Westbourne Green		Park **90 91** Lisson	Town **92 93** Bloomsbury	St Pancras **94 95**	Finsbury **96 97**	Shoreditch **98 99** Bethnal Green Spitalfields
Paddington 100 101		Grove **Marylebone 102 103**	Fitzrovia **104 105**	Holborn **106 107** St Giles Strand	**108 109** City	**110 111** Whitechapel
Notting Hill **112 113**	Bayswater **114 115** Kensington	Knightsbridge **116 117** Hyde Park	Mayfair **118 119** St James	**120 121** South Bank	**122 123** Southwark	**124 125** St George in the East
Kensington 126 127 West Kensington	Holland Pk Gardens **128 129**	Knightsbridge **130 131** Brompton	Green Park **132 133**	Waterloo **134 135**	The Borough **136 137**	**138 139** Bermondsey
140 141 Earl's Ct	South Kensington **142 143**	**Westminster 144 145** Belgravia	Victoria **146 147** Pimlico	**Lambeth 148 149** Vauxhall Kennington	Newington **150 151** Walworth	**152 153**
West Brompton **154 155** Parsons Green	**Chelsea 156 157** Walham Green	**158 159** Battersea Park	**160 161** Nine Elms	**162 163**	South Lambeth **172 173** Stockwell	A2
Fulham 164 165	**166 167**	**Battersea 168 169**	**170 171**			Congestion Charge Zone

Additional symbols on enlarged maps

All other symbols may be found on page VI

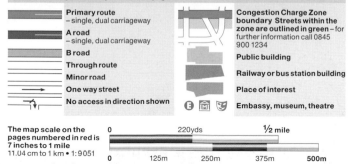

Primary route – single, dual carriageway	**Congestion Charge Zone boundary** Streets within the zone are outlined in green – for further information call 0845 900 1234
A road – single, dual carriageway	
B road	**Public building**
Through route	**Railway or bus station building**
Minor road	**Place of interest**
One way street	
No access in direction shown	Ⓔ ⬛ ⬛ **Embassy, museum, theatre**

The map scale on the pages numbered in red is 7 inches to 1 mile
11.04 cm to 1 km • 1:9051

0	220yds	½ mile

0	125m	250m	375m	500m

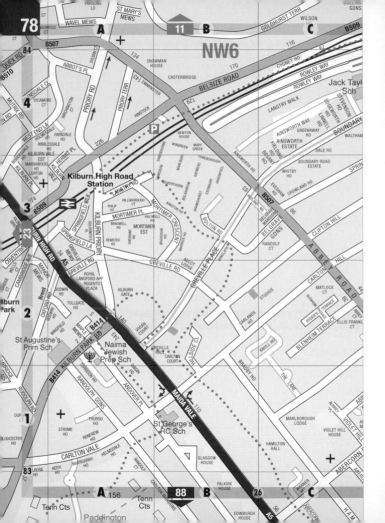

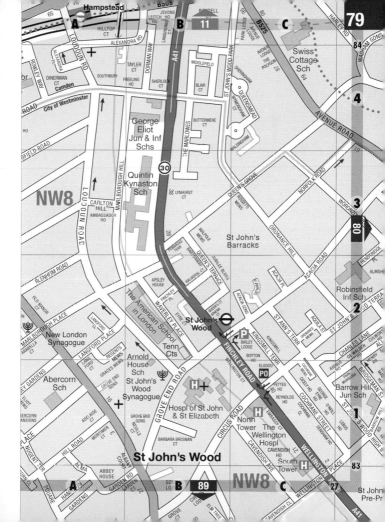

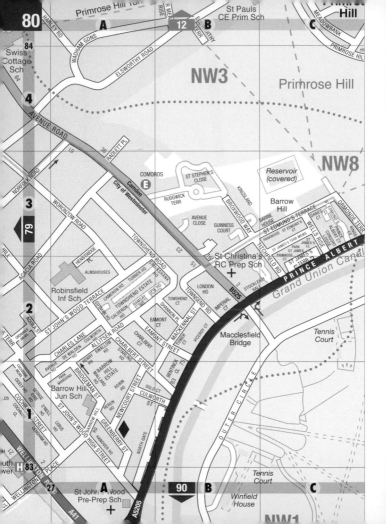

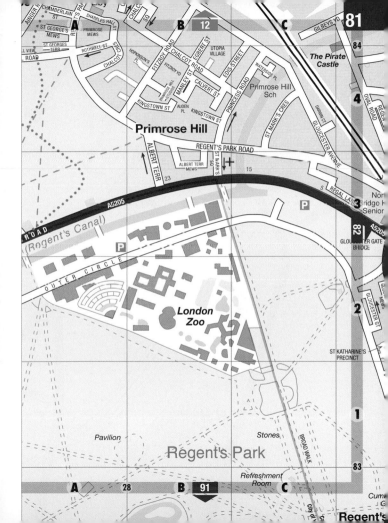

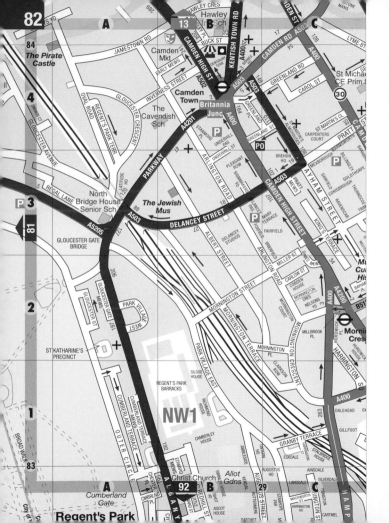

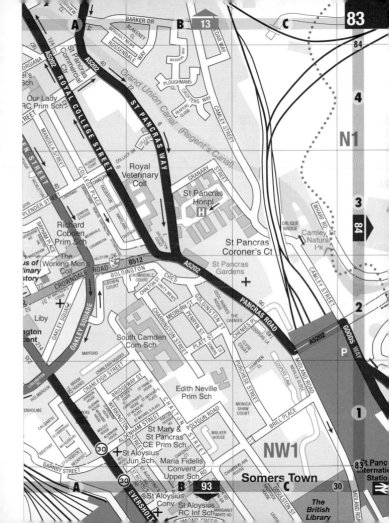

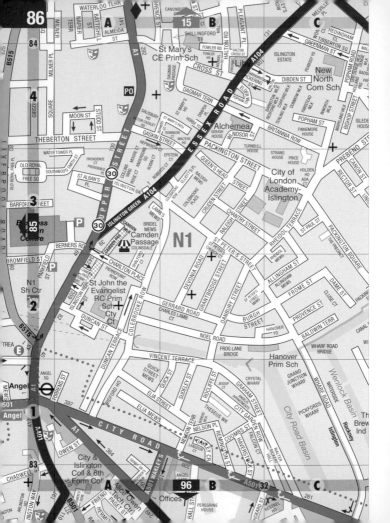

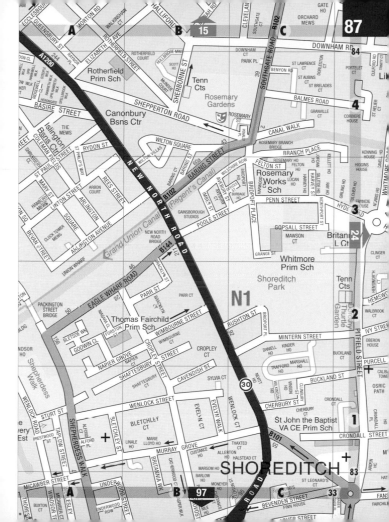

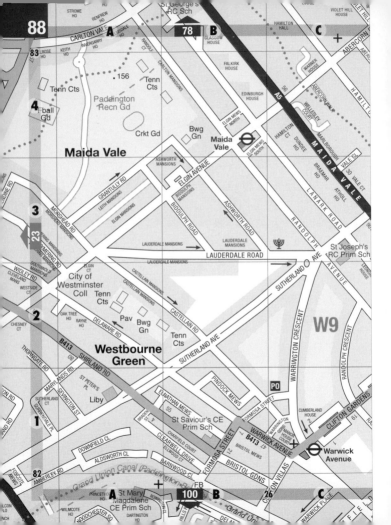

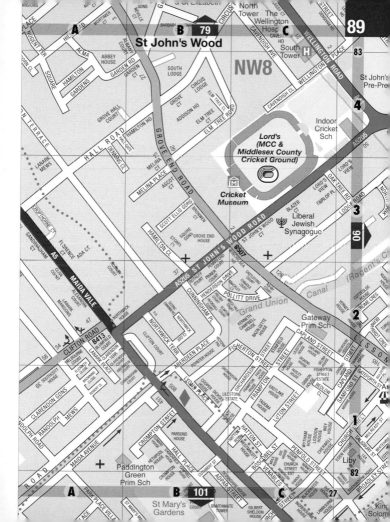

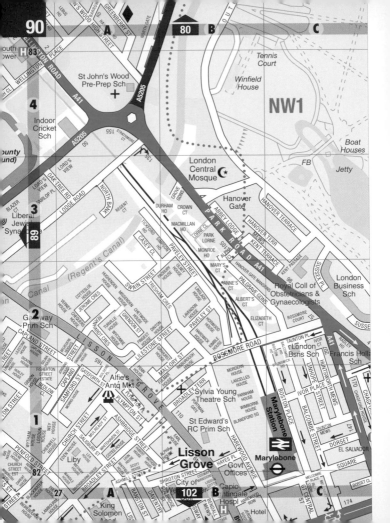

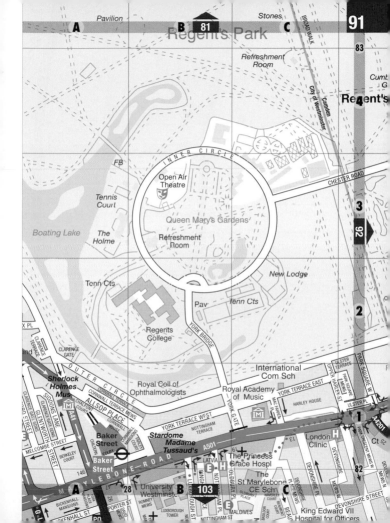

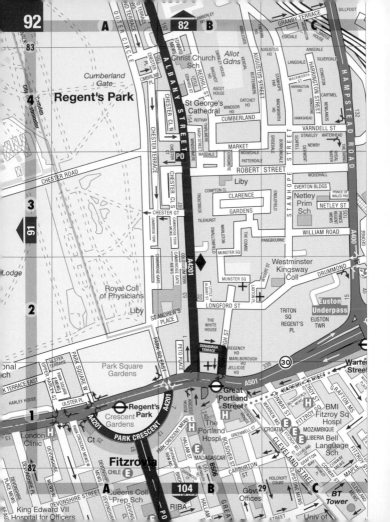

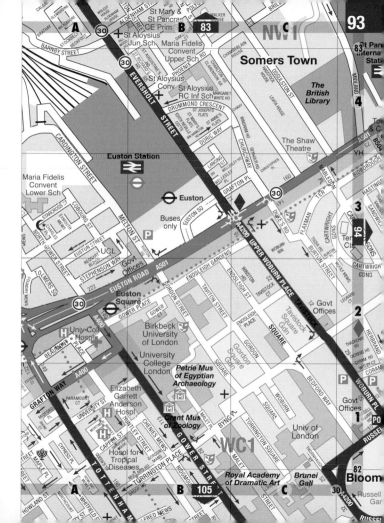

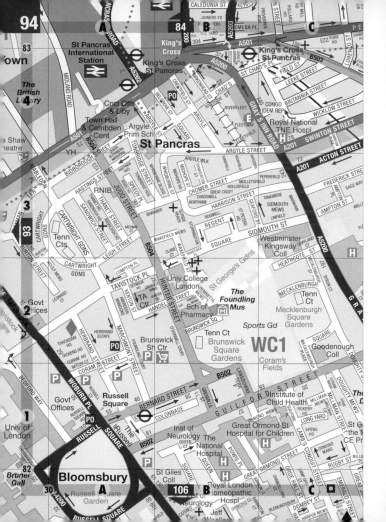

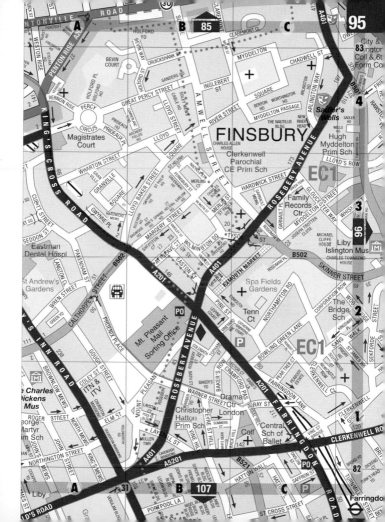

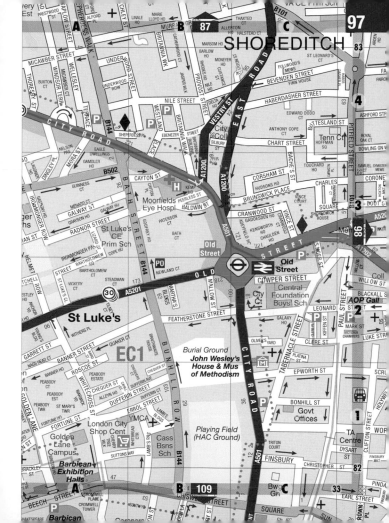

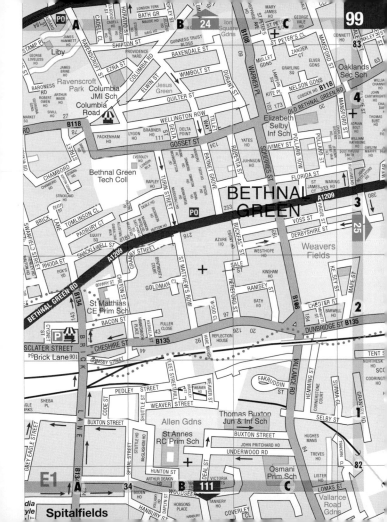

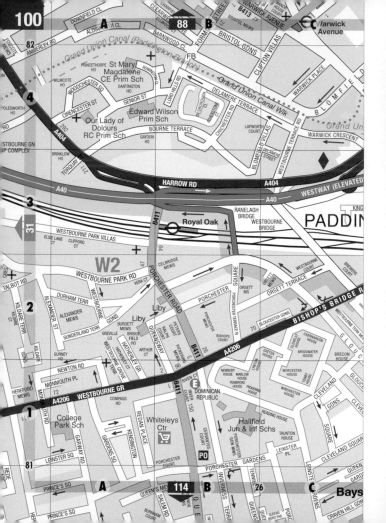

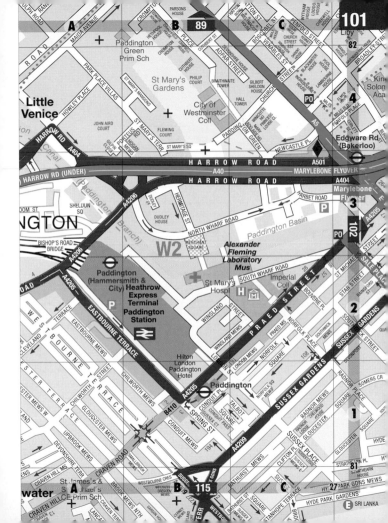

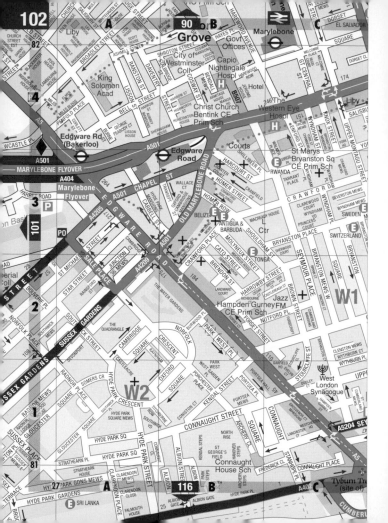

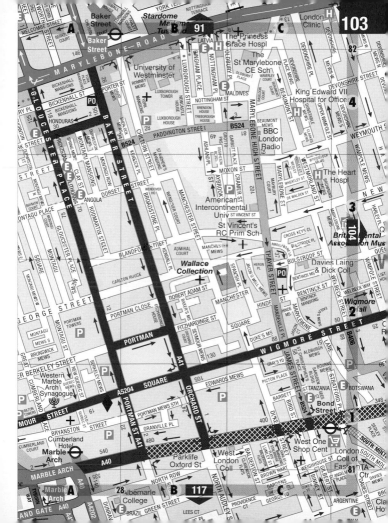

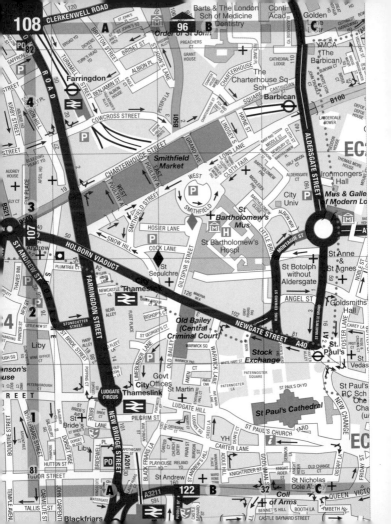

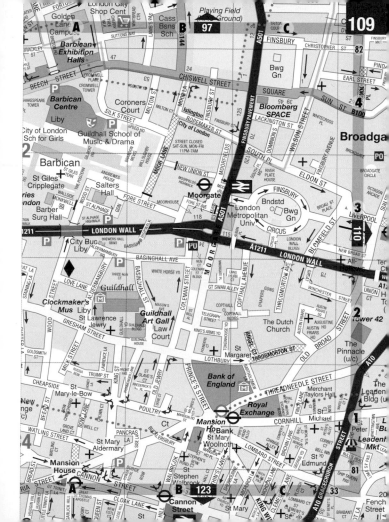

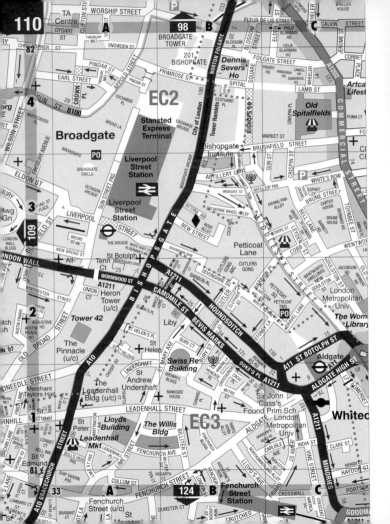

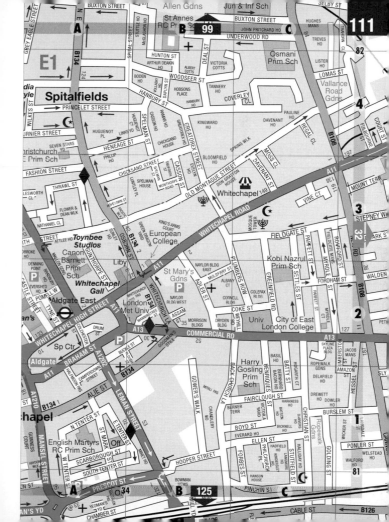

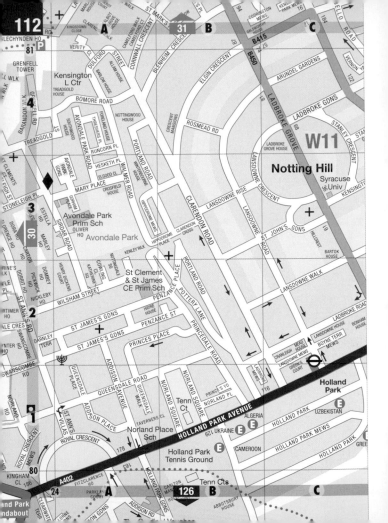

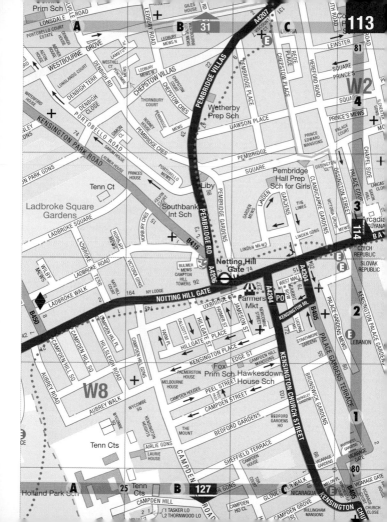

College Park Sch

Whiteleys Ctr

100

PO

Hanfield Jun & Inf Sch

TAUNTON HOUSE

LEINSTER PL

SQUARE

Cleveland Square

GARWAY ROAD

REDAN PLACE

PORCHESTER GARDENS

CERVA

LEINSTER GARDENS

QUEENS GARD

81

LEINSTER SQ

HEREFORD ROAD

PORCHESTER PLACE

PORCHESTER COURT

BEAUMANOR MANSIONS

INVERNESS TERRACE

TENNIEL CL

QUEENSBOROUGH TERRACE

PORCHESTER TERRACE

CRAVEN HILL GDNS

22 CRAVEN HILL

Bayswa

PRINCE'S SQ

PRINCE'S SQ

W2

QUEEN'S MEWS

SALEM RD

BURNHAM COURT

Queens Boro Mans

FULTON MS

QUEENS BORO STUDIOS

CRAVEN HILL GDNS

LEINSTER

PRINCE'S MEWS

PALACE COURT

PRINCE EDWARD MANSIONS

ILCHESTER

WINDSOR COURT

MOSCOW COURT

MOSCOW ROAD

Bayswater

SHAFTESBURY HOUSE

CHENIES HOUSE

POPLAR PLACE

PRINCESS COURT

OLYMPIA MS

INVERNESS PLACE

LEINSTER TERR

B410

bridge Prep or Girls

THE LIMES

CHAPEL SIDE

OSSINGTON CL

CLANRICARDE GARDENS

ST PETERSBURGH MEWS

BARK PLACE

CAROLINE PLACE

PRINCESS COURT

QUEENSWAY

FOSBURY MEWS

P

HYDE PARK TOWERS

107

3

VICTORIA GROVE

OSSINGTON STREET

PALACE COURT

LANCASTER HALL

SAXON HALL

ST PETERSBURGH PLACE

ORME LA

LOMBARDY PL

ORME CT

New West End Synagogue

Lansdowne Coll

QUEEN'S COURT

CAROLINE

CAROLINE

CONSORT ROAD

B411

A402

LINK

113

Arcadia Univ

GUYANA

CAROLINE HO

BAYSWATER ROAD

Queensway Black Lion Gate

Inverness Terrace Gate

NORTH W

VICTORIA GROVE

Orme Square Gate

P

CZECH REPUBLIC

SLOVAK REPUBLIC

Pav

Diana, Princess of Wales Memorial Playground

A4204

ST MALL

2

RABBIT

PALACE GARDENS MEWS

LUCERNE MS

STRATHMORE GARDENS

KENSINGTON PALACE GARDENS

LEBANON

NEPAL

RUSSIAN FEDERATION

Clock Tower

The Broad Walk

Round Pond

BRUNSWICK GARDENS

INVERNESS GARDENS

BERKELEY GARDENS

Kensington Palace

Queen Victoria Statue

1

80

KENSINGTON CHURCH STREET

VICARAGE GARDENS

VICARAGE GATE

MELBURY

Kensington Palace Green

Diana, Princess of Wales Memorial Walk

ER WALK

W8

A

128

B

26

C

DEN GROVE

NICARAGUA

BULLINGHAM MANSIONS

KENSINGTON CHU

BRANS

VICARAGE GATE

VICARAGE COURT

CHURCH CLOSE

YORK HOUSE

PALACE GREEN

E

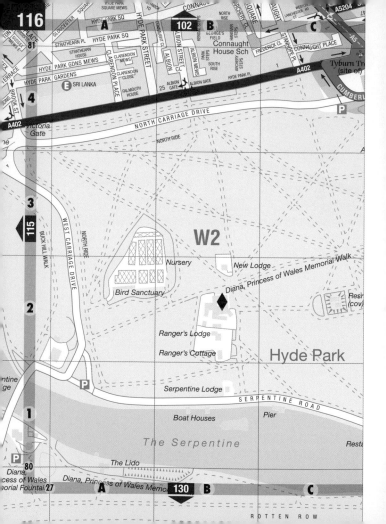

102

81

W2

Hyde Park

GLOUCESTER SQUARE
HYDE PARK SQUARE MEWS
HYDE PARK SQ
A
CONNAUGHT
102
B
NORTH RISE
ARCHERY SQUARE
C
WESTERN LANCASTER HO CT
A5204
A3
STRATHEARN PL
HYDE PARK STREET
CONNAUGHT PL
ALBION STREET
GEORGE'S FIELD
HANOVER TCE
HO CT
STANHOPE PL
FREDERICK PL
CONNAUGHT PLACE
A402
STRATHEARN HOUSE
CLARENDON MEWS
ALBION MEWS
Connaught
House Sch
Tyburn Tree
(site of)
HYDE PARK GDNS MEWS
CLARENDON PLACE
CLARENDON CLOSE
SOUTH RISE
ARCHERY STEPS
1
HYDE PARK GARDENS
E SRI LANKA
FALMOUTH HOUSE
25
ALBION GATE
ALBION GATE
HYDE PARK PL
CUMBERL
4
BROOK ST
TERRACE

A402
Victoria
Gate
NORTH CARRIAGE DRIVE
A402
P

NORTH RIDE

3
115
BUCK HILL WALK
WEST CARRIAGE DRIVE
NORTH RIDE
Nursery
New Lodge
Diana, Princess of Wales Memorial Walk
Resr
(cov
Bird Sanctuary

2
Ranger's Lodge
Ranger's Cottage
Hyde Park

P
Serpentine Lodge
SERPENTINE ROAD

1
Boat Houses
Pier
Resta
The Serpentine

P
80
The Lido
Diana,
cess of Wales
orial Fountai 27
Diana, Princess of Wales Memor
A
130
B
C

ROTTEN ROW

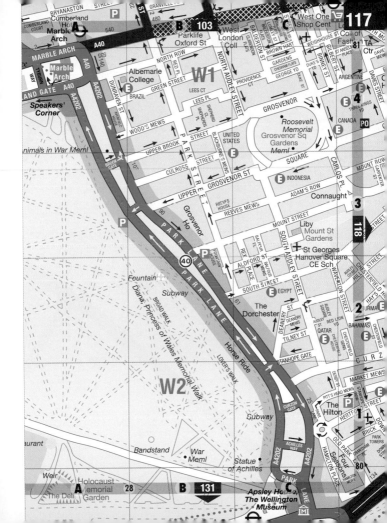

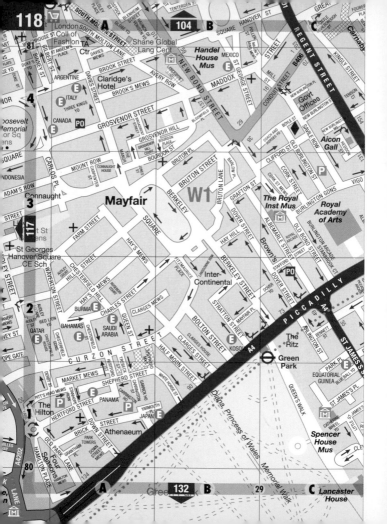

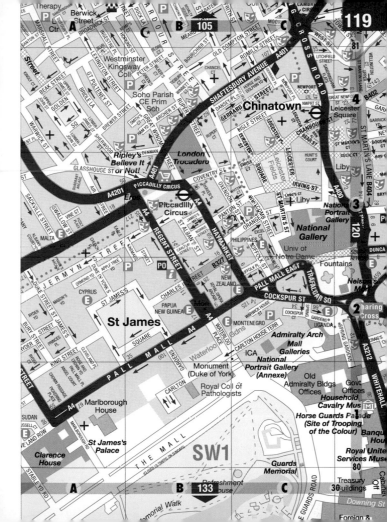

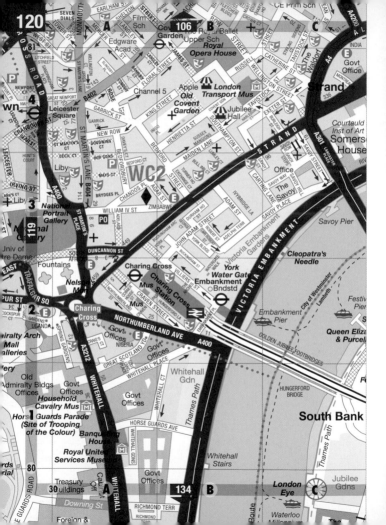

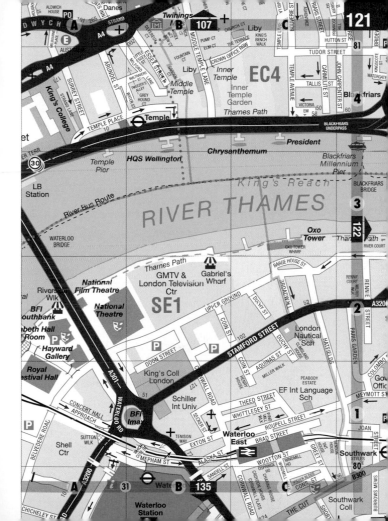

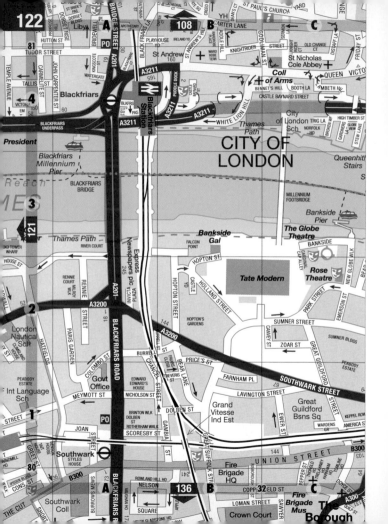

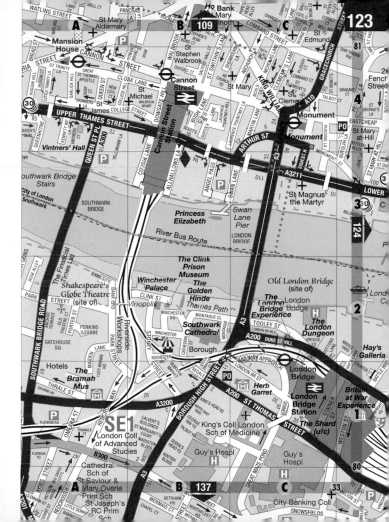

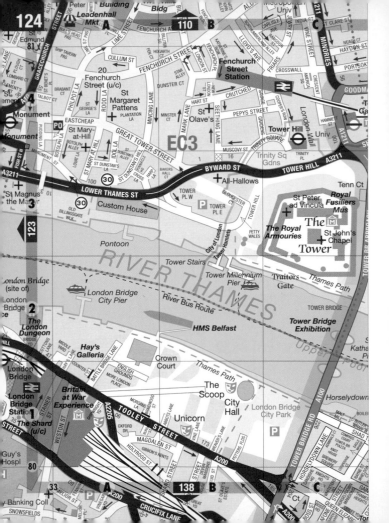

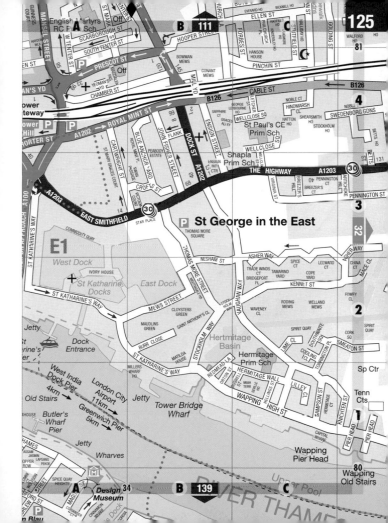

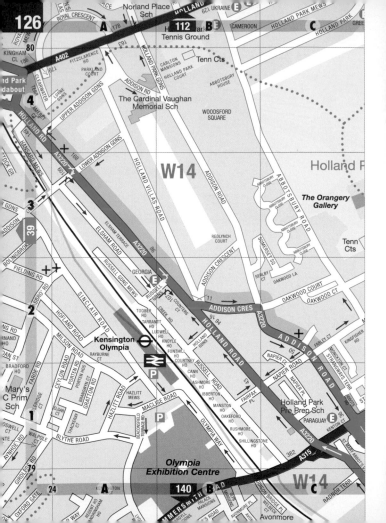

A   178   B   UKRAINE   E   CAMEROON   C   HOLLAND PARK MEWS   GREE

Norland Place
Sch

HOLLAND
Tennis Ground

ROYAL CRESCENT
LAS

80
A402
KINGHAM
CL 196

FITZGERALD
PL

PARKLAND
COURT
LORNE
GDNS

UPPER ADDISON GDNS

HOLLAND RD

ADDISON RD

CARLTON
MANSIONS
HOLLAND PARK
COURT

Tenn Cts

The Cardinal Vaughan
Memorial Sch

ABBOTSBURY
HOUSE

WOODSFORD
SQUARE

nd Park
dabout

CLEARWATER

HOLLAND RD

4

W14

Holland P

HANSARD MEWS

A3220

LOWER ADDISON GDNS

168

HOLLAND VILLAS ROAD

ADDISON ROAD

ABBOTSBURY ROAD

ABBOTSBURY
CLOSE

The Orangery
Gallery

TOCK GR

3

GDNS

ADDISON

39

ELSHAM TERRACE

ELSHAM ROAD

A3220

86

REDLYNCH
COURT

ABBOTSBURY
CLOSE

SOMERSET SQ

ABBOTSBURY
CLOSE

Tenn
Cts

BOLINGBROK

FIELDING RD

RUSSELL GDNS MEWS

GEORGIA

E

ADDISON CRESCENT

SENLBY
CT

OAKWOOD LA

OAKWOOD COURT

SEBRO RD

SINCLAIR ROAD

RUSSELL

COUNTERS CT

GREEK CT

11

ADDISON CRES

OAKWOOD CT

2

HOFLAND ROAD

TODBER
HO
TARRANT
HO
LUDWEL
HO

91 94

A3220

ADDISON ROAD

FARLEY CT

KINGFISHER
HO

NG RD
HNARD
AN ST

MILSON ROAD

KNOYLE
HO
FONTHILL
HO
COURTNEY
HO

HOLLAND GDNS

BUSSELL ROAD

HOLLAND ROAD

NAPIER CT

MONCRIEFF CT
STRANGWAYS TERR

BRADFORD
HO

RAYBURNE

NAPIER RD

NAPIER PL

Kensington
Olympia

P

CANN
HO
ASHMORE
HO
IBBERTON
HO

FAIRFAX
PL

Holland Park
Pre Prep Sch

96

FARDE RD

CEYLON ROAD

PORTEN RD

PORTEN ROAD

BRAMDWIN RD

GRATTON RD

HAZLITT ROAD

1

Mary's
C Prim
Sch

BRIDGE
CT

ELGAR
CT

THACKERAY
CT

HAZLITT
MEWS

MACLISE ROAD

MANSTON
HO
OAKEFORD
HO

RUSHMORE
HO
SHILLINGSTONE
HO

PARAGUAY

KENTON CT

P

OLYMPIA WAY

OSWELL

WALPOLE CT

ANHIDE RD

79

GIRDLERS RD

BLYTHE ROAD

BEACONSFIELD
TERRACE RD

382

A315

W14

OXFORD GATE

24   A   B   A   D   C

Olympia
Exhibition Centre

HMERSMI

CARGYLL
MANSIONS

PALACE
MANSIONS

ADDISON BRIDGE PL

RADNOR TERR

ST

 R WAY

REGGER HO

KENTON

AVONMORE PL

Avonmore

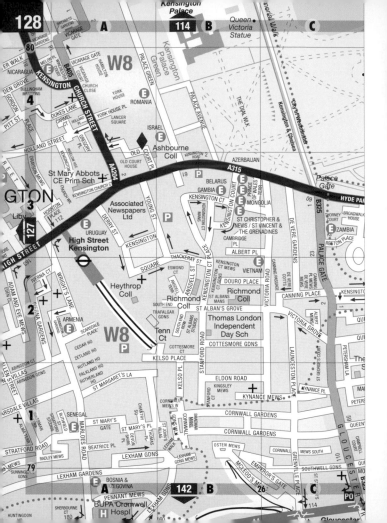

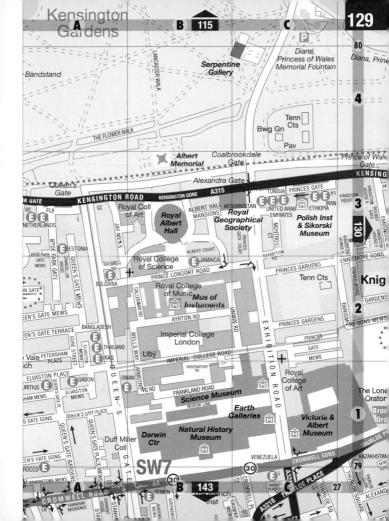

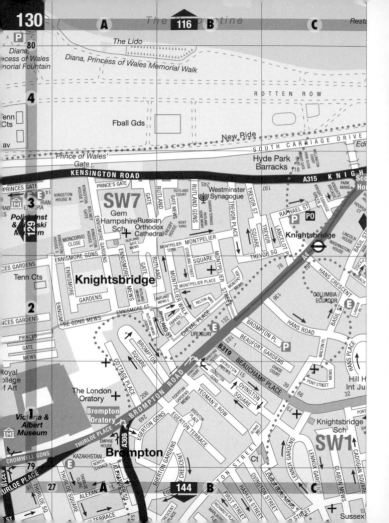

A   **116**   B   C   Resta

The Serpentine

P 80

Diana, cess of Wales morial Fountain

The Lido

Diana, Princess of Wales Memorial Walk

4

R O T T E N   R O W

enn Cts

av

F'ball Gds

New Ride

S O U T H   C A R R I A G E   D R I V E

Prince of Wales' Gate

Hyde Park Barracks

Edi

KENSINGTON ROAD   A315   KNIGH

PRINCE'S GATE

KINGSTON HOUSE N

PRINCE'S GATE

RUTLAND GATE

RUTLAND COURT

RUTLAND GDNS

Westminster Synagogue

TREVOR ST

PARK MANS

Sco

Ho

3

IRAN

Polish inst & Sikorski Museum

Kingston House S

MONCORVO CLOSE

SW7

Gem Hampshire Sch

Russian Orthodox Cathedral

RUTLAND GATE

RUTLAND GATE MEWS

MONTPELIER TERR

KENT YARD

MONTPELIER GARDENS

TREVOR PLACE

TREVOR SQUARE

RAPHAEL ST

P **PO**

LANCELOT PL

Knightsbridge

LINCOLN HOUSE

WASHINGTON HOUSE

BASIL ST

ES GARDENS

ENNISMORE GDNS

ENNISMORE GARDENS

MONTPELIER SQUARE

MONTPELIER STREET

STERLING STREET

MONTPELIER PLACE

MONTPELIER WALK

TREVOR SQ

HANS CRESCENT

2

NCES GARDENS

ENNISMORE GARDENS

Knightsbridge

ENNISMORE MEWS

THE GDNS MEWS

ENNISMORE ST

MONTPELIER MEWS

NELSON RD

CHEVAL PLACE

Uruguay

BROMPTON PL

COLUMBIA ECUADOR

HANS ROAD

LANOWE PL

BASIL ST

PRINCES GATE MEWS

THERLOE MEWS

RUTLAND MEWS

Uruguay

E

BEAUFORT GARDENS

WALTON PL

HANS PLACE

Royal ollege f Art

PRINCES GATE MEWS

COTTAGE PLACE

BROMPTON SQUARE

BROMPTON ROAD

B319

BEAUCHAMP PLACE

OVINGTON GDNS

OVINGTON MEWS

CHASE COURT

P

PONT STREET

Hill Par Int Sc

1

Victoria & Albert Museum

The London Oratory

Brompton Oratory

THURLOE PLACE

EMPIRE HOUSE

EGERTON GDNS

EGERTON GARDENS

EGERTON TERRACE

YEOMAN'S ROW

OVINGTON SQUARE

OVINGTON STREET

LENNOX GARDENS

Knightsbridge Sch

SW1

CROMWELL GDNS

79

KAZAKHSTAN

Brompton

E

NORTH TERRACE

ALEXANDER SQ

EGERTON GARDENS

EGERTON CRESCENT

Ct

LENNOX GARDENS MEWS

LENNOX GARDENS

CLABON MEWS

CADOGAN SQUARE

URLOE PLACE

ST

THURLOE CLOSE

THURLOE SQUARE

27

ALEXANDER

A

ALEXANDER PL

144   B

CRESCENT PLACE

HASKER STREET

FIRST STREET

OVINGTON STREET

C

Sussex

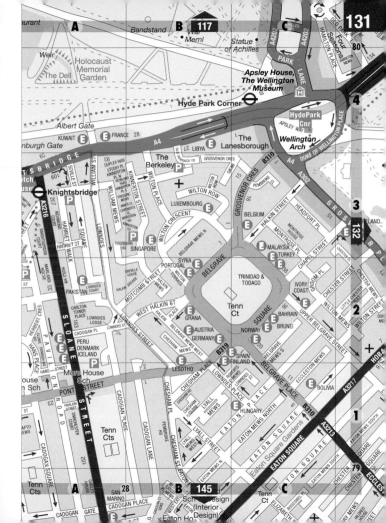

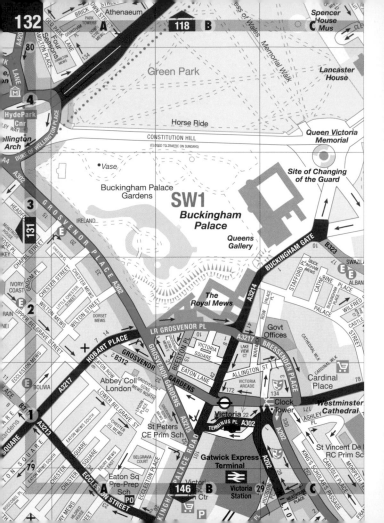

BRICK

Athenaeum

PARK TOWERS

OLD PARK LANE

GLENTWORTH

ZONE

Four Seasons

134

HAMILTON PLACE

A4

80

A

Princess of Wales Memorial Walk

Green Park

Lancaster House

Spencer House Mus

CLE

M

HydePark Cnr

4

LEY WAY

Wellington Arch

A4

DUKE OF WELLINGTON PLACE

Horse Ride

CONSTITUTION HILL

(CLOSED TO TRAFFIC ON SUNDAYS)

Queen Victoria Memorial

A302

HEADFO

MONTROSE
HOUSE

ROSE PL
KEY

3

131

GROSVENOR PLACE

•Vase

Buckingham Palace Gardens

IRELAND

SW1
Buckingham Palace

Site of Changing of the Guard

CHAPEL STREET

E

CHESTER C

GROOM PL

CHESTER STREET

LITTLE CHESTER
STREET

CHESTER MEWS

Queens Gallery

BUCKINGHAM GATE

A3214

STAFFORD PL

PALACE

RINE

PLACE

BUCK
INGHAM
MEWS

B323

SWAZIL

ALBAN

WILFRED

E

E

IVORY COAST

E

2

RAIN

NEI

UPPER BELGRAVE STREET

WILTON MEWS

WILTON STREET

DORSET
MEWS

The Royal Mews

PALACE
ROW

CASTLE
STREET

LR GROSVENOR PL

Govt Offices

BRESSENDEN PLACE

CATHEDRAL WALK

Cardinal Place

78

HOBART PLACE

BEESTON PL

VICTORIA
SQUARE

LAKE
VIEW
CT

WARW

A3217

B312

E

BOLIVIA

3

SEATON ROW

GROSVENOR GONS
MEWS NORTH

GROSVENOR GARDENS

GROSVENOR
PLACE

EATON LANE

ALLINGTON ST

VICTORIA
ARCADE

Clock Tower

ASHLEY
PL

Westminster Cathedral

A3217

Abbey Row Coll
London

LOWER BELGRAVE ST

172

A302

St Vincent De
RC Prim Sc

1

ACE

B3

SQUARE

A3213

EATON MEWS SOUTH

St Peters
CE Prim Sch

EATON MEWS
SOUTH

BELGRAVIA
COURT

BUCKINGHAM PALACE ROAD

Victoria

TERMINUS PL

A302

22

Victoria
Station

134

KING'S SCHOLAR'S PASSAGE

330

A202

A202

CARLISLE PLACE

79

Eaton Sq
Pre-Prep
Sch

PO

ECCLESTON STREET

Gatwick Express
Terminal

146 **B**

Victoria
lac
n Ctr

P

Victoria
Station

29

HUDSON'S
PLACE

C

MORPETH T

BOSCOBEL PL

MEWS

VINCENT

STREET

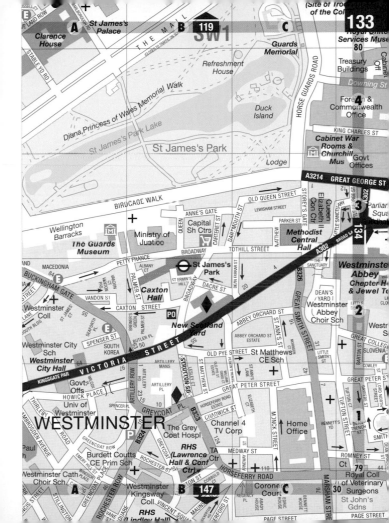

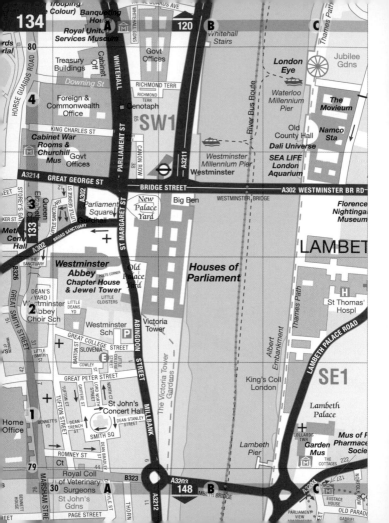

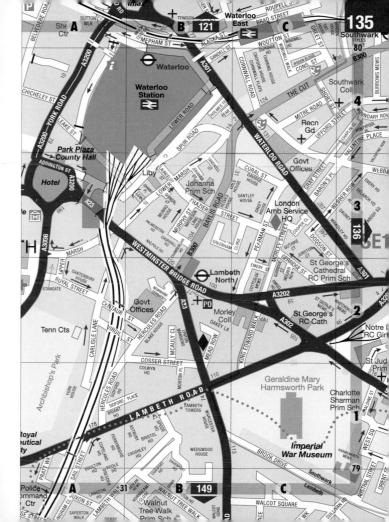

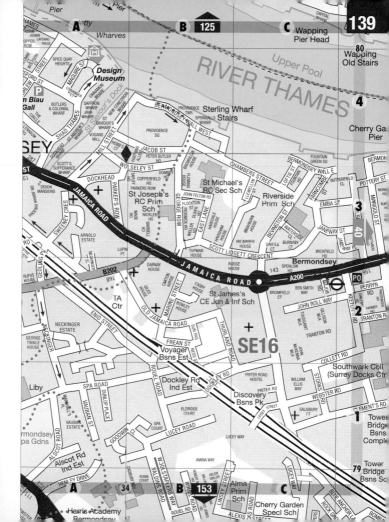

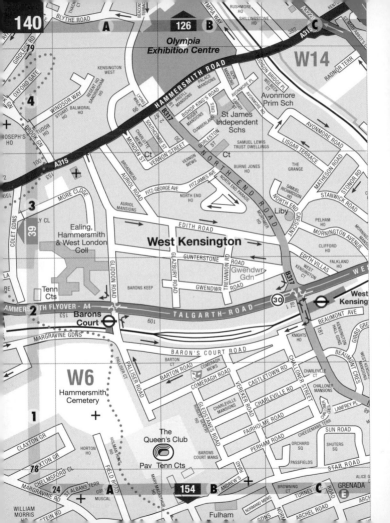

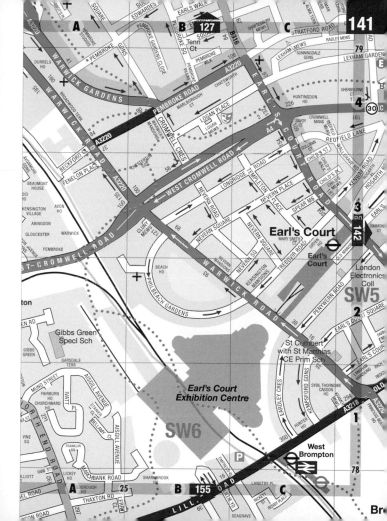

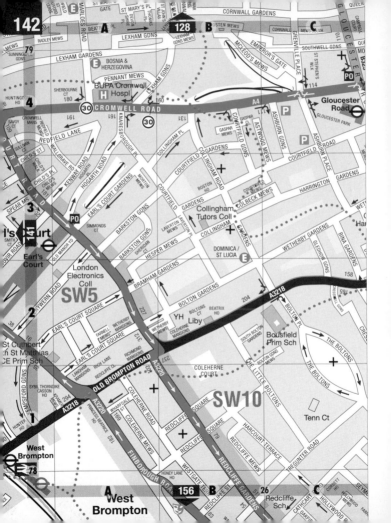

79

4

3

2

1

MEWS

SUNNINGDALE GDNS

HUNTINGTON HO

SAVOY MANS
REDFIELD RD

SULLIVAN RD

CHILD'S PL
CHILD'S WALK

SPEAR MS

I's Court

SMITH TCE

NEVIR ROAD

St Cuthbert h St Matthias CE Prim Sch

FINBSFORD GDNS

SYBIL THORNDIKE CASSON HO

HUNTER HO

38

ST MARY'S GATE
ST MARY'S PL
ST JOHN'S WALK
DEVON PL
THOMAS PL

MARLOES ROAD

RADLEY MEWS

BEATT

LEXHAM GDNS

LEXHAM GARDENS

LEXHAM GARDENS

BOSNIA & HERZEGOVINA

PENNANT MEWS

SHERBOURNE CT 180

BUPA Cromwell Hospl

H

160

161

CROMWELL ROAD

30

KNARESBOROUGH PL

REDFIELD LANE

WALLGRAVE RD

KENWAY ROAD

HOGARTH ROAD

131

30

131

COLLINGHAM PL

COURTFIELD GARDENS

COURTFIELD ROAD

COLLINGHAM ROAD

BOSTON HO

COURTFIELD GARDENS

COLBECK MEWS

HARRINGTON GARDENS

WETH

Har

CORNWALL GARDENS

CORNWAL

C

BOSTON MEWS

LEXHAM GDNS MEWS

McLEOD'S MEWS

EMPEROR'S GATE

SOUTHWELL GDNS

GRENVILLE PLACE

ST STEPHEN'S WALK

114

A4

GASPAR

GASPAR MEWS

ASTWOOD MEWS

ASHBURN GDNS

P

P

COURTFIELD GARDENS

ASHBURN PLACE

GLOUCESTER ROAD

QUEEN

CAMPDEN

B2

PO

Gloucester Road

Gloucester Park

GLOUCESTER ROAD

COURTFIELD ROAD

SUTHERLAND DRIVE

PO

141
Earl's Court

London Electronics Coll
SW5

NYWERN ROAD

EARL'S COURT SQUARE

OLD MANOR YD

SIMMONDS CT

BARKSTON GDNS

BARKSTON GDNS

HESPER MEWS

LAVERTON MEWS

LAVERTON PL

COLLINGHAM GARDENS

Collingham Tutors Coll

DOMINICA / ST LUCIA
E

WETHERBY GARDENS

GLENDOWER GDNS

BINA GARDENS

158

EARL'S COURT SQUARE

2

FARNELL MEWS

WETHERBY MANSIONS

RICHMOND MANSIONS

RYON LANE

REDCLIFFE CT

LANGHAM MANSIONS

BRAMHAM GARDENS

BOLTON GARDENS

BOLTONS HO

BEATRIX HO

YH Liby

COLEHERNE MANSIONS

WETHERBY MEWS

227

204

SOUTH BOLTON GARDENS

BOLTON GDNS MEWS

Bousfield Prim Sch

A3218

BOLTON PL

THE BOLTONS

THE LITTLE BOLTONS

THE BOLTONS

CRES

1

A3218

A3218

West Brompton

78

WEST

PRINCESS BEATRICE HO

WHARFDALE CT

HONEY LANE

189

COLEHERNE MEWS

FINBOROUGH ROAD

OLD BROMPTON ROAD

A220

REDCLIFFE CT

COLEHERNE ROAD

COLEHERNE COURT

REDCLIFFE SQUARE

79

HARCOURT TERRACE

REDCLIFFE MEWS

TREGUNTER ROAD

SW10

Tenn Ct

A West Brompton

West Brompton

WESTGATE TCE

REDCLIFFE SQUARE

REDCLIFFE GARDENS

B

REDCLIFFE SCH

26

Redcliffe Sch

CATHCART RD

HOLLYWOOD RD

C

CORBETT HO

OAKFIE

SEYMOUR

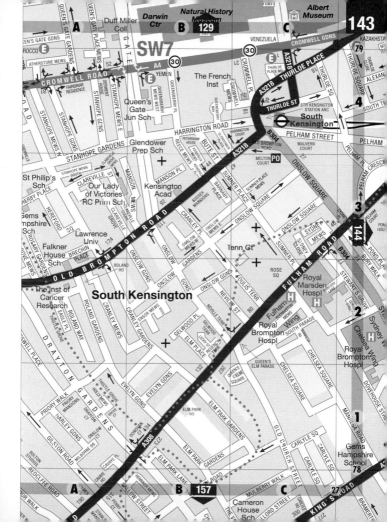

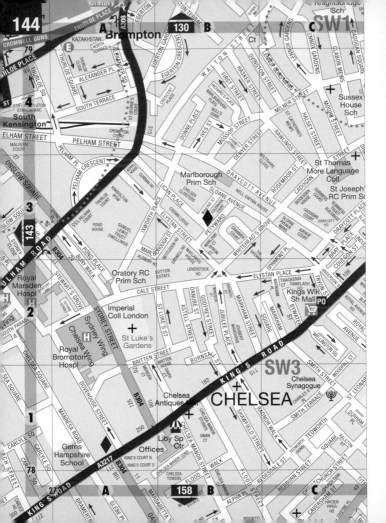

SW1

CROMWELL GDNS
79

Brompton **130** B

C

Knightsbridge Sch

LENNOX GARDENS

LENNOX GARDENS

CADOGAN SQUARE

GLABION MEWS

KAZAKHSTAN

EGERTON TERRACE

EGERTON CRESCENT

EGERTON GARDENS

THURLOE PLACE

A388

A

E

NORTH TERRACE

THURLOE CLOSE

THURLOE SQUARE

ALEXANDER SQ

Alexander Pl

EGERTON GARDENS

WALTON STREET

OVINGTON STREET

OVINGTON SQUARE

LENNOX GARDENS MEWS

Ct

Sussex House Sch

ST

THURLOE PLACE

4

STH KENSINGTON STATION ARC

South Kensington

SOUTH TERRACE

ST GEORGE'S COURT

CROMPTON COURT

HASKER STREET

FIRST STREET

RICHARD'S PLACE

MARS BROUGH FLATS

BULL'S GDNS

MILNER STREET

ST CATHERINES MEWS

HALSEY STREET

MOORE STREET

Sussex House Sch

ELHAM STREET

MALVERN COURT

PELHAM STREET

315

DONNE PLACE

IVES ST

MOSSOP STREET

DENYER STREET

RAWLINGS STREET

WILLISTON CLOSE

St Thomas More Language Coll

RAWLINGS STREET

CADOGAN

St Joseph RC Prim Sch

ONSLOW SQUARE

PELHAM CRESCENT

PELHAM PL

CRESCENT PLACE

CURRAN HO

Marlborough Prim Sch

CHELSEA CLOISTERS

LUCAN PLACE

SLOANE AVENUE

DRAYCOTT AVENUE

NELL GWYNN HOUSE

ROSEMOOR STREET

GUINNESS HOUSE

GUINNESS COURT

CADOGAN HO

AVENUE COURT

DRAYCOTT HO

27

143

SLOW SQUARE

3

SYDNEY CLOSE

48

SS1 PELHAM COURT

KIMBOLTON STONE

THURLOE COURT

Pond House

Samuel Lewis Trust Dwellings

IXWORTH PLACE

ELYSTAN STREET

SLOANE AVENUE

MAKINS ST

PETYWARD

LUCAN PLACE

CADOGAN LODGE

COMMERCE SQUARE

MANSE ST

WHITEHEAD'S GROVE

SLOANE COURT

CT BYRON

SLOANE MANOR COURT

BRAY PLACE

COULSON ST

108

FULHAM ROAD

B304

PELHAM PL

POND PLACE

BURY WALK

STEWART'S GROVE

MARLBOROUGH ST

ALDBURY HO

NETTERDEN ST

ORWELL ST

MAYLANDS HOUSE

SUTTON ESTATE

LEVERSTOCK HO

SPIMMONT ST

ELYSTAN PLACE

FERNSHAW CT

MARKHAM STREET

JUBILEE PLACE

THACKERAY CT

RANELAGH

MARKHAM SQUARE

BYWATER ST

ANDERSON ST

TRYON ST

ROYAL AVENUE

Royal Marsden Hospi

H

Oratory RC Prim Sch

CALE STREET

ST LUKE'S STREET

GODFREY STREET

DANUBE STREET

ASTELL STREET

JOUBERT MANSIONS

Kings Wlk Sh Mall

PO

ROYAL AVENUE

2

WING

SOUTH PARADE

Imperial Coll London

+ St Luke's Gardens

Sydney Wing

H

Chelsea Wing

BRITTEN STREET

BRITTEN HOUSE

70

MOVERN ST

BURNSA

ST

182

WELLINGTON SQ

WOODFALL ST

SMITH STREET

SEA SQUARE

Royal Brompton Hospl

DOVEHOUSE STREET

MANRESA ROAD

B304

KING'S ROAD

SW3

CHELSEA

Chelsea Synagogue

SMITH TERRACE

ST LEONARDS

1

CHELSEA SQUARE

CARLYLE SQ

CARLYLE SQ

78

Chelsea Antiques Mkt

250

Liby Sp Ctr

CHELSEA MANOR STUDIOS

Offices

CHELSEA MANOR STREET

CHARLES II ST

SHAWFIELD STREET

RADNOR WALK

FLOOD STREET

REDESDALE STREET

REDBURN STREET

TEDWORTH SQUARE

TEDWORTH

DURHAM PL

RALSTON STREET

CHELSEA CHURCH STREET

CH ROAD

27

A3217

B304

KING'S COURT N

KING'S COURT S

CHELSEA TOWERS

MARGARETTA TERRACE

OAK

A

158 B

ALPHA PL ST

SWAN CT

CHELSEA MANOR GDNS

REDBURN STREET

HAYDEN PIPER HO

CAVERSHAM ST

C

221

BRAMERT

GLEBE PL

ROSSETTI

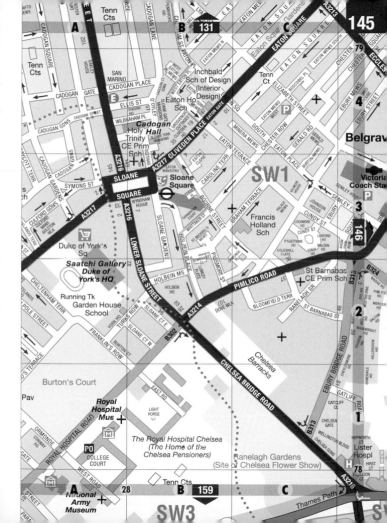

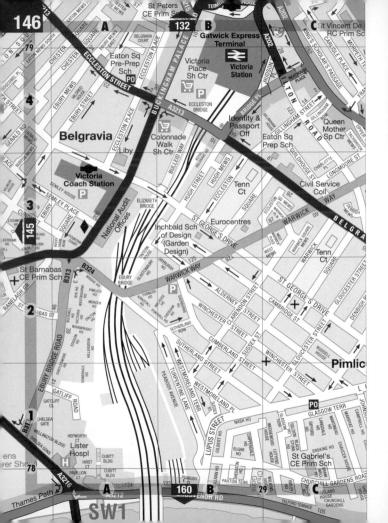

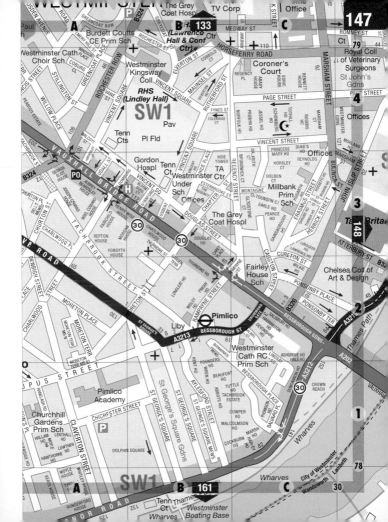

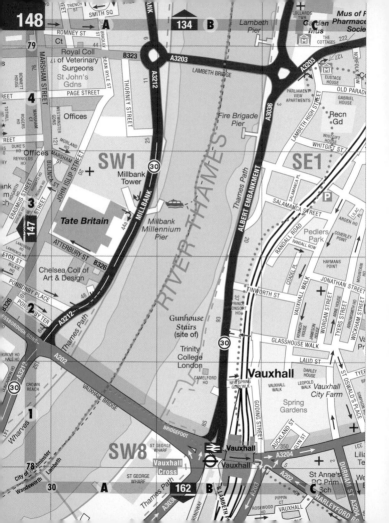

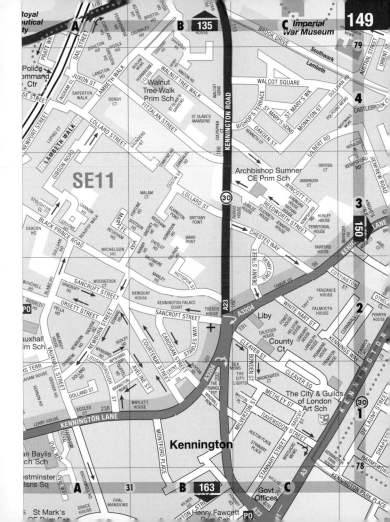

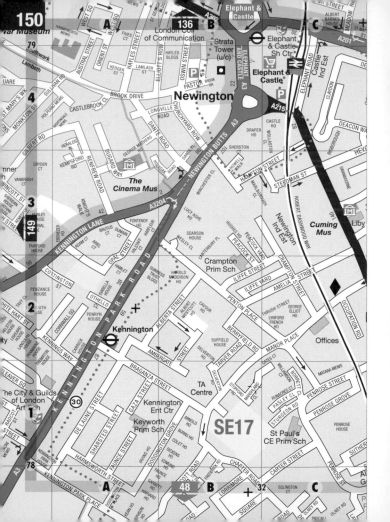

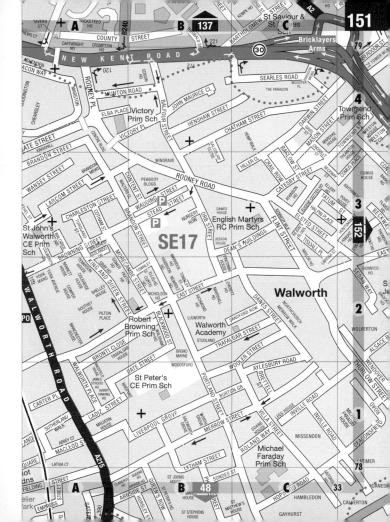

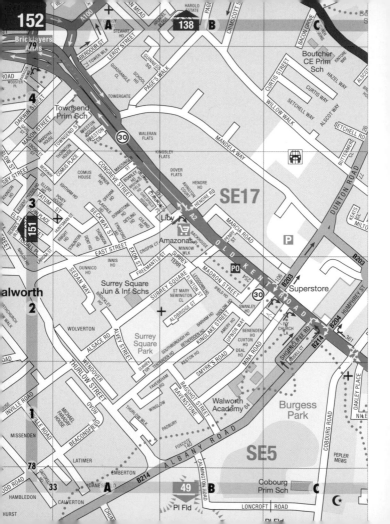

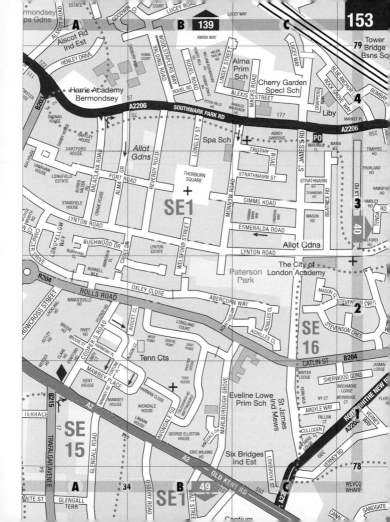

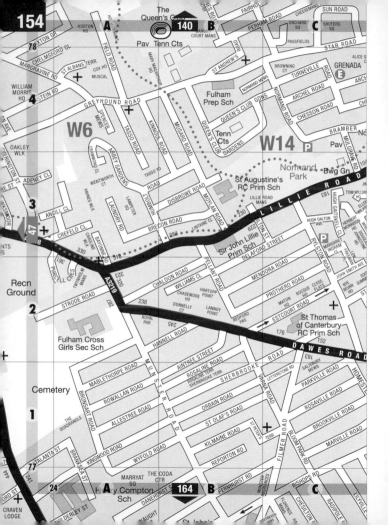

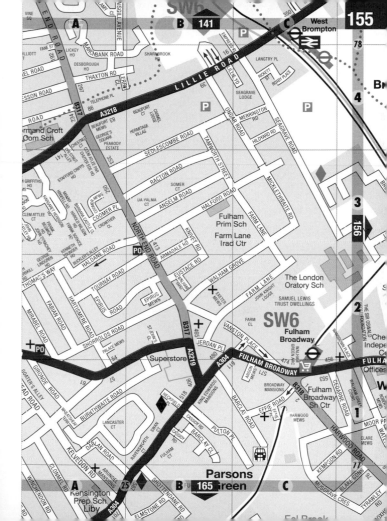

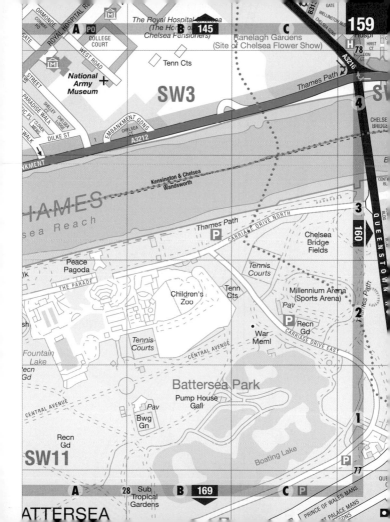

ORMONDE

COWAN RD

ROYAL HOSPITAL RD.

GATE

A PO
COLLEGE
COURT

WEST ROAD

WELLINGTON BLDG
CHELSEA BDNS

159

H 78 HIRST
CT
PADDON

GATE

STREET

PARADISE WALK

National
Army
Museum

SHELEY
LODGE

LODGE

Tenn Cts

SW3

The Royal Hospital Chelsea
(The Home of
Chelsea Pensioners)

145

C Ranelagh Gardens
(Site of Chelsea Flower Show)

Hospl

A3216

Thames Path

4 CHELSE
BRIDGE

E

CENTRL
BL

FLOWER WALK

EMBANKMENT GDNS

CHELSEA
CT

A3212

1

DILKE ST

ENBANKMENT

Kensington & Chelsea
Wandsworth

THAMES

Sea Reach

Thames Path

CARRIAGE DRIVE NORTH

P

3

160 QUEENSTOWN RD

COUNTY
BLDG

Chelsea
Bridge
Fields

Peace
Pagoda

THE PARADE

Children's
Zoo

Tennis
Courts

Tenn
Cts

Tennis
Courts

Millennium Arena
(Sports Arena)

Pav

Thames Path

2

P Recn
Gd

War
Meml

CARRIAGE DRIVE EAST

CENTRAL AVENUE

Fountain
Lake

Recn
Gd

Tennis
Courts

CENTRAL AVENUE

Battersea Park

Pump House
Gall

Pav

Bwg
Gn

1

Recn
Gd

SW11

Boating Lake

P

77

QUE

CENTRAL AVENUE

A 28 Sub
Tropical
Gardens

B **169**

C P

BATTERSEA

PRINCE OF WALES MANS

PALACE MANS

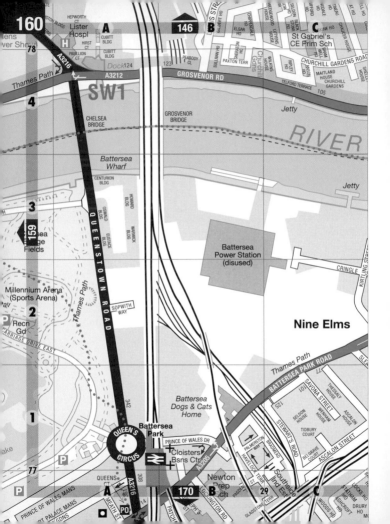

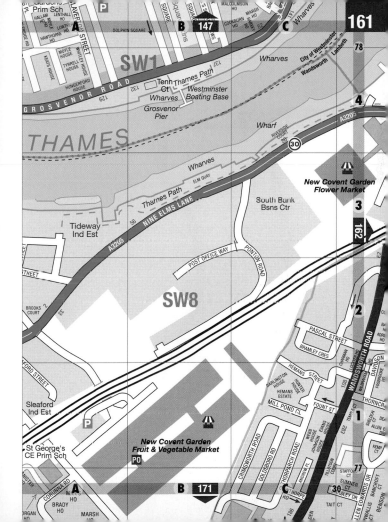

Gdns Prim Sch
HALLAM HO | LENTHALL HO
MOYLE HO | LOWTHER HO
HAWTHORNE HO

DOLPHIN SQUARE

SW1

MOYLE HOUSE
KEATS HOUSE
WHITLEY HOUSE
TYRRELL HOUSE
HUNGERFORD HOUSE

Wharves

City of Westminster
Wandsworth / Lambeth

78

GROSVENOR ROAD

129 | 132 | 137

Tenn Thames Path
Ct
Wharves
Westminster
Boating Base
Grosvenor
Pier

Wharf

RIVERSIDE COURT

A3205

30

4

THAMES

Wharves

ELM QUAY

Thames Path

NINE ELMS LANE

56

A3205

New Covent Garden
Flower Market

South Bank
Bsns Ctr

3

162

Tideway
Ind Est

THEET

BROOKS
COURT

33

POST OFFICE WAY

PONTON ROAD

SW8

2

PASCAL STREET

BRAMLEY CRES

WANDSWORTH ROAD

FORD STREET

Sleaford
Ind Est

P

St George's
CE Prim Sch

HEMANS STREET

CORMAN HO
DARLINGTON
HOUSE
HUNTER
HOUSE
HEMANS
ESTATE

MILL POND CL

108

DAVID C
HERONWOOD
FROBMORE
THORNCRO

1

WEBB
HOUSE
JOHNSON
HOUSE
EVANS
HOUSE
MURRILL

E383

TIM

BR
ADRE
T

SHELDM
ST
ALLEN
CT

KEMP CT

77

MINSTER
CT

CORUNNA RD

MILLS
HO
BRADY
HO

ORGAN HO

MARSH
HO

CRIMSWORTH ROAD

GOLDSBORO RD

THORPARCH ROAD

ANDREW PL

TILLETSON
CT

THORPE

THORPE
RD

New Covent Garden
Fruit & Vegetable Market

PO

STAFFOI
CT
SUMNER
CT
WALLIS
CT
OSLEY CT

BANCROFT
CT
ALLEN EDWARDS DR

186

DEN

Y

TAIT CT

30

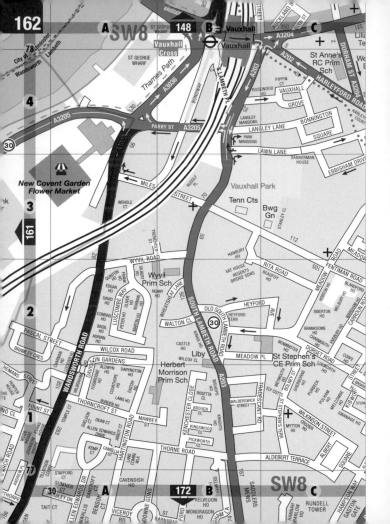

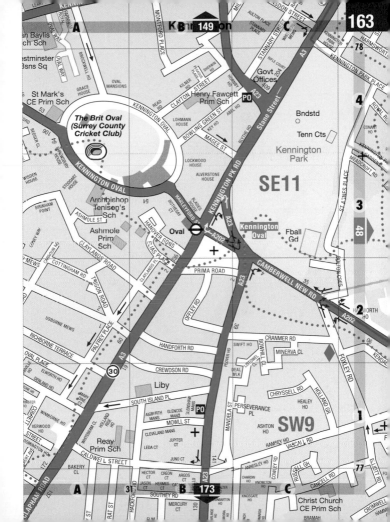

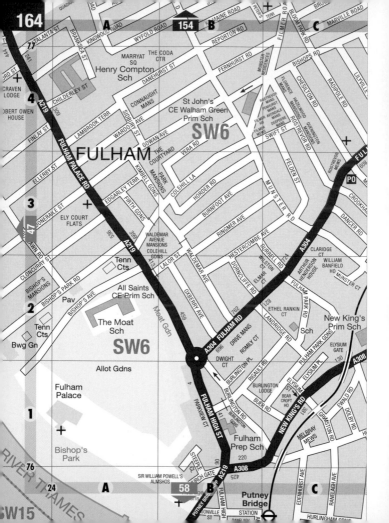

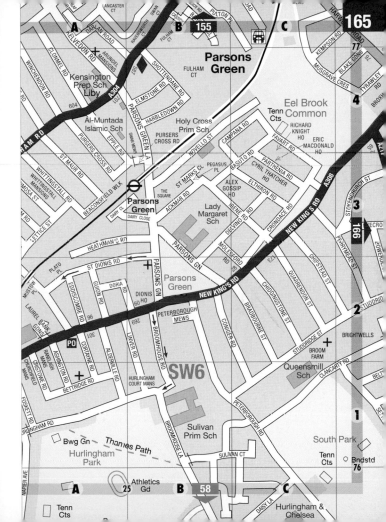

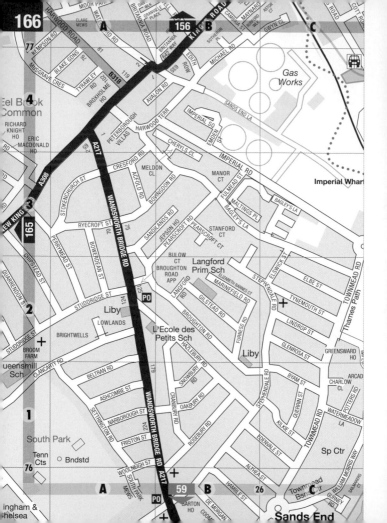

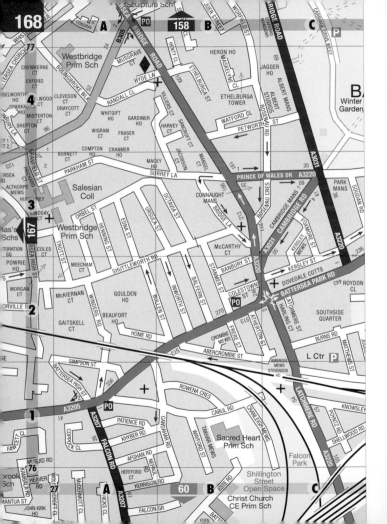

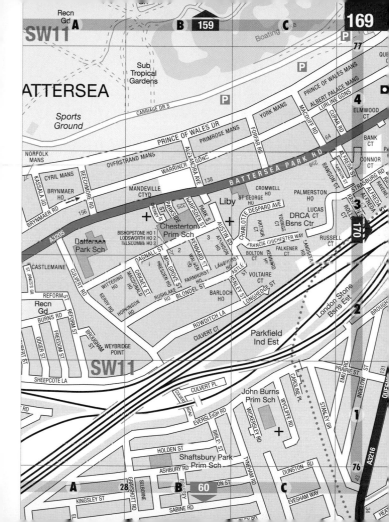

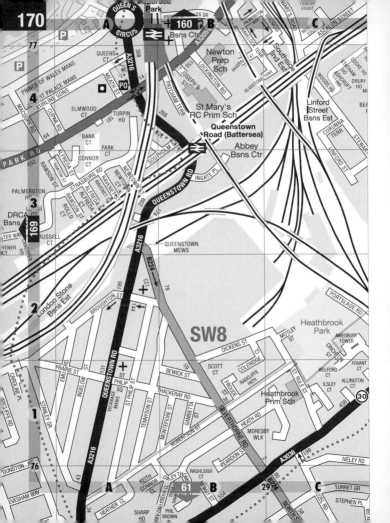

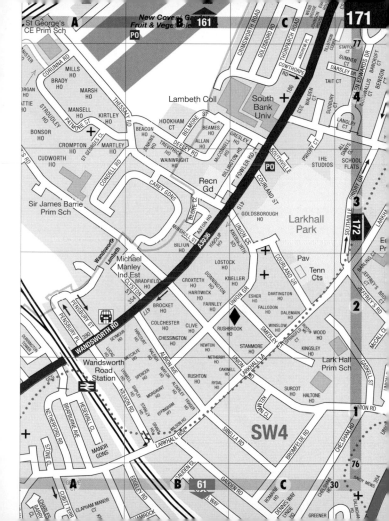

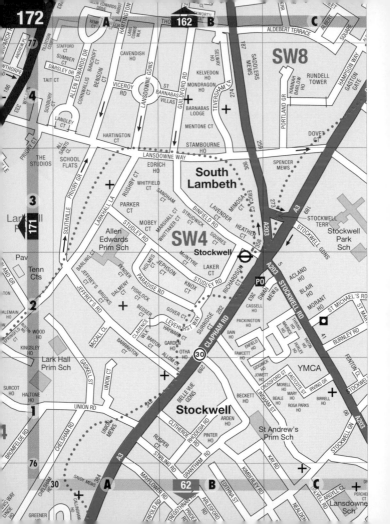

Index

Church Rd **6** Beckenham BR2..........**53** C6 **228** C6

Place name	Location number	Locality, town or village	Postcode district	Standard scale reference	Enlarged scale reference
May be abbreviated on the map	Present when a number indicates the place's position in a crowded area of mapping	Shown when more than one place (outside London postal districts) has the same name	District for the indexed place	Page number and grid reference for the standard mapping	Page number and grid reference for the central London enlarged mapping, underlined in red

Public and commercial buildings are highlighted in **magenta**.
Places of interest are highlighted in blue with a star★
Cities, towns and villages are listed in CAPITAL LETTERS

Abbreviations used in the index

Acad	**Academy**	Ct	**Court**	Int	**International**	Prom	**Promenade**
App	**Approach**	Ctr	**Centre**	Intc	**Interchange**	RC	**Roman Catholic**
Arc	**Arcade**	Crkt	**Cricket**	Jun	**Junior**	Rd	**Road**
Art Gall	**Art Gallery**	Ctry Pk	**Country Park**	Junc	**Junction**	Rdbt	**Roundabout**
Ave	**Avenue**	Cty	**County**	La	**Lane**	Ret Pk	**Retail Park**
Bglws	**Bungalows**	Ctyd	**Courtyard**	L Ctr	**Leisure Centre**	Sch	**School**
Bldgs	**Buildings**	Dr	**Drive**	Liby	**Library**	Sec	**Secondary**
Bsns Ctr	**Business Centre**	Ent Ctr	**Enterprise Centre**	Mans	**Mansions**	Sh Ctr	**Shopping Centre**
Bsns Pk	**Business Park**	Ent Pk	**Enterprise Park**	Mdw/s	**Meadow/s**	Sp	**Sports**
Bvd	**Boulevard**	Est	**Estate**	Meml	**Memorial**	Specl	**Special**
Cath	**Cathedral, Catholic**	Ex Ctr	**Exhibition Centre**	Mid	**Middle**	Sports Ctr	**Sports Centre**
CE	**Church of England**	Ex Hall	**Exhibition Hall**	Mix	**Mixed**	Sq	**Square**
Cemy	**Cemetery**	Fst	**First**	Mkt	**Market**	St	**Street, Saint**
Cir	**Circus**	Gdn	**Garden**	Mon	**Monument**	Sta	**Station**
Circ	**Circle**	Gdns	**Gardens**	Mus	**Museum**	Stad	**Stadium**
Cl	**Close**	Gn	**Green**	Obsy	**Observatory**	Tech	**Technical Technology**
Cnr	**Corner**	Gr	**Grove**	Orch	**Orchard**		
Coll	**College**	Gram	**Grammar**	Par	**Parade**	Terr	**Terrace**
Com	**Community**	Her Ctr	**Heritage Centre**	Pas	**Passage**	Trad Est	**Trading Estate**
Comm	**Common**	Ho	**House**	Pav	**Pavilion**	Twr/s	**Tower/s**
Comp	**Comprehensive**	Hospl	**Hospital**	Pk	**Park**	Univ	**University**
Con Ctr	**Conference Centre**	Hts	**Heights**	Pl	**Place**	Wlk	**Walk**
Cotts	**Cottages**	Ind Est	**Industrial Estate**	Prec	**Precinct**	Yd	**Yard**
Cres	**Crescent**	Inf	**Infant**	Prep	**Preparatory**		
Cswy	**Causeway**	Inst	**Institute**	Prim	**Primary**		

176 Gall ★ NW5 . . . . . **12** C2
201 Bishopgate
EC2 . . . . **110** A3

A

Abady Ho SW1 . . . . **147** C4
Abberley Mews **9**
SW8 . . . . .61 A4
Abbess Cl SW2 . . . . .75 A3
Abbeville Mews **3**
SW4 . . . . .61 C3
Abbeville Rd SW4 . .61 B2
Abbey Bsns Ctr
SW8 . . . . **170** B4
Abbey Coll London
SW1 . . . . **132** A1
Abbey Ct
6 Bedford Pk
W12 . . . . .38 A3
Camberwell SE17 . **151** A1
St John's Wood
NW8 . . . . .78 C2
Abbeyfield Rd
SE16 . . . . .40 B2
Abbey Gdns
10 Bermondsey
SE16 . . . . **153** C4
St John's Wood
NW8 . . . . .79 A1
West Kensington
W6 . . . . **154** A3
Abbey Ho NW8 . . . . .89 A4
Abbey La E15 . . . . . . .27 C3
Abbey Lo NW8 . . . . . .90 B3
Abbey Orchard St
SW1 . . . . **133** C2
Abbey Orchard Street
Est SW1 . . . . **133** C2
Abbey Rd
St John's Wood
NW8 . . . . .78 C2
Wembley NW10 . . . .20 A3
Abbey St SE1 . . . . . **138** C2
Abbot Ct SW8 . . . . . **162** A1
Abbot Ho **11** E14 . . . .34 A2
Abbotsbury Cl
Kensington W14 . . **126** C3
Mill Meads E15 . . . .27 B3
Abbotsbury Ho
W14 . . . . **126** B4
Abbotsbury Mews
SE15 . . . . .65 B4
Abbotsbury Rd
W14 . . . . **126** B4
Abbotshade Rd **15**
SE16 . . . . .32 C1
Abbots Ho
Kensington W14 . . **126** C1
Pimlico SW1 . . . . . **147** B1
Abbots La SE1 . . . . **124** B1
Abbots Pk SW2 . . . . .74 C3
Abbot's Pl NW6 . . . . .78 A4
Abbot St E8 . . . . .16 B2
Abbotstone Ho **4**
E5 . . . . .7 C2
Abbotstone Rd
SW15 . . . . .57 B4
Abbotswell Rd
SE4 . . . . .66 B2
Abbotswood Rd
London SE22 . . . . . .64 A3
Streatham SW16 . . .73 C1
Abbott Ho SW12 . . . .72 B4
Abbott Rd E14 . . . . . .34 C3

Abbotts Cl N1 . . . . . . .15 B2
Abbotts Wharf **4**
E14 . . . . .33 C3
Abchurch La EC2,
EC4 . . . . **123** C4
Abchurch Yd EC4 . . **123** C4
Abdale Rd W12 . . . . . .30 A1
Abel Ho **7** SE11 . . . **163** B4
Aberavon Rd E3 . . . . .26 A2
Abercorn Cl NW8 . . . .88 C4
Abercorn Mans
NW8 . . . . .79 A1
Abercorn Mews **13**
TW10 . . . . .54 B3
Abercorn Pl NW8 . . **78** C1
Abercorn Sch
NW8 . . . . .79 A1
Abercorn Way
SE1 . . . . **153** B2
Abercorn Wlk
NW8 . . . . **88** C4
Abercrombie Ho **11**
W12 . . . . .30 A2
Abercrombie St
SW11 . . . . **168** B2
Aberdale Ct **22**
SE16 . . . . .40 C4
Aberdare Gdns
NW6 . . . . .11 A1
Aberdeen Ct
Canonbury N5 . . . . .15 B3
Paddington W2 . . . .89 B1
Aberdeen Ctr N5 . . . .15 B3
Aberdeen La N5 . . . . .15 B3
Aberdeen Mans
WC1 . . . . **94** A3
Aberdeen Pk N5 . . . . .15 B3
Aberdeen Pl NW8 . . **89** B2
Aberdeen Rd
Canonbury N5 . . . . .15 B4
Dudden Hill NW10 . . .8 B3
Aberdeen Terr
SE3 . . . . .52 C1
Aberdour St SE1 . . . **152** A4
Aberfeldy Ho SE5 . . . .48 A3
Aberfeldy St E14 . . . . .34 B3
Abersham Rd E8 . . . . .16 B3
Ability Plaza **8** E8 . .16 B1
Ability Twrs EC1 . . . . .96 C4
Abingdon W14 . . . . . **141** A3
Abingdon Cl
Fulham SE1 . . . . . . **153** A2
Kentish Town NW1 . .13 C2
Abingdon Ct W8 . . . **127** C1
Abingdon Gdns
W8 . . . . **127** C1
Abingdon Ho
E2 . . . . .24 B1 **98** C2
Abingdon Mans
W8 . . . . **127** B2
Abingdon Rd SW8 . . **137** C2
Abingdon St SW1 . . **134** A2
Abingdon Villas
W8 . . . . **127** C1
Abinger Gr SE8 . . . . . .51 B4
Abinger Ho SE1 . . . . **137** B3
Abinger Mews W9 . . .23 C1
Abinger Rd W4 . . . . . .38 A3
Ablett St SE16 . . . . . . .40 C1
Abney Gdns **5** N16 . . .7 B2
Abney Park
Cemetery★
N16 . . . . .7 A2
Abney Park Ct N16 . . . .7 B2
Aboyne Rd SW17 . . .71 C1

Abyssinia Cl SW11 . . .60 A3
Abyssinia Rd
SW11 . . . . .60 A3
Acacia Cl SE8 . . . . . . .41 A2
Acacia Gdns NW8 . . **79** C2
Acacia Gr SE21 . . . . .75 C2
Acacia Ho
Brockley SE4 . . . . . .66 B3
Stoke Newington N16 . .6 C2
Acacia Pl NW8 . . . . **79** C2
Acacia Rd
Acton W3 . . . . .28 B2
St John's Wood
NW8 . . . . .79 C2
Acacia Wlk SW10 . . **157** A1
Academy Ct **12** E2 . .25 B2
Academy Gdns
W8 . . . . **127** B4
Academy Sch The **9**
NW3 . . . . .11 C4
Academy The **2**
N19 . . . . .4 B3
Acad of Live &
Recorded Arts
SW11 . . . . .59 C1
Acanthus Dr SE1 . . **153** B2
Acanthus Rd
SW11 . . . . .60 C4
Accommodation Rd
NW11 . . . . .1 B3
Acer Ct **2** NW2 . . . . .9 C4
Acer Rd E8 . . . . .16 B1
Acfold Rd SW6 . . . . **166** A3
Achilles Cl SE1 . . . . **153** C2
Achilles Ho **10** E2 . .25 A3
Achilles Rd NW6 . . . .10 C3
Achilles St SE14 . . . .51 A3
Achilles Way W1 . . . **117** C1
Ackland Ho **3** E14 . .34 C3
Ackmar Rd SW6 . . . **165** B3
Ackroyd Dr E3 . . . . . .33 C4
Acland Burghley Sch
NW5 . . . . .13 A4
Acland Cres SE5 . . . .63 C4
Acland Ho SW9 . . . **172** C2
Acland Rd NW2 . . . . . .9 A2
Acol Ct **3** NW6 . . . . .10 C1
Acol Rd NW6 . . . . . . .11 A1
Acorn Ct **7** SE15 . . .50 A3
Acorn Par **7** SE15 . .50 A3
Acorn Production Ctr
N7 . . . . .14 A1
Acorns The **21**
SW19 . . . . .69 C3
Acorn Wharf SE15 . . .49 C4
Acorn Wlk SE16 . . . . .33 A1
Acqua Ho TW9 . . . . . .45 A3
Acre Dr SE22 . . . . . . .64 C3
Acre La SW2 . . . . .62 B3
Acris St SW18 . . . . . .59 B2
Acton Bsns Ctr
NW10 . . . . .20 C1
ACTON 28 C1
Acton Central Ind Est
4 W3 . . . . .28 A1
Acton Central Sta
3 W3 . . . . .28 B1
ACTON GREEN 37 B2
Acton High Sch
W3 . . . . .36 C4
Acton Hill Mews
W3 . . . . .28 A1
Acton Ho
3 Acton W3 . . . . . .28 B3
16 Haggerston E8 . .24 B4

Acton La
Acton Green W4 . . . .37 B3
Acton W3 . . . . .37 B4
Harlesden NW10 . . . .20 C3
Acton Main Line Sta
W3 . . . . .28 B3
Acton Mews E8 . . . . .24 B4
Acton Park Ind Est
W3 . . . . .37 C4
Acton St WC1 . . . . . **94** C3
Acton Town Sta
W3 . . . . .36 C4
Acton Vale Ind Pk
W3 . . . . .29 B1
Acton & West London
Coll **10** W3 . . . . . .28 A1
Acuba Ho SW18 . . . .71 A3
Acuba Rd SW18 . . . .71 A2
Ada Ct
Islington N1 . . . . . . **86** C3
St John's Wood W9 . .89 A3
Ada Gdns E14 . . . . . .34 C3
Ada Gdns E15 . . . . . .27 C4
Ada Ho **26** E2 . . . . . .24 C4
Adair Ho SW3 . . . . **158** B4
Adair Rd W10 . . . . . .23 A1
Adair Twr **7** W10 . . .23 A1
Ada Kennedy Ct **6**
SE10 . . . . .52 B3
Adam Ct SE11 . . . . **150** A3
Adam & Eve Ct
W1 . . . . **105** A2
Adam & Eve Mews
W8 . . . . **127** C2
Adams Gardens Est **5**
SE16 . . . . .40 B4
Adams Ho **3** E14 . . .34 C3
Adams Mews
SW17 . . . . .72 B2
Adamson Rd
Hampstead NW3 . . . .11 C1
Newham E16 . . . . . . .35 C3
Adams Pl N7 . . . . . . .14 B3
Adam's Row **1** . . . **117** C3
Adam St WC2 . . . . . **120** B3
Ada Pl E2 . . . . .24 C4
Ada Rd SE5 . . . . .49 A3
Adare Wlk SW16,
SW2 . . . . .74 B2
Ada St E8 . . . . .25 A4
Adderley Gr SW11 . . .60 C2
Adderley St E14 . . . . .34 B3
Addey Ho SE8 . . . . . .51 B3
Addey & Stanhope
Sch **13** SE14 . . . . .51 C2
Addington Ct **7**
SW14 . . . . .55 C4
Addington Ho **13**
SW9 . . . . **173** A1
Addington Rd E3 . . . .26 C2
Addington Sq SE5 . . .48 C3
Addington St SE1 . . **135** A3
Addis Ho **13** E1 . . . . .32 B4
Addison Ave
W11 . . . . . .31 A1 **112** A1
Addison Bridge Pl
W14 . . . . **140** C4
Addison Cres
W14 . . . . **126** B2
Addison Gdns
W14 . . . . .39 C3
Addison Gr W4 . . . . . .38 A3
Addison Ho NW8 . . . **89** B4
Addison Park Mans **12**
W14 . . . . .39 C4

Addison Pl
W11 . . . . . . .31 A1 **112** A1
Addison Prim Sch
W14 . . . . .39 C3
Addison Rd W14 . . . **126** C2
Addle Hill EC4 . . . . **108** B1
Addlestone Ho **4**
W10 . . . . .30 B4
Addy Ho SE16 . . . . . .40 B2
Adela Ho **9** W6 . . . .39 B1
Adelaide Ave SE4 . . . .66 C3
Adelaide Ct
Hackney E5 . . . . .18 A3
St John's Wood
NW8 . . . . .79 A1
Adelaide Gr W12 . . . .29 C1
Adelaide Rd
Primrose Hill NW3 . . .12 A1
Richmond TW9 . . . . .54 B3
2 Wandsworth
SW18 . . . . .58 C2
Adelaide St WC2 . . . **120** A3
Adela St W10 . . . . . . .23 A1
Adelina Gr E1 . . . . . . .32 B4
Adelina Mews
SW12 . . . . .73 C3
Adeline Pl WC1 . . . . **105** C3
Adelphi Ct **20**
SE16 . . . . .40 C4
Adelphi Terr WC2 . . **120** B3
Aden Gr N16 . . . . .15 C4
Aden Ho **18** E1 . . . . .32 C4
Aden Lo N16 . . . . . . .15 C4
Adeney Cl W6 . . . . . . .47 C4
Adie Rd W6 . . . . .39 B3
Adisham Ho **4** E5 . . .17 A3
Adler St E1 . . . . **111** B2
Adley St E5 . . . . .18 A3
Admiral Ct
Chelsea SW10 . . . . **167** A4
Marylebone W1 . . . **103** B3
Admiral Hyson Ind Est
SE16 . . . . .40 A1
Admiral Mews
W10 . . . . .22 C1
Admiral Pl SE16 . . . . .33 A1
Admirals Ct
Bermondsey SE1 . . **124** C1
3 Putney SW19 . . . .69 C3
Admirals Gate
SE10 . . . . .52 A2
Admiral Sq SW10 . . **167** A4
Admiral St SE8 . . . . . .51 C2
Admirals Way E14 . . .41 C4
Admiralty Arch★
SW1 . . . . **119** C2
Admiralty Cl **1**
SE8 . . . . .51 C2
Admiral Wlk W9 . . . . .31 C4
Adolphus Rd N4 . . . . . .6 A3
Adolphus St SE8 . . . . .51 B3
Adpar St W2 . . . . . . **101** B4
Adrian Bolt Ho **2**
E2 . . . . .25 A2
Adrian Ho
Islington N1 . . . . . . **85** A3
South Lambeth
SW8 . . . . **162** A2
Stratford E15 . . . . . .19 C1
Adrian Mews
SW10 . . . . **156** B4

Adriatic Bldg [18]
E14 . . . . .33 A2
Adriatic Ho [18]
E1 . . . . .25 C1
Adron Ho [13] SE16 . .40 B2
Adstock Ho [5] N1 . . .5 A1
Adventurers Ct [17]
E14 . . . . .34 C2
Adys Lawn NW2 . . . .9 A2
Adys Rd SE15 . . . . .64 B4
Aegean Apts [7]
E16 . . . . .35 C2
Aegon Ho [13] E14 . . .42 A3
Affleck St N1 . . . . .85 A1
Afghan Rd SW11 . . .168 A1
Africa Ho WC2 . . . .106 C2
Afsil Ho EC1 . . . . .107 C3
Aga Khan Univ
WC1 . . . . .105 C3
Agamemnon Rd
NW6 . . . . .10 B3
Agar Gr NW1 . . . . .13 C1
Agar Pl NW1 . . . . .13 B1
Agar St WC2 . . . . .120 B3
Agate Rd W6 . . . . .39 B3
Agatha Cl E1 . . . . .32 B1
Agave Rd NW2 . . . . .9 B4
Agdon St EC1 . . . . .96 A2
Agincourt Rd NW3 . .12 B4
Agnes Ct [11] SW18 . .59 C3
Agnes Ho [13] W11 . .30 C2
Agnes Rd W3 . . . . .38 B4
Agnes St E14 . . . . .33 B3
Aicon Gall★ SW1 . . .118 C4
Aigburth Mans [5]
SW9 . . . . .163 B1
Ailsa St E14 . . . . .34 B4
Ainger Rd NW3 . . . .12 B1
Ainsdale NW1 . . . . .92 C4
Ainsdale Dr SE1 . . .153 B1
Ainsley St E2 . . . . .25 A2
Ainslie Wlk [8]
SW12 . . . . .73 A4
Ainsty St [20] SE16 . .40 B4
Ainsworth Cl SE15 . .49 A1
Ainsworth Est
NW8 . . . . .78 C4
Ainsworth Ho NW8 . .78 B3
Ainsworth Rd E9 . . .17 B1
Ainsworth Way
NW8 . . . . .78 C4
Aintree St SW6 . . . .154 B2
Aird Ho SE1 . . . . .136 C1
Airdrie Cl N1 . . . . .14 B1
Airedale Ave W4 . . .38 B1
Airedale Ave S W4 . .38 B1
Airedale Rd SW12 . .72 B4
Airlie Gdns
W8 . . . . .31 C1 113 B1
Air St W1 . . . . . . .119 A3
Aisgill Ave SW5 . . . .141 A1
Aiten Pl W6 . . . . . .38 C2
Aithan Ho [15] E14 . .33 B3
Aitken Cl E8 . . . . .24 C4
Ajax Ho [15] E2 . . . .25 A3
Ajax Rd NW6 . . . . .10 C3
Akbar Ho [7] E14 . . .42 A2
Akehurst St SW15 . .68 C4
Akenside Ct [3]
NW3 . . . . .11 C3
Akenside Rd NW3 . . .11 C3
Akerman Rd SW9 . . .48 A2
Akintaro Ho [7]
SE8 . . . . .51 B4

Alamaro Lo [5]
SE10 . . . . .43 B3
Aland Ct SE16 . . . .41 A3
Alan Preece Ct
NW6 . . . . .9 C1
Alaska Bldg [12]
SE13 . . . . .52 A2
Alaska St SE1 . . . .121 B1
Alastor Ho [10] E14 . .42 B3
Albacore Cres
SE13 . . . . .67 A1
Alba Mews SW18 . . .70 C2
Alban Ho
Hampstead NW3 . . .11 B2
New Cross SE14 . . . .51 B2
Albans Cl SW16 . . . .74 A1
Albany W1 . . . . . .118 C3
Albany Ctyd W1 . . .119 A3
Albany Ct
College Pk NW10 . . .22 A2
NW8 . . . . .79 B1
Westminster SW1 . . .133 B2
[7] Whitechapel E1 . .111 B2
Albany Ho [8] TW8 . .44 A4
Albany Mans
Camberwell SE5 . . . .48 B4
Islington N1 . . . . .14 C1
Albany Par [4]
TW8 . . . . .44 A4
Albany Pas [12]
TW10 . . . . .54 A2
Albany Rd
Camberwell SE5 . . . .49 A4
Richmond TW10 . . . .54 A2
[3] Stonebridge NW10 .20 C4
Albany St NW1 . . . .92 B4
Albany Terr [6]
TW10 . . . . .54 B2
Alba Pl W11 . . . . . .31 B3
Albemarle SW19 . . .69 C2
Albemarle Coll
W1 . . . . .117 A4
Albemarle Ho
[2] Brixton SW2 . . . .62 C1
Rotherhithe SE8 . . . .41 B2
Albemarle Mans
NW3 . . . . .11 A4
Albemarle Prim Sch
SW19 . . . . .70 A2
Albemarle St W1 . . .118 C3
Albemarle Way
EC1 . . . . .96 A1
Alberta Ct [1]
TW10 . . . . .54 B2
Alberta Ho E14 . . . .34 B1
Alberta St SE17 . . . .150 B2
Albert Ave SW8 . . . .162 C1
Albert Barnes Ho
SE1 . . . . .136 C1
Albert Bigg Point
E15 . . . . .27 B4
Albert Bridge Rd
SW11 . . . . .158 B1
Albert Cl [9] E9 . . . .25 A4
Albert Cotts [2]
E1 . . . . .111 B4
Albert Ct
Knightsbridge
SW7 . . . . .129 B3
[9] Putney SW19 . . .70 A3
Albert Dr SW19 . . . .70 A3
Albert Emb SE1 . . . .148 B3

Albert Gate Ct
SW1 . . . . .130 C3
Albert Gdns E1 . . . .32 C3
Albert Gray Ho
SW10 . . . . .157 B2
Albert Hall Mans
SW7 . . . . .129 B3
Albert Mans
Battersea SW11 . . . .168 C4
Hornsey N8 . . . . . .5 A4
Albert Meml★ SW7 . .129 B3
Albert Mews W8 . . .128 C2
Albert Palace Mans
SW11 . . . . .169 C4
Albert Pl W8 . . . . .128 B3
Albert Rd
Finsbury Pk N4 . . . .5 B4
Kilburn NW6 . . . . .23 B3
Richmond TW10 . . . .54 B2
Albert's Ctn N1 . . . .90 B2
Albert Sq SW8 . . . .162 C1
Albert St NW1 . . . .82 B3
Albert Starr Ho [7]
SE8 . . . . .40 C2
Albert Studios
SW11 . . . . .168 C4
Albert Terr
Camden Town
NW1 . . . . .81 B3
Stonebridge NW10 . .20 B4
Albert Terr Mews
NW1 . . . . .81 B3
Albert Way SE15 . . .50 A3
Albert Westcott Ho
SE17 . . . . .150 B2
Albion Ave SW8 . . . .171 B3
Albion Cl W2 . . . . .116 B4
Albion Coll WC1 . . .106 B3
Albion Ct [2] W6 . . . .39 A2
Albion Dr E8 . . . . .16 C1
Albion Est SE16 . . . .40 B4
Albion Gate W2 . . . .116 B4
Albion Gdns [1]
W6 . . . . .39 A2
Albion Gr N16 . . . . .16 A4
Albion Ho
[7] Deptford SE8 . . . .51 C3
EC1 . . . . .108 A4
Albion Mews
Bayswater W2 . . . . .116 B4
[6] Hammersmith
W6 . . . . .39 A2
Islington N1 . . . . .85 B4
Albion Pl
Broadgate EC2 . . . .109 C3
Clerkenwell EC1 . . . .108 A4
Hammersmith W6 . . .39 A2
Albion Prim Sch [34]
SE16 . . . . .40 B4
Albion Rd N16 . . . .15 C4
Albion Riverside
SW11 . . . . .158 A2
Albion Sq E8 . . . . .16 B1
Albion St
Bayswater W2 . . . . .116 B4
Rotherhithe SE16 . . .40 B4
Albion Terr E8 . . . . .16 B1
Albion Way
Barbican EC1 . . . .108 C3
Lewisham SE13 . . . .67 B3
Albion Wlk N1 . . . . .84 B1
Albion Works Studios
[14] E8 . . . . .16 C3
Albion Yd N1 . . . . .84 B1
Albon Ho SW18 . . . .59 A1

Albrighton Rd SE5,
SE22 . . . . .64 A4
Albury Bldgs SE1 . . .136 B3
Albury Ct SE8 . . . . .51 C4
Albury Lo [7] SW2 . .74 B4
Albyn Rd SE8 . . . . .51 C2
Alchemea Coll of
Audio Engineering
N1 . . . . .86 B4
Alconbury Rd E5 . . .7 C2
Aldbourne Rd
W12 . . . . .29 C1
Aldbridge St SE17 . .152 B2
Aldburgh Mews
W1 . . . . .103 C2
Aldbury Ho SW3 . . .144 A3
Aldebert Terr
SW8 . . . . .162 C1
Aldeburgh Pl SE10 . .43 C2
Aldeburgh St SE10 . .43 C1
Aldenham Ho NW1 . .83 A1
Aldenham St NW1 . .83 B1
Alden Ho E8 . . . . .25 A4
Aldensley Rd W6 . . .39 A3
Alderbrook Prim Sch
[17] SW12 . . . . . . .73 A4
Alderbrook Rd
SW12 . . . . .61 A1
Alderbury Rd
SW13 . . . . .46 C4
Aldergrove Ho [3]
E5 . . . . .7 C2
Alder Ho
Camberwell SE15 . . .49 B4
[1] Maitland Pk
NW3 . . . . .12 B2
St Johns SE4 . . . . .66 C4
Alderley Ho [38]
SW8 . . . . .171 B1
Alder Lo SW6 . . . . .47 C2
Aldermanbury
EC2 . . . . .109 A2
Aldermanbury Sq
EC2 . . . . .109 A3
Alderman's Wlk
EC2 . . . . .110 A3
Alder Mews [12] N19 . .4 B2
Alderney Ho [20]
N1 . . . . .15 B2
Alderney Mews
SE1 . . . . .137 B2
Alderney Rd E1 . . . .25 C1
Alderney St SW1 . . .146 B2
Alder Rd SW14 . . . .55 C4
Aldersford Cl SE4 . . .65 C3
Aldersgate St
EC1 . . . . .108 C3
Aldersgate St EC1 . .108 C3
Aldershot Rd NW6 . .23 B4
Alderson St W10 . . .23 A1
Alderton Rd SE24 . . .63 B4
Alderville Rd
SW6 . . . . .165 A2
Alderwick Ct N7 . . . .14 B2
Aldford St W1 . . . . .117 C2
Aldgate EC3 . . . . .110 B1
Aldgate East Sta
E1 . . . . .111 A2
Aldgate High St
EC3 . . . . .110 C1
Aldgate Sta EC3 . . . .110 C1
Aldham Ho SE4 . . . .51 B2
Aldine Ct W12 . . . . .30 B1
Aldine St W12 . . . . .39 B4

Aldington Ct [1]
E8 . . . . .16 C1
Aldred Rd NW6 . . . .10 C3
Aldren Rd SW17 . . . .71 B1
Aldrich Terr SW18 . .71 B2
Aldrick Ho N1 . . . . .85 A2
Aldridge Ct W11 . . .31 B4
Aldridge Rd Villas
W11 . . . . .31 B4
Aldsworth Cl W9 . . .88 A1
Aldwich Ho WC2 . . .107 A1
Aldworth Gr SE13 . . .67 B1
Aldwych WC2 . . . . .107 A1
Aldwych Bldgs
WC2 . . . . .106 B2
Aldwyn Ho SW8 . . .162 A1
Alexander Ave
NW10 . . . . .9 A1
Alexander Ct
SW18 . . . . .59 B2
Alexander Fleming
Laboratory Mus★
W2 . . . . .101 C2
Alexander Ho [16]
E14 . . . . .41 C3
Alexander Mews [2]
W2 . . . . .100 A2
Alexander Pl SW7 . .144 A4
Alexander Rd N19 . . .5 A2
Alexander Sq
SW3 . . . . .144 A4
Alexander St W2 . . .31 C3
Alexandra Ave
SW11 . . . . .169 B3
Alexandra Cl SE8 . . .51 B4
Alexandra Cotts
SE14 . . . . .51 B2
Alexandra Ct
Paddington W9 . . . .89 A2
[4] Shacklewell N16 . .16 B4
[5] Shepherd's Bush
W12 . . . . .38 C4
Alexandra Gdns
W4 . . . . .46 A3
Alexandra Gr N4 . . .6 A3
Alexandra Ho [13]
W6 . . . . .39 B1
Alexandra Mans
Chelsea SW3 . . . . .157 B3
Cricklewood NW2 . . .9 C3
[5] Hampstead NW6 . .10 C3
[5] Shepherd's Bush
W12 . . . . .30 B1
Alexandra National
Ho N4 . . . . .6 A2
Alexandra Pl NW8 . .79 A4
Alexandra Rd
Acton W4 . . . . . . .37 C4
Hampstead NW8 . . .11 C1
Mortlake SW14 . . . .55 C4
Richmond TW9 . . . .44 B1
Alexandra St
[5] Deptford SE14 . . .51 A3
Newham E16 . . . . .35 C4
Alex Gossip Ho
SW6 . . . . .165 B3
Alexis St SE16 . . . .153 C4
Alfearn Rd E5 . . . . .17 B4
Alfie's Antique Mkt★
NW8 . . . . .90 A1
Alford Ct N1 . . . . .87 A1
Alford Pl N1 . . . . .87 A1
Alfreda Ct SW11 . . .170 A3
Alfreda St SW11 . . .170 A3
Alfred Butt Ho
SW17 . . . . .72 B1

Alfred Cl W4 . . . . .37 C2
Alfred Ho E9 . . . . .18 A3
Alfred Mews W1,
WC1 . . . . .105 B4
Alfred Nunn Ho
NW10 . . . . .21 B4
Alfred Pl WC1 . . . . . .105 B4
Alfred Rd
Acton W3 . . . . .28 B1
Paddington W2 . . . . . . .31 C4
Alfred Salter Ho
SE1 . . . . .153 A3
Alfred Salter Prim
Sch SE16 . . . . .40 C4
Alfred St E3 . . . . .26 B2
Alfreton Cl SW19 . . . . .69 C1
Alfriston Rd SW11 . . . .60 B2
Algar Ho SE1 . . . . . . .136 A3
Algarve Rd SW18 . . . . .71 A3
Algernon Rd
Kilburn NW6 . . . . .23 C4
Lewisham SE13 . . . . . . .67 A3
Algiers Rd SE13 . . . . . .66 C3
Alice Gillott Ct
W14 . . . . .155 A4
Alice La E3 . . . . .26 B4
Alice Owen Tech Ctr
EC1 . . . . .96 A4
Alice Shepherd Ho
E14 . . . . .42 B4
Alice St SE1 . . . . .138 A1
Alice Walker Cl
SE24 . . . . .63 A3
Alie St E1 . . . . .111 A1
Aliwal Rd SW11 . . . . . .60 A3
Alkerden Rd W4 . . . . . .38 A1
Alkham Rd N16 . . . . . . .7 B2
Allam Ho
W11 . . . . . .31 A2 112 A4
Allanbridge N16 . . . . . . .7 A4
Allan Ho SW8 . . . . . . .171 A4
Allan Way W3 . . . . .28 B4
Allard Gdns SW4 . . . . .61 C2
Allardyce St SW4,
SW9 . . . . .62 B3
Allbrook Ho ▛ ▛
SE1 . . . . .68 C4
Allcroft Rd NW5 . . . . . .12 C3
Allendale Cl SE5 . . . . .48 C2
Allen Edwards Dr
SW8 . . . . .172 A4
Allen Edwards Prim
Sch SW4 . . . . .172 A3
Allenford Ho
SW15 . . . . .56 B1
All England Lawn
Tennis & Croquet
Club The SW19 . . . . .70 A1
Allen Ho W8 . . . . .127 C2
Allen Mans W8 . . . . . .127 C2
Allen Rd
Old Ford E3 . . . . .26 B3
Stoke Newington
N16 . . . . .16 A4
Allensbury Pl ▛
Camden Town
NW1 . . . . .13 C1
Camden Town NW1 . . . .14 A1
Allen St W8 . . . . .127 C1
Allenswood ▮▮
SW19 . . . . .70 A3
Allerdale Ho ▛ N4 . . . . .6 C4
Allerton Ho N1 . . . . . . .87 C1
Allerton Rd N16 . . . . . . .6 B2
Allerton St N1 . . . . .97 C4
Allerton Wlk ▛ N7 . . . . .5 B2

Allestree Rd SW6 . . . .154 A1
Alleyn Cres SE21 . . . . .75 C2
Alleyn Ho
Bermondsey SE1 . . . . .137 B1
St Luke's EC1 . . . . .97 A1
Alleyn Pk SE21 . . . . . . .76 A1
Alleyn Rd SE21 . . . . . . .76 A1
Alleyn's Sch SE22 . . . .64 A2
Allfarthing JMI Sch
SW18 . . . . .59 B1
Allfarthing La
SW18 . . . . .59 B1
Allgood St E2 . . . . .24 B3
Allhallows La EC4 . . . .123 B3
Alliance Ct W3 . . . . . . .28 A4
Alliance Rd W3 . . . . . . .20 A4
Allied Ind Est W3 . . . . .29 A1
Allied Way W3 . . . . . . .38 A4
Allingham Ct NW3 . . . .12 A3
Allingham Mews
N1 . . . . .86 C2
Allingham St N1 . . . . . .86 C2
Allington Ct ▮
SW8 . . . . .170 C1
Allington Rd W10 . . . . .23 A3
Allington St ▮ SW1 . . .132 B1
Allison Cl SE10 . . . . . . .52 B2
Allison Gr SE21 . . . . . . .76 A3
Allison Rd W3 . . . . .28 B2
Alliston Ho ▮
E2 . . . . .24 B2 99 A3
Allitsen Rd NW8 . . . . . .80 A2
All Nations Ho ▮▮
E8 . . . . .25 A4
Allnutt Way SW4 . . . . .61 C2
Allom Ct ▮▮ SW4 . . . . .172 C2
Allonby Ho E14 . . . . . . .33 A4
Alloway Rd E3 . . . . .26 A2
Allport Ho SE5 . . . . . . .63 C4
Allport Mews ▛▛
E1 . . . . .25 B1
All Saints CE Prim
Sch
▮ Fulham SW6 . . . . . .164 A2
Putney SW15 . . . . .57 B4
All Saints' CE Prim
Sch
Blackheath Vale
SE3 . . . . .53 A1
Child's Hill NW2 . . . . .1 B1
All Saints Church ▮
N19 . . . . .4 C1
All Saints Ct
Lower Clapton E5 . . . . . .17 B4
▮▮ Shadwell E1 . . . . . . .32 B2
All Saints Dr SE3 . . . . .53 B1
All Saints Ho ▮
W11 . . . . .31 B4
All Saints Pas
SW18 . . . . .58 C2
All Saints Rd W11 . . . . .31 B3
All Saints' Rd W3 . . . . .37 B3
All Saints St N1 . . . . . . .84 C2
All Saints Sta E14 . . . . .34 C2
Allsop Pl NW1 . . . . .91 A1
All Souls Ave
NW10 . . . . .22 A4
All Souls CE Prim Sch
W1 . . . . .104 C4
All Souls Pl W1 . . . . . .104 B3
Alma Birk Ho ▮
NW6 . . . . .10 B1
Almack Rd E5 . . . . .17 B4
Alma Gr SE1 . . . . .153 A3
Alma Ho ▮ TW8 . . . . . .44 A4
Alma Pl NW10 . . . . .22 A2

Alma Prim Sch ▮▮
SE16 . . . . .153 C4
Alma Rd SW18 . . . . . . .59 B2
Alma Sq NW8 . . . . .89 A4
Alma St
Camden Town
NW5 . . . . .13 A2
Stratford New Town
E15 . . . . .19 C2
Alma Terr
Earl's Ct W8 . . . . .127 C1
Wandsworth SW18 . . . . .71 C4
Almeida St ▮ N1 . . . . . .15 A1
Almeric Rd SW11 . . . . .60 B3
Almington St N4 . . . . . . .5 B3
Almond Ave W5 . . . . . . .36 A3
Almond Cl SE15 . . . . . .49 C1
Almond Ho SE4 . . . . . . .51 B1
Almond Rd SE16 . . . . . .40 A2
Almorah Rd N1 . . . . . . .15 C1
Al-Muntada Islamic
Sch SW6 . . . . .165 A4
Alperton St W10 . . . . . .23 B1
Alphabet Sq E3 . . . . . . .33 C4
Alpha Cl NW8 . . . . .90 B3
Alpha Ct ▮ NW5 . . . . . .13 A2
Alpha Gr E14 . . . . .41 C4
Alpha Ho
▮▮ Brixton SW4 . . . . . .62 B3
Kilburn NW6 . . . . .23 C3
Lisson Gr NW8 . . . . .90 B1
Alpha Pl
Chelsea SW3 . . . . .158 B4
Kilburn NW6 . . . . .23 C3
Alpha Rd SE14 . . . . . . .51 B2
Alpha St SE15 . . . . .49 C1
Alpine Gr ▮▮ E9 . . . . . .17 B1
Alpine Rd SE16 . . . . . . .40 C1
Alroy Rd N4 . . . . .5 C4
Alsace Rd SE17 . . . . . .152 A2
Al Sadiq High Sch for
Boys & Al Zahra Girls
Sch NW6 . . . . .23 A4
Alscot Rd SE1 . . . . . . .139 A1
Alscot Road Ind Est
SE1 . . . . .139 A1
Alscot Way SE1 . . . . . .152 C4
Altair Ct N1 . . . . .15 C2
Altenburg Gdns
SW11 . . . . .60 B3
Althea St SW6 . . . . . . .166 A4
Althorpe Mews
SW11 . . . . .167 C3
Althorp Rd SW17 . . . . .72 B3
Altima Ct SE22 . . . . . . .64 C3
Alton Ho ▮ E3 . . . . .27 A2
Alton Rd
Richmond TW10,
TW9 . . . . .54 A3
Roehampton SW15 . . . .68 C3
Alton St E14 . . . . .34 A4
Alumni Ct SE1 . . . . . . .139 A4
Alvanley Ct NW3 . . . . . .11 A3
Alvanley Gdns
NW6 . . . . .11 A3
Alvanley Ho ▮▮
SW9 . . . . .173 B4
Alverstone Ave SW18,
SW19 . . . . .71 A2
Alverstone Ho ▮▮
SE11 . . . . .163 B3
Alverstone Rd NW2 . . . .9 B1
Alverton St SE8 . . . . . . .51 B4
Alvey St SE17 . . . . . . .152 A2
Alvington Cres E8 . . . . .16 B3
Alwyn Ave W4 . . . . .37 C1

Alwyne La N1 . . . . .15 A1
Alwyne Pl N1 . . . . .15 B1
Alwyne Rd N1 . . . . .15 B1
Alwyne Sq N1 . . . . .15 B2
Alwyne Villas N1 . . . . . .15 A1
Alwyn Gdns W3 . . . . . . .28 A3
Alzette Ho ▮▮ E2 . . . . . .25 C3
Aman Dalvi Ho ▮
SW18 . . . . .59 C3
Amazonas SE1 . . . . . .152 B3
Amazon St E1 . . . . .32 A3
Ambassador Ct ▮
NW6 . . . . .11 A2
Ambassador Ho
NW8 . . . . .79 A4
Ambassador Sq
E14 . . . . .42 A2
Amber Ct N7 . . . . .14 C2
Ambergate St
SE17 . . . . .150 B2
Amberley Ct ▮
SW9 . . . . .63 A4
Amberley Rd W9 . . . . . .31 C4
Amber Wharf ▮▮
E2 . . . . .24 B4
Ambler Prim Sch ▮
N4 . . . . .6 A2
Ambler Rd N4 . . . . .6 A1
Ambleside
▮▮ Putney SW19 . . . . . .70 A3
Regent's Pk NW1 . . . . . .82 B1
Ambleside ▮ E9 . . . . . .17 B3
Ambleside Point ▮
SE15 . . . . .50 B3
Ambleside Rd
NW10 . . . . .8 B1
Ambrosden Ave
SW1 . . . . .133 A1
Ambrose Ho ▮
E14 . . . . .33 C4
Ambrose Mews ▮
SW11 . . . . .168 C2
Ambrose St SE16 . . . . .40 A2
Ambrose Wlk ▮ E3 . . . .26 C3
AMC Bsns Ctr
NW10 . . . . .20 A2
Amelia Cl W3 . . . . .37 A4
Amelia Ho ▮ W6 . . . . . .39 B1
Amelia St SE17 . . . . . .150 C2
Amen Cnr EC4 . . . . . . .108 B1
Amen Ct EC4 . . . . .108 B1
American
Intercontinental Univ
W1 . . . . .103 C3
American Sch in
London The NW8 . . . .79 B2
American Univ in
London The ▮ N7 . . . .5 B2
America Sq EC3 . . . . . .124 C4
America St SE1 . . . . . .122 C1
Amerland Rd
SW18 . . . . .58 B1
Amersham Gr
SE14 . . . . .51 B3
Amersham Rd
SE14 . . . . .51 B2
Amersham Vale SE14,
SE8 . . . . .51 B3
Amery Gdns NW10 . . . .22 A4
Amery Ho SE17 . . . . . .152 B2
Amesbury Ave
SW2 . . . . .74 B2
Amesbury Twr ▮
SW8 . . . . .170 C2
Ames Cotts ▮▮ E3 . . . .33 A4
Ames Ho ▮▮ E2 . . . . . . .25 C3

Amethyst Rd E15 . . . . .19 C4
Amhurst Ct N4 . . . . .6 C4
Amhurst Par N16 . . . . . .7 B4
Amhurst Pk N4, N16 . . .7 A4
Amhurst Rd E8,
N16 . . . . .16 C4
Amhurst Terr E8 . . . . . .16 C4
Amias Ho EC1 . . . . .96 C2
Amiel St E1 . . . . .25 B1
Amies St SW11 . . . . . . .60 B4
Amigo Ho SE1 . . . . . . .135 C2
Amina Way SE16 . . . . .139 B1
Amner Rd SW11 . . . . . .60 C1
Amor Rd W6 . . . . .39 B3
Amory Ho N1 . . . . .85 A2
Amott Rd SE15 . . . . . . .64 C4
Amoy Pl E14 . . . . .33 C2
Ampton Pl WC1 . . . . . . .94 C3
Ampton St WC1 . . . . . . .94 C3
Amstel Ct ▮▮ SE15 . . . .49 B3
Amsterdam Rd
E14 . . . . .42 B3
Amundsen Ct ▮
E14 . . . . .41 C1
Amwell St EC1 . . . . .95 B4
Amyruth Rd SE4 . . . . . .66 C2
Anatola Rd N19 . . . . . . .4 B2
Anchorage Point ▮
E14 . . . . .41 C4
Anchor Ho EC1 . . . . . . .96 C2
Anchor Mews
SW12 . . . . .61 A1
Anchor Ret Pk E1 . . . . .25 B1
Anchor St SE16 . . . . . . .40 A2
Anchor Terr SE1 . . . . .123 A2
Anchor Yd EC1 . . . . .97 A2
Ancill Cl W6 . . . . .154 A3
Ancona Rd NW10 . . . . .21 C3
Andalus Rd SW9 . . . . . .62 A4
Andaman Ho ▮
E1 . . . . .33 A4
Andersens Wharf ▮
E14 . . . . .33 B3
Anderson Cl W3 . . . . . .28 C3
Anderson Ho ▮▮
E14 . . . . .34 B2
Anderson Rd E9 . . . . . .17 C2
Andersons Sq N1 . . . . .86 A3
Anderson St SW3 . . . .144 C2
Anderson St SE15 . . . .63 C4
Andover Ho ▮ N7 . . . . . .5 B2
Andover Pl NW6 . . . . . .78 A1
Andover Rd N7 . . . . .5 B2
Andoversford Ct ▮
SE15 . . . . .49 A4
Andre St E8 . . . . .16 C3
Andrew Borde St
WC2 . . . . .105 C2
Andrewes Ho EC2 . . . .109 A3
Andrew Ho
New Cross SE4 . . . . .51 B1
Putney SW15 . . . . .56 C2
Andrew Logan's
Glasshouse*
SE1 . . . . .138 A4
Andrew Marvell Ho ▮
N16 . . . . .16 A4
Andrew Pl SW8 . . . . . .171 C4
Andrew Reed Ho ▮
SW18 . . . . .70 A4
Andrews Crosse
WC2 . . . . .107 B1
Andrew's Rd E8 . . . . . .25 A4
Andrew St E14 . . . . . . .34 B3

Andrews Wharf 14
E8 . . . . .25 A4
Andrews Wlk SE17. .48 A4
Anfield Cl SW12 . . .73 B4
Angel EC1. . . . . .86 B1
Angela Carter Cl
SW9 . . . . .62 C4
Angela Davis Ind Est
20 SW9 . . . . .63 A3
Angel Ct
Broadgate EC2 . . . .109 C2
St James SW1 . . . . .119 A1
5 Willesden NW2 . . .8 C2
Angel Gate EC1 . . . . .96 B4
Angel Ho N1 . . . . .85 C1
Angelina Ho 2
SE15 . . . . .49 C2
Angelis Appartments
N1. . . . . .86 B1
Angel La E15 . . . . . . .19 C2
Angell Park Gdns 4
SW9 . . . . .62 C4
Angell Rd SW9 . . . . . .63 A4
Angel Mews
Finsbury N1. . . . . . . .85 C1
Putney SW15 . . . . . .68 C4
Stepney E1. . . . . . . .32 A2
Angel Pas EC4 . . . . .123 B3
Angel Pl SE1 . . . . . . .137 B4
Angel Sq N1 . . . . .85 C1
Angel St EC1. . . . . . .108 C2
Angel Wlk W6 . . . . . .39 B2
Angerstein Bsns Pk
SE10 . . . . .43 B2
Angerstein La SE3 . . .53 B2
Anglebury 5 W2 . . . .31 C3
Anglers La NW5 . . . . .13 A2
Anglesey Ho 13
E14 . . . . .33 C3
Anglia Ho 3 E14 . . . .33 A3
Anglo American
Laundry SW17 . . . . .71 B1
Anglo Rd 10 E3 . . . . .26 B3
Angrave Ct 8 E8 . . . .24 B4
Angrave Pas 7 E8 . . .24 B4
Angus Ho 12
SW12 . . . . .73 C4
Angus St SE14 . . . . . .51 A3
Anhalt Rd SW11 . . . .158 B2
Animals in War
Meml* W1. . . . . . . .117 A4
Anley Rd W14 . . . . . . .39 C4
Annabel Cl E14. . . . . .34 A3
Anna Cl E8 . . . . .24 B4
Annandale Rd
Chiswick W4 . . . . . . .38 A1
Greenwich SE10 . . . . .43 B1
Anne Goodman Ho 3
E1 . . . . .32 B3
Anne Kerr Ct 18
SW15 . . . . .57 C1
Anne's Ct NW8 . . . . . .90 B2
Annesley Ho 5
SW9 . . . . .173 B4
Annesley Wlk N19. . . .4 B2
Annette Cres 18
N1. . . . . .15 B1
Annette Ct N7 . . . . . . .5 B1
Annette Rd N7 . . . . . .14 B4
Annie Besant Cl
E3 . . . . .26 B4

Anning St
EC2 . . . . .24 A1 98 B2
Annis Rd E9 . . . . .18 A2
Ann La SW10 . . . . . .157 B3
Ann Moss Way
SE16 . . . . .40 B3
Ann's Cl SW1 . . . . . . .131 B3
Ann's Pl E1 . . . . .110 C3
Ansdell Rd SE15 . . . . .50 B1
Ansdell St W8 . . . . . .128 B2
Ansdell Terr W8 . . . . .128 B2
Ansell Ho E1 . . . . .32 B4
Ansell Rd SW17 . . . . .72 B1
Anselm Rd SW6 . . . .155 B3
Ansleigh Pl W11 . . . . .30 C2
Anson Ho
Pimlico SW1 . . . . . .160 C4
1 Tower Hamlets
E1 . . . . .26 A1
Anson Prim Sch
NW2 . . . . .9 C3
Anson Rd
Cricklewood NW2 . . . .9 B3
Tufnell Pk N7 . . . . . .13 C4
Anstey Ct 8 W3 . . . . .37 A4
Anstey Ho 9 E9 . . . . .25 B4
Anstey Rd SE15 . . . . .64 C4
Anstice Cl W4 . . . . . . .46 A3
Antenor Ho 11 E2 . . . .25 A3
Anthony Cope Ct
N1. . . . . .97 C4
Anthony Ho NW8 . . . .90 A1
Anthony St E1. . . . . . .32 A3
Antilles Bay 19
E14 . . . . .42 B4
Antilles Ho W3 . . . . . .28 C3
Antill Rd E3 . . . . .26 A2
Antill Terr 5 E1 . . . . .32 C3
Antonine Hts SE1 . . .138 A3
Anton St E8 . . . . .16 C3
Antony Ho
2 Deptford SE14 . . . .50 C3
2 Rotherhithe
SE16 . . . . .40 B2
Antrim Gr NW3. . . . . .12 B2
Antrim Ho SW11 . . . .60 C4
Antrim Mans NW3 . . .12 B2
Antrim Rd NW3 . . . . .12 B2
Antrobus Rd W4 . . . . .37 B3
**AOP Gall* G22 . . . . . .98 A2
Apex Ind Est 5
NW10 . . . . .21 B1
Aphrodite Ct 11
E14 . . . . .41 C2
Apollo Bldg 2
E14 . . . . .41 C2
Apollo Ho
Chelsea SW10 . . . . .157 B3
32 Hackney E2 . . . . .25 A3
Highgate N6 . . . . .3 B4
Apollo Ind Bsns Ctr 22
SE8 . . . . .50 C4
Apollo Pl SW10 . . . .157 B2
Apollo Studios 13
NW5 . . . . .13 C3
Apothecary St
EC4 . . . . .108 A1
Appach Rd SW2 . . . . .62 C1
Appleby St 5
Hackney E8. . . . . . . .16 C1
Newham E16 . . . . . . .35 C3
Appleby St E2 . . . . . .24 B3
Appledore Cl SW12,
SW17 . . . . .72 B2
Appleford 8 NW5. . . .13 B3

Appleford Ho 6
W10 . . . . .23 A1
Appleford Rd W10. . . .23 A1
Applegarth Ho
Borough The SE1 . . .136 B4
7 Camberwell
SE15 . . . . .49 C3
Applegarth Rd
W14 . . . . .39 C3
**Apple Mkt* WC2 . . . .120 B4
Appleshaw Ho 6
SE5 . . . . .64 A4
Appleton Ct 20 E8. . .17 A3
Appletree Ct SE13 . . .67 C3
Apple Tree Yd
SW1 . . . . .119 A2
Appold St EC2 . . . . . .110 A4
Apollo Ct 7
SW9 . . . . .173 B4
Apprentice Way 5
E5 . . . . .17 A4
Approach Cl N16 . . . .16 A4
Approach Rd E2 . . . . .25 B3
Approach The W3 . . . .28 C3
April Ct 20 E2 . . . . . .24 C3
April St E8 . . . . .16 B4
Apsley Ho
Stepney E1 . . . . .32 B4
St John's Wood
NW8 . . . . .79 B2
**Apsley Ho, The
Wellington Mus*
SW1 . . . . .131 C4
Apsley Way W1 . . . . .131 C4
Aquila St NW8 . . . . . .79 C2
Aquinas St SE1 . . . . .121 C1
Arabella Ct NW8 . . . . .79 A2
Arabella Dr SW15. .56 A3
Arabian Ho 8 E1 . . . .26 A1
Arabin Rd SE4 . . . . . .66 B3
Aragon Twr SE8 . . . . .41 B2
Arakan Ho 4 N16 . . . .15 C4
Aral Ho 14 E1 . . . . . .25 C1
Arapiles Ho 6
E14 . . . . .34 C3
Arbery Rd E3 . . . . . . .26 A3
Arbon Ct N1. . . . . . . .87 A3
Arbor Ct N16. . . . . . . .6 C2
Arborfield Cl SW2 . . .74 B3
Arborfield Ho 7
E14 . . . . .33 C2
Arbour Ho 3 E1 . . . . .32 C3
Arbour Sq E1. . . . . . . .32 C3
Arbuthnot Rd
SE14 . . . . .50 C1
Arbutus St E8 . . . . . .24 B4
Arcade The
Broadgate EC2 . . . . .110 A3
1 Tufnell Pk N7. . . . .14 A4
Arcade Ho SW6 . . . . .164 B4
Arcadian Ho 21 SW18.70 A4
Arcadia St E14 . . . . . .33 C3
Arcadia Univ W2 . . . . .114 A3
Archangel St SE16. . . .40 C4
**Archbishop Coggan
Ho** SE13. . . . . .67 C3
Archbishop's Pl 1
SW2 . . . . .74 B4
**Archbishop Sumner
CE Prim Sch**
SE11 . . . . .149 C3
**Archbishop Tenison's
Sch** SE11 . . . . .163 A3
Archdale Ct W12 . . . . .30 A1
Archdale Ho SE1 . . . .138 C2
Archdale Rd SE22 . . . .64 B3

Archel Rd W14 . . . . .154 C4
Archer Ho
1 Battersea
SW11 . . . . .167 C2
24 Hoxton N1 . . . . . .24 A4
1 New Cross SE14. . .51 A2
Notting Hill
W11 . . . . .31 B2 113 A4
Archers Lo 27
SE16 . . . . .153 C1
Archer Sq SE14 . . . . .51 A4
Archer St W1 . . . . . . .119 B4
Archery Cl W2 . . . . . .102 B1
Archery Fields Ho
WC1 . . . . .95 B4
Archery Stps W2 . . . .116 B4
Arches The WC2 . . . .120 B2
Archibald Mews
W1 . . . . .118 A3
Archibald Rd N7. . . . .13 C4
Archibald St E3 . . . . .26 C2
Archie St SE1 . . . . . .138 B3
Arch St SE1 . . . . .136 C1
Archway N19 . . . . .4 B2
Archway Bsns Ctr 5
N19. . . . . .4 C1
Archway Cl
North Kensington
W10 . . . . .30 C4
1 Upper Holloway
N19. . . . . .4 B2
Archway Hts 5
N19. . . . . .4 B3
Archway L Ctr N19 . . .4 B2
Archway Mews
SW15 . . . . .58 A3
Archway Rd N6. . . . . . .4 A4
Archway SW13,
SW14 . . . . .56 A4
Archway Sta N19 . . . . .4 B2
Arcola St E8 . . . . .16 B3
Arctic St NW5 . . . . . .13 A3
Ardbeg Rd SE24 . . . . .63 C2
Arden 17 SW19 . . . . .69 C3
Arden Cres E14. . . . . .41 C2
Arden Ho
21 Hoxton N1 . . . . . .24 A3
22 Stockwell SW9 . .172 B1
24 Vauxhall SE11 . . .148 C3
Ardent Ho 30 E3. . . . .26 A3
Ardilaun Rd N5. . . . . .15 B4
Ardleigh Rd N1 . . . . . .16 A2
Ardlui Rd SE27 . . . . . .75 B2
Ardmere Rd SE13. . . . .67 C1
Ardshiel Cl 6
SW15 . . . . .57 C4
Ardwell Rd SW2 . . . . .74 A2
Ardwick Rd NW2 . . . .10 C4
Ares Ct 18 E14 . . . . . .41 C2
Arethusa Ho 8
E14 . . . . .42 A2
Argo Bsns Ctr 7
NW6 . . . . .23 C2
Argon Mews SW6 . . .155 C1
Argos Ct 5 SW9 . . . .173 B4
Argos Ho 8 E2 . . . . . .25 A3
Argosy Ho
Fitzrovia W1 . . . . .92 B1
Rotherhithe SE8 . . . .41 A2
Argyle Ho E14 . . . . . . .42 B3
Argyle Mans 4
NW2 . . . . .1 B2
Argyle Pl W6 . . . . . . .39 A2
Argyle Prim Sch
WC1 . . . . .94 A4
Argyle Rd E1 . . . . .25 C1

Argyle Sq WC1 . . . . .94 B3
Argyle St WC1 . . . . . .94 B4
Argyle Way SE16 . . . .153 C1
Argyle Wlk WC1 . . . . .94 B3
Argyll Cl SW9 . . . . . . .62 B4
Argyll Ct 15 SW2 . . . .74 B4
Argyll Mans
Chelsea SW3 . . . . . .157 C4
West Kensington
W14 . . . . .140 B4
Argyll Rd W8 . . . . . . .127 C3
Argyll St W1 . . . . . . .104 C1
Arica Ho SE16 . . . . . . .40 A3
Arica Rd SE4 . . . . .66 A4
Ariel Ct
5 Hammersmith
W12 . . . . .38 C3
Newington SE11 . . . .150 A3
Ariel Rd NW6 . . . . . . .10 C2
Ariel Way W11,
W12 . . . . .30 B1
Aristotle Rd SW4 . . . .61 C4
Arizona Bldg 10
SE13 . . . . .52 A2
Arkansas Ho 21
N19 . . . . .4 C4
Ark Ct N16 . . . . .7 C2
Arklow Ho SE17 . . . . .48 C4
Arklow Rd SE14 . . . . .51 B4
Arklow Road Trad Est
SE14 . . . . .51 B4
Arkwright Ho 23
SW2 . . . . .74 A4
Arkwright Mans 1
NW3 . . . . .11 B3
Arkwright Rd NW3 . . .11 B3
Arlesey Cl SW15 . . . . .58 A2
Arlesford Rd SW9 . . . .62 A4
Arlidge Ho EC1. . . . . .107 C4
Arlingford Rd
SW2 . . . . .62 C1
Arlington Ave N1. . . . .87 A3
Arlington Cl SE13. . . . .67 C2
Arlington Ct 13
W3 . . . . .28 A1
Arlington Gdns
W4 . . . . .37 B1
Arlington Ho
8 Deptford SE8 . . . . .51 B4
Finsbury EC1 . . . . . . .95 C4
1 Shepherd's Bush
W12 . . . . .30 A1
Arlington Lo SW2 . . . .62 B3
Arlington Park Mans
1 W4. . . . . .37 B1
Arlington Pl 7
SE10 . . . . .52 B3
Arlington Rd NW1. . . .82 B3
Arlington Sq N1. . . . . .87 A3
Arlington St SW1 . . . .118 C2
Arlington Way EC1 . . .95 C4
Armada Ct 17 SE8 . . .51 C4
Armada St 10 SE8 . . .51 C4
Armagh Rd E3 . . . . . .26 B4
Arminger Rd W12 . . . .30 A1
Armitage Ho
NW1 . . . . .102 B4
Armitage Rd
Golders Green
NW11 . . . . .1 B3
Greenwich SE10 . . . . .43 B1
Armour Cl N7 . . . . . . .14 B2
Armoury Ho E3 . . . . . .26 A4
Armoury Rd SE8 . . . . .52 A1

Armoury Way
SW18 . . . . 58 C2
Armsby Ho 17 E1 . . . 32 B4
Armstrong Ho 8
SW15 . . . . 57 C1
Armstrong Rd
East Acton W3 . . . . . 29 B1
Knightsbridge SW7 129 B1
10 Willesden NW0 . . . 8 A4
Arnal Cres SW18 . . . 70 A4
Arncliffe NW6 . . . . . 78 B3
Arndale Wlk 6
SW18 . . . . 59 A2
Arne Ho SE11 . . . . . 148 C2
Arne St WC2 . . . . . . 106 B1
Arneway St SW1 . . . 133 C1
Arnewood Cl
SW15 . . . . 68 C3
Arnhem Pl E14 . . . . . 41 C3
Arnhem Way 3
SE22 . . . . 64 A2
Arnhem Wharf
E14 . . . . 41 C3
Arnhem Wharf Prim
Sch E14 . . . . 41 C3
Arnold Cir
E2 . . . . 24 B2 98 C3
Arnold Est SE1 . . . . 139 A3
Arnold Ho
Newington SE17 . . . 150 B1
1 Stoke Newington
N16 . . . . 7 A1
Arnold House Sch
NW8 . . . . 89 C3
Arnold Rd E3 . . . . . . 26 C1
Arnot Ho 27 SE5 . . . . 48 B3
Arnott Cl W4 . . . . . . 37 C2
Arnould Ave SE5 . . . 63 C3
Arnside Ho 1
SE17 . . . . 48 C4
Arnside St SE17 . . . . 48 B4
Arodene Rd SW2 . . . 62 B1
Arragon Rd SW18 . . 70 C3
Arran Ho
5 Canary Wharf
E14 . . . . 34 B1
Stoke Newington N4 . . 6 B4
Arran Wlk N1 . . . . . . 15 B1
Arrol Ho SE1 . . . . . . 137 A1
Arrowe Ct 6 E5 . . . . 17 A4
Arrow Ho 28 N1 . . . . 24 A4
Arrow Rd E3 . . . . 27 A2
Arrowsmith Ho
SE11 . . . . 148 C2
Arsenal Sta N5 . . . . . 15 A4
Arta Ho 32 E1 . . . . . . 32 B3
Artcadia Lifestyle★
EC2 . . . . 110 B4
Artemis Ct 14 E14 . . 41 C2
Artemis Pl SW18 . . . 70 B4
Artesian Rd W2 . . . . 31 C3
Arthur Ct
Battersea SW11 . . . 169 C3
10 North Kensington
W10 . . . . 30 C3
Paddington W2 . . . . 100 A2
Arthur Deakin Ho 1
E1 . . . . 111 B4
Arthurdon Rd SE4 . . 66 C2
Arthur Henderson Ho
6 Fulham SW6 . . . . 164 C2
2 Crouch End N19 . . . 4 C4
Arthur Newton Ho 2
SW11 . . . . 59 C4
Arthur Rd N7 . . . . . . 14 B4
Arthur St EC4 . . . . . 123 C4

Arthur Wade Ho 7
E2 . . . . 24 B2 99 A4
Artichoke Hill 3
E1 . . . . 32 A2
Artichoke Mews 5
SE5 . . . . 48 C2
Artichoke Pl SE5 . . . 48 C2
Artillery Ho
Bow E3 . . . . 26 A4
Westminster SW1 . . 133 B1
Artillery La
Broadgate E1 . . . . . . 110 B3
North Kensington
W12 . . . . 29 C3
Artillery Pas E1 . . . . 110 B3
Artillery Pl SW1 . . . 133 B1
Artillery Row
SW1 . . . . 133 B1
Artisan Ct E8 . . . . . . 16 C2
Artisan Mews 9
NW10 . . . . 22 C2
Artisan Quarter 5
NW10 . . . . 22 C2
Artizan St E1 . . . . . . 110 B2
Arton Wilson Ho 8
SW15 . . . . 56 C2
Art Pilgrim★ NW3 . 11 C1
Arts Educational Sch
The 10 W4 . . . . 38 A2
Arundel Bldgs
SE1 . . . . 138 B1
Arundel Cl SW11 . . . 60 A2
Arundel Ct
Barnes SW13 . . . . . . 47 A4
Chelsea SW3 . . . . . . 144 B2
Putney SW15 . . . . . . 57 C2
Arundel Gdns
W11 . . . . 31 B2 112 C4
Arundel Gr N16 . . . . 16 A3
Arundel Ho
Islington N1 . . . . 86 B4
Richmond TW10 . . . . 54 C2
3 South Acton W3 . . 37 A4
Arundel Lo 9 N19 . . . 5 A2
Arundel Mans
Barnes SW13 . . . . . . 47 A4
Fulham SW6 . . . . . . 165 A4
Arundel Pl N1, N7 . . . 14 C2
Arundel Sq N7 . . . . . 14 C2
Arundel St WC2 . . . 121 A4
Arundel Terr
SW13 . . . . 47 A4
Arungford Mews 12
SW2 . . . . 62 C2
Arvon Rd N5 . . . . 14 C3
Asaph Ho SE14 . . . . . 51 A2
Ascalon Ct 16 SW2 . 74 B4
Ascalon Ho SW8 . . . 160 C1
Ascalon St SW8 . . . 160 C1
Ascham St NW5 . . . . 13 B3
Ascot Ct
8 Brixton SW4 . . . . . 62 A3
St John's Wood
NW8 . . . . 89 B3
Ascot Ho
6 Acton Green
W4 . . . . 37 B1
1 Paddington W9 . . . 31 C4
Regent's Pk NW1 . . . 92 B4
Ascot Lo 6 NW6 . . . . 78 B2
Ascot Par 9 SW4 . . . 62 A3
Ascot Ave N5 . . . . . . 36 A4
Ashbourne Coll
W8 . . . . 128 A3
Ashbourne Ct E5 . . . 18 A4

Ashbourne Gr
Chiswick W4 . . . . . . 38 A1
East Dulwich SE22 . . 64 B3
Ashbridge Ct 3
W6 . . . . 39 A3
Ashbridge St NW8 . . 90 A1
Ashbrook Rd N19 . . . 4 C2
Ashburn Gdns
SW7 . . . . 142 C4
Ashburnham Gr
SE10 . . . . 52 A3
Ashburnham Pl
SE10 . . . . 52 A3
Ashburnham Prim Sch
SW10 . . . . 157 B2
Ashburnham Rd
Chelsea SW10 . . . . . 157 A1
Kensal Rise NW10 . . 22 B3
Ashburnham Retreat
4 SE10 . . . . 52 A3
Ashburnham Twr
SW10 . . . . 157 B2
Ashburn Pl SW7 . . . 142 C3
Ashburton Mans
SW10 . . . . 157 A2
Ashburton Rd E16 . . 35 C3
Ashbury Rd SW11 . . 60 C4
Ashby Ct NW8 . . . . . . 89 C2
Ashby Gr N1 . . . . 15 B1
Ashby Ho
8 Brixton SW9 . . . . . 48 A1
1 Islington N1 . . . . . 15 B1
Ashby Mews
10 Clapham Pk
SW2 . . . . 62 A2
New Cross SE4 . . . . . 51 B1
Ashby Rd SE4 . . . . . . 51 B1
Ashby St EC1 . . . . . . 96 B3
Ashchurch Ct 2
W12 . . . . 38 C3
Ashchurch Gr
W12 . . . . 38 C3
Ashchurch Park Villas
W12 . . . . 38 C3
Ashchurch Terr
W12 . . . . 38 C3
Ashcombe Ct 4
SW15 . . . . 58 A2
Ashcombe Ho 39
E3 . . . . 27 A2
Ashcombe St
SW6 . . . . 166 A1
Ashcroft Ho SW8 . . 170 C4
Ashcroft Rd E3 . . . . . 26 A2
Ashcroft Sq 4 W6 . . 39 B2
Ashcroft Tech Acad
SW15 . . . . 58 A2
Ash Ct
Clapham SW11 . . . . . 60 C4
Marylebone W1 . . . . 102 C2
6 Rotherhithe
SE16 . . . . 33 A1
Upper Holloway N19 . . 4 C2
Ashdale Ho N4 . . . . . . 6 C4
Ashdene 6 SE15 . . . . 50 A3
Ashdon Rd NW10 . . . 21 B4
Ashdown N19 . . . . 5 C2
Ashdown Cres
NW5 . . . . 12 C3
Ashdown Ct SE22 . . . 76 C3
Ashdown Ho 7 E5 . . . 7 C2
Ashdown Way
SW17 . . . . 72 C2
Ashdown Wlk 20
E14 . . . . 41 C2
Ashenden SE17 . . . . 151 A4

Ashenden Rd E5 . . . . 18 A3
Ashen Gr SW19 . . . . 70 C2
Ashentree Ct EC4 . . 107 C1
Asher Way E1 . . . . . 125 C3
Ashfield Ho 5 N5 . . . 15 B3
Ashfield Rd W3 . . . . 29 B1
Ashfield St
E1 . . . . 32 B4
4 Whitechapel E1 . . . 32 A4
Ashfield Yd 27 E1 . . . 32 B4
Ashford Ct NW2 . . . . 9 C4
Ashford Ho
8 Brixton SW9 . . . . . 63 A3
7 Deptford SE8 . . . . 51 B4
Ashford Rd NW2 . . . . 9 C4
Ashford St
N1 . . . . 24 A2 98 A4
Ash Gr
Cricklewood NW2 . . . 10 A4
Ealing W5 . . . . 36 A3
Hackney E8 . . . . 25 A4
Ashgrove Ct 9
W9 . . . . 31 C4
Ashgrove Rd SW16 . 147 C2
Ash Ho
3 Canary Wharf
E14 . . . . 42 B4
Fulham SE1 . . . . . . 153 A3
Ashington NW5 . . . . 13 A2
Ashington Ho 18
E1 . . . . 25 A1
Ashington Rd
SW6 . . . . 165 A1
Ashland Pl W1 . . . . . 103 B4
Ashleigh Ho SW14 . . 56 A4
Ashleigh Rd SW14 . . 56 A4
Ashley Cres SW11 . . 60 C4
Ashley Ct
Hampstead NW3 . . . 11 A3
10 Kingsland N16 . . . 16 A4
Ashley Pl SW1 . . . . . 132 C1
Ashley Rd
Hornsey N19 . . . . 5 A4
Richmond TW9 . . . . . 54 A4
Ashlin Rd E15 . . . . . 19 C4
Ash Lo SW6 . . . . 47 C2
Ashlone Rd SW15 . . . 57 C4
Ashmead Bsns Ctr 2
E16 . . . . 27 C1
Ashmead Ho E9 . . . . 18 A3
Ashmead Mews 1
SE8 . . . . 51 C1
Ashmead Prim Sch
SE8 . . . . 51 C1
Ashmead Rd SE8 . . . 51 C1
Ashmere Gr 11 SW2,
SW4 . . . . 62 A3
Ashmere Ho 10
SW2 . . . . 62 A3
Ashmill St NW1 . . . . 102 A4
Ashmole Prim Sch
SW8 . . . . 163 A3
Ashmole St SW8 . . . 163 A3
Ashmore NW1 . . . . . 13 C1
Ashmore Cl SE15 . . . 49 B3
Ashmore Ho W14 . . 126 B1
Ashmore Rd W9 . . . . 23 B2
Ashmount Prim Sch
N19 . . . . 4 C4
Ashmount Rd N19 . . . 4 C4
Ashpark Ho 4
E14 . . . . 33 A3
Ashtead Ct 18
SW19 . . . . 69 C3
Ashtead Rd E5 . . . . . . 7 C4

Arm–Ast **179**

Ashton Ho
15 Kennington
SW9 . . . . 163 C1
Roehampton SW15 . . 69 A4
Ashton Rd E15 . . . . . 19 C3
Ashton St E14 . . . . . . 34 B2
Ashurst Lo 4 N5 . . . . 15 A3
Ashwin St E8 . . . . . . 16 B2
Ashworth Cl SE5 . . . 48 C1
Ashworth Mans
W9 . . . . 88 B3
Ashworth Rd W9 . . . 88 B3
Aske Ho 2
N1 . . . . 24 A2 98 A4
Asker Ho N7 . . . . 14 A4
Aske St N1 . . . . 24 A2 98 A4
Askew Cres W12 . . . 38 C4
Askew Mans 14
W12 . . . . 38 C4
Askew Rd W12 . . . . . 38 C4
Askham Ct W12 . . . . 29 C1
Askham Rd W12 . . . . 29 C1
Askill Dr SW15 . . . . . 58 A2
Asland Rd E15 . . . . . 27 C4
Aslett St SW18 . . . . . 71 B4
Asmara Rd NW2 . . . . 10 A3
Asolando Dr SE17 . . 151 A3
Aspect Ho 4 E14 . . . 42 B4
Aspen Cl
Ealing W5 . . . . 36 B4
4 Upper Holloway
N19 . . . . 4 B2
Aspen Ct
17 Acton W3 . . . . . . 28 B3
12 Hackney E8 . . . . . 16 C3
Richmond TW9 . . . . . 44 C3
Aspen Gdns 2
W6 . . . . 39 A1
Aspen Ho
5 Deptford SE15 . . . 50 B4
3 Maitland Pk
NW3 . . . . 12 B2
Aspen Way
NW3 . . . . 44 C3
Aspenlea Rd W6 . . . . 47 C4
Aspen Way E14 . . . . 34 B2
Aspern Gr NW3 . . . . 12 A3
Aspinall Ho SW12 . . 74 A3
Aspinall Rd SE4 . . . . 65 C4
Aspinden Rd SE16 . . 40 A2
Aspire Bld 10
SW15 . . . . 58 B2
Aspley Rd SW18 . . . . 59 A2
Assam SE1 . . . . 125 A1
Assam St E1 . . . . 111 B2
Assata Mews N1 . . . . 15 A2
Assembly Pas E1 . . . 32 B4
Assisi Ct SW12 . . . . . 72 B3
Astbury Bsns Pk 5
SE15 . . . . 50 B2
Astbury Ho SE11 . . . 135 B1
Astbury Rd SE15 . . . 50 B2
Astell St SW3 . . . . . 144 B2
Aster Ho 3 SE13 . . . 52 B1
Aste St E14 . . . . 42 B4
Astey's Row 1 N1 . . 15 B1
Astle St SW11 . . . . . 169 C2
Astley Ave NW2 . . . . . 9 B3
Astley Ho
Fulham SE1 . . . . . . 153 A2
30 Paddington W2 . . 31 C4
Aston Ct N4 . . . . 6 B2
Aston Ho
Notting Hill
W11 . . . . 31 B2 113 A4

Aston Ho continued
South Lambeth
SW8 ....**171** B3
Aston St E14 ....33 A4
Astonville St
SW18 ....70 C3
Astor Ct SW6 ....**156** C1
Astoria Mans 18
SW16 ....74 A1
Astoria Par SW16..74 A1
Astoria Wlk SW9 ..62 C4
Astra Ho
4 Bow E3 ....26 B2
Hornsey N4 ....5 B4
Astrop Mews W6 ..39 B3
Astrop Terr W6 ....39 B4
Astwood Mews
SW7 ....**142** C4
Asylum Rd SE15 ....50 A3
Atalanta St
SW6 ....47 C3 **154** A1
Atheldene Rd
SW18 ....71 B3
Athelstan Gr 2 ....26 B3
Athelstane Mews
N4 ....5 C3
Athelstan Gdns 8
NW6 ....10 A1
Athelstan Ho
Hackney Wick E9 ..18 B3
Stoke Newington
N16 ....16 A4
Athena Ct
Bermondsey SE1 ..**138** A3
St John's Wood
NW8 ....**79** B2
Athenia Ho 7 E14..34 C3
Athenlay Rd SE15..65 C2
Athenoeum Ct N5 ..15 B4
Athens Gdns W9...23 C1
Atherden Rd E5....17 B4
Atherfield Ct
SW18 ....59 A1
Atherfold Rd SW9..62 A4
Atherstone Ct W2 **100** B4
Atherstone Mews
SW7 ....**143** A4
Atherton Rd SW13..46 C3
Atherton St SW11 **168** B2
Athlone Cl 24 E5...17 A3
Athlone Ho
16 Camden Town
NW5 ....12 C2
9 Stepney E1.....32 B3
Athlone Rd SW2...74 C4
Athlone St NW5 ...12 C2
Athol Ct 15 N4 .....5 B2
Atholl Ho W9......**88** C3
Athol Sq E14 ......34 B3
Atkins Ct 13 E3...26 B4
19 Hackney E9....**127** B4
Atkins Rd SW4,
SW12 ....73 C4
Atlanta Bldg 7
SE13 ....52 A2
Atlantic Ct 1 E14..34 C2
Atlantic Ho
5 Putney SW15...58 B2
4 Tower Hamlets
E1 ....33 A4

Atlantic Rd SW2, SW9,
SE24 ....62 C2
Atlas Mews
Dalston E8 ....16 B2
Islington N7 ......14 B2
Atlas Rd NW10 ....21 A2
Atney Rd SW15 ....58 A3
Atterbury St SW1 **148** A3
Attilburgh Ho SE1 **138** C2
Attlee Ho E1 ......**111** A3
Attneave St WC1 ..**95** B3
Atwater Cl SW2 ...74 C3
Atwell Rd SE15 ....49 C1
Atwood Ave TW9...44 C1
Atwood Ho SE21...76 A1
Atwood Rd W6.....39 A2
Aubert Ct N5 ......15 A4
Aubert Pk N5 ......15 A4
Aubert Rd N5 ......15 A4
Aubrey Beardsley Ho
SW1 ....**147** A3
Aubrey Mans
NW1 ....**102** A4
Aubrey Moore Point
E15 ....27 B3
Aubrey Pl NW8 ....**78** C1
Aubrey Rd
W14 ....31 B1 **113** A1
Aubrey Wlk
W14 ....31 B1 **113** A1
Auburn Cl SE14....51 A3
Aubyn Sq SW15 ...56 C2
Auckland Ho 11
W12 ....30 A2
Auckland Rd
SW11 ....60 A3
Auckland St SE11 **148** C1
Auden Pl NW1.....**81** B4
Audley Cl 8 SW11..60 C4
Audley Ct W5 .....36 A3
Audley Rd TW10 ..54 B2
Audley Sq W1 ....**117** C2
Audley St W1 .....**117** C2
Audrey Ho EC1....**107** C3
Audrey St E2 ......24 C3
Augusta St E14....34 A3
Augustine Ho
Broadgate EC2 ...**109** C2
New Cross SE4 ....51 B2
Augustine Rd W14..39 C3
Augustines Ct E9 ..17 B3
Augustus Cl W12 ..39 A3
Augustus Ct
8 Putney SW19 ...70 A3
Streatham SW16 ...73 C2
Augustus Ho NW1..**92** C4
Augustus Rd
33 Putney SW19 ...69 C3
Putney SW19 .....70 A3
Augustus St NW1..**92** B4
Aulton Pl SE11 ...**149** C1
Aura Ho 3 TW9....45 A2
Auriga Mews N1 ...15 C3
Auriol Mans W14 **140** A3
Auriol Rd W14 ....**140** A3
Aurora Bldg 4
E14 ....34 B1
Aurora Ho E14 ....34 A3
Austen Ho 5 NW6..23 C2
Austin Friars EC2 **109** C2
Austin Friars Ho
EC2 ....**109** C2
Austin Friars Sq
EC2 ....**109** C2
Austin Ho
6 Brixton SW2....62 B2

Austin Ho continued
1 New Cross SE14..51 B3
Austin Rd SW11 ..**169** B3
Austins Ct SE15 ...64 C4
Austin St E2 .24 B2 **98** C3
Australia Rd W12...30 A2
Austral St SE11 ...**150** A4
Autumn Rise 4
W4 ....37 C1
Autumn St E3 .....26 C4
Avalon Rd SW6 ...**166** A4
Avebury Ct N1 ....**87** B3
Avebury St N1.....**87** B3
Aveline St SE11 ...**149** B1
Aveling Ho 12 N19 ..4 C4
Ave Maria La EC4 **108** B1
Avenell Mans N5 ..15 A4
Avenell Rd N5 .....15 A4
Avenfield Ho W1 ..**117** A4
Avening Rd SW18..70 C4
Avening Terr
SW18 ....70 C4
Avenue Cl NW8 ....**80** B3
Avenue Cres W3 ..37 A4
Avenue Ct
Chelsea SW3 ......**144** C3
Cricklewood NW2..1 A1
Avenue Gdns
Mortlake SW14 ....56 A4
South Acton W3....37 A4
Avenue Ho
St John's Wood
NW8 ....**80** A1
Upper Clapton N16..7 C2
Willesden Green
NW10 ....22 A3
Avenue Lo 12
NW8 ....11 C1
Avenue Mans
Clapham SW11 ....60 C3
Hampstead NW3 ..11 A3
1 Willesden NW2 ..9 A2
Avenue Park Rd SE21,
SE27 ....75 A2
Avenue Rd
Crouch End N6 ....4 C4
Harlesden NW10 ..21 B3
Primrose Hill NW8..**80** A4
South Acton W3...37 A4
Avenue The
Bedford Pk W4 ....38 A3
Brondesbury Pk
NW6 ....23 A4
Clapham SW4 .....60 C2
Greenwich SE10 ..53 C3
Richmond TW9 ....44 B1
Wandsworth SW18,
SW12 ....72 A4
Averill St W6 ......47 C4
Avery Farm Row
SW1 ....**146** A3
Avery Hill Coll (Mile
End Annexe) E3 ..26 B3
Avery Row W1 ....**118** B4
Aviary Cl E16 .....35 B4
Avignon Rd SE4 ..65 C4
Avingdon Ct 10
W3 ....28 B1
Avington Ct SE1 ..**152** B3
Avis Sq E1 ....32 C3
Avocet Cl SE1 ....**153** B2
Avon Ct
11 Acton W3......28 B3
10 Putney SW15...58 A2
Avondale Ho E16...35 A4

Avondale Ho
11 Bermondsey
SE1 ....**153** B1
8 Mortlake SW14..55 C4
Avondale Mans
SW6 ....**164** C4
Avondale Park Gdns
W11 ....31 A2 **112** A3
Avondale Park Prim
Sch W11 ..31 A2 **112** A3
Avondale Park Rd
W11 ....31 A2 **112** A4
Avondale Rd
Mortlake SW14 ....55 C4
Newham E16 ......35 A4
SE15 ....64 B4
Avondale Sq SE1 **153** B1
Avon Ho
2 Islington N1 ....14 C1
14 Stoke Newington
N16 ....15 C4
West Kensington
W14 ....**141** A3
Avonhurst Ho
NW6 ....10 A1
Avonley Rd SE14...50 B3
Avonmore Gdns
W14 ....**141** A3
Avonmore Pl
W14 ....**140** B4
Avonmore Prim Sch
W14 ....**140** B4
Avonmore Rd
W14 ....**140** C4
Avonmouth St
SE1 ....**136** C2
Avon Pl SE1 ......**137** A3
Avon Rd SE4 ......66 C4
Avriol Ho W12 ....30 A1
Avro Ct E9 ....18 A3
Axford Ho SW2 ...75 A3
Axis Ct SE10 ....53 A4
Axminster Rd N7 ..5 B1
Aybrook St W1 ...**103** B3
Aycliffe Rd W12 ..29 C1
Aylesbury Ho 13
SE15 ....49 C4
Aylesbury Rd
SE17 ....**151** C1
Aylesbury St EC1 ..**96** A1
Aylesford Ho SE1 **137** C3
Aylesford St SW1 **147** B1
Aylesham Sh Ctr
SE15 ....49 C2
Aylestone Ave
NW6 ....22 C4
Aylmer Ho SE10 ..42 C1
Aylmer Rd W12 ...38 B4
Aylton Est 28 SE16..40 B4
Aylward St E1 .....32 C3
Aylwin Est SE1 ...**138** B2
Aynhoe Mans W14..39 C2
Aynhoe Rd W14 ...39 C2
Ayres St SE1 ......**137** A4
Ayrsome Rd N16 ...7 A1
Ayrton Gould Ho 9
E2 ....25 C2
Ayrton Rd SW7 ...**129** B2
Aysgarth Rd SE21..76 A4
Ayshford Ho E2 ...25 A2
Ayston Ho 19 SE8..40 C2
Aytoun Pl SW9 ...**173** A1
Aytoun Rd SW9 ...**173** A1
Azalea Ho SE14 ...51 B3

Azania Mews NW5..13 A3
Azenby Rd SE15 ...49 B1
Azof St SE10 ......43 A2
Azov Ho 10 E1.....26 A1
Aztec Ct 8 N16 ...16 A2
Azure Ho 28
E2 ....24 C2 **99** B3

B

Baalbec Rd N5 ....15 A3
Babington Ct
WC1 ....**106** B4
Babington Ho
SE1 ....**137** A4
Babmaes St SW1 **119** B3
Bacchus Wlk 12
N1 ....24 A3
Bache's St N1 .....**97** C3
Back Church La
E1 ....**111** B1
Back Hill EC1 .....**95** C1
Backhouse Pl SE1 **152** B3
Back La NW3 ......11 B4
Bacon Gr SE1 ....**138** C1
Bacon's Coll SE16..41 A4
Bacon's La N6 .....3 C3
Bacon St E2..24 B1 **99** A2
Bacton NW5 ....12 C3
Bacton St E2 ......25 B2
Baddeley Ho
SE11 ....**149** A2
Baddow Wlk N1 ...**86** C4
Baden Pl SE1 .....**137** B4
Badminton Ct 9
N4 ....6 B4
Badminton Ho
SE22 ....64 A3
Badminton Mews 9
E16 ....35 C1
Badminton Rd
SW12 ....60 C1
Badric Ct SW11 ..**167** C1
Badsworth Rd 3
SE5 ....48 B2
Bagley's La SW6..**166** B3
Bagnigge Ho WC1 ..**95** B3
Bagshot Ho NW1 ..**92** B4
Bagshot St SE17 ..**152** B1
Baildon 27 E2 .....25 B3
Baildon St SE8 ....51 C3
Bailey Ct 8 W12 ...38 C4
Bailey Ho SW10 ..**156** B2
Bailey Mews
Brixton SW2 ......62 C2
Chiswick W4 ......45 A4
Bainbridge St
WC1 ....**105** C2
Bain Ho 23 SW9 ..**172** B2
Baird Ho 20 W12 ..30 A2
Baird St EC1 ......**97** A2
Baizdon Rd SE3 ...53 A1
Baker Ho 12 E3 ....27 A2
Baker Rd NW10 ...21 A4
Bakers Field N7 ...14 A4
Bakers Hall Ct
EC3 ....**124** B3
Baker's Mews 2 **103** B2
Bakers Pas 22
NW3 ....11 B4
Bakers Rents 19
E2 ....24 B2 **98** C3
Baker's Row EC1 ..**95** B1
Baker St W1 ......**103** A4
Baker Street W1 ..**103** A4

Baker Street Sta NW1 . . . 91 A1
Baker's Yd EC1 . . . 95 B1
Bakery Cl SW9 . . . 163 A1
Balaclava Rd SE1 . . 153 A3
Balchier Rd SE22 . . 65 A1
Balcombe Ho
  Lisson Gr NW1 . . . 90 C2
  3 Streatham SW2 . 74 B3
Balcombe St NW1 . . 90 C1
Balcorne St E9 . . . 17 C1
Balderton Flats W1 . 103 C1
Balderton St W1 . . 103 C1
Baldock Ho **7** SE5 . 48 B1
Baldock St E3 . . . . 27 A3
Baldrey Ho **1** SE10 . 43 B1
Baldwin Cres SE5 . . 48 B2
Baldwin Ho **13** SW2 . 74 C3
Baldwin Rd SW12 . . 60 C1
Baldwin's Gdns EC1 . 107 B4
Baldwin St EC1 . . . 97 B3
Baldwin Terr N1 . . . 86 C2
Baldwyn Gdns W3 . . 28 C2
Balearic Apts **2** E16 . 35 C2
Bale Rd E1 . . . . . . 33 A4
Bales Coll W10 . . . 22 C2
Balfern Gr W4 . . . . 38 A1
Balfern St SW11 . . . 168 B2
Balfe St N1 . . . . . . 84 D1
Balfour Ho **4** W10 . 30 C4
Balfour Mews W1 . . 117 C2
Balfour Pl
  Mayfair W1 . . . . . 117 C3
  Putney SW15 . . . . 57 A3
Balfour Rd
  Highbury N5 . . . . 15 B4
  North Acton W3 . . . 28 B4
Balfour St SE17 . . . 151 B4
Balfron Twr **4** E14 . 34 B3
BALHAM 72 C3
Balham Gr SW12 . . . 72 C4
Balham High Rd SW12, SW17 . 72 C2
Balham Hill SW12 . . 61 A1
Balham L Ctr SW12 . 73 A2
Balham New Rd SW17 . 73 A4
Balham Park Mans SW12 . /2 B3
Balham Park Rd SW17 . 72 C3
Balham Sta SW12 . . 73 A3
Balham Station Rd SW12 . 73 A3
Balin Ho SE1 . . . . 137 B4
Balkan Wlk E1 . . . . 32 A2
Balladier Wlk E14 . . 34 A4
Ballance Rd E9 . . . 18 A2
Ballantine St SW18 . 59 B3
Ballantrae Ho NW2 . 10 B4
Ballard Ho SE10 . . . 52 A4
Ballast Quay SE10 . . 42 C1
Ballater Rd SW2, SW4 . 62 A3
Ball Ct EC3 . . . . . 109 C1

Ballin Ct **14** E14 . . 42 B4
Ballingdon Rd SW11 . 60 C1
Ballinger Point **13** E3 . 27 A2
Balliol Ho **1** W15 . 57 C1
Balliol Rd W10 . . . 30 C3
Ballogie Ave NW10 . 8 A4
Ballow Cl **5** SE5 . . 49 A3
Ball's Pond Pl **3** N1 . 15 C2
Ball's Pond Rd N1 . . 16 A2
Balman Ho **3** SE16 . 40 C2
Balmer Rd E3 . . . . 26 B3
Balmes Rd N1 . . . . 87 C4
Balmoral Cl **1** SW15 . 57 C1
Balmoral Ct
  2 Rotherhithe SE16 . 32 C1
  St John's Wood NWR . 79 B2
Balmoral Gr N7 . . . 14 B2
Balmoral Ho
  2 Isle Of Dogs E14 . 42 A3
  Stoke Newington N4 . 6 B3
  West Kensington W14 . 140 A4
Balmoral Mews W12 . 38 B3
Balmoral Rd NW2 . . 9 A2
Balmore Cl E14 . . . 34 B3
Balmore St N19 . . . 4 A2
Balmuir Gdns SW15 . 57 B3
Balnacraig Ave NW10 . 8 A4
Balniel Gate SW1 . . 147 C2
Balsam Ho **6** E14 . 34 A2
Baltic Apts **8** E16 . 35 C2
Baltic Ct **1** SE16 . 40 C4
Baltic St E EC1 . . . 96 C1
Baltic St W EC1 . . . 96 C1
Baltimore Ho
  Clapham SW18 . . . 59 B3
  Kennington SE11 . . 149 A2
Balvaird Pl SW1 . . . 147 C1
Balvernie Gr SW18 . 70 C4
Bamber Rd **5** SE15 . 49 B2
Bamborough Gdns **12** W12 . 39 B4
Banbury Ct WC2 . . 120 A4
Banbury Ho **5** E9 . 17 C1
Banbury Rd E9 . . . 17 C1
Banbury St **3** SW11 . 168 B2
Bancroft Ct SW8 . . 172 A4
Bancroft Ho **11** E1 . 25 B1
Bancroft Rd E1 . . . 25 C1
Banff Ho **1** NW3 . . 12 A2
Banfield Rd SE15 . . 65 A4
Bangabandhu Prim Sch **32** E2 . 25 B2
Bangalore St SW15 . 57 B4
Banim St W6 . . . . 39 A2
Banister Ho
  Hackney E9 . . . . 17 C3
  Nine Elms SW8 . . . 171 A4
  1 West Kilburn W10 . 23 A2
Banister Rd W10 . . 22 C2

Bank Ct SW11 . . . 170 A4
Bank End SE1 . . . 123 A2
Bank La SW15 . . . 56 A2
Bank of England EC2 . 109 B1
Bank of England Mus* EC2 . 109 B1
Banks Ho SE1 . . . 136 C1
Bankside
  Borough The SE1 . . 122 C3
  Borough The SE1 . . 123 A2
Bankside Ave **1** SE13 . 67 B4
Bankside Ho EC3 . . 110 B1
Bankside Pier SE1 . 122 C3
Bank St E14 . . . . . 34 A1
Bank Sta EC3 . . . 109 C1
Bankton Rd SW2 . . 62 C3
Banner Ct **1** SE16 . 40 B2
Banner Ho EC1 . . . 97 A1
Bannerman Ho SW8 . 162 C3
Banner St EC1 . . . 97 A2
Banning Ho **4** SW19 . 69 C3
Banning St SE10 . . 43 A1
Bannister Cl SW2 . . 74 C3
Bannister Ho **28** E14 . 50 C4
Banqueting Ho* SW1 . 120 A1
Banstead Ct
  East Acton W12 . . . 29 B2
  Stoke Newington N4 . 5 B3
Banstead St SE15 . . 65 B4
Bantock Ho **8** W10 . 23 A2
Bantry Ho **6** E1 . . 25 C1
Bantry St SE5 . . . . 48 C3
Banville Ho SW8 . . 163 A1
Banyan Ho **8** NW3 . 11 A2
Banyard Rd SE16 . . 40 A3
Baptist Gdns NW5 . 12 C2
Barandon Wlk **6** W11 . 30 C2
Barbanel Ho **21** E1 . 25 B1
Barbara Brosnan Ct NW8 . 79 B1
Barbara Castle Cl SW6 . 155 A3
Barbara Rudolph Ct **5** N19 . 5 A4
Barbauld Rd N16 . . 7 A1
Barber Beaumont Ho **2** E1 . 25 C2
Barbers Rd E15 . . . 27 A3
BARBICAN 109 A3
Barbican* EC2 . . . 109 A3
Barbican Ctr* . . . 109 A4
Barb Mews W6 . . . 39 B3
Barbon Alley EC3 . . 110 B2
Barbon Cl WC1 . . . 106 C4
Barbrook Ho E9 . . . 17 B2
Barchard St SW18 . 59 A2
Barchester St E14 . 34 A4
Barclay Cl SW6 . . . 155 B1
Barclay Ho **2** E9 . . 17 B1
Barclay Rd SW6 . . 155 C1
Barcombe Ave SW2 . 74 B2

Bardell Ho **17** SE1 . 139 B3
Bardolph Rd
  Richmond TW9 . . . 54 B4
  Tufnell Pk N7 . . . . 14 A4
Bard Ho NW10 . . . 30 C2
Bardsey Pl **11** E1 . 25 B1
Bardsey Wlk **5** N1 . 15 B2
Bardsley Ho **6** SE10 . 52 B4
Bardsley La SE10 . . 52 B4
Barents Ho **10** E1 . 25 C1
Barfleur La SE8 . . . 41 B2
Barford Ho **2** E3 . . 26 B3
Barford St N1 . . . . 85 C3
Barforth Rd SE15 . . 65 A4
Barge House St SE1 . 121 C2
Barge La **10** E3 . . 26 B4
Barham Ho SE17 . . 152 B2
Baring Cl SE12 . . . 87 B3
Baring Ho **14** E14 . 33 C3
Baring St N1 . . . . 87 B3
Barker Cl TW9 . . . 45 A1
Barker Dr NW1 . . . 13 C1
Barker Ho
  Dulwich SE21 . . . 76 A1
  Walworth SE17 . . . 152 A3
Barker Mews SW4 . 61 A3
Barker St SW10 . . 156 C4
Barker Wlk SW16 . . 73 C1
Barkham Terr SE1 . 135 C2
Barkston Gdns SW5 . 142 A3
Barkway Ct N4 . . . 6 B2
Barkwith Ho **27** SE14 . 50 C4
Barkworth Rd SE16 . 40 B1
Barlborough St SE14 . 50 C3
Barlby Gdns W10 . . 22 C1
Barlby Prim Sch W10 . 22 C1
Barlby Rd W10 . . . 30 C4
Barleycorn Way E14 . 33 B2
Barley Mow Pas
  Chiswick W4 . . . . 37 C1
  Clerkenwell EC1 . . 108 B3
Barley Shotts Bsns Pk W10 . 31 A4
Barling **6** NW1 . . . 13 A1
Barling Ct **1** SW4 . 172 A2
Barlings Ho **2** SE4 . 65 C3
Barloch Ho **14** SW11 . 169 B2
Barlow Ho
  14 Bermondsey SE16 . 40 A2
  Notting Hill W11 . . 31 A2 112 A4
  Shoreditch N1 . . . 97 B4
Barlow Pl W1 . . . . 118 B3
Barlow Rd
  Acton W3 . . . . . . 28 A1
  Brondesbury NW6 . . 10 B2
Barlow St SE17 . . . 151 C3
Barmouth Ho **6** N7 . 5 B2
Barmouth Rd SW18 . 59 B1
Barnabas Ho EC1 . . 96 C3
Barnabas Lo SW8 . . 172 B4

Barnabas Rd E9 . . 17 C3
Barnaby Pl SW7 . . 143 B3
Barnard Ct SW16 . . 74 B1
Barnard Ho **17** E2 . 25 A2
Barnard Lo **10** W9 . 31 C4
Barnard Mews SW11 . 60 A3
Barnardo Gdns **1** E1 . 32 C2
Barnardo St E1 . . . 32 C3
Barnard Rd SW11 . . 60 A3
Barnard's Inn EC4 . 107 C2
Barnbrough NW1 . . 82 C3
Barnby St NW1 . . . 93 A4
Barn Cl **8** NW5 . . 13 C3
Barn Elms Sp Ctr SW15 . 47 B2
Barnersbury Ho N7 . 14 A4
BARNES 46 B2
Barnes Ave SW13 . . 46 C3
Barnes Bridge Sta SW13 . 46 A1
Barnes Common* SW13 . 56 C4
Barnes Ct N1 . . . . 14 C1
Barnes High St SW13 . 46 B1
Barnes Ho
  14 Bethnal Green E2 . 25 B3
  Camden Town NW1 . 82 B4
  28 Deptford SE14 . 50 C4
  Hornsey N19 . . . . 5 A4
Barnes Hospl SW14 . 56 A4
Barnes Prim Sch SW13 . 56 B4
Barnes St E14 . . . . 33 A3
Barnes Sta SW13 . . 56 C4
Barnes Terr SE8 . . 41 B1
Barnet Gr E2 . . . . 24 C2 99 B3
Barnet Ho **5** SE5 . 48 B1
Barnett Ho E1 . . . 110 C3
Barnett St **18** E1 . 32 A3
Barn Field NW3 . . . 12 B3
Barnfield Cl
  London N4 . . . . . 5 A4
  Wandsworth SW17 . 71 B1
Barnfield Pl E14 . . 41 C2
Barnham St SE1 . . 138 B4
BARNSBURY 14 A1
Barnsbury Gr N7 . . 14 B1
Barnsbury Ho **12** SW4 . 61 C1
Barnsbury Pk N1 . . 14 C1
Barnsbury Rd N1 . . 85 B3
Barnsbury Sq N1 . . 14 C1
Barnsbury St N1 . . 14 C1
Barnsbury Terr N1 . 14 B1
Barnsdale Ave E14 . 41 C2
Barnsdale Rd W9 . . 23 B1
Barnsley St E1 . . . 25 A1
Barn St N16 . . . . . 7 A2
Barnstaple La SE13 . 67 B3
Barnston Wlk N1 . . 86 C4
Barnwell Ho **1** SE5 . 49 A2
Barnwell Rd SW2 . . 62 C2
Barnwood Cl W9 . . 88 B1
Baron Cl N1 . . . . . 85 B2

Baroness Rd **5**
E2 . . . .**24 B2 99** A4

Barons Court Mans
W14 . . . .**140** B1

Baron's Court Rd
W14 . . . .**140** B2

Barons Court Sta
W14 . . . .**140** A2

Barons Gate **13**
W4 . . . .**37** B3

Barons Keep W14 . .**140** A2

Barons Lo **9** E14 . . . .**42** B2

Baronsmead Rd
SW13 . . . .**46** C2

Baronsmede W5 . . . .**36** B4

Baron's PI SE1 . . .**135** C3

Baron St N1 . . . .**85** B2

Baron Wlk E16 . . . . .**35** B4

Barque Mews SE8 . .**51** C4

Barradell Ho **18**
W14 . . . .**39** C3

Barratt Ho **15** N1 . . .**15** A1

Barratt Ind Pk E3 . .**27** B1

Barret Ho NW6 . . . .**23** C4

Barrett Ct **2**
NW10 . . . .**21** A3

Barrett's Gr N16 . . .**16** A3

Barretts Green Rd
NW10 . . . .**20** C3

Barrett St W1 . . . .**103** C1

Barrhill Rd SW2 . . .**74** A2

Barriedale SE14 . . . .**51** A1

Barrie Ho
Acton W3 . . . .**37** B4
Bayswater W2 . . . .**115** A3
Primrose Hill NW8 . . .**80** B3
5 Stoke Newington
N16 . . . .**7** A1

Barrington CI
NW5 . . . .**12** C3

Barrington Ct
9 Acton W3 . . . .**37** A4
Kentish Town NW5 . . .**12** C3
11 South Lambeth
SW9 . . . .**172** B1

Barrington Rd
SW9 . . . .**63** A4

Barrowgate Ho
W4 . . . .**37** C1

Barrowgate Rd
W4 . . . .**37** C1

Barrow Hill Est
NW8 . . . .**80** A1

Barrow Hill Jun Sch
NW8 . . . .**80** A1

Barrow Hill Rd
NW8 . . . .**80** A1

Barry Ct SW4 . . . .**61** B1

Barry Ho **16** SE16 . . .**40** A1

Barry Lo N4 . . . .**5** B4

Barry Par SE22 . . . . .**64** C3

Barry Rd SE22 . . . . . .**64** C2

Barset Rd SE15 . . . . .**65** B4

Barston Rd SE27 . . . .**75** B1

Barstow Cres SW2 . .**74** B3

Bartell Ho **7** SW2 . . .**62** C1

Barter St WC1 . . . .**106** B3

Bartholomew CI
Barbican EC1 . . . . .**108** C3
Wandsworth SW18 . .**59** B3

Bartholomew Ct
18 Blackwall E14 . . .**34** C2
St Luke's EC1 . . . . . .**97** A2

Bartholomew Ho **22**
SE5 . . . .**48** B1

Bartholomew La
EC2 . . . .**109** C1

Bartholomew Pas
EC1 . . . .**108** B3

Bartholomew PI
EC1 . . . .**108** C3

Bartholomew Rd
NW5 . . . .**13** B2

Bartholomew Sq
3 Bethnal Green
E1 . . . .**25** A1
St Luke's EC1 . . . .**97** A2

Bartholomew St
SE1 . . . .**137** C1

Bartholomew Villas
NW5 . . . .**13** B2

Bartle Rd W11 . . . . . .**31** A3

Bartlett Cl E14 . . . . .**33** C3

Bartlett Ct EC4 . . . .**107** C2

Bartok Ho
W11 . . . . . .**31** B2 **112** C3

Barton Cl
Hackney E9 . . . .**17** B3
Peckham SE15 . . . . . .**65** A4

Barton Ct
10 South Lambeth
SW4 . . . .**172** A2
West Kensington
W14 . . . .**140** B2

Barton Ho
8 Bromley E3 . . . . . .**27** A2
Islington N1 . . . .**15** A1
Sands End SW6 . . . . .**59** A4

Barton Rd W14 . . . .**140** B1

Barton St SW1 . . . .**134** A2

Bartonway NW8 . . . .**79** B2

Bartram Rd SE4 . . . .**66** A1

Bartrip St E9 . . . .**18** B2

Barts & The London
Sch of Medicine &
Dentistry EC1 . . . . . .**96** B1

Barville CI SE4 . . . . .**66** A3

Barwell Ho **7**
E2 . . . .**24** C1 **99** C2

Barwick Ho **7** W3 . .**37** B4

Bascome St **13**
SW2 . . . .**62** C1

Base Apartments **7**
N1 . . . .**15** B1

Baseline Business
Studios **19** W11 . . .**30** C2

Basevi Way SE8 . . . .**52** A4

Bashley Rd NW10 . . .**20** C1

Basildon Ct W1 . . . .**103** C4

Basil Ho
South Lambeth
SW8 . . . .**162** A2
22 Whitechapel E1 .**111** C2

Basil Mans SW1 . . .**130** C3

Basil St
Knightsbridge
SW1 . . . .**130** C3
Knightsbridge SW1,
SW3 . . . .**130** C2

Basin App **20** E14 . .**33** A3

Basing Ct **13** SE15 . .**49** B2

Basing Hill NW11 . . . .**1** B3

Basing PI E2 . .**24** A2 **98** B4

Basing St W11 . . . . . .**31** B3

Basire St N1 . . . .**87** A4

Baskerville Ct
SW18 . . . .**72** A4

Baskerville Gdns
NW10 . . . .**8** A4

Baskerville Rd
SW18 . . . .**72** A4

Baslow Wlk E5 . . . . . .**17** C4

Basnett Rd **9**
SW11 . . . .**60** C4

Basque Ct **21** SE16 . .**40** C4

Bassano St SE22 . . . .**64** B2

Bassein Park Rd
W12 . . . .**38** B4

Bassett House Sch **22**
W10 . . . .**30** C3

Bassett Rd W10 . . . . .**30** C3

Bassett St NW5 . . . .**12** C2

Bassingbourn Ho **3**
N1 . . . .**15** A1

Bassingham Rd
SW18 . . . .**71** B4

Bassishaw Highwalk
EC2 . . . .**109** B3

Basswood CI **5**
SE15 . . . .**65** A4

Basterfield Ho EC1 . .**96** C1

Bastwick St EC1 . . . .**96** C2

Basuto Rd SW6 . . . .**165** C3

Batavia Ho **1**
SE14 . . . .**51** A3

Batavia Mews **3**
SE14 . . . .**51** A3

Batavia Rd SE14 . . . .**51** A3

Batchelor St N1 . . . . .**85** C3

Bateman Ho **8**
SE17 . . . .**48** A4

Bateman's Bldgs
W1 . . . .**105** B1

Bateman's Row
EC2 . . . .**24** A1 **98** B2

Bateman St W1 . . . .**105** B1

Bate St **10** E14 . . . . .**33** B2

Bath CI SE15 . . . .**50** A3

Bath Ct
Finsbury EC1 . . . .**97** B3
3 Forest Hill SE26 . .**76** C1
Holborn EC1 . . . .**95** B1

Bathgate Ho **8**
SW9 . . . .**48** A2

Bathgate Rd SW19 . .**69** C1

Bath Gr E2 . . . .**24** C3

Bath Ho
Bethnal Green
E2 . . . .**24** C1 **99** C2
Borough The SE1 . .**137** A2

Bath PI
14 Hammersmith
W6 . . . .**39** B1
3 Shoreditch
EC2 . . . . . .**24** A2 **98** A3

Bath Rd W4 . . . .**38** A2

Bath St EC1 . . . .**97** B3

Bath Terr SE1 . . . . .**136** C2

Bathurst Gdns
NW10 . . . .**22** A3

Bathurst Ho **2**
W12 . . . .**30** A2

Bathurst Mews
W2 . . . .**115** C4

Bathurst St W2 . . . .**115** C4

Batley PI **3** N16 . . . . .**7** B1

Batley Rd N16 . . . .**7** B1

Batman CI W12 . . . . .**30** A1

Batoum Gdns W6 . . .**39** B3

Batson Ho **20** E1 . . .**111** C1

Batson St W12 . . . . . .**38** C4

Batten Ho
7 London SW4 . . . . .**61** B2
10 West Kilburn
W10 . . . .**23** A2

Batten St SW11 . . . . .**60** A4

BATTERSEA **169** A4

Battersea Bridge Rd
SW11 . . . .**158** A1

Battersea Bsns Ctr
SW11 . . . .**60** C4

Battersea Church Rd
SW11 . . . .**167** C4

Battersea Dogs & Cats
Home SW8 . . . .**160** B1

Battersea High St
SW11 . . . .**167** B1

Battersea Hts
SW11 . . . .**60** B4

Battersea Park★
SW11 . . . .**159** B1

Battersea Park Rd
SW11, SW8 . . . .**169** A3

Battersea Park Sch
SW11 . . . .**169** B3

Battersea Park Sta
SW8 . . . .**160** A1

Battersea Power
Station(dis) SW8 .**160** B4

Battersea Rise
SW11 . . . .**60** A3

Battersea Sq
SW11 . . . .**167** C3

Battishill St **9** N1 . .**15** A1

Battle Bridge Ct
NW1 . . . .**84** B2

Battle Bridge La
SE1 . . . .**124** A1

Battledean Rd N5 . . .**15** A3

Battle Ho **8** SE15 . . .**49** C4

Batty St E1 . . . .**111** C2

Baty Ho **9** SW2 . . . . .**74** B3

Baulk The SW18 . . . .**70** C4

Bavaria Rd N19 . . . . . .**5** A2

Bavent Rd SE5 . . . . . .**48** B1

Bawdale Rd SE22 . . .**64** B2

Bawtree Rd SE14 . . . .**51** A3

Baxendale St
E2 . . . .**24** C2 **99** B4

Baxter Ho **11** E3 . . . .**27** A2

Baxter Rd N1 . . . .**15** C2

Baycliffe Ho **8** E9 . .**17** C2

Bay Ct
Ealing W5 . . . .**36** A3
7 Stepney E1 . . . . . .**25** C1

Bayer Ho EC1 . . . .**96** C1

Bayes Ct NW3 . . . .**12** B1

Bayfield Ho **3**
SE4 . . . .**65** C3

Bayford Rd NW10 . . .**22** C2

Bayford St Ind Ctr **6**
E8 . . . .**17** A1

Bayford St **5** E8 . . . .**17** A1

Bayham PI NW1 . . . . .**83** A3

Bayham Rd W4 . . . . . .**37** C3

Bayham St NW1 . . . . .**82** C3

Bayhurst Ho N4 . . . . . .**6** B4

Bayley St WC1 . . . . .**105** B3

Bayldon St **1** E3 . . . .**26** B2

Baylis Rd SE1 . . . . . .**135** B3

Baynes Mews **2**
NW3 . . . .**11** C2

Baynes St NW1 . . . . .**13** B1

Bayon Ho **27** N19 . . . .**4** C4

Bayonne Rd W6 . . . .**154** A3

Bayston Rd N16 . . . . . .**7** B1

BAYSWATER **114** C4

Bayswater Rd W2 . .**115** B3

Bayswater Rd Mkt★
W2 . . . .**115** A3

Bayswater Sta
W2 . . . .**114** B4

Bayton Ct **2** E8 . . . . .**16** C1

Baytree Rd SW2 . . . . .**62** B3

Bazalgette Ho
NW8 . . . .**89** C2

Bazeley Ho SE1 . . . .**136** A3

Bazely St E14 . . . .**34** B2

BBC Television Ctr
W12 . . . .**30** B1

Beach Ho SW5 . . . .**141** B2

Beachy Rd E3 . . . .**18** C1

Beaconfield Terrace
Rd W14 . . . .**126** A1

Beacon Gate SE14 . .**65** C4

Beacon Hill N7 . . . . . .**14** A3

Beacon Ho
11 Camberwell
SE5 . . . .**49** A3
7 Isle of Dogs E14 . .**42** A1
South Lambeth
SW8 . . . .**171** B4

Beacon Rd SE13 . . . . .**67** C1

Beaconsfield CI
Acton Green W4 . . . . .**37** B1
Greenwich SE3 . . . . . .**53** C4

Beaconsfield Rd
Acton W4 . . . .**37** C3
Greenwich SE3 . . . . . .**53** C3
Walworth SE17 . . . . .**152** A1
Willesden NW10 . . . . . .**8** B2

Beaconsfield Wlk
SW6 . . . .**165** A3

Beadon Rd W6 . . . . . .**39** B2

Beak St W1 . . . .**119** A4

Beale Ho **7** SW9 . . .**172** C1

Beale PI E3 . . . .**26** B3

Beale Rd E3 . . . .**26** B4

Beames Ho SW8 . . .**171** B4

Beames Rd NW10 . . .**20** C4

Beaminster Ho
SW8 . . . .**162** C2

Beamish Ho **7**
SE16 . . . .**40** B2

Beanacre Ct E9 . . . . .**18** B2

Bear Alley EC4 . . . .**108** A2

Bear Croft Ho **6**
SW6 . . . .**164** C1

Beardsley Way
W3 . . . .**37** C4

Bear Gdns SE1 . . . .**122** C2

Bear La SE1 . . . .**122** B1

Bear St WC2 . . . . . .**119** C4

Bearstead Rise
SE4 . . . .**66** B2

Beaton CI SE15 . . . . .**49** B2

Beatrice Ho
1 Brixton SW2 . . . . .**62** B2
4 Hammersmith
W6 . . . .**39** B1
2 Stepney E1 . . . . . .**32** C4

Beatrice PI W8 . . . .**128** A1

Beatrice Rd
Bermondsey SE1 . . .**153** C3
Finsbury Pk N4 . . . .**5** C4
2 Richmond TW10 . .**54** B2

Beatrice Tate Sch **33**
E2 . . . .**25** A2

Beatrice Webb Ho **4**
E3 . . . . .26 A3
Beatrix Ho SW5 . . . .142 B2
Beatrix Potter Prim
Sch SW18 . . . . .71 B3
Beatson Wlk **22**
SE16 . . . . .32 C1
Beattie Ho SW8 . .171 A4
Beatty Ho **10** E14 . . .41 C4
Beatty Rd N16 . . . . . .16 A4
Beauchamp Cl **17**
W4 . . . . .37 B3
Beauchamp Pl
SW3 . . . . .130 B1
Beauchamp Rd
SW11 . . . . .60 B3
Beauchamp St
EC1 . . . . .107 B3
Beauchamp Terr
SW15 . . . . .57 A4
Beauclerc Rd W6 . . .39 A3
Beauclerk Ho **10**
SW16 . . . . .74 A1
Beaufort Cl SW19 . .69 A4
Beaufort Ct SW6 . .155 B4
Beaufort Gdns
SW3 . . . . .130 B2
Beaufort Ho
Battersea SW11 . . .168 A2
Chelsea SW3 . . . . .157 C3
20 Millwall E14 . . . .41 C4
Pimlico SW1 . . . . .147 B1
Beaufort Mans
SW3 . . . . .157 C3
Beaufort Mews
SW6 . . . . .155 A4
Beaufort St SW3 . .157 B4
Beaufoy Ho
South Lambeth
SW8 . . . . .162 C2
3 West Norwood
SE27 . . . . .75 A1
Beaufoy Rd **11**
SW8 . . . . .61 A4
Beaufoy Wlk SE11 .149 A3
Beaulieu Cl SE5 . . . .63 C4
Beaulieu Pl W4 . . . . .37 B3
Beaumanor Mans
W2 . . . . .114 B4
Beaumaris Twr **2**
W3 . . . . .37 A4
Beaumont Ave
Richmond TW9 . . . . .54 B4
West Kensington
W14 . . . . .140 C2
Beaumont Bldgs
WC2 . . . . .106 B1
Beaumont Cres
W14 . . . . .140 C1
Beaumont Ct
10 Acton Green
W4 . . . . .37 B1
Marylebone W1 . . . .103 C4
7 Mile End E1 . . . . .26 A2
Beaumont Gdns
NW3 . . . . .1 C1
Beaumont Gr E1 . . . .25 C1
Beaumont Ho
1 Streatham
SW2 . . . . .74 A3
West Kensington
W14 . . . . .141 A3
Wimbledon SW19 . . . .70 C1
Beaumont Lo E8 . . . . .C4

Beaumont Pl NW1, WC1,
W1 . . . . .93 A2
Beaumont Rd
Putney SW15,
SW19 . . . . .70 A4
South Acton W4 . . . . .37 B3
Beaumont Rise N19 . .4 C3
Beaumont Sq E1 . . . .32 C4
Beaumont St W1 . .103 C4
Beaumont Wlk
NW3 . . . . .12 B1
Beauvale **6** NW1 . .12 C1
Beauval Rd SE22 . . . .64 B1
Beavis Ho N16 . . . . . . .7 A1
Beaver La W6 . . . . . . .38 C1
Beccles St E14 . . . . . .33 B2
Becci Cl SE13 . . . . . . .52 A2
Beckers The N16 . . . .16 C4
Becket Ho SE1 . . . .137 B3
Becket St SE1 . . . . .137 B2
Beckett Cl
Streatham SW16 . . . .73 C2
Willesden NW10 . . . . .8 A2
Beckett Ho
10 London SE5 . . .172 B1
41 Stepney E1 . . . . . .32 B4
Beckfoot NW1 . . . . . .83 A1
Beckford Cl W14 . .141 A3
Beckford Ho **10**
N16 . . . . .16 A3
Beckford Prim Sch
NW6 . . . . .10 B3
Beckham Ho
SE11 . . . . .149 A3
Beck Ho N16 . . . . .7 A1
Beckington **15**
NW5 . . . . .12 C2
Beckley Ho E3 . . . . . .26 B1
Becklow Gdns
Chiswick W12 . . . . . .38 B4
1 Shepherd's Bush
W12 . . . . .38 C4
Becklow Mews **7**
W12 . . . . .38 C4
Becklow Rd W12 . . . .38 C4
Beck Rd E8 . . . . .25 A4
Beckton Rd E16 . . . . .35 B4
Beckway St SE17 . .152 A3
Beckwith Ho **22**
E2 . . . . .25 A3
Beckwith Rd SE24 . .63 C2
Bective Pl SW15 . . . .58 B3
Bective Rd SW15 . . . .58 B3
Bedale St SE1 . . . . .123 B1
Bedefield WC1 . . . . .94 B3
Bede Ho
London SE14 . . . . . .51 B2
5 Putney SW15 . . . .57 C1
Bedford Ave W1 . .105 C3
Bedfordbury WC2 .120 A3
Bedford Cl W4 . . . . . .46 B4
Bedford Cnr **3**
W4 . . . . .38 A2
Bedford Court Mans
WC1 . . . . .105 C3
Bedford Ct
3 Richmond TW9 . . .54 B3
St James WC2 . . . .120 A3
Bedford Gardens Ho
W8 . . . . .31 C1 113 C1
Bedford Gdns
W8 . . . . .31 C1 113 C1
Bedford Hill SW12 . .73 A2
Bedford Ho
2 Acton W4 . . . . . . .38 A2
7 Stockwell SW4 . . .62 A3

BEDFORD PARK 38 A3
Bedford Park Cnr **5**
W4 . . . . .38 A2
Bedford Park Mans **4**
W4 . . . . .37 C2
Bedford Pas SW6 . .154 B2
Bedford Rd W4 . . . .106 A4
Bedford Rd
Acton W4 . . . . .38 A3
Stockwell SW2,
SW4 . . . . .62 A3
Bedford Row
WC1 . . . . .107 A3
Bedford Sq WC1 . .105 C3
Bedford St WC2 . . .120 B3
Bedford Way WC1 . .93 C1
Bedgebury Gdns
SW19 . . . . .70 A2
Bedlam Mews
SE11 . . . . .149 B4
Bedlow Cl NW8 . . . . .89 C2
Bodser Ho SE11 . . .163 A4
Bedser Ct **7** SW4 .172 A1
Bedwell Ho **9**
SW9 . . . . .1/3 B1
Beech Ave W3 . . . . . .29 A1
Beech Cl
Deptford SE8 . . . . . . .51 B4
Putney SW15 . . . . . .68 C4
Beechcroft Ave
NW11 . . . . .1 B4
Beechcroft Ct
3 Golders Green
NW11 . . . . .1 B4
Greenwich SE3 . . . . .53 C2
Beech Croft Ct N5 . .15 A4
Beechcroft Rd
Mortlake SW14 . . . . .55 B4
Upper Tooting
SW17 . . . . .72 A2
Beechcroft Way
N19 . . . . .4 C3
Beech Ct
Child's Hill NW2 . . . . .1 A2
Marylebone W1 . . . .102 C2
10 Notting Hill W2 . .31 C4
2 Rotherhithe
SE16 . . . . .33 A1
Beechdale Rd
SW2 . . . . .62 B1
Beechdene **4**
SE15 . . . . .50 A2
Beeches Rd SW17 . .72 B1
Beeches The **1**
N19 . . . . .5 A3
Beechey Ho **30** E1 .32 A1
Beech Gdns W5 . . . . .36 A3
Beech Ho
6 Maitland Pk
NW3 . . . . .12 B2
22 Rotherhithe
SE16 . . . . .40 B4
3 Stoke Newington
N16 . . . . .6 C2
Beechmore Rd
SW11 . . . . .169 A3
Beech St EC2 . . . . .109 A4
Beech Tree Cl N1 . . .14 C1
Beechwood Ave
TW9 . . . . .44 C2
Beechwood Ct
Chiswick W4 . . . . . . .45 C4
Stamford Hill N16 . . . .7 A4
Beechwood Gr
W3 . . . . .29 A2

Beechwood Ho **23**
E2 . . . . .24 C3
Beechwood Rd E8 . .16 B2
Beechworth Cl
NW3 . . . . .1 C2
Beecroft La SE4 . . . .66 A2
Beecroft Mews
SE4 . . . . .66 A2
Beecroft Rd SE4 . . . .66 A2
Beehive Cl E8 . . . . . .16 B1
Beehive Pl SW9 . . . .62 C4
Beeston Cl **5** E8 . . .16 C3
Beeston Pl SW1 . . .132 B2
Beeston's Ho SE15 . .65 A4
Beethoven St W10 . .23 A2
Begbie Ho SW9 . . .173 A2
Begonia Wlk W12 . .29 B3
Beira St SW12 . . . . . .73 A4
Beis Chinuch Lebonos
Girls Sch N4 . . . . .6 C4
Beis Hamedrash Elyon
NW11 . . . . .1 A4
Beis Malka Girls Sch
N16 . . . . .7 B3
Beis Rochel d'Satmar
Girls Sch **1** N16 . . .7 A4
Bekesbourne St **1**
E14 . . . . .33 A3
Beldanes Lo NW10 . .8 C1
Belenoyd Ct SW16 . .74 B1
Belfast Rd N16 . . . . . .7 B2
Belford Ho **7** E8 . . .24 B4
Belfort Rd SE15 . . . .50 B1
Belfry Ct **3** SW16 . .73 C1
Belgrade Ho N16 . . .16 A4
Belgrade Rd N16 . . .16 A4
Belgrave Cl **1** W3 . .37 B4
Belgrave Ct
8 Acton Green
W4 . . . . .37 B1
2 Limehouse E14 . . .33 B2
Nine Elms SW8 . . . .160 C1
Belgrave Gdns
Kilburn NW8 . . . . . . .78 C3
St John's Wood
NW8 . . . . .78 C3
Belgrave Mans
NW8 . . . . .78 C3
Belgrave Mews N
SW1 . . . . .131 B3
Belgrave Mews S
SW1 . . . . .131 C2
Belgrave Mews W
SW1 . . . . .131 B2
Belgrave Pl SW1 . .131 C1
Belgrave Rd SW1 . .146 C3
Westminster SW1 . .146 C3
Belgrave Sq SW1 . .131 B2
Belgrave St E1 . . . . . .32 C3
Belgrave Yd SW1 . .132 A1
Belgravia Ho **1**
SW11 . . . . .169 A3
BELGRAVIA 146 A4
Belgravia Ho **1**
SW11 . . . . .169 A3
Belgrave Ct SW11 . .169 A3
Belham Wlk **13**
SE5 . . . . .48 C2
Belinda Rd **8**
SW9 . . . . .63 A4
Belitha Villas N1 . . .14 C1
Bellamy Cl
13 Millwall E14 . . . .41 C4
West Kensington
SW5 . . . . .141 A1

Bellamy's Ct **16**
SE16 . . . . .32 C1
Bellamy St SW12 . . .73 A4
Bellasis Ave SW2 . . .74 A2
Bell Ct SE13 . . . . . . .66 C2
Bell Dr SW18 . . . . . . .70 A4
Bellefields Rd
SW9 . . . . .62 B4
Bellenden Prim Sch
5 SE15 . . . . .64 C4
Bellenden Rd
SE15 . . . . .49 B1
Bellenden Rd Ret Pk
SE15 . . . . .49 C2
Bellenden Road Bsns
Ctr SE15 . . . . .49 B1
Bellerbys Coll SE8 . .51 C4
Belleville Prim Sch
SW11 . . . . .60 B2
Belleville Rd SW11 . .60 B2
Belle Vue Gdns
SW9 . . . . .172 B1
Bellevue Pl E1 . . . . . .25 B1
Bellevue Rd
Barnes SW13 . . . . . .46 C1
Upper Tooting
SW17 . . . . .72 B3
Bellew St SW17 . . . . .71 B1
Bell Flats **4** NW2 . . .8 C2
Bellflower Ct SE13 . .67 A3
Bellgate Mews
NW5 . . . . .4 A1
Bellgrave Lo **9**
W4 . . . . .37 A1
Bell Ho
Greenwich SE10 . . . .52 B4
15 Streatham SW2 . .74 C4
Belling Mews NW5 . .13 B4
Bell Ind Est **2** W4 . .37 B2
Bell Inn Yd EC3 . . .109 C1
Bell La
Newham E16 . . . . . . .35 C1
Spitalfields E1 . . . .110 C3
Bell Language Sch
W1 . . . . .92 C1
Bellmaker Ct **4**
E3 . . . . .33 C4
Bell Moor NW3 . . . . . .2 B1
Bello Cl SE24, SW2 . .75 A3
Bellot Gdns **1**
SE10 . . . . .43 A1
Bellot St SE10 . . . . . .43 A1
Bell St NW1 . . . . . . .102 A4
Bell Wharf La
EC4 . . . . .123 A4
Bellwood Rd SE15 . .65 C3
Bell Yard Mews
SE1 . . . . .138 C3
Bell Yd WC2 . . . . . .107 B1
Belmont Cl SW4 . . . .61 B4
Belmont Ct
Highbury N5 . . . . . . .15 B4
6 Stamford Hill N16 . .7 A3
Belmont Gr
Chiswick W4 . . . . . . .37 C2
Lewisham SE13 . . . . .67 C4
Belmont Hall Ct
SE13 . . . . .67 C4
Belmont Hill SE13 . .67 C4
Belmont Mews
SW19 . . . . .69 C2
Belmont Prim Sch **10**
W4 . . . . .37 C2

Belmont Rd
Clapham SW4.....61 B4
London W4.....37 C2
Belmont St NW1.....12 C1
Belmore Ho N7.....13 C3
Belmore La N7.....13 C3
Belmore St SW8.....171 B4
Beloe Cl SW15.....56 C3
Belper Ct 11 E5.....17 B4
Belsham St E9.....17 B2
Belsize Ave NW3.....11 C3
Belsize Court Garages
1 NW3.....11 C3
Belsize Cres NW3.....11 C3
Belsize Ct NW3.....11 C3
Belsize Gr NW3.....12 A2
Belsize La NW3.....11 C3
Belsize Mews
NW3.....11 C2
Belsize Park Gdns
NW3.....12 A2
Belsize Park Mews 1
NW3.....11 C2
Belsize Park Sta
NW3.....12 A3
Belsize Pk NW3.....11 C2
Belsize Pl NW3.....11 C3
Belsize Rd NW6.....78 B4
Belsize Sq NW3.....11 C2
Belsize Terr NW3.....11 C2
Beltane Dr SW19.....69 C1
Belthorn Cres
SW12.....73 B4
Belton Rd NW2.....8 C2
Belton Way E3.....33 C4
Beltran Rd SW6.....166 A1
Belvedere Bldgs
SE1.....136 B3
Belvedere Ct
Brondesbury NW2.....9 C2
2 Clapham Pk SW4.....61 C1
Putney SW15.....57 C4
33 Shoreditch N1.....24 A4
Belvedere Htss
NW8.....90 A2
Belvedere Mews
SE15.....65 B4
Belvedere Pl
Brixton SW2.....62 B3
Lambeth SE1.....136 B3
Belvedere Rd SE1.....121 A1
Belvedere The
SW10.....167 A3
Belvoir Lo SE22.....76 C4
Belvoir Rd SE22.....76 C4
Bembridge Cl
NW6.....10 A1
Bembridge Ho
9 Deptford SE8.....41 B2
Wandsworth SW18.....59 A1
Bemerton St N1.....84 C4
Bemish Rd SW15.....57 C4
Benabo Ct E8.....16 C3
Benbow Ct W6.....39 A3
Benbow Ho 12
SE8.....51 C4
Benbow Rd W6.....39 A3
Benbow St SE8.....51 C4
Bence Ho 13 SE8.....41 A2
Bendall Mews
NW1.....102 B4
Bendemeer Rd
SW15.....57 C4

Benden Ho SE13.....67 B2
Bendon Valley
SW18.....71 A4
Benedict Rd SW9.....62 B4
Benenden Ho
SE17.....152 B2
Ben Ezra Ct SE17.....151 A3
Benfleet Ct 6 E8.....24 B4
Bengal Ct EC3.....109 C1
Bengal Ho E1.....32 C4
Bengeworth Rd
SE5.....63 B4
Benham Ho SW10.....156 B2
Benham's Pl 11
NW3.....11 B4
Benhill Rd SE5.....48 C2
Benington Ct N4.....6 B2
Benjamin Cl E8.....24 C4
Benjamin Franklin
House* 1 SW1.....120 A2
Benjamin Ho 12
W3.....28 A1
Benjamin Mews
SW12.....73 B4
Benjamin St EC1.....108 A4
Ben Jonson Ct 20
N1.....24 A3
Ben Jonson Ho
EC2.....109 A3
Ben Jonson Prim Sch
E1.....25 C1
Ben Jonson Rd E1.....33 A4
Benledi Rd E14.....34 C3
Bennelong Cl W12.....30 A3
Bennerley Rd
SW11.....60 B2
Bennet's Hill EC4.....122 B4
Bennett Ct
Hampstead NW6.....11 A2
Lower Holloway N7.....5 B1
7 South Acton W3.....37 A4
Bennett Gr SE13.....52 A2
Bennett Ho
2 Streatham
SW4.....73 C4
Westminster SW1.....147 C4
Bennett St
Chiswick W4.....38 A1
St James SW1.....118 C2
Bennett's Yd SW1.....133 C1
Benn Ho E2.....24 C2 99 B3
Benn St E9.....18 A2
Benns Wlk 8
TW9.....54 A3
Bensbury Cl SW15.....69 B4
Ben Smith Way 1
SE16.....139 C2
Benson Ct
South Lambeth
SW8.....172 A4
1 Tufnell Pk N19.....13 B4
Benson Ho
Lambeth SE1.....121 C1
Shoreditch
E2.....24 B1 98 C2
Benson Quay E1.....32 B2
Benthal Ct N16.....7 C1
Benthal Prim Sch
N16.....7 C1
Benthal Rd N16.....7 C1
Bentham Ct 11 N1.....15 B1
Bentham Ho SE1.....137 B2
Bentham Rd E9.....17 C2
Bentinck Cl NW8.....80 B1
Bentinck Ho 4
W12.....30 A2
Bentinck Mans

Bentinck St
W1.....103 C2
Bentley Cl SW19.....70 C1
Bentley Ct SE13.....67 B3
Bentley Dr NW2.....10 B1
Bentley Ho
6 Bow E3.....27 A2
4 Camberwell SE5.....49 A2
Bentley Rd N1.....16 A2
Bentworth Ct 1
E2.....24 C1 99 B2
Bentworth Prim Sch
W12.....30 A3
Bentworth Rd
W12.....30 A3
Benwell Rd N7.....14 C3
Benwick Cl SE16.....40 A2
Benworth St E3.....26 B2
Benyon Ho EC1.....95 C4
Benyon Rd N1.....87 C4
Benyon Wharf 83
E8.....24 A4
Beormund Sch
SE1.....137 C3
Bequerel Ct SE10.....43 B3
Berberis Ho 17 E3.....33 C4
Berber Pl 2 E14.....33 C2
Berber Rd SW11.....60 B2
Berebinder Ho 21
E3.....26 B3
Berenger Twr
SW10.....157 B2
Berenger Wlk
SW10.....157 B2
Berens Rd NW10.....22 C2
Beresford Ct E9.....18 A3
Beresford Ho
Dulwich SE21.....76 A1
15 Stockwell SW4.....62 A3
Beresford Lo N4.....6 A3
Beresford Rd N5.....15 C3
Beresford Terr 3
N5.....15 B3
Bere St E1.....32 C2
Berestede Rd 4
W6.....38 B1
Bergen Ho 1 SE5.....48 B1
Bergen Sq 1 SE16.....41 A3
Berger Prim Sch
E9.....17 C2
Berger Rd E9.....17 C2
Berghem Mews
W14.....39 C3
Bergholt Cres N16.....7 A4
Bergholt Mews 4
E2.....25 B2
Berglen Ct E14.....33 A2
Bering Sq E14.....41 C1
Berisford Mews
SW18.....59 B1
Berkeley Ct
1 Golders Green
NW11.....1 B4
Marylebone NW1.....91 A1
Willesden NW10.....8 A4
Berkeley Gdns
W8.....31 C1 113 C1
Berkeley Ho
17 Bow E3.....26 C2
2 Deptford SE8.....41 B1
Berkeley Mews
W1.....103 A1
Berkeley Rd SW13.....46 C2
Berkeley Sq W1.....118 B3
Berkeley St W1.....118 B2

Berkeley The NW11.....2 A4
Berkeley Wlk 1 N7.....5 B2
Berkley Gr NW1.....12 C1
Berkley Rd NW1.....12 B1
Berkshire Ho
WC2.....106 A2
Berkshire Rd E9.....18 B2
Bermans Way
NW10.....8 B4
BERMONDSEY.....40 A4
Bermondsey Leather
Mkt SE1.....138 A3
Bermondsey Sq
SE1.....138 B2
Bermondsey Sta
SE16.....40 B3
Bermondsey St
SE1.....138 A2
Bermondsey Trad Est
SE16.....40 B1
Bermondsey Wall E
SE16.....40 A4
Bermondsey Wall W
SE1,SE16.....139 B4
Bernard Angell Ho 4
SE10.....52 C4
Bernard Cassidy St 2
E16.....35 B4
Bernard Ho E1.....110 C3
Bernard Shaw Ct 1
NW1.....83 B3
Bernard Shaw Ho 2
NW10.....21 A4
Bernard St WC1.....94 B1
Bernay's Gr SW9.....62 B3
Berners Ho N1.....85 B2
Berners Mews
W1.....105 A3
Berners Pl W1.....105 A2
Berners Rd N1.....86 A3
Berners St W1.....105 A2
Berner Terr 27 E1.....111 C1
Bernhard Baron Ho 2
E1.....111 C1
Bernhardt Cres
NW8.....90 A2
Bernie Grant Ho 46
E9.....17 B1
Bernwood Ho 6
N4.....6 C4
Berridge Mews
NW6.....10 C3
Berriman Rd N7.....5 B1
Berry Cotts 2 E14.....33 A3
Berryfield Rd
SE17.....150 B2
Berry Ho
10 Battersea
SW11.....169 A2
28 Bethnal Green
E1.....25 A1
Berrymead Gdns
W3.....37 B4
Berrymede Inf Sch
W3.....37 A4
Berrymede Jun Sch
W3.....37 A4
Berrymede Rd W4.....37 C3
Berry Pl EC1.....96 B3
Berry St EC1.....96 B1
Berry Way W5.....36 A3
Bertha Neubergh Ho
1 SE5.....48 B2
Berthon St SE8.....51 C4
Bertie Rd NW10.....8 C2
Bertram St N19.....4 A2

Bertrand Ho 11
SW16.....74 A1
Bertrand St SE13.....67 A4
Bertrum House Sch
SW17.....72 C2
Berwick St W1.....105 A1
Berwick Street Mkt*
W1.....105 A1
Berwyn Ho 3 N16.....7 B3
Berwyn Rd
Mortlake SW14,
SW14.....55 A3
Streatham SE24.....75 A3
Beryl Rd W6.....39 C1
Besant Cl NW2.....1 A1
Besant Ct N1.....15 C3
Besant Ho NW8.....78 C3
Besant Pl SE22.....64 B3
Besant Rd NW2.....10 A4
Besant Wlk N7.....5 B2
Besford Ho 23 E2.....24 C3
Bessant Dr TW9.....45 A2
Bessborough Gdns
SW1.....147 C2
Bessborough Pl
SW1.....147 C2
Bessborough Rd
SW15.....68 C3
Bessborough St
SW1.....147 B2
Bessemer Ct 7
NW1.....13 B1
Bessemer Grange
Prim Sch SE5.....64 A3
Bessemer Park Ind
Est 3 SE24.....63 A3
Bessemer Rd SE5.....48 B1
Bessingham Wlk
SE4.....65 C2
Besson St SE14.....50 C2
Bessy St E2.....25 B2
Bestwood St SE8.....40 C2
Beswick Mews 1
NW6.....11 A2
Beta Pl 20 SW4.....62 B3
Betchworth Ho 8
N7.....13 C3
Bethersden Ho
SE17.....152 B2
Bethlehem Ho 13
E14.....33 B2
BETHNAL GREEN.....25 A2
Bethnal Green
E2.....24 C2 99 B3
Shoreditch E1,
E2.....24 B1 99 B3
Bethnal Green Sta
Bethnal Green E1.....25 A1
Bethnal Green E2.....25 A1
Bethnal Green Tech
Coll 18 E2.....24 B2 99 A3
Bethune Rd
North Acton NW10.....20 C1
Stamford Hill N16.....7 A4
Bethwin Rd SE5.....48 B3
Betsham Ho SE1.....137 B4
Betterton Ho
WC2.....106 A2
Betterton St WC2.....106 B1
Bettridge Rd SW6.....165 A1
Betts Ho E1.....32 A2
Betts St E1.....32 A2
Betty Layward Prim
Sch 1 N16.....6 C1

Betty May Gray Ho 🗊
E14 .... 42 B2
Bevan St E14 .... 87 A3
Bev Callender Cl 🗊
SW8 .... 61 A4
Bevenden St N1 .... 97 C4
Beveridge Rd 🗊
NW10 .... 8 A1
Beverley Cl
Barnes SW13 .... 46 C1
🗊 Wandsworth
SW11 .... 59 C3
Beverley Cotts
SW15 .... 68 A1
Beverley Ct
🗊 Acton Green
W4 .... 37 B1
🗊 Acton W12 .... 38 A4
Brockley SE4 .... 66 A4
Islington N5 .... 15 A2
Beverley Gdns
Barnes SW13 .... 56 B4
Hendon NW11 ...... 1 A4
Beverley Lo 🗊
TW10 .... 54 A2
Beverley Path 🗊
SW13 .... 46 B1
Beverley Rd
Barnes SW13 .... 56 B4
Chiswick W4 .... 38 B1
Beversbrook Rd
N19 .... 4 C1
Beverstone Rd
SW2 .... 62 B2
Beverston Mews
NW1 .... 102 C3
Bevin Cl SE16 ..... 33 A1
Bevin Ct WC1 ..... 95 A4
Bevington Prim Sch
🗊 W10 .... 31 A4
Bevington Rd W10 ..31 A4
Bevington St
SE16 .... 139 C3
Bevin Ho
🗊 Bethnal Green
E2 .... 25 B2
🗊 Bow E3 .... 26 C2
Bevin Sq SW17 ..... 72 B1
Bevin Way WC1 .... 95 B4
Bevis Marks EC3 ..110 B2
Bew Ct SE21 ...... 76 C2
Bewdley Ho N4 ..... 6 B4
Bewdley St N1 ..... 14 C1
Bewick Mews
SE15 .... 50 A3
Bewick St SW8 .... 170 B1
Bewley Ct SW2 .... 62 B1
Bewley Ho 🗊 E1 ...32 A2
Bewley St E1 ...... 32 A2
Bexhill Rd
Catford SE6 .... 66 B1
Mortlake SW14 .... 55 B4
Bexley Ho SE4 ...... 66 A3
BFI Imax (Cinema)
SE1 .... 121 B1
**BFI Southbank*
SE1 .... 121 A2
Bianca Rd SE1,
SE15 .... 49 C4
Bicester Rd TW9 ...55 A4
Bickenhall Mans
W1 .... 103 A4
Bickenhall St W1 ..103 A4
Bickerton Rd N19 ....4 B2
Bicknell Ho 🗊 E1 ..111 C1
Bicknell Rd SE5 ....63 B4

Bicknor Ho 🗊 E5 ...17 A3
Bidborough St N1,
WC1 .... 94 A3
Biddenham Ho 🗊
SE16 .... 40 C2
Bidder St E16 ...... 35 A4
Biddesden Ho
SW3 .... 144 C3
Biddestone Rd N7 ..14 B4
Biddulph Mans
W9 .... 88 B3
Biddulph Rd W9 .... 88 B3
Bidwell St SE15 ....50 A2
Big Ben* SW1 ...134 B3
Biggerstaff Rd
E15 .... 27 B4
Biggerstaff St N4 ..5 C2
Bigg's Row SW15 ..57 C4
Biggs Sq E9 .... 18 B2
Bigland Green Prim
Sch 🗊 E1 .... 32 A3
Bigland St E1 ...... 32 A3
Bilberry Ho 🗊 E3 ..33 C4
Billie Holiday Ct
NW10 .... 20 C3
Billingford Cl SE4 ..65 C3
Billing Ho 🗊 E1 ....32 C3
Billingley NW1 .....82 C3
Billing Pl SW10 ...156 B2
Billing Rd SW10 ...156 B2
Billingsgate Mkt
E14 .... 34 A1
Billing St SW10 ...156 B2
Billington Ho
SW8 .... 171 C3
Billington Rd SE14 ..50 C3
Billiter Sq EC3 ....110 B1
Billiter St EC3 ..... 110 B1
Billson St E14 ...... 42 B2
Bilton Ho SW8 .... 171 B3
Bilton Twrs W1 ...103 A1
Bina Gdns SW5 ...142 C3
Binbrook Ho 🗊
W10 .... 30 B3
Binden Rd W12 .....38 B3
Binfield Ct SE5 ..... 48 B1
Binfield Rd SW4 ...172 B3
Bingfield St N1 .... 84 C4
Bingham Pl W1 ....103 B4
Bingham St N1 ..... 15 C2
Binley Ho SW15 ....56 B1
Binney St W1 ......103 C1
Binnie Ct SE10 .....52 A3
Binnie Ho SE1 .....136 C1
Binns Rd W4 .... 38 A1
Binns Terr 🗊 W4 ..38 A1
Binstead Ho SW18 ..59 A1
Binyon Ho 🗊 N16 ..16 A4
Birbeck Ho 🗊 N19 ..4 C2
Bircham Path SE4 ..65 C3
Birch Cl
Newham E16 .... 35 A4
Peckham SE15 .... 49 C1
Upper Holloway N19 ..4 A2
Birchdown Ho 🗊
E3 .... 27 A2
Birches The SE5 ....49 A1
Birchfield Ho 🗊
E14 .... 33 C2
Birchfield St E14 ...33 C2
Birchgrove Ho
TW9 .... 45 A3
Birch Ho
New Cross Gate
SE14 .... 51 B2
🗊 Tulse Hill SW2 ..62 C1

Birchington Ct 🗊
NW6 .... 78 A4
Birchington Ho 🗊
E5 .... 17 A3
Birchington Rd
NW6 .... 23 C4
Birchin La EC3 .....109 C1
Birchlands Ave
SW12 .... 72 B4
Birchmere Lo 🗊
SE16 .... 40 A1
Birchmere Row
SE3 .... 53 B1
Birchmore Wlk N5 ..6 B1
Birch Vale Ct NW8 ..89 C2
Birchwood Dr NW3 ..2 A1
Birdcage Wlk
SW1 .... 133 B3
Birdhurst Rd
SW18 .... 59 B2
Bird In Bush Rd
SE15 .... 49 C3
Bird In Hand Yd 🗊
NW3 .... 11 B4
Birdsall Ho 🗊 SE5 ..64 A4
Birdsfield La 🗊
E3 .... 26 B4
Bird St W1 ....103 C1
Birdwood Ave 🗊
SE13 .... 67 C1
Birkbeck Ave W3 ..28 B2
Birkbeck Coll W1 ..105 B2
Birkbeck Gr W3 ....37 C4
Birkbeck Hill SE21 ..75 A3
Birkbeck Mews 🗊
E8 .... 16 B3
Birkbeck Rd
Acton W3 .... 28 C1
Dalston E8 .... 16 B3
Birkbeck St E2 ..... 25 A2
Birkbeck Univ of
London WC1 .... 93 B2
Birkdale Cl 🗊
SE16 .... 40 A1
Birkenhead Ho 🗊
N7 .... 14 C3
Birkenhead St
WC1 .... 94 B4
Birkwood Cl SW12 ..73 C4
Birley Lo NW8 ..... 79 C2
Birley St SW11 ....169 B1
Birnam Rd N4 ...... 5 B2
Birrell Ho 🗊 SW9 ..172 C1
Birse Cres NW10 ....8 A4
Birtwhistle Ho 🗊
E3 .... 26 B4
Biscay Ho 🗊 E1 ....25 C1
Biscay Rd W6 ...... 39 C1
Biscoe Way SE13 ..67 C4
Biscott Ho 🗊 E3 ...27 A1
Bisham Gdns N6 ....3 C3
Bishop Challoner
Collegiate Sch 🗊
E1 .... 32 B3
Bishop 🗊 SW2 .....62 C1
Bishop Duppa's
Almshouses 🗊
TW10 .... 54 A2
Bishop King's Rd
W14 .... 140 B4
Bishop's Ave SW6 ..164 A2
Bishop's Bridge Rd
W2 .... 100 C2
Bishops Cl W4 ......37 B1

Bishop's Cl N19 ....4 B1
Bishops Ct
🗊 Bayswater W2 ..100 B2
Richmond TW9 ....54 A4
Bishop's Ct
Holborn EC4 .... 108 A2
Holborn WC2 ...... 107 B2
Bishopsdale Ho 🗊
NW6 .... 23 C4
Bishopsgate EC2 ..110 A2
Bishopsgate Arc
E1 .... 110 B3
Bishopsgate
Churchyard EC2 ..110 A3
Bishopsgate Inst
EC2 .... 110 B3
Bishop's Mans
SW6 .... 47 C4
Bishops Mead SE5 ..48 B3
Bishop's Park Rd
SW6 .... 47 C1
Bishops Rd SW6 ..164 C4
Bishops Sq E1 .....110 B4
Bishop Sq N1 ...... 86 C4
Bishop's Terr
SE11 .... 149 C4
Bishopstone Ho 🗊
SW11 .... 169 B2
Bishop's Way E2 ...25 B3
Bishopswood Rd
N6 .... 3 A4
Bishop Wilfred Wood
Cl SE15 .... 49 C1
Bisley Ho SW19 ....69 C2
Bissextile Ho SE13 ..52 A1
Bisson Rd E15 ...... 27 B3
Bittern Ct 🗊 SE8 ..51 C4
Bittern Ho SE1 .....136 C3
Bittern St SE1 .....136 C3
Blackall St
EC2 .... 24 A1 98 A2
Blackborn Cl 🗊
SW2 .... 62 C1
Blackburne's Mews
W1 .... 117 B3
Blackburn Rd
NW6 .... 11 A2
Blackdown Ho E8 ..16 C4
Blackett St SW15 ..57 C4
Blackfriars Bridge
EC4 .... 122 A3
Blackfriars Ct
EC4 .... 122 A4
Black Friars La
EC4 .... 108 A1
Blackfriars Pas
EC4 .... 122 A4
Blackfriars Pier
EC4 .... 122 A4
Blackfriars Rd
SE1 .... 122 A1
Blackfriars Underpass
EC4 .... 121 C4
Blackheath Ave
SE3 .... 53 A3
Blackheath Bsns Est
SE10 .... 52 B2
Blackheath Gr SE3 ..53 A2
Blackheath High Jun
Sch SE3 .... 53 B1
Blackheath High Sch
SE3 .... 53 C3
Blackheath Hill
SE10 .... 52 B2

Blackheath Prep Sch
SE3 .... 53 C2
Blackheath Rd
SE10 .... 52 A2
Blackheath Rise
SE13 .... 52 B1
BLACKHEATH
VALE 53 B1
Blackheath Vale
SE3 .... 53 A1
Blackheath Village
SE3 .... 53 B1
Black Horse Ct
SE1 .... 137 C2
Blackhorse Rd
SE8 .... 51 A4
Blacklands Terr
SW3 .... 145 A3
Black Lion La W6 ..38 C2
Black Lion Mews 🗊
W6 .... 38 C2
Blackmore Ho
Islington N1 .... 85 A3
🗊 Wandsworth
SW18 .... 59 A2
Blackmore Twr 🗊
W3 .... 37 B3
Blackpool Rd
SE15 .... 50 A1
Black Prince Rd SE1,
SE11 .... 149 A3
Blackroof Ho 🗊
SE5 .... 48 A2
Blackstock Ho 🗊
N5 .... 6 A1
Blackstock Mews
N4 .... 6 A1
Blackstock Rd N4,
N5 .... 6 A1
Blackstone Ho
Dulwich SE21 ...... 76 A1
🗊 Pimlico SW1 ...146 C1
Blackstone Rd NW2 ..9 B3
Black Swan Yd
SE1 .... 138 A4
Blackthorn Ct
🗊 Camberwell
SE15 .... 49 B3
🗊 Leyton E15 ..... 19 C4
Blackthorn St E3 ..26 C1
Blacktree Mews 🗊
SW9 .... 62 C4
BLACKWALL 34 C2
Blackwall Sta E14 ..34 C2
Blackwall Trad Est
E14 .... 34 C4
Blackwall Tunnel E14,
SE10 .... 43 A4
Blackwall Tunnel App
SE10 .... 43 A4
Blackwall Tunnel
Northern Approach
E14, E3 .... 27 B1
Blackwall Way
E14 .... 34 B2
Blackwater Ho
NW8 .... 101 C4
Blackwater St
SE22 .... 64 B2
Blackwell Cl 🗊 E5 ..17 C4
Blackwell Ho 🗊
SW4 .... 61 C1

Blackwood Ho 11
E1................25 A1
Blackwood St
SE17............151 B2
Blade Mews SW15. 58 B3
Bladen Ho 4 E1 .. 32 C3
Blades Ct
4 Hammersmith
W6................39 A1
Putney SW15...58 B3
Blades Ho 12
SE11............163 B3
Blades Lo 18 SW2 .. 62 C1
Blagdon Rd SE13...67 A1
Blagrove Rd 1
W10................31 B4
Blair Cl N1...........15 B2
Blair Ct NW8......79 B4
Blairderry Rd SW2. 74 A2
Blairgowrie Ct 13
E14................34 C3
Blair Ho SW9...172 C2
Blair St E14.........34 C3
Blake Coll W1....104 C4
Blake Ho
8 Bermondsey
SE16................40 A1
Kilburn NW6.......23 C2
Blake Gdns SW6.. 166 A4
Blake Ho
2 Deptford SE8 .. 51 C4
Isle of Dogs E14 .. 42 A4
1 Kentish Town
N19................13 C3
Lambeth SE1 ....135 B2
14 Stoke Newington
N16................16 A4
Blake Mews 15
TW9................44 C2
Blakemore Rd
SW16................74 A1
Blakeney Cl
5 Camden Town
NW1................13 C1
4 Dalston E8......16 C3
Blakenham Ct
W12................29 C1
Blaker Rd E15.....27 B4
Blakes Cl W10.....30 B4
Blake's Rd SE15...49 A3
Blanca Ho 16 N1...24 A3
Blanchard Way E8.. 16 C2
Blanch Cl SE15....50 B3
Blanchedowne
SE5................63 C3
Blandfield Rd
SW12................72 C4
Blandford Ct
Brondesbury Pk
NW6................10 A1
6 De Beauvoir Town
N1................16 A1
Blandford Ho
SW8............162 C2
Blandford Rd W4.. 38 A3
Blandford Sq NW1.. 90 B1
Blandford St W1.. 103 B3
Bland Ho SE11....149 A2
Blantyre St SW10. 157 B2
Blantyre Twr
SW10............157 B2
Blantyre Wlk
SW10............157 B2
Blashford NW3....12 B1

Blasker Wlk 8
E14................42 A1
Blaxland Ho 10
W12................30 A2
Blazer Ct NW8.....89 C3
Blechynden Ho 17
W10................30 C3
Blechynden St
W10................30 C3
Bleeding Heart Yd
EC1................107 C3
Blemundsbury
WC1............106 C4
Blendworth Point 5
SW15................69 A3
Blenheim 20 SW19. 69 C3
Blenheim Cres
Notting Hill W11 .. 31 A3
Notting Hill
W11 .. 31 A2 112 B4
Blenheim Ct
Barnsbury N7......14 A2
Richmond TW9.....54 B4
17 Rotherhithe
SE16................32 C1
Upper Holloway N19 . 5 A2
Blenheim Gdns
Clapham Pk SW2 .. 62 B1
Dollis Hill NW2......9 B3
Blenheim Gr SE15 . 49 C1
Blenheim Pas
NW8................78 C2
Blenheim Rd
Acton W4..........38 A3
St John's Wood
NW8................79 A2
Blenheim St W1.. 104 A1
Blenheim Terr
NW8................78 C2
Blenkarne Rd
SW11................60 B1
Blessed Sacrament
RC Prim Sch N1.. 84 C3
Blessington Cl
SE13................67 C4
Blessington Rd
SE13................67 C3
Bletchley Ct 11 N1. 87 B1
Bletchley St N1....87 A1
Bletsoe Wlk N1....87 A2
Blick Ho 1 SE16 .. 40 B3
Blincoe Cl SW19.. 69 C2
Blissett St SE10....52 B2
Bliss Mews 14
W10................23 A2
Blisworth Ho 12
E2................24 C4
Blithfield St W8 .. 128 A1
Bloemfontein Ave
W12................30 A1
Bloemfontein Rd
W12................30 A2
Blomfield Ct
Battersea SW11...167 C4
Paddington W9.....89 A2
Blomfield Ho 4
E14................34 A2
Blomfield Mans 3
W12................30 B1
Blomfield Rd W9 .. 100 C4
Blomfield St EC2. 109 C3
Blomfield Villas
W9................100 C4
Blondel St SW11. 169 B2
Blondin St E3......26 C3

Bloomburg St
SW1............147 A3
Bloomfield Ho 11
E1................111 B3
Bloomfield Pl W1. 118 B4
Bloomfield Terr
SW1............145 C2
Bloom Gr SE27....75 A1
Bloom Park Rd
SW6............154 C1
Bloomsbury Ct
WC1............106 B3
Bloomsbury Ho 10
SW4................61 C1
Bloomsbury
International
Language Sch
WC1............106 B3
Bloomsbury Pl
London SW18.....59 B2
St Giles WC1....106 B3
Bloomsbury Sq
WC1............106 B3
Bloomsbury St
WC1............105 C3
Bloomsbury Way
WC1............106 B3
Blore Cl SW8.....171 B3
Blore Ct W1......119 B4
Blore Ho SW10... 156 B2
Blossom Cl W5....36 A4
Blossom Pl
E1................24 A1 98 B1
Blossom St
E1................24 A1 98 B1
Blount St E14......33 A3
Blucher Rd SE5....48 B3
Blue Anchor Alley 1
TW9................54 A3
Blue Anchor La
SE16................40 A2
Blue Anchor Yd
E1................125 B4
Blue Ball Yd SW1. 118 C1
Bluebell Cl 10 E9 .. 25 B4
Blue Gate Fields Jun
& Inf Schs 22 E1.. 32 B2
Bluegate Mews
E1................32 A2
Blue Lion Pl SE1.. 138 A2
Blueprint Apartments
18 SW12............73 A4
Blundell Cl E8....16 C4
Blundell St N7.....14 A2
Blurton Rd E5......17 C4
Blyth Cl 3 E14....42 C2
Blythe Ho 8
SE11............163 C4
Blythe Mews 2
W14................39 C3
Blythendale Ho 34
E2................24 C3
Blythe Rd W14 .. 126 A1
Blythe St E2........25 A2
Blyth's Wharf E14. 33 A2
Blythwood Rd N4.. 5 A4
BMI Fitzroy Square
Hospl W1........92 C1
Bnois Jerusalem Girls
Sch 21 N16........6 C4
Boades Mews 3
NW3................11 C4
Boadicea St N1... 84 C3

Boardwalk Pl E14 .. 34 B1
Boarley Ho SE17...152 A3
Boathouse Ctr The
W10................22 C1
Boathouse Wlk 24
SE15................49 B3
Boat Lifter Way 19
SE16................41 A2
Bobbin Cl SW4....61 B4
Bob Marley Way 1
SE24................62 C3
Bobov Foundation
Sch 3 N16........7 C4
Bocking St E8......25 A4
Boddicott Cl SW19. 70 A2
Boddington Gdns
W3................36 C4
Boddington Ho 2
SE14................50 B2
Bodeney Ho 11
SE5................49 A2
Boden Ho 4 E1... 111 B4
Bodington Ct 2
W12................39 C4
Bodley Manor Way
SE24................75 A3
Bodmin St SW18...70 C3
Bodney Rd E5, E8. 17 A3
Bogart Ct 11 E14.. 33 C2
Bohemia Pl 1 E8 .. 17 A2
Bohn Rd E1........33 A4
Boileau Rd SW13...47 A4
Boilerhouse SE1... 124 C1
Boisseau Ho 11 E1. 32 B4
Bolden St SE8.....52 A1
Boldero Pl NW8....90 A1
Boleyn Rd N16.....16 A3
Bolina Rd SE16....40 B1
Bolingbroke Gr
SW11................60 B1
Bolingbroke Rd
W14................39 C3
Bolingbroke Wlk
SW11............168 A4
Bollo Bridge Rd
W3................37 B3
Bollo Ct 2 W3......37 B3
Bollo La W3.........37 A3
Bolney Gate SW7. 130 A3
Bolney St SW8... 162 C1
Bolsover St W1....92 B1
Bolt Ct EC4......107 C1
Bolton Cres SE5 .. 48 A3
Bolton Ct SW11 .. 169 C3
Bolton Gdns
Kensal Rise NW10...22 C3
South Kensington
SW5............142 B2
Bolton Gdns Mews
SW10............142 C2
Bolton Ho 6 SE10. 43 A1
Bolton Pl SW5.... 142 C2
Bolton Rd
Chiswick W4.......45 B3
Harlesden NW10...21 A4
Kilburn NW8.......78 B3
Boltons Ct SW5 .. 142 B2
Bolton St W1......118 B2
Boltons The
SW10............142 C2
Bolton Studios
SW10............143 A1
Bolton Wlk N7.....5 B2
Bombay Ct 8
SE16................40 B4
Bombay St SE16...40 A2

Bomore Rd
W11 .. 31 A2 112 A4
Bonar Rd SE15.....49 C3
Bonchurch Rd
W10................31 A4
Bond Ct EC4......109 B1
Bond Ho 3 SE8....23 B3
Bonding Yard Wlk
SE16................41 A3
Bond St W4........37 C2
Bond St Sta
W1................103 C1
Bondway SW8.....162 B4
Bonfield Rd SE13...67 B3
Bonham Ho
W11 .. 31 B2 112 C2
Bonham Rd SW2 .. 62 B2
Bonheur Rd W4.....37 C4
Bonhill St EC2.....97 C1
Bonington Ho 1
N1................84 C1
Bonita Mews SE15. 65 C4
Bonner Ho 3
SW15................56 C2
Bonner Prim Sch 30
E2................25 B2
Bonner Rd E2.......25 B3
Bonner St E2.......25 B3
Bonneville Gdns
SW4................61 B1
Bonneville Prim Sch
SW4................61 B1
Bonnington Sq
SW8............162 C4
Bonny St NW1.....13 B1
Bonsor Ho SW8 .. 171 A4
Bonsor St SE5.....49 A3
Bonthron Ho
SW15................47 B1
Booker Cl 11 E3 .. 33 B4
Boord St SE10.....43 A3
Boothby Rd N19....4 C2
Booth Cl 11 E9.....25 A4
Booth Ho 2 SW2.. 74 C4
Booth La EC4.....122 C4
Booth's Pl W1....105 A3
Boot St N1 .. 24 A2 98 A3
Bordon Wlk 5
SW15................68 C4
Boreas Wlk N1....86 B1
Boreham Ave E16 .. 35 C3
Boreman Ho 8
SE10................52 B4
Borland Rd SE15 .. 65 B3
Borneo St SW15...57 B4
Borough High St
SE1................123 B2
Borough Mkt★
SE1................123 B2
Borough Rd SE1 .. 136 B2
Borough Sq SE1 .. 136 C3
Borough Sta SE1 .. 137 A3
BOROUGH THE .. 136 C4
Borrett Cl SE17... 150 C1
Borrodaile Rd
SW18................59 A1
Borrowdale NW1.. 92 C3
Borthwick St SE8.. 41 C1
Boscastle Rd NW5.. 4 A1
Boscobel Ho 6
E8................17 A2
Boscobel Pl SW1. 145 C4
Boscobel St NW8.. 89 C1
Boscombe Cl E5.. 18 A3
Boscombe Rd
W12................38 C4
Boss Ho SE1......138 C4

Boss St SE1 . . . . . . 138 C4
Boston Gdns W4 . . . 46 A4
Boston Ho
24 Camberwell
SE5 . . . . 48 B1
Earl's Ct SW5 . . . . . 142 B3
Lisson Gr NW1 . . . . . 90 C2
Boston Pl NW1 . . . . . 90 C1
Bosun Ct 22 E14 . . . . 41 C4
Boswell Ct
Bloomsbury WC1 . . . 106 B4
9 Hammersmith
W14 . . . . 39 C3
Boswell Ho WC1 . . . 106 B4
Boswell St WC1 . . . . 106 B4
Bosworth Ho 4
W10 . . . . 23 A1
Bosworth Rd W10 . . . 23 A1
Bothwell Cl E16 . . . . 35 C4
Bothwell St 4 W6 . . 47 C4
Botolph Alley EC3 . . 124 A4
Botolph La EC3 . . . . 124 A4
Bott's Mews W2 . . . . 31 C3
Boughton Ho SE1 . . 137 B4
Boulcott St E1 . . . . . 32 C3
Boulevard The
Chelsea SW6 . . . . . 167 A3
4 Upper Tooting
SW17 . . . . 72 C2
Boulogne Ho SE1 . . 138 C2
Boulter Ho 4
SE14 . . . . 50 B2
Boulton Ho TW8 . . . . 36 A1
Boundaries Mans 3
SW12 . . . . 72 C3
Boundaries Rd
SW12 . . . . 72 C3
Boundary Ho
Balham SW12 . . . . . 73 A3
1 Camberwell SE5 . . 48 B3
12 Notting Hill W11 . . 30 C1
Boundary La SE17 . . . 48 B4
Boundary Pas
E2 . . . . 24 B1 98 C2
Boundary Road Est
NW8 . . . . 78 C3
Boundary Row
SE1 . . . . 136 A4
Boundary St
E2 . . . . 24 B1 98 C2
Bourchier St W1 . . . 119 B4
Bourdon Pl W1 . . . . 118 B4
Bourdon St W1 . . . . 118 B4
Bourke Ct
London SW4 . . . . . . 62 A1
Willesden NW10 . . . 8 A4
Bourlet Cl W1 . . . . . 104 C3
Bourne Ct W4 . . . . . 45 B4
Bourne Ho 5
SW4 . . . . 61 B3
Bourne Mews W1 . . . 103 C1
Bournemouth Cl
SE15 . . . . 49 C1
Bournemouth Rd
SE15 . . . . 49 C1
Bourne Pl W4 . . . . . 37 C1
Bourne St SW1 . . . . 145 B3
Bourne Terr W2 . . . 100 B3
Bousfield Prim Sch
SW10 . . . . 142 C2
Bousfield Rd SE14 . . 50 C1
Boutcher CE Prim Sch
SE1 . . . . 152 C4
Boutflower Rd
SW11 . . . . 60 A3

Bouverie Mews
N16 . . . . 7 A2
Bouverie Pl W2 . . . . 101 C2
Bouverie Rd N16 . . . . 7 A2
Bouverie St EC4 . . . 107 C1
Bovingdon Cl 4
N19 . . . . 4 B2
Bovingdon Rd
SW6 . . . . 166 B3
BOW 26 B3
Bowater Cl SW2 . . . . 62 A1
Bowater Ho EC1 . . . . 97 A1
Bow Brook The 20
E2 . . . . 25 C3
Bow Church Sta
E3 . . . . 26 C2
BOW COMMON 34 A4
Bow Common La
E3 . . . . 33 C4
Bowden Ho 20 E3 . . . 27 A2
Bowden St SE11 . . . 149 C1
Dowditch SE8 . . . . . 41 B1
Bowen Ct 2 N5 . . . . 15 A4
Bowen Dr SE21 . . . . 76 A1
Bowen St E14 . . . . . 34 A3
Bower Ave SE3 . . . . 53 A3
Bowerdean St
SW6 . . . . 166 A3
Bower Ho SE14 . . . . 50 C2
Bowerman Ave
SE14 . . . . 51 A4
Bowerman Ct 1
N19 . . . . 4 C2
Bower St E1 . . . . 32 C3
Bowes-Lyon Hall 13
E16 . . . . 35 C1
Bowes Rd W3 . . . . . . 29 A2
Bowfell Rd W6 . . . . . 47 B4
Bowhill Cl SW9 . . . . 163 C2
Bow Ho 1 E3 . . . . . . 26 C2
Bowie Cl SW4 . . . . . 73 C4
Bow La EC2, EC4 . . . 109 A1
Bowland Ho N4 . . . . . 6 C4
Bowland Rd SW4 . . . 61 C3
Rowland Yd SW1 . . . 131 A3
Bowl Ct EC2 . . . 24 A1 98 B1
Bowles Rd 1 SE1 . . . 49 C4
Bowley Ho 6
SE16 . . . . 139 B2
Bowling Green Cl
SW19 . . . . 69 A4
Bowling Green Ho
SW10 . . . . 157 B2
Bowling Green La
EC1 . . . . 95 C2
Bowling Green Pl
SE1 . . . . 137 B4
Bowling Green St
SE11 . . . . 48 A4
Bowling Green Wlk
N1 . . . . 24 A2 98 B4
Bowman Ave E16 . . . 35 B2
Bowman Mews
St George in East
E1 . . . . 125 B4
Wandsworth SW18 . . 70 B3
Bowman's Mews
N7 . . . . 5 A1
Bowman's Pl N7 . . . . 5 A1
Bowmore Wlk
NW1 . . . . 13 C1
Bowness Cl 5 E8 . . . 16 B2
Bowness Ho SE15 . . . 50 B3
Bowood Rd SW11 . . . 60 C2
Bow Rd E3 . . . . 26 C2
Bow Road Sta E3 . . . 26 C2

Bowry Ho 14 E14 . . . 33 B3
Bow Sec Sch 19
E3 . . . . 26 C2
Bowsprit Point 1
E14 . . . . 41 C3
Bow St WC2 . . . . . . 106 B1
Bowstead Ct
SW11 . . . . 167 C3
Bow Triangle Bsns Ctr
17 E3 . . . . 26 C1
Bowyer Ho
27 Shoreditch N1 . . . 24 A4
Wandsworth SW18 . . 59 A1
Bowyer Pl SE5 . . . . . 48 B3
Bowyer St 18 SE5 . . . 48 B3
Boxall Rd SE21 . . . . . 64 A1
Boxley Ho 8 E5 . . . . 17 A3
Boxmoor Ho
18 Hackney E2 . . . . 24 C4
9 Shepherd's Bush
W11 . . . . 30 C1
Box Tree Ho SE8 . . . 41 A1
Boxworth Gr N1 . . . . 85 A4
Boyce Ho 9 W10 . . . 23 B2
Boyd Ct SW15 . . . . . 57 B1
Boydell Ct NW8 . . . . 11 C1
Boyd St E1 . . . . 111 C1
Boyfield St SE1 . . . . 136 B3
Boyle St W1 . . . . . . 118 C4
Boyne Ct NW10 . . . . . 8 C1
Boyne Rd SE13 . . . . . 67 C4
Boyne Terr Mews
W11 . . . . 31 B1 112 C2
Boyson Rd 10
SE17 . . . . 48 C4
Boyton Cl E1 . . . . . . 25 C1
Boyton Ho
Kennington SE11 . . 149 B1
St John's Wood
NW8 . . . . 79 C2
Brabant Ct EC3 . . . . 124 A4
Brabazon St E14 . . . 34 A4
Brabner Ho 3
E2 . . . . 24 C2 99 B4
Brabourn Gr SE15 . . 50 B1
Bracer Ho 1 N1 . . . . 24 A3
Bracewell Rd W10 . . 30 B4
Bracey Mews 1 N4 . . 5 A2
Bracey St N4 . . . . . . 5 A2
Bracken Ave
SW12 . . . . 72 C4
Brackenbury Gdns
W6 . . . . 39 A3
Brackenbury Prim Sch
W6 . . . . 39 A3
Bracken Gdns
SW13 . . . . 46 C1
Bracken Ho 15 E3 . . . 33 C4
Brackley Ave SE15 . . 65 B4
Brackley Ct NW8 . . . 89 C2
Brackley Rd W4 . . . . 38 A1
Brackley St EC1 . . . 109 A4
Brackley Terr 6
W4 . . . . 38 A1
Bracklyn Ct N1 . . . . 87 B2
Bracklyn St N1 . . . . 87 B2
Bracknell Gate
NW3 . . . . 11 A3
Bracknell Gdns
NW3 . . . . 11 A4
Bracknell Way
NW3 . . . . 11 A4

Bradbeer Ho 24
E2 . . . . 25 B2
Bradbourne St
SW6 . . . . 165 C2
Bradbury Ct 2
SE3 . . . . 53 C3
Bradbury Ho E1 . . . 111 A2
Bradbury St 28
N16 . . . . 16 A3
Bradby Ho NW8 . . . . 78 B1
Braddon Rd TW9 . . . 54 B4
Braddyll St SE10 . . . 43 A1
Bradenham 11
SE17 . . . . 48 C4
Bradenham Cl
SE17 . . . . 48 C4
Braden St W9 . . . . . 88 A1
Bradfield Ct 14
NW1 . . . . 13 A1
Bradfield Ho 15
SW8 . . . . 171 B2
Bradford Ho 4
W14 . . . . 39 C3
Bradford Rd W3 . . . . 38 A4
Bradgate Rd SE6 . . . 67 A1
Brading Rd SW2 . . . . 74 B4
Brading Terr W12 . . . 38 C3
Bradiston Rd W9 . . . 23 B2
Bradley Cl N7 . . . . . 14 B2
Bradley Ho
Bermondsey SE16 . . 40 A2
1 Bromley E3 . . . . . 27 A2
Bradley Mews
SW12 . . . . 72 B3
Bradley's Cl N1 . . . . 85 C2
Bradford Ho SE21 . . 76 A1
Bradmead SW8 . . . . 160 C1
Bradmore Park Rd
W6 . . . . 39 A2
Brad St SE1 . . . . . . 121 C1
Bradstock Ho E9 . . . 18 A1
Bradstock Rd E9 . . . 17 C2
Bradwell Ho 8
NW6 . . . . 78 A3
Bradwell St 24 E1 . . 25 C2
Brady Ho
London SW4 . . . . . . 61 C2
South Lambeth
SW8 . . . . 171 A4
Brady St E1 . . . . 25 A1
Braefoot Ct SW15 . . 57 C2
Braemar SW15 . . . . . 57 C1
Braemar Ave
SW19 . . . . 70 C2
Braemar Ho W9 . . . . 88 C3
Braemar Mans
W8 . . . . 128 B1
Braes St N1 . . . . 15 A1
Braganza St SE17 . . 150 A1
Braham St E1 . . . . . 111 A2
Brahma Kumaris
World Spiritual Univ
NW10 . . . . 8 A4
Braid Ave W3 . . . . . . 29 A3
Braid Ho SE10 . . . . . 52 B2
Braidwood Rd SE6 . . 67 C2
Braidwood St SE1 . . 124 A1
Braintree Ho 5
E1 . . . . 25 B1
Braintree St E2 . . . . 25 B2
Braithwaite Ho
EC1 . . . . 97 B2
Braithwaite Twr
W2 . . . . 101 B4
Bramah Gn SW9 . . . 173 C4

Bramah Mus of Tea &
Coffee The*
SE1 . . . . 123 A1
Bramall Ct N7 . . . . . 14 B2
Bramber WC1 . . . . . 94 A3
Bramber Ct TW8 . . . 36 A2
Bramber Rd W14 . . . 154 C4
Brambledown 8
N4 . . . . 5 A4
Bramble Gdns
W12 . . . . 29 B2
Bramble Ho 18 E3 . . 33 C4
Brambling Ct 5
SE8 . . . . 51 B4
Bramcote Gr SE16 . . 40 B1
Bramcote Rd
SW15 . . . . 57 A3
Bramerton St
SW3 . . . . 158 A4
Bramfield Ct N4 . . . . 6 B2
Bramford Rd
SW11 . . . . 60 B2
Bramham Gdns
SW5 . . . . 142 B2
Bramham Ho SE22 . . 64 A3
Bramlands Cl
SW11 . . . . 60 A4
Bramley Cres
SW8 . . . . 161 C2
Bramley Ct SE13 . . . 67 C2
Bramley Ho
16 North Kensington
W10 . . . . 30 C3
Roehampton SW15 . . 56 B1
Bramley Rd W10 . . . 30 C3
Brampton WC1 . . . . 106 C3
Bramshaw Rd E9 . . . 17 C2
Bramshill Gdns
NW5 . . . . 4 A1
Bramshill Ho
NW10 . . . . 21 B3
Bramshurst NW8 . . . 78 B3
Bramston Rd
Harlesden NW10 . . . 21 C3
Wandsworth SW17 . . 71 B1
Bramwell Ho
Borough The SE1 . . 137 A1
Chelsea SW1 . . . . . 160 C4
Bramwell Mews
N1 . . . . 85 A4
Brancaster Ho
22 Globe Town E1 . . 25 C2
Islington N5 . . . . . . 15 A3
Brancaster Rd
SW16 . . . . 74 A1
Branch Hill NW3 . . . 2 B1
Branch Pl N1 . . . . . . 87 C4
Branch Rd E14 . . . . . 33 A2
Branch St SE15 . . . . 49 A3
Brand Cl N4 . . . . 6 A3
Branden Lo 10 W4 . . 37 B1
Brandlehow Prim Sch
SW15 . . . . 58 B3
Brandlehow Rd
SW15 . . . . 58 B3
Brandon Mews
Barbican EC2 . . . . . 109 B4
Walworth SE17 . . . . 151 A3
Brandon Rd N7 . . . . 14 A1
Brandon St SE17 . . . 151 A3

Brandrams Wharf
SE16 . . . . .40 B4
Brandreth Rd
SW17 . . . . .73 A2
Brand St SE10 . . . . .52 B3
Brangton Rd SE11 .149 A1
Brangwyn Ct W14 .126 A1
Branksea St SW6 .154 A1
Branksome Ho
SW8 . . . . .162 C2
Branksome Rd
SW2 . . . . .62 A2
Bransby Ct **4** N16. .16 A4
Branscombe NW1 . .83 A3
Branscombe St
SE13 . . . . .67 A4
Bransdale Cl NW6 . .23 C4
Branstone St **9**
TW9 . . . . .44 C2
Branstone Rd TW9 . .44 B2
Branston Ho N7 . . . .14 C3
Brantwood Ho **9**
SE5 . . . . .48 B3
Brantwood Rd
SE24 . . . . .63 B2
Brasenose Dr
SW13 . . . . .47 B4
Brashley Road Cvn
Site NW10 . . . . .21 A2
Brassey Ho **1** E14. .42 A2
Brassey Rd NW6. . . .10 B2
Brassey Sq SW11 . . .60 C4
Brassie Ave W3. . . . .29 A3
Brass Talley Alley **51**
SE16 . . . . .40 C4
Brathay NW1 . . . . . .83 A1
Brathway Rd
SW18 . . . . .70 C4
Bratley St **10**
E1 . . . . .24 C1 **99 B1**
Bravington Pl W9 . .23 B1
Bravington Rd W9 . .23 B2
Brawne Ho **12**
SE17 . . . . .48 A4
Braxfield Rd SE4 . . .66 B3
Bray NW3 . . . . .12 A1
Brayard's Rd SE15. .50 A1
Braybrook St W12 . .29 B3
Brayburne Ave
SW4 . . . . .171 A1
Bray Cres SE16 . . . .40 C4
Braydon Rd N16. . . .7 C3
Bray Dr E16 . . . . . . .35 B2
Brayfield Terr N1 . .14 C1
Brayford Sq **3** E1. .32 B3
Bray Pl SW3 . . . . . .144 C3
Bread St EC2, EC4 .109 A1
Breakspeare SE21 . .76 B1
Breakspears Mews
SE4 . . . . .51 C1
Breakspears Rd
SE4 . . . . .66 C4
Breakwell Ct **10**
W10 . . . . .23 A1
Breamore Cl
SW15 . . . . .68 C3
Breamore Ho **21**
SE15 . . . . .49 C3
Bream's Bldgs
EC4 . . . . .107 B2
Bream St E3 . . . . . . .18 C1
Breasley Cl SW15. . .57 A3
Brechin Pl SW7 . . .143 A3

Brecknock Prim Sch
18 N7 . . . . .13 C2
Brecknock Rd N19. .13 C3
Brecon Ho
Stamford Hill N16. . . .7 B3
Wandsworth SW18 . .70 C4
Brecon Rd W6. . . . .154 B3
Bredel Ho **8** E14 . .33 C4
Bredgar SE13. . . . . .67 A2
Bredgar Rd N19 . . . .4 B2
Bredinghurst SE22. .76 C4
Bredinghurst Sch
SE15 . . . . .65 C3
Bredin Ho SW10. . .156 B2
Breer St SW6 . . . . . .59 A4
Breezer's Ct **2**
E1 . . . . .125 C3
Brehon Ho NW1 . . .82 C3
Bremans Row **1**
SW18 . . . . .71 B2
Bremner Rd SW7 . .129 A2
Brenchley Gdns SE15,
SE22, SE23. . . . . . . .65 C1
Brenda Rd SW17 . . .72 B2
Brendon Ave NW10 . .8 A4
Brendon Ho **1** . . .103 B4
Brendon St W1. . . .102 B2
Brenley Ho **1** SE1.137 B4
Brennands Ct **14**
N19. . . . . .4 B1
Brent Adult Comm
Education Service
Coll **11** NW10 . . . .20 C4
Brent Ct **5** W12 . . .38 A3
Brentford Fountain
Ctr W4 . . . . .36 C1
Brent Ho **16** E9 . . . .17 B2
Brenthouse Rd E9 . .17 B2
Brenthurst Rd
NW10 . . . . .8 B2
Brenton Ct E9 . . . . .18 A3
Brenton St E14 . . . .33 A3
Brent Rd E16 . . . . . .35 C4
Brent Trad Est
NW10 . . . . .8 A3
Brentwick Gdns
TW8 . . . . .36 A2
Brereton Ho **4**
SW2 . . . . .74 C4
Bressenden Pl
SW1 . . . . .132 C2
Breton Ho
Bermondsey SE1 . . .138 C2
St Luke's EC2 . . . . . .97 A1
Brett Cl N16 . . . . . . .7 A2
Brett Cres NW10 . . .20 C4
Brettell St SE17 . . .151 C1
Brett Ho **1** SW15 . .69 C4
Brett House Cl **2**
SW15 . . . . .69 C4
Brettinghurst **8**
SE1 . . . . .153 B1
Bretton Ho N19. . . . .5 A3
Brett Pas E8 . . . . . .17 A3
Brett Rd E8 . . . . . . .17 A3
Brewers Bldgs EC1 . .96 A4
Brewers Ct W2 . . . .100 C2
Brewer's Gn SW1 . .133 B2
Brewers Hall Gdns
EC2 . . . . .109 A3
Brewer St W1 . . . . .119 A4

Brewery Ind Est The
N1 . . . . .87 A1
Brewery Rd N7 . . . .14 A2
Brewery Sq
Bermondsey SE1 . . .124 C1
Clerkenwell EC1. . . . .96 B2
Brewhouse La
Putney SW15 . . . . . .58 A4
Wapping E1 . . . . . . .32 A1
Brewhouse Wlk
SE16 . . . . .33 A1
Brewhouse Yd EC1 . .96 A2
Brewster Gdns
W10 . . . . .30 B4
Brewster Ho
Bermondsey SE1 . . .153 A4
Poplar E14 . . . . .33 B2
Briant Ho SE1 . . . .135 A1
Briant St SE14. . . . .50 C3
Briar Ct
7 Bow E3 . . . . . . .26 C3
1 Dalston E8. . . . .16 B1
Briardale SW19. . . . .70 B3
Briardale Gdns
NW3. . . . . .1 C1
Briardale Ho **12**
N16. . . . . .7 A3
Briar Rd NW2 . . . . . .9 B4
Briar Wlk
Putney SW15 . . . . . .57 A3
West Kilburn W10 . . .23 A1
Briarwood Rd
SW4 . . . . .61 C2
Briary Cl NW3 . . . .12 A1
Briary Ct **10** E16. . .35 B3
Brickbarn Cl
SW10 . . . . .157 A2
Brick Ct EC4. . . . . .107 B1
Brick Farm Cl
TW9 . . . . .45 A2
Brick La
Shoreditch
E2 . . . . .24 B2 **99 A3**
Spitalfields
E1 . . . . .24 B1 **99 A2**
Brick Lane Mkt*
E2 . . . . .99 A2
Bricklayers Arms
SE1 . . . . .137 C1
Brick St W1 . . . . . .118 A1
Brickworth Ho **20**
SW9 . . . . .173 C4
Brideale Cl SE15. . . .49 B4
Bride Ct EC4 . . . . . .108 A1
Bride La EC4 . . . . . .108 A1
Bridel Mews N1 . . .86 A3
Bride St N7 . . . . . . .14 B2
Bridewain St SE1 . .138 C2
Bridewell Pl
Holborn EC4 . . . . . .108 A1
20 Wapping E1 . . .32 A1
Bridford Mews
W1 . . . . .104 B4
Bridge Acad The
E2 . . . . .24 B4
Bridge App NW3 . .12 C1
Bridge Ave W6 . . . .39 B1
Bridge Avenue Mans
1 W6 . . . . .39 B1
Bridge Cl **1** W10 . .30 C3
Bridge Ct
8 Blackwall E14 . . .34 C2
7 Willesden NW10 .8 A4
Bridge Field Ho **7**
W2 . . . . .100 A3
Bridgefoot SE1 . . .148 B1

Bridge Gdns N16 . .15 C4
Bridge Ho
Brockley SE4 . . . . . .66 B3
1 Camden Town
NW1 . . . . .12 C1
Homerton E9 . . . . . .17 C3
Bridge House Quay
E14 . . . . .34 B1
Bridge La SW11 . . .168 B3
Bridgeland Rd
E16 . . . . .35 C2
Bridgeman Ho **19**
E9 . . . . .17 B1
Bridgeman Rd N1 . .14 B1
Bridgeman St
NW8 . . . . .80 A1
Bridge Meadows
SE14 . . . . .50 C4
Bridgend Rd SW18 .59 B3
Bridgen Ho **9** E1 . .32 A3
Bridge Pk **7**
SW18 . . . . .58 C2
Bridge Pl SW1. . . .146 B4
Bridgeport Pl
E1 . . . . .125 C2
Bridge Rd
Stratford Marsh
E15 . . . . .27 C4
Willesden NW10 . . . .8 A2
Bridge Sch The
Clerkenwell EC1. . . . .96 A2
Lower Holloway N7 . .13 A3
Bridges Ct SW11 . .167 B1
Bridges Ho **10** SE5 . .48 C3
Bridge St
Chiswick W4 . . . . . .37 C2
Westminster SW1 . .134 B3
Bridge Terr E15 . . .19 C1
Bridgeview **2** W6 .39 B1
Bridgewater Rd
E15 . . . . .27 B4
Bridgewater Sq
EC2 . . . . .108 C4
Bridgewater St
EC2 . . . . .108 C4
Bridgeway St NW1 .83 A1
Bridge Wharf **11**
E2 . . . . .25 C3
Bridge Yd SE1 . . . .123 C2
Bridgford St SW17,
SW18 . . . . .71 B1
Bridgman Rd W4 . .37 B3
Bridgnorth Ho **10**
SE15 . . . . .49 C4
Bridgwater Ho
W2 . . . . .100 C2
Bridle La W1 . . . . .119 A4
Bridlington Ho
SW18 . . . . .59 B3
Bridport SE17 . . . .151 A1
Bridport Ho N1. . . .87 C3
Bridport Pl N1 . . . .87 C3
Bridstow Pl W2. . . .31 C3
Brief St SE5 . . . . . . .48 A2
Brierfield NW1 . . . .82 C3
Brierley Rd
Leyton E11 . . . . .19 C4
Upper Tooting
SW12 . . . . .73 B2
Brierly Gdns E2 . . . .25 B3
Brigade St SE3 . . . .53 B1
Briggeford Cl **5** E5 . .7 C2
Briggs Ho **20**
E2 . . . . .24 B2 **99 A4**
Brightling Rd SE4 . .66 B1

Brightlingsea Pl **5**
E14 . . . . .33 B2
Brightman Rd
SW18 . . . . .71 C3
Brighton Bldgs
SE1 . . . . .138 A1
Brighton Ct SW15 . .58 B1
Brighton Gr SE14. . .51 A2
Brighton Ho **7**
SE5 . . . . .48 C2
Brighton Rd N16 . . .16 A4
Brighton Terr
SW9 . . . . .62 B3
Brightside Rd
SE13 . . . . .67 C1
Bright St E14 . . . . . .34 A4
Brightwell Ct N7 . . .14 B3
Brightwells **7**
SW6 . . . . .166 A2
Brig Mews SE8 . . . .51 C4
Brigstock Ho SE5. . .48 B1
Brill Pl NW1. . . . . . .83 C1
Brimsdown Ho E3 . .27 B1
Brindley Ho
57 Notting Hill W2 . .31 C4
27 Streatham SW12 .74 A4
Brindley St SE14. . . .51 B2
Brine Ho **11** E3 . . . .26 A3
Brinklow Ho W2. . .100 A3
Brinkworth Way
E9 . . . . .18 B2
Brinsley Ho **17** E1 . .32 B3
Brinsley St **38** E1 . .32 A3
Brinton Wlk SE1 . .122 A1
Brion Pl E14 . . . . . . .34 B4
Brisbane Ho **2**
W12 . . . . .30 A2
Brisbane St SE5 . . . .48 C3
Briset St EC1 . . . . .96 A1
Briset Way N7 . . . . . .5 B2
Bristol Gdns
Putney SW15 . . . . . .69 B4
Westbourne Green
W9 . . . . .88 B1
Bristol Ho SE11 . . .135 B1
Bristol Mews W9 . . .88 B1
Bristowe Cl **2**
SW2 . . . . .62 C1
Britannia Building
N1 . . . . .97 B4
Britannia Cl SW4 . .61 C3
Britannia Gate **11**
E16 . . . . .35 C1
Britannia Junc
NW1 . . . . .82 B4
Britannia L Ctr N1 . .24 A4
Britannia Rd
2 Millwall E14 . . . .41 C2
Walham Green
SW6 . . . . .156 A1
Britannia Row N1 . .86 C4
Britannia St WC1 . .94 C4
Britannia Way
NW10 . . . . .20 A1
Britannia Wlk N1 . .97 B4
Britannic Coll of
Osteopathic
Medicine NW3 . . . .11 B2
British Dental
Association Mus*
W1 . . . . .104 C3
British Gr W4 . . . . . .38 B1
British Grove Pas **2**
W4 . . . . .38 B1
British Grove S **3**
W4 . . . . .38 B1

British Library The★
WC1 . . . . **93** C4
British Mus★
WC1 . . . . **106** A3
British Optical
Association Mus★
SW1 . . . . **120** A2
British St E3 . . . . .26 B2
British Wharf Ind Est
SE14 . . . . .33 C4
Britley Ho **13** E14 . . . . .33 B3
Brit Oval The (Surrey
Cnty Crkt Club)
SE11 . . . . .163 A1
Brittage Rd **11**
NW10 . . . . .8 A1
Brittany Ho SW15 . . .57 B3
Brittany Point
SE11 . . . . .149 B3
Britten Cl NW11 . . . . . .2 A3
Britten Ho SW3 . . . .144 B2
Britten St SW3 . . . . .144 A2
Britton St EC1 . . . . . . .96 A1
BRIXTON 62 C4
Brixton Day Coll **6**
SW9 . . . . .62 A4
Brixton Hill SW2 . . . .62 B1
Brixton Hill Ct **5**
SW2 . . . . .62 B2
Brixton Hill Pl
SW2 . . . . .74 A4
Brixton Mkt★
SW9 . . . . .62 C3
Brixton Oval **7**
SW2 . . . . .62 C3
Brixton Rd SW9 . . .173 B2
Brixton Rec Ctr
SW9 . . . . .62 C4
Brixton Sta SW9 . . . .62 C3
Brixton Station Rd
SW9 . . . . .62 C4
Brixton Water La
SW9 . . . . .62 C3
Broadbent Cl N6 . . . . .4 A3
Broadbent St W1 **118** A4
Broadbridge Cl
SE3 . . . . .53 C3
Broad Common Est
N16 . . . . .7 C3
Broad Ct WC2 . . . .106 B1
Broadfield NW6 . . . .11 A2
Broadfield La
NW1 . . . . .14 A1
Broadfields Way
NW10 . . . . .8 B3
Broadford Ho **12**
E1 . . . . .26 A1
BROADGATE 110 A4
Broadgate EC2 . . . .110 A4
Broadgate Circ
EC2 . . . . .110 A3
Broadgates Ct
SE11 . . . . .149 C1
Broadgates Rd
SW18 . . . . .71 C3
Broadgate Twr The
EC2 . . . . .98 B1
Broadhinton Rd
SW4 . . . . .61 B4
Broadhurst Cl
Hampstead NW6 . . . .11 B2
9 Richmond TW10 . .54 B2
Broadhurst Gdns
NW6 . . . . .11 A2
Broadhurst Mans
NW6 . . . . .11 A2

Broad La EC2 . . . . . .110 A4
Broadlands N6 . . . . . . .3 C4
Broadlands Ave
SW16 . . . . .74 A2
Broadlands Cl
Highgate N6 . . . . .3 C4
Streatham SW16 . . . . .74 A2
Broadlands Ct
TW9 . . . . .44 C3
Broadlands Lo N6 . . . .3 B4
Broadlands Mans **2**
SW16 . . . . .74 A2
Broadlands Rd N6 . . . .3 B4
Broadley St NW8 **102** A4
Broadley Terr
NW1 . . . . .90 B1
Broadmayne SE17 **151** B2
Broadmead W14 . . .140 A3
Broadoak Ct **8**
SW9 . . . . .62 C4
Broadoak Ho **11**
NW6 . . . . .78 B3
Broad St Ave EC2 . .110 A3
Broad Sanctuary
SW1 . . . . .134 A3
Broadstone Ho
SW8 . . . . .162 C1
Broadstone Pl
W1 . . . . .103 B3
Broad Street Pl
EC2 . . . . .109 C3
Broadwalk Ho
SW7 . . . . .128 C3
Broadwalk La NW11 .1 B4
Broadwall SE1 . . . .121 C2
Broadway
Stratford E15 . . . . . . .19 C1
Westminster SW1 . . .133 B2
Broadway Arc **8**
W6 . . . . .39 B2
Broadway Ctr The **6**
W6 . . . . .39 B2
Broadway Ho **2**
E8 . . . . .25 A4
Broadway Mans
SW6 . . . . .155 C1
Broadway Market
E8 . . . . .25 A4
Broadway Market
Mews **2** E8 . . . . . . .24 C4
Broadway Mews E5 . . .7 B4
Broadway Mkt E8 . . .24 A4
Broadway Ret Pk
NW2 . . . . .9 C2
Broadway The
Barnes SW13 . . . . . . .46 A1
South Acton W3 . . . .36 C4
4
E14 . . . . .41 C3
Broadwick St W1 . .105 A1
Broad Wlk
Mayfair W1 . . . . .117 B2
Regent's Pk NW1 . . . .81 C1
Richmond TW9 . . . . . .44 B3
Broad Wlk The
W8 . . . . .114 B1
Broadwood Terr
W14 . . . . .141 A4
Broad Yd EC1 . . . . . . .96 A1
Broadwall SW3 . . . .144 A1
Brocas Cl NW3 . . . . .12 A1
Brockbridge Ho
SW15 . . . . .56 B1
Brocket Ho **13**
SW8 . . . . .171 B2
Brockham Dr SW2 . .74 B4

Brockham Ho
Camden Town
NW1 . . . . .83 A3
11 Streatham SW2 .74 B4
Brockham St SE1 **137** A2
Brockhurst Ho N4 . . . .6 C4
Brockill Cres SE4 . . .66 A3
Brocklebank Rd
SW18 . . . . .71 B4
Brocklebank Road Ind
Est SE7 . . . . .43 C4
Brocklehurst St
SE14 . . . . .50 C3
BROCKLEY 66 B3
Brockley Cross
SE4 . . . . .66 B4
Brockley Cross Bsns
Ctr SE4 . . . . .66 A4
Brockley Gdns
SE4 . . . . .51 B1
Brockley Gr SE4 . . . .66 B2
Brockley Hall Rd
SE4 . . . . .66 A2
Brockley Ho SE17 **152** A2
Brockley Mews
SE4 . . . . .66 A2
Brockley Prim Sch
SE4 . . . . .66 B2
Brockley Rd SE4 . . . .66 B3
Brockley Sta SE4 . . . .66 A4
Brockley Way SE4 . . .66 A2
Brockmer Ho **5**
E1 . . . . .32 A2
Brock Pl E3 . . . . .27 A1
Brock St SE15 . . . . . .65 B4
Brockweir **28** E2 . . . .25 B3
Brockwell Ct **2**
SW2 . . . . .62 C2
Brockwell Ho
SE11 . . . . .163 A4
Brockwell Lido
SE24 . . . . .63 A1
Brockwell Park★
SE24 . . . . .63 A1
Brockwell Park Gdns
SE24 . . . . .75 A4
Brockwell Park Row
SW2 . . . . .62 C1
Broderick Ho
SE21 . . . . .76 A1
Brodia Rd N16 . . . . . . .7 A1
Brodick Ho **2** E3 . . . .26 B3
Brodie Ho SE1 . . . . .153 A2
Brodie St SE1 . . . . . .153 A2
Brodlove La E1 . . . . . .32 C2
Brodrick Rd SW17 . .72 A2
Brody Ho E1 . . . . . .110 C3
Broken Wharf
EC4 . . . . .122 C4
Brokesley St E3 . . . . .26 B2
Broke Wlk
Hackney E8 . . . . .24 B4
1 Hackney E8 . . . . . .24 C4
Bromar Rd SE5 . . . . . .64 A4
Bromehead St **8**
E1 . . . . .32 B3
Bromell's Rd SW4 . .61 B3
Bromfelde Rd
SW4 . . . . .171 C1
Bromfield Ct **20**
SE16 . . . . .139 C2
Bromfield St N1 . . . . .85 C2
Bromleigh Ho
SE1 . . . . .138 C2
BROMLEY 27 A2

Bromley-by-Bow Sta
E3 . . . . .98 A4
Bromley Hall Rd
E14 . . . . .34 B4
Bromley High St
E3 . . . . .27 B2
Bromley Lo **2** W3 . .28 B3
Bromley Pl W1 . . . .104 C4
Bromley St E1 . . . . . .32 C3
BROMPTON 130 A1
Brompton Arc
SW1 . . . . .131 A3
Brompton Oratory
SW3 . . . . .130 A1
Brompton Park Cres
SW6 . . . . .156 A3
Brompton Pl SW3 **130** B2
Brompton Rd
SW3 . . . . .130 A1
Brompton Sq
SW3 . . . . .130 A2
Bromstone Ho **16**
SW9 . . . . .173 B3
Bromwich Ave N6 . . . .3 C2
Bromwich Ho **9**
TW10 . . . . .54 A1
Bromyard Ave W3 . .29 A2
Bromyard Ho
3 Acton W3 . . . . . . .29 A1
2 Peckham SE15 . . .50 A3
Bron Ct NW6 . . . . . . .23 C4
BRONDESBURY 10 A2
Brondesbury Coll for
Boys **10** NW6 . . . . .10 A1
Brondesbury Ct
NW2 . . . . .9 C2
Brondesbury Mews **11**
NW6 . . . . .10 C1
BRONDESBURY
PARK 22 C4
Brondesbury Park Sta
NW6 . . . . .23 A4
Brondesbury Pk
NW6 . . . . .9 C1
Brondesbury Rd
NW6 . . . . .23 B3
Brondesbury Villas
NW6 . . . . .23 C3
Bronsart Rd SW6 . .154 A1
Bronte Ct **8** W14 . . .39 C3
Bronte Ho
Kilburn NW6 . . . . .23 C2
6 Stoke Newington
N16 . . . . .16 A3
Bronti Cl SE17 . . . .151 A2
Bronwen Ct NW8 . . .89 B3
Bronze St SE8 . . . . . .51 C3
Brookehowse Rd
SE13 . . . . .67 A4
Brook Com Prim Sch
E8 . . . . .16 C3
Brook Ct SW14 . . . . .56 A4
Brookdale Rd SE6 . .67 A1
Brook Dr SE11 . . . . .150 A4
Brooke Ho **6**
SE14 . . . . .51 A2
Brooke Rd E5, N16 . . .7 C1
Brookes Ct EC1 . . . .107 B4
Brooke's Mkt EC1 . .107 C4
Brooke St EC1 . . . . .107 B3
Brookfield
Dartmouth Pk N6 . . . .3 C1

Brookfield continued
1 Finsbury Pk N4 . . . .5 C2
Brookfield Ho **23**
E2 . . . . .25 A3
Brookfield Pk NW5 . .4 A1
Brookfield Prim Sch
N19 . . . . .4 A2
Brookfield Rd
Acton W4 . . . . .37 C4
Homerton E9 . . . . . . .18 A2
Brookgate N16 . . . . . .6 C2
Brook Gate W1 . . . .117 A3
Brook Gdns SW13 . .56 B4
Brook Gn W6 . . . . . . .39 C2
BROOK GREEN 39 C2
Brook Green Flats **11**
W14 . . . . .39 C3
Brook Ho
3 Clapham Pk
SW2 . . . . .61 B2
Ealing W3 . . . . .36 C4
4 Hammersmith
W6 . . . . .39 B2
Marylebone WC1 . . .105 B4
Brook Hos NW1 . . . .83 A1
Brooklands Ave
SW18 . . . . .71 A2
Brooklands Court
Apartments **3**
NW6 . . . . .10 B1
Brooklands Ct **2**
NW6 . . . . .10 B1
Brooklyn Ct W12 . . .30 B1
Brookmarsh Ind Est
SE10 . . . . .52 A3
Brook Mews N
W2 . . . . .115 A4
Brooksbank Ho **7**
E9 . . . . .17 B2
Brooksbank St **9**
E9 . . . . .17 B2
Brooksby Ho **9**
N1 . . . . .14 C1
Brooksby Mews
N1 . . . . .14 C1
Brooksby St N1 . . . . .14 C1
Brooksby's Wlk E9 . .17 C3
Brooks Ct
5 London SW4 . . .172 A2
Nine Elms SW8 . . . .161 A2
Brooks Ho **6** SW2 . .74 C3
Brookside Rd N19 . . .4 B2
Brooks La W4 . . . . . .44 C4
Brooks Rd W4 . . . . . .36 C1
Brook's Mews W1 **118** A4
Brook St
Bayswater W2 . . . . .115 C4
Mayfair W1 . . . . .118 A4
Brookstone Ct
SE15 . . . . .65 A3
Brooksville Ave
NW6 . . . . .23 A4
Brookville Rd
SW13 . . . . .46 B1
Brookwood Ave
SW13 . . . . .46 B1
Brookwood Ho
SE1 . . . . .136 B3
Brookwood Rd
SW18 . . . . .70 C3
Broome Ct **3**
TW9 . . . . .44 C2
Broome Ho **7** E5 . . .17 A3

Broome Way SE5 . . . . .48 C3
Broom Farm SW6 165 C2
Broomfield 7
NW1 . . . . .12 C1
Broomfield Ho
SE17 . . . . 152 A3
Broomfield House Sch
TW9 . . . . .44 B2
Broomfield Rd
TW9 . . . . .44 B2
Broomfield St E14 . .34 A4
Broomgrove Rd
SW9 . . . . 173 A1
Broomhill Rd
SW18 . . . . .58 C2
Broomhouse La
SW6 . . . . 165 B2
Broomhouse Rd
SW6 . . . . 165 B2
Broomsleigh St
NW6 . . . . .10 B3
Broomwood Hall
(Lower Sch) 5
SW12 . . . . .60 D1
Broomwood Hall Sch
(Lower Sch)
SW16 . . . . .73 C1
Broomwood Hall Sch
(Upper Sch) 3
SW12 . . . . .72 C4
Broomwood Rd
SW11 . . . . .60 C2
Brougham Rd
Acton W3 . . . . .28 B3
Hackney E8 . . . . .24 C4
Broughton St
SW11 . . . . 169 A2
Brough Cl SW8 . . . . 162 B1
Broughton Dr 10
SW9 . . . . .63 A3
Broughton Rd
SW6 . . . . 166 B2
Broughton Road App
2 SW6 . . . . 166 A2
Broughton St
SW8 . . . . 170 A2
Brouncker Rd W3 . .37 B4
Browne Ho 15 SE8 . .51 C3
Brownfield St E14 . .34 B3
Brownflete Ho
SE4 . . . . .66 A3
Brown Hart Gdns
W1 . . . . 117 C4
Browning Cl W9 . . . . .89 A1
Browning St W14 . . 154 C4
Browning Ho
2 London SE14 . . . .51 A2
7 Shepherd's Bush
W12 . . . . .30 B3
10 Stoke Newington
N16 . . . . .16 A4
Browning Mews
W1 . . . . 103 C3
Browning St SE17 . 151 A3
Brownlow Ho 10
SE16 . . . . 139 B3
Brownlow Mews
WC1 . . . . .95 A1
Brownlow Rd
Hackney E8 . . . . .24 C4
Willesden NW10 . . . . .8 A1
Brownlow St WC1 . 107 A3
Brown's Bldgs
EC3 . . . . 110 B1

Brown St W1 . . . . . . 102 C2
Brownswood Rd N4 . .6 B2
Broxash Rd SW11 . . . .60 C1
Broxbourne Ho 1
E3 . . . . .27 A1
Broxholme Ho
SW6 . . . . 166 A4
Broxholm Rd SE27,
SW16 . . . . .74 C1
Broxwood Way
NW8 . . . . .80 B3
Bruce Cl W10 . . . . . . .30 C4
Bruce Glasier Ho 1
N19 . . . . .4 C4
Bruce Ho
4 Clapham Pk
SW4 . . . . .61 C1
3 North Kensington
W10 . . . . .30 C4
Putney SW15 . . . . . . .57 A2
Bruce Rd E3 . . . . .27 A2
Bruckner St W10 . . .23 B2
Bruges Pl 10 NW1 . .13 B1
Brune Ho E1 . . . . . . 110 C3
Brunel Ho
Chelsea SW10 . . . . 157 C2
4 Gospel Oak NW5 .13 A4
Millwall E14 . . . . .42 A1
New Cross SE8 . . . . .51 B3
25 Streatham SW2 . .74 A4
Brunel Mews
NW10 . . . . .22 C2
Brunel Mus* SE16 .40 B4
Brunel Rd
Acton W3 . . . . .29 A4
Wapping SE16 . . . . . .32 B1
Brunel St E16 . . . . . .35 B3
Brune St E1 . . . . 110 C3
Brunlees Ho SE1 . . 137 A1
Brunner Cl NW11 . . . .2 B4
Brunner Ho SE6 . . . .28 C1
Brunswick Ct
Bermondsey SE1 . . 138 B4
Finsbury EC1 . . . . . . .96 A3
Westminster SW1 . 147 C3
Brunswick Gdns
W8 . . . . .31 C1 113 C1
Brunswick Ho
4 Haggerston E2 . .24 B3
Lisson Gr NW1 . . . . . .90 C2
Brunswick Mews
W1 . . . . 103 A2
Brunswick Park Prim
Sch 22 SE5 . . . . . . .48 C3
Brunswick Pl N1 . . . .97 C3
Brunswick Quay
SE16 . . . . .40 C3
Brunswick Rd E14 . .34 B3
Brunswick Sh Ctr
WC1 . . . . .94 B2
Brunswick Sq WC1 .94 B2
Brunswick Villas 2
SE5 . . . . .49 A2
Brunton Pl E14 . . . . .33 A3
Brushfield St E1 . . . 110 C4
Brussels Rd SW11 . .59 C3
Bruton La W1 . . . . . 118 B3
Bruton Pl W1 . . . . . . 118 B3
Bruton St W1 . . . . . . 118 B3
Brutus Ct SE11 . . . . 150 A3
Bryan Ave NW10 . . . . .9 A1
Bryan Ct W1 . . . . . . 102 C2

Bryan Ho SE16 . . . . . .41 B4
Bryan Rd SE16 . . . . . .41 B4
Bryanston Ct W1 . . 102 C2
Bryanston Ho 12
SE15 . . . . .49 B2
Bryanston Mans
W1 . . . . 102 C4
Bryanston Mews E
W1 . . . . 102 C3
Bryanston Mews W
W1 . . . . 102 C3
Bryanston Pl W1 . . 102 C3
Bryanston Sq W1 . 102 C2
Bryanston St W1 . . 103 A1
Bryant Ct
Acton W3 . . . . .28 C1
Haggerston E2 . . . . .24 B3
Bryantwood Rd N5,
N7 . . . . .14 C3
Bryce 25 SE14 . . . . .50 C4
Brydale Ho 2
SE16 . . . . .40 C2
Brydges Pl WC2 . . . 120 A3
Brydges Rd E15 . . . .19 C3
Brydon Wlk N1 . . . . . .84 B4
Bryer Ct EC2 . . . . . . 108 C4
Bryett Rd N7 . . . . .5 A1
Bryher Ho W4 . . . . . . .37 B1
Brymay Cl E3 . . . . . . .26 C3
Brymon Ct W1 . . . . 103 A3
Brynmaer Ho
SW11 . . . . 169 A3
Brynmaer Rd
SW11 . . . . 169 A3
Bryony Rd W12 . . . . .29 C2
BT Twr* W1 . . . . . . 104 C4
Buccleuch Ho E5 . . . .7 C4
Buchanan Ct 18
SE16 . . . . .40 C2
Buchanan Gdns
NW10 . . . . .22 A3
Buchanan Ho
Dulwich SE21 . . . . . .76 A1
Wandsworth SW18 . .70 C4
Buchan Ho W3 . . . . . .37 A4
Buchan Rd SE15 . . . .65 B4
Buckfast St
E2 . . . . .24 C2 99 C3
Buck Hill Wlk W2 115 C3
Buckhold Rd
SW18 . . . . .58 C1
Buckhurst Ho 15
N7 . . . . .13 C3
Buckhurst St E1 . . . .25 A1
Buckingham Ave
SW1 . . . . 120 B3
Buckingham Gate
SW1 . . . . 133 A2
Buckingham Ho
Finsbury Pk N4 . . . . . .6 B3
Richmond TW10 . . . .54 C2
Buckingham Mans
NW6 . . . . .11 A3
Buckingham Mews
Harlesden NW10 . . . .21 B3
7 Kingsland N1 . . . . .16 A2
Westminster SW1 . 132 C2
Buckingham Pal*
SW1 . . . . 132 C2
Buckingham Palace
Rd SW1 . . . . 146 B4
Buckingham Pl
SW1 . . . . 132 C2

Buckingham Rd
Harlesden NW10 . . . .21 B3
Kingsland N1 . . . . . . .16 A2
Buckingham St
WC2 . . . . 120 B3
Buckingham Yd
NW10 . . . . .21 B3
Buckland Cres
NW3 . . . . .11 C2
Buckland Ho 6 N1 . .24 A3
Buckland St
N1 . . . . .87 C1
Buckland St N1 . . . . .87 C1
Buckland Wlk 2
W3 . . . . .37 B4
Buckler's Alley
SW6 . . . . 155 A2
Bucklersbury EC2,
EC4 . . . . 109 B1
Buckle St
15 Whitechapel
E1 . . . . 111 B2
Whitechapel E1 . . . . 111 A2
Buckley Ct 5
NW6 . . . . .10 B1
Buckley Rd NW6 . . . .10 B1
Buckmaster Cl 1
SW9 . . . . .62 C4
Buckmaster Ho 7
N7 . . . . .14 B4
Buckmaster Rd
SW11 . . . . .60 A3
Bucknall St WC1 . . 106 A2
Bucknell Cl SW2 . . . .62 B3
Buckner Rd SW2 . . . .62 B3
Buckridge Bldg
EC1 . . . . 107 B4
Buckshead Ho 11
W2 . . . . .31 C4
Buck St NW1 . . . . . . .13 A1
Buckstone Cl SE23 . .65 B1
Buckters Rents
SE16 . . . . .33 A1
Buckthorne Rd
SE4 . . . . .66 A2
Budge Row EC4 . . . 109 B1
Budge's Wlk W2 . . 115 A2
Budleigh Ho 8
SE15 . . . . .49 C3
Buer Rd SW6 . . . . . . 164 B1
Bugsby's Way
SE10 . . . . .43 B2
Buick Ho 4 E3 . . . . .26 C1
Building Crafts Coll
The E15 . . . . .19 C1
Bulbarrow NW8 . . . . .78 B3
Bulinca St SW1 . . . . 147 C3
Bullace Row SE5 . . . .48 C2
Bullards Pl 18 E2 . . .25 C2
Bulleid Way SW1 . . 146 B3
Bullen Ho 15 E1 . . . .25 A1
Bullen St SW11 . . . . 168 B2
Buller Cl SE15 . . . . . .49 C3
Buller Rd NW10 . . . . .22 C2
Bullfinch Ct 4
SE21 . . . . .75 C2
Bullingham Mans
W8 . . . . 127 C4
Bull Inn Ct WC2 . . . 120 B3
Bullivant St 8
E14 . . . . .34 B2
Bulls Gdns SW3 . . . 144 B4
Bull's Head Pas
EC3 . . . . 110 A1
Bull Yd SE15 . . . . . . .49 C2

Bulmer Mews
W11 . . . . .31 C1 113 B2
Bulow Ct 3 SW6 . . 166 B2
Bulstrode Pl W1 . . . 103 C3
Bulstrode St W1 . . . 103 C2
Bulwer St W12 . . . . . .30 B1
Bunbury Ho SE15 . . .49 C3
Bunhill Row EC1 . . . .97 B1
Bunhouse Pl SW1 . 145 C2
Bunkers Hill NW11 . . .2 B4
Bunning Ho N7 . . . . .14 A4
Bunning Way N7 . . . .14 B1
Bunsen Ho 2 E3 . . . .26 A3
Bunsen St 3 E3 . . . .26 A3
Bunyan Ct EC2 . . . . 108 C4
Buonaparte Mews
SW1 . . . . 147 B2
Burbage Cl SE1 . . . 137 B1
Burbage Ho
10 Deptford SE14 . .50 C4
Shoreditch N1 . . . . . .87 C3
Burbage Rd SE21,
SE24 . . . . .75 C2
Burbage Sch 34
N1 . . . . .24 A3
Burcham St E14 . . . .34 B3
Burchell Ho SE11 . . 149 A2
Burchell Rd SE15 . . .50 A2
Burcher Gale Gr 5
SE15 . . . . .49 B3
Burcote Rd SW18 . . .71 C4
Burden Ho SW8 . . . 162 A1
Burdenshott Ave
TW10 . . . . .55 A3
Burder Cl N1 . . . . . . .16 A2
Burder Rd N1 . . . . . . .16 A2
Burdett Coutts &
Townshend CE Prim
Sch SW1 . . . . 147 C3
Burdett Mews 4
W2 . . . . 100 A2
Burdett Rd
Richmond TW9 . . . . .54 B4
Tower Hamlets E3 . . .33 B4
Burdon Ct 3 E8 . . . .16 C2
Burford Ct SE8 . . . . .51 C4
Burford Ho
1 Brentford TW8 . . .36 A1
3 South Lambeth
SW9 . . . . 173 A1
Burford Rd
Brentford TW8 . . . . .36 A1
5 Stratford Marsh
E15 . . . . .27 C4
Burford Wlk SW6 . . 156 B1
Burgate Ct 9
SW9 . . . . .62 C4
Burges Gr SW13 . . . .47 A3
Burgess Bsns Pk
SE5 . . . . .48 C3
Burgess Hill NW2 . . .10 C4
Burgess Ho 3
SE5 . . . . .48 B3
Burgess Park Mans
NW6 . . . . .10 C4
Burgess St E14 . . . . .33 C4
Burge St SE1 . . . . . . 137 C1
Burgh House &
Hampstead Mus*
NW3 . . . . .12 B4
Burghley Hall Cl
SW19 . . . . .70 A3
Burghley Ho SW19 . .70 A1
Burghley Rd NW5 . . .13 A4
Burghley Twr W3 . . .29 B2
Burgh St N1 . . . . .86 B2

Burgon St EC4........108 B1
Burgos Gr SE10......52 A2
Burgoyne Rd SW9...62 B4
Burhan Uddin Ho
E1................24 B1 98 C1
Buriton Ho 9
SW15................69 A3
Burke Cl SW15.......56 A3
Burke Ho 1 SW11...59 C3
Burke St E16........35 B4
Burland Rd SW11....60 B2
Burleigh Coll W6...39 B2
Burleigh Ho
Chelsea SW3......157 C3
5 North Kensington
W10................30 C4
Burleigh Pl SW15...57 C2
Burleigh St WC2....120 C4
Burley Ho E1.......32 C3
Burlington Arc
W1................118 C3
Burlington Ave
TW9................44 C2
Burlington Cl W9...23 C1
Burlington Ct
Chiswick W4........45 B3
Highgate N6.........3 C1
Burlington Danes
[Acad] W12..........30 A3
Burlington Gdns
Acton Green W4....37 B1
Acton W3..........28 B1
4 Fulham SW6....164 B1
Marylebone W1...118 C3
Burlington Ho
NW3................11 C3
Burlington La W4...45 C3
Burlington Lodge
SW6................164 B1
Burlington Mews
Acton W3..........28 B1
2 Putney SW15...58 B2
Burlington Pl
SW6................164 B1
Burlington Rd
Acton Green W4....37 B1
Fulham SW6......164 B1
Burma Rd N16......15 C4
Burmarsh 6 NW5...12 C2
Burmester Ho
SW17................71 B1
Burmester Rd
SW17................71 B1
Burnaby Cres W4...45 A4
Burnaby St 31
SE16...............139 C3
Burnaby Gdns W4...45 A4
Burnaby St SW10..157 A1
Burnand Ho 8
W14................39 C3
Burnbury Rd SW12.73 B3
Burne Jones Ho
W14...............140 B3
Burnell Ho 18
SW2................74 C3
Burness Cl N7......14 B2
Burne St NW1......102 A4
Burnett Ct SW11....60 A4
Burnett Ho 6
SE13................52 B1
Burney St SE10.....52 B3
Burnfoot Ave
SW6................164 B3
Burnham NW3.......12 A1

Burnham Cl SE1...153 A3
Burnham Ct W2....114 B4
Burnham Est 8
E2.....................25 B2
Burnham St E2.......25 B2
Burnhill Ho EC1.....96 C3
Burnley Rd
London SW9.......172 C2
Willesden NW10......8 C3
Burnsall St SW3....144 B2
Burns Ho
18 Bethnal Green
E2.....................25 B2
1 Islington N7......14 A2
Kennington SE17...150 B1
3 Stoke Newington
N16...................16 A4
Burns Ho NW10......21 B4
Burnside Cl SE16...32 C1
Burns Rd SW11....168 C2
Burn's Rd NW10....21 B4
Burnthwaite Rd
SW6................155 A1
Burntwood Cl
SW18................72 A3
Burntwood Ct
SW17................71 B1
Burntwood Grange Rd
SW18................72 A3
Burntwood La
SW17................72 A3
Burntwood Sch
SW17................71 C2
Buross St E1.........32 A3
Burrage Ct 17
SE16................40 C2
Burrard Ho 11 E2..25 B3
Burrard Rd NW6....10 C4
Burr Cl E1..........125 C2
Burrell St SE1.....122 A2
Burrell's Wharf Sq
E14...................42 A1
Burrhill Ct SE16...40 C3
Burrow Ho 19
SW9................173 A1
Burrow Rd SE22....64 A3
Burrows Mews
SE1................136 A4
Burrows Rd NW10..22 B2
Burrow Wlk SE21..75 B4
Burr Rd SW18.......70 C4
Bursar St SE1......124 A1
Burslem St E1......111 C1
Burstock Rd SW15.58 A3
Burston Rd SW15...57 C2
Burtley Cl N4........6 B3
Burton Bank N1....15 C1
Burton Ct SW3....145 A2
Burton Gr SE17....151 B1
Burton Ho
6 Bermondsey
SE16..................40 A4
Brixton SE5..........48 A2
Burton Lo 6
SW15................58 B2
Burton Mews
SW1................145 C3
Burton Rd
7 Brixton SW9...173 B2
Brixton SW9........48 A1
Brondesbury NW6..10 A1
Burtons Ct E15.....19 C1
Burton St WC1......93 C2
Burtonwood Ho N4..6 C4

Burtt Ho 6
N1...........24 A2 98 A4
Burwash Ho SE1...137 C3
Burwell Cl 27 E1...32 A3
Burwell Wlk 14 E3..26 C1
Burwood Ho 11
SW9................63 A3
Burwood Pl W2....102 B2
Bury Cl SE16........32 C1
Bury Ct EC3........110 B2
Buryfield Ct 23
SE8...................40 C2
Bury Pl WC1......106 B3
Bury St
St James SW1.....119 A2
Whitechapel EC3...110 B2
Bury Wlk SW3.....144 A2
Busbridge Ho 5
E14...................33 C4
Busby Mews 5
NW1..................13 C2
Busby Pl NW5......13 C2
Bushbaby Cl SE1...138 A1
Bushberry Rd E9...18 A2
Bush Cotts 12
SW18.................58 C2
Bush Ct W12........39 C4
Bushell Cl SW2.....74 B2
Bushell St E1......125 C2
Bushey Down
SW12.................73 A2
Bushey Hall SE5...49 B2
Bushey Hill Rd
SE5...................49 B2
Bushfield Ho N5...15 B3
Bush Ind Est
NW10................20 C1
Bush La EC4.......123 B4
Bushnell Rd SW17..73 A1
Bush Rd
Bermondsey SE8....40 C2
Hackney E8..........25 A4
Richmond TW9.....44 B4
Bushwood Dr SE1.153 A3
Bushwood Rd
TW9..................44 C4
Business Design Ctr*
N1.....................85 C3
Buspace Studios 7
W10...................23 A1
Butcher Row E1....32 C3
Butchers Rd E16...35 C3
Bute Gdns W6......39 C2
Bute House Prep Sch
W6....................39 B2
Bute St SW7......143 B4
Bute Wlk 16 N1....15 C2
Butfield Ho 6 E9..17 B2
Butler Ho
32 Bethnal Green
E2.....................25 B2
5 Brixton SW9....48 A2
11 Poplar E14.....33 B3
Butler Pl SW1.....133 B2
Butler Rd NW10....8 B1
Butlers & Colonial
Wharf SE1.........139 A4
Butler St 8 E2......25 B2
Butler's Wharf W
SE1.................124 C1
Butley Ct 3 E3.....26 A3
Butterfield Cl 1
SE16..................40 A4
Butterfly Wlk 2
SE5...................48 C2
Buttermere NW1...92 B4

Buttermere Cl
Bermondsey SE1...152 C3
Leyton E11..........19 C4
Buttermere Ct
NW8..................79 B4
Buttermere Dr
SW15................58 A2
Buttermere Ho 13
E3.....................26 B2
Buttermere Wlk 8
E8.....................16 B2
Butterwick W6......39 B2
Butterworth Ct
SW16................74 A1
Buttesland St N1...97 C4
Buxhall Cres E3....18 B2
Buxted Rd
Camberwell SE22..64 A3
Dalston E8.........16 B1
Buxton Ct N1........97 A4
Buxton Gdns W3...28 A2
Buxton Ho 3
SW11................59 C3
Buxton Mews
SW4.................171 C2
Buxton Rd
Mortlake SW14....56 A4
Upper Holloway N19.4 C3
Willesden NW2......9 B2
Buxton St
E1............24 B1 99 A1
Byam Shaw Sch of Art
8 N19................4 C2
Byam St SW6......166 C1
Byards Ct SE16....40 C3
Byas Ho 3 E3.......26 B2
Byefield Cl SE16...41 A4
Byelands Cl 2
SE16..................32 C1
Bye The W3.........29 A3
Byeway The SW14..55 B4
Byfeld Gdns SW13.46 C2
Bygrove Prim Sch 21
E14...................34 A3
Bygrove St E14....34 A3
Byng Pl WC1........93 B1
Byng St E14........41 C4
Byrne Ho 11 SW2..62 B2
Byron Cl E8.........24 C4
Byron Ct
Chelsea SW3.....144 B3
Dulwich SE21.......76 C3
3 Hampstead NW6..11 B1
Paddington W9.....23 C1
St Pancras WC1....94 C2
Byron Mews
Hampstead NW3...12 A4
2 Maida Vale W9..23 C1
Byron St E14........34 B3
Bythorn St SW9....62 B3
Byward St EC3....124 B3
Bywater Pl SE16...33 A1
Bywater St SW3...144 C2
Byway 9 SW17.....74 A2
Byworth Wlk N19...5 A3

C

Cabbell St NW1...102 A3
Cabinet Off SW1..134 A4
Cabinet War Rooms &
Churchill Mus*
SW1.................133 C4
Cable Ho WC1.......95 B4

Cable Pl SE10.......52 B2
Cabot Ct SE16......40 C3
Cabot Sq E14.......33 C1
Cabul Rd SW11...168 B1
Cactus Cl SE5......49 A1
Cactus Wlk W12...29 B3
Cadbury Way 1
SE16................153 B4
Caddington Rd
NW2....................1 A1
Cadell Cl E2........24 B3
Cadell Ho 12 E2...24 B3
Cade Rd SE10.......52 C2
Cader St E14.......41 B3
Cadet Dr SE1.......153 A2
Cade Tyler Ho 10
SE10..................52 B2
Cadiz St SE17.....151 A1
Cadman Cl SW9...48 A3
Cadmore Ho 4
N1....................15 A1
Cadmus Cl 9
SW4...................61 C4
Cadmus Ct 15
SW9.................173 B4
Cadnam Lo E14...42 C3
Cadnam Point 18
SW15..................69 A3
Cadogan Cl E9.....18 B1
Cadogan Ct SW3..144 C3
Cadogan Ct Gdns
SW1.................145 B4
Cadogan Gate
SW1.................145 B4
Cadogan Hall *
SW3.................145 A3
Cadogan Ho SW3.157 C3
Cadogan La SW1..131 B1
Cadogan Pl SW1..131 A1
Cadogan Sq SW1..131 A1
Cadogan St SW3..144 C3
Cadogan Terr E9...18 B1
Caedmon Rd N7...14 B4
Caernarvon Ho
W2....................100 C2
Caesar Ct 25 E2....25 C3
Cahill St EC1........97 A1
Cahir St E14.........42 A2
Caine Ho W3.........37 A4
Cairns Ho 3 N7.....14 B4
Cairns Rd SW11...60 A2
Caister Ho N7.......14 B2
Caister Ho 10
SW12..................73 A4
Caistor Mews
SW12..................73 A4
Caistor Rd SW12...73 A4
Caithness Ho N1...84 C4
Caithness Rd W14.39 C3
Calabria Rd N5.....15 A3
Calais Gate SE5....48 A2
Calais St SE5.......48 A2
Calbourne Rd
SW12..................72 C4
Calcraft Ho 8 E2...25 B3
Caldecot Ct SE5....48 B1
Caldecot Rd SE5...48 B1
Calder Ct SE16.....33 B1
Calderon Ho NW8..80 A2

Calderon Pl 🅺
W10 . . . . .30 B4
Caldervale Rd
SW4 . . . . .61 C2
Caldew St SE5 . . . . . .48 C3
Caldwell St SW9 . .163 A1
Caldy Wlk 🆁 N1 . . . .15 B2
Caleb St SE1 . . . . .137 A4
Caledonia Ho 🅸🅴
E14 . . . . .33 A3
Caledonian Market
SE1 . . . . .138 B2
Caledonian Rd
Islington N1 . . . . . . .84 C3
Lower Holloway N7 . .14 B2
Caledonian Road &
Barnsbury Sta N7 . .14 B1
Caledonian Road Sta
N7 . . . . .14 B2
Caledonian Sq 🅶
NW1 . . . . .13 C2
Caledonian Wharf Rd
E14 . . . . .42 C2
Caledonia St N1 . . . .84 B1
Cale St SW3 . . . . .144 A2
Caletock Way
SE10 . . . . .43 B1
Calgarth NW1 . . . . . .83 A1
Calgary Ct 🆉🅾 SE16 .40 B4
Caliban Twr 🅳 N1 . .24 A3
Calico Ho 🅳 SW1 . . .59 B4
Calico Row 🅵
SW11 . . . . .59 B4
Calidore Cl SW2 . . . .62 B1
California Bldg 🅱
SE13 . . . . .52 A2
Callaby Terr 🅸🅸
N1 . . . . .15 C2
Callahan Cotts 🅸
E1 . . . . .32 B4
Callan Sch The
. . . . .105 A2
Callcott Ct NW6 . . . .10 B1
Callcott Rd NW6 . . . .10 B1
Callcott St
W8 . . . . .31 C1 113 B2
Callendar Rd
SW7 . . . . .129 B2
Callingham Cl 🅸🅱
E14 . . . . .33 B4
Callingham Ho 🅸
SW4 . . . . .62 A4
Callow St SW3 . . . .157 B4
Calmington Rd
SE5 . . . . .49 A4
Calshot Ho N1 . . . . . .84 C2
Calshot St N1 . . . . . .84 C1
Calstock NW1 . . . . . .83 B3
Calstock Ho SE11 . . .149 C2
Calthorpe St WC1 . .95 A2
Calton Ave SE21 . . . .64 A1
Calver 🅸🅱 NW5 . . . .13 A4
Calverley Gr N19 . . . .4 C3
Calvert Ave
E2 . . . . . .24 B2 98 C3
Calvert Ct
🅸 London N19 . . . . . .4 B3
🅱 Richmond TW9 . . .54 B3
Calvert Ho 🅱 W12 . .30 A2
Calvert Rd SE10 . . . .43 B1
Calvert's Bldgs
SE1 . . . . .123 B1
Calvert St NW1 . . . . .81 B4

Calvin St E1 . .24 B1 98 C1
Calypso Cres 🅶
SE15 . . . . .49 B3
Calypso Way SE8,
SE16 . . . . .41 B2
Cambalt Ho 🅱
SW15 . . . . .57 C2
Cambalt Rd SW15 . . .57 C2
Cambay Ho 🆇 E1 . . .26 A1
Camber Ho 🅳
SE15 . . . . .50 B4
Camberley Ho
NW1 . . . . .82 B1
CAMBERWELL 48 B2
Camberwell Bsns Ctr
SE5 . . . . .48 C3
Camberwell Church
St SE5 . . . . .48 C2
Camberwell Coll of
Arts
🅸🅴 Camberwell
SE5 . . . . .49 A2
🅱🆂 Camberwell
SE15 . . . . .49 B3
Camberwell Glebe
SE5 . . . . .49 A2
Camberwell Gn
SE5 . . . . .48 C2
Camberwell Gr
SE5 . . . . .49 A2
Camberwell Green
SE5 . . . . .48 B2
Camberwell New Rd
SW9 . . . . .48 A3
Camberwell Rd
SE5 . . . . .48 B3
Camberwell Station
Rd SE5 . . . . .48 B2
Camberwell Trad Est
SE5 . . . . .48 B2
Camborne Rd
SW18 . . . . .70 C4
Cambourne Mews 🅶
W11 . . . . .31 A3
Cambray Rd SW12 . .73 B3
Cambria Ho 🅳
E14 . . . . .33 A3
Cambria Lo 🅱
SW15 . . . . .58 B2
Cambrian Cl SE27 . . .75 A1
Cambrian Rd
TW10 . . . . .54 B1
Cambria Rd SE5 . . . .63 B4
Cambria St SW6 . .156 B1
Cambridge Ave
NW6 . . . . .23 C3
Cambridge Cir
WC2 . . . . .105 C1
Cambridge Cotts
TW9 . . . . .44 C4
Cambridge Cres 🅶
E2 . . . . .25 A3
Cambridge Ct
🅱 Bethnal Green
E2 . . . . .25 A3
🆁 Hammersmith
W6 . . . . .39 B2
🅱 Kilburn NW6 . . . .23 C3
Marylebone W2 . .102 A3
Stamford Hill N16 . . .7 A4
Cambridge Gate
NW1 . . . . .92 A2
Cambridge Gate
Mews 🅷 NW1 . . . .92 B2
Cambridge Gdns
Kilburn NW6 . . . . . . .23 C3

Cambridge Gdns
continued
North Kensington
W10 . . . . .31 A3
Cambridge Gr W6 . .39 A2
Cambridge Heath Rd
E1, E2 . . . . .25 A2
Cambridge Heath Sta
E2 . . . . .25 A3
Cambridge Ho
SW6 . . . . .58 A4
Cambridge Mans
SW11 . . . . .168 C3
Cambridge Pas 🅶
E9 . . . . .17 B1
Cambridge Pl W8 128 B3
Cambridge Rd
Barnes SW13 . . . . . .46 B1
Battersea SW11 . . .168 C3
Kilburn NW6 . . . . . . .23 C3
Richmond TW9 . . . . .44 C3
Cambridge Rd N
W4 . . . . .37 A1
Cambridge Rd S 🅸
W4 . . . . .37 A1
Cambridge Sch 🅸
W6 . . . . .39 A2
Cambridge Sq
W2 . . . . .102 A2
Cambridge St
SW1 . . . . .146 C2
Cambridge Terr
NW1 . . . . .92 A3
Cambridge Terr Mews
NW1 . . . . .92 B3
Cambus Rd E16 . . . .35 C4
Cam Ct 🅱 SE15 . . . .49 B4
Camden Coll of
English 🅱 NW1 . .12 C1
Camden Gdns
NW1 . . . . .13 A1
Camden High St
NW1 . . . . .82 C3
Camden Ho 🅶
SE8 . . . . .41 B1
Camdenhurst St
E14 . . . . .33 A3
Camden Lock Pl
NW1 . . . . .13 A1
Camden Mews
NW1 . . . . .13 C1
Camden Mkt*
NW1 . . . . .82 B4
Camden Park Rd
NW1 . . . . .13 C2
Camden Pas* N1 . . .86 A3
Camden Rd N7, N19,
NW1 . . . . .82 B4
Camden Road Sta
NW1 . . . . .13 B1
Camden Row SE3 . .53 A1
Camden Sch for Girls
The NW5 . . . . .13 B2
Camden Sq NW1 . . .13 C2
Camden St NW1 . . . .83 A3
Camden Studios
NW1 . . . . .83 A3
Camden Terr 🅸🆅
NW1 . . . . .13 C2
CAMDEN TOWN . . .13 A1
Camden Town Sta
NW1 . . . . .82 B4
Camden Wlk N1 . . . .86 A3
Cameford Ct 🆉🅾
SW12 . . . . .74 A4
Camelford NW1 . . . .83 A3

Camelford Ct 🅸🆂
W11 . . . . .31 A3
Camelford Ho
SE1 . . . . .148 B1
Camelford Wlk 🅸🅾
W11 . . . . .31 A3
Camellia Ho SE8 . . .51 B3
Camellia St SW8 . .162 A1
Camelot Ho
NW1 . . . . .13 C1
Camelot Prim Sch
SE15 . . . . .50 A4
Camera Pl SW10 . .157 B3
Camera Press Gall
The* SE1 . . . . .138 C4
Cameron Ct 🅱
W11 . . . . .39 C4
Cameron Ho
🅸 Camberwell SE5 .48 B3
🅸 St John's Wood
NW8 . . . . .80 A2
Cameron House Sch
SW10 . . . . .157 C4
Cameron Pl 🅴
W11 . . . . .31 A2
Camerton Cl 🅱
E8 . . . . .16 B2
Camilla Rd SE16 . . . .40 A2
Camlet St
E2 . . . . . . .24 B1 98 C2
Camley St Natural
Pk* NW1 . . . . .83 C3
Camley St N1 . . . . . .83 C2
Camlet St SE3: 110 B2
Campaign Ct W9 . . .23 B1
Campana Rd SW6 .165 C4
Campbell Ct
Dulwich SE21 . . . . . .76 C3
South Kensington
SW7 . . . . .128 C1
Campbell Gordon Way
NW2 . . . . .9 A4
Campbell Ho
Paddington W2 . . . . .89 B1
Pimlico SW1 . . . . .146 C1
🅴🅾 Shepherd's Bush
W12 . . . . .30 A2
Campbell Rd E3 . . . .26 C2
Campbell Wlk N1 . . .84 B4
Campdale Rd N7 . . . .4 C1
Campden Gr W8 . . .127 C4
Campden Hill W8 . .127 B4
Campden Hill Ct
W8 . . . . .127 C4
Campden Hill Gate
W8 . . . . .127 B4
Campden Hill Gdns
W8 . . . . .31 C1 113 B2
Campden Hill Mans
W8 . . . . .31 C1 113 C2
Campden Hill Pl
W14 . . . . .31 B1 113 A2
Campden Hill Rd
W8 . . . . .127 B4
Campden Hill Sq
W14 . . . . .31 B1 113 A2
Campden Ho 🅸
NW6 . . . . .11 C1
Campden Hos
W8 . . . . .31 C1 113 B1
Campden House Cl
W8 . . . . .127 C4
Campden St
W8 . . . . .31 C1 113 B1
Campen Cl SW19 . . .70 A2

Camperdown St
E1 . . . . .111 A1
Campion Ho 🅸🆂
N16 . . . . .16 A3
Campion Rd SW15 . .57 B2
Camplin St SE14 . . . .50 C3
Campshill Pl SE13 . .67 B2
Campshill Rd SE13 . .67 B2
Campton Hill Twrs
W8 . . . . .31 C1 113 B2
Cam Rd E15 . . . . . . .27 C4
Camsey Ho 🅱
SW2 . . . . .62 B2
Canada Cres W3 . . . .20 B1
Canada Gdns SE13 . .67 B2
Canada Rd W3 . . . . . .28 B4
Canada Sq E14 . . . . .34 A1
Canada St SE16 . . . . .40 C4
Canada Water Sta
SE16 . . . . .40 C4
Canada Way W12 . . .30 A2
Canal App SE8 . . . . . .51 A4
Canal Bldg N1 . . . . . .86 C2
Canal Bridge SE15 . .49 C4
Canal Bvd 🅻 NW1 . .13 C2
Canal Cl
Mile End E1 . . . . . . .26 A1
North Kensington
W10 . . . . .22 C1
Canal Gr SE15 . . . . . .50 A4
Canal Head Public Sq
🅸 SE15 . . . . .49 C2
Canal Path E2 . . . . . .24 B4
Canalside Studios 🅴
N1 . . . . .24 A4
Canal St SE5 . . . . . . .48 C4
Canal Way W10 . . . . .22 C1
Canal Wlk N1 . . . . . . .87 C3
CANARY WHARF . . .34 A1
Canary Wharf*
E14 . . . . .34 A1
Canary Wharf Pier
(River Bus) E14 . . .33 B1
Canary Wharf Sta
E14 . . . . .34 A1
Canary Wharf Sta
(DLR) E14 . . . . .33 C1
Canberra Prim Sch
W12 . . . . .30 A2
Canbury Mews
SE26 . . . . .76 C1
Cancell Rd SW9 . .173 C4
Candahar Rd
SW11 . . . . .168 B1
Candida Ct 🅶
NW1 . . . . .13 A1
Candishe Ho SE1 . .138 C4
Candle Gr SE15 . . . . .65 A4
Candlemakers 🅼
SW11 . . . . .59 C3
Candover St W1 . .104 C3
Candy St E3 . . . . .26 B4
Canfield Gdns
NW6 . . . . .11 A1
Canfield Pl NW6 . . . .11 B2
Canford Rd SW11 . . .60 C2
Canham Rd W3 . . . . .38 A4
Can Ho W14 . . . . . .126 B1
Canning Cross
SE5 . . . . .49 A1
Canning Ho 🅼
W12 . . . . .30 A2
Canning Pas W8 . .128 C2
Canning Pl W8 . . . .128 C2
Canning Pl Mews
W8 . . . . .128 C2

Canning Rd N5 . . . . 6 A1
Cannington 14
NW5 . . . . 12 C2
CANNING TOWN . . 35 B3
Canning Town
E16 . . . . 35 A3
Canning Town Sta
E16 . . . . 35 A3
Cannock Ho N4 . . . . . . 6 C4
Cannon Dr 21 E14 . . 33 C2
Cannon Hill NW6 . . . 10 C3
Cannon Ho SE11 . . 149 A3
Cannon La NW3 . . . . . 2 C1
Cannon Pl NW3 . . . . . 2 C1
Cannon St EC4 . . . 123 A4
Cannon Street Rd
E1 . . . . 32 A3
Cannon Street Sta
EC4 . . . . 123 A4
Cannon Wharf Bsns
Ctr 12 SE8 . . . . . . 41 A2
Canon Barnett Prim
Sch E1 . . . . 111 A2
Canon Beck Rd
SE16 . . . . 40 B4
CANONBURY 15 B2
Canonbury Bsns Ctr
N1 . . . . 15 B1
Canonbury Ct 21
N1 . . . . 15 B1
Canonbury Gr N1 . . 15 B1
Canonbury Hts 6
N1 . . . . 15 C2
Canonbury La N1 . . . 15 B1
Canonbury Pk N
N1 . . . . 15 B2
Canonbury Pk S
N1 . . . . 15 B2
Canonbury Pl N1 . . . 15 A2
Canonbury Prim Sch
4 N1 . . . . 15 A1
Canonbury Rd N1 . . 15 A1
Canonbury Sq N1 . . . 15 A1
Canonbury Sta N1,
N5 . . . . 15 B2
Canonbury Villas
N1 . . . . 15 A1
Canonbury Yd E 28
N1 . . . . 15 B1
Canon Murnane Rd
SE1 . . . . 138 C1
Canon Row SW1 . . 134 A3
Canons Cl N2 . . . . 2 C4
Canon St N1 . . . . . . 86 C3
Canrobert St E2 . . . . 25 A2
Cantelowes Rd
NW1 . . . . 13 C2
Canterbury Cl 15
SE5 . . . . 67 B2
Canterbury Cres
SW9 . . . . 62 C4
Canterbury Ct
Acton W3 . . . . 29 A1
Kilburn NW6 . . . . . . 23 C3
Canterbury Gr SE27,
SW16 . . . . 74 C1
Canterbury Ho
6 Bromley E3 . . . . 27 A2
Lambeth SE1 . . . . 135 A2
Canterbury Ind Pk 19
SE15 . . . . 50 B4

Canterbury Mans
NW6 . . . . 11 A2
Canterbury Pl
SE17 . . . . 150 B3
Canterbury Rd
NW6 . . . . 23 C3
Canterbury Terr
NW6 . . . . 23 C3
Cantium Ret Pk
SE1 . . . . 49 C4
Canton St E14 . . . . . 33 C3
Cantrell Rd E3 . . . . . 26 C1
Canute Ct SW16 . . . . 74 C1
Canute Gdns SE16 . . 40 C2
Canvey St SE1 . . . . 122 C2
Cape Henry Ct 18
E14 . . . . 34 C2
Capel Lo
5 Richmond TW9 . . 44 B2
12 Streatham SW2 . . 74 B4
Capern Rd SW18 . . . 71 B3
Capio Nightingale
Hospl NW10 . . . . 102 B4
Capital City Acad
NW10 . . . . 22 A4
Capital East Apts 8
E16 . . . . 35 C2
Capital Interchange
Way TW8 . . . . 36 C1
Capital Sh Ctrs
SW1 . . . . 133 B3
Capital Wharf 14
E1 . . . . 125 C1
Copland Ho NW8 . . 89 C2
Capland St NW8 . . . 89 C2
Caple Ho SW10 . . . 157 A2
Caple Rd NW10 . . . . 21 A3
Capper St WC1 . . . . 93 A1
Capstan Ho 6 E14 . . 42 B2
Capstan Rd SE8 . . . . 41 B2
Capstan Sq E14 . . . . 42 B4
Capstan Way SE16 . . 33 A1
Capulet Mews 1
E16 . . . . 35 C1
Caradoc Cl W2 . . . . . 31 C3
Caradoc St SE10 . . . 43 A1
Cara Ho 10 N1 . . . . 14 C1
Caranday Villas 5
W11 . . . . 30 C1
Caravel Cl E14 . . . . . 41 C3
Caravel Mews 14
SE8 . . . . 51 C4
Caraway Hts E14 . . . 34 B2
Carbery Ave W3 . . . 36 B4
Carbis Rd E14 . . . . . 33 B3
Carbroke Ho 9
E9 . . . . 25 B4
Carburton St W1 . . . 92 B1
Cardale St 1 E14 . . 42 B3
Carden Rd SE15 . . . . 65 A4
Cardiff Ho 9 SE15 . . 49 C4
Cardigan Rd
Barnes SW13 . . . . . 46 C1
Bow E3 . . . . 26 B3
Richmond TW10 . . . 54 A1
Cardigan St SE11 . . 149 B2
Cardigan Wlk 19
N1 . . . . 15 B1
Cardinal Bourne St
SE1 . . . . 137 C1
Cardinal Cap Alley
SE1 . . . . 122 C3
Cardinal Hinsley Cl
NW10 . . . . 21 C3

Cardinal Hinsley
Mathematics &
Computing Coll
NW10 . . . . 21 C4
Cardinal Pl SW15 . . 57 C3
Cardinal Pole RC Sch
London E9 . . . . 17 C1
London E9 . . . . 18 A3
Cardinals Way N19 . . 4 C3
Cardinal Vaughan
Meml Sch The
W14 . . . . 126 A4
Cardinal Wlk
SW1 . . . . 132 C1
Cardine Mews
SE15 . . . . 50 A3
Carrington St
N1 . . . . 93 A3
Cardozo Rd N7 . . . . . 14 A3
Cardross St W6 . . . . 39 A3
Cardwell Rd 3
N7 . . . . 14 A4
Career Ct 11 SE16 . . 40 C4
Carew Cl N7 . . . . 5 B2
Carew Ct 15 SE14 . . 50 C4
Carew Ho SW16 . . . . 74 C1
Carew St SE5 . . . . . . 48 B1
Carey Ct 20 SE5 . . . 48 B3
Carey Gdns SW8 . . 171 B3
Carey La EC2 . . . . . 108 C2
Carey Pl SW1 . . . . . 147 B3
Carey St WC2 . . . . . 107 A1
Carfax Pl SW4 . . . . . 61 C3
Carfree Ct 5 N1 . . . 14 C1
Cargill Rd SW18 . . . 71 B3
Carinthia Ct 7
SE8 . . . . 41 A2
Carisbrooke Ct
Acton W3 . . . . 37 B4
1 Streatham SW16 . 74 B1
Carisbrooke Gdns
SE15 . . . . 49 B3
Carisbrooke Ho
TW10 . . . . 54 C2
Carker's La
Crouch End N19 . . . 4 C4
Gospel Oak NW5 . . 13 A3
Carleton Gdns
N19 . . . . 13 B3
Carleton Rd N7 . . . . 13 C4
Carlile Cl E3 . . . . . . 26 B3
Carlile Ho SE1 . . . . 137 C1
Carlingford Rd
NW3 . . . . 11 C4
Carlisle Ave
Acton W3 . . . . 29 A3
Whitechapel EC3 . . 110 C1
Carlisle Ho 6 NW5 . . 4 B1
Carlisle La SE1 . . . . 135 A2
Carlisle Pl SW1 . . . 132 C1
Carlisle Rd
Finsbury Pk N4 . . . . 5 C4
Kilburn NW6 . . . . . . 23 A4
Carlisle St W1 . . . . 105 B1
Carlisle Wlk 6 E8 . . 16 B2
Carlos Pl W1 . . . . . 118 A3
Carlow St NW1 . . . . 82 C2
Carlson Ct SW15 . . . 58 B3
Carlton Cl NW3 . . . . . 1 C2
Carlton Ct
Brixton SW9 . . . . . . 48 A2
Kilburn NW6 . . . . . . 78 B2
8 Willesden NW2 . . . 9 B2
Carlton Dr SW15 . . . 58 A2

Carlton Gdns
SW1 . . . . 119 B1
Carlton Gr SE15 . . . 50 A2
Carlton Hill NW8 . . 78 C2
Carlton Ho
8 Kilburn NW6 . . . 23 B3
Kilburn NW6 . . . . . . 23 C3
Marylebone W1 . . 103 A2
Carlton House Terr
SW1 . . . . 119 C2
Carlton Lo N4 . . . . . 5 C4
Carlton Mans
Brixton SW9 . . . . . . 62 C3
Cricklewood NW2 . . . 9 C3
Kensington W14 . . 126 B4
Maida Vale W9 . . . . 88 B4
7 South Hampstead
NW6 . . . . 10 C1
Stamford Hill N16 . . . 7 B3
Carlton Prim Sch
NW5 . . . . 12 C3
Carlton Rd
Acton W4 . . . . 37 C4
Finsbury Pk N4 . . . . 5 C4
Mortlake SW14 . . . . 55 B3
Carlton Sq E1 . . . . . 25 C1
Carlton St SW1 . . . 119 B3
Carltons The 5
SW15 . . . . 58 A2
Carlton Tower Pl
SW1 . . . . 131 A2
Carlton Vale NW6 . . 23 C3
Carlton Vale Inf Sch
NW6 . . . . 23 B2
Carlyle Ho
3 Camberwell
SE5 . . . . 48 B3
Chelsea SW3 . . . . . 157 C4
2 Stoke Newington
N16 . . . . 7 A1
Carlyle Mans
SW3 . . . . 158 A3
Carlyle Mews 24
E1 . . . . 25 C1
Carlyle Pl SW15 . . . 57 C3
Carlyle Sq SW3 . . . 143 C1
Carmalt Gdns
SW15 . . . . 57 B3
Carmarthen Pl
SE1 . . . . 138 A4
Carmel Ct W8 . . . . 128 A4
Carmelite St EC4 . . 121 C4
Carmen St E14 . . . . 34 A3
Carmichael Cl 5
SW11 . . . . 59 C4
Carmichael Ct 3
SW13 . . . . 46 B1
Carmichael Ho 6
E14 . . . . 34 B2
Carmichael Mews
SW18 . . . . 71 C4
Carminia Rd SW17 . . 73 A2
Carnaby St W1 . . . 104 C1
Carnac St SE21,
SE27 . . . . 75 C1
Carna Ct TW9 . . . . . 54 A4
Carnegie Ho NW3 . . . 2 C1
Carnegie Pl SW19 . . 69 C1
Carnegie St N1 . . . . 85 A3

Carnicot Ho 9
SE15 . . . . 50 A2
Carnoustie Dr N1 . . 14 B1
Carnwath Ho SW6 . . 59 A4
Carnwath Rd SW6 . . 59 A4
Caroline Cl
Bayswater W2 . . . 114 B3
Streatham SW16 . . 74 B1
Caroline Gdns
E2 . . . . 24 A2 98 B4
Caroline Ho
Bayswater W2 . . . 114 B3
20 Hammersmith
W6 . . . . 39 B1
Caroline Martyn Ho 8
N19 . . . . 4 C4
Caroline Pl
Bayswater W2 . . . 114 B3
Clapham SW11 . . . 169 C1
Caroline Pl Mews
W2 . . . . 114 B3
Caroline St E1 . . . . . 32 C3
Caroline Terr
SW1 . . . . 145 B3
Caroline Wlk W6 . . 154 A3
Caron St 4 SW1 . . . 82 C4
Caronia Ct 4
SE16 . . . . 41 A2
Carpenter Ho
E14 Tower Hamlets
E14 . . . . 33 C4
5 Tufnell Pk N19 . . 13 C4
Carpenters Ct
NW1 . . . . 82 C4
Carpenter's Pl
SW4 . . . . 61 C3
Carpenters Prim Sch
E15 . . . . 27 B4
Carpenter St W1 . . 118 A3
Carradale Ho 2
E14 . . . . 34 B3
Carrara Cl 18 SW9 . . 63 A3
Carrara Wharf
SW6 . . . . 58 A4
Carriage Dr E
SW11 . . . . 159 C2
Carriage Drive E
SW11 . . . . 159 C2
Carriage Dr N
Battersea SW8,
SW11 . . . . 158 C2
Battersea SW8,
SW11 . . . . 159 C2
Carriage Dr S
SW11 . . . . 169 B2
Carriage Dr W
SW11 . . . . 158 C1
Carrick Ho
Islington N7 . . . . . . 14 B2
Kennington SE11 . . 150 A2
Carrick Mews SE8 . . 51 C4
Carrington Ct
SW11 . . . . 60 A3
Carrington Ho
W1 . . . . 118 A1
Carrington Lo 3
TW10 . . . . 54 A2
Carrington Rd
TW10 . . . . 54 C3
Carrington St W1 . . 118 A1
Carrol Cl NW5 . . . . . 13 A4

Carroll Ct
Acton W3 . . . .**37** A3
4 Shacklewell E5 . . . .**7** C1
Carroll Ho W2 . . . .**115** B4
Carron Cl E14 . . . . . .**34** A3
Carroun Rd SW8 . . .**162** C2
Carr St **5** E14 . . . .**33** A3
Carslake Rd SW15 . .**57** B1
Carson Rd
Dulwich SE21 . . . . . .**75** C2
Newham E16 . . . .**35** C4
Carter Ct EC4 . . . . .**108** B1
Carteret Ho **8**
W12 . . . .**30** A2
Carteret St SW1 . . .**133** B3
Carteret Way SE8 . . .**41** A2
Carter Ho
11 London SW2 . . . . .**62** C2
Spitalfields E1 . . . . .**110** C3
Carter La EC4 . . . . .**108** B1
Carter Pl SE17 . . . .**151** A1
Carters Cl **10** NW5 . . .**13** C2
Carter St SE17 . . . .**150** C1
Carter's Yd SW18 . . .**58** C2
Carthew Rd W6 . . . .**39** A3
Carthew Villas W6 . .**39** A3
Carthusian St EC1 . .**108** C4
Cartier Circ E14 . . . .**34** B1
Carting La WC2 . . . .**120** B3
Cartmel NW1 . . . .**92** C4
Carton Ho
6 Bermondsey
SE16 . . . .**139** B2
12 Shepherd's Bush
W11 . . . .**30** C2
Cartoon Mus The*
WC1 . . . .**106** A3
Cartwright Gdns
WC1 . . . .**94** A3
Cartwright Ho
SE1 . . . .**137** A1
Cartwright St E1 . . .**125** A3
Cartwright Way
SW13 . . . .**47** A3
Carvel Ho E14 . . . . . .**42** B1
Carver Cl **15** W4 . . . .**37** B3
Carver Rd SE24 . . . . .**63** B1
Carville Cres TW8 . . .**36** A2
Caryl Ho **6** SW19 . . . .**69** C3
Carysfort Rd N16 . . . .**15** C4
Casby Ho **7** SE16 . .**139** B2
Casella Rd SE14 . . . .**50** C3
Casey Cl NW8 . . . .**90** B3
Casino Ave SE24 . . . .**63** C2
Caspian Ho **10** E1 . . .**32** C4
Caspian St SE5 . . . . .**48** C3
Cassandra Ct **7**
NW2 . . . .**9** B2
Cass Bsns Sch EC1 . .**97** B1
Cassell Ho **21**
SW9 . . . .**172** B2
Casserley Ho W4 . . . .**37** C3
Cass Ho **28** E9 . . . . .**17** C2
Cassidy Rd SW6 . . .**155** B1
Cassilis Rd E14 . . . . .**41** C4
Cassinghurst SE24 . .**63** C2
Cassland Rd E9 . . . . .**17** C1
Casson Ho **11** E1 . . .**111** B4
Casson St E1 . . . . . .**111** B3
Castalia Sq **6** E14 . . .**42** B4
Castellain Mans
W9 . . . .**88** A2
Castellain Rd W9 . . . .**88** B2
Castell Ho **11** SE8 . . .**51** C3

Castello Ave SW15 . .**57** B2
Castelnau SW13 . . . .**47** A3
Castelnau Gdns
SW13 . . . .**47** A4
Castelnau Mans
SW13 . . . .**47** A4
Castelnau Row
SW13 . . . .**47** A4
Casterbridge
Kilburn NW6 . . . .**78** B4
3 Notting Hill W11 . .**31** C3
Casterton St E8 . . . . .**17** A2
Castleacre W2 . . . . .**102** A1
Castle Baynard St
EC4 . . . .**122** C4
Castlebrook Cl
SE11 . . . .**150** A4
Castle Cl
12 Acton W3 . . . .**37** B4
Homerton E9 . . . .**18** A3
South Acton W3 . . . . .**37** A4
Wimbledon SW19 . . . .**69** C1
Castlecombe Dr
SW19 . . . .**69** C4
Castle Ct EC3 . . . . . .**109** C1
Castleden Ho
NW6 . . . .**11** C1
Castleford Ct **10** NW8 . .**89** C2
Castlefrank Ho **20**
N1 . . . .**24** A2 **98** B4
Castlegate TW9 . . . . .**54** B4
Castlehaven Rd
NW1 . . . .**13** A1
Castle Ho
Newington SE1 . . . . .**150** C4
South Lambeth
SW8 . . . .**162** B2
Castle Ind Est
SE17 . . . .**150** C4
Castle La SW1 . . . . .**132** C2
Castlemaine **8**
SW11 . . . .**169** A2
Castlemaine St **2**
E1 . . . .**32** A4
Castle Mead SE5 . . . .**48** B3
Castle Mews NW1 . . .**13** A2
Castle Pl
9 Acton W4 . . . .**38** A2
Camden Town NW1 . . .**13** A2
Castle Rd NW1 . . . . . .**13** A2
Castlereagh St
W1 . . . .**102** C2
Castleton Ho **3**
E14 . . . .**42** B2
Castletown Rd
W14 . . . .**140** B1
Castleview Cl N4 . . . . .**6** B2
Castle Way SW19 . . . .**69** C1
Castlewood Ho
WC1 . . . .**105** C2
Castle Yd
Highgate N6 . . . .**3** C4
Lambeth SE1 . . . . . .**122** B2
Castor La E14 . . . .**34** A2
Catalpa Ct SE13 . . . . .**67** C1
Caterham Rd SE13 . . .**67** C4
Catesby Ho **25** E9 . . .**17** B1
Catesby St SE17 . . . .**151** C3
Cathay Ho SE16 . . . . .**40** A4
Cathay St SE16 . . . . .**40** A4
Cathcart Hill N19 . . . .**4** B1
Cathcart Rd SW10 . .**156** C4
Cathcart St NW5 . . . .**13** A2
Cathedral Ct EC4 . . .**108** B1
Cathedral Lo EC1 . . .**108** C4

Cathedral Sch of St
Saviour & St Mary
Overie Prim Sch
SE1 . . . .**137** A4
Cathedral St SE1 . . .**123** B2
Cathedral Wlk
SW1 . . . .**132** C2
Catherall Rd N5,
N16 . . . .**6** B1
Catherine Baird Ct **12**
SW12 . . . .**73** A4
Catherine Ct TW9 . . . .**54** A3
Catherine Gr SE10 . . .**52** A2
Catherine Griffiths Ct
EC1 . . . .**95** C2
Catherine Ho **18**
N1 . . . .**24** A4
Catherine St WC2 . . .**120** C4
Catherine Wheel Alley
E1 . . . .**110** B3
Catherine Wheel Yd
SW1 . . . .**118** C1
Catherwood Ct N1 . . .**87** B1
Cathles Rd SW12 . . . .**61** A1
Cathnor Rd W12 . . . . .**39** A4
Catlin St SE16 . . . . . .**40** A1
Catman Ho N4 . . . .**5** B3
Cato Rd SW4 . . . .**61** C3
Cato St W1 . . . .**102** B2
Catton St WC1 . . . . .**106** C3
Caughley Ho
SE11 . . . .**135** B1
Caulfield Ct **18**
NW1 . . . .**13** B1
Caulfield Rd SE15 . . .**50** A1
Causeway The
SW18 . . . .**59** A2
Causton Cotts **5**
E14 . . . .**33** A3
Causton Ho SE5 . . . . .**48** B3
Causton Rd N6 . . . .**4** A4
Causton St SW1 . . . .**147** C2
Cautley Ave SW4 . . . .**61** B2
Cavalry Gdns
SW15 . . . .**58** B2
Cavaye Ho SW10 . . .**157** A4
Cavaye Pl SW10 . . . .**143** A1
Cavell Ct **5** N19 . . . . .**4** B2
Cavell Ho **5** N1 . . . . .**24** A4
Cavell St E1 . . . .**32** A4
Cavendish Ave
NW8 . . . .**79** C1
Cavendish Cl
Brondesbury NW6 . . . .**10** B2
3 Putney SW15 . . . . .**58** A2
St John's Wood
NW8 . . . .**89** C4
Cavendish Coll
WC1 . . . .**105** B4
Cavendish Ct EC2 . .**110** B2
Cavendish Gdns
SW4 . . . .**61** B1
Cavendish Ho
South Lambeth
SW8 . . . .**172** A4
St John's Wood
NW8 . . . .**79** C1
Cavendish Jun & Inf
Sch W4 . . . .**46** A3
Cavendish Mans
2 Clapham Pk
SW12 . . . .**61** B1

Cavendish Mans
continued
Hackney E5 . . . .**17** B3
Holborn EC1 . . . .**95** B1
8 West Hampstead
NW6 . . . .**10** C3
Cavendish Mews N
W1 . . . .**104** B4
Cavendish Mews S
W1 . . . .**104** B3
Cavendish Par
SW12 . . . .**61** A1
Cavendish Pl
Balham SW12 . . . .**73** A4
Brondesbury NW2 . . . .**9** C2
Marylebone W1 . . . . .**104** B2
Cavendish Rd
Brondesbury NW6 . . . .**10** B1
Chiswick W4 . . . .**45** B2
Clapham Pk SW12 . . .**61** A1
Cavendish Sch **14**
SE16 . . . .**40** B2
Cavendish Sch The
NW1 . . . .**82** B4
Cavendish Sq W1 . . .**104** B2
Cavendish St N1 . . . . .**87** B1
Cavendish Terr **11**
E3 . . . .**26** B2
Cavendish The
NW11 . . . .**2** A4
Caversham Ho **7**
SE15 . . . .**49** C4
Caversham Rd
NW5 . . . .**13** B2
Caversham St
SW3 . . . .**158** C4
Cawnpore St SE19 . . .**75** C4
Caxton Gr E3 . . . .**26** C2
Caxton Hall* . . . . *
SW1 . . . .**133** B2
Caxton Rd W12 . . . . .**39** C4
Caxton St N E16 . . . . .**35** B3
Caxton St SW1 . . . . .**133** B2
Caxton Wlk WC2 . . . .**105** C1
Cayford Ho **7**
NW3 . . . .**12** B3
Cayley Prim Sch **22**
E14 . . . .**33** A3
Cayton Pl EC1 . . . . . .**97** B3
Cayton St EC1 . . . . . .**97** B3
Cazenove Mans **1**
N16 . . . .**7** C2
Cazenove Rd N16 . . . .**7** C2
Cecil Ct
Chelsea SW10 . . . . .**156** C4
South Hampstead
NW6 . . . .**11** A1
St James WC2 . . . . .**120** A3
Cecilia Rd E8 . . . .**16** C3
Cecil Mans **2**
SW17 . . . .**72** C2
Cecil Rd
Acton W3 . . . .**28** B4
Harlesden NW10 . . . . .**21** A4
Cecil Rhodes Ho
NW1 . . . .**83** B2
Cedar Cl
Old Ford E3 . . . .**26** B4
West Norwood
SE21 . . . .**75** B2
Cedar Ct
Islington N1 . . . .**15** B1
Marylebone W1 . . . . .**102** B2
Mortlake SW14 . . . . . .**55** B3
Wimbledon SW19 . . . .**69** C1

Cedar Gr W5 . . . .**36** A3
Cedar Ho
5 Cubitt Town
E14 . . . .**42** B4
Kensington W8 . . . . .**128** A2
New Cross Gate
SE14 . . . .**50** C2
1 Richmond TW9 . . . .**45** A2
11 Rotherhithe
SE16 . . . .**40** C4
Cedar Lo
Brondesbury NW2 . . . .**10** B2
Fulham SW6 . . . .**47** C2
Cedarne Rd SW6 . . .**156** A1
Cedar Rd NW2 . . . .**9** B4
Cedars Cl SE13 . . . . . .**56** C1
Cedars Ho **10** SW2 . . .**62** B3
Cedars Mews SW4 . . .**61** A3
Cedars Rd
Barnes SW13 . . . .**46** C1
Clapham SW4 . . . .**61** A3
Cedars The E9 . . . . . .**25** C4
Cedar Terr TW9 . . . . . .**54** A3
Cedar Way NW1 . . . . .**83** B4
Cedra Ct N16 . . . .**7** C3
Cedric Chambers
NW8 . . . .**89** B2
Celandine Cl E3 . . . . *
E14 . . . .**33** C4
Celandine Dr E8 . . . . .**16** B1
Celbridge Mews
W2 . . . .**100** B2
Celestial Gdns
SE13 . . . .**67** C3
Celia Blairman Ho
E1 . . . .**110** C4
Celia Ct **7** TW9 . . . . .**44** B2
Celia Ho **10** N1 . . . . .**24** A3
Celia Rd N19 . . . .**13** B4
Celtic St E14 . . . .**34** A4
Cenacle Cl NW3 . . . . . .**1** C1
Cenotaph* SW1 . . . . .**134** A4
Centaur Ct **3**
TW8 . . . .**36** A1
Centaur St SE1 . . . . .**135** A2
Central Ave SW11 . . .**159** A1
Central Bsns Ctr
NW10 . . . .**8** A3
Central Foundation
Boys' Sch EC2 . . . . . .**97** C2
Central Foundation
Lower Girls Sch The
10 E3 . . . .**26** A2
Central Foundation
Upper Girls Sch The
7 E3 . . . .**26** B2
Central Middlesex
Hospl NW10 . . . .**20** B3
Central Par W3 . . . . . .**37** A4
Central St Martins
Coll EC1 . . . .**95** C1
Central St Martin's
Coll of Art & Design
W1 . . . .**105** C2
Central St Martin's
Coll of Art & Design
(The London Inst)
WC1 . . . .**106** C3
Central Sch of Ballet
EC1 . . . .**95** C1
Central Sch of Speech
& Drama NW3 . . . . . .**11** C1
Central St EC1 . . . . . .**96** C3
Central Way NW10 . . .**20** B2

Centre Acad **2**
SW11 . . . . .59 C3
Centre Ave W3 . . . . . . .28 C1
Centre Bldg SE17 **151** A4
Centre Hts **5**
NW3 . . . . .11 C1
Centre Point **3**
SE1 . . . . **153** B2
Centre Point Ho
WC2 . . . . **105** C2
Centre St E2 . . . . .25 A3
Centurion Bldg
SW8 . . . . **160** A3
Centurion Cl N7 . . . .14 B1
Centurion La E3 . . . .26 B3
Century Ho SE13 . . . .52 A1
Cephas Ave E1 . . . . . .25 B1
Cephas Ho **9** E1 . . . . .25 B1
Cephas St E1 . . . . .25 B1
Cerise Rd SE15 . . . . . .49 C2
Cerney Mews W2 . **115** B4
Cervantes Ct **12**
W2 . . . . **100** A2
Cester St E2 . . . . .24 C4
Ceylon Rd
6 Hammersmith
W14 . . . . .39 C3
Kensington W14 . . **126** A1
Chabot Dr SE15 . . . . .65 A4
Chadacre Ho **18**
SW9 . . . . .63 A3
Chadbourn St E14 . .34 A4
Chadston Ho **17**
N1 . . . . .15 A1
Chadswell WC1 . . . . .94 B3
Chadwell St EC1 . . . . .95 C4
Chadwick Cl SW15 . .68 B4
Chadwick Rd
Harlesden NW10 . . . .21 B4
Peckham SE15 . . . . . .49 B1
Chadwick St SW1 . **133** B1
Chadworth Ho
Finsbury EC1 . . . . . . .96 C3
Finsbury Pk N4 . . . . . .6 B3
Chagford Ho
38 Bromley E3 . . . . . .27 A2
Marylebone NW1 . . . .90 C1
Chagford St NW1 . . . .91 A1
Chalbury Ho **8**
SW9 . . . . .62 B3
Chalbury Wlk N1 . . . .85 B2
Chalcot Cres NW1 . . .81 A4
Chalcot Gdns NW3 . .12 B2
Chalcot Mews
SW16 . . . . .74 A1
Chalcot Rd NW1 . . . .81 B4
Chalcot Sch **21**
NW1 . . . . .13 A1
Chalcot Sq NW1 . . . .12 C1
Chaldon Rd SW6 . . **154** B2
Chale Rd SW2 . . . . . . .62 A1
Chalfont Ct NW1 . . . .91 A1
Chalfont Ho **2**
SE16 . . . . .40 A3
Chalford **7** NW3 . . . .12 B2
Chalford Ct **15**
SW15 . . . . .57 C1
Chalkers Cnr TW9 . . .55 A4
Chalk Farm Sta
NW3 . . . . .12 C1
Chalk Hill Rd W6 . . . .39 C2
Chalkwell Ho **10**
E1 . . . . .32 C3
Challenge Cl
NW10 . . . . .21 A4

Challenger Ho **7**
E14 . . . . .33 A2
Challice Way SW2 . . .74 B3
Challoner Cres
W14 . . . . **140** C1
Challoner Mans
W14 . . . . **140** C1
Challoner St W14 **140** C1
Chalmers Ho **9**
SW11 . . . . .59 B4
Chalmer's Wlk **4**
E14 . . . . .41 C2
Chalner Ho SW2 . . . .74 C3
Chaloner Ct SE1 . . **137** B4
Chalsey Lodge
SE4 . . . . .66 B3
Chalsey Rd SE4 . . . . .66 B3
Chalton St NW1 . . . . .83 B1
Chamberlain Cotts
5 SE5 . . . . .48 C2
Chamberlain Ho **6**
E1 . . . . .32 B2
Chamberlain St **7**
NW1 . . . . .12 B1
Chamberlayne Mans
3 NW10 . . . . .22 C2
Chamberlayne Rd
NW10 . . . . .22 B4
Chambers La NW10 . .9 B1
Chambers Rd N7 . . . .14 A4
Chambers St
SE16 . . . . **139** C3
Chamber St E1 . . . . **125** A4
Chambon Pl **7**
W6 . . . . .38 C2
Chambord Ho **26**
E2 . . . . .24 B2 **99** A3
Champion Gr SE5 . . .63 C4
Champion Hill SE5 . .63 C4
Champion Pk SE5 . . .48 C1
Champlain Ho **28**
W12 . . . . .30 A2
Chancel Ct W1 . . . . **119** B4
Chancellor Gr
SE21 . . . . .75 B1
Chancellor Ho
South Kensington
SW7 . . . . **129** B2
29 Wapping E1 . . . . .32 A1
Chancellor Pas
E14 . . . . .33 C1
Chancellors' Ct
WC1 . . . . **106** C4
Chancellor's Rd
W6 . . . . .39 B1
Chancellors St W6 . .39 B1
Chancellors Wharf **2**
W6 . . . . .39 B1
Chancel St SE1 . . . . **122** A1
Chancery Bldgs **14**
E1 . . . . .32 B2
Chancery Ho
WC2 . . . . **107** B3
Chancery La EC4 . . **107** B2
Chancery Lane Sta
WC1 . . . . **107** B3
Chancery Mews
SW17 . . . . .72 A2
Chance St
E2 . . . . .24 B1 **98** C2
Chandler Ave E16 . . .35 C4
Chandlers Mews
E14 . . . . .41 C4
Chandler St E1 . . . . . .32 A1

Chandlers Way **11**
SE24 . . . . .74 C4
Chandler Way
SE15 . . . . .49 B3
Chandlery Ho **28**
E1 . . . . **111** B1
Chandos Ct **7**
Cricklewood NW2 . . . .9 B3
Old Oak Comm
NW10 . . . . .21 A1
Stratford New Town
E15 . . . . .19 C3
Chandos Rd
Cricklewood NW2 . . . .9 B3
Old Oak Comm
NW10 . . . . .21 A1
Stratford New Town
E15 . . . . .19 C3
Chandos St W1 . . . **104** B3
Chandos Way
NW11 . . . . .2 A3
Change Alley EC3 **109** C1
Channel Gate Rd
NW10 . . . . .21 A2
Channel Ho E14 . . . . .33 A4
Channel Sea Bsns Ctr
E15 . . . . .27 C4
Channelsea Rd
E15 . . . . .27 C4
Channing Jun Sch
N6 . . . . .4 A3
Channing Sch N6 . . . .4 A3
Chantrey Rd SW9 . . .62 B4
Chantry Cl W9 . . . . . .23 B1
Chantry Cres NW10 . .8 B2
Chantry Ct SW6 . . . . .58 A4
Chantry Sq W8 . . . **128** A1
Chantry St N1 . . . . . . .86 B3
Chant Sq E15 . . . . . . .19 C1
Chant St E15 . . . . .19 C1
Chapel Cl NW10 . . . . .8 B2
Chapel Ct SE1 . . . . **137** B4
Chapel House St
E14 . . . . .42 A2
Chapel Mkt* N1 . . **85** B2
Chapel Pl
Islington N1 . . . . .85 C2
Marylebone W1 . . . **104** A1
12 Shoreditch
EC2 . . . . . . .24 A2 **98** A3
Chapel Side W2 . . . **114** A3
Chapel St
Paddington NW1 . . **102** A3
Westminster SW1 . **131** C3
Chaplain Ho
SW2 . . . . .62 C2
Chaplin Cl SE1 . . . . **136** A4
Chaplin Ho **6**
SW9 . . . . .62 C3
Chaplin Rd NW2 . . . .8 C2
Chaplow Cl SW6 . . **166** C1
Chapman Ho
16 Stepney E1 . . . . .32 A3
2 West Norwood
SE27 . . . . .75 A1
Chapman Rd E9 . . . . .18 B2
Chapmans Park Ind
Est NW10 . . . . .8 B2
Chapman Sq
SW19 . . . . .69 C2
Chapman St E1 . . . . .32 A2
Chapone Pl W1 . . . **105** B1
Chapter Cl **18** W4 . . .37 B3
Chapter House &
Jewel Twr*
SW1 . . . . **134** A2
Chapter Rd
Kennington SE17 . . **150** B1
Willesden NW2 . . . . . .8 C3
Chapter St SW1 . . . **147** B3
Chara Pl W4 . . . . .45 C4

Charcot Ho SW15 . . .56 B1
Charcroft Ct **11**
W14 . . . . .39 C4
Chard Ho **7** N7 . . . . . .5 B2
Chardin Ho **30**
SW9 . . . . **173** C4
Chardin Rd **11** W4 . .38 A2
Chardmore Rd N16 . .7 C3
Charecroft Way
W12 . . . . .39 C4
Charfield Ct W9 . . . . .88 B1
Charford Rd E16 . . . .35 C4
Chargrove Cl **24**
SE16 . . . . .40 C4
Charing Cross
SW1 . . . . **120** A2
Charing Cross Hospl
W6 . . . . .39 C1
Charing Cross Rd
WC2 . . . . **105** C1
Charing Cross Sta
WC2 . . . . **120** B2
Charing Ho SE1 . . . **135** C4
Chariot Cl **3** E3 . . . . .26 C4
Charlbert Ct NW8 . . .80 A2
Charlbert St NW8 . . .80 A2
Charles Allen Ho
EC1 . . . . .95 B4
Charles Auffray Ho **10**
E1 . . . . .32 B4
Charles Barry Cl
SW4 . . . . .61 B4
Charles Burton Ct
E5 . . . . .18 A4
Charles Coveney Rd
4 SE15 . . . . .49 B2
Charles Darwin Ho **18**
E2 . . . . .25 A2
Charles Dickens Ho **18**
E2 . . . . .25 A2
Charles Dickens Mus
The* WC1 . . . . .95 A1
Charles Dickens Prim
Sch SE1 . . . . **136** C3
Charles Edward
Brooke Sch **11**
SW9 . . . . .48 A2
Charles Edward
Brooke Sch (Dennen
Site) **10** SE5 . . . . . .48 A2
Charles Flemwell
Mews **7** E16 . . . . .35 C1
Charles Haller St **23**
SW2 . . . . .74 C4
Charles Harrod Ct
SW13 . . . . .47 B4
Charles Hobson Ho
NW10 . . . . .8 A1
Charles Hocking Ho
4 W3 . . . . .37 B4
Charles II PI SW3 . **144** C1
Charles II St SW1 . **119** B2
Charles La NW8 . . . . .80 A2
Charles Lamb Ct
N1 . . . . .86 B2
Charles Mackenzie Ho
7 SE16 . . . . **153** B4
Charles Pl NW1 . . . . .93 A3
Charles Rowan Ho
WC1 . . . . .95 B3
Charles Sq N1 . . . . . . .97 C3
Charles St
Barnes SW13 . . . . . . .46 A1
Mayfair W1 . . . . **118** A2
Charleston St
SE17 . . . . **151** A3

Charles Townsend Ho
EC1 . . . . .96 A2
Charles Utton Ct
E8 . . . . .16 C4
Charlesworth Ho **6**
E14 . . . . .33 C3
Charleville Ct
SW5 . . . . **140** C1
Charleville Mans
W14 . . . . **140** C1
Charleville Rd
W14 . . . . **140** C1
Charlotte Ct **10**
W6 . . . . .38 C2
Charlotte Despard
Ave SW11 . . . . **169** C3
Charlotte Ho **12**
W6 . . . . .39 B1
Charlotte Mews
Marylebone W1 . . . **105** A4
North Kensington
W10 . . . . .30 C3
West Kensington
W14 . . . . **140** A4
Charlotte Pl
Marylebone W1 . . . **105** A3
Westminster SW1 . **146** C3
Charlotte Rd
Barnes SW13 . . . . . . .46 B2
Shoreditch
EC2 . . . . . . .24 A1 **98** A2
Charlotte Row
SW4 . . . . .61 B4
Charlotte Sharman
Prim Sch SE1 . . . . **136** A1
Charlotte Sq **5**
TW10 . . . . .54 B1
Charlotte St W1 . . . **105** A3
Charlotte Terr N1 . . .85 A3
Charlotte Turner Prim
Sch SE8 . . . . .51 C4
Charlton Ct
25 Hackney E2 . . . . .24 B4
6 Kentish Town N7 . .13 C3
Charlton Ho
5 Brentford TW8 . . .44 A4
Somers Town NW1 . . .93 B4
Charlton King's Rd
NW5 . . . . .13 C3
Charlton Pl N1 . . . . . .86 A2
Charlton Rd NW10 . .21 A4
Charlton Way SE10,
SE3 . . . . .53 A2
Charlwood Ho
Richmond TW9 . . . . . .45 A3
1 Streatham SW2 . . .74 B3
Westminster SW1 . **147** B3
Charlwood Pl
SW1 . . . . **147** A3
Charlwood Rd
SW15 . . . . .57 C3
Charlwood St
SW1 . . . . **147** A2
Charlwood Terr **3**
SW15 . . . . .57 C3
Charman Ho
16 London SW2 . . . .62 C1
South Lambeth
SW8 . . . . **162** A2
Charmian Ho **19**
N1 . . . . .24 A3
Charmouth Ct
TW10 . . . . .54 B2

Charmouth Ho
SW8 .... **162** C2

Charnock Ho **22**
W12 .... 30 A2

Charnwood Gdns
E14 .... 41 C2

Charrington Ho **42**
E1 .... 25 B1

Charrington St
NW1 .... 83 B2

Charter Bldgs **14**
SE10 .... 52 A2

Charter Ct
Finsbury Pk N4 .... 5 C3
Marylebone W1 ... 102 B3
Charter Ho WC2 .. 106 B1

Charterhouse Bldgs
EC1 .... 96 C1

Charterhouse Mews
EC1 .... 108 A4

Charterhouse Rd
E8 .... 16 C3

Charterhouse Sq
EC1 .... 108 B4

Charterhouse Square
Sch The EC1 .... 108 B4
Charterhouse St
EC1 .... 108 A3

Charterhouse Works
SW18 .... 59 B3

Charteris Rd
Finsbury Pk N4 ..... 5 C3
Kilburn NW6 ...... 23 B4

Charteris Sp Ctr
NW6 .... 23 C4
Charter Sch SE24 .. 63 C2
Chartes Ho SE1 .. 138 B2

Chartfield Ave
SW15 .... 57 B2

Chartfield Sq
SW15 .... 57 C2

Chatham Ct **12**
SW9 .... 62 C4
Chatham Gr SE27 .. 75 A1
Chatham Ho SE1 . 137 C2
Chart House The **5**
E14 .... 42 A1

Chartridge SE17 ... 48 C4
Chart St N1 ...... 97 C4

Chartwell **28**
SW19 .... 69 C3
Chase Ct SW3 .. 130 C1
Chase Ctr The
NW10 .... 20 C2

Chaseley Ct W4 ... 37 A1
Chaseley St E14 .. 33 A3
Chasemore Ho
SW6 .... 154 B2
Chase Rd NW10 .. 20 C1
Chase Road Trad Est
NW10 .... 20 C1

Chase The SW4 ... 61 A4
Chater Ho **6** E2 ... 25 C2
Chatfield Rd SW11 .59 B4
Chatham Ct N1 ... 87 B3
Chatham Ho **7**
SE5 .... 49 A1
Chatham Pl E9 .... 17 B2
Chatham Rd SW11 .60 B2
Chatham St SE17 .151 C4
Chatsworth Ct
Brondesbury NW2 .. 9 C2
Clapton Pk E5 ..... 17 C4
Earl's Ct W8 ...... 141 B4

Chatsworth Est E5 ..17 C4
Chatsworth Gdns
W3 .... 28 A1

Chatsworth Lo **1**
W4 .... 37 C1

Chatsworth Rd
Brondesbury NW2 .. 9 C2
Chiswick W4 ..... 45 B4
Clapton Pk E5 ..... 17 C4

Chatsworth Way
SE27 .... 75 B1

Chattenden Ho **8**
N4 .... 6 C4

Chatterton Ct TW9 .44 B1
Chatterton Rd N4 .. 6 A1
Chatto Rd SW11 ...60 B2
Chaucer Ave TW9 ..44 C1
Chaucer Ct **17**
N16 .... 16 A4

Chaucer Dr SE1 .. 153 A3
Chaucer Ho SW1 . 146 C1
Chaucer Rd
Acton W3 .... 28 B1
Herne Hill SE24 ... 63 A2

Chaulden Ho EC1 ..97 C3
Cheadle Ct NW8 .. 89 C2

Cheadle Ho **17**
E14 .... 33 B3
Cheam St **8** SE15 .65 A4
Cheapside EC2 ... 109 A1
Chearsley SE17 .. 151 A4

Cheddington Ho **9**
E2 .... 24 C4
Chedworth Cl E16 ..35 B3
Chedworth Ho **2**
E5 .... 7 C2

Cheesemans Terr
W14 .... 140 C1
Chelmer Rd E9 ....17 C3
Chelmsford Cl W6 ..47 C4
Chelmsford Ho **5**
N7 .... 14 B4

Chelmsford Sq
NW10 .... 22 B4

CHELSEA 144 B1
Chelsea Antiques
Mkt* SW3 ...... 144 B1
Chelsea Barracks*
SW1 .... 145 C1
Chelsea Bridge
SW1 .... 160 A4
Chelsea Bridge Rd
SW1 .... 145 C1
Chelsea Cl NW10 ..20 C4
Chelsea Cloisters
SW3 .... 144 B3
Chelsea College of Art &
Design SW1 ... 148 A2
Chelsea Cres
Brondesbury NW2 ..10 B2
Chelsea SW10 ... 167 A3
Chelsea Ct SW3 . 159 B4
Chelsea Emb
SW3 .... 158 C3
Chelsea Est SW3 . 158 A3
Chelsea Farm Ho
SW10 .... 157 C3
Chelsea Gate
SW1 .... 145 C1
Chelsea Gdns
SW1 .... 145 C1
Chelsea Harbour
Design Ctr SW10 167 A4
Chelsea Harbour Dr
SW10 .... 167 A4

Chelsea Harbour Pier
SW10 .... 167 B3
Chelsea Ind Coll
SW6 .... 156 A1
Chelsea Lo SW3 . 159 A4
Chelsea Manor Ct
SW3 .... 158 B4
Chelsea Manor Gdns
SW3 .... 144 B1
Chelsea Manor St
SW3 .... 144 B1
Chelsea Manor
Studios SW3 .. 144 B1
Chelsea Mus* 156 B2
Chelsea Park Gdns
SW3 .... 157 B4
Chelsea Physic Gdn*
SW1 .... 158 C4
Chelsea Reach Twr
SW10 .... 157 B2
Chelsea Sp Ctr
SW3 .... 144 B1
Chelsea Sq SW3 . 143 C1
Chelsea Twrs
SW3 .... 158 B4
Chelsea &
Westminster
Hospl SW10 .. 157 A3
Chelsfield Ho
SE17 .... 152 A3
Chelsfield Point **3**
E9 .... 18 A2
Chelsham Ho **1**
SW4 .... 61 C4
Chelsham Rd SW4 .61 C4
Cheltenham Pl
16 Acton W3 ..... 28 A1
Acton W3 .... 37 A4
Cheltenham Rd
SE15 .... 65 B2
Cheltenham Terr
SW3 .... 145 A2
Chelverton Ct
SW15 .... 57 C3
Chelverton Rd
SW15 .... 57 C3
Chelwood NW5 ...12 C3
Chelwood Ct
SW11 .... 167 C4
Chelwood Gdns
TW9 .... 44 C1
Chelwood Ho W2 101 C1
Chenies Ho W2 .. 114 A4
Chenies Mews
WC1 .... 93 B1
Chenies Pl NW1 .. 83 C2
Chenies St WC1 .. 105 B4
Chenies The NW1 ..83 C2
Cheniston Gdns
W8 .... 128 A2
Chepstow Cl
SW15 .... 58 A2
Chepstow Cres
W11 .... 31 C2 113 B4
Chepstow Ct
W11 .... 31 C2 113 B4
Chepstow Pl
W2 .... 31 C2 113 C4
Chepstow Rd W2 .31 C3
Chepstow Villas
W11 .... 31 C2 113 B4
Chequers Ct EC1 ..97 B1
Chequers Ho NW8 .90 A2
Chequer St EC1 ... 97 A1

Cherbury Ct N1 ... 87 C1
Cherbury St N1 ... 87 C1
Cheriton Ho **5** E5 ..17 A3
Cheriton Sq SW17 .72 C2
Cherry Cl **1** SW2 ..74 C4
Cherry Ct
Acton W3 .... 29 A1
5 Rotherhithe
SE16 .... 33 A1
Cherry Garden Ho **7**
SE16 .... 40 A4
Cherry Garden Sch **20**
SE16 .... 153 C4
Cherry Garden St
SE16 .... 40 A4
Cherry Laurel Wlk
SW2 .... 62 B1
Cherry Tree Cl **11**
E9 .... 25 B4
Cherry Tree Ct
1 Camden Town
NW1 .... 13 B1
11 Peckham SE15 .50 A2
Cherry Tree Dr
SW16 .... 74 A1
Cherry Tree Ho
W10 .... 22 C2
Cherry Tree Ho
SE15 .... 51 B1
Cherry Trees Sch The
22 E3 .... 26 C2
Cherry Tree Terr
SE1 .... 138 B4
Cherry Tree Wlk
EC1 .... 97 A1
Cherrywood Cl E3 ..26 A2
Cherrywood Dr
SW15 .... 57 C2
Chertsey St SW14 .55 A4
Chertsey Ho **37**
E2 .... 24 B2 98 C3
Cherwell Ho NW8 .89 C1
Cheryls Cl SW6 .. 166 B4
Chesham Cl SW1 131 B1
Chesham Ct SW18 .71 C4
Chesham Flats
W1 .... 117 C4
Chesham Ho N1 .131 B1
Chesham Mews
SW1 .... 131 B2
Chesham Pl SW1 .131 B1
Chesham St SW1 .131 B1
Cheshire St
E2 .... 24 B1 99 A2
Chesholm Rd N16 ..7 A1
Cheshunt Ho **9**
NW6 .... 78 A3
Chesil Ct
1 Bethnal Green
E2 .... 25 B3
Chelsea SW3 .... 158 B4
Chesilton Rd SW6 164 C4
Chesney Ct W9 ...23 C1
Chesney Ho SE13 .67 C3
Chesney St SW11 .169 B3
Chessington Ho **10**
SW8 .... 171 B2
Chesson Rd W14 155 A4
Chessum Ho E8 ...16 C2
Chester Ave TW10 .54 B1
Chester Cl
Barnes SW13 .....57 A4
Knightsbridge SW1 132 A3
1 Richmond TW10 .54 B1
Chester Close N
NW1 .... 92 B4

Chester Close S
NW1 .... 92 B3
Chester Cres E8 ...16 B3
Chester Ct
Bermondsey SE8 ..40 C1
4 Camberwell SE5 .48 C3
Gospel Oak NW5 ..12 C4
Regent's Pk NW1 .. 92 B3
Chesterfield Ct
SE13 .... 67 B4
Chesterfield Gdns
Greenwich SE10 ..52 C3
Mayfair W1 ...... 118 A2
Chesterfield Gr
SE22 .... 64 B2
Chesterfield Hill
W1 .... 118 A2
Chesterfield Ho
Highgate N6 ...... 3 C3
Mayfair W1 ...... 117 C2
Chesterfield Rd
W4 .... 45 B4
Chesterfield St
W1 .... 118 A2
Chesterfield Way
SE15 .... 50 B3
Chesterford Gdns
NW3 .... 11 A4
Chester Gate NW1 . 92 B3
Chester Ho
Dartmouth Pk N19 .. 4 A2
1 Deptford SE8 ....51 C4
Chesterman Ct
W4 .... 46 A3
Chester Mews
SW1 .... 132 A2
Chester **3** Pl NW1 . 92 A4
Chester Rd
Dartmouth Pk N19 .. 4 A2
Regent's Pk NW1 .. 92 A4
Chester Row SW1 145 C4
Chester Sq SW1 .146 A4
Chester Sq Mews
SW1 .... 132 A1
Chester St
Bethnal Green
E2 .... 24 C1 99 C2
Westminster SW1 . 131 C2
Chester Terr NW1 . 92 B4
Chesterton Cl
SW18 .... 58 C2
Chesterton Ct W3 .37 A3
Chesterton Ho
20 Battersea
SW11 .... 59 C4
3 Kensal Town
W10 .... 31 A4
Chesterton Prim Sch
SW11 .... 169 B3
Chesterton Rd
W10 .... 31 A4
Chesterton Sq
W8 .... 141 B3
Chester Way SE11 149 C3
Chestnut Alley
SW6 .... 155 A3
Chestnut Ave **11**
SW14 .... 55 C4
Chestnut Cl
New Cross Gate
SE14 .... 51 B2
1 Stoke Newington
N16 .... 6 C1
Chestnut Ct SW6 . 155 A4
Chestnut Gr SW12 .72 C3

Chestnut Grove Sch
6 SW12 . . . . .72 C3
Chestnut Ho
1 Acton W4 . . . . .38 A2
Brockley SE4 . . . . . . .66 B4
7 Maitland Pk
NW3 . . . . .12 B2
West Norwood
SE27 . . . . .75 B1
Chestnut Rd SE21,
SE27 . . . . .75 B1
Chestnuts The **1**
N5 . . . . .15 A4
Chettle Cl SE1 . . . .137 B2
Chetwode Ho NW8 **90** A2
Chetwode Rd
SW17 . . . . .72 B1
Chetwynd Rd NW5 . .4 A1
Cheval Ct SW15 . . . .57 A3
Cheval Pl SW7 . . . .130 B2
Cheval St E14 . . . . .41 C3
Chevening Rd
Cubitt Town SE10 . . .43 B1
Kilburn NW6 . . . . . . .23 A4
Cheverell Ho **28**
E2 . . . . .24 C3
Cheverton Rd N19 . . .4 C3
Chevet St E9 . . . . . .18 A3
Chevington NW2 . . .10 B2
Cheviot Ct **13** SE14 .50 B3
Cheviot Gate NW2 . . .1 A2
Cheviot Gdns NW2 . . .1 A2
Cheviot Ho N16 . . . . .7 B3
Chevron Cl E16 . . . .35 C3
Cheylesmore Ho
NW1 . . . . .146 A2
Cheyne Ct SW3 . . .158 C4
Cheyne Gdns
SW3 . . . . .158 B3
Cheyne Mews
SW3 . . . . .158 B3
Cheyne Pl SW3 . . . .158 C4
Cheyne Row SW3 . .158 A3
Cheyne Wlk
SW10 . . . . .157 B2
Cheyney Ho **2** E9 . .17 C2
Chichele Mans
NW2 . . . . .9 C3
Chichele Rd NW2 . . . .9 C3
Chicheley St SE1 . .135 A4
Chichester Ct **2**
NW1 . . . . .13 B1
Chichester Ho
NW6 . . . . .23 C3
Chichester Rd
Bayswater W2 . . . . .100 B4
Kilburn NW6 . . . . . . .23 C3
Chichester Rents
WC2 . . . . .107 B2
Chichester St
SW1 . . . . .147 A1
Chichester Way
E14 . . . . .42 C2
Chicksand Ho **14**
E1 . . . . .111 B4
Chicksand St E1 . . .111 A3
Chicksand Street
E1 . . . . .111 B3
Chiddingstone
SE13 . . . . .67 B2
Chiddingstone St
SW6 . . . . .165 C2
Chigwell Ct **1** E9 . .18 A2
Chigwell Hill E1 . . . .32 A2
Chiham Ho **5**
SE15 . . . . .50 B4

Chilcombe Ho **6**
SW15 . . . . .68 C4
Chilcot Cl **13** E14 . .34 A3
Childebert Rd
SW17 . . . . .73 A2
Childeric Prim Sch
SE14 . . . . .51 A3
Childeric Rd SE14 . .51 A3
Childerley St
SW6 . . . . .164 A4
Childers St SE8 . . . .51 B4
Child La SE10 . . . . .43 B3
Childrens House
Upper Sch **15** N1 . .16 A2
CHILD'S HILL 1 C1
Child's Hill Sch
NW2 . . . . .1 A1
Child's Mews
SW5 . . . . .141 C3
Child's Pl SW5 . . . .141 C3
Child's St SW5 . . . .141 C3
Child's Wlk SW5 . . .141 C3
Chilham Ct **13**
SW9 . . . . .62 C4
Chilham Ho SE1 . . .137 C2
Chillington Dr
SW11 . . . . .59 C3
Chillingworth Rd
N7 . . . . .14 C3
Chiltern Ct
15 Deptford SE14 . .50 B3
Marylebone NW1 . . . .91 A1
Chiltern Ho
Camberwell SE17 . . .48 C4
4 Kensal Town
W10 . . . . .31 A4
5 Stamford Hill N16 . .7 B3
Chiltern Rd E3 . . . . .26 C1
Chiltern St W1 . . . .103 B4
Chilton Gr SE8 . . . . .41 A2
Chilton Rd TW9 . . . .54 C4
Chilton St
E2 . . . . .24 B1 99 A2
Chilver St SE10 . . . .43 B1
Chilworth Ct **8**
SW19 . . . . .69 C3
Chilworth Mews
W2 . . . . .101 A1
Chilworth St W2 . . .101 A1
Chimney Ct **21** E1 . .32 A1
China Ct **1** E1 . . . .32 A1
China Hall Mews **18**
SE16 . . . . .40 B3
China Mews **17**
SW2 . . . . .74 B4
Chindit Ho **17** N16 . .15 C4
Ching Ct WC2 . . . .106 A1
Chinnocks Wharf
E14 . . . . .33 A2
Chipka St E14 . . . . .42 B4
Chipley St SE14 . . . .51 A4
Chippendale Ho
SW1 . . . . .146 B1
Chippenham Gdns
NW6 . . . . .23 C2
Chippenham Mews
W9 . . . . .23 C1
Chippenham Rd
W9 . . . . .23 C1
Chip St SW4 . . . . . .61 C3
Chipstead Ho **4**
SW2 . . . . .74 A3
Chipstead St SW6 .165 C2
Chirk Ct SE4 . . . . . .51 B1
Chisenhale Prim Sch
36 E3 . . . . .26 A3

Chisenhale Rd E3 . .26 A3
Chisholm Ct **1**
W6 . . . . .38 C1
Chisholm Rd **13**
TW10 . . . . .54 B1
Chisledon Wlk E9 . .18 B2
Chislehurst Rd
TW10 . . . . .54 A2
Chislet SE5 . . . . . . .48 C3
Chiswell St
Barbican EC1 . . . . .109 A4
Camberwell SE5 . . . .48 C3
CHISWICK 38 B1
Chiswick & Bedford
Park Prep Sch **13**
W4 . . . . .38 A2
Chiswick Common Rd
W4 . . . . .37 C2
Chiswick Com Sch
W4 . . . . .45 B4
Chiswick Green
Studios **1** W4 . . . .37 B2
Chiswick High Rd
W4 . . . . .38 A2
Chiswick High Rd
(North Circular Rd)
W4 . . . . .36 C1
Chiswick Ho★ W4 . .45 C4
Chiswick La W4 . . . .38 A1
Chiswick La S W4 . .46 A4
Chiswick Mall W4 . .38 B1
Chiswick Park Sta
W4 . . . . .37 B2
Chiswick Pier W4 . . .46 B3
Chiswick Quay W4 . .45 B2
Chiswick Rd W4 . . . .37 B2
Chiswick Rdbt W4 . .36 C1
Chiswick Sq W4 . . . .46 A4
Chiswick Sta W4 . . .45 B3
Chiswick Staithe
W4 . . . . .45 B2
Chiswick Terr **6**
W4 . . . . .37 B2
Chiswick Village
W4 . . . . .45 A4
Chiswick Wharf
W4 . . . . .46 B4
Chitty St W1 . . . . . .105 A4
Chivalry Rd SW11 . .60 A2
Chivelston **27**
SW19 . . . . .69 C3
Chobham Gdns
SW19 . . . . .69 C2
Chobham Rd E15 . . .19 C3
Cholmeley Cres N6 . .4 A4
Cholmeley Pk N6 . . . .4 A3
Cholmley Gdns
NW6 . . . . .10 C3
Cholmondeley Ave
NW10 . . . . .21 C3
Chopin's Ct **18** E1 . .32 A1
Chopwell Cl E15 . . .19 C1
Choumert Gr SE15 . .49 C1
Choumert Mews
SE15 . . . . .49 C1
Choumert Rd SE15 . .49 B1
Choumert Sq **4**
SE15 . . . . .49 C1
Chow Sq **2** E8 . . . .16 B3
Chrisp Ho SE10 . . . .53 A4
Chrisp St E14 . . . . . .34 A3

Christ Church
TW9 . . . . .54 A4
Christchurch Ave
NW6 . . . . .10 A1
Christ Church
Bentinck CE Prim
Sch NW1 . . . . .102 B4
Christ Church
Brondesbury CE Jun
& Inf Sch NW6 . . . . .10 B1
Christchurch CE Prim
Sch SW3 . . . . .158 C4
Christ Church CE
Prim Sch
Battersea SW11 . . . .60 C4
Cubitt Town SE10 . . .43 A1
Christ Church CE
Prim Sch,
Hampstead NW3 . . . .2 C1
Christchurch CE Sch
E1 . . . . .111 A3
Christ Church Ct
1 Brondesbury
NW6 . . . . .10 A1
Harlesden NW10 . . . .21 A4
Christchurch Hill
NW3 . . . . .11 C4
Christchurch Ho **2**
SW2 . . . . .74 A3
Christchurch Pas
NW3 . . . . .2 B1
Christchurch Rd
Mortlake SW14 . . . . .55 B2
Streatham SW2 . . . . .74 C3
Christ Church Sch
NW1 . . . . .92 B4
Christchurch Sq **6**
E9 . . . . .25 B4
Christchurch St
SW3 . . . . .158 C4
Christ Church
Streatham CE Prim
Sch **13** SW2 . . . . . .74 B3
Christchurch Terr
SW3 . . . . .158 C4
Christchurch Way
SE10 . . . . .43 A1
Christian Ct SE16 . . .33 B1
Christian St E1 . . . .111 C1
Christie Ct
Maitland Pk NW3 . . . .12 B3
2 Upper Holloway
N19 . . . . .5 A2
Christie Ho **2**
SE10 . . . . .43 B1
Christie Rd E9 . . . . .18 A2
Christina Sq N4 . . . . .6 A3
Christina St
EC2 . . . . .24 A1 98 A2
Christopher Boone's
Almshouses SE13 . .67 C3
Christopher Cl
SE16 . . . . .40 C4
Christopher France
Ho **6** E1 . . . . .26 A2
Christopher Hatton
Prim Sch EC1 . . . . .95 B1
Christopher Lo **2**
N6 . . . . .4 C4
Christopher Pl
NW1 . . . . .93 C3
Christopher St EC2 .97 C1
Christ's Sch TW10 . .54 C2
Christ the King RC
Prim Sch **7** N4 . . . .5 B2

Christ the King Sixth
Form Coll SE13 . . . .67 C4
Chryssell Rd SW9 .163 C1
Chubworthy St **5**
SE14 . . . . .51 A4
Chudleigh Rd
Hampstead NW6 . . . . .9 C1
London SE4 . . . . . . .66 C2
Chudleigh St E1 . . . .32 C3
Chulmleigh Gdns
SE5 . . . . .49 A4
Chumleigh St SE5 . .49 A4
Church App SE21 . . .75 C1
Church Ave
Camden Town
NW1 . . . . .13 A2
Mortlake SW14 . . . . .55 C4
Church Cl W8 . . . . .128 A4
Church Cres E9 . . . .17 C1
Churchcroft Cl
SW12 . . . . .72 C4
Church Ct
Holborn EC4 . . . . . .107 C1
Rotherhithe SE16 . . .41 B4
Churchdale Ct **1**
W4 . . . . .37 A1
Church End NW10 . . .8 B2
Church Entry EC4 . .108 B1
Church Estate
Almshouses **6**
TW9 . . . . .54 B3
Churchfield Ho
W2 . . . . .89 B1
Churchfield Mans **5**
SW6 . . . . .165 A1
Churchfields SE10 . .52 B4
Church Garth **4**
N19 . . . . .4 C2
Church Gate SW6 . .58 A4
Church Gn **2**
SW9 . . . . .173 C2
Church Gr SE13 . . . .67 A2
Churchhill Gardens
Prim Sch SW1 . . . .147 A1
Church Ho EC1 . . . . .96 B2
Churchill Ct
Finsbury Pk N4 . . . . . .5 C4
Peckham SE15 . . . . .49 C1
Willesden NW2 . . . . . .9 A3
Churchill Gdns
SW1 . . . . .160 C4
Churchill Gdns Rd
SW1 . . . . .160 C4
Churchill Pl E14 . . . .34 A1
Churchill Wlk E9 . . .17 B3
Church Mead SE5 . .48 B3
Churchmead Rd
NW10 . . . . .8 C2
Church Path W4 . . . .37 B3
Church Pl SW1 . . . .119 A3
Church Rd
Acton W3 . . . . .37 B4
Barnes SW13 . . . . . .46 C2
24 Canonbury N1 . . .15 B2
Richmond TW10,
TW9 . . . . .54 A2
Willesden NW10 . . . . .8 A1
Church Row NW3 . . .11 B4

Clay St W1 . . . . **103** A3
Clayton Cres N1 . . . . . **84** C3
Clayton Ct N16 . . . . . . 7 C4
Clayton Ho **22** E9 . . . . .17 B1
Clayton Mews
SE10 . . . . .52 C2
Clayton Rd SE15 . . . . .49 C2
Clayton St SE11 . . . . **163** B4
Clearbrook Way **18**
E1 . . . . .32 B3
Clear Water Ho **9**
TW10 . . . . .54 A2
Clearwater Terr **4**
W11 . . . . .39 C4
Clearwell Dr W9 . . . . **88** B1
Cleaver Ho **8**
NW3 . . . . .12 B1
Cleaver Sq SE11 . . . **149** C1
Cleaver St SE11 . . . . **149** C2
Cleeve Ho **16**
E2 . . . . .24 A2 **98** B3
Cleeve Way SW15 . . .68 A4
Cleeve Workshops **17**
E2 . . . . .24 A2 **98** B3
Clegg St E1 **10** 32 A1
Cleland Ho **11** E2 . . . . .25 B3
Clematis St W12 . . . . .29 C2
Clem Attlee Par
SW6 . . . . **155** A3
Clem Attlee Ct
SW6 . . . . **155** A3
Clemence St E14 . . . .33 B4
Clement Attlee Ho
NW10 . . . . .8 B4
Clement Ave SW4 . . .61 C3
Clement Ct
Acton W4 . . . . .37 C2
Hampstead NW6 . . . .9 C1
Clement Danes Ho **3**
W12 . . . . .30 A3
Clement Ho
16 Deptford SE8 . . . . .41 A2
17 North Kensington
W10 . . . . .30 B4
Clements Ave **1**
E16 . . . . .35 C2
Clements Inn
WC2 . . . . **107** A1
Clements Inn Pas
WC2 . . . . **107** A1
Clement's La EC2,
EC4 . . . . **123** C4
Clemson Ho **9** E8 . . . .24 B4
Clennam St **1** SE1 . . **137** A4
Clenston Mews
W1 . . . . **102** C2
Clent Ho **4** N16 . . . . . .7 B3
Cleopatra's Needle★
WC2 . . . . **120** C3
Clephane Rd **13**
N1 . . . . .15 B2
Clephane Rd N N1 . . .15 B2
Clephane Rd S N1 . . .15 C2
Clere Pl EC2 . . . . . . .97 C2
Clere St EC2 . . . . . . .97 C2
CLERKENWELL 96 A1
Clerkenwell Cl
EC1 . . . . .95 C1
Clerkenwell Gn
EC1 . . . . .96 A1
Clerkenwell Parochial
CE Prim Sch EC1 . . .95 B3
Clerkenwell Rd
EC1 . . . . .96 A1
Clermont Rd E9 . . . . .25 B4

Clevedon Ct
Battersea SW11 . . . . **168** A4
Dulwich SE21 . . . . . .75 C1
Clevedon Mans
NW5 . . . . .12 C4
Cleve Ho NW6 . . . . . .11 A1
Cleveland Ave W4 . . .38 B2
Cleveland Ct W1 . . . . .93 A1
Cleveland Gdns
Barnes SW13 . . . . . . .46 B1
Paddington W2 . . . . **100** C1
Cleveland Gr **19**
E1 . . . . .25 B1
Cleveland Mans
8 Brixton SW9 . . . . **163** B1
4 Brondesbury
NW6 . . . . .10 B1
Paddington W9 . . . . .23 C1
Cleveland Mews
W1 . . . . **104** C4
Cleveland Pl SW1 **119** A2
Cleveland Rd
Barnes SW13 . . . . . . .46 B1
Islington N1 . . . . .15 C1
14 South Acton W4 . .37 B3
Cleveland Row
SW1 . . . . **119** A1
Cleveland Sq W2 . . **100** C1
Cleveland St W1 . . . . .92 C1
Cleveland Terr
W2 . . . . **101** A2
Cleveland Way E1 . . . .25 B1
Clevedon Cl N16 . . . . .7 B1
Cleve Rd NW6 . . . . . .11 A1
Cleverly Cotts
W12 . . . . .29 B1
Cleverly Est W12 . . . .29 C2
Cley Ho SE4 . . . . .65 C3
Clichy Ho **21** E1 . . . . .32 B4
Clifden Mews E5 . . . . .17 C3
Clifden Rd E5 . . . . . . .17 C3
Cliff Ct **14** NW1 . . . . .13 C2
Cliffe Ho **4** SE10 . . . .43 B1
Clifford Ave
Mortlake SW14 . . . . . .45 B1
Mortlake SW14,
TW9 . . . . .55 A4
Clifford Ct
Bayswater W2 . . . . **100** A3
Wandsworth SW18 . . .71 C4
Willesden NW10 . . . . .8 A4
Clifford Dr SW9 . . . . .63 A3
Clifford Gdns
NW10 . . . . .22 B3
Clifford Haigh Ho
SW6 . . . . .47 C3
Clifford Ho W14 . . . **140** C3
Clifford's Inn Pas
EC4 . . . . **107** B1
Clifford St W1 . . . . . **118** C3
Clifford Way NW10 . . .8 B4
Cliff Rd NW1 . . . . . . .13 C2
Cliff Road Studios **13**
NW1 . . . . .13 C2
Cliffsend Ho **9**
SW9 . . . . **173** C3
Cliff Terr SE8 . . . . . . .51 C1
Cliffview Rd SE13 . . . .66 C4
Cliff Villas NW1 . . . . .13 C2
Cliff Wlk E16 . . . . . . .35 B4
Clifton Ave W12 . . . . .29 B1
Clifton Cres SE15 . . . .50 A3
Clifton Ct
Finsbury Pk N4 . . . . . .5 C2
Paddington NW8 . . . . .89 B2
Peckham SE15 . . . . . .50 A3

Clifton Ct continued
Putney SW15 . . . . . . .57 C2
Clifton Gate
SW10 . . . . **156** C4
Clifton Gdns
Chiswick W4 . . . . .37 C2
Paddington W9 . . . . . .88 C1
Clifton Gr E8 . . . . .16 C2
Clifton Hill NW8 . . . . .78 C3
Clifton Ho
E2 . . . . .24 B1 **98** C2
Clifton Mans **4**
SW9 . . . . .62 C3
Clifton Pl
Paddington W2 . . . . **101** C1
Rotherhithe SE16 . . . .40 B4
Clifton Rd
Harlesden NW10 . . . . .21 C3
Newham E16 . . . . . . .35 A4
Paddington W9 . . . . . .89 A2
Clifton Rise SE14 . . . .51 A3
Clifton St
EC2 . . . . .24 A1 **98** A1
Clifton Terr N4 . . . . . . .5 C2
Clifton Villas W9 . . . . .88 C1
Clifton Way SE15 . . . .50 B3
Climsland Ho SE1 **121** C2
Clinch Ct **11** E16 . . . . .35 C4
Cline Ho SW15 . . . . . .56 C2
Clinger Ct N1 . . . . . . .24 A4
Clink Prison Mus
The★ SE1 . . . . **123** B2
Clink St SE1 . . . . . . **123** B2
Clinton Rd E3 . . . . . . .26 A2
Clipper Appts **12**
E14 . . . . .34 B2
Clipper Cl SE16 . . . . . .40 C4
Clipper Ho E14 . . . . . .42 B1
Clipstone Ho **3** SW15 . . .67 B3
Clipstone Mews
W1 . . . . **104** C4
Clipstone St W1 . . . **104** C4
Clissold Cres N16 . . . .15 C4
Clissold Ct N4 . . . . . . .6 B2
Clissold Ho **4** N16 . . . .6 C2
Clissold Rd N16 . . . . . .6 C1
Clitherow Rd SW9 . . **172** B1
Clive Ct W9 . . . . .89 A2
Cliveden Ho SW1 . . **145** B4
Cliveden Pl SW1 . . . **145** B4
Clive Ho
18 Clapham SW8 . . **171** B2
Greenwich SE10 . . . . .52 B4
Clive Rd SE21,
SE27 . . . . .75 C1
Cloak La EC4 . . . . . **123** B4
Clochar Ct NW10 . . . .21 B4
Clock Ho N16 . . . . .7 C4
Clock Tower Mews
N1 . . . . .87 A3
Clock Tower Pl **1**
N7 . . . . .14 A2
Clock View Cres **2**
N7 . . . . .14 A2
Cloister Rd
Acton W3 . . . . .28 B4

Cloister Rd continued
Child's Hill NW2 . . . . . .1 B2
Cloisters Ct N6 . . . . . . .4 A3
Cloisters The **22**
SW9 . . . . **173** C3
Clonbrock Rd N16 . . . .16 A4
Cloncurry St SW6 . . . .47 C1
Clone Ct **4** W12 . . . . .38 A3
Clonmel Rd SW6 . . . **165** A4
Clonmore St SW18 . . .70 B3
Clorane Gdns NW3 . . . .1 C1
Close The
Lewisham SE3 . . . . . . .52 C1
Mortlake TW9 . . . . . . .55 A4
Cloth Ct EC1 . . . . . . **108** B3
Cloth Fair EC1 . . . . . **108** B3
Clothier St E1 . . . . . **110** B2
Cloth St EC1 . . . . . . **108** C4
Cloudesdale Rd
SW17 . . . . .73 A2
Cloudesley Mans
N1 . . . . .85 C3
Cloudesley Pl N1 . . . . .85 C3
Cloudesley Rd N1 . . . .85 B3
Cloudesley Sq N1 . . . .85 C3
Cloudesley St N1 . . . . .85 C3
Clove Cres E14 . . . . . .34 C2
Clovelly Ct NW2 . . . . . .9 B3
Clovelly Ho W2 . . . . **100** C2
Clovelly Rd W4 . . . . . .37 C4
Clovelly Way E1 . . . . .32 B3
Clover Mews
SW3 . . . . **159** A4
Clowes Ho **3**
SW4 . . . . .62 A3
Clowns Mus★ E8 . . . .24 B4
Cloysters Gn E1 . . . **125** B2
Club Row E2 . . .24 B1 **98** C2
Clunbury St N1 . . . . . .87 C1
Clunie Ho SW1 . . . . **131** A2
Cluny Mews SW5 . . **141** B3
Cluny Pl SE1 . . . . . . **138** A2
Cluse Ct N1 . . . . .86 C2
Clutton St E14 . . . . . . .34 A4
Clyde Ct NW1 . . . . . . .83 C2
Clyde Flats SW6 . . . **154** C2
Clydesdale Gdns
TW10 . . . . .55 A3
Clydesdale Ho **4**
W11 . . . . .31 B3
Clydesdale Rd
W11 . . . . .31 B3
Clyde St SE8 . . . . .51 B4
Clynes Ho **3** E2 . . . . .25 C2
Clyro Ct N4 . . . . .5 B3
Clyston St SW8 . . . **171** A2
Coach & Horses Yd
W1 . . . . **118** C4
Coach House La
Highbury N5 . . . . .15 A4
Wimbledon SW19 . . . .69 C1
Coach House Mews
SE23 . . . . .65 C1
Coach House Yd **5**
NW3 . . . . .11 C4
Coachmaker Mews **5**
SW9 . . . . .62 A4
Coalbrook Mans **3**
SW12 . . . . .73 A3
Coaldale Wlk SE21 . . .75 B4
Coalecroft Rd
SW15 . . . . .57 B3
Coalport Ho SE11 . . **149** B4
Coatbridge Ho **8**
N1 . . . . .14 B1
Coates Ave SW18 . . . .60 A1

Coates Ct NW3 . . . . . .12 A3
Coate St E2 . . . . .24 C3
Coates Wlk TW8 . . . . .36 A1
Cobbett St SW8 . . . **163** A1
Cobble La N1 . . . . . . .15 A1
Cobble Mews N4,
N5 . . . . .6 B1
Cobbold Ind Est
NW10 . . . . .8 B2
Cobbold Mews
W12 . . . . .38 B4
Cobbold Rd
Bedford Pk W12 . . . . .38 B4
Willesden NW10 . . . . . .8 B2
Cobb's Hall **1**
SW6 . . . . .47 C4
Cobb St E1 . . . . **110** C3
Cobden Bldgs
WC1 . . . . .94 C4
Cobden Ho
11 Bethnal Green
E2 . . . . .24 C2 **99** C4
Regent's Pk NW1 . . . .82 C2
Cobham Cl SW11 . . . .60 A1
Cobham Mews **3**
NW1 . . . . .13 C1
Coborn Mews **9**
E3 . . . . .26 B2
Coborn Rd E3 . . . . . . .26 B2
Coborn St E3 . . . . . . .26 B2
Coburg Cres SW2 . . . .74 C3
Coburg Dwellings **11**
E1 . . . . .32 B2
Cochrane Cl NW8 . . . .79 C1
Cochrane Ho **15**
E14 . . . . .41 C4
Cochrane Mews
NW8 . . . . .79 C1
Cochrane St NW8 . . . .79 C1
Coci Ho W14 . . . . . . **141** A3
Cockburn Ho
SW1 . . . . **147** C1
Cock Hill E1 . . . . . . **110** B3
Cock La EC1 . . . . . . **108** B3
Cockpit Yd WC1 . . . **107** A4
Cockspur Ct SW1 **119** C2
Cockspur St SW1 . . **119** C2
Coda Ctr The
SW6 . . . . **164** B4
Code St E1 . . . .24 B1 **99** A1
Codicote Ho **22**
SE8 . . . . .40 C2
Codicote Terr N4 . . . . .6 B2
Codling Cl **12** E1 . . . **125** C2
Codrington Ct **3**
SE16 . . . . .33 A1
Codrington Ho **7**
E1 . . . . .25 A1
Codrington Mews
W11 . . . . .31 A3
Cody Rd E16 . . . . .27 C1
Loffey St SE8 . . . . . . .51 C3
Cohen Lo E5 . . . . .18 A3
Coin St SE1 . . . . **121** B2
Coity Rd NW5 . . . . . . .12 C2
Cokers La SE21 . . . . . .75 C3
Coke St E1 . . . . **111** C2

Colas Mews **7**
NW6 . . . . .23 C4
Colbeck Mews
SW5 . . . . **142** B3
Colberg Pl N16 . . . . .7 B4
Colbert **1** SE5 . . . . . .49 B2
Colborne Ho **8**
E14 . . . . .33 C2
Colchester Ho **17**
SW8 . . . . **171** B2
Colchester St E1 . . **111** A2
Coldbath Sq EC1 . . **95** B2
Coldbath St SE13 . . . .52 A1
Cold Blow La SE14 . .50 C4
Coldharbour E14 . . .34 B1
Coldharbour Ind Est
SE5 . . . . .48 B1
Coldharbour La
SW9 . . . . .63 A4
Coldharbour Pl
SE5 . . . . .48 C1
Coldstream Gdns
SW18 . . . . .58 B1
Colebeck Mews
N1 . . . . .15 A2
Colebert Ave E1 . . . .25 B1
Colebert Ho **21** E1 . .25 B1
Colebrook Cl
SW19 . . . . .69 C4
Colebrook Ct
SW3 . . . . **144** B3
Colebrooke Pl N1 . .86 B3
Colebrooke Row
Islington N1 . . . .**84** B4
Islington N1 . . . .**86** A2
Islington N1 . . . .**86** B3
Colebrook Ho **1**
E14 . . . . .34 A3
Coleby Path **21**
SE5 . . . . .48 C3
Colechurch Ho **9**
SE1 . . . . **153** B1
Colefax Bldg **12**
E1 . . . . **111** C2
Coleford Rd SW18 . .59 B2
Colegrave Rd E15 . .19 C3
Colegrave Sch
E15 . . . . .19 C3
Colegrove Rd
SE15 . . . . .49 B4
Coleherne Ct
SW10 . . . . **142** B1
Coleherne Mans
SW5 . . . . **142** B2
Coleherne Mews
SW10 . . . . **142** A1
Coleherne Rd
SW10 . . . . **142** A1
Colehill Gdns
SW6 . . . . **164** A3
Colehill La SW6 . . . **164** B3
Cole Ho SE1 . . . . . . **135** C3
Coleman Ct SW18 . .70 C4
Coleman Fields
N1 . . . .**87** A4
Coleman Mans N19 . .5 A4
Coleman Rd SE5 . . .49 A3
Coleman St EC2 . . **109** B2
Coleman Street Bldgs
EC2 . . . . **109** B2
Colenso Rd E5 . . . . .17 B4
Coleraine Rd SE3 . .53 B4
Coleridge Cl SW8 . **170** B1
Coleridge Ct W14 . . .39 C3

Coleridge Gdns
NW6 . . . . .11 B1
Coleridge Ho
Pimlico SW1 . . . . . **147** A1
Walworth SE17 . . . . **151** A2
Coleridge Prim Sch
N8 . . . . .4 C4
Coleridge Rd N4,
N7 . . . . .5 C2
Coleridge Sq
SW10 . . . . **156** C2
Coles Ct SW11 . . . . **167** C3
Coleshill Flats
SW1 . . . . **145** C3
Cole St SE1 . . . . **137** A3
Colestown St **4**
SW11 . . . . **168** B2
Colet Gdns W14 . . . .39 C2
Colet Ho SE17 . . . . **150** B1
Colette Ct **5** SE16 . .40 C4
Coley St WC1 . . . .**95** A1
Colfe & Hatchcliffe's
Glebe **6** SE13 . . . . . .67 A2
Colgate Ho SE13 . . . .52 A1
Colin Blanchard Ho
SE4 . . . . .51 C1
Colin Ct SW16 . . . . . .73 C2
Colinette Rd SW15 .57 B3
Colin Rd NW10 . . . . . .8 C2
Colinsdale N1 . . . . . .**86** A3
Colin Winter Ho **48**
E1 . . . . .25 B1
Coliston Pas SW18 . .70 C4
Coliston Rd SW18 . . .70 C4
Collamore Ave
SW18 . . . . .72 A3
Collard Pl NW1 . . . . .13 A1
Collcutt Lo SW4 . . . .62 A3
College App SE10 . . .52 B4
College Cl E5 . . . . . . .17 B3
College Cres NW3 . .11 C2
College Cross N1 . . .14 C1
College Ct
Chelsea SW3 . . . . . **145** A1
3 Hammersmith
W6 . . . . .39 B1
Hampstead NW3 . . . .11 C2
College Gdns
Dulwich SE21 . . . . . . .76 A3
Upper Tooting
SW17 . . . . .72 A2
College Gr NW1 . . . . .**83** B4
College Green Ct
SW9 . . . . .63 A4
College Hill EC4 . . **123** A4
College Mews **14**
SW18 . . . . .59 A2
COLLEGE PARK 22 A2
College Park Cl
SE13 . . . . .67 C3
College Park Sch **20**
W2 . . . . **100** A1
College Pl
Camden Town
NW1 . . . .**83** A3
Chelsea SW10 . . . . **156** C2
College Rd
Dulwich SE19,
SE21 . . . . .76 A2
Kensal Green NW10 . .22 B3
College St EC4 . . . . **123** A4
College Terr E3 . . . . .26 B2
Collent Ho **12** E9 . .17 B2
Collent St E9 . . . . . . .17 B2

Collerston Ho
SE10 . . . . .43 B1
Collette Ho N16 . . . . .7 B3
Collett Ho SE13 . . . . .67 A4
Collett Rd SE16 . . **139** C2
Colley Ho **12** N7 . . .13 C3
Collier St N1 . . . .**85** A1
Collingbourne Rd
W12 . . . . .30 A1
Collingham Gdns
SW5 . . . . **142** B3
Collingham Pl
SW5 . . . . **142** B4
Collingham Rd
SW5 . . . . **142** B4
Collingham Tutors
Coll SW5 . . . . **142** B3
Collington St SE10 . .42 C1
Collingwood Ho
1 Bethnal Green
E1 . . . . .25 A1
Marylebone W1 . . . **104** C4
Collingwood St E1 . .25 A1
Collins Ct E8 . . . . . . .16 C2
Collins Ho
1 Cubitt Town
SE10 . . . . .43 B1
4 Poplar E14 . . . . .34 B2
Collinson Ct **5** SE1 **136** C3
Collinson Ho **14**
SE15 . . . . .49 C3
Collinson St SE1 . . **136** C3
Collinson Wlk
SE1 . . . . **136** C3
Collins Rd N5, N16 . .15 B4
Collins Sq SE3 . . . . . .53 B1
Collins St SE3 . . . . . .53 A1
Collins Yd N1 . . . . . .**86** A3
Collison Pl N16 . . . . . .7 A3
Coll of Arms*
EC4 . . . . **122** C4
Coll of Central
London The
EC2 . . . . .24 A1 **98** A2
Coll of Law The
(Bloomsbury)
EC1 . . . . **105** A4
Coll of Law The
(Moorgate) EC1 . . .**97** B1
Coll of NW London
NW6 . . . . .23 C4
Coll of NW London
(Willesden Centre)
NW10 . . . . .8 B1
Coll of Optometrists
The SW1 . . . . **120** A2
Coll Sharp Ct **22**
E2 . . . . .24 B2 **98** C4
Coll's Rd SE15 . . . . . .50 B2
Collyer Pl SE15 . . . . .49 C2
Colmans Wharf **5**
E14 . . . . .34 A4
Colmar Cl **3** E1 . . . .25 C1
Colmore Mews
SE15 . . . . .50 A2
Colnbrook St SE1 . **136** A2
Colne Ho NW8 . . . . .89 C1
Colne Rd E5 . . . . .18 A4
Cologne Rd SW11 . .59 C3
Colombo St SE1 . . **122** A1
Colomb St SE10 . . . .43 A1
Colonades The **4**
SE5 . . . . .48 C2
Colonial Dr W4 . . . . .37 B2
Colonnade Ho SE3 . .53 B1

Colonnades The **6**
E8 . . . . .17 A2
Colonnade The **12**
SE8 . . . . .41 B2
Colonnade Wlk Sh Ctr
SW1 . . . . **146** B4
Colosseum Terr
NW1 . . . .**92** B2
Colour Ho SE1 . . . . **138** B3
Colstead Ho **22** E1 . .32 A3
Colston Rd SW14 . . .55 B3
Colthurst Cres N4 . . .6 B2
Coltman Ho SE10 . . .52 B4
Coltman St E14 . . . . .33 A4
Columba Ho SE14 . .51 B2
Columbas Dr NW3 . .2 C3
Columbia Ho **18**
E3 . . . . .26 C2
Columbia Point
SE16 . . . . .40 B3
Columbia Prim Sch
E2 . . . . .24 B2 **99** A4
Columbia Rd
8 Hackney E2 . . . . .24 C3
Shoreditch
E2 . . . . .24 B2 **98** C4
Columbia Road
Flower Mkt*
E2 . . . . .24 B2 **99** A4
Colverson Ho **14**
E1 . . . . .32 B4
Colvestone Cres
E8 . . . . .16 B3
Colvestone Prim Sch
E8 . . . . .16 B3
Colville Gdns W11 . .31 B3
Colville Ho
32 Bethnal Green
E2 . . . . .25 B3
Notting Hill W11 . . . .31 B3
Colville Mews
W11 . . . . .31 B3
Colville Pl W1 . . . . **105** A3
Colville Prim Sch **5**
W11 . . . . .31 B3
Colville Rd
Notting Hill W11 . . . .31 B3
South Acton W3 . . . . .37 A3
Colville Sq W11 . . . . .31 B3
Colville Terr W11 . . .31 B3
Colwall Ho **18**
SW9 . . . . **173** A1
Colwell Rd SE22 . . . .64 B2
Colwick Cl N6 . . . . . . .4 C4
Colwith Rd W6 . . . . .47 B4
Colworth Gr SE17 . **151** A3
Colwyn Ho SE1 . . . **135** B1
Colyton Rd SE22 . . . .65 A2
Combe Ave SE3 . . . . .53 B3
Combedale Rd
SE10 . . . . .43 C1
Combe Ho
Mortlake SW14 . . . . .45 B1
20 Paddington W2 . .31 C4
Combermartin Rd
SW18 . . . . .70 A3
Combe Mews **1**
SE3 . . . . .53 B3
Comber Gr SE5 . . . . .48 B3
Comber Grove Prim
Sch **34** SE5 . . . . . . .48 B3
Comber Ho SE5 . . . . .48 B3

Combe The NW1 . . . .**92** B3
Com Coll Hackney
The **17** E8 . . . . .25 A4
Comeragh Mews
W14 . . . . **140** B1
Comeragh Rd
W14 . . . . **140** B1
Comerford Rd SE4 . .66 B3
Comet Pl SE8 . . . . . . .51 C3
Comet St SE8 . . . . . . .51 C3
Comfort St **1**
SE15 . . . . .49 A4
Comins Ho SW4 . . . .61 B2
Commercial Rd
Stepney E1 . . . . .32 B3
Whitechapel E1 . . . **111** C2
Commercial St
E1 . . . . **110** C4
Commercial Way
Peckham SE15 . . . . . .49 C3
Wembley NW10 . . . . .20 A3
Commerell Pl
SE10 . . . . .43 B1
Commerell St
SE10 . . . . .43 A1
Commodity Quay
E1 . . . . **125** A3
Commodore Ct
SE8 . . . . .51 C2
Commodore Ho **7**
E14 . . . . .34 B2
Commodore St E1 . .26 A1
Commondale
SW15 . . . . .57 B4
Common Rd SW13 . .56 C4
Common View
SW15 . . . . .57 B4
Commonwealth Ave
23 W12 . . . . .30 A2
Commonwealth Ho
WC1 . . . . **106** B2
Community La N7 . . .13 C3
Community Rd
E15 . . . . .19 C3
Comodore Ho
SE8 . . . . .59 B3
Compania Bldg **12**
E1 . . . . .32 C2
Compass Ct SE1 . . **124** C1
Compass Ho
Bayswater W2 . . . . **100** A1
London SE8 . . . . .52 A1
Compass Point **10**
E14 . . . . .33 B2
Compayne Gdns
NW6 . . . . .11 A1
Compton Ave
Islington N1 . . . . .15 A2
London N6 . . . . .3 A4
Compton Cl
Camberwell SE15 . . .49 B3
Regent's Pk NW1 . . . .**92** B3
Compton Cres W4 . .45 B4
Compton Ho
SW11 . . . . **168** A4
Compton Pas EC1 . .**96** B2
Compton Pl WC1 . . .**94** A2
Compton Rd
Islington N1 . . . . .15 A2
Kensal Green NW10 . .22 C2
Compton St EC1 . . . .**96** B2
Compton Terr N1 . . .15 A2
Comus Ho SE17 . . **152** A3
Comus Pl SE17 . . . **152** A3
Comyn Rd SW11 . . .60 A3
Comyns Cl E16 . . . . .35 B4

Conant Ho SE11 . . . . 48 A4
Conant Mews **1**
E1 . . . . **125** B4
Concanon Rd SW2,
SW4 . . . . 62 B3
Concert Hall App
SE1 . . . . **121** A1
Concord Bsns Ctr
W3 . . . . 28 A4
Concorde Way
SE16 . . . . 40 C2
Concordia Wharf **10**
E14 . . . . 34 B1
Concord Rd W3 . . . . . 28 A4
Condell Rd SW8 . . . **171** A3
Conder St E14 . . . . . . 33 A3
Condray Pl SW11 . . . 158 A1
Conduit Ct WC2 . . . . 120 A4
Conduit Ho SE10 . . . 52 C2
Conduit Mews
W2 . . . . **101** B1
Conduit Pas W2 . . . . **101** B1
Conduit Pl W2 . . . . . . **101** B1
Conduit St W1 . . . . . **118** C4
Conewood St N5 . . . . . 6 A1
Coney Acre SE21 . . . . 75 B3
Coney Way SW8 . . . **163** A3
Congers Ho SE5 . . . . . 51 C3
Congress Ho WC1 . . 105 C2
Congreve Ho **10**
N16 . . . . 16 A3
Congreve St SE17 . . 152 A3
Conifer Ct **2**
SW19 . . . . 69 C3
Conifer Gdns
SW16 . . . . 74 B1
Conifer Ho SE4 . . . . . . 66 B3
Coniger Rd SW6 . . . 165 B2
Coningham Ct
SW10 . . . . **157** A2
Coningham Mews
W12 . . . . 29 C1
Coningham Rd
W12 . . . . 39 A4
Coningsby Rd N4 . . . . 6 A4
Conington Rd
SE13 . . . . 52 B1
Conisbrough NW1 . . 82 C3
Coniston CI
Barnes SW13 . . . . . . 46 B3
Chiswick W4 . . . . 45 B3
Coniston Ct
Marylebone W2 . . . **102** B1
6 Rotherhithe
SE16 . . . . 40 C4
Conistone Way N7 . . 14 A1
Coniston Ho
1 Bow E3 . . . . 26 B2
18 Camberwell SE5 . . 48 B3
Coniston Wlk E9 . . . . 17 B3
Conlan St W10 . . . . . . 23 A1
Conley Rd NW10 . . . . . 8 A2
Conley St SE10 . . . . . 43 A1
Connaught Ave
SW14 . . . . 55 B3
Connaught Cl W2 . . . **102** B1
Connaught Ho
College Pk NW10 . . . 22 A2
Mayfair W1 . . . . **118** A3
Connaught House Sch
W2 . . . . **102** C1
Connaught Lo N4 . . . . 5 C4
Connaught Mans
Battersea SW11 . . . 168 B3
3 Brixton SW9 . . . . 62 C3

Connaught Mans
continued
15 Canonbury N16 . . 15 C4
Fulham SW6 . . . . . . 164 A4
Connaught Pl W2 . . . 102 C1
Connaught Rd
Finsbury Pk N4 . . . . . 5 C4
Harlesden NW10 . . . 21 B3
8 Richmond TW10 . . 54 B2
Connaught Sq
W2 . . . . 102 C1
Connaught St W2 . . . 102 C1
Connaught Works
E3 . . . . 26 A4
Connell Ct **6**
SE14 . . . . 50 C4
Connor Ct SW11 . . . 170 A3
Connor St E9 . . . . 25 C4
Conrad Ho
3 Limehouse
SE16 . . . . 33 A2
South Lambeth
SW8 . . . . 162 A2
13 Stoke Newington
N16 . . . . 16 A3
Conrad Twr W3 . . . . . 37 A3
Consort Ho W2 . . . . 114 B3
Consort Lo NW8 . . . 80 C3
Consort Rd SE15 . . . . 50 A1
Cons St SE1 . . . . 135 C4
Constable Ct **11**
SE16 . . . . 40 A1
Constable Ho
28 Millwall E14 . . . . . 41 C4
Primrose Hill NW3 . . 12 B1
Constable Wlk
SE21 . . . . 76 A1
Constant Ho **26**
E14 . . . . 34 A2
Constantine Ho
SW2 . . . . 75 A3
Constantine Rd
NW3 . . . . 12 A4
Constitution Hill
W1 . . . . 132 B4
Consul Ho **6** E3 . . . . 26 C1
Content St SE17 . . . 151 B3
Convent Gdns
W11 . . . . 31 B3
Convent of Jesus &
Mary Language Coll
NW10 . . . . 21 B4
Convent of Jesus &
Mary RC Inf Sch **9**
NW2 . . . . 9 B2
Conway Gr W3 . . . . . 28 C4
Conway Ho
Chelsea SW3 . . . . . 145 A1
5 Millwall E14 . . . . 42 A2
5 Streatham SW2 . . 74 A3
Conway Mews W1 . . 92 C1
Conway St W1 . . . . . 92 C1
Conybeare NW3 . . . . 12 A1
Conyer St **6** E3 . . . . . 26 A3
Cookham Cres
SE16 . . . . 40 C4
Cookham Ho
E2 . . . . 24 B1 98 C2
Cook's Rd
Camberwell SE17 . . . 48 A4
Stratford Marsh E15 . . 27 A3
Coomassie Rd W9 . . 23 B1
Coombe Ho **15** N7 . . 13 C3
Coombe Rd W4 . . . . . 38 A1
Coomber Ho SW6 . . . 59 A4
Coombs St N1 . . . . . . 86 B1

Coomer Mews
SW6 . . . . 155 A3
Coomer Pl SW6 . . . . 155 A3
Cooperage The
SE1 . . . . 124 C1
Cooper Cl SE1 . . . . . 135 C3
Cooper Ho NW8 . . . . 89 B1
Cooper Rd NW10 . . . . 8 C3
Coopersale Rd E9 . . 17 C3
Coopers Cl E1 . . . . . . 25 B1
Coopers Ct
2 Acton W3 . . . . . . 28 B1
Tower Hamlets E3 . . 26 B2
Coopers La NW1 . . . 83 C1
Coopers Lo SE1 . . . . 138 C4
Cooper's Rd SE1 . . . 153 A2
Cooper's Row
EC3 . . . . 124 C4
Cooper St **16** E16 . . . 35 B4
Coopers Yd N1 . . . . . 15 A1
Cope Ho EC1 . . . . 97 A3
Copeland Dr E14 . . . 41 C2
Copeland Hu
SE11 . . . . 135 A1
Copeland Rd SE15 . . 50 A1
Copenhagen Gdns
W4 . . . . 37 C4
Copenhagen Ho
N1 . . . . 85 B3
Copenhagen Pl
E14 . . . . 33 B3
Copenhagen Prim Sch
N1 . . . . 84 C3
Copenhagen St N1 . . 84 C3
Cope Pl W8 . . . . 127 B1
Cope St SE16 . . . . . . 40 C2
Copford Wlk N1 . . . . 86 C4
Copleston Rd
SE15 . . . . 64 B4
Copley Cl **15** SE17 . . 48 A4
Copley St E1 . . . . 32 C4
Coppedhall **2**
SE21 . . . . 75 C2
Copperas St SE8 . . . 52 A4
Copper Beech N6 . . . 3 C4
Copperbeech Cl
NW3 . . . . 11 C3
Copperfield Ho
SE1 . . . . 139 B3
Copperfield Rd E3 . . 33 A4
Copperfields Ct
W3 . . . . 36 C4
Copperfield St
SE1 . . . . 136 C4
Copper Mews **19**
W4 . . . . 37 B3
Copper Row SE1 . . . 124 C1
Coppice Dr SW15 . . . 57 A1
Coppin Ho SW2 . . . . 75 A3
Coppock Cl SW11 . . 168 A1
Copse Ct SW15 . . . . . 58 A2
Copthall Ave EC2 . . 109 C2
Copthall Bldgs
EC2 . . . . 109 C2
Copthall Ct EC2 . . . . 109 B2
Copthorne Ave
SW12 . . . . 73 C4
Coptic St WC1 . . . . . 106 A3
Cupton Cl E3 . . . . 33 C4
Coral Apts **8** E16 . . . 35 C2
Coral Ho **6** E1 . . . . . 26 A1
Coral Row **14**
SW11 . . . . 59 B4
Coral St SE1 . . . . 135 C3
Coram Ho
Bloomsbury WC1 . . . 94 A2

Coram Ho continued
9 Chiswick W4 . . . . 38 A1
Coram Mans WC1 . . 94 C1
Coram St WC1 . . . . . 94 A1
Corbden Cl SE15 . . . 49 B2
Corbet Ct EC3 . . . . . 109 C1
Corbet Ho N1 . . . . 85 B3
Corbet Pl E1 . . . . 110 C4
Corbett Ho SW10 . . 156 C4
Corbett's La SE16 . . . 40 B2
Corbetts Pas **8**
SE16 . . . . 40 B2
Corbidge Ct SE8 . . . . 52 A4
Corbiere Ho **5**
N1 . . . . 24 A4
Corbin Ho **3** E3 . . . . 27 A2
Corbridge Cres E2 . . 25 A3
Corbyn St N4, N19 . . . 5 A3
Corby Ho NW10 . . . . . 20 C4
Corby Way E3 . . . . . . 26 C1
Cordelia Cl SE24 . . . 63 A3
Cordelia Ho **28** N1 . . 24 A3
Cordelia St E14 . . . . . 34 A3
Cording St E14 . . . . . 34 A4
Cordwainers Ct **18**
E9 . . . . 17 B1
Corfe Ho SW8 . . . . . 162 C2
Corfe Lodge **15**
SE21 . . . . 75 C2
Corfe Twr **6** W3 . . . . 37 B4
Corfield St E2 . . . . . . 25 A2
Coriander Ave E14 . . 34 C3
Coriander Ct SE1 . . . 139 A4
Corinne Rd N19 . . . . 13 B4
Cork St Mews W1 . . 118 C3
Cork Sq E1 . . . . 32 A1
Cork St W1 . . . . 118 C3
Corlett St NW1 . . . . 102 A4
Cormont Rd SE5 . . . . 48 A2
Cormorant Ct
36 Deptford SE8 . . . 51 B4
12 Dulwich SE21 . . . 75 C2
Cornbury Ho **5**
SE8 . . . . 51 B4
Cornelia St N7 . . . . . 14 B2
Cornell Bldg **3**
E1 . . . . 111 B2
Corner Fielde
SW2 . . . . 74 B3
Corner Gn SE3 . . . . . 53 C1
Corner House St
WC2 . . . . 120 A2
Cornerstone Ct **13**
E1 . . . . 24 C1 99 C1
Cornerways SW15 . . 56 C3
Corney Rd W4 . . . . . . 46 A4
Corney Reach Way
W4 . . . . 46 A3
Cornflower Terr
SE22 . . . . 65 A1
Cornford Gr SW12 . . 73 A2
Cornhill EC3 . . . . 109 C1
Cornick Ho **7**
SE16 . . . . 40 A3
Cornish Ho
Brentford TW8 . . . . . 36 B1
7 Camberwell
SE5 . . . . 48 A4
Cornwall Ave E2 . . . . 25 B2
Cornwall Cres
W11 . . . . 31 A3
Cornwall Flats
SE1 . . . . 135 C4

Cornwall Gdns
Kensington SW7 . . . 128 B1
Willesden NW10 . . . . 9 A2
Cornwall Gdns Wlk
SW7 . . . . 128 B1
Cornwall Gr W4 . . . . 38 A1
Cornwall Ho
Marylebone NW1 . . 91 A1
3 Putney SW15 . . . 69 B4
Cornwallis Ct
SW8 . . . . 172 A4
Cornwallis Ho **24**
W12 . . . . 30 A2
Cornwallis Rd N19 . . 5 A2
Cornwallis Sq
3 Finsbury Park N4 . . 5 C2
London N19 . . . . 5 A2
Cornwall Mans
Chelsea SW10 . . . . . 157 A2
Marylebone NW1 . . 91 A1
Cornwall Mews S
SW7 . . . . 128 C1
Cornwall Mews W
SW7 . . . . 128 B1
Cornwall Rd
Finsbury Pk N4 . . . . 5 C4
Lambeth SE1 . . . . . 135 C4
Cornwall Sq SE11 . . 150 A2
Cornwall St **4** E1 . . 32 A2
Cornwall Terr
NW1 . . . . 91 A1
Cornwall Terrace
Mews NW1 . . . . 91 A1
Cornwood Dr E1 . . . . 32 B3
Coronation Ave **1**
N16 . . . . 16 B4
Coronation Ct **19**
W10 . . . . 30 B4
Coronet St
N1 . . . . 24 A2 98 A3
Corporation Row
EC1 . . . . 95 C2
Corporation St N7 . . 14 A3
Corpus Christi RC
Prim Sch **41** SW2 . . 62 B2
Corrance Rd SW2,
SW4 . . . . 62 A3
Corringham Ct
NW11 . . . . 1 C4
Corringham Ho **11**
E1 . . . . 32 C3
Corringham Rd
NW11 . . . . 1 C4
Corringway NW11 . . 2 A4
Corry Dr SW9 . . . . . . 63 A3
Corry Ho **2** E14 . . . . 34 A2
Corsham St N1 . . . . . 97 C3
Corsica St N5 . . . . . . 15 A2
Corsley Way E9 . . . . 18 B2
Cortayne Rd SW6 . . 165 A2
Cortis Rd SW15 . . . . 57 A1
Cortis Terr SW15 . . . 57 A1
Corunna Rd SW8 . . . 171 A4
Corunna Terr
SW8 . . . . 170 C4
Corvette Sq **5**
SE10 . . . . 52 C4
Coryton Path W9 . . . 23 B1
Cosbycote Ave
SE24 . . . . 63 B2
Cosgrove Ho **11**
E2 . . . . 24 C4
Cosmo Pl WC1 . . . . . 106 B4
Cosmur Cl W12 . . . . 38 B3

Cossall Wlk SE15 . . . .50 A2
Cossar Mews 🔟
SW2 . . . . .62 C2
Cosser St SE1 . . . .135 B2
Costa St SE15 . . . . . .49 C1
Coston Wlk � 4
SE4 . . . . .65 C3
Cosway Mans
NW1 . . . . .102 B4
Cosway St NW1 . . . .102 B4
Cotall St E14 . . . . . . .33 C4
Cotes Ho NW8 . . . . . .90 A1
Cotham St SE17 . . . .151 A3
Cotherstone Rd
SW2 . . . . .74 B3
Cotleigh Rd NW6 . . . .10 C1
Cotman Cl SW15 . . . .57 C2
Cotman Ho NW8 . . . .80 A2
Cotrill Gdns E8 . . . . . .17 A2
Cotswold Ct EC1 . . . .96 C2
Cotswold Gate
NW2 . . . . .1 A3
Cotswold Ho N16 . . . . .7 B3
Cotswold Mews
SW11 . . . . .167 C3
Cottage Gn SE5 . . . . .48 C3
Cottage Gr SW9 . . . . .62 A4
Cottage Pl SW3 . . . .130 A1
Cottage St E14 . . . . . .34 A2
Cottages The SE1 . . .134 C1
Cottage Wlk 🔟 N16 . . .7 B1
Cottenham Ho 🔟
N19 . . . . .5 A2
Cottesbrook St 🔠 9
SE14 . . . . .51 A3
Cottesloe Ho NW8 . . .90 A2
Cottesloe Mews
SE1 . . . . .135 C2
Cottesmore Ct
W8 . . . . .128 B2
Cottesmore Gdns
W8 . . . . .128 B2
Cottingham Rd
SW8 . . . . .163 A2
Cottington St
SE11 . . . . .150 A2
Cotton Ave W3 . . . . . .28 C3
Cotton Ho
Bedford Pk W12 . . . . .38 B4
🔟 Streatham SW2 . . .74 B4
Cotton Row SW11 . . .59 C4
Cotton's Gdns
E2 . . . . .24 A2 98 B4
Cottons La SE1 . . . . .123 C2
Cotton St E14 . . . . . . .34 B2
Cottrell Ct SE10 . . . . .43 B2
Couchman Ho 🔠 8
SW4 . . . . .61 B1
Coulgate St SE4 . . . . .66 A4
Coulson St SW3 . . . .144 C2
Coulter Rd W6 . . . . . .39 A3
Coults Cres NW5 . . . . .3 C1
Councillor St SE5 . . . .48 B3
Counters Ct W14 . . .126 B2
Counter St SE1 . . . . .124 A1
Countess Rd NW5 . . .13 B3
Countisbury Ho
SE26 . . . . .76 C1
County Gr SE5 . . . . . .48 B2
County Ho
🔟 Herne Hill SE24 . . .63 A3

South Lambeth
SW9 . . . . .173 B4
Courier Ho 🔟
SW2 . . . . .74 C4
Courland Gr SW8 . . .171 C3
Courland St SW8 . . .171 C3
Courtauld Ho 🔟
E2 . . . . .24 C3
Courtauld Inst of Art*
WC2 . . . . .120 C4
Courtauld Rd N19 . . . .5 A3
Courtenay Ave N6 . . . .3 A4
Courtenay Sq
SE11 . . . . .149 B1
Courtenay St
SE11 . . . . .149 B2
Courtfield Gdns
SW5 . . . . .142 B3
Courtfield Ho EC1 . . .107 B4
Courtfield Mews
SW7 . . . . .142 B3
Courtfield Rd
SW7 . . . . .142 C3
Court Gdns N7 . . . . . .14 B2
Courthill Rd SE13 . . .67 B3
Courthope Ho
🔟 Rotherhithe
SE16 . . . . .40 B3
South Lambeth
SW8 . . . . .162 A1
Courthope Rd
NW3 . . . . .12 B4
Courtland St W2 . . . . .31 C3
Courtney Ct N7 . . . . . .14 C3
Courtney Ho NW4 . . .126 B2
Courtney Rd N7 . . . . .14 C3
Courtrai Rd SE23 . . . .66 A1
Court Royal SW15 . . .58 A2
Court St 🔠 3 E1 . . . . .32 A4
Courtville Ho 🔟
W10 . . . . .23 A2
Court Way W3 . . . . . . .28 C4
Courtyard The
Fulham SW6 . . . . . .164 A3
🔠 Islington N1 . . . . .14 B1
🔠 Wandsworth
SW18 . . . . .59 C3
Cousin La EC4 . . . . .123 B3
Couzens Ho 🔠 8 . . . .33 B4
Coval Gdns SW14 . . .55 A3
Coval La SW14 . . . . . .55 A3
Coval Pas SW14 . . . . .55 B3
Coval Rd SW14 . . . . . .55 B3
Covell Ct 🔟 SE8 . . . . .51 C2
Covent Garden Sta
WC2 . . . . .106 B1
Coventry Cl NW6 . . . .23 C4
Coventry Rd E1 . . . . . .25 A1
Coventry St W1 . . . . .119 B3
Coverdale Rd
Brondesbury NW2 . . .10 A2
Hammersmith W12 . . .39 A4
Hampstead NW6 . . . . .9 C1
Coverham Ho 🔠 6
SE4 . . . . .65 C3

Coverley Cl E1 . . . .111 C4
Coverley Point
SE11 . . . . .148 C3
Cowcross St EC1 . . .108 A4
Cowdenbeath Path
N1 . . . . .84 C4
Cowdray Hall Royal
Coll of Nursing
W1 . . . . .104 A2
Cowdray Ho 🔠 22
SE22 . . . . .64 A4
Cowdry Rd E9 . . . . . .18 B2
Cowley Rd
Brixton SW9 . . . . . .173 C4
East Acton W3 . . . . . .29 B1
Mortlake SW14 . . . . . .56 A4
Cowley St SW1 . . . . .134 A1
Cowling Cl
W11 . . . . .31 A1 112 A2
Cowper Ho
Pimlico SW1 . . . . . .147 C1
Walworth SE17 . . . . .151 A2
Cowper Rd
Acton W3 . . . . .28 C1
Stoke Newington
N16 . . . . .7 A4
Cowper's Ct EC3 . . .109 C1
Cowper St EC1, EC2 . .97 C2
Cowper Terr W10 . . . .30 C4
Cowthorpe Rd
SW8 . . . . .171 C4
Cox Ho W6 . . . . .154 A4
Coxson Way SE1 . . .138 C3
Coysh Ct 🔠 3 SW15 . .58 A2
Crabtree Cl E2 . . . . . .24 B3
Crabtree Hall SW6 . . .47 B3
Crabtree La SW6 . . . .47 C3
Craddock St NW5 . . . .12 C2
Cragie Ho SE1 . . . . .153 A3
Craigleith SW15 . . . . .57 C1
Craignair Rd SW2 . . . .74 C4
Craig's Ct SW1 . . . . .120 A2
Craik Ct NW6 . . . . . . .23 B3
Crail Row SE17 . . . . .151 C3
Cramer St W1 . . . . . .103 C3
Crammond Cl W6 . . .154 A3
Crampton Prim Sch
SE17 . . . . .150 B2
Crampton St SE17 . .150 C2
Cranbourn Alley
WC2 . . . . .119 C4
Cranbourne Ct
SW11 . . . . .158 B2
Cranbourne Rd
E15 . . . . .19 B4
Cranbourn Ho 🔟
SE16 . . . . .40 A4
Cranbourn Pas 🔠 5
SE16 . . . . .40 A4
Cranbourn St
WC2 . . . . .119 C4
Cranbrook NW1 . . . . .83 A3
Cranbrook Ho 🔠 5
E5 . . . . .17 A3
Cranbrook Rd
Chiswick W4 . . . . . . .38 A1
St Johns SE8 . . . . . . .51 C2
Cranbrook St E2 . . . . .25 C3
Cranbury Rd SW6 . . .166 B1
Crandale Ho 🔠 8
E5 . . . . .17 A3
Crandley Ct SE8 . . . . .41 A2
Crane Ave W3 . . . . . . .28 B2
Crane Ct
🔠 7 Acton W12 . . . .38 A4
Holborn EC4 . . . . . .107 C1

Crane Gr N7 . . . . .14 C2
Crane Ho
🔠 2 Bow E3 . . . . . . .26 A3
🔠 6 Peckham SE15 . .49 B2
Crane Mead SE16 . . . .40 C2
Crane St
Greenwich SE10 . . . . .42 C1
🔠 6 Peckham SE15 . .49 B2
Cranfield Ct NW1 . . .102 C3
Cranfield Ho WC1 . .106 B4
Cranfield Rd SE4 . . . .66 B4
Cranford Cotts 🔠 1
E1 . . . . .32 C2
Cranford Lo SW19 . . .69 C2
Cranford St E1 . . . . . .32 C2
Cranhurst Rd NW2 . . . .9 B3
Cranleigh
W11 . . . . .31 B1 112 C2
Cranleigh Ct
Richmond TW9 . . . . . .54 C4
🔠 4 Stamford Hill N16 . .7 A3
Cranleigh Hos
NW1 . . . . .83 A1
Cranleigh Mews
SW11 . . . . .168 C1
Cranleigh St NW1 . . . .83 A1
Cranley Gdns
SW7 . . . . .143 B2
Cranley Mews
SW7 . . . . .143 A2
Cranley Pl SW7 . . . . .143 B3
Cranmer Ct SW3 . . . .144 B3
Cranmer Ho
SW11 . . . . .168 A4
Cranmer Rd SW9 . . .163 C2
Cranswick Rd
SE16 . . . . .40 A1
Cranwell Cl E3 . . . . . .27 A1
Cranwich Rd N16 . . . . .7 A4
Cranwood Ct EC1 . . . .97 C3
Cranwood St EC1 . . . .97 C3
Cranworth Gdns
SW9 . . . . .173 B4
Cranworth Ho 🔠 6
N7 . . . . .14 B4
Craster Rd SW2 . . . . .74 B4
Craston Ho 🔠 2 SE5 . .49 A1
Craven Cl N16 . . . . . . .7 C4
Craven Cottage
(Fulham FC) SW6 . . .47 C2
Craven Hill W2 . . . . .115 A4
Craven Hill Gdns
W2 . . . . .114 C4
Craven Hill Mews
W2 . . . . .115 A4
Craven Ho 🔠 2
SW14 . . . . .55 C4
Craven Lo
Bayswater W2 . . . . .115 A4
Fulham SW6 . . . . . . .47 C2
Craven Mews 🔠 5
SW11 . . . . .60 C4
Craven Park Mews
NW10 . . . . .21 A4
Craven Park Rd
NW10 . . . . .21 A4
Craven Pas WC2 . . . .120 A2
Craven Pk NW10 . . . .21 A4
Craven Rd
Paddington W2 . . . . .101 A1
Stonebridge NW10 . . .20 C4
Craven St WC2 . . . . .120 A2
Craven Terr W2 . . . . .115 A4
Craven Wlk E5, N16 . .7 C4

Crawford Bldgs
NW1 . . . . .102 B3
Crawford Mews
W1 . . . . .102 C3
Crawford Pas EC1 . . .95 C1
Crawford Pl W1 . . . .102 B3
Crawford Place
Dwellings NW1 . . . .102 B3
Crawford Point 🔠 4
E16 . . . . .35 B3
Crawford Prim Sch
SE5 . . . . .48 B2
Crawford Rd SE5 . . . .48 B1
Crawford St W1 . . . .102 C3
Crawshay Ct SW9 . . .173 C4
Crawshay Ho 🔠 13
N16 . . . . .15 C4
Crawthew Gr SE22 . . .64 B3
Crayford Ho
Bermondsey SE1 . . .137 C3
🔠 5 Lower Holloway
N7 . . . . .14 A4
Crayle St EC1 . . . . . . .96 B2
Crealock St SW18 . . .59 A1
Creasy Est SE1 . . . . .138 A1
Crebor St SE22 . . . . . .64 C1
Credenhill Ho 🔠 2
SE15 . . . . .50 A3
Crediton Hill NW6 . .11 A3
Crediton Rd NW10 . . .22 C4
Credon Rd SE16 . . . . .40 A1
Creechurch La
EC3 . . . . .110 B1
Creechurch Pl
EC3 . . . . .110 B1
Creed Ct 🔠 5 E1 . . . . .26 A2
Creed Ho SE15 . . . . . .65 A4
Creed La EC4 . . . . . .108 B1
Creek Rd W14 . . . . . .126 B2
Creek Rd SE10,
SE8 . . . . .52 A4
Creek Road Ind Est
SE8 . . . . .52 A4
Creekside SE8 . . . . . .52 A3
Creekside Foyer
SE8 . . . . .52 A4
Crefeld Cl W6 . . . . . .154 A3
Creighton Cl W12 . . . .30 A2
Creighton Rd NW6 . . .22 C3
Cremer Bsns Ctr 🔠 7
E2 . . . . .24 B3
Cremer Ho 🔟 SE8 . . .51 C3
Cremer St E2 . . . . . . .24 B3
Cremorne Rd
SW10 . . . . .157 B2
Creon Ct 🔠 3 SW9 . .173 B4
Crescent EC3 . . . . . .124 C4
Crescent Arc 🔠 1
SE10 . . . . .52 B4
Crescent Court Bsns
Ctr 🔠 1 E16 . . . . . . .27 C1
Crescent Ct SW4 . . . .61 C2
Crescent Gdns
SW19 . . . . .70 C1
Crescent Gr SW4 . . . .61 B3
Crescent Ho SE13 . . .52 A1
Crescent La SW4 . . . .61 C2
Crescent Mans
Islington N5 . . . . .15 A3
Notting Hill
W11 . . . . .31 A2 112 B4
Crescent Pl SW3 . . . .144 B4
Crescent Row EC1 . . .96 C1
Crescent St N1 . . . . . .14 B1

Crescent Stables
SW15 . . . . .58 A2
Crescent The
Acton W3 . . . . .28 A1
Barnes SW13 . . . . .46 C1
Wimbledon SW19 . . . .70 C1
Crescent Way SE4 . . .66 C4
Crescent Wood Rd
SE21, SE26 . . . . .76 C1
Cresford Rd SW6 . .166 A3
Cressage Ho 9
TW8 . . . . .44 A4
Cressall Ho 14
E14 . . . . .41 C3
Cresset Ho 8 E9 . . . .17 B2
Cresset Rd E9 . . . . . .17 B2
Cresset St SW4 . . . . .61 C4
Cressfield Cl NW5 . . .12 C3
Cressida Rd N19 . . . . . .4 C3
Cressingham Rd
SE13 . . . . .67 B4
Cressington Cl 4
N16 . . . . .16 A3
Cresswell Gdns
SW5 . . . . .142 C2
Cresswell Pl
SW10 . . . . .143 A2
Cressy Ct
Hammersmith W6 . . . .39 A3
6 Stepney E1 . . . . .32 B4
36 Stepney E1 . . . . . . .32 B4
Cressy Ho SW13 . . . .57 A4
Cressy Hos 7 E1 . . . .32 B4
Cressy Pl E1 . . . . .32 B4
Cressy Rd NW3 . . . . .12 B4
Cresta Ho
8 Bow E3 . . . . .26 C1
Hampstead NW6 . . . . .11 C1
Crestfield St N1,
WC1 . . . . .94 B4
Crestview NW5 . . . . . .4 A1
Crestway SW15 . . . . .57 A1
Creswick Ct W3 . . . . .28 A2
Creswick Rd W3 . . . . .28 A2
Creswick Wlk 7
E3 . . . . .26 C2
Crewdson Rd
SW9 . . . . .163 B1
Crewe Pl NW10 . . . . .21 B2
Crewkerne Ct
SW11 . . . . .167 C4
Crews St E14 . . . . . . .41 C2
Crewys Rd
Child's Hill NW2 . . . . . .1 B2
London SE15 . . . . .50 A1
Crichton St SW8 . . .170 C2
Cricketers Mews 4
SW18 . . . . .59 A2
Cricketfield Rd E5 . .17 A4
Cricklade Ave
SW2 . . . . .74 B2
CRICKLEWOOD 9 B4
Cricklewood
Broadway NW2 . . . . . .9 C1
Cricklewood La
NW2 . . . . .1 B1
Cricklewood Sta
NW2 . . . . .9 C4
Crieff Rd SW18 . . . . .59 B1
Criffel Ave SW2 . . . .73 C3
Crimscott St SE1 . .138 B1
Crimsworth Rd
SW8 . . . . .161 C1
Crinan St N1 . . . . . . .84 B2
Cringle St SW8 . . . .160 C2

Cripplegate St
EC1 . . . . .109 A4
Crispe Ho N1 . . . . . . .85 A3
Crispian Cl NW10 . . . .8 A4
Crispin Ct SE17 . . . .152 A3
Crispin Pl E1 . . . . . .110 C4
Crispin St E1 . . . . . .110 C3
Crisp Rd W6 . . . . . . .39 B1
Cristowe Rd SW6 . .165 A1
Criterion Mews
N19 . . . . .4 C2
Crockerton Rd
SW17 . . . . .72 B2
Croft Cl SE13 . . . . . . .67 B1
Croftdown Rd NW5 . . .4 A1
Crofters Ct 2 SE8 . . .41 A2
Crofters Way NW1 . . .83 B4
Croft Ho
Putney SW15 . . . . .58 A1
1 West Kilburn
W10 . . . . .23 A2
Crofton Ave W4 . . . . .45 C3
Crofton Gate Way
SE4 . . . . .66 A2
Crofton Park Rd
SE4 . . . . .66 B1
Crofton Park Sta
SE4 . . . . .66 B2
Crofton Rd SE5 . . . . .49 A1
Crofton Terr
Homerton E5 . . . . .18 A3
Richmond TW9 . . . . . .54 B3
Crofts Ho 2 E2 . . . . . .24 C3
Crofts St E1 . . . . . .125 B3
Croft St SE8 . . . . .41 A2
Croft The NW10 . . . . .21 B3
Crogsland Rd
NW1 . . . . .12 C1
Cromartie Rd N19 . . . .4 C4
Cromarty Ho 3
E1 . . . . .33 A4
Crombie Mews 5
SW11 . . . . .168 B2
Cromdale Ct N16 . . . . .7 B4
Crome Ct
Streatham SW16 . . . . .74 A1
Wandsworth SW18 . . .58 B1
Crome Rd NW10 . . . . .8 A2
Cromer Ct WC1 . . . . .94 B3
Cromer St WC1 . . . . .94 B3
Cromer Terr E8 . . . . .16 C3
Cromer Villas Rd
SW18 . . . . .58 C1
Cromford Path 1
E5 . . . . .17 C4
Cromford Rd
SW18 . . . . .58 C2
Crompton Ct SW3 . .144 A4
Crompton Ho
Borough The SE1 . . . .137 A1
Paddington W2 . . . . . .89 B1
South Lambeth
SW8 . . . . .171 A3
Crompton St W2 . . . .89 B1
Cromwell Ave
Hammersmith W6 . . . .39 A2
Highgate N6 . . . . .4 A3
Cromwell Cl
Acton W3 . . . . .28 B1
2 Gunnersbury W4 . .37 A1
Cromwell Cres
SW5 . . . . .141 B4
Cromwell Ctr
NW10 . . . . .20 C2
Cromwell Gdns
SW7 . . . . .129 C1
Cromwell Gr W6 . . . .39 B3

Cromwell Ho
Battersea SW11 . . . . .169 C3
Putney SW15 . . . . . . .56 C3
Cromwell Hospl
(BUPA) SW5 . . . . . .142 A4
Cromwell Lo 40
E1 . . . . .25 B1
Cromwell Mans
SW5 . . . . .141 C4
Cromwell Mews
SW7 . . . . .143 C4
Cromwell Pl
5 Acton W3 . . . . .28 B1
Barbican EC1 . . . . . . .109 A4
Highgate N6 . . . . .4 A3
Mortlake SW14 . . . . . .55 B4
South Kensington
SW7 . . . . .143 C4
Cromwell Rd
Brixton SW9 . . . . .48 A2
South Kensington
SW7 . . . . .143 A4
Cromwell Twr
EC2 . . . . .109 A4
Crondace Rd
SW6 . . . . .165 C3
Crondall Ct 7 N1 . . . .24 A3
Crondall Ho SW15 . . .68 C3
Crondall Pl 15 N1 . . .24 A3
Crondall St N1 . . . . . .24 A3
Crone Ct 5 NW6 . . . .23 B3
Cronin St SE15 . . . . . .49 B3
Crooked Billet Yd 18
E2 . . . . .24 A2 98 A4
Crookham Rd
SW6 . . . . .164 C3
Croom's Hill SE10 . . .52 C3
Croom's Hill Gr
SE10 . . . . .52 B3
Cropley Ct N1 . . . . . . .87 B2
Cropley St N1 . . . . . . .87 B2
Cropthorne Ct W9 . . .89 A3
Crosby Ct SE1 . . . . .137 B4
Crosby Ho 8 E14 . . .42 B3
Crosby Row SE1 . . .137 B4
Crosby Sq EC3 . . . . .110 A2
Crosby Wlk
3 Dalston E8 . . . . . . .16 B2
Streatham SE24 . . . . .74 C4
Crosfield Ct 3
W10 . . . . .30 C3
Crosfield Ho
W11 . . . . .31 A2 112 A3
Crosland Pl 5
SW11 . . . . .60 C4
Crossbow Ho 13
N1 . . . . .24 A4
Cross Cl SE15 . . . . . . .50 A1
Cross Ct SE5 . . . . . . .63 C4
Crossfield Rd
NW3 . . . . .11 C2
Crossfield St SE8 . . .51 C3
Crossford St SW9 . .172 C1
Crossharbour Sta
E14 . . . . .42 A3
Cross Keys Cl W1 . .103 C3
Cross La EC3 . . . . . .124 A3
Crossleigh Ct 3
SE14 . . . . .51 B3
Crosslet St SE17 . . .151 C4
Crosslet Vale SE10 . .52 A2
Crossley St N7 . . . . . .14 C2
Crossman Hos 19
SW12 . . . . .74 A4

Crossmount Ho 13
SE5 . . . . .48 B3
Cross Rd SE5 . . . . . . .49 A1
Cross St
Islington N1 . . . . .86 B4
Mortlake SW13 . . . . . .56 A4
Crossthwaite Ave SE5,
SE24 . . . . .63 C3
Crosstrees Ho 7
E14 . . . . .41 C3
Crosswall EC3 . . . . .124 C4
Crossway E8, N16 . . .16 A3
Crossway Ct SE4 . . . .51 A1
Crossways Acad
SE4 . . . . .51 A1
Croston St E8 . . . . . . .24 C4
Crouch End Hill N8 . . .4 C4
Crouch Hall Ct N19 . . .5 A3
Crouch Hall Rd N8 . . .5 A4
Crouch Hill N4, N8,
N19 . . . . .5 A4
Crouch Hill Sta N4 . . .5 B4
Crouchmans Cl SE21,
SE26 . . . . .76 B1
Crowder St E1 . . . . . .32 A2
Crowfield Ho N5 . . . . .15 B3
Crowfoot Cl E9 . . . . . .18 B3
Crowhurst Cl
SW9 . . . . .173 C2
Crowhurst Ho 21
SW9 . . . . .173 A1
Crowland Ho NW8 . . .78 C3
Crowland Terr N1 . . .15 C1
Crowline Wlk 1
N1 . . . . .15 B2
Crown Cl
Bow E3 . . . . .26 C4
Hampstead NW6 . . . . .11 A2
Crown Close Bsns Ctr
12 E3 . . . . .26 C4
Crown Ct
City of London
EC4 . . . . .109 A1
4 Putney SW15 . . . .57 C3
St Giles WC2 . . . . . . .106 B1
St John's Wood
NW8 . . . . .90 B3
Crowndale Ct NW1 . .83 B2
Crowndale Rd
NW1 . . . . .83 A2
Crowne Ho SE1 . . . .123 A1
Crownfield Rd
E15 . . . . .19 C4
Crowngate Ho 33
E3 . . . . .26 B3
Crownhill Rd
NW10 . . . . .21 B4
Crownleigh Ct
SW2 . . . . .62 C2
Crown Lo SW3 . . . .144 B3
Crown Mews 9
E1 . . . . .25 C1
Crown Office Row
EC4 . . . . .121 B4
Crown Pas SW1 . . . .119 A1
Crown Pl
Broadgate EC2 . . . . . .110 A4
Kentish Town NW5 . . .13 A2
Crown Reach
SW1 . . . . .147 C1
Crown St
Acton W3 . . . . .28 A1
Camberwell SE5 . . . . .48 B3
Crownstone Ct 1
SW2 . . . . .62 C2
Crownstone Rd
SW2 . . . . .62 C2

Crown Terr TW9 . . . .54 B3
Crows Rd E3, E15 . . .27 C2
Crowther Ave
TW8 . . . . .36 A2
Crowther Cl SW6 . . .155 A3
Crowthorne Ct
SW18 . . . . .70 B3
Crowthorne Rd
W10 . . . . .30 C3
Croxley Rd W9 . . . . . .23 B2
Croxted Cl SE21 . . . . .75 B4
Croxted Rd SE21,
SE24 . . . . .75 C3
Croxteth Ho 11
SW8 . . . . .171 B2
Croydon Ho SE1 . . .135 C4
Crozier Ho SW8 . . . .162 C1
Crozier Terr E9 . . . . .17 C3
Crucifix La SE1 . . . .138 A4
Cruden Ho
15 Row F3 . . . . .26 B3
11 Camberwell
SE17 . . . . .48 A4
Cruden St N1 . . . . . . .86 B3
Cruickshank St
WC1 . . . . .95 B4
Cruikshank Ho
NW8 . . . . .80 B2
Crusader Ho EC1 . . . .96 A1
Crusoe Mews N16 . . . .6 C2
Crutched Friars
EC3 . . . . .124 B4
Crystal Palace Rd
SE22 . . . . .64 C2
Crystal Wharf N1 . . .86 B1
Cuba St E14 . . . . .41 C4
Cubitt Bldg SW1 . . .146 A1
Cubitt Ho 4 SW4 . . .61 B1
Cubitt St WC1 . . . . . .95 A3
Cubitt Terr SW4 . . . . .61 B4
CUBITT TOWN 42 B2
Cubitt Town Jun & Inf
Sch E14 . . . . .42 B3
Cuddington SE17 . . .151 A4
Cudworth Ho
SW8 . . . . .171 A3
Cudworth St E1 . . . . .25 A1
Cuffley Ho 3 W10 . . .30 A4
Cuff Point 12
E2 . . . . .24 B2 98 C4
Culand Ho SE17 . . . .152 A3
Culford Gdns
SW3 . . . . .145 A3
Culford Gr N1 . . . . . . .16 A2
Culford Mans
SW3 . . . . .145 A3
Culford Mews N1 . . .16 A2
Culford Rd
Kingsland N1 . . . . .16 A2
Shoreditch N1 . . . . . . .24 A4
Culham Ho
21 Paddington W2 . . .31 C4
28 Shoreditch
E2 . . . . .24 B2 98 C4
Cullen Ho W9 . . . . . . .23 B3
Cullen Way NW10 . . .20 B1
Culling Rd SE16 . . . . .40 B3
Cullingworth Rd
NW10 . . . . .9 A3
Culloden Cl 21
SE16 . . . . .153 C1
Culloden Prim Sch
E14 . . . . .34 B3
Cullum St EC3 . . . . .124 A4

Culmore Rd SE15...50 B3
Culmstock Rd
SW11..............60 C2
Culpepper Ct
SE11.............149 B4
Culross Bldgs
NW1...............84 A2
Culross St W1.....117 B3
Culver Ct SW18....59 A1
Culverden Rd
SW12..............73 B2
Culverhouse WC1 106 C3
Culverhouse Gdns
SW16..............74 B1
Culvert Ct SW11..169 B2
Culvert Pl SW11...169 A2
Culvert Rd SW11..169 A2
Culworth Ho NW8..80 A1
Culworth St NW8...80 A1
Cumber Ho SW18...70 C3
Cumberland Ave
NW10.............20 A2
Cumberland Bsns Pk
NW10.............20 A2
Cumberland Cl E18.16 B2
Cumberland Cres
W14.............140 B4
Cumberland Ct
W1..............103 A1
Cumberland Ct
W1..............117 A4
Cumberland Gdns
WC1...............95 B4
Cumberland Ho
Paddington W9....88 C1
1 Putney SW15..69 B4
Cumberland Mans
Marylebone W1...102 C2
7 West Hampstead
NW6............10 C3
Cumberland Market
NW1..............92 B4
Cumberland Mills Sq
E14..............42 C1
Cumberland Park Ind
Est NW10.........21 C2
Cumberland Pk
W3...............28 B2
Cumberland Pl
NW1..............92 A4
Cumberland Rd
Acton W3.........28 B2
Barnes SW13......46 C2
Richmond TW9.....44 C3
Cumberland St
SW1.............146 B2
Cumberland Terr
NW1..............82 A1
Cumberland Terrace
Mews NW1.......82 A1
Cumberland Villas
W3...............28 B2
Cumberland Wharf **12**
SE16.............40 B4
Cumbrian Gdns
NW2..............1 A2
Cuming Mus*
SE17............150 C3
Cumming St N1....85 A1
Cumnor Cl **23**
SW9.............173 A2
Cunard Pl EC3....110 B1
Cunard Rd NW10...20 C2
Cunard Wlk **3**
SE16.............41 A2
Cundy St SW1....145 C3
Cunningham Ct
W2...............89 B1
Cunningham Ho **16**
SE5...............48 C3
Cunningham Pl
NW8..............89 B2
Cunnington St W4..37 B2
Cupar Rd SW11...169 C4
Cureton St SW1...147 C3
Curlew Ho
Brockley SE4......66 A3
7 Peckham SE15...49 B2
Curlew St SE1....139 A4
Curness St SE13...67 B3
Curran Ho SW3...144 A3
Curricle St W3....29 A1
Currie Ho **3**
SW12.............73 C4
Cursitor St EC4...107 B2
Curtain Pl
EC2..............24 A1 98 B2
Curtain Rd
EC2..............24 A1 98 B2
Curtis Dr W3......28 C3
Curtis Ho SE17...151 B2
Curtis St SE1....152 C4
Curtis Way SE1...152 C4
Curve Bldg The
SE4...............66 B2
Curve The W12....29 C2
Curwen & New Acad
Gall* W1........105 B3
Curwen Rd W12....38 C4
Curzon Cres NW10..8 A1
Curzon Gate W1...117 C1
Curzon Sq W1....117 C1
Custance Ho N1....87 B1
Custance St N1....97 B4
Custom House
EC3..............124 A3
Custom House Reach
SE16.............41 B3
Cutbush Ho N7....13 C3
Cutcombe Rd SE5..48 B1
Cuthbert Harrowing
Ho EC1...........96 C1
Cuthbert Ho W2...101 B4
Cuthbert St W2....89 B1
Cuthill Wlk **3** SE5.48 C2
Cutlers Gdns EC2.110 B2
Cutlers Gdns Arc
EC2.............110 B2
Cutler Sq E14....41 C2
Cutler St EC2....110 B2
Cut The SE1......135 C4
Cutty Sark* SE10..52 B4
Cutty Sark Ho **10**
E14..............42 A2
Cutty Sark Ret
Development
SE10.............52 B4
Cutty Sark Sta
SE10.............52 B4
Cuxton Ho SE17..152 B2
Cyclops Mews **12**
E14..............41 C2
Cygnet Ho NW8....78 C4
Cygnet House N **18**
E14..............34 A3
Cygnet House S **19**
E14..............34 A3

Cygnet St
E1...............24 B1 99 A2
Cygnus Bsns Ctr
NW10.............8 C2
Cynthia St N1.....85 A1
Cyntra Pl **15** E8...17 A1
Cypress Cl **9** E5...7 C2
Cypress Ct **5** E11.19 C4
Cypress Gdns SE4.66 A2
Cypress Ho SE14..50 C2
Cypress Pl W1.....93 A1
Cyprus Pl **22** E2...25 B3
Cyprus St E2......25 B3
Cyrena Rd SE22...64 B2
Cyril Jackson Prim
Sch (North Bldg) **28**
E14..............33 B2
Cyril Jackson Prim
Sch (South Bldg) **28**
E14..............33 B2
Cyril Mans SW11.169 A3
Cyril Thatcher Ho
SW6.............165 C3
Cyrus Ho EC1.....96 B2
Cyrus St EC1......96 B2
Czar St SE8.......51 C4

D

Dabb's La EC1.....95 C1
Dabin Cres SE10...52 B2
Dacca St SE8......51 B4
Dace Rd E3........26 C4
Dacre Ho SW3....157 C3
Dacre St SW1.....133 B2
Daffodil St W12....29 B2
Dafforne Rd SW17.72 C1
Dagmar Ct E14....42 B3
Dagmar Gdns
NW10.............22 C3
Dagmar Pas N1....86 B4
Dagmar Rd
Camberwell SE5...49 A2
Finsbury Pk N4....5 C4
Dagmar Terr N1....86 B4
Dagnall St SW11..169 B3
Dagnan Rd SW12..73 B3
Dagobert Ho **27**
E1...............32 B4
Daimler Ho **8** E3..26 C1
Dainton Ho **22** W2.31 C4
Daintry Way E9....18 B2
Dairy Cl NW10....21 C4
Dairyman Cl NW2...1 A1
Daisy Dormer Ct **11**
SW9..............62 C3
Daisy La SW6......58 C4
Dakin Pl **5** E1...33 A4
Dakota bldg **6**
SE13.............52 A2
Dalberg Rd SW2...62 C2
Dalbury Ho **5**
SW9..............62 B3
Dalby Rd SW18....59 B3
Dalby St NW5......13 A2
Dalebury Rd SW17.72 B2
Dale Croft N4......6 B1
Dalehead NW1....82 C1
Daleham Gdns
NW3.............11 C2
Daleham Mews
NW3.............11 C2
Dale Ho
London SE4......66 A3

Dale Ho continued
St John's Wood
NW8..............78 C4
Dalemain Ho **5**
SW8.............171 C2
Dalemain Mews **12**
E16..............35 C1
Dale Rd
Camberwell SE17..48 A4
Gospel Oak NW5...12 C2
Dale Row W11.....31 A3
Dale St W4........38 A1
Daley Ho **8** W12..30 A3
Daley St E9.......17 C2
Daley Thompson Way
7 SW8..........170 B1
Dalgarno Gdns
W10.............30 B4
Dalgarno Way
W10.............22 B1
Daling Way E3....26 A3
Dalkeith Ct SW1..147 C3
Dalkeith Ho **6**
SW9..............48 A2
Dalkeith Rd SE21..75 B4
Dalling Rd W6.....39 A2
Dallington Sch
EC1..............96 B2
Dallington St EC1..96 B2
Dalmeny Ave N7...13 C4
Dalmeny Avenue Est
3 N7............13 C4
Dalmeny Ct **4**
SW4.............172 A2
Dalmeny Rd N7....13 C4
Dalmeyer Rd NW10..8 B2
Dalmore Rd SE21..75 B2
Dalrymple Rd SE4.66 A3
DALSTON.........16 C2
Dalston Jct E8....16 B2
Dalston Junction Sta
E8...............16 B2
Dalston Kingsland Sta
E8...............16 B3
Dalston La E8......16 C3
Dalton Ho
7 Balham SW12..73 A4
10 Bow E3........26 A3
19 Deptford SE14..50 C4
Dalton St SE27....75 A2
Dalwood St SE5...49 A2
Dalyell Rd SW9....62 B4
Damascene Wlk
SE21.............75 B2
Damer Ho **8**
TW10.............54 B1
Damer Terr SW10.157 A1
Dame St N1.......86 C2
Damien Ct **12** E1.32 A3
Damien St E1......32 A3
Damory Ho **1**
SE16.............40 B2
Dan Bryant Ho **5**
SW12.............73 B4
Danbury St N1....86 B2
Danby Ho
23 Hackney E9...17 B1
3 West Kilburn
W10.............23 B2
Danby St SE15....64 B4
Dancer Rd
Fulham SW6.....164 C3
Richmond TW9....54 C4
Dandridge Cl SE10.43 B1

Dandridge Ho E1 110 C4
Daneby **18** W10..30 B4
Danebury
SW15.............56 B1
Danebury Ave
SW15.............56 B1
Danecroft Rd
SE24.............63 C2
Dane Ho **18** SE5..48 B1
Danehurst St
SW6.............164 A4
Danemere St
SW15.............57 B4
Dane PI E3........26 B3
Danes Ct NW8....80 C3
Danesdale Rd E9..18 A2
Danesfield SE5....49 A4
Danes Ho W10.....30 B4
Dane St WC1.....106 C3
Daneville Rd SE5..48 C2
Daniel Bolt Cl E14..34 A4
Daniel Ct W3......29 A2
Daniel Gdns SE15..49 B3
Daniell Ho N1......87 C2
Daniel's Rd SE15..65 B4
Dan Leno Wlk
SW6.............156 A1
Dansey Pl W1.....119 B4
Dante Pl SE11....150 B3
Dante Rd SE11...150 A4
Danube Ct **13**
SE15.............49 B3
Danube St SW3...144 B2
Danvers Ho E1 **11** 111 C1
Danvers St SW3..157 C3
Da Palma Ct SW6.155 B3
Daphne St SW18..59 B1
Daplyn St **6** E1..111 B4
D'arblay St W1....105 A1
Darcy Ho E8......25 A4
Darell Prim Sch
TW9..............54 C4
Darell Rd TW9.....54 C4
Daren Ct N7.......14 A4
Darent Ho NW8...101 C4
Darenth Rd N16....7 B3
Darfield NW1......82 C3
Darfield Rd SE4...66 B2
Darfield Way W10..30 C3
Darfur St **3** SW15.57 C4
Darien Ho
16 London SW11..59 C4
11 Stepney E1....32 C4
Darien Rd SW11...59 C4
Darlan Rd SW6....155 A1
Darley Ho SE11...148 C1
Darley Rd SW11...60 B1
Darling Rd SE4....66 C4
Darling Row E1....25 A1
Darlington Ho
SW8.............161 C1
Darnall Ho **4**
SE10.............52 B2
Darnay Ho **3**
SE16.............139 B2
Darnell Ho **8**
SE10.............52 B3
Darnley Ho **7** E14.33 A3
Darnley Rd E9.....17 B2
Darnley Terr **12**
W11.............30 C1
Darrell Rd SE22...64 C2
Darren Cl N4......5 B4
Darsley Dr SW4...172 A4
Dartford Ho SE1..153 A4
Dartford St SE17...48 B4
Dartington NW1...83 A3

Dartington Ho
Bayswater W2 ... **100** A4
7 London SW8 ... **171** C2
Dartle Ct **25** SE16 **139** C3
Dartmoor Wlk **18**
E14 ... 41 C2
Dartmouth Cl W11..31 C3
Dartmouth Ct
SE10 ... 52 B2
Dartmouth Gr
SE10 ... 52 B2
Dartmouth Hill
SE10 ... 52 B2
Dartmouth Ho
Dartmouth Pk N19 .. 4 A2
Lewisham SE10 ... 52 B2
DARTMOUTH
PARK ... 4 A1
Dartmouth Park Ave
NW5 ... 4 A1
Dartmouth Park Hill
N19 ... 4 A2
Dartmouth Park Rd
NW5 ... 4 A1
Dartmouth Pl W4.. 46 A4
Dartmouth Rd NW2 ..9 C2
Dartmouth Row
SE10 ... 52 B2
Dartmouth St
SW1 ... **133** C3
Dartmouth Terr
SE10 ... 52 B2
Darton Ct W3 ... 28 B1
Dartrey Twr
SW10 ... **157** B2
Dartrey Wlk
SW10 ... **157** A2
Dart St W10 ... 23 B2
Darville Ho N16 .... 7 B1
Darwen Pl E2 ... 25 A4
Darwin Ct NW1 ... 81 C4
Darwin Ctr* SW7 **129** B1
Darwin Ho **8**
SE13 ... 52 B1
Darwin St SE17.. **151** C2
Daryngton Ho
SW8 ... **162** A1
Dashwood Ho
SE21 ... 76 B1
Data Point Bsns Ctr
E16 ... 27 C1
Datchelor Pl **14**
SE5 ... 48 C2
Datchet Ho NW1 ... **92** B4
Datchett Ho **2**
E2 ... 24 B2 **98** C3
Datchwood Ct N4.. 6 B1
Datchworth Ho **8**
N1 ... 15 A1
Date St SE17 ... **151** B1
Daubeney Prim Sch
E5 ... 18 A4
Daubeney Rd E5....18 A4
Daubeney Twr **2**
SE8 ... 41 B1
Dault Rd SW18 .... 59 B1
Dauney Ho SE1 .. **136** A3
Dave Adams Ho **8**
E3 ... 26 B3
Davenant Ho **20**
E1 ... **111** C4
Davenant Rd N19 .. 4 C2
Davenant St E1 .. **111** C3
Davenport Ho
SE11 ... **135** B3

Davenport Mews **6**
W12 ... 30 A1
Davenport Rd SE6..67 B1
Daventry St NW1 . **102** A4
Dave Porter Hts
SW19 ... 70 A4
Daver Ct SW3 ... **144** B1
Davern Cl SE10 .... 43 B2
Davey Cl N7 ... 14 B2
Davey Rd E9 ... 18 C1
Davey's Ct WC2 .. **120** A4
Davey St SE15 .... 49 B4
David Devine Ho **7**
E8 ... 16 C3
David Game Coll
SW7 ... **143** B3
Davidge Ho SE1 .. **135** C3
Davidge St SE1 .. **136** B3
David Hewitt Ho **2**
E3 ... 34 A4
David Ho
8 Putney SW15 ...56 C2
South Lambeth
SW8 ... **162** A2
David Mews W1 .. **103** A4
Davidson Gdns
SW8 ... **162** A2
Davidson Ho **7**
N19 ... 13 B4
David St E15 ... 19 C3
Davies Laing & Dick
Coll W1 ... **103** C2
Davies Mews W1 . **118** A4
Davies St W1 ... **118** A4
Davina Ho
Brondesbury NW2 . 10 B2
14 Hackney E5 ... 17 A3
Da Vinci Ct **12**
SE16 ... 40 A1
Davis Ho **38** W12 .. 30 A2
Davis Rd W3 ... 38 B4
Davisville Rd W12 . 38 C4
Dawes Ho SE17.... **151** B3
Dawes Rd SW6 ... **154** C2
Dawes St SE17 ... **151** C2
Dawley Ho **1**
SW1 ... **134** A1
Dawlish Ave SW18..71 A2
Dawlish Rd NW2 .. 9 C2
Dawnay Gdns
SW18 ... 71 C2
Dawnay Rd SW17,
SW18 ... 71 C2
Dawn Cres E15 ... 27 C4
Dawson Ho
28 Bethnal Green
E2 ... 25 B2
6 Camberwell SE5..49 A2
Dawson Pl
W2 ... 31 C2 **113** C4
Dawson Rd NW2 .. 9 B4
Dawson St E2 ... 24 B3
Day Ho **2** SE5 .... 48 B3
Daylesford Ave
SW15 ... 56 C3
Daynor Ho **4**
NW6 ... 23 C4
Daysbrook Rd
SW2 ... 74 B3
Dayton Gr SE15 ... 50 B2
Deacon Ho SE11.. **149** A3
Deacon Mews N1 . 15 C1
Deacon Rd NW2 .. 8 C2
Deacon Way SE17 **151** A4
Deal Ho
Deptford SE15 .... 50 C4
Walworth SE17.. **152** B2

Deal Porters Way
SE16 ... 40 C3
Deal St E1 ... **111** B4
Dealtry Rd SW15 .. 57 B3
Deal Wlk **8** SW9 . **163** C1
Dean Bradley St
SW1 ... **134** A1
Dean Cl
Hackney E9 ... 17 B3
Rotherhithe SE16 .. 32 C1
Dean Coll of London
4 N7 ... 5 B1
Deancross St E1... 32 B3
Dean Ct
Acton W3 ... 28 C3
South Lambeth
SW8 ... **162** A1
Deanery Mews
W1 ... **117** C2
Deanery St W1 ... **117** C2
Dean Farrar St
SW1 ... **133** C2
Deanhill Ct **2**
SW14 ... 55 A3
Deanhill Rd SW14 . 55 A3
Dean Ho
London N4 ... 6 B4
New Cross SE14 ... 51 B3
Stamford Hill N16 .. 7 B3
18 Stepney E1 ... 32 B3
Dean Rd NW2 ... 9 B2
Dean Ryle St SW1 **148** A4
Dean's Bldgs
SE17 ... **151** C3
Deans Cl W4 ... 45 A4
Deans Ct EC4 ... **108** B1
Dean's Gateway **7**
SE10 ... 51 C2
Deanshanger Ho **31**
SE8 ... 40 C2
Dean's Mews W1 . **104** B2
Dean St W1 ... **105** B1
Dean Stanley St
SW1 ... **134** A1
Dean's Yd SW1 .. **133** C2
Dean Trench St
SW1 ... **134** A1
Dearmer Ho **6**
SW2 ... 74 C4
Deason St E15 .... 27 B4
Deauville Ct
14 London SW4 ... 61 B1
4 Rotherhithe
SE16 ... 40 C4
Deauville Mans **13**
SW4 ... 61 B1
De Barowe Mews
5 Highbury N5 ... 15 A4
1 London N5 ... 15 A3
Debdale Ho **20** E2.. 24 C4
De Beauvoir Cres
N1 ... 24 A4
De Beauvoir Ct N1 . 15 C1
De Beauvoir Pl **5**
N1 ... 16 A4
De Beauvoir Prim Sch
N1 ... 16 A4
De Beauvoir Rd
N1 ... 16 A4
De Beauvoir Sq
N1 ... 16 A4
DE BEAUVOIR
TOWN ... 16 A1
Debenham Ct E8 .. 24 C4
Debnams Rd SE16 . 40 B2
Decima St SE1 ... **138** A2

Deck Cl SE16 ... 32 C1
De Crespigny Pk
SE5 ... 48 C1
Deeley Rd SW8 .. **171** B4
Deepdale N4 ... 6 A1
Deepdene Gdns
SW2 ... 74 B4
Deepdene Ho N16..6 C3
Deepdene Lo **5**
SW2 ... 74 B4
Deepdene Mans
SW6 ... **164** C4
Deepdene Rd SE5,
SE24 ... 63 C3
Deerbrook Rd SE24,
SW2 ... 75 A3
Dee Rd TW9 ... 54 B3
Deerdale Rd SE24 . 63 B3
Deerhurst Ho **6**
SE15 ... 49 C4
Deerhurst Rd NW2 . 9 C2
Deer Lo **6** SW6 .... 58 A4
Deeside Rd SW17..71 C1
Dee St E14 ... 34 B3
Defoe Ave TW9 ... 44 C3
Defoe Ho
Barbican EC2 ... **108** C4
2 Stoke Newington
N16 ... 7 A1
Defoe Pl EC2 ... **108** C4
Defoe Rd
Rotherhithe SE16 .. 41 B4
Stoke Newington N16 . 7 A1
De Gama Pl **3**
E14 ... 41 C1
Delacourt Rd **2**
SE3 ... 53 C3
Delafield Ho **2**
E1 ... **111** C1
Delaford Rd SE16..40 A1
Delaford St SW6 . **154** B3
Delamere Ho **4** N4..6 C4
Delamere Rd W5...36 A4
Delamere St W2 .. **100** C3
Delamere Terr
W2 ... **100** B4
Delancey Ho **1** **92** B3
Delancey St NW1 . **82** B3
Delancey Studios
NW1 ... **82** B3
Delany Ho SE10 .. 52 B4
Delarch Ho SE1 .. **136** A3
De Laune St SE17 **150** A1
Delaware Rd W9 .. **88** A2
Delawyk Cres
SE24 ... 63 C1
Delft Way **2** SE22..64 A2
Delhi St N1 ... **84** B3
Delia St SW18 ... 71 A4
Delius Gr E15 ... 27 B3
Dellafield N4 ... 5 C2
Dell Cl E15 ... 27 C4
Dellow Ho **6** E1 .. 32 A2
Dellow St E1 ... 32 A2
Dell's Mews SW1 . **147** A3
Deloraine Ho **8**
SE8 ... 51 C2
Deloraine St SE8 . 51 C2
Delorme St W6 ... 47 C4
Delta Bldg **7** E14 . 34 B3
Delta Ho N1 ... **97** B4
Delta Pk SW18 ... 59 A3
Delta Point **5**
E2 ... 24 C2 **99** B4
Delta St **4**
E2 ... 24 C2 **99** B4

Delverton Ho
SE17 ... **150** B2
Delverton Rd
SE17 ... **150** B1
Delvino Rd SW6.. **165** C3
De Montfort Ct **1**
SW16 ... 74 A1
De Montfort Rd
SW16 ... 74 A1
De Morgan Rd
SW6 ... 59 A4
Dempster Rd
SW18 ... 59 B2
Denbigh Cl
W11 ... 31 B2 **113** A4
Denbigh Gdns
TW10 ... 54 B2
Denbigh Ho
Knightsbridge
SW1 ... **131** A2
Notting Hill W11 .. 31 B3
Notting Hill
W11 ... 31 B2 **113** A4
Denbigh Mews
SW1 ... **146** C3
Denbigh Pl SW1 . **146** C2
Denbigh Rd
W11 ... 31 B2 **113** A4
Denbigh St SW1 . **147** A2
Denbigh Terr
W11 ... 31 B2 **113** A4
Denbury Ho **33** E3..27 A2
Denby Ct SE11 ... **149** A4
Dence Ho **18**
E2 ... 24 C2 **99** B3
Denchworth Ho **14**
SW9 ... **173** B1
Dene Cl SE4 ... 66 A3
Denehurst Gdns
Acton W3 ... 28 A1
7 Richmond TW10..54 C3
Dene Mans **1**
NW6 ... 10 C2
Denesmead SE24 . 63 B2
Denewood Rd N6 .. 3 B4
Dengie Wlk N1 ... **86** C4
Denham Ho **32**
W12 ... 30 A2
Denham St SE10 .. 43 C1
Denholme Rd W9 . 23 B2
Denland Ho SW8 . **163** A1
Denman Ho N16 .. 7 A2
Denman Rd SE15 . 49 B1
Denman St W1 ... **119** B3
Denmark Gr N1 ... **85** B2
Denmark Hill SE5 . 48 C1
Denmark Hill Sta
SE5 ... 48 C1
Denmark Mans **14**
SE5 ... 48 B1
Denmark Pl
2 Bromley E3 ... 26 C2
Soho WC2 ... **105** C2
Denmark Rd
Camberwell SE5....48 B1
Kilburn NW6 ... 23 B3
Denmark St WC2 . **105** C2
Denmead Ho
SW15 ... 56 B1
Denne Terr E8 ... 24 B4
Dennett's Gr SE14 . 50 C1
Dennett's Rd SE14 . 50 B2
Denning Cl NW8 .. **89** A3

Denning Mews
SW12 . . . . .60 C1
Denning Point E1 **111** A2
Denning Way SW4 . .11 C4
Dennington Park
Mansions [12]
NW6 . . . . .10 C3
Dennington Park Rd
NW6 . . . . .10 C2
Dennis Ct SE10 . . . . . .52 B2
Dennis Ho [4] E3 . . . .26 B3
Dennison Point
E15 . . . . .19 B1
Dennis Severs'
House* E1 . . . . **110** B4
Dennis Way SW4 . .61 C4
Denny Cres SE11 . . **149** C2
Denny St SE11 . . . . **149** C2
Densham Ho NW8 . .79 C1
Denstone Ho [8]
SE15 . . . . .49 C4
Dent Ho SE17 . . . . . **152** A3
Denton NW1 . . . . .12 C2
Denton Ho N1 . . . . . .15 A1
Denton St SW18 . . . .59 A1
Dents Rd SW11 . . . . .60 B1
Denver Rd N16 . . . . . . .7 A4
Denyer Ho [1]
NW5 . . . . .13 A4
Denyer St SW3 . . . **144** B4
Denzil Rd NW10 . . . . .8 B3
Deodar Rd SW15 . . .58 A3
Depot App NW2 . . . . . .9 C4
Depot Rd W12 . . . . . .30 B2
Depot St SE5 . . . . . . .48 C4
DEPTFORD 50 C3
Deptford Bridge
SE8 . . . . .51 C2
Deptford Bridge Sta
SE8, SE14 . . . . .51 C2
Deptford Broadway
SE8, SE14 . . . . .51 C2
Deptford Church St
SE8 . . . . .51 C3
Deptford Ferry Rd [2]
E14 . . . . .41 C2
Deptford Gn SE8 . . .51 C4
Deptford Green Sch
SE14 . . . . .51 B3
Deptford Green Sch
(Annex) [4] SE14 . . .51 A3
Deptford High St
SE8 . . . . .51 C3
Deptford Park Prim
Sch [2] SE8 . . . . .41 A1
Deptford Sta SE8 . . .51 C3
Deptford Trad Est
SE8 . . . . .51 A4
Deptford Wharf
SE8 . . . . .41 B2
De Quincey Mews [3]
E16 . . . . .35 C1
Derby Ct [8] E5 . . . . .17 C4
Derby Gate SW1 . . **134** A4
Derby Ho SE11 . . . . **149** B4
Derby Rd
Mortlake SW14 . . . . . .55 C4
South Hackney E9 . . . .25 C4
Derbyshire St
E2 . . . . .24 C2 **99** C3
Derby St W1 . . . . . **117** C1
Dereham Ho [7]
SE4 . . . . .65 C3

Dereham Pl
EC2 . . . . .24 A1 **98** B2
Derek Walcott Cl
SE24 . . . . .63 A2
Dericote St E8 . . . . . .25 A4
Dering St W1 . . . . . **104** B1
Dermody Gdns
SE13 . . . . .67 C2
Dermody Rd SE13 . .67 C2
Deronda Rd SE24,
SW2 . . . . .75 A3
Derrick Ho [1]
SW2 . . . . .74 C3
Derrycombe Ho [9]
W2 . . . . .31 C4
Derry St W8 . . . . . . **128** A3
Dersingham Rd
NW2 . . . . .1 A1
Derwent NW1 . . . . . .92 C3
Derwent Ct
[2] Hammersmith
W6 . . . . .38 C2
[8] Rotherhithe
SE16 . . . . .40 C4
Derwent Gr SE22 . . .64 B3
Derwent Ho
South Kensington
SW7 . . . . **143** A4
Tower Hamlets E3 . . . .26 B1
Derwent St SE10 . . . .43 A1
Derwentwater Mans
[2] W3 . . . . .28 B1
Derwentwater Prim
Sch W3 . . . . .28 B1
Derwentwater Rd
W3 . . . . .28 B1
Desborough Cl
W2 . . . . **100** B4
Desborough Ho
W14 . . . . **155** A4
Desenfans Rd
SE21 . . . . .64 A1
Design Mus* SE1 **139** A4
Desmond St SE14 . . .51 A4
Despard Ho SW2 . . .74 C2
Despard Rd N19 . . . . .4 B3
Desvignes Dr SE13 .67 C1
Dethick Ct E3 . . . . . . .26 A4
Detling Ho SE17 . . . **152** A3
Devas St E3 . . . . .27 A2
Deventer Cres [8]
SE22 . . . . .64 A2
De Vere Cotts W8 **128** C3
De Vere Gdns W8 **128** C3
Deverell St SE1 . . . **137** B1
De Vere Mews
W8 . . . . **128** C2
Devereux Ct WC2 **107** B1
Devereux Ho [7]
SW15 . . . . .56 C2
Devereux La SW13 . .47 A3
Devereux Rd
SW11 . . . . .60 B1
Devitt Ho [5] E14 . . .34 A2
Devizes St N1 . . . . . .87 C3
Devonhurst Pl [4]
W4 . . . . .37 C1
Devonia Rd N1 . . . . .86 B2
Devon Mans SE1 . . **138** B4
Devonport Ho
Greenwich SE10 . . . . . .52 B4
[22] Paddington W2 . . .31 C4
Devonport Rd
W12 . . . . .39 A4
Devonport St E1 . . . .32 C3

Devonshire Cl
W1 . . . . **104** A4
Devonshire Ct
[14] Balham SW12 . . .73 A4
[8] Richmond TW9 . . .54 B4
Devonshire Dr
SE10 . . . . .52 A2
Devonshire Gdns
W4 . . . . .45 B3
Devonshire Gr
SE15 . . . . .50 A4
Devonshire Hall [15]
E9 . . . . .17 B2
Devonshire Ho
Brondesbury NW6 . . .10 B2
Newington SE1 . . . . . **136** C2
Paddington W2 . . . . . **101** C4
[2] Putney SW15 . . . .69 B4
Westminster SW1 . . **147** C2
Devonshire House
Prep Sch NW3 . . . . .11 B3
Devonshire Mews [3]
W4 . . . . .38 A1
Devonshire Mews N
W1 . . . . **104** A4
Devonshire Mews S
W1 . . . . **104** A4
Devonshire Mews W
W1 . . . . **103** C4
Devonshire Pl
Child's Hill NW2 . . . . . .1 C1
Kensington W8 . . . . . **128** A1
Marylebone W1 . . . . **103** C4
Devonshire Place
Mews W1 . . . . **103** C4
Devonshire Rd
W4 . . . . .38 A1
Devonshire Row
EC2 . . . . **110** B3
Devonshire Row
Mews W1 . . . . **92** B1
Devonshire Sq
EC2 . . . . **110** B2
Devonshire St
Chiswick W4 . . . . .38 A1
Marylebone W1 . . . . **104** A4
Devonshire Terr
W2 . . . . **101** A1
Devons Rd E3 . . . . . .27 A1
Devons Road Sta
E3 . . . . .27 A1
Devon St SE15 . . . . .50 A4
De Walden Ho
NW8 . . . . .80 A2
De Walden St SW1 **103** C3
Dewar St SE15 . . . . . .64 C4
Dewberry St E14 . . . .34 B4
Dewey Rd N1 . . . . . .85 B2
Dewhurst Rd W14 . .39 C3
Dewsbury Ct [5]
W4 . . . . .37 B2
Dewsbury Rd NW10 . .8 C3
Dewsbury Terr
NW1 . . . . .82 B4
D'eynsford Rd SE5 . .48 C2
Dhonau Ho SE16 . . **153** A4
Diadem Ct W1 . . . . **105** B2
Dial Wlk The W8 . . **128** B4
Diamond Est
SW17 . . . . .72 A1
Diamond Ho [22]
E3 . . . . .26 A3
Diamond St SE15 . . .49 A3
Diamond Terr
SE10 . . . . .52 B2
Diana Cl [27] SE8 . . .51 B4

Diana Ho
Barnes SW13 . . . . .46 B2
[4] Brixton SW2 . . . . .62 B2
Diana, Princess of
Wales Mml
Fountain*
W2 . . . . **129** C4
Diana, Princess of
Wales Mml Wlk
W2 . . . . **114** C1
Dibden Ho [8] SE5 . .49 A3
Dibden St N1 . . . . . .86 C4
Dibdin Ho W9 . . . . . .78 A1
Dicey Ave NW2 . . . . . .9 B3
Dickens Ct EC1 . . . . .96 A1
Dickens Ho
Bloomsbury WC1 . . . .94 A2
Kennington SE17 . . . **150** B1
Kilburn NW6 . . . . .23 C2
Paddington NW8 . . . .89 C2
Dickenson Rd N8 . . . . .5 A4
Dickens Sq SE1 . . . **137** A2
Dickens St SW8 . . . **170** B2
Dickinson Ho [18]
E2 . . . . .24 C2 **99** B3
Dicksee Ho [13] NW8 .89 B1
Dick Shepherd Ct [17]
SW2 . . . . .62 C2
Dickson Ho [4] E1 . . .32 A3
Didbin Ho N7 . . . . .5 B2
Digby Bsns Ctr E9 . .17 C2
Digby Cres N4 . . . . . . .6 B2
Digby Mans W6 . . . . .39 B1
Digby Rd E9 . . . . .17 C2
Digby St E2 . . . . .25 B2
Diggon St E1 . . . . . . .32 C4
Dighton Ct SE5 . . . . .48 B4
Dighton Rd SW18 . . .59 B3
Dignum St N1 . . . . . .85 B2
Digswell St N7 . . . . . .14 C2
Dilke St SW3 . . . . . . **159** A4
Dilston Gr SE16 . . . .40 B2
Dilton Gdns SW15 . .69 A3
Dimes Pl [6] W6 . . . .39 A2
Dimson Cres E3 . . . . .26 C2
Dinerman Ct NW8 . . .79 A4
Dingle Gdns E14 . . . .33 C2
Dingley La SW16 . . .73 C2
Dingley Pl EC1 . . . . .97 A3
Dingley Rd EC1 . . . . .96 C3
Dingwall Rd SW18 . .71 B4
Dinmont Ho [21] E2 . .24 C3
Dinmont St [1] E2 . . .25 A3
Dinmore Ho [6] E9 . .25 B4
Dinnington Ho [7]
E1 . . . . .25 A1
Dinsdale Rd SE3 . . . .53 B4
Dinsmore Rd
SW12 . . . . .73 A4
Dinton Ho NW8 . . . . .90 A2
Dinwiddy Ho N1 . . . .84 C1
Dionis Ho SW6 . . . **165** B2
Disbrowe Rd W6 . . **154** B3
Discovery Bsns Pk [3]
SE16 . . . . **139** C2
Discovery Dock E
E14 . . . . .42 A4
Discovery Ho [1]
E14 . . . . .34 B2
Disney Pl SE1 . . . . . **137** A4
Disney St SE1 . . . . . **137** A4
Disraeli Cl [1] W4 . . .37 C2
Disraeli Gdns
SW15 . . . . .58 B3
Disraeli Rd
Acton NW10 . . . . .20 C3

Disraeli Rd continued
Putney SW15 . . . . .58 A3
Diss St E2 . . . .24 B2 **98** C4
Distaff La EC4 . . . . . **122** C4
Distillery La W6 . . . . .39 B1
Distillery Rd W6 . . . . .39 B1
Distillery Wlk [14]
TW8 . . . . .44 A4
Distin St SE11 . . . . . **149** B3
Ditchburn St E14 . . . .34 B2
Ditton Ho [10] E5 . . . .17 A3
Divis Way SW15 . . . .57 A1
Dixon Clark Ct N1 . .15 A2
Dixon Ho [3] NW10 . .30 C3
Dixon Rd SE14 . . . . .51 A2
Dixon's Alley [16]
SE16 . . . . .40 A4
Dixon Way [9]
NW10 . . . . .8 A1
Dobree Ave NW10 . . . .9 A2
Dobson Cl NW6 . . . .11 C1
Dobson Ho [18]
SE14 . . . . .50 C4
Doby Ct EC4 . . . . . . **123** A4
Dockers Tanner Rd [26]
E14 . . . . .41 C2
Dockhead SE1 . . . . **139** A3
Dockhead Wharf
SE1 . . . . **139** A4
Dock Hill Ave
SE16 . . . . .40 C4
Docklands Ct [20]
E14 . . . . .33 B3
Docklands Visitor
Ctr* E14 . . . . .42 B4
Dockley Rd SE16 . . **139** B1
Dockley Road Ind Est
[11] SE16 . . . . **139** B1
Dock Offices [12]
SE16 . . . . .40 B3
Dock Rd E16 . . . . .35 B2
Dock St E1 . . . . **125** B4
Doctor Spurstowe
Almshouses [3]
E8 . . . . .17 A2
Docura Ho N7 . . . . .5 B2
Docwras Bldgs N1 . .16 A2
Dodbrooke Rd
SE27 . . . . .75 A1
Dodd Ho [18] SE16 . .40 A2
Doddington Gr
SE17 . . . . **150** B1
Doddington Pl [4]
SE17 . . . . .48 A4
Dodson St SE1 . . . . **135** C3
Dod St E14 . . . . .33 C3
Dog & Duck Yd
WC1 . . . . **106** A4
Dog Kennel Hill
SE22 . . . . .64 A4
Dog Kennel Hill Sch
[23] SE22 . . . . .64 A4
Dog La NW10 . . . . .8 A4
Dolben Ct SW1 . . . **147** C3
Dolben St SE1 . . . . **122** B1
Dolby Rd SW6 . . . . **164** C1
Doleman Ho [9]
SE10 . . . . .52 A2
Dolland Ho SE11 . . **149** A1
Dolland St SE11 . . . **149** A1
Dollar Bay E14 . . . . .42 B4
DOLLIS HILL 9 A4
Dollis Hill Sta NW2 . .8 C3
Dolman Rd W4 . . . . .37 C2
Dolman St SW4 . . . .62 B3

Dolphin Cl **2** 40 C4
Dolphin Ct N7.........13 C4
Dolphin La E14.......34 A2
Dolphin Sch SW11...60 B2
Dolphin Sq SW1 .... **147** A1
Dolphin Twr **21**
SE8 ....51 B4
Dombey Ho
13 Bermondsey
SE1 .... **139** B3
4 Shepherd's Bush
W11...................30 C1
Dombey St WC1 .... **106** C4
Domelton Ho
SW18...................59 B3
Domett Cl SE5.........63 C3
Domfe Pl E5 ....17 B4
Domingo St EC1.... **96** C1
Dominion St EC2 .. **109** C4
Donaghue Cotts **11**
E14....................33 A4
Donaldson Rd
NW6....................23 B4
Donegal Ho **2** E1 ...25 B1
Donegal St N1 ...... **85** A1
Doneraile Ho
SW1.................. **146** A1
Doneraile St SW6 .47 C2
Dongola Rd E1 ......33 A4
Don Gratton Ho **28**
E1 .... **111** B3
Donkey Alley SE22..64 C1
Donkin Ho **13**
SE16...................40 A2
Donne Ct SE24 ....63 C1
Donne Ho
18 Canonbury N16....15 C4
14 Deptford SE14.....50 C4
16 Poplar E14 ....33 C3
Donnelly Cs Ews **154** B2
Donne Pl SW3 ..... **144** B4
Donnington Ct
11 Camden Town
NW1 ....13 A1
Willesden NW10......9 A1
Donnington Ho **12**
SW8 .... **171** B2
Donnington Prim Sch
NW10...................22 A4
Donnington Rd
NW10...................22 A4
Donovan Ct SW7 .. **143** B1
Donovan Ho **4** E1..32 B2
Don Phelan Cl
SE5 ....48 C2
Doon St SE1 .... **121** B2
Doradus Ct **20**
SW19...................69 C3
Dora Ho
11 Shepherd's Bush
W11...................30 C2
1 Tower Hamlets
E14....................33 B3
Dorando Cl W12....30 A2
Doran Wlk
Stratford E15 ....19 B1
Stratford Marsh E15 .27 B4
Dora St E14 ....33 B3
Dorcas Ct **9**
SW18...................59 C3
Dorchester Ct
1 De Beauvoir Town
N1......................16 A1
Herne Hill SE24 ....63 B2
Knightsbridge SW1 **131** A1

Dorchester Ct
continued
1 Streatham SW16 .74 A2
Dorchester Dr
SE24...................63 B2
Dorchester Gr W4 ..38 B1
Dorchester Ho
TW9.....................45 A3
Dordrecht Rd W3...29 A1
Doria Rd SW6 ..... **165** A2
Doric Ho **7** E2.......25 C3
Doric Way NW1 .... **93** B4
Doris Emmerton Ct
SW18...................59 B3
Dorking Cl SE8 .....51 B4
Dorking Ho SE1 .. **137** C2
Dorland Ct SW15...58 B1
Dorlcote Rd SW18..72 A4
Dorleston Ct N1 ... **87** C4
Dorman Way NW8 .**79** B4
Dormay St SW18 ...59 A2
Dormstone Ho
SE17................... **152** A3
Dornberg Cl SE3 .. **53** C3
Dorncliffe Rd
SW6 .... **164** B2
Dorney NW3 ....12 A1
Dorney Ct SW6......58 A4
Dornfell St NW6....10 B3
Dornoch Ho **20** E3..26 B3
Dornton Rd SW12,
SW17...................73 B2
Dorothy Charrington
Ho **1** SE22.........64 C2
Dorothy Rd SW11...60 B4
Dorrell Pl **11** SW9 ..62 C4
Dorrien Wlk SW16..73 C2
Dorrington Point **20**
E3 ....27 A2
Dorrington St
EC1.................... **107** B4
Dorrit Ho **2** W11 ...30 C1
Dorrit St SE1 ...... **137** A4
Dorset Bldgs EC4 . **108** A1
Dorset Cl NW1 .... **102** C4
Dorset Ct **3** N1 ...16 A1
Dorset Mans **2**
W6.......................47 C4
Dorset Mews
SW1 .... **132** A2
Dorset Pl E15 ...... **19** C2
Dorset Rd SW8 ... **162** C2
Dorset Rise EC4.... **108** A1
Dorset Sq NW1 .... **90** C1
Dorset St W1....... **103** A3
Dorton Cl **6** SE15 ..49 A3
Dorville Cres W6 ...39 A3
Doughty Ct **11** E1...32 A1
Doughty Mews
WC1 .... **94** C1
Doughty St WC1 ... **94** C1
Douglas Bldgs
SE1.................... **137** A4
Douglas Ct **5**
NW6....................10 C1
Douglas Gracey Ho **1**
SW18...................70 A4
Douglas Johnstone
Ho SW6.............. **154** C3
Douglas Mews
NW2 ....1 A1
Douglas Path E14 ..42 B1

Douglas Rd
Islington N1 ....15 B1
Kilburn NW6.........23 C4
5 Newham E16.....35 C4
Douglas Rd N N1 ...15 B2
Douglas Rd S N1 ...15 B2
Douglas St SW1 ... **147** B3
Douglas Waite Ho
NW6....................11 A1
Douglas Way SE8...51 B3
Doulton Ho SE11 .. **149** A4
Doulton Mews **4**
NW6....................11 A2
Dounesforth Gdns
SW18...................71 A3
Douro Pl W8 .... **128** B2
Douro St E3 ....26 C3
Douthwaite Sq **11**
E1 .... **125** C2
Dovecote Gdns **3**
SW14...................55 C4
Dove Ct EC2 .... **109** B1
Dovedale Cotts **8**
SW11 .... **168** C2
Dovedale Ho N16 ....7 A4
Dovedale Rd SE22 ..65 A1
Dovehouse St
SW3 .... **144** A1
Dove Mews SW7 . **143** A2
Dovercourt Rd
SE22...................64 B1
Dover Ct
Clerkenwell EC1..... **96** A2
17 Greenwich SE10 ..52 B3
Dove Rd N1 ....15 C2
Doverfield Rd
SW2....................74 A4
Dover Flats SE1 ... **152** B3
Dover Ho
Brixton SE5.........48 A2
7 Deptford SE15...50 B4
Dover House Rd
SW15...................57 A2
Dover Mans **16**
SW9 .... **172** C1
Dover Park Dr
SW15...................57 A1
Dover St W1 .... **118** C2
Dover Terr TW9 .....44 C1
Doves Yd N1 .... **85** B3
Dovet Ct SW8 ..... **172** C4
Doveton Ho **8** E1...25 B1
Doveton St **6** E1...25 B1
Dove Wlk SW1 .... **145** B2
Dovey Lo **4** N1 .....14 C1
Dowdeny Cl **12**
NW5....................13 B3
Dowdeswell Cl
SW15...................56 A3
Dowding Ho N6 .....3 C4
Dowell Ho SE21 ....76 B1
Dowes Ho **14**
SW16...................74 A1
Dowgate Hill EC4.. **123** B4
Dowland St W10....23 A2
Dowlas St SE5.......49 A3
Dowlen Ct E14 ......41 C4
Dowler Ho **32** E1.. **111** C1
Downbarton Ho **9**
SW9 .... **173** B4
Downbury Mews **18**
SW18...................58 C2
Downend Ct **11**
SE15...................49 A4

Downer's Cotts
SW4 ....61 B3
Downey Ho **6** E1 ...25 C1
Downfield Cl W9 ... **88** A1
Downham Ct **1**
N1......................16 A1
Downham Rd N1 ...16 A1
Downing Ho
2 North Kensington
W10...................30 C3
4 Putney SW15 .....56 C2
Downing St*
SW1.................. **134** A4
Down Pl W6..........39 A1
Down St Mews
W1...................... **118** A1
Downs Ct **18** E8 ...17 A3
Downsell Prim Sch
E15 ....19 B4
Downsell Rd E15 ...19 C4
Downshire Hill
NW3....................11 C4
Downside **2**
SW15...................58 A2
Downside Cres
NW3....................12 A3
Downs La **2** E5.....17 A4
Downs Park Rd E5,
E8 ....16 C3
Downs Rd E5, N16 ..16 C3
Downs Rd E5, N16 ..16 C3
Downside Sch
SE17...................17 A4
Downton Ave SW2..74 B2
Downtown Rd
SE16...................41 A4
Dowrey St N1 ...... **85** B4
Dowson Cl SE5 .....63 C3
Dowson Ct SE13....67 C4
Dowson Ho **8** E1...32 C3
Doyce St SE1 ...... **136** C4
Doyle Gdns NW10 ..22 A4
Doyle Ho W3 ....37 A4
D'Oyley St SW1 ... **145** B4
Doynton St N19 ......4 A2
Draco St SE17 ....48 B4
Dragon Ct WC2 ... **106** B2
Dragon Rd SE15 ...49 A4
Dragon Yd WC1 ... **106** B2
Dragoon Rd SE8 ...41 B1
Dragor Rd NW10 ...20 B1
Drake Cl **16** SE16..40 C4
Drake Croft N16 .....6 C2
Drake Ct **5** W12...39 A4
Drakefell Rd SE4,
SE14...................65 C4
Drakefield Rd
SW17...................72 C1
Drake Ho
Limehouse E14 ...33 A2
20 Stepney E1 .....32 B4
Drakeley Ct N5 ......15 A4
Drake Rd SE4 ....66 C4
Drakes Ctyd NW6 ..10 B1
Drake St WC1 ..... **106** C3
Drama Ctr London
EC1.................... **95** C1
Draper Ho SE1 .... **150** B4
Draper Pl N1 .... **86** B4
Drapers Almshouses **5**
E3 ....26 C2
Drapers Gdns
EC2.................... **109** C2
Drapers Rd E15 ....19 C4
Drappers Way **3**
SE16................... **153** C4

Draycott Ave SW3 **144** B3
Draycott Cl SE5 .... **48** C3
Draycott Ct SW11 **168** A4
Draycott Ho SW3 **144** C3
Draycott Pl SW3 . **144** C3
Draycott Terr
SW3 .... **145** A3
Drayford Cl W9.....23 B1
Dray Gdns SW2....62 B2
Draymans Ct **4**
SW9.....................62 B4
Draymans Mews
SE15...................49 B1
Drayson Mews
W8..................... **127** C3
Drayton Ct SW10 **143** A1
Drayton Gdns
SW10 .... **143** A1
Drayton Ho **14**
SE5 ....48 C3
Drayton Park Mews
1 N5....................14 C3
Drayton Park Prim
Sch **15** N5...........14 C3
Drayton Park Sta
N5........................14 C3
Drayton Pk N5, N7 ..14 C4
Drayton Rd NW10 ..21 B4
DRCA Business Pk
SW11 .... **169** C3
Dreadnought St
SE10...................43 A3
Dresden Cl NW6....11 A2
Dresden Ho
6 Clapham
SW11 .... **169** B2
Lambeth SE11 .... **149** A4
Dresden Rd N19 ......4 C3
Dressington Ave
SE4 ....66 C1
Drewett Ho **31** E1 **111** C1
Drew Ho **5** SW16 ..74 A1
Drewstead La
SW16...................73 C2
Drewstead Rd
SW16...................73 C2
Driffield Rd E3 ......26 A3
Driftway Ho **7** E3 ..26 B3
Drinkwater Ho **1**
SE5 ....48 C3
Drive Mans **1**
SW6 .... **164** B2
Drive The
Acton W3 ....28 B3
Harlesden NW10 ...21 B4
Hendon NW11 ....1 A4
Islington N7 ....14 B2
Dr Johnson Ave
SW17...................73 A1
Droitwich Cl SE26 ..76 C1
Dron Ho **1** E1.......32 B4
Droop St W10 ....23 A1
Drovers Ct SE13....67 B4
Drovers Pl SE15 ....50 A3
Drovers Way N7.....14 A2
Druce Rd SE21 .....64 A1
Druid St SE1 ...... **138** C3
Drummer Lo **7**
N5........................5 B1
Drummond Cres
NW1 .... **93** B4

Drummond Gate
SW1 . . . . **147** C2
Drummond Ho **7**
E2 . . . . .24 C3
Drummond Rd
SE16 . . . . .40 A3
Drummonds Pl
TW9 . . . . .54 A3
Drummond St
NW1 . . . . **92** C2
Drum St E1 . . . . **111** A2
Drury Ho SW4 . . **170** C4
Drury La WC2 . . . **106** B1
Dryad St SE15 . . . .57 C4
Dryburgh Ho SW1 **146** B2
Dryburgh Mans
SW15 . . . . .57 B4
Dryburgh Rd
SW15 . . . . .57 B4
Dryden Bldg **10**
E1 . . . . **111** B2
Dryden Cl SW4 . . . .61 C2
Dryden Ct SE11 . . **149** C3
Dryden Ho
6 Camberwell
SE5 . . . . .49 A2
15 Stoke Newington
N16 . . . . .7 A1
Dryden St WC2 . . **106** B1
Dryfield Wlk **1**
SE8 . . . . .51 C4
Drysdale Flats **3**
E8 . . . . .16 B3
Drysdale Ho **19**
E2 . . . . .24 A2 **98** B4
Drysdale Pl
N1 . . . . .24 A2 **98** B4
Drysdale St
N1 . . . . .24 A2 **98** B4
Ducal St **25**
E2 . . . . .24 B2 **99** A3
Ducane Cl **6** W12 . .30 B3
Du Cane Ct SW12 . . .72 C3
Du Cane Rd W12 . . .29 C3
Ducavel Ho SW2 . . .74 B3
Duchess Mews
W1 . . . . **104** B3
Duchess of Bedford
Ho W8 . . . . **127** B4
Duchess of Bedford's
Wlk W8 . . . . **127** B3
Duchess St W1 . . . **104** B3
Duchy St SE1 . . . **121** C2
Ducie Ho **2** SW15 . **57** B2
Ducie St SW4 . . . . .62 B3
Duckett St E1 . . . . .33 A4
Duck La W1 . . . . . **105** B1
Du Cros Rd W3 . . . .29 A1
DUDDEN HILL 8 C3
Dudden Hill La
NW10 . . . . .8 B3
Dudley Ct
Marylebone W1 . . **102** C1
St Giles WC2 . . . **106** A2
Dudley Ho
13 Brixton SW9 . **173** B2
Paddington W2 . . **101** B3
Dudley Mews **4**
SW2 . . . . .62 C1
Dudley Rd
Kilburn NW6 . . . . . .23 B3
Richmond TW9 . . . .44 B1
Dudley St W2 . . . **101** B3

Dudmaston Mews
SW3 . . . . **143** C2
Duffell Ho SE11 . . **149** A1
Dufferin Ave EC1 . . **97** B1
Dufferin Ct EC1 . . . **97** B1
Dufferin St EC1 . . . **97** A1
Duffield Ho N4 . . . . .6 B4
Duff Miller Coll
SW7 . . . . **129** A1
Duff St E14 . . . . . . .34 A3
Dufour's Pl W1 . . . **105** A1
Dugard Way SE11 . **150** A3
Dugdale Ho **10** N7 . .13 C3
Duke Humphrey Rd
SE3 . . . . .53 A1
Duke of Wellington Pl
SW1, W1 . . . . **131** C4
Duke of York Sq
SW3 . . . . **145** A3
Duke of York St
SW1 . . . . **119** A2
Duke Rd W4 . . . . . .37 C1
Duke St St Hill SE1 **123** C2
Duke's Ave W4 . . . .37 C1
Dukes Ct
Dulwich SE22 . . . . .76 C3
East Dulwich SE22 . .65 A2
Lewisham SE13 . . . .52 B1
Mortlake SW14 . . . .45 C1
Dukes Gate **4** W4 . .37 B2
Duke's Head Yd N6 . .4 A3
Duke's Ho SW1 . . . **147** C4
Duke Shore Wharf
E14 . . . . .33 B2
Dukes La W8 . . . . **128** A4
Duke's Mews W1 . . **103** C2
Duke's Pl EC3 . . . **110** B1
Dukes Point N6 . . . . .4 A3
Duke's Rd WC1 . . . **93** C3
Duke St W1 . . . . . **103** C1
Duke Street Mans
W1 . . . . **103** C1
Duke's Yd W1 . . . **117** C4
Dulas St N4 . . . . . . .5 B3
Dulford St
W11 . . . . . . .31 A2 **112** A4
Dulka Rd SW11 . . . .60 B2
Dulverton NW1 . . . **83** A3
Dulverton Mans
WC1 . . . . .95 A1
DULWICH 76 A1
Dulwich Coll SE21 . .76 A1
Dulwich Coll Prep Sch
SE21 . . . . .76 A1
Dulwich Com Hospl
SE22 . . . . .64 A1
Dulwich Comm
SE21 . . . . .76 A3
Dulwich Hamlet Jun
Sch SE21 . . . . .63 C1
Dulwich Lawn Cl
SE22 . . . . .64 B2
Dulwich L Ctr
SE22 . . . . .64 C3
Dulwich Mead
SE24 . . . . .63 B1
Dulwich Mews
1 East Dulwich
SE22 . . . . .64 B3
East Dulwich SE22 . .64 B2
Dulwich Oaks The
SE21 . . . . .76 A4
Dulwich Picture Gall★
SE21 . . . . .76 A4

Dulwich Rd SE24 . . .63 A1
DULWICH
VILLAGE 76 A4
Dulwich Village
SE21 . . . . .64 A1
Dulwich Village CE Inf
Sch SE21 . . . . . . **150** A3
Dumain Ct SE11 . . **150** A3
Du Maurier Ho **2**
NW3 . . . . .12 B3
Dumbarton Ct **1**
SW2 . . . . .74 A4
Dumbarton Rd
SW2 . . . . .62 A1
Dumont Rd N16 . . . .7 A1
Dumphreys Ho **5**
SW4 . . . . .73 C4
Dumpton Pl NW1 . . 12 C1
Dunbar St SE27 . . . .75 B1
Dunbar Wharf **20**
E14 . . . . .33 B2
Dunboyne Rd
NW3 . . . . .12 B3
Dunbridge Ho
SW15 . . . . .56 B1
Dunbridge St
Bethnal Green
E2 . . . . .24 C1 **99** C2
Bethnal Green E2 . . .25 A1
Duncan Ct **5** E14 . .34 B4
Duncan Gr W3 . . . .29 A3
Duncan Ho **3**
NW3 . . . . .12 B1
Duncannon Ho
SW1 . . . . **147** C1
Duncannon St
WC2 . . . . **120** A3
Duncan Rd
Hackney E8 . . . . . .25 A4
Richmond TW9 . . . .54 A3
Duncan St N1 . . . . **86** A2
Duncan Terr N1 . . . **86** A2
Dunch St **33** E1 . . .32 A3
Duncombe Ho **7**
SW19 . . . . .69 C3
Duncombe Prim Sch
N19 . . . . .5 A3
Duncombe Rd N19 . .4 C3
Duncrievie Rd
SE13 . . . . .67 C1
Dundalk Ho **2** E1 . .32 B3
Dundalk Rd SE4 . . .66 A4
Dundas Ho **12** E2 . .25 B3
Dundas Rd SE15 . . .50 B1
Dundee Ct **38** E1 . .32 A1
Dundee Ho W9 . . . **88** C4
Dundee St E1 . . . . .32 A1
Dundee Wharf
E14 . . . . .33 B2
Dundonald Rd
NW10 . . . . .22 C4
Dundry Ho **8**
SE26 . . . . .76 C1
Dunelm Gr SE27 . . .75 B1
Dunelm St E1 . . . . .32 C3
Dunford Rd N7 . . . .14 B4
Dungarvan Ave
SW15 . . . . .56 C3
Dungeness Ho
SW18 . . . . .59 B3
Dunhill Point **12**
SW15 . . . . .69 A3
Dunkeld Ho **15**
E14 . . . . .34 C3
Dunlace Rd E5 . . . .17 C4
Dunlin Ct **12** SE21 . .75 C2

Dunlin Ho **13** SE16 . .40 C2
Dunloe Ct **7** E2 . . .24 B3
Dunloe St E2 . . . . .24 B3
Dunlop Pl SE16 . . . **139** A1
Dunmore Point **5**
E2 . . . . .24 B2 **98** C3
Dunmore Rd NW6 . .23 A4
Dunmow Ho SE11 . **149** A2
Dunmow Rd E15 . . .19 C4
Dunmow Wlk N1 . . **86** C4
Dunnage Cres
SE16 . . . . .41 A2
Dunne Mews **11**
NW5 . . . . .13 B3
Dunnet Ho **27** E3 . .26 B3
Dunnico Ho SE17 . . **152** A2
Dunnock Ct **11**
SE21 . . . . .75 C2
Dunn's Pas WC1 . . **106** B2
Dunn St E8 . . . . . .16 B3
Dunollie Pl NW5 . . .13 B3
Dunollie Rd NW5 . .13 B3
Dunoon Ho N1 . . . . **84** C3
Dunraven Ho **12**
TW9 . . . . .44 B2
Dunraven Rd W12 . .29 C1
Dunraven Sch
SW16 . . . . .74 B1
Dunraven St W1 . . **117** A4
Dunrobin Ct NW3 . .11 A3
Dunsany Rd W14 . . **126** A1
Dunsfold Ho **4**
SW2 . . . . .74 B4
Dunsford Way
SW15 . . . . .57 A1
Dunsmure Rd N16 . .7 A3
Dunstable Ct **3**
SE3 . . . . .53 C3
Dunstable Mews
W1 . . . . **103** C4
Dunstable Rd TW10,
TW9 . . . . .54 A3
Dunstall Ho **9**
SE15 . . . . .49 C2
Dunstan Ho SE4 . . .51 B1
Dunstan Hos **5**
E1 . . . . .32 B4
Dunstan Rd NW11 . .1 C3
Dunstan's Gr SE22 . .65 A1
Dunstan's Rd SE22 . .64 C1
Dunster Ct EC3 . . . **124** B4
Dunster Gdns
NW6 . . . . .10 B1
Dunsterville Way
SE1 . . . . **137** C3
Dunston Rd
Clapham SW11 . . . **169** C2
Hackney E8 . . . . . .24 B4
Dunston St E8 . . . .24 B4
Dunton Ho **16**
SW16 . . . . .74 A1
Dunton Rd SE1 . . . **152** C3
Dunworth Mews
W11 . . . . .31 B3
Duplex Ride SW1 . . **131** A3
Durand Gdns
SW9 . . . . **173** A3
Durand Prim Sch
SW9 . . . . **173** A4
Durant St
E2 . . . . .24 C2 **99** B4
Durban Ho **28**
W12 . . . . .30 A2
Durdans Ho **3**
NW1 . . . . 13 B1

Durfey Pl SE5 . . . . .48 C3
Durford Cres
SW15 . . . . .69 A3
Durham Ct
Brockley SE4 . . . . .66 C4
4 Kilburn NW6 . . . .23 C3
Durham Ho
7 Dartmouth Pk
NW5 . . . . .4 B1
Lisson Gr NW8 . . . . **90** B3
Durham House St
WC2 . . . . **120** B3
Durham PI SW3 . . . **144** C1
Durham Rd N4, N7 . .5 B2
Durham Row E1 . . .33 A4
Durham St SE11 . . . **162** C4
Durham Terr W2 . . **100** A3
Durley Rd N16 . . . . .7 A4
Durlock Ho **10**
SW9 . . . . **173** B4
Durnston St **5**
SE10 . . . . .7 C2
Durnford St **4**
SE10 . . . . .52 B4
Durnsford Ave SW18,
SW19 . . . . .70 C2
Durnsford Rd SW18,
SW19 . . . . .70 C2
Durrell Rd SW6 . . . **164** C3
Durrels Ho W14 . . . **141** A4
Durrington Rd E5 . .18 A4
Durrington Twr **8**
SW8 . . . . **171** A2
Durrisdeer Ho
NW2 . . . . .10 B4
Durston NW5 . . . . .12 C3
Durward St E1 . . . . .32 A4
Durweston Mews
W1 . . . . **103** A4
Durweston St W1 . . **103** A3
Dutch Yd SW18 . . . .58 C2
Dutton Ho SW2 . . .75 A3
Dutton St SE10 . . . .52 B2
Dwight Ct **3** SW6 **164** B2
Dycer Ho **19** E9 . . .17 C2
Dye House La E3 . . .26 C4
Dyer Ho SE4 . . . . . .51 A1
Dyer's Bldgs EC1 . . **107** B3
Dyer's La SW15 . . . .57 A3
Dykes Ct **11** SW2 . .74 B3
Dylan Rd **2** SE24 . .63 A3
Dylways SE5 . . . . . .63 C3
Dymchurch Ho **12**
E5 . . . . .17 A3
Dymes Path SW19 . .69 C2
Dymock St SW6 . . .59 A4
Dyne Rd NW6 . . . . .10 B1
Dynevor Rd
Richmond TW10 . . . .54 A2
Shacklewell N16 . . . .7 B1
Dynham Rd NW6 . . **10** C1
Dyott St
Soho WC1 . . . . . . **105** C2
St Giles WC1, WC2 **106** A2
Dyott St
EC2 . . . . . . .24 A1 **98** A1
Dyson Ho **3** SE10 . .43 B1

E

Eade Rd N4 . . . . . . .6 B4
Eagle Cl SE16 . . . . .40 B1
Eagle Ct
16 Dulwich SE21 . .75 C2
Holborn EC1 . . . . . **108** A4

Eagle Dwellings
  EC1 . . . . 97 A4
Eagle Ho
  22 Bethnal Green
  E1 . . . .
  Finsbury Pk N7 . . . . . . 5 B1
Eagle Hts 10 SW11 . .60 A4
Eagle Mans N16 . . . .16 B3
Eagle Mews N1 . . . .16 A2
Eagle Pl
  South Kensington
  SW7 . . . . 143 A2
  St James SW1 . . . . . 119 A3
Eagle St WC1 . . . . . . 106 C3
Eagle Wharf SE1 . 124 C1
Eagle Wharf Rd
  N1 . . . . 87 A2
Eagle Works
  E1 . . . . .24 B1 99 A1
Eagling Cl E3 . . . . . .26 C2
Ealing, Hammersmith
  & West London Coll
  W14 . . . . 140 A2
Eamann Casey Ho 31
  SW9 . . . . 173 C3
Eamont Ct NW8 . . . . 80 B2
Eamont St NW8 . . . . 80 B2
Eardley Cres SW5 . 141 C1
Eardom Rd SW15 . . 57 B3
Earle Ho N1 . . . . 147 C3
Earlham St WC2 . . 106 A1
Earl Ho NW1 . . . . 90 B1
Earlom Ho WC1 . . . .95 B3
Earl Rd SW14 . . . . . . 55 B3
EARL'S COURT . . 141 C3
Earl's Court Ex Ctr*
  SW5 . . . . 141 B1
Earl's Court Gdns
  SW5 . . . . 142 A3
Earl's Court Rd SW5,
  W8 . . . . 141 C4
Earl's Court Sq
  SW5 . . . . 142 A2
Earl's Court Sta
  SW5 . . . . 141 C3
Earlsferry Way N1 . .14 A1
EARLSFIELD 71 B3
Earlsfield Prim Sch
  SW18 . . . . 71 B3
Earlsfield Rd
  SW18 . . . . 71 B3
Earlsfield Sta
  SW18 . . . . 71 B3
Earlsmead Rd
  NW10 . . . . 22 B2
Earl St EC2 . . . . 110 A4
Earls Terr W8 . . . . . 127 A1
Earlsthorpe Mews 3
  SW12 . . . . 60 C1
Earlstoke St EC1 . . . 96 A4
Earlston Gr E9 . . . . . 25 A4
Earls Wlk W8 . . . . . 127 B1
Earlswood Cl 10
  SE10 . . . . 43 A1
Earlswood Ho 2
  SW2 . . . . 74 B3
Earlswood St SE10 . 43 A1
Early Mews NW1 . . . 82 B4
Earnshaw Ho EC1 . . 96 B3
Earnshaw St WC1,
  WC2 . . . . 105 C2
Earsby St W14 . . . . 140 B4
Earth Galleries*
  SW7 . . . . 129 C1

Eashing Point 5
  SW15 . . . . 69 A3
Easleys Mews W1 103 C2
EAST ACTON 29 A1
East Acton Arc
  W3 . . . . 29 B3
East Acton Ct W3 . . 29 B2
East Acton La W3 . . 29 A2
East Acton Prim Sch
  W3 . . . . 29 A2
East Acton Sta
  W12 . . . . 30 B3
East Arbour St E1 . . 32 C3
East Bank N16 . . . . . 7 A4
East Block 5 E1 . . . . 32 C2
Eastbourne Ave
  W3 . . . . 28 C3
Eastbourne Gdns
  SW14 . . . . 55 B4
Eastbourne Mews
  W2 . . . . 101 A2
Eastbourne Rd
  W4 . . . . 45 B4
Eastbourne Terr
  W2 . . . . 101 A2
Eastbury Gr W4 . . . . 38 A1
Eastbury Terr E1 . . . 25 C1
Eastcastle St W1 . . 105 A2
Eastcheap EC3 . . . . 124 A4
East Churchfield Rd
  W3 . . . . 28 C1
Eastcote St SW9 . . 172 C1
East Cross Route
  Bow E3 . . . . .26 C4
  Hackney Wick E9 . .18 B3
Eastdown Ho E8 . . .16 C4
Eastdown Pk SE13 . 67 C3
EAST DULWICH . . . 64 C2
East Dulwich Gr
  SE22 . . . . 64 A2
East Dulwich Rd SE15,
  SE22 . . . . 64 A3
East Dulwich Sta
  SE22 . . . . 64 B3
East End Computing &
  Bsns Coll 37 E1 . .32 A3
Eastern St EC4 . . . . . 25 C1
East Ferry Rd E14 . . 42 A2
Eastfields Ave
  SW18 . . . . 58 C3
Eastfields Rd W3 . . 28 B4
Eastfield St E14 . . . 33 A4
East Harding St
  EC4 . . . . 107 C2
East Heath Rd NW3 . 2 C1
East Hill SW18 . . . . 59 B2
East India Bldgs 3
  E14 . . . . 33 C2
East India Ct 7
  SE16 . . . . 40 B4
East India Dock
  Basin* E14 . . . . . . 35 A2
East India Dock Rd
  E14 . . . . 34 A2
East India Dock Road
  Tunnel 18 E14 . . . 34 C2
East India Sta E14 . .34 C2
East La 9 SE16 . . . 139 B3
Eastlake Ho NW8 . . 89 C1
Eastlake Rd SE5 . . . 48 B1
Eastlands Cres
  SE21 . . . . 64 B1
Eastleigh Wlk 9
  SW15 . . . . 68 C4
Eastman Dental Hospl
  WC1 . . . . 94 C2

Eastman Ho 7
  SW4 . . . . 61 B1
Eastman Rd W3 . . . 37 C4
Eastmearn Rd SE21,
  SE27 . . . . 75 B1
East Mount St E1 . . 32 A4
Eastney St SE10 . . . 42 C1
Easton Ho 4 SE27 . 75 A1
Easton St WC1 . . . . 95 B3
East Parkside
  SE10 . . . . 43 B4
East Pas EC1 . . . . . 108 C4
East Plaza E14 . . . . 34 A1
East Point 4 SE1 . 153 B2
East Poultry Ave
  EC1 . . . . 108 A3
East Putney Sta
  SW15 . . . . 58 A2
East Rd
  Chelsea SW1 . . . . . 145 A1
  Shoreditch N1 . . . . 97 C4
East Row W10 . . . . . 23 A1
Eastry Ho SW8 . . . 162 A1
EAST SHEEN 55 C3
East Sheen Ave
  SW14 . . . . 55 C3
East Sheen Prim Sch
  SW14 . . . . 56 A3
East Smithfield
  E1 . . . . 125 A3
East St SE17 . . . . . 151 B2
East Surrey Gr
  SE15 . . . . 49 B3
East Tenter St E1 . 111 A1
East View W3 . . . . . 29 B1
Eastvale W3 . . . . . . 29 B1
Eastway E9 . . . . .18 C2
Eastway, E9 . . . . . . .26 A4
Eastwell Ho 5 SE1 . 137 C2
Eastwick Ct 2
  SW19 . . . . 69 C3
Eastwood Cl 2
  N7 . . . . .14 C3
Eaton Cl SW1 . . . . 145 B3
Eaton Dr SW9 . . . . . 63 A3
Eaton Gate SW1 . . 145 B4
Eaton Ho
  Battersea SW11 . . 167 C3
  4 Limehouse E14 . 33 B2
Eaton House Sch
  SW1 . . . . 145 A4
Eaton House The
  Manor Sch SW4 . . 61 A3
Eaton La SW1 . . . . 132 B1
Eaton Mans SW1 . 145 B3
Eaton Mews N
  SW1 . . . . 131 C1
Eaton Mews S
  SW1 . . . . 132 A1
Eaton Mews W
  SW1 . . . . 145 C4
Eaton Pl SW1 . . . . 131 C1
Eaton Row SW1 . . 132 A1
Eaton Sq SW1 . . . . 131 C1
Eaton Sq Pre-Prep
  Sch SW1 . . . . 146 A4
Eaton Sq Prep Sch
  SW1 . . . . 146 A4
Eaton Terr
  Belgravia SW1 . . . 145 C4
  Bow E3 . . . . .26 A2
Eaton Terr Mews
  SW1 . . . . 145 B4
Eatonville Rd
  SW17 . . . . 72 B2
Eatonville Villas
  SW17 . . . . 72 B2

Ebbisham Dr SW8 162 C3
Ebbsfleet Rd NW2 . .10 A4
Ebenezer Ho
  SE11 . . . . 150 A3
Ebenezer Mussel Ho
  5 E2 . . . . 25 B3
Ebenezer St N1 . . . . 97 B4
Ebley Cl SE15 . . . . . 49 B4
Ebner St SW18 . . . . 59 A2
Ebony Ct NW10 . . . . 8 B2
Ebony Ho
  27 Bethnal Green
  E2 . . . . .24 C2 99 B3
  10 West Hampstead
  NW3 . . . . .11 B2
Ebor Cotts SW15 . . 68 A1
Ebor St E1 . . . .
  E2 . . . . .24 B1 98 C2
Eburne Rd N7 . . . . . .5 A1
Ebury Bridge Rd
  SW1 . . . . 145 C1
Ebury Mews
  Belgravia SW1 . . . 146 A4
  West Norwood
  SE27 . . . . 75 A1
Ebury Mews E
  SW1 . . . . 132 A1
Ebury Sq SW1 . . . . 145 C3
Ebury St SW1 . . . . 146 A4
Ecclesbourne Rd
  N1 . . . . .15 B1
Eccles Ct SE11 . . . 149 A1
Eccles Rd SW11 . . . 60 B3
Eccleston Ho 1
  SW2 . . . . 62 C1
Eccleston Mews
  SW1 . . . . 131 C1
Eccleston Pl SW1 146 A4
Eccleston Sq
  SW1 . . . . 146 B3
Eccleston Sq Mews
  SW1 . . . . 146 C3
Eccleston St SW1 . 146 A4
Eckford St N1 . . . . . 85 B2
Eckstein Rd SW11 . .60 A3
Edans Ct W12 . . . . . 38 B4
Edbrooke Rd W9 . . 23 C1
Eddisbury Ho 7
  SE26 . . . . 76 C1
Eddiscombe Rd
  SW6 . . . . 165 A2
Eddison Ct N19 . . . . 5 A2
Eddystone Rd SE4 . 66 A2
Eddystone Twr
  SE8 . . . . 41 A1
Edenbridge Cl 28
  SE16 . . . . 40 A1
Edenbridge Rd E9 . 17 C1
Eden Cl
  Child's Hill NW3 . . . 1 C2
  Kensington W8 . . . 127 C2
Edendale W3 . . . . . . 28 A2
Eden Gr
  Islington N7 . . . . . . 14 B3
  Willesden NW10 . . . 9 A2
Edenham Way
  W10 . . . . 31 B4
Eden High Sch 9
  W6 . . . . 38 C1
Eden Ho
  18 Battersea
  SW11 . . . . .60 A4
  Lisson Gr NW8 . . . . 90 A1
Edenhurst Ave
  SW6 . . . . 58 B4
Eden Lodge NW6 . . 9 C1

Eden Mews SW17 . .71 B1
Edensmuir Ct SE3 . 53 C3
Edenson Gdns W4 . 46 A3
Edensor Rd W4 . . . . 46 A3
Edenvale St SW6 . 166 C1
Eden Way E3 . . . . . .26 B4
Edgar Ho
  Homerton E9 . . . . . 18 A3
  South Lambeth
  SW8 . . . . 162 A2
Edgar Kail Way
  SE22 . . . . 64 A3
Edgarley Terr
  SW6 . . . . 164 A3
Edgar Rd E3 . . . . . . 27 A2
Edgar Wallace Cl 4
  SE15 . . . . 49 A3
Edgcott Ho 2
  W10 . . . . 30 B4
Edgecombe Ho
  4 London SE5 . . . . 49 A1
  Putney SW19 . . . . . 70 A4
Edgecote Cl 7
  W3 . . . . 28 B1
Edgehill Ho 4
  SW9 . . . . 48 A1
Edgeley La SW4 . . . 61 C4
Edgeley Rd SW4 . . . 61 C4
Edgel St SW18 . . . . 59 A3
Edge St
  W8 . . . . 31 C1 113 C2
Edgeworth Ho
  NW8 . . . . 78 C4
Edgeworth Rd SW1 . 146 A2
Edgware Acad
  WC2 . . . . 106 B1
Edgware Rd W1, W2,
  NW1, NW8 . . . . . . 102 A3
Edgware Road Sta
  (Bakerloo) NW1 102 A3
Edgware Road Sta
  (Met, Distr, Circle)
  NW1 . . . . 102 A3
Edinburgh Cl 2
  E2 . . . . 25 B3
Edinburgh Ct 10
  SE16 . . . . 32 C1
Edinburgh Ho
  3 Acton W3 . . . . . . 28 C3
  Maida Vale W9 . . . 88 B4
  Edington 20 NW5 . 12 C2
Edison Bldg 7
  E14 . . . . 41 C4
Edison Ct SE10 . . . . 43 B3
Edison Ho SE1 . . . . 151 B4
Edis St NW1 . . . . . . 81 C4
Editha Mans
  SW10 . . . . 156 C3
Edith Cavell Cl 2
  N19 . . . . .5 A4
Edith Gr SW10 . . . . 157 A2
Edith Ho 6 W6 . . . . 39 B1
Edithna St SW9 . . . 62 A4
Edith Neville Cotts
  NW1 . . . . 93 B4
Edith Neville Prim
  Sch NW1 . . . . 83 B1
Edith Ramsay Ho 2
  E1 . . . . 33 A4
Edith Rd
  Stratford New Town
  E15 . . . . 19 C3
  West Kensington
  W14 . . . . 140 B3

Edith Row SW6.... **166** B4
Edith St E2....... 24 C3
Edith Summerskill Ho
SW6 .... **154** C2
Edith Terr SW10 . **156** C2
Edith Villas W14 .. **140** C2
Edith Yd SW10 .. **157** A2
Edmeston Ct SE19.. 18 A2
Edmond Ct SE14.. 50 B2
Edmonton Ct **5**
SE16............. 40 B3
Edmund Halley Way
SE10 .... 43 A4
Edmund Ho
Kennington SE17 . **150** B1
New Cross Gate
SE14 .... 51 B2
Edmundsbury Ct Est
16 SW9 .... 62 B3
Edmund St SE5.... 48 C3
Edmund Waller Prim
Sch SE14.......... 50 C1
Ednam Ho SE15 ... 49 C4
Edna St SW11 ... **168** A3
Edred Ho E9 ...... 18 A4
Edrich Ho SW4 .. **172** A3
Edric Ho SW1 .... **147** C4
Edric Rd SE14 .... 50 C3
Edridge Ho **9**
SE27 .... 75 A1
Edward Alleyn Ho
SE21 .... 76 A4
Edward Ct **2** E16.. 35 C4
Edward Dodd Ct
N1 .... **97** C4
Edward Edward's Ho
SE1 .... **122** A1
Edwardes PI W8 .. **127** A1
Edwardes Sq W8 . **127** A1
Edward Friend Ho **6**
N16 .... 7 A1
Edward Ho
Paddington W2.... **89** B1
Vauxhall SE11..... **149** A2
Edward Kennedy Ho
10 W10.......... 23 A1
Edward Mann Cl **13**
E1 .... 32 C3
Edward Mews
NW1 .... 82 B1
Edward Pl SE8 .... 51 B4
Edward Robinson Ho
3 SE14 .... 50 C3
Edward's Cotts **11**
N1 .... 15 A1
Edward's La N16 ... 7 A2
Edwards Mews
Islington N1....... 14 C1
Marylebone W1 ... **103** B1
Edward Sq
Islington N1 ...... **84** C3
1 Rotherhithe
SE16............. 33 A1
Edward St SE14 .. 51 B3
Edward VII Mans
NW10............ 22 C2
Edward Wilson Prim
Sch **2** W2 ...... **100** A4
Edwin Ho SE15.... 49 C3
Edwin's Mead E9.. 18 A4
Edwin St
Bethnal Green E1.. 25 B1
Newham E16 ...... 35 C4
Edwy Ho E9 .... 18 B4

Edwyn Ho SW18 ...59 A1
Effie PI SW6....... **155** C1
Effie Rd SW6..... **155** C1
Effingham Ho **37**
SW8 .... **171** B1
Effra Ct SW2 ..... 62 B2
Effra Mans SW2 .. 62 C2
Effra Par SW2..... 62 C2
Effra Rd SW2 ..... 62 C2
Effra Road Ret Pk
SW2 .... 62 C2
EF International
Language Sch
SE1 .... **121** C1
Egbert Ho E9...... 18 A3
Egbert St NW1 .... **81** B4
Egbury Ho SW1 ... 56 B1
Egerton Cres
SW3 .... **144** B4
Egerton Ct **5**
TW10 .... 54 A2
Egerton Dr SE10.. 52 A2
Egerton Gdns
Knightsbridge
SW3 .... **130** A1
Willesden NW10... 22 B4
Egerton Gdns Mews
SW3 .... **130** B1
Egerton Ho SW3 .. 44 B4
Egerton PI SW3 ... **130** A1
Egerton Rd N16 ... 7 B4
Egerton Terr SW3 . **130** B1
Egham Cl SW19 ... 70 A2
Eglantine Rd
SW18 .... 59 B2
Eglington Ct SE17 . 48 B4
Egliston Mews
SW15 .... 57 B4
Egliston Rd SW15.. 57 B4
Egmont St SE14 .. 50 C3
Egremont Ho
SE13............. 52 A1
Egremont Rd SE27. 74 C1
Egret Ho **11** SE16.. 40 C2
Eider Ct **38** SE8... 51 B4
Elaine Ct **13** NW3.. 12 B2
Elaine Gr NW5 .... 12 C3
Elaine Ho N4...... 5 A3
Elam Cl SE5 ...... 48 A1
Elam St SE5 ...... 48 A1
Elan Ct E1........ 32 A4
Eland Rd SW11.... 60 B4
Elba Pl SE17...... **151** A4
Elbe St SW6 ..... **166** C2
Elborough St
SW18 .... 70 C3
Elbury Dr E16 .... 35 C3
Elcho St SW11 ... **158** B1
Elcot Ave SE15.... 50 A3
Elderberry Rd W5 . 36 A4
Elderfield Ho **5**
E14 .... 33 C2
Elderfield Rd E5 ... 17 B4
Elder St E1...24 B1 **98** C1
Elder Wlk
Islington N1 ...... **86** B4
1 Lewisham SE13.. 67 B4
Eldon Ct NW6 .... 23 C4
Eldon Gr NW3 .... 11 C3
Eldon Ho SW9 .... 63 A4
Eldon Rd W8 ..... **128** B1
Eldon St EC2...... **109** C3
Eldon Way NW10 .. 20 A3
Eldridge Ct SE16 . **139** B1
Eleanor Cl SE16 .. 40 C4
Eleanor Ct **13** E2.. 24 C4

Eleanor Gr SW13 ...56 A4
Eleanor Ho
18 Hammersmith
W6 .... 39 B1
1 Kentish Town
NW5 .... 13 B3
Eleanor Palmer Prim
Sch **2** NW5...... 13 B4
Eleanor Rathbone Ho
1 N6 .... 4 C4
Eleanor Rd E8..... 17 A1
Eleanor St E3 ..... 26 C2
Electra Ct **5** NW2 . 9 B2
Electric Ave SW9 .. 62 C3
Electric Ho **13** E3.. 26 C2
Electric La **2**
SW9 .... 62 C3
Electric Mans **1**
SW9 .... 62 C3
Elephant & Castle
Newington SE1.... **136** B1
Newington SE1.... **150** B4
Elephant & Castle
Ctr SE1 .... **150** C4
Elephant & Castle Sta
Lambeth SE1 ..... **136** B1
Newington SE17... **150** C4
Elephant La SE16.. 40 B4
Elephant Rd SE17 . **150** C4
Elfindale Rd SE24.. 63 B2
Elfort Rd N5...... 14 C4
Elf Row E1........ 32 B2
Elgar Ave W5...... 36 A4
Elgar Cl SE8...... 51 C3
Elgar Ct W14 .... **126** A1
Elgar Ho
Pimlico SW1..... **146** B1
South Hampstead
NW6 .... 11 B1
Elgar St SE16..... 41 A3
Elgin Ave
Hammersmith
W12 .... 39 A3
Westbourne Green
W9 .... 88 B3
Elgin Cl W12 ..... 39 A4
Elgin Cres
W11 ...... 31 A2 **112** B4
Elgin Ct W9 ...... **88** A2
Elgin Ho **8** E14 ... 34 A3
Elgin Mans W9 ... **88** A3
Elgin Mews W11... 31 A3
Elgin Mews N W9 . **88** B4
Elgin Mews S W9 . **88** B4
Elgood Cl
W11 .... 31 A1 **112** A1
Elgood Ho NW8 .. **79** C1
Elham Ho **17** E5... 17 A3
Elia Mews N1 ..... 86 A1
Elias Pl SW8 .... **163** B3
Elia St N1........ 86 A1
Elim Est SE1...... **138** A2
Elim St SE1 ...... **138** A2
Eliot Cotts SE3 .... 53 A1
Eliot Ct SW18..... 59 A1
Eliot Gdns SW15 .. 56 C3
Eliot Hill SE13.... 52 B1
Eliot Ho **10** TW10 . 54 A2
Eliot Mews NW8 .. 78 C1
Eliot Pk SE13 ..... 52 B1
Eliot Pl SE3 ...... 53 A1
Eliot Vale SE3 .... 52 C1
Elizabeth Ave
Islington N1 ...... 15 C1
Shoreditch N1..... **87** A4

Elizabeth Barnes Ct
5 SW6 .... **166** B2
Elizabeth Blount Ct **4**
E14 .... 33 A3
Elizabeth Cl
Paddington W9 ... **89** A1
12 Poplar E14 ... 34 A3
Elizabeth Cooper Lo
SW12............ 60 C1
Elizabeth Cotts **5**
TW9 .... 44 C2
Elizabeth Ct
Chelsea SW10 ... **157** C3
East Dulwich SE22 . 64 C3
Marylebone NW8 . **90** B2
Westminster SW1 . **133** C1
Elizabeth Finn Ho **1**
W12 .... 38 C3
Elizabeth Garrett
Anderson Hospl
NW1 .... **93** A1
Elizabeth Garrett
Anderson Language
Coll N1 .... **85** A1
Elizabeth Gdns
W3 .... 29 B1
Elizabeth Ho
6 Hammersmith
W6 .... 39 B1
Lambeth SE11 .... **149** C3
Elizabeth Ind Est
SE14 .... 50 C4
Elizabeth Kenny Ho
N1.............. 15 B2
Elizabeth Mews
28 Hackney E2.... 24 C3
Maitland Pk NW3 .. 12 B2
Elizabeth Sq **12**
SE16............. 33 A2
Elizabeth St SW1 . **145** C4
Elkington Point
SE11 .... **149** B3
Elkstone Rd W10 .. 31 B4
Ellacombe Ho **1**
SW2 .... 74 C4
Ellaline Rd W6 .... 47 C4
Ella Mews NW3 ... 12 B4
Elland Ho **10** E14 . 33 B3
Elland Rd SE15 ... 65 B3
Ella Rd N4, N8 .... 5 A4
Ellenborough Ho **5**
W12 .... 30 A2
Ellenborough Pl
SW15 .... 56 C3
Ellen St E1 .... **111** C1
Ellen Wilkinson Ho
7 Globe Town E2.. 25 C2
West Brompton
SW6 .... **155** A3
Ellerby St SW6 .... 47 C2
Ellerdale Cl **13**
NW3 .... 11 B3
Ellerdale Rd NW3.. 11 B3
Ellerdale St SE13 .. 67 A4
Ellerker Gdns
TW10 .... 54 A1
Ellerslie Gdns
NW10............ 21 C4
Ellerslie Ind Est
SW2 .... 62 A2
Ellerslie Rd W12... 30 A1
Ellerton Ct W3 .... 37 A4
Ellerton Rd
Barnes SW13 ..... 46 C2

Ellerton Rd continued
Wandsworth SW17,
SW18 .... 71 C2
Ellery Cl **5** NW10 .. 21 B3
Ellery Ho SE17 ... **151** C3
Ellery St SE15..... 50 A1
Ellesmere Ct W4 .. 45 C4
Ellesmere Rd
Bow E3 .... 26 A3
Chiswick W4 ...... 45 C4
Willesden NW10... 8 C3
Ellesmere St E14 .. 34 A3
Ellingfort Rd E8 ... 17 A1
Ellingham Rd
Leyton E15 .... 19 C4
Shepherd's Bush
W12 .... 29 C2
Ellington Ho SE1 . **137** A1
Ellington St N7.... 14 C2
Elliot Rd
Acton W4 .... 38 A2
Brixton SW9 ...... 48 A2
Elliott Sch SW15.. **57** B1
Elliott Sq NW3.... 12 A1
Elliott's Pl N1 ..... 86 B3
Elliott's Row SE11 . **150** B4
Elliott's Row SE11 . **150** B4
Ellisfield Dr SW15 . 68 C4
Ellis Franklin Ct
NW8 .... 78 C2
Ellis Ho SE17 .... **151** B2
Ellison Ho **1** SE13.. 52 B1
Ellison Rd SW13... 46 B1
Ellis St SW1...... **145** B4
Ellsworth St E2.... 25 A2
Ellwood Ct **1** W9 . 88 B1
Elmar Ct SW6 .... **164** B2
Elm Bank Gdns
SW13 .... 46 A1
Elm Bank Mans
SW13 .... 46 A1
Elmbourne Rd
SW17 .... 73 A1
Elmbridge Wlk E8 . 16 C1
Elm Cl N19........ 4 B2
Elmcourt Rd SE21,
SE27 .... 75 B2
Elm Court Sch
SE27 .... 75 B2
Elm Cres W5...... 36 A4
Elmcroft Ave NW11. 1 B4
Elmcroft Cres
NW11............ 1 A4
Elmcroft St E5 .... 17 B4
Elm Ct
Brixton SW9 ..... **173** B4
Lewisham SE13 ... 67 C4
14 Notting Hill W2.. 31 C4
Strand EC4....... **121** B4
Elm Ct Sch SE27... 74 B4
Elmer Ho NW1 ... **102** A4
Elmfield Ho
6 Canonbury N5... 15 B3
Paddington W9 ... 88 B2
Elmfield Mans **5**
SW17 .... 72 C2
Elmfield Rd SW17 . 73 A2
Elmfield Way W9 .. 31 C4
Elm Friars Wlk
NW1 .... 13 C1
Elm Gr N19....... 4 B2
Elm Gr
Cricklewood NW2 .. 9 C4
Peckham SE15 .... 49 C1

Elmgreen Sch The
SE27 . . . .**75** A2
Elm Grove Rd
Barnes SW13 . . . .**46** C1
Ealing W5 . . . .**36** A4
Elm Ho **4** E14 . . . .**42** B4
Elmhurst Mans
SW4 . . . .**61** C4
Elmhurst St SW4 . . . . .**61** C4
Elmhurst Villas
SE15 . . . .**65** B3
Elmington Rd SE5 . . . . .**48** C3
Elmira St SE13 . . . .**67** A4
Elm Lo SW6 . . . .**47** C2
Elmore Ho SW9 . . . .**48** A1
Elmore St N1 . . . .**15** C1
Elm Park Gdns
SW10 . . . .**143** B1
Elm Park Ho
SW10 . . . .**143** B1
Elm Park La SW3 . . . . .**143** B1
Elm Park Mans
SW10 . . . .**157** A4
Elm Park Rd SW3 . . . . .**157** A4
Elm Pk SW2 . . . .**74** B4
Elm Pl SW7 . . . .**143** B2
Elm Quay SW8 . . . .**161** B3
Elm Rd SW14 . . . .**55** B3
Elm Row NW3 . . . .**2** B1
Elms Cres SW4 . . . .**61** C1
Elmshaw Rd SW15 . . . . .**56** C2
Elmslie Point **2**
E3 . . . .**33** B4
Elms Mews W2 . . . .**115** B4
Elms Rd SW4 . . . .**61** B2
Elm St WC1 . . . .**95** A1
Elms The
Barnes SW13 . . . .**56** B4
5 Harlesden
NW10 . . . .**21** A3
Elmstone Rd SW6 . . . . .**165** B4
Elm Terr NW2 . . . .**1** C1
Elmton Ct NW8 . . . .**89** B2
Elm Tree Cl NW8 . . . . . .**89** B4
Elm Tree Ct
6 Camberwell
SE5 . . . .**48** B2
St John's Wood
NW8 . . . .**89** B4
Elm Tree Rd NW8 . . . . .**89** B4
Elm Way NW10 . . . .**8** A4
Elm Wlk NW3 . . . .**1** C2
Elmwood Ct
SW11 . . . .**170** A4
Elm Wood Prim Sch
SE27 . . . .**75** C1
Elmwood Rd
Chiswick W4 . . . .**45** B4
Herne Hill SE24 . . . . . .**63** C2
Elmworth Gr SE21 . . . . .**75** C2
Elnathan Mews
W9 . . . .**88** B1
Elphinstone St N5 . . . . .**15** A4
Elrington Rd E8 . . . .**16** C2
Elsa St E1 . . . .**33** A4
Elsdale Ho **10** E9 . . . . . .**17** B2
Elsdale St E9 . . . .**17** B1
Elsden Mews E2 . . . . . .**25** B3
Elsenham St SW18 . . . . .
SW19 . . . .**70** B2
Eisfield NW5 . . . .**13** A3
Elsham Rd W14 . . . .**126** A3
Elsham Terr W14 . . . . .**126** A3
Elsie Lane Ct W2 . . . . . .**100** A3
Elsiemaud Rd SE4 . . . . .**66** B2
Elsie Rd SE22 . . . .**64** B3

Elsinore Gdns NW2 . . . . .**1** A1
Elsinore Ho
12 Camberwell
SE5 . . . .**48** B1
Islington N1 . . . .**85** B3
Elsinore Way TW9 . . . . .**55** A4
Elsley Rd SW11 . . . .**60** C4
Elsley Sch **8**
SW17 . . . .**72** A2
Elspeth Rd SW11 . . . . . .**60** B3
Elstead Ho **9**
SW2 . . . .**74** B4
Elsted St SE17 . . . .**151** C3
Elstow Grange
NW6 . . . .**9** C1
Elswick Rd SE13 . . . . . .**52** A1
Elswick St SW6 . . . .**166** C2
Elsworthy Rd NW3 . . . . .**80** A4
Elsworthy Rise
NW3 . . . .**12** A1
Elsworthy Terr
NW3 . . . .**12** A1
Elsynge Rd SW18 . . . . . .**59** C2
Elsynge Road Mans
SW18 . . . .**59** C2
Elthiron Rd SW6 . . . . . .**165** C3
Elthorne Rd N19 . . . .**4** C2
Elthruda Rd SE13 . . . . . .**67** C1
Elton Ho **3** E3 . . . .**26** B4
Elton Pl N16 . . . .**16** A3
Elton St **3** N16 . . . .**16** A3
Eltringham St
SW18 . . . .**59** B3
Elvaston Mews
SW7 . . . .**129** A2
Elvaston Pl SW7 . . . . . .**129** A1
Elveden Ho **17**
SW9 . . . .**63** A3
Elver Gdns **10**
E2 . . . .**99** C4
Elverson Rd SE8 . . . . . .**52** A1
Elverson Rd Sta
SE8 . . . .**52** A1
Elverton St SW1 . . . . . .**147** B4
Elvin Ho **2** E9 . . . .**17** B2
Elvis Rd NW2 . . . .**9** B2
Elwin St E2 . . . . .**24** C2 99 B4
Elwood St N4,N5 . . . .**6** A1
Elworth Ho SW8 . . . . . .**163** A1
Ely Cotts SW8 . . . .**162** C2
Ely Court Flats
SW6 . . . .**164** A3
Ely Ct
Holborn EC1 . . . .**107** C3
3 Maida Vale NW6 . . .**23** C2
Ely Ho **22** SE15 . . . .**49** C3
Ely Pl EC1 . . . .**107** C3
Elysium Gate **7**
SW6 . . . .**164** C2
Elysium Pl SW6 . . . .**164** C1
Elysium St SW6 . . . . . .**164** C1
Elystan Ct SW15 . . . . . .**57** A2
Elystan Pl SW3 . . . .**144** C2
Elystan St SW3 . . . .**144** B3
Elystan Wlk N1 . . . .**85** B3
Emanuel Ave W3 . . . .**28** B3
Emanuel Ct W3 . . . .**28** C3
Emanuel Sch
SW11 . . . .**60** A2
Embankment
SW15 . . . .**47** C1
Embankment Gdns
SW3 . . . .**159** A4
Embankment Pier
WC2 . . . .**120** B2

Embankment Pl
WC2 . . . .**120** B2
Embankment Sta
WC2 . . . .**120** B2
Embassy Ct NW8 . . . . . .**79** C1
Embassy Ho **2**
NW6 . . . .**10** C2
Emba St SE16 . . . .**139** C3
Ember Ct **2** W12 . . . .**38** A3
Emberton SE5 . . . .**49** A4
Emberton Ct EC1 . . . . . .**96** A3
Embleton Rd SE13 . . . . .**67** A3
Emden St SW6 . . . .**166** B4
Emerald Rd NW10 . . . . . .**20** C4
Emerald St WC1 . . . .**106** C4
Emerson Ho N16 . . . .**16** A3
Emerson St SE1 . . . . . .**122** C2
Emery Hill St
SW1 . . . .**133** A1
Emery St **1** SE1 . . . . . .**135** C2
Emily St **2** E16 . . . .**35** B3
Emirates Stad
(Arsenal FC) N7 . . . . . .**14** C4
Emlyn Gdns **3**
W12 . . . .**38** A3
Emlyn Rd W12 . . . .**38** B3
Emmanuel CE Prim
Sch NW6 . . . .**10** C3
Emmanuel Ho
Dulwich SE21 . . . .**75** C1
Lambeth SE11 . . . .**149** B3
Emmanuel Rd
SW12 . . . .**73** C3
Emma St E2 . . . .**25** A3
Emminster NW6 . . . .**78** A4
Emmott Cl E1 . . . .**26** A1
Emperor's Gate
SW7 . . . .**142** C4
Empingham Ho **20**
SE8 . . . .**40** C2
Empire Ho SW3 . . . .**130** A1
Empire Sq N19 . . . .**5** A1
Empire Wharf E3 . . . .**26** A4
Empire Wharf Rd
E14 . . . .**42** C2
Empress Mews **38**
SE5 . . . .**48** B1
Empress Pl SW5 . . . . . .**141** B1
Empress St SE17 . . . . . .**48** B4
Empson St **3** E3 . . . .**27** A1
Emsworth St SW2 . . . . . .**74** B2
Emu Rd SW8 . . . .**170** A1
Enard Ho **29** E3 . . . .**26** B3
Enbrook St W10 . . . .**23** A2
Enclave Ct **1** EC1 . . . .**96** B2
Endell St WC2 . . . .**106** A1
Enderby St SE10 . . . .**43** A1
Endlesham Ct **2**
SW12 . . . .**72** C4
Endlesham Rd
SW12 . . . .**72** C4
Endsleigh Gdns
WC1 . . . .**93** B2
Endsleigh Mans **4**
SW16 . . . .**74** A1
Endsleigh Pl WC1 . . . . . .**93** C2
Endsleigh St WC1 . . . . . .**93** C2
Endwell Rd SE4 . . . .**51** A1
Endymion Rd
Harringay N4 . . . .**6** A4
Tulse Hill SW2 . . . .**62** B1
Energen Cl NW10 . . . .**8** A2
Enfield Cloisters **1**
N1 . . . .**24** A2 98 A4
Enfield Ho **24**
SW9 . . . .**172** B1

Enfield Rd
De Beauvoir Town E8,
N1 . . . .**16** A1
South Acton W3 . . . . . .**37** A4
Enford St W1 . . . .**102** C4
Engadine St SW18 . . . . .**70** C3
Engate St SE13 . . . .**67** B3
England's La NW3 . . . . . .**12** B2
Englefield N1 . . . .**92** C3
Englefield Rd N1 . . . .**16** A1
Englewood Rd
SW12 . . . .**61** B1
English Gardening
Sch The SW3 . . . .**158** C4
English Grounds
SE1 . . . .**124** A1
English Martyrs RC
Prim Sch
Walworth SE17 . . . .**151** C2
Whitechapel E1 . . . . . .**111** A1
English St E3 . . . .**26** B1
Enid St SE16 . . . .**139** A2
Enid Stacy Ho **11**
N19 . . . .**5** A3
Enmore Ct SW14 . . . . . .**55** C2
Enmore Gdns
SW14 . . . .**55** C2
Enmore Rd SW15 . . . . . .**57** B2
Ennerdale Ho **3**
N4 . . . .**6** C4
Ennerdale Rd TW9 . . . . .**44** B1
Ennerdale Rd
SE13 . . . .**67** C1
Ennis Ho **10** E14 . . . .**34** A3
Ennismore Ave
W4 . . . .**38** B2
Ennismore Gdns
SW7 . . . .**130** A2
Ennismore Gdns
Mews SW7 . . . .**130** A2
Ennismore Mews
SW7 . . . .**130** A2
Ennismore St
SW7 . . . .**130** A2
Ennis Rd N4 . . . .**5** C3
Ensbury Ho SW8 . . . . . .**162** C2
Ensign Ct **12** E1 . . . .**125** C3
Ensign Ho **10** E14 . . . . . .**41** C4
Ensign St E1 . . . .**125** B4
Enterprise Ho **20**
E9 . . . .**17** B1
Enterprise Way
College Pk NW10 . . . . . .**21** C2
Wandsworth SW18 . . . . .**58** C3
Enterprize Way
SE8 . . . .**41** B2
Epirus Mews SW6 . . . . .**155** B2
Epirus Rd SW6 . . . .**155** A2
Epping Cl E14 . . . .**41** C2
Epping Ho **5** E5 . . . .**7** C2
Epping Pl N1 . . . .**14** C2
Epple Rd SW6 . . . .**165** A4
Epworth St EC2 . . . .**97** C1
Equity Sq **29**
E2 . . . .**24** B2 99 A3
Erasmus St SW1 . . . . . .**147** C3
Erconwald St W12 . . . . . .**29** B3
Eresby Ho SW7 . . . .**130** B3
Eresby Pl NW6 . . . .**10** C1
Erica Ct SW4 . . . .**172** B1
Erica Ho SE4 . . . .**66** B4
Erica St W12 . . . .**29** C2
Ericcson Cl SW18 . . . . . .**58** C2

Elm–Ess **211**

Eric Fletcher Ct **1**
N1 . . . .**15** B1
Eric Macdonald Ho
SW6 . . . .**165** C3
Eric Rd NW10 . . . .**8** B2
Ericson Ho
London SE13 . . . .**67** C3
Stamford Hill N16 . . . .**7** B3
Eric Wilkins Ho **14**
SE1 . . . .**153** B1
Eridge Ho SE22 . . . .**64** B4
Eridge House Sch **13**
SW6 . . . .**164** C2
Eridge Rd W4 . . . .**37** C3
Erin Ct NW2 . . . .**9** B2
Erlanger Rd SE14 . . . . . .**50** C1
Ermine Rd SE13 . . . .**67** A3
Ernest Bevin Coll
SW17 . . . .**72** A2
Ernest Gdns W4 . . . .**45** A4
Ernest Simmonds Ho
SE14 . . . .**50** B1
Ernest St E1 . . . .**25** C1
Ernshaw Pl SW15 . . . . . .**58** A2
Eros (Shaftesbury
Meml)* W1 . . . .**119** B3
Erpingham Rd
SW15 . . . .**57** B4
Errington Rd W9 . . . .**23** B1
Errol St EC1 . . . .**97** A1
Erskine Ho SW1 . . . . . .**146** C1
Erskine Rd NW3 . . . .**12** B1
Escuan Lo N5 . . . .**15** B3
Esher Gdns SW19 . . . . . .**69** C2
Esher Ho **8** SW8 . . . . . .**171** C2
Eskdale NW1 . . . .**82** C1
Esk Ho E3 . . . .**26** B1
Esme Ho **3** SW15 . . . . . .**56** B3
Esmeralda Rd
SE1 . . . .**153** C3
Esmond Ct W8 . . . .**128** B2
Esmond Gdns W4 . . . . . .**37** C2
Esmond Rd
Acton W4 . . . .**37** C2
Kilburn NW6 . . . .**23** B4
Esmond St SW15 . . . .**58** A3
Esparto St SW18 . . . .**71** A4
Espirit Ho **6**
SW15 . . . .**58** A2
Essendine Mans
W9 . . . .**23** C2
Essendine Prim Sch
11 W9 . . . .**23** C2
Essendine Rd W9 . . . . . .**23** C2
Essex Ct
Barnes SW13 . . . .**46** B1
Hammersmith W6 . . . . . .**39** B3
Holborn EC4 . . . .**107** B1
Essex Ho **2** E14 . . . .**34** A3
Essex Park Mews
W3 . . . .**29** A1
Essex Pl W4 . . . .**37** B2
Essex Place Sq **5**
W4 . . . .**37** C2
Essex Rd
Acton W3 . . . .**28** B2
Chiswick W4 . . . .**37** C2
Islington N1 . . . .**86** C4
Willesden NW10 . . . .**8** A1
Essex Road Sta N1 . . . . .**15** B1
Essex St WC2 . . . .**121** B4
Essex Villas W8 . . . .**127** B3

Essian St E1......33 A4
Essington SW15......58 A1
Estcourt Rd SW6......154 C2
Estella Ho **12** W11...30 C2
Estelle Rd NW3......12 B4
Esterbrooke St
SW1......147 B3
Este Rd SW11......60 A4
Estoria Cl **22** SW2...74 C4
Etal Ho N1......15 A1
Etchingham Rd
E15......19 B4
Eternit Wlk SW6...47 C2
Ethelbert Ho E9.....18 A4
Ethelbert St SW12...73 A3
Ethelburga St
SW11......168 B4
Ethelburga Twr
SW11......168 B4
Ethelden Rd W12...30 A1
Ethel Rankin Ct **6**
SW6......164 C2
Ethel St SE17......151 A3
Ethelworth St
SW2......74 C3
Etherow St SE22...76 C4
Ethnard Rd SE15...50 A4
Eton Ave NW3......12 A1
Eton Cl SW18......71 A4
Eton College Rd
NW3......12 B2
Eton Ct N11......11 C1
Eton Garages **11**
NW3......12 B2
Eton Hall NW3......12 B2
Eton Ho
Hackney E9......18 B2
Highbury N5......15 A4
Eton Pl NW1......12 C1
Eton Rd NW3......12 B2
Eton Rise NW3......12 B2
Eton St TW10......54 A2
Eton Villas NW3...12 B2
Etta St SE8......51 A4
Ettrick St E14......34 B3
Eugene Cotter Ho
SE17......151 C3
Eugenia Rd SE16...40 B2
Eurocentres SW1...146 B3
Euro Cl NW10......8 C2
Eurolink Bsns Ctr
SW2......62 C2
Europa Pl EC1......96 C3
European Coll **48**
E1......111 B2
Eustace Bldg
SW8......160 A3
Eustace Ho SE11...148 C4
Eustace Rd SW6...155 B2
Euston Rd NW1......93 A2
Euston Sq NW1......93 B3
Euston Square Sta
WC1......93 A2
Euston St NW1......93 A3
Euston Sta NW1......93 B3
Euston Underpass
NW1......92 C2
Evan Cook Cl SE15..50 B2
Evandale Rd SW9...173 C2
Evangelist Rd
NW5......13 A4
Evans Cl E8......16 B2

Evans Ho
34 Shepherd's Bush
W12......30 A2
South Lambeth
SW8......161 C1
Evelina Mans **9**
SE5......48 C3
Evelina Rd SE15...50 B1
Eveline Lowe Prim
Sch **22** SE1......153 C1
Evelyn Ct
Marylebone W1...102 C1
Shacklewell E8......16 C4
Shoreditch N1......87 B1
Evelyn Denington Ct
2 N1......15 A1
Evelyn Fox Ct W10..30 B4
Evelyn Gdns
Richmond TW9......54 A3
South Kensington
SW7......143 B1
Evelyn Ho
Bedford Pk W12...38 B4
3 Brixton SW2......62 B2
18 Spitalfields E1...111 B3
Evelyn Rd
Acton W4......37 C3
Richmond TW9......54 A4
Evelyn St
Greenwich SE10...52 B4
SE8......41 A1
Evelyn Terr TW9...54 A4
Evelyn Wlk N1......87 B1
Evelyn Yd W1......105 B2
Evenwood Cl
SW15......58 A2
Everard Ho **33** E1...111 C1
Everatt Cl SW18...58 B2
Everdon Rd SW13..46 C4
Everest Pl E14......34 B4
Everett Ho
Islington N7......14 C4
Walworth SE17......151 B2
Evergreen Sq **3**
E8......16 B1
Everilda St N1......85 A3
Evering Rd E5, N16...7 C1
Everington St W6...47 C4
Everleigh St N4...5 B3
Eversfield Rd TW9..44 B1
Evershed Ho E1...111 A2
Evershed Wlk W4...37 C2
Eversholt St NW1...93 B4
Evershot Rd N4......5 B3
Eversleigh Rd
SW11......169 B3
Eversley Ho **12**
E2......24 C2 99 B3
Everthorpe Rd
SE15......64 B4
Everton Bldgs
NW1......92 C3
Evesham Ct **2**
TW10......54 B1
Evesham Ho
1 Bethnal Green
E2......25 B3
Pimlico SW1......146 B2
St John's Wood
NW8......78 C3
Evesham St W11...30 C2
Evesham Way
SW11......60 C4
Evesham Wlk
Brixton SW9......173 B2

Evesham Wlk continued
Camberwell SE5.....48 C1
Ewald Rd SW6......164 C1
Ewart Pl **13** E3......26 B3
Ewe Cl N7......14 A2
Ewen Cres SW2......74 C4
Ewen Henderson St
16 SE14......51 A3
Ewen Ho N1......84 C3
Ewer St SE1......122 C1
Ewhurst **10** SW15...57 C1
Ewhurst Cl E1......32 B4
Ewhurst Rd SE4...66 B1
Exbury Ho
Hackney E9......17 B2
4 London SW9...62 B3
Excel Ct WC2......119 C3
Excelsior Gdns
SE13......52 B1
Excelsior Ind Est
SE15......50 B4
Exchange Arc
EC2......110 B4
Exchange Ct WC2...120 B3
Exchange Mans **2**
NW11......1 B4
Exchange Pl EC2...110 A4
Exeter Ct NW6......23 C3
Exeter Ho
Paddington W2......100 C2
11 Peckham SE15...49 C4
Putney SW15......57 B1
Exeter Mans NW2..10 A2
Exeter Mews
Fulham SW6......155 B2
12 Hampstead NW6...11 A2
Exeter Rd
Brondesbury NW2...10 A2
Newham E16......35 C4
Exeter St WC2......120 C4
Exeter Way **2**
SE14......51 B3
Exford Gdns SE12...54 A3
Exford Rd SE12......67 A1
Exhibition Cl W12...30 B2
Exhibition Rd
SW7......129 C2
Exmoor Ho **23** E3...26 A3
Exmoor St W10......30 C4
Exmouth Ho
Clerkenwell EC1...95 C2
6 Millwall E14......42 A2
Exmouth Market
EC1......95 C2
Exmouth Mews
NW1......93 A3
Exmouth Pl E8......17 A1
Exmouth St E1......32 B3
Exonbury NW8......78 B3
Exon St SE17......152 A3
Explorers Ct **9**
E14......34 C2
Exton St SE1......121 B1
Eynella Rd SE21......76 B4
Eynham Rd W12......30 B3
Eynsford Ho SE1......137 B4
Eynsford Ho
Borough The SE1...137 B4
2 Deptford SE15...50 B4
Walworth SE17......152 A3
Eyot Gdns W6......38 B1
Eyot Gn W4......38 B1
Eyre Ct NW8......79 B2
Eyre St Hill EC1......95 B1
Eythorne Rd SW9...173 C3

Ezra St E2......24 B2 99 A4

F

Fabian Rd SW6......155 A2
Fabyc Ho TW9......44 C3
Fairacres SW15......56 C3
Fairbairn Gn **1**
SW9......48 A2
Fairbriar Residence
SW7......143 A4
Fairbridge Rd N19...4 C2
Fairburn Ct SW15...58 A2
Fairburn Ho
11 Stamford Hill
N16......7 A3
West Kensington
SW5......141 A1
Fairby Ho SE1......153 A4
Fairchild Cl **6**
SW11......167 C1
Fairchild Ho
13 Hackney E9...17 B1
Pimlico SW1......147 A3
5 Shoreditch
N1......24 A2 98 A4
Fairchild Pl
EC2......24 A1 98 B1
Fairchild St
EC2......24 A1 98 B1
Fairclough St E1...111 C1
Faircourt **14** NW3...12 B2
Faircroft N16......6 C3
Fairdale Gdns
SW15......57 A3
Fairdene Ct N7......14 A3
Fairfax Ho
1 Brixton SW9...173 C1
6 Putney SW15...56 C2
Fairfax Mews
SW15......57 A3
Fairfax Pl
Kensington W14...126 B1
South Hampstead
NW6......11 B1
Fairfax Rd
Acton W4......38 A3
South Hampstead
NW6......11 B1
Fairfield
Camden Town NW1...82 C3
4 Stepney E1......32 B4
Fairfield Ct
Harlesden NW10...21 C4
1 London SW18...59 A2
Fairfield Dr SW18...59 A2
Fairfield Rd E3......26 C3
Fairfield St SW18...59 A2
Fairfoot Rd E3......26 C1
Fairford Ho SE11...149 C3
Fairhazel Gdns
NW6......11 B1
Fairheathe SW15...57 C1
Fairholme Rd
W14......140 B1
Fairholt Cl N16......7 A3
Fairholt Rd N16......6 C3
Fairholt St SW7......130 B2
Fairhurst **4** NW6...11 B2
Fairlawn Ave W4...37 B2
Fairlawn Ct **3** W4..37 B2
Fairlawn Gr W4......37 B2

Fairlawn Mans
SE14......50 C2
Fairlawns SW15......57 C2
Fairlead Ho **6**
E14......41 C3
Fairley House Sch
SW1......147 C2
Fairlie Ct
22 Bromley E3......27 A2
1 Tufnell Pk N7...13 C4
Fairlight Ave
NW10......21 A3
Fairlight Ct **4**
NW10......21 A3
Fairlop Pl NW8......89 C3
Fairmead Ho E9......18 A4
Fairmead Rd N7,
N19......5 A1
Fairmont Ave E14..34 C1
Fairmont Ho **1**
E3......26 C1
Fairmount Rd
SW2......62 B1
Fair St SE1......138 C4
Fairstead Wlk N1...86 C4
Fairthorn Rd SE7,
SE10......43 C1
Fairview Ho **14**
SW2......74 B4
Fairview Pl SW2......74 B4
Fairwall Ho **5**
SE5......49 A2
Fairway Cl NW11......2 B4
Fairway Ct **13**
SE16......40 C4
Fairway The W3......29 A3
Fairweather Ho
N7......14 A4
Faith Ct NW2......9 A2
Faithfull Ho N5......15 B3
Fakruddin St
E1......24 C1 99 C1
Falconberg Ct
W1......105 C2
Falconberg Mews
W1......105 C2
Falconbrook Prim Sch
22 SW11......59 C4
Falcon Cl
Chiswick W4......45 B4
Lambeth SE1......122 B2
Falcon Ct
9 Dulwich SE21...75 C2
Holborn EC4......107 B1
Islington N1......86 B1
Falconer Wlk **12** N7...5 B2
Falcon Ho SE15......49 C4
Falcon Ho **11** SE15...49 B2
Falcon La SW11......60 A4
Falcon Lo
11 Paddington W9...31 C4
West Hampstead
NW3......11 A4
Falcon Pk Ind Est
NW10......8 A3
Falcon Point SE1...122 B3
Falcon Rd SW11......60 A4
Falcons Pre Prep Sch
The **1**......45 A4
Falcons Prep Sch for
Boys The TW9......54 A3
Falcon Terr SW11...60 A4
Falcon Way E14......42 A2
Falconwood Ct
SE3......53 B1
Falkener Ct SW11...169 C3

Falkirk Ct **11** SE16 . . . .32 C1
Falkirk Ho W9 . . . . **88** B4
Falkirk St N1 . . . . .24 A3
Falkland Ho
  Kensington W8 . . . **128** A1
  West Kensington
  W14 . . . . **140** C2
Falkland Pl **2**
  NW5 . . . . .13 B3
Falkland Rd NW5 . . . . .13 B3
Falkner House Sch
  SW7 . . . . **143** A2
Fallodon Ho
  6 London SW8 . . **171** C2
  Paddington W11 . . . . .31 B4
Fallow Ct **20** SE16 **153** C1
Fallowfield N4 . . . . .5 B2
Falmouth Ho
  Bayswater W2 . . . . **116** A4
  Kensington SE11 . . **149** C2
Falmouth Rd SE1 . . **137** A1
Falmouth St E15 . . . . .19 C3
Falstaff Ct SE11 . . . **150** A3
Falstaff Ho **18** N1 . . . .24 A3
Fane St W14 . . . . **155** A4
Fan Mus The★
  SE10 . . . . .52 B3
Fann St EC1 . . . . **97** A1
Fanshaw St
  N1 . . . . .24 A2 **98** A4
Fanthorpe St
  SW15 . . . . .57 B4
Faraday Cl N7 . . . . .14 B2
Faraday Ho
  2 Balham SW12 . . .73 A4
  6 Gospel Oak NW5 . . .13 A4
  Kensal Town W10 . . . . .31 A4
  6 Poplar E14 . . . . . . .34 A2
Faraday Rd
  Acton W3 . . . . .28 B2
  Kensal Town W10 . . . . .31 A4
Fareham Ho **18**
  SW15 . . . . .68 C3
Fareham St W1 . . . **105** B2
Farjeon Ho NW6 . . . . .11 C1
Farleigh Pl N16 . . . . .16 B4
Farleigh Rd N16 . . . . .16 B4
Farley Ct
  Kensington W14 . . . **126** C2
  Marylebone NW1 . . . **91** B1
Farlington Pl
  SW15 . . . . .69 A4
Farlow Rd SW15 . . . .57 C4
Farlton Rd SW18 . . . .71 A4
Farm Ave NW2 . . . . . . .1 B1
Farm Cl SW6 . . . . . . **155** C2
Farmdale Rd SE10 . .43 C1
Farmer Ho **4**
  SE16 . . . . .40 A3
Farmers Mkt★
  W8 . . . . **113** C2
Farmer St
  W8 . . . . .31 C1 **113** B2
Farm La SW6 . . . . . . **155** C2
Farm Lane Trad Ctr
  SW6 . . . . **155** C3
Farmleigh Ho
  SW9 . . . . .63 A2
Farm Pl **11**
  W8 . . . . .31 C1 **113** B2
Farm Rd NW10 . . . . . .20 C4
Farm St W1 . . . . **118** A3
Farnaby Ho **2**
  W10 . . . . .23 B2

Farnborough Ho **1**
  SW15 . . . . .68 C3
Farncombe St
  SE16 . . . . **139** C3
Farndale Ho **3**
  NW6 . . . . **78** A4
Farnell Mews
  SW5 . . . . **142** A2
Farnell Pl W3 . . . . . . .28 A2
Farnfield Ho **12**
  SW2 . . . . .62 B2
Farnham Ct **2** N16 . .7 A3
Farnham Ho
  Borough The SE1 . . **122** C1
  Marylebone NW1 . . . **90** B1
Farnham Pl SE1 . . . **122** B1
Farnham Royal
  SE11 . . . . **149** A1
Farnhurst Ho **7**
  SW11 . . . . **169** B2
Farningham Ho **9**
  N4 . . . . .6 C4
Farnley Ho **12**
  SW8 . . . . **171** B2
Farnsworth Ct
  SE10 . . . . .43 B3
Farnworth Ho **5**
  E14 . . . . .42 C2
Faroe Rd W14 . . . . . . .39 C3
Farquhar Rd SW19 . .70 C1
Farrance St E14 . . . . .33 C3
Farrant Ho **14**
  SW11 . . . . .59 C4
Farrell Ho E1 . . . . .32 B3
Farrer Ho **8** SE8 . . . .51 C3
Farriers Mews
  SE15 . . . . .65 B4
Farrier St NW1 . . . . . .13 B1
Farrier Wlk SW10 **156** C4
Farringdon La EC1 . . **95** C1
Farringdon Rd EC1 . **95** C2
Farringdon St
  EC4 . . . . **108** A2
Farringdon Sta
  EC1 . . . . **108** A4
Farrins Rents
  SE16 . . . . .33 A1
Farrow La SE14 . . . . .50 B3
Farrow Pl SE16 . . . . .41 A3
Farthingale Wlk
  E15 . . . . .19 C1
Farthing Alley **8**
  SE1 . . . . **139** B3
Farthing Fields **8**
  E1 . . . . .32 A1
Fashion Retail Acad
  The W1 . . . . **105** B2
Fashion St E1 . . . . **111** A3
Fashion & Textile
  Mus★ SE1 . . . . . . **138** A4
Fassett Rd E8 . . . . . . .16 C2
Fassett Sq E8 . . . . . . .16 C2
Fauconberg Ct
  W4 . . . . .45 B4
Fauconberg Rd
  W4 . . . . .45 B4
Faulkner Ho SW15 . .47 B1
Faulkner's Alley
  EC1 . . . . **108** A4
Faulkner St SE14 . . . .50 B2
Faunce Ho **10**
  SE17 . . . . **148** A1
Faunce St SE17 . . . **150** A1
Favart Rd SW6 . . . . **165** C4

Faversham Ho
  Camden Town
  NW1 . . . . **83** A3
  Walworth SE17 . . . **152** A1
Fawcett Cl SW11 . . **167** C1
Fawcett Est E5 . . . . . .7 C3
Fawcett Ho **28**
  SW9 . . . . **172** B2
Fawcett Rd NW10 . . . .8 B1
Fawcett St SW10 . . **156** C4
Fawe Park Rd
  SW15 . . . . .58 B3
Fawe St E14 . . . . .34 A4
Fawkham Ho SE1 . . **153** A3
Fawley Ct SE27 . . . . . .75 A2
Fawley Lo **2** E14 . .42 C2
Fawley Rd NW6 . . . . . .11 A3
Fawnbrake Ave
  SE24 . . . . .63 B2
Fayetville Ho **23**
  N19 . . . . .4 C4
Faygate Rd SW2 . . . .74 B2
Fazerley Ct **5** W2 . .31 C4
Fearnley Ho SE5 . . . .49 A1
Fearon St SE10 . . . . . .43 C1
Feathers Pl SE10 . . . .52 C4
Featherstone St
  EC1 . . . . **97** B2
Featley Rd SW9 . . . . .63 A4
Felbridge Ho **21**
  SE22 . . . . .64 A4
Felday Rd SE13 . . . . . .67 A1
Felden St SW6 . . . . **164** C3
Feldman Cl N16 . . . . . .7 C3
Felgate Mews **4**
  W6 . . . . .39 A2
Felix St **11** E2 . . . . .25 A3
Felixstowe Rd
  NW10 . . . . .22 A2
Fellbrigg Rd SE22 . . .64 B2
Fellbrigg St **7** E1 . .25 A1
Fell Ho **11** N19 . . . . . .4 B1
Fellows Ct E2 . . . . . . .24 B3
Fellows Rd NW3 . . . . .12 A1
Fells Haugh **6**
  W3 . . . . .28 B3
Felltram Way SE7 . . . .43 C1
Felmersham Cl **2**
  SW4 . . . . .61 C3
Felsberg Rd SW2 . . . .74 A4
Felsham Ho **5**
  SW15 . . . . .57 C4
Felsham Mews **14**
  SW15 . . . . .57 C4
Felsham Rd SW15 . . .57 C4
Felstead St E9 . . . . . .18 B2
Felstead Wharf
  E14 . . . . .42 B1
Felton Ho N1 . . . . **87** C3
Felton St N1 . . . . **87** C3
Fenchurch Ave
  EC3 . . . . **110** A1
Fenchurch Bldgs
  EC3 . . . . **110** B1
Fenchurch Pl EC3 . **124** B4
Fenchurch St EC3 . **124** B4
Fenchurch Street Sta
  EC3 . . . . **124** B4
Fen Ct EC3 . . . . **124** A4
Fendall St SE1 . . . . **138** B1
Fender Ct **3** SW4 . **172** A2
Fendt Cl **8** E16 . . . . .35 B3
Fenelon Pl W14 . . . **141** A3
Fenham Rd SE15 . . . .50 A3
Fenner Cl SE16 . . . . . .40 A2
Fenner Ho **25** E1 . . .32 A1

Fenner Sq **9**
  SW11 . . . . .59 C4
Fenning St SE1 . . . **138** A4
Fenn St E9 . . . . .17 B3
Fen St E16 . . . . .35 B2
Fenstanton **3** N4 . . .5 B3
Fenstanton Prim Sch
  20 SW2 . . . . .74 C3
Fentiman Rd SW8 **162** C2
Fenton Cl
  10 Dalston E8 . . . .16 B2
  South Lambeth
  SW9 . . . . **172** C1
Fenton Ho SE14 . . . . .51 A3
Fenton House★
  NW3 . . . . .2 B1
Fentons SE3 . . . . .53 B3
Fenton St E1 . . . . .32 A3
Fenwick Gr SE15 . . . .64 C4
Fenwick Pl SW9 . . . .62 A4
Fenwick Rd SE15 . . . .64 C4
Ferdinand Ho **1**
  NW1 . . . . .13 A1
Ferdinand Pl NW1 . . .12 C1
Ferdinand St NW1 . . .12 C1
Ferguson Dr W3 . . . . .28 C3
Ferguson Ho SE10 . . .52 B2
Ferguson's Cl E14 . . .41 C2
Fergus Rd N5 . . . . . . .15 A3
Fermain Ct E N1 . . . .24 A4
Fermain Ct N N1 . . . .24 A4
Fermain Ct W N1 . . . .24 A4
Fermoy Rd W9 . . . . . .23 B1
Fernbank Mews
  SW12 . . . . .61 B1
Fern Cl **3** N1 . . . . . .24 A3
Ferncliff Rd E8 . . . . . .16 C3
Ferncroft Ave
  NW3 . . . . .1 C1
Fearne St SE14 . . . . .50 C1
Ferndale Com Sp Ctr
  SW9 . . . . .62 B3
Ferndale Ct **3**
  SE3 . . . . .53 B3
Ferndale Ho N16 . . . . .6 C3
Ferndale Rd SW4 . . . .62 B3
Ferndene Rd SE24 . . .63 B3
Ferndown Lo **17**
  E14 . . . . .42 B3
Fernhead Rd W9 . . . .23 B2
Fernhill Ho E5 . . . . . . .7 C2
Fernholme Rd
  SE15 . . . . .65 C2
Fernhurst Rd
  SW6 . . . . **164** B4
Fernie Ho SE22 . . . . . .64 B4
Fernlea Rd SW12 . . .73 A3
Fernleigh Cl W9 . . . . .23 B2
Fernsbury St WC1 . . **95** B3
Fernshaw Mans
  SW10 . . . . **156** C3
Fernshaw Rd
  SW10 . . . . **156** C3
Fernside NW11 . . . . . .1 B3
Fernside Rd SW12 . . .72 C4
Fern St E3 . . . . .26 C1
Ferntower Rd N5 . . . .15 C3
Fern Wlk **15** SE16 **153** C1
Fernwood SW19 . . . . .70 B3
Ferney Mews **19**
  SW9 . . . . **173** B1
Ferriby Cl N1 . . . . .14 C1
Ferrier Ind Est
  SW18 . . . . .59 A3

Ferrier Point **6**
  E16 . . . . .35 C4
Ferrier St SW18 . . . . .59 A3
Ferrings SE21 . . . . . . .76 A1
Ferris Rd SE22 . . . . . .64 C3
Ferrybridge Ho
  SE11 . . . . **135** A1
Ferry La
  Barnes SW13 . . . . . . .46 B4
  Brentford TW8 . . . . . .44 A4
  Richmond TW9 . . . . . .44 A4
Ferry Rd SW13 . . . . . .46 C2
Ferry Sq **1** TW8 . . .44 A4
Ferry St E14 . . . . .42 B1
Festing Rd SW15 . . . .57 C4
Festival Ct **5** E8 . . .16 B1
Festival Pier SE1 . . **120** C2
Fetter La EC4 . . . . . **107** C2
Fettes Ho NW8 . . . . **79** C1
Ffinch St SE8 . . . . . . .51 C3
Field Cl
  Hampstead NW3 . . . . .11 B3
  Holborn WC1 . . . . . **107** A3
  Lower Holloway N7 . . .14 A3
  Wimbledon SW19 . . . .70 C1
Fieldgate Mans
  E1 . . . . **111** C3
Fieldgate St E1 . . . **111** C3
Field Ho NW10 . . . . . .22 C2
Fieldhouse Rd
  SW12 . . . . .73 B3
Fielding Ho
  Chiswick W4 . . . . .46 A4
  6 Kilburn NW6 . . . .23 C2
  NW8 . . . . **78** C4
Fielding Mews
  SW13 . . . . .47 A4
Fielding Rd
  Acton W4 . . . . .38 A3
  Hammersmith W14 . . .39 C3
Fieldings The SE23 . . .65 B1
Field Lo NW10 . . . . . . .8 B2
Field Rd W6 . . . . . . **154** A4
Fields Est E8 . . . . . . .16 C1
Field St WC1 . . . . . . **94** C4
Fieldsway Ho N5 . . . .14 C3
Fieldway Cres N5,
  N7 . . . . .14 C3
Fieldwick Ho **14**
  E9 . . . . .17 C2
Fife Rd
  Mortlake SW14 . . . . . .55 B2
  Newham E16 . . . . .35 C4
Fife Terr N1 . . . . **85** A2
Fifth Ave W10 . . . . . . .23 A2
Fig Tree Cl NW10 . . . .21 A4
Filey Ave N16 . . . . .7 C3
Filey Ho SW18 . . . . . .59 B3
Filigree Ct SE16 . . . . .33 B1
Filmer Ho SW6 . . . **164** B4
Filmer Mews
  SW6 . . . . **164** B4
Filmer Rd SW6 . . . **154** C1
Filton Ct **14** SE14 . .50 B3
Finborough Rd
  SW10 . . . . **156** B4
Finchdean Ho
  SW15 . . . . .68 A3
Finch Ho **1** SE8 . . . .52 A3

Finch La EC2, EC3 . . **109** C1
Finchley Pl NW8 . . . . **79** B2
Finchley Rd
Hampstead NW3 . . . . . **11** B2
St John's Wood
NW8 . . . . **79** B2
Finchley Road &
Frognal Sta NW3 . . **11** B3
Finchley Road Sta
NW3 . . . . **11** B2
Finch Lo **13** W9 . . . .**31** C4
Finch Mews **3**
SE15 . . . .**49** B2
Finch's Ct **10** E14 . . **34** A2
Findhorn St
E14 . . . .**34** B3
Findon Cl SW18 . . . .**58** C1
Findon Rd W12 . . . . .**38** C4
Fineran Ct **16**
SW11 . . . .**59** C3
Fingal St SE10 . . . . .**43** B1
Fingest Ho **12** **90** A2
Finland Rd SE4 . . . . .**66** A4
Finland St SE16 . . . . .**41** A3
Finlay St SW6 . . . . . .**47** C2
Finley Ct **21** SE5 . . . .**48** B3
Finnemore Ho **1** N4 . .**6** B4
Finn Ho **1** N1 . . . . . .**97** C4
Finnis St E2 . . . .**25** A1
FINSBURY **95** C4
Finsbury Ave EC2 . . **109** C3
Finsbury Cir EC2 . . . **109** C3
Finsbury Ct EC2 . . . .**109** B4
Finsbury L Ctr EC1 . . **96** C3
Finsbury Mkt
EC2 . . . . **110** A4
FINSBURY PARK **5** C2
Finsbury Park Rd N4,
N5 . . . .**6** A2
Finsbury Park Sta
N4 . . . .**5** C2
Finsbury Pavement
EC2 . . . . **109** C4
Finsbury Sq EC2 . . . .**109** C4
Finsbury St EC2 . . . .**109** B4
Finsen Rd SE5 . . . . . .**63** B4
Finstock Rd W10 . . . .**30** C3
Finton House Sch
SW17 . . . .**72** B2
Finucane Ct SW14 . . .**54** B4
Finwhale Ho E14 . . . .**42** A3
Fiona Ct **9** NW6 . . . .**23** B3
Firbank Rd SE15 . . . . .**50** A1
Fircroft N1 . . . .**86** B4
Fircroft Prim Sch
SW17 . . . .**72** B1
Fircroft Rd SW17 . . . .**72** B1
Fire Brigade Pier
SE1 . . . .**148** B4
Firecrest Dr NW3 . . . . .**2** A1
Firle Ho **7** W10 . . . . .**30** B4
Fir Lo SW15 . . . .**57** A3
Firmston Ho **9**
SW14 . . . .**55** C4
Firs Ave SW14 . . . . . .**55** B3
Firsby Rd N16 . . . .**7** C3
First Ave
East Acton W3 . . . .**29** B1
Mortlake SW14 . . . . . .**55** B4
West Kilburn W10 . . . .**23** B1
First St SW3 . . . .**144** B4

Firth Gdns SW6 . . . .**164** A3
Fir Tree Ho **11**
SE14 . . . .**50** B3
Fir Trees Cl SE16 . . . .**33** A1
Fisher Ho
Islington N1 . . . .**85** B3
3 Shadwell E1 . . . . .**32** B2
2 Tufnell Pk N19 . . .**13** C4
Fishermans Dr
SE16 . . . .**40** C4
Fisherman's Wlk
E14 . . . .**33** C1
Fishers Ct SW16 . . . .**73** C1
Fishers Ct SE14 . . . . .**50** C2
Fisher's La W4 . . . . . .**37** C2
Fisher St
Holborn WC1 . . . .**106** C3
Newham E16 . . . .**35** C4
Fischroton St NW8 . . .**89** C2
Fischerton Street East
NW8 . . . .**89** C1
Fishlock Ct **8**
SW4 . . . .**172** A2
Fish St Hill EC3 . . . . .**123** C3
Fitch Ct SW2 . . . .**62** C2
Fitzalan St SE11 . . . .**149** B4
Fitzclarence Ho
W11 . . . .**126** A4
Fitz-George Ave
W14 . . . .**140** A3
Fitzgerald Ave
SW14 . . . .**56** A4
Fitzgerald Ho
5 Brixton SW9 . . . .**173** B1
14 Poplar E14 . . . . .**34** A3
Fitzgerald Rd
SW14 . . . .**55** C4
Fitzhardinge Ho
W1 . . . .**103** B2
Fitzhardinge St
W1 . . . .**103** B2
Fitzherbert Ho **11**
TW10 . . . .**54** B1
Fitzhugh Gr SW18 . . .**59** C1
Fitzjames Ave
W14 . . . .**140** B3
Fitzjohn's Ave
NW3 . . . .**11** C3
Fitzjohns Mans
NW3 . . . .**11** B2
Fitzjohns Prim Sch 4
NW3 . . . .**11** C3
Fitzmaurice Ho **17**
SE16 . . . .**40** A2
Fitzmaurice Pl
W1 . . . .**118** B2
Fitzneal St W12 . . . . .**29** B3
FITZROVIA **104** A4
Fitzroy Cl N6 . . . .**3** B3
Fitzroy Cres W4 . . . . .**45** C3
Fitzroy Ct W1 . . . .**93** A1
Fitzroy Ho
Bermondsey SE1 . . . .**153** A2
12 Tower Hamlets
E14 . . . .**33** B3
Fitzroy Mews W1 . . . .**92** C1
Fitzroy Pk N6 . . . .**3** B3
Fitzroy Rd NW1 . . . . .**81** B4
Fitzroy Sq W1 . . . . . .**92** C1
Fitzroy St W1 . . . .**92** C1
Fitzroy Yd NW1 . . . . .**81** B4
Fitzwarren Gdns
N19 . . . .**4** B3
Fitzwilliam Ave
TW9 . . . .**44** B1

Fitzwilliam Mews
E16 . . . .**35** C1
Fitzwilliam Rd
SW4 . . . .**61** B4
Fives Ct SE11 . . . . . .**136** A1
Fiveways Rd SW9 . . .**173** C1
Flamborough Ho **12**
SE15 . . . .**49** C2
Flamborough St
E14 . . . .**33** A3
Flamingo Ct **2**
SE8 . . . .**51** C3
Flamsteed Ct **13**
SE13 . . . .**52** A2
Flamsteed Ho*
SE10 . . . .**52** C4
Flanchford Rd
W12 . . . .**38** B3
Flanders Ho N16 . . . . .**7** A1
Flanders Mans **1**
W4 . . . .**38** B2
Flanders Rd W4 . . . . .**38** A2
Flanders Way E9 . . . .**17** C2
Flank St **1** E1 . . . . .**125** B4
Flansham Ho **2**
E14 . . . .**33** B3
Flask Cotts **4**
NW3 . . . .**11** C4
Flask Wlk NW3 . . . . . .**11** C4
Flatiron Sq SE1 . . . . .**123** B1
Flatiron Yd SE1 . . . . .**123** A1
Flavell Mews SE10 . . .**43** A1
Flaxman Ct W1 . . . . .**105** B1
Flaxman Ho
2 Chiswick W4 . . . . .**38** A1
Newington SE1 . . . . .**136** B2
Flaxman Rd SE5 . . . . .**48** A1
Flaxman Sp Ctr
SE5 . . . .**48** B1
Flaxman Terr WC1 . . .**93** C3
Flecker Ho **5** SE5 . . .**48** C3
Fleece Wlk N7 . . . . . .**14** A2
Fleet Ct **1** W12 . . . .**38** A3
Fleet Ho
6 Brixton SW2 . . . .**62** C2
4 Limehouse E14 . . .**33** A2
Fleet Pl EC4 . . . .**108** A2
Fleet Prim Sch **15**
NW3 . . . .**12** B3
Fleet Rd NW3 . . . .**12** B3
Fleet Sq WC1 . . . .**95** A3
Fleet St EC4 . . . .**107** C1
Fleet Street Hill 10
E1 . . . .**24** C1 **99** B1
Fleetway W1 . . . .**94** B4
Fleet Wood **6** N16 . . .**7** B2
Fleetwood Rd
NW10 . . . .**8** C3
Fleetwood St N16 . . . . .**7** A2
Fleming Cl **4** W9 . . .**23** C1
Fleming Ho **2** N4 . . . .**6** B4
Fleming Ho
4 Bermondsey
SE16 . . . .**139** B3
Finsbury Pk N4 . . . .**6** B3
Fleming Rd SE17 . . . .**48** A4
Fletcher Bldgs
WC2 . . . .**106** B1
Fletcher Ct **9**
NW5 . . . .**13** A4
Fletcher Ho **16**
N16 . . . .**16** A4
Fletcher Path **7**
SE8 . . . .**51** C3
Fletcher Rd W4 . . . . .**37** B3

Fletcher St **16** E1 . .**125** C4
Fleur De Lis St
E1 . . . .**24** B1 **98** C1
Fleur Gates 7
SW19 . . . .**69** C4
Flinders Ho **3** E1 . . .**32** A1
Flinton St SE17 . . . . .**152** B2
Flint St SE17 . . . .**151** C3
Flitcroft St WC2 . . . .**105** C1
Flitton Ho **1** N1 . . . .**15** A1
Flock Mill Pl
SW18 . . . .**71** A3
Flodden Rd SE5 . . . . .**48** B2
Flood St SW3 . . . . . .**158** B4
Flood Wlk SW3 . . . . .**158** B4
Flora Cl E14 . . . .**34** A3
Flora Gardens Prim
Sch 17 W6 . . . .**39** A2
Flora Gdns **2** W6 . . .**39** A2
Floral St WC2 . . . . . .**120** A4
Florence Ct W9 . . . . .**89** A3
Florence Gdns W4 . . .**45** B4
Florence Ho
20 Bermondsey
SE16 . . . .**40** A1
2 Brixton SW2 . . . .**62** B2
10 Shepherd's Bush
W11 . . . .**30** C2
1 Wandsworth
SW18 . . . .**59** C3
Florence Mans
SW6 . . . .**164** C4
Florence Nightingale
Ho 14 N1 . . . .**15** B2
Florence Nightingale
Mus* SE1 . . . . .135** A3
Florence Rd
Acton W4 . . . .**37** C3
Finsbury Pk N4 . . . .**5** C4
New Cross Gate
SE14 . . . .**51** B2
Florence St N1 . . . . . .**15** A1
Florence Terr
Kingston u T SW15 . . .**68** A1
New Cross Gate
SE14 . . . .**51** B2
Florence Way
SW12 . . . .**72** B3
Flores Ho **3** E1 . . . . .**32** C4
Florfield Rd E8 . . . . . .**17** A2
Florian SE5 . . . .**49** A2
Florian Rd SW15 . . . .**58** A3
Florida St
E2 . . . .**24** C2 **99** C3
Florida State Univ
WC1 . . . .**105** C3
Florin Ct SE1 . . . .**138** C3
Floris Pl **7** SW4 . . . .**61** B4
Florys Ct **7** SW19 . . .**70** A3
Floss St SW15 . . . . . .**47** B1
Flower & Dean Wlk
E1 . . . .**111** A3
Flowersmead
SW17 . . . .**72** C2
Flowers Mews **1**
N19 . . . .**4** B2
Flower Wlk The
SW7 . . . .**129** A4
Floyer Cl TW10 . . . . .**54** B2
Flynn Ct **19** E14 . . . .**33** C2
Foley Ho **8** E1 . . . . . .**32** B3
Foley St W1 . . . .**104** C3
Folgate St E1 . . . . . .**110** C4
Foliot Ho N1 . . . .**84** C2
Foliot St W12 . . . .**29** B3
Follett Ho SW10 . . . .**157** B2

Follett St E14 . . . .**34** B3
Folly Wall E14 . . . . . .**42** B4
Fonda Ct **14** E14 . . . .**33** C2
Fontarabia Rd
SW11 . . . .**60** C3
Fontenelle SE5 . . . . . .**49** A2
Fontenoy Ho
SE11 . . . .**150** A3
Fontenoy Rd SW12,
SW17 . . . .**73** B2
Fonthill Ho
Kensington W14 . . . .**126** B2
Pimlico SW1 . . . .**146** B2
Fonthill Mews N4 . . . .**5** B2
Fonthill Rd N4 . . . .**5** C2
Fontley Way SW15 . . .**68** C4
Footpath The
SW15 . . . .**56** C2
Forber Ho **28** E2 . . . .**25** B2
Forbes Ho **2** W4 . . . .**36** C1
Forbes St E1 . . . .**111** C1
Forburg Rd N16 . . . . . .**7** C3
Ford Cl **7** E3 . . . .**26** A3
Fordcombe **13**
NW5 . . . .**12** C2
Fordham Ho **11**
SE14 . . . .**51** A3
Fordham St **1** E1 . . .**111** C2
Fordingley Rd W9 . . .**23** B2
Ford Rd E3 . . . .**26** B3
Fords Park Rd E16 . . .**35** C3
Ford Sq E1 . . . .**32** A4
Ford St
Bow E3 . . . .**26** A3
Canning Town E16 . . . .**35** B3
Fordwych Ct NW2 . . . . .**10** A2
Fordwych Rd NW2 . . . .**10** A3
Fordyce Rd SE13 . . . . .**67** B2
Forecastle Ct E14 . . . .**41** C4
Foreign &
Commonwealth
Office SW1 . . . .**134** A4
Foreland Ho
W11 . . . .**31** A2 **112** A4
Foreshore SE8 . . . . . .**41** B2
Fore St EC2 . . . .**109** A3
Fore Street Ave
EC2 . . . .**109** B3
Forest Way N19 . . . . .**4** B2
Forester Rd SE15 . . . .**65** A4
Forest Gr E8 . . . .**16** B2
Forest Hill Rd
SE22 . . . .**65** A1
Forest Rd
Dalston E8 . . . .**16** B2
Richmond TW9 . . . . . .**44** C3
Forest Way N19 . . . . .**4** B2
Forfar Rd SW11 . . . .**169** C4
Forge Pl NW1 . . . .**12** C2
Forman Ho SE4 . . . . .**65** C3
Formby Ct **9** N7 . . . .**14** C3
Formosa Ho **1** E1 . . .**26** A1
Formosa St W9 . . . . . .**88** B1
Formunt Cl E16 . . . . . .**35** B4
Forrest Ct N7 . . . .**14** C2
Forrest Ho SW15 . . . .**47** B1
Forset Ct W1 . . . .**102** B2
Forset St W1 . . . .**102** B2
Forster Rd SW2 . . . . .**74** A4
Forston St N1 . . . .**87** A2
Forsyth Gdns SE17 . . .**48** A4
Forsyth Ho
18 Hackney E9 . . . . .**17** B1
Pimlico SW1 . . . .**147** A3
Forsythia Ho SE4 . . . .**66** A4

Fortescue Ave 1
E8 . . . . .17 A1

Fortess Gr NW5 . . . . 13 B3
Fortess Rd NW5 . . . . 13 B4
Fortess Wlk NW5 . . . 13 A3

Forthbridge Rd
SW11 . . . . .60 C3

Forth Ho 30 E3 . . . . .26 B3

Forties The 9
NW5 . . . . .13 B3

Fortior Ct N6 . . . . 4 B4
Fortnam Rd N19 . . . . 4 C2
Fort Rd SE1 . . . . . . 153 A3
Fortrose Cl E14 . . . . 34 C3
Fortrose Gdns
SW2 . . . . .74 A3
Fort St E1 . . . . 110 B3
Fortuna Cl N7 . . . . . .14 B2
Fortune Ct 8 E8 . . . 16 B1
Fortune Gate Rd
NW10 . . . . 21 A4
Fortune Green Rd
NW6 . . . . .10 C4
Fortune Ho
Lambeth SE11 . . . . 149 B3
St Luke's EC1 . . . . . . 97 A1
Fortune St EC1 . . . . 97 A1
Fortune Way
NW10 . . . . 21 C2
Forty Acre La E16 . . 35 C4
Forum Cl 7 E3 . . . . 26 C4
Forward Bsns Ctr The
3 E16 . . . . .27 C1
Fosbrooke Ho
SW8 . . . . 162 A1
Fosbury Ho 7
SW9 . . . . 62 B3
Fosbury Mews
W2 . . . . .114 B3
Foscote Mews W9 . 31 C4
Foskett Rd SW6 . . . .165 A1
Fossil Rd SE13 . . . . .66 C4
Foster Ct
6 Camden Town
NW1 . . . . .13 B1
Canning Town E16 . . 35 B2
Foster Ho SE14 . . . . 51 B2
Foster La EC2 . . . . 108 C2
Foster Rd
Acton W3 . . . . .29 A2
Chiswick W4 . . . . . . .37 C1
Foubert's Pl W1 . . 104 C1
Foulden Rd N16 . . . .16 B4
Foulden Terr N16 . . .16 B4
Foulis Terr SW7 . . 143 C2
Foulser Rd SW17 . . 72 C1
Foundary Ho 6
E14 . . . . .34 A4
Founders Ct EC2 . 109 B2
Founders Ho SW1 . 147 B2
Foundling Ct WC1 . .94 A2
Foundling Mus The*
WC1 . . . . .94 B2
Foundry Cl SE16 . . . .33 A1
Foundry Mews
NW1 . . . . .93 A2
Foundry Pl
Stepney E1 . . . . .32 B4
Wandsworth SW18 . .71 A4
Fountain
Belgravia SW1 . . . . 146 A3
14 Shepherd's Bush
W11 . . . . .39 C4
Strand EC4 . . . . . . 121 B4
Fountain Green Sq 7
SE16 . . . . 139 C3

Fountain Ho
53 Bermondsey
SE16 . . . . 139 C3
3 Brondesbury Pk
NW6 . . . . .10 A1
Mayfair W1 . . . . . . 117 B2
Fountain Mews
1 Highbury N5 . . . . 15 B4
Maitland Pk NW3 . . .12 B2
Fountain Pl SW9 . . 173 C3
Fountayne Rd N16 . . .7 C2
Fount St SW8 . . . . 161 C1
Fournier St E1 . . . . 111 A4
Fourscore Mans
E8 . . . . 16 C1
Four Seasons Cl
E3 . . . . 26 C3
Fourth Ave W10 . . . 23 A2
Fovant Ct 5 SW8 . 170 C1
Fowey Cl E1 . . . . . . 32 A1
Fowey Ho SE11 . . . 149 C2
Fowler Cl SW11 . . . 59 C4
Fowler Ho
5 Camberwell
SE5 . . . . .49 A1
Islington N1 . . . . 86 B4
South Lambeth
SW8 . . . . 171 C3
Fowler Rd N1 . . . . . .86 B4
Fownes St SW11 . . . .60 A4
Fox and Knot St
EC1 . . . . 108 B4
Foxberry Ct SE4 . . . 66 B3
Foxberry Rd SE4 . . .66 A4
Foxborough Gdns
SE4 . . . . .66 C2
Foxbourne Rd
SW17 . . . . 72 C2
Fox Cl
Bethnal Green E1 . . .25 B1
Newham E16 . . . . 35 C4
Foxcombe Rd 6
SW15 . . . . .68 C3
Foxcote SE5 . . . . . . 152 B1
Foxcroft WC1 . . . . . .85 A1
Fox Ct EC1 . . . . 107 B3
Foxfield NW1 . . . . . . 82 B3
Foxglove St W12 . . . .29 B2
Foxham Rd N19 . . . . 4 C1
Fox Ho 2 SW11 . . . . 59 C3
Foxley Cl E8 . . . . . . 16 C3
Foxley Ho 4 E3 . . . 27 A2
Foxley Rd SW9 . . . . 48 A3
Foxley Sq 3 SW9 . . 48 A2
Foxmore St SW11 . .168 C3
Fox Prim Sch
W8 . . . . 31 C1 113 B1
Fox Rd E16 . . . . .35 B4
Fox's Yd E2 . . . . . . 24 B1 99 A2
Foxwell Mews SE4 . . 66 A4
Foxwell St SE4 . . . . 66 A4
Foyle Rd SE3 . . . . . 53 B4
Fradel Lo N16 . . . . . . .6 C2
Framfield Rd N5 . . . .15 A3
Frampton 3
NW1 . . . . .13 C1
Frampton Ho NW8 . . 89 C1
Frampton Park Rd
E9 . . . . .17 B1
Frampton Park Rd
E9 . . . . .17 B1
Frampton St NW8 . . .89 C1
Francemary Rd
SE4 . . . . 66 C2
Franche Court Rd
SW17 . . . . 71 B1

Francis Chichester
Way SW11 . . . . . . 169 C3
Francis Cl 8 E14 . . . 42 C2
Francis Ct 12 SE14 . 50 C4
Francis Ho
Harlesden NW10 . . . .21 B4
11 Shoreditch N1 . . 24 A4
Walham Green
SW10 . . . . 156 B2
Francis Holland Sch
Belgravia SW1 . . . . 145 C3
Marylebone NW1 . . . 90 C2
Francis Snary Lo 5
SW18 . . . . .58 C2
Francis St SW1 . . . .147 A4
Francis Terr N19 . . . . .4 B1
Francis Terrace Mews
18 N19 . . . . .4 B1
Francis Wlk N1 . . . . 84 C4
Franconia Rd SW4 . .61 C2
Frank Barnes Sch
NW3 . . . . .11 C1
Frank Beswick Ho
SW6 . . . . 155 A3
Frank Dixon Cl
SE21 . . . . 76 A3
Frank Dixon Way
SE21 . . . . 76 A3
Frankfort Rd SE24 . . 63 B2
Frankham Ho 8
SE8 . . . . 51 C3
Frankham St SE8 . . . 51 C3
Frank Ho SW8 . . . . 162 A2
Frankland Cl SE16 . . 40 A2
Frankland Ho 4
SW12 . . . . .73 A4
Frankland Rd
SW7 . . . . 129 B1
Franklin Bldg 5
E14 . . . . .41 C4
Franklin Cl
Greenwich SE13 . . . . .52 A2
West Norwood
SE27 . . . . 75 A1
Franklin Ho
New Cross SE4 . . . . . 51 A1
26 Wapping E1 . . . . 32 A1
Franklin Pl SE13 . . . .52 A2
Franklin Sq SW5 . . .141 A1
Franklin's Row
SW3 . . . . 145 A2
Franklin St 3 E3 . . . 27 A2
Franklyn Rd NW10 . . .8 B2
Frank Soskice Ho
SW6 . . . . 155 A3
Frank Whymark Ho 4
SE16 . . . . 40 B4
Frans Hals Ct E14 . . 42 C3
Fraserburgh Ho 20
E3 . . . . 26 B3
Fraser Ct SW11 . . . 168 A4
Fraser Ho
Brentford TW8 . . . . . .36 A1
40 Clapham SW8 . . 171 B1
Fraser Regnart Ct 12
NW5 . . . . 12 B3
Fraser St W4 . . . . . . 38 A1
Frazier St SE1 . . . . 135 B3
Trean St SE16 . . . . 139 B2
Frearson Ho WC1 . . . 95 A4
Freda Corbett Cl 10
SE15 . . . . 49 C3
Frederica St 4
N7 . . . . 14 B1
Frederick Blg N1 . . . 16 A2

Frederick Charrington
Ho 4 E1 . . . . .25 B1
Frederick Cl W2 . . 116 C4
Frederick Cres
SW9 . . . . .48 A3
Frederick Rd SE16 . . 58 A4
Frederick's Pl
EC2 . . . . 109 B1
Frederick Sq 11
SE16 . . . . 33 A2
Frederick's Row
EC1 . . . . 96 A4
Frederick St WC1 . . 94 C3
Frederick Terr E8 . . .16 B1
Frederic Mews
SW1 . . . . 131 B3
Freedom St SW11 . 169 A2
Freegrove Rd N7 . . . 14 A3
Freeling Ho NW8 . . . 79 B4
Freeling St 1 N1 . . . 14 B1
Freeman Ho 13
SW2 . . . . .74 A4
Freemantle St
SE17 . . . . 152 A2
Freemens Hos 4
SW9 . . . . 62 B3
Freke Rd SW11 . . . . 60 C4
Fremantle Ho 14
E1 . . . . .25 A1
Fremont St E9 . . . . . 25 B4
French Inst The*
SW7 . . . . 143 B4
French Pl
E1 . . . . 24 A1 98 B2
Frendsbury Rd
SE4 . . . . 66 A3
Frensham Ct N5 . . . . 15 B3
Frensham Dr
SW15 . . . . 68 C2
Frensham St SE15 . . 49 C4
Frere St 8 SW11 . . 168 B2
Freshfield Ave E8 . . .16 B1
Freshfield Cl SE13 . . 67 C3
Freshford St SW17 . .71 B1
Freston Rd W10,
W11 . . . . 30 C2
Freswick Ho 6
SE8 . . . . 41 A2
Freud Mus The*
NW3 . . . . 11 B2
Frewell Bldg EC1 . . 107 B4
Frewin Rd SW18 . . . .71 C3
Friar Mews SE27 . . . 75 A1
Friars Ave
Putney SW15 . . . . 58 A2
Roehampton SW15 . . 68 B1
Friars Cl SE1 . . . . . 122 B1
Friars Gdns W3 . . . . 28 C3
Friars Mead E14 . . . .42 B3
Friars Place La
W3 . . . . 28 C2
Friars Prim
Foundation Sch
SE1 . . . . 136 B3
Friars Stile Pl 9
TW10 . . . . .54 A1
Friars Stile Rd
TW10 . . . . .54 A1
Friar St EC4 . . . . . . 108 B1
Friars Way W3 . . . . . 28 C3
Friary Park Ct 12
W3 . . . . 28 B3
Friary Rd
Acton W3 . . . . .28 C3
Peckham SE15 . . . . . 49 C3

Friday Grove Mews 11
SW12 . . . . 73 B4
Friday St EC4 . . . . . 122 C4
Frideswide Pl
NW5 . . . . 13 B3
Friendly Pl 18
SE13 . . . . 52 A2
Friendly St SE8 . . . . 51 C2
Friendly Street Mews
SE8 . . . . 51 C1
Friendship Way
E15 . . . . 27 B4
Friend St EC1 . . . . . 96 A4
Friern Rd SE22 . . . . .64 C1
Frigate Ho 7 E14 . . 42 B2
Frigate Mews SE8 . . 51 C4
Frimley Cl SW19 . . . 70 A2
Frimley Way 2 E1 . . 25 C1
Frinstead Ho 6
W10 . . . . 30 C2
Friston St SW6 . . . .166 A1
Frith Ho
Bethnal Green
E2 . . . . 24 C2 99 B3
Paddington NW8 . . . 89 C1
Frith Rd E11 . . . . . . .19 C4
Frith St W1 . . . . 105 B1
Frithville Ct 2
W12 . . . . 30 B1
Frithville Gdns
W12 . . . . 30 B1
Frobisher Ct
1 Greenwich
SE10 . . . . 52 C4
8 Shepherd's Bush
W12 . . . . 39 B4
Frobisher Ho 27
E1 . . . . .32 A1
Frobisher Pas E14 . . 33 C1
Frobisher Pl SE14 . . 50 B2
Frobisher St SE10 . . 53 A4
Frogley Rd SE22 . . . .64 B3
Frogmore SW18 . . . . 58 C2
Frogmore Est
NW10 . . . . 20 B2
Frogmore Ind Est
N5 . . . . 15 B4
Frognal NW3 . . . . . . .11 B3
Frognal Cl NW3 . . . . 11 B3
Frognal Ct NW3 . . . . 11 B2
Frognal Gdns
NW3 . . . . .11 B4
Frognal La NW3 . . . . 11 A3
Frognal Par NW3 . . . 11 B2
Frognal Rise NW3 . . 11 B4
Frognal Way NW3 . . 11 B4
Frome Ho SE15 . . . . 65 B3
Frome St N1 . . . . . . 86 C2
Fromow's Cnr 14
W4 . . . . 37 B1
Frontenac NW10 . . . . 9 A1
Frostic Wlk E1 . . . . 111 A3
Froude St SW8 . . . .170 B1
Frye Ct 5 E3 . . . . . . 26 B2
Frying Pan Alley
E1 . . . . .110 C3
Fry Rd NW10 . . . . . . 21 B4
Fulbeck Ho N7 . . . . .14 B2
Fulbourne St E1 . . . .32 A4
Fulbrook Rd N19 . . . 13 B4
Fulcher Ct 40 SE8 . . 51 B4
Fulcher Ho
12 Deptford SE8 . . .41 B1
10 Shoreditch N1 . . 24 A4

Fulford Mans 🖪
N19. . . . . 5 A1
Fulford St SE16. . . . . 40 A4
FULHAM 47 C1
Fulham Broadway
SW6 . . . . 155 C1
Fulham Broadway Sh
Ctr SW6 . . . . 155 C1
Fulham Broadway Sta
SW6 . . . . 155 C1
Fulham Bsns
Exchange SW6 . . 167 A3
Fulham Cross Girls
Sec Sch SW6 . . . . 154 A1
Fulham Ct SW6 . . . . 165 B4
Fulham High St
SW6 . . . . 23 A1
Fulham Pal* 164 A1
Fulham Palace Rd SW6,
W6 . . . . 47 C4
Fulham Park Gdns
SW6 . . . . 164 C2
Fulham Park Rd
SW6 . . . . 164 C2
Fulham Prep Sch
🖪 Fulham SW6 . . . 164 B1
Fulham W14 . . . . . . 154 B4
Fulham Prim Sch
SW6 . . . . 155 B3
Fulham Rd
Chelsea SW10 . . . . 157 A4
Fulham SW6. . . . . . 165 A4
Fuller Cl 🖪
E2 . . . . 24 C1 99 B2
Fullers Ho 🖪
SW18 . . . . 58 C2
Fullerton Rd SW18 . 59 B2
Fullwood's Mews
N1 . . . . 97 C4
Fulmar Ct 🖪 SE21 . . 75 C2
Fulmar Ho
🖸 Bermondsey
SE16 . . . . 40 C2
Marylebone NW8 . . 90 B1
Fulmead St SW6 . . 166 B3
Fulneck 🖪 E1 . . . . . . 32 B4
Fulthorp Rd SE3 . . . . 53 C1
Fulton Mews W2 . . 114 C4
Fulwood St WC1 . . 107 A3
Fulwood Wlk
SW19 . . . . 70 A3
Furber St W6 . . . . . . 39 A3
Furley Ho 🖬 SE15 . . 49 C3
Furley Rd SE15 . . . . . 49 C3
Furlong Rd N7 . . . . . 14 C2
Furmage St SW18 . . 71 A4
Furness Ho SW1 . . 146 A2
Furness Lo 🖪
SW14 . . . . 55 A3
Furness Prim Sch
NW10 . . . . 21 C3
Furness Rd
Harlesden NW10 . . . 21 C3
Sands End SW6 . . . 166 B2
Furnival St EC4 . . . 107 B2
Furrow La E9 . . . . . . 17 B3
Fursecroft W1 . . . . 102 C2
Furze St E3 . . . . 33 C4
Fusion Ct SW15 . . . 68 A1
Futters Ct 🖪
NW10 . . . . 21 A3
Fyfield N4 . . . . 5 C2
Fyfield Rd 🖪 SW9 . . 62 C4

G

Gable Ho 🖽 W4 . . . . 38 A2
Gables Ct SE5 . . . . . 49 A2
Gables The
🖪 Clapham SW4 . . 61 B4
Hampstead NW3 . . . . 2 C2
Gabriel Ho SE11 . . 148 C4
Gabrielle Ct NW3 . . 11 C2
Gabriel Mews NW2 . . 1 B2
Gabriel's Wharf*
SE1 . . . . 121 B2
Gaddesden Ho EC1 . 97 C3
Gadsden Ho
🖪 Homerton E9 . . . 17 C2
🖪 Kensal Town
W10 . . . . 23 A1
Gagarin Ho SW11 . . 59 C4
Gage Rd E16 . . . . . . 35 A4
Gage St WC1 . . . . . 106 B4
Gainford Ho 🖽 E2 . . 25 A2
Gainford St N1 . . . . . 85 B4
Gainsborough Ct
🖬 Bermondsey
SE16 . . . . 40 A1
Dulwich SE21 . . . . . 76 A2
Shepherd's Bush
W12 . . . . 39 B4
Gainsborough Gdns
Golders Green
NW11 . . . . 1 A4
🖪 Hampstead NW3 . 2 C1
Gainsborough Ho
Finsbury Pk N4 . . . . 5 B3
🖪 Hampstead NW3 . 11 B4
🖬 Limehouse E14 . . 33 A2
Westminster SW1 . 147 C3
Gainsborough Prim
Sch E9 . . . . 18 B2
Gainsborough Rd
Bedford Pk W4 . . . . 38 B2
Richmond TW9 . . . . 54 B4
Gainsborough St 🖪
E9 . . . . 18 B2
Gainsborough Studios
N1 . . . . 87 B3
Gainsford St SE1 . . 139 A4
Gairloch Ho 🖪
NW1 . . . . 13 C1
Gairloch Rd SE5 . . . 49 A1
Gaisford St NW5 . . . 13 B2
Gaitskell Ct SW11 . 168 A2
Gaitskell Ho SE17 . . 48 C4
Gaitskell Way SE1 . 136 C4
Galata Rd SW13 . . . 46 C3
Galatea Sq SE15 . . . 65 A4
Galaxy Bldg 🖪
E14 . . . . 41 C2
Galaxy Ho EC2 . . . . 97 C2
Galbraith St E14 . . . 42 B3
Gale Ho 🖽 SW2 . . . 62 C2
Galena Ho 🖪 W6 . . 39 A2
Galena Rd W6 . . . . . 39 A2
Galen Pl WC1 . . . . . 106 B3
Galesbury Rd
SW18 . . . . 59 B1
Gales Gdns 🖪 E2 . . 25 A2
Gale St E3 . . . . 33 C4
Galgate Cl 🖪
SW19 . . . . 70 A3
Galleon Cl SE16 . . . 40 C4
Galleon Ho 🖪 E14 . . 42 B2

Galleries of Modern
London* EC1 . . . . 108 C3
Gallery Ct SW10 . . 156 C3
Gallery Rd SE21 . . . . 75 C3
Galleywall Rd
SE16 . . . . 40 A2
Galleywall Road Trad
Est 🖸 SE16 . . . . . . 40 A2
Galleywood Ho 🖪
W10 . . . . 30 B4
Gallia Rd N5 . . . . 15 A3
Galloway Rd W12 . . 29 C1
Galsworthy Ave
E14 . . . . 33 A4
Galsworthy Ct W3 . . 37 A3
Galsworthy Ho 🖪
W11 . . . . 31 A3
Galsworthy Rd
NW2 . . . . 10 A4
Galton St W10 . . . . . 23 A2
Galveston Ho 🖪
E1 . . . . 26 A1
Galveston Rd
SW15 . . . . 58 B2
Galway Cl 🖪 SE16 . . 40 A1
Galway Ho
Finsbury EC1 . . . . . 97 A3
🖬 Stepney E1 . . . . . 32 C4
Galway St EC1 . . . . 97 A3
Gambetta St 🖪
SW8 . . . . 170 B1
Gambia St SE1 . . . 122 B1
Gambier Ho 🖪 EC1 . 97 A3
Gamlen Rd SW15 . . 57 C3
Gandolfi St 🖪
SE15 . . . . 49 A4
Ganley Ct 🖼
SW11 . . . . 59 C4
Gannet Ct 🖪 SE21 . . 75 C2
Gannet Ho SE15 . . . 49 B2
Ganton St W1 . . . . 105 A1
Garand Ct 🖪 N7 . . . 14 B3
Garbett Ho 🖪
SE17 . . . . 48 A4
Garbutt Pl W1 . . . . 103 C3
Garden Ct SW15 . . . 69 A4
Garden Ct
🖪 Richmond TW9 . . 44 B2
🖪 South Acton W4 . 37 A1
St John's Wood
NW8 . . . . 89 B4
Strand EC4 . . . . . . 121 B4
Garden Flats
SW16 . . . . 74 A1
Garden Ho 🖸
SW9 . . . . 172 B2
Garden House Sch
SW3 . . . . 145 A2
Garden La SW2 . . . . 74 B3
Garden Mews
W2 . . . . 31 C2 113 C3
Garden Mus* 🖪
SE1 . . . . 134 C1
Garden Pl 🖽 E8 . . . . 24 B4
Garden Rd
Richmond TW9 . . . . 54 C4
St John's Wood
NW8 . . . . 89 A4
Garden Row SE1 . . 136 A2
Garden Royal 🖽
SW15 . . . . 57 C1
Garden St E1 . . . . . . 32 C4
Gardens The
East Dulwich SE22 . . 64 C3
Stamford Hill N16 . . . 7 B3

Garden Terr
Knightsbridge
SW7 . . . . 130 B3
Pimlico SW1 . . . . . 147 B2
Garden Wlk
EC2 . . . . 24 A1 98 A2
Gardiner Ave NW2 . . 9 B3
Gardiner Ct NW10 . 20 C4
Gardiner Ho
SW11 . . . . 168 A4
Gardner Ct N5 . . . . . 15 B4
Gardners La EC4 . . 122 C4
Gardnor Mans 🔳
NW3 . . . . 11 B4
Gardnor Rd NW3 . . . 11 C4
Gard St EC1 . . . . . . 96 B4
Gareth Ct SW16 . . . 73 C2
Garfield Ho W2 . . . 102 C1
Garfield Mews 🖼
SW11 . . . . 60 C4
Garfield Rd SW11 . . 60 C4
Garford St E14 . . . . 33 C2
Garland Ho N16 . . . . 6 C1
Garlands Ho NW8 . . 78 B2
Garlick Hill EC4 . . 123 A4
Garlinge Ho 🖼
SW9 . . . . 173 B4
Garlinge Rd NW2 . . 10 B2
Garnault Mews
EC1 . . . . 95 C3
Garnault Pl EC1 . . . 95 C3
Garner St 🖼 E2 . . . . 24 C3
Garnet Rd NW10 . . . 8 A2
Garnet St E1 . . . . . . 32 B2
Garnett Ho 🖪
NW3 . . . . 12 B3
Garnett Rd NW3 . . . 12 B3
Garnham Cl 🖪 N16 . . 7 B2
Garnham St 🖪 N16 . . 7 B2
Garnies Cl SE15 . . . 49 B3
Garrad's Rd SW16 . . 73 C1
Garratt Ho 🖪 N16 . . 7 A3
Garratt La SW18 . . . 71 A3
Garratt Park Sec
Specl Sch 🖪
SW18 . . . . 71 B2
Garraway Ct SW13 . 47 B3
Garraway Ho SE21 . 76 B1
Garrett Cl W3 . . . . . 28 C4
Garrett Ho 🖪 W12 . 30 A3
Garrett St EC1 . . . . 97 A2
Garrett Cl SW18 . . . 59 B3
Garrick Ho
Chiswick W4 . . . . . . 46 A4
Mayfair W1 . . . . . . 118 A1
Garrick Rd TW9 . . . . 44 C1
Garrick St WC2 . . . 120 A4
Garrick Yd WC2 . . . 120 A4
Garsdale Terr
SW5 . . . . 141 A2
Garsington Mews
SE4 . . . . 66 B4
Garson Ho W2 . . . 115 B4
Garston Ho 🖪 N1 . . 15 A1
Garter Way SE16 . . . 40 C4
Garth Cl W4 . . . . 45 C4
Garth Ho NW2 . . . . . . 1 B2
Garth Rd
Child's Hill NW2 . . . . 1 B2
🖸 Chiswick W4 . . . 45 C4
Gartmoor Gdns
SW19 . . . . 70 B3
Garton Ho 🖼 N6 . . . . 4 C4
Garton Pl SW18 . . . . 59 B1

Gartons Way
SW11 . . . . 59 B4
Garway Rd W2 . . . 100 A1
Gascogne Pl 🔳
E2 . . . . 24 B2 98 C3
Gascony Ave NW6 . 10 C1
Gascoyne Ho 🖪
E9 . . . . 17 C1
Gascoyne Rd E9 . . . 17 C1
Gaselee St E14 . . . . 34 B2
Gasholder Pl
SE11 . . . . 149 A1
Gaskarth Rd SW12 . 61 A1
Gaskell St SW4 . . . 172 A2
Gaskin Ho N16 . . . . . 6 C1
Gaskin St N1 . . . . . . 86 A4
Gaspar Ct SW7 . . . 142 B4
Gaspar Mews
SW5 . . . . 142 B4
Gasson Ho 🖾
SE14 . . . . 50 C4
Gastein Rd W6 . . . . 47 C4
Gastigny Ho EC1 . . 97 A3
Gaston Bell Cl
TW9 . . . . 54 B4
Gaston Gate SW8 . 172 C4
Gataker Ho 🖪
SE16 . . . . 40 A3
Gataker St 🖪
SE16 . . . . 40 A3
Gatcliff Cl SW1 . . . 145 C1
Gatcombe Ho 🖾
E22 . . . . 64 A4
Gatcombe Rd
🖪 Newham E16 . . . 35 C1
Tufnell Pk N19 . . . . . 4 C1
Gatefield Ct SE15 . . 64 C4
Gateforth St NW8 . . 90 A1
Gate Hill Ct
W11 . . . . 31 B1 113 A2
Gatehouse Sch 🖾
E2 . . . . 25 C3
Gatehouse Sq
SE1 . . . . 123 A2
Gateley Ho 🖾
SE4 . . . . 65 C3
Gateley Rd SW9 . . . 62 B4
Gate Mews SW7 . . 130 B3
Gatesborough St
EC2 . . . . 24 A1 98 A2
Gates Ct SE17 . . . . 150 C2
Gatesden WC1 . . . . 94 B3
Gateside Rd SW17 . 72 B1
Gate St WC2 . . . . . 106 C2
Gateway SE17 . . . . . 48 B4
Gateway Arc N1 . . . 86 A2
Gateway Ho SW12 . 61 A1
Gateway Ind Est
NW10 . . . . 21 C1
Gateway Mews 🖪
E8 . . . . 16 B3
Gateway Prim Sch
NW8 . . . . 89 C2
Gateways The
SW3 . . . . 144 B3
Gateway Trad Est
NW10 . . . . 21 B2
Gathorne St 🖾 E2 . . 25 C3
Gatliff Rd SW1 . . . 146 A1
Gatonby St SE15 . . . 49 B2
Gatwick Ho 🖪 E14 . 33 B3
Gatwick Rd SW18 . . 70 B4
Gauden Cl SW4 . . . 61 C4
Gauden Rd SW4 . . . 61 C4
Gaugin Ct 🔳 SE16 . 40 A1
Gaunt St SE1 . . . . . 136 C2
Gautrey Rd SE15 . . . 50 B1

Gavel St SE17 .... **151** C4
Gaverick Mews **3**
E14 ....41 C2
Gaviller Pl **3** E1 ...17 A4
Gawber St E2 ....25 B2
Gawthorne Ct E3 ...26 C3
Gay Cl NW2 ....9 A3
Gaydon Ho SW9 ...**100** A4
Gayfere St SW1 ...**134** A1
Gayford Rd W12 ...38 B4
Gay Ho N16 ....16 A3
Gayhurst SE17 ......48 C4
Gayhurst Ho NW8 ...90 B2
Gayhurst Prim Sch **5**
E8 ....40 C4
Gayhurst Rd E8 ....16 C1
Gaymead NW8 ......78 B3
Gay Rd E15 ....27 C3
Gaysley Ho SE11 ..**149** B3
Gay St SW15 ....57 C4
Gayton Cres NW3 ..11 C4
Gayton Ho E3 ....26 C1
Gayton Rd NW3 .....11 C4
Gayville Rd SW11 ..60 B1
Gaywood Cl SW2 ...74 C3
Gaywood St SE1 ...**136** B1
Gaza St SE17 ....**150** A1
Gaze Ho **11** E14 .....34 C3
Gean Ct **3** E11 .....19 C4
Geary Ho N7 ....14 B3
Geary Rd NW10 ......8 C3
Geary St N7 ....14 B3
Gedling Ho SE22 ...64 B4
Gedling Pl SE1 .....**139** A2
Gees Ct W1 ....**103** C1
Gee St EC1 ....96 C2
Geffrye Ct N1 ....24 A3
Geffrye Mus* E2 ...24 B3
Geffrye St E2 ....24 B3
Geldart Rd SE15 ....50 A3
Geldeston Rd E5 ....7 C2
Gellatly Rd SE14 ...50 C1
Gemini Bsns Ctr
E16 ....27 C1
Gemini Ho **11** E3 ....26 C4
Gems Hampshire Sch
(Main Sch) SW7 .**144** A1
Gems Hampshire Sch
(The Early Years)
SW7 ....**143** A3
General Wolfe Rd
SE10 ....52 C2
Genesis Bsns Pk
NW10 ....20 A3
Geneva Ct
11 Putney SW15 ..57 C2
Stoke Newington N16 ..6 C3
Genoa Ave SW15 ...57 B2
Genoa Ho **19** E1 ....25 C1
Geoffrey Cl SE5 ....48 B1
Geoffrey Ct SE4 ....66 B4
Geoffrey Ho SE1 ..**137** C2
Geoffrey Jones Ct
NW10 ....21 C4
Geoffrey Rd SE4 ...66 B4
George Beard Rd **11**
SE8 ....41 B2
George Beare Lo **9**
SW4 ....61 B2
George Belt Ho **8**
E2 ....25 C2
George Ct WC2 ....**120** B3
George Downing Est
N16 ....7 B2

George Eliot Ho
SW1 ....**147** A3
George Eliot Jun & Inf
Schs NW8 ....79 B4
George Eliot Ho
SE1 ....**150** C2
George Elliston Ho **3**
SE1 ....**153** B1
George Eyre Ho
NW8 ....79 C1
George Green's Sch
E14 ....42 C4
George Inn Yd
SE1 ....**123** B1
George La SE13 .....67 B1
George Lansbury Ho
7 Bow E3 ....26 B2
3 Willesden NW10 ..8 A1
George Lashwood Ct
SW9 ....62 B3
George Leybourne Ho
15 E1 ....**125** C4
George Lindgren Ho
SW6 ....**155** A2
George Loveless Ho
11 E2 ....24 B2 **99** A4
George Mathers Rd
SE11 ....**150** A4
George Mews
27 Brixton SW9 ...**173** B1
NW1 ....92 C3
George Peabody Ct
NW1 ....**102** A4
George Row SE16 ..**139** B3
George's Rd N7 .....14 B3
George's Sq SW6 ..**155** A4
George St
6 Canning Town
E16 ....35 B3
Marylebone W1 ...**103** A2
George Tingle Ho
SE1 ....**139** A2
George Vale Ho **36**
E2 ....24 C3
George Walter Ho **3**
SE16 ....40 B2
George Wyver Cl
SW18 ....70 A4
George Yd
City of London
EC3 ....**109** C1
Mayfair W1 ....**117** C4
Georgiana St NW1 ..83 A4
Georgian Ct **25** E9 ..25 B4
Georgina Gdns **10**
E2 ....24 B2 **99** A4
Geraldine Rd
Brentford W4 ......44 C4
Wandsworth SW18 ..59 B2
Geraldine St SE11 ..**136** A1
Gerald Mews
SW1 ....**145** C4
Gerald Rd SW1 ....**145** C4
Gerard Ct NW2 ....9 C3
Gerard Rd SW13 ...46 B2
Gerards Cl SE16 ...40 B5
Gernigan Ho
SW18 ....59 C1
Gernon Rd E3 ......26 A3
Gerrard Ho **5**
SE14 ....50 C3
Gerrard Pl W1 .....**119** C4
Gerrard Rd N1 ......86 B2
Gerrard St W1 .....**119** C4
Gerridge St SE1 ...**135** C2

Gerridge St SE1 ...**135** C2
Gerry Raffles Sq
E15 ....19 C2
Gertrude St SW10 .**157** A3
Gervase St SE15 ...50 A3
Getters Talmud Torah
3 N16 ....15 C4
Ghent Way E8 ....16 B2
Giant Arches Rd
SE24 ....63 B1
Gibbings Ho SE1 ..**136** B3
Gibbins Rd E15 .....19 B1
Gibbon Ho SE1 ....**89** C1
Gibbon Rd
Acton W3 ....29 A2
Nunhead SE15 .....50 B1
Gibbons Ho NW10 ..8 A2
Gibbon's Rents
SE1 ....**124** A1
Gibbon Wlk SW15 ..56 C3
Gibbs Gn W14 .....**141** A2
Gibbs Green Rd
W14 ....**140** C2
Gibbs Green Spec'l
Sch W14 ....**141** A2
Gibbs Ho **5** SW12 ..73 A4
Gibraltar Ho
NW10 ....21 A3
Gibraltar Wlk **28**
E2 ....24 B2 **99** A3
Gibson Cl E1 ....25 B1
Gibson Gdns N16 ...7 B2
Gibson Rd SE11 ...**149** A3
Gibson Sq N1 ....85 C4
Gibson St SE10 ....43 A1
Gideon Rd SW11 ...60 C4
Giesbach Rd N19 ...4 C2
Giffen Square Mkt*
SE8 ....51 C3
Giffin St SE8 ....51 C3
Gifford Ho
5 Clapham SW4 ...61 C3
Greenwich SE10 ...42 C1
Pimlico SW1 ......**146** C1
Gifford Rd NW10 ....8 A1
Gifford St N1 ....14 A1
Gilbert Ho
Barbican EC2 .....**109** A3
Deptford SE8 .....**51** C4
5 Globe Town E2 ..25 C2
Pimlico SW1 ......**146** B1
South Lambeth
SW8 ....**162** A2
Gilbert Pl WC1 ....**106** A3
Gilbert Rd SE11 ...**149** C4
Gilbert Sheldon Ho
W2 ....**101** C4
Gilbertson Ho **11**
E14 ....41 C3
Gilbert St W1 ......**103** C1
Gilbeys Yd NW1 ...12 C1
Gilby Ho **5** E9 ......17 C2
Gilda Cres N16 ......7 C3
Gilda St SW11 ....**104** B3
Gilden Cres NW5 ..12 C3
Giles Ho
5 Bermondsey
SE16 ....**139** B2
Notting Hill W11 ..31 C3
Gilesmead SE5 ....48 C2
Gilkes Cres SE21 ..64 A1
Gilkes Pl SE21 .....64 A1
Gillam Ho **9** SE16 ..40 B2
Gill Ave E16 ....35 C3
Gillender St E3 ....27 B1

Gillespie Prim Sch
N5 ....6 A1
Gillespie Rd N4, N5 ..6 A1
Gillett Pl **27** 16 A3
Gillett St E8, N16 ..16 A3
Gillfoot NW1 ....**82** C1
Gillian St SE13 .....67 A2
Gillies St NW5 .....12 C3
Gilling Ct **5** NW3 ..12 A2
Gillingham Ho
SW1 ....**146** C4
Gillingham Mews
SW1 ....**146** C4
Gillingham Rd NW2 ..1 A1
Gillingham Row
SW1 ....**146** C4
Gillingham St
SW1 ....**146** C4
Gillison Wlk **19**
SE16 ....**139** C2
Gillman Ho **24** E2 ..24 C3
Gillray Ho SW10 ..**157** B3
Gill St E14 ....33 B2
Gilmore Ho SW4 ...60 B3
Gilmore Rd SE13 ..67 C3
Gilpin Ave SW14 ...55 C3
Gilpin Cl W2 ....**101** A4
Gilpin Rd E5 ....18 A4
Gilray Ho W2 ......**115** B4
Gilstead Rd SW6 ..**166** B2
Gilston Rd SW10 ..**143** A1
Giltspur St EC1 ...**108** B2
Gilwell Ct **7** E5 ....17 A4
Gipsy Cnr W3 ....28 C4
Gipsy La SW15 .....57 A4
Giraud St E14 ......34 A3
Girdlers Rd W14 ...39 C2
Girdlestone Wlk
N19 ....4 B2
Girdwood Rd SW18,
SW19 ....70 A4
Girling Ho **9** N1 ....24 A4
Gironde Rd SW6 ..**155** A1
Girton Ho SW15 ...57 C1
Girton Villas **3**
W10 ....30 C3
Gisburn Ho **3**
SE15 ....49 C3
Gissing Wlk N1 ....14 C1
Glade The W12 .....39 A4
Glading Terr N16 ...7 B1
Gladsmuir Rd N19 ..4 B3
Gladstone Ct
Westminster SW1 .**147** C3
Willesden NW2 .....9 A3
Gladstone Ho **10**
E14 ....33 C3
Gladstone Park Sch
NW10 ....9 A3
Gladstone Rd W4 ..37 C3
Gladstone St SE1 .**136** A2
Gladstone Terr
SW8 ....**170** B4
Gladwin Ho NW1 ..83 A1
Gladwyn Rd SW15 .57 C4
Gladys Rd NW6 ....10 C1
Glaisher St SE8 ....52 A4
Glamis Ct W3 ....37 A4
Glamis Est **3** E1 ..32 C2
Glamis Pl E1 ....32 B2
Glamis Rd E1 ....32 B2
Glanville Ho **4**
SW12 ....73 B4
Glanville Rd SW2 ..62 A2
Glasbury Ho **5**
SW9 ....62 B3

Glasterton Rd N16 ...7 A4
Glasgow Ho W9 .....78 B1
Glasgow Terr
SW1 ....**146** C1
Glasshill St SE1 ...**136** B4
Glasshouse Fields
E1 ....32 C2
Glasshouse St
W1 ....**119** A3
Glasshouse The
SE13 ....67 B3
Glasshouse Wlk
SE11 ....**148** C2
Glasshouse Yd
EC1 ....96 C1
Glass St **4** E2 ......25 A1
Glastonbury Ct **12**
SE14 ....50 B3
Glastonbury Ho
SW1 ....**146** A2
Glastonbury Pl **2**
E1 ....32 B3
Glaucus St E3 ......34 A4
Glazbury Rd W14 .**140** B2
Glazebrook Cl
SE21 ....75 C2
Glebe Cl **1** W4 .....38 A1
Glebe Ho SE16 ....40 A3
Glebelands Cl SE5 ..64 A4
Glebe Pl SW3 ......**158** A4
Glebe Rd
Barnes SW13 ......46 C1
Dalston E8 ....16 B1
Willesden NW10 ....8 C2
Glebe St W4 ....38 A1
Gledhow Gdns
SW5 ....**142** C3
Gledstanes Rd
W14 ....**140** B1
Glegg Pl **3** SW15 ..57 C3
Glenaffric Ave E14 .42 C2
Glen Albyn Rd
SW19 ....69 C2
Glenalmond Ho **2**
SW15 ....57 C1
Glenarm Rd E5 ....17 C4
Glenbrook Prim Sch
SW4 ....61 C1
Glenbrook Rd
NW6 ....10 C3
Glenburnie Rd
SW17 ....72 B1
Glencoe Mans **6**
SW9 ....**163** B1
Glendall St SW9 ...62 B3
Glendarvon St
SW15 ....57 C4
Glendower Gdns **10**
SW14 ....55 C4
Glendower Pl
SW7 ....**143** B4
Glendower Prep Sch
SW7 ....**143** B4
Glendower Rd
SW14 ....55 C4
Glendown Ho **2**
E8 ....16 C3
Glendun Ct W3 ....29 A2
Glendun Rd W3 ....29 A2
Gleneagles Ct **21**
SE16 ....40 A1
Glenelg Rd SW2 ...62 A1

Glenfield Rd SW12 ..73 B3
Glenfinlas Way SE5 ..48 A3
Glenforth St SE10 ..43 B1
Glengall Gr E14 ..42 B3
Glengall Pass **2** NW6 ..23 C4
Glengall Rd
 Camberwell SE15 ..49 B4
 Kilburn NW6 ..23 B4
Glengall Terr SE15 ..49 B4
Glengarnock Ave E14 ..42 B2
Glengarry Rd SE22 ..64 B2
Glenhurst Ave NW5 ..12 C4
Glenilla Rd NW3 ..12 A2
Glenister Rd SE10 ..43 B1
Glenkerry Ho **1** E14 ..34 B3
Glenloch Ct **2** NW3 ..12 A2
Glenloch Rd NW3 ..12 A3
Glenluce Rd SE3 ..53 C4
Glenmore SW15 ..57 C1
Glenmore Ho **6** TW10 ..54 A1
Glenmore Rd NW3 ..12 A2
Glennie Ct SE21 ..76 C3
Glennie Ho SE10 ..52 B2
Glennie Rd SE27, SE16 ..74 C1
Glenridding NW1 ..83 A1
Glenrosa St SW6 ..166 C2
Glenroy St W12 ..30 B3
Glensdale Rd SE4 ..66 B4
Glenshaw Mans **7** SW9 ..163 B1
Glentanner Way SW17 ..71 C1
Glentham Gdns SW13 ..47 A4
Glentham Rd SW13 ..47 A4
Glenthorne Mews W6 ..39 A2
Glenthorne Rd W6 ..39 A2
Glenthorpe SW15 ..56 C3
Glentworth St NW1 ..91 A1
Glenville Gr SE8 ..51 B3
Glenville Mews SW18 ..70 C4
Glenworth Ave E14 ..42 C2
Gliddon Rd W14 ..140 A2
Globe Acad The SE1 ..137 B2
Globe Pond Rd SE16 ..33 A1
Globe Prim Sch **37** E2 ..25 B2
Globe Rd E1, E2 ..25 B1
Globe St SE1 ..137 B3
Globe Terr **8** E2 ..25 B2
Globe Theatre The * SE1 ..122 C3
GLOBE TOWN ..25 C2
Globe View EC4 ..122 C4
Globe Yd W1 ..104 A1
Gloucester W14 ..141 A3
Gloucester Ave NW1 ..81 C4

Gloucester Cir SE10 ..52 B3
Gloucester Cres NW1 ..82 A4
Gloucester Ct
 Borough The SE1 ..137 A2
 City of London EC3 ..124 B3
 Dulwich SE22 ..76 C3
 Richmond TW9 ..44 C3
Gloucester Dr N4 ..6 A2
Gloucester Gate NW1 ..82 A2
Gloucester Gate Mews NW1 ..82 A2
Gloucester Gdns
 Golders Green NW11 ..1 B4
 Paddington W2 ..100 C2
Gloucester Ho
 Kilburn NW6 ..23 C3
 Richmond TW10 ..54 C2
Gloucester Mews W2 ..101 A1
Gloucester Mews W W2 ..101 A1
Gloucester Pk SW7 ..142 C4
Gloucester Pl W1 ..103 A4
Gloucester Pl Mews W1 ..103 A3
Gloucester Prim Sch SE15 ..49 A3
Gloucester Rd
 Acton W3 ..37 B4
 Richmond TW9 ..44 C3
 South Kensington SW7 ..142 C4
Gloucester Road Sta SW7 ..142 C4
Gloucester Sq
 6 Hackney E2 ..24 C4
 Paddington W2 ..102 A1
Gloucester St SW1 ..146 C2
Gloucester Terr W2 ..101 A1
Gloucester Way EC1 ..95 C3
Gloucester Wlk W8 ..127 C4
Glover Ho
 London SE15 ..65 A3
 2 South Hampstead NW6 ..11 B1
Glycena Rd SW11 ..60 B4
Glyn Ct SE27 ..74 C1
Glynde Mews SW3 ..130 B1
Glynde Reach WC1 ..94 B3
Glynde St SE4 ..66 B1
Glynfield Rd NW10 ..8 A1
Glyn Mans W14 ..140 B4
Glyn Rd E5 ..17 C4
Glyn St SE11 ..148 C1
Goater's Alley SW6 ..155 A1
Goat Wharf TW8 ..44 A4
Godalming Rd E14 ..34 A4
Goddard Ho SW19 ..69 C2
Goddard Pl N19 ..4 B1
Godfrey Ho EC1 ..97 B3
Godfrey St
 Chelsea SW3 ..144 B2
 Mill Meads E15 ..27 B3
Goding St SE11 ..148 B1

Godley Rd SW18 ..71 C3
Godliman St EC4 ..122 C4
Godman Rd SE15 ..50 A1
Godolphin Ho
 Primrose Hill NW3 ..12 A1
 7 Streatham SW2 ..74 C3
Godolphin & Latymer Sch **16** W6 ..39 A2
Godolphin Pl W3 ..28 C2
Godolphin Rd W12 ..39 A4
Godson St N1 ..85 B2
Godstone Ho **1** SE1 ..137 C2
Godwin Cl N1 ..87 A2
Godwin Ct NW1 ..83 A2
Godwin Ho
 8 Haggerston E2 ..24 B3
 Kilburn NW6 ..78 A2
Goffers Ho SE3 ..53 A1
Goffers Rd SE3, SE13 ..53 A1
Goffton Ho **14** SW9 ..173 A1
Golborne Gdns
 5 Kensal Town W10 ..23 A1
 West Kilburn W10 ..23 B1
Golborne Mews **7** W10 ..31 A4
Golborne Rd W10 ..31 A4
Golden Cross Mews **2** W11 ..31 B3
Golden Hinde The * SE1 ..123 B2
Golden Hind Pl **5** SE8 ..41 B2
Golden La EC1 ..97 A1
Golden Lane Campus EC1 ..97 A1
Golden Lane L Ctr EC1 ..96 C1
Golden Plover Cl E16 ..35 C3
Golden Sq W1 ..119 A4
Golders Ct NW11 ..1 B4
Golders Gdns NW11 ..1 B3
GOLDERS GREEN ..1 C4
Golders Green Coll NW11 ..1 C3
Golders Green Cres NW11 ..1 C3
Golders Green Rd NW11 ..1 A4
Golders Green Sta NW11 ..1 C3
Golders Hill Sch NW11 ..1 C4
Golderslea NW11 ..1 C3
Golders Park Cl NW11 ..1 C3
Golders Way NW11 ..1 B4
Goldhawk Ind Est W6 ..39 A3
Goldhawk Mews **2** W12 ..39 A4
Goldhawk Rd W12 ..38 C3
Goldhawk Road Sta W12 ..39 B4
Goldhurst Terr NW6 ..11 B1
Goldie Ho N19 ..4 C4
Golding St E1 ..111 C1
Goldington Cres NW1 ..83 B2

Goldington Ct NW1 ..83 B3
Goldington St NW1 ..83 B2
Goldman Cl E2 ..24 C1 99 B2
Goldney Rd W9 ..23 C1
Goldsboro Rd SW8 ..161 C1
Goldsborough Ho SW8 ..171 C3
Goldsmith Ave W3 ..28 C2
Goldsmith Cl WC1 ..106 B2
Goldsmith Ho W3 ..28 C2
Goldsmith Rd
 Acton W3 ..28 C1
 Peckham SE15 ..49 C2
Goldsmith's Bldgs W3 ..28 C1
Goldsmiths Coll, Univ of London SE14 ..51 A2
Goldsmith's Pl **6** NW6 ..78 A3
Goldsmith's Row E2 ..24 C3
Goldsmith's Sq **17** E2 ..24 C3
Goldsmith St EC2 ..109 A2
Goldthorpe **7** NW1 ..82 C3
Goldwell Ho SE22 ..64 A3
Goldwin Cl SE14 ..50 B2
Goldwing Cl E16 ..35 C3
Gomm Rd SE16 ..40 B3
Gondar Gdns NW6 ..10 C3
Gondar Mans NW6 ..10 B3
Gonson St SE8 ..52 A4
Gonston Cl SW19 ..70 A2
Gonville Ho **6** SW15 ..57 C1
Gonville St SW6 ..58 A4
Gooch Ho EC1 ..107 B4
Goodall Ho **10** SE4 ..65 C3
Goodenough Coll WC1 ..94 C2
Goodfaith Ho **18** E14 ..34 A2
Goodge Pl W1 ..105 A3
Goodge St W1 ..105 A3
Goodge Street Sta W1 ..105 B4
Goodhall St NW10 ..21 B2
Good Hart Pl E14 ..33 A2
Goodhope Ho **17** E14 ..34 A2
Gooding Cl N7 ..14 A3
Gooding Rd N7 ..14 A2
Goodman Cres SW2 ..73 C2
Goodman's Stile **7** E1 ..111 B2
Goodman's Yd E1, EC3 ..124 C4
Goodrich Com Prim Sch SE22 ..64 C1
Goodrich Ct **9** W10 ..30 C3
Goodrich Ho
 20 Bethnal Green E2 ..25 B3
 Stamford Hill N16 ..7 A4
Goodrich Rd SE22 ..64 C1
Good Shepherd RC Prim Sch The W12 ..38 B4

Goodson Rd NW10 ..8 A1
Goodspeed Ho **20** E14 ..34 A2
Goodsway NW1 ..84 A2
Goodway Gdns E14 ..34 C3
Goodwill Ho **22** E14 ..34 A2
Goodwin Cl SE16 ..139 A1
Goodwin Ho **22** SE15 ..65 A4
Goodwin Rd W12 ..38 C4
Goodwins Ct WC2 ..120 A4
Goodwin St N4 ..5 C2
Goodwood Ct **11** ..104 B4
Goodwood Ho **3** W4 ..37 B1
Goodwood Mans **3** SW9 ..62 C4
Goodwood Rd SE14 ..51 A3
Goose Green Prim Sch SE22 ..64 B3
Goose Green Trad Est SE22 ..64 C3
Gophir La EC4 ..123 B4
Gopsall St N1 ..87 C3
Gordon Ave SW14 ..56 A3
Gordonbrook Prim Sch SE4 ..66 C2
Gordonbrook Rd SE4 ..66 C2
Gordon Ct **5** W12 ..30 B3
Gordon Gr SE5 ..48 A1
Gordon Ho **11** E1 ..32 B2
Gordon Hospl SW1 ..147 B3
Gordon House Rd NW5 ..12 C4
Gordon Mans WC1 ..93 B1
Gordon Pl W8 ..127 C4
Gordon Rd
 Chiswick W4 ..45 A4
 Leyton E15 ..19 B4
 Peckham SE15 ..50 A1
 Richmond TW9 ..44 B1
Gordon Sq WC1 ..93 C2
Gordon St WC1 ..93 C2
Gorefield Ho NW6 ..23 C3
Gorefield Pl NW6 ..23 C3
Gore Rd E9 ..25 B4
Gore St SW7 ..129 A2
Gorham Ho **8** SW4 ..61 B1
Gorham Pl W11 ..31 A2 112 A3
Goring St EC3 ..110 B2
Gorleston St W14 ..140 B4
Gorse Cl E16 ..35 C3
Gorsefield Ho **6** E14 ..33 C2
Gorst Rd
 London SW11 ..60 B1
 North Acton NW10 ..20 C1
Gorsuch Pl **1** E2 ..24 B2 98 C4
Gorsuch St E2 ..24 B2 98 C4
Gosberton Rd SW12 ..72 C3
Gosfield St W1 ..104 C3
Gosford Ho **2** E3 ..26 B3
Goslett Yd WC2 ..105 C2

Gosling Ho **2** E1....32 B2
Gosling Way SW9..**173** B4
Gospatric Home Ho
SW14..............56 A4
GOSPEL OAK......12 C4
Gospel Oak Prim Sch
NW5..............12 C4
Gospel Oak Sta
NW5..............12 C4
Gosport Ho **9**......68 C3
Gosset St E2..24 C2 **99** B4
Gosterwood St
SE8.............41 A4
Goswell Pl EC1..**96** B3
Goswell Rd EC1...**96** B4
Gothic Ct **17** SE5...48 B3
Gottfried Mews
NW5..............13 B4
Gough Ho N1......**86** B4
Gough Sq EC4....**107** C2
Gough St WC1.....**95** A1
Goulden Ho SW11 **168** A2
Gouldman Ho **33**
E1...............25 B1
Gould Terr **20** E8..17 A3
Goulston St E1...**110** C2
Goulton Rd E5......17 A4
Govan St E2......24 C4
Gover Ct **8** SW4..**172** B2
Gowan Ave SW6..**164** A4
Gowan Ho **22**
E2........24 B2 **99** A3
Gowan Rd NW10....9 A2
Gower Ct SW4.....61 B1
Gower Ct WC1.....**93** B2
Gower Ho SE17...**151** A2
Gower Mews
WC1.............**105** C4
Gower Pl NW1,
WC1.............93 B2
Gower Sch The **4**
N7...............14 A2
Gower St WC1.....**93** B1
Gower's Wlk E1...**111** B1
Gowlett Rd SE15...64 C4
Gowrie Rd SW11...60 C4
Gracechurch St
EC4.............**123** C4
Gracefield Gdns
SW16............74 A1
Gracehill **2** E1...32 B4
Grace Ho SE11...**163** A4
Grace Jones Cl E8..16 C2
Grace Pl E3.......27 A2
Graces Mews NW8..79 A1
Grace's Mews SE5..49 A1
Grace's Rd SE5....49 A1
Grace St E3.......27 A2
Graemesdyke Ave
SW14............55 A3
Grafton Cres NW1..13 A2
Grafton Ct **10** E8..16 C3
Grafton Ho
16 Bow E3.......26 C2
17 Deptford SE8...41 B1
Grafton Mans SW4..61 A3
Grafton Mews W1..92 C1
Grafton Pl NW1....93 C3
Grafton Prim Sch **4**
N7................5 A1
Grafton Rd
Acton W3........37 C3
Gospel Oak NW5...12 C3
Grafton Sq SW4...61 B4

Grafton St W1....**118** B3
Grafton Terr NW5...12 C3
Grafton Way W1...**93** A1
Grafton Yd NW5....13 A2
Graham Ct **5**
SE14..............50 C4
Graham Ho
5 Balham SW12...73 A4
13 Tufnell Pk N19..13 C4
Graham Mans **2**
E8...............17 A2
Graham Rd
Acton W4........37 C3
Dalston E8......16 C2
Graham St N1.....**86** B1
Graham Terr SW1..**145** C3
Graham Twr W3....37 A3
Grainger Ct **22**
SE5..............48 B3
Grampian Gdns
NW2...............1 A3
Grampians The **10**
W14.............**39** C4
Granard Ave SW15..57 A2
Granard Ho **20** E9..17 C2
Granard Prim Sch
SW15............57 A1
Granard Rd SW11,
SW12............72 B4
Granary Rd E1....25 A1
Granary Sq N1....14 C2
Granary St NW1...83 A3
Granary The SE8...51 C3
Granby Pl SE1...**135** B3
Granby St
Bethnal Green
E2.........24 C1 **99** B2
Shoreditch
E2.........24 B1 **99** A2
Granby Terr NW1..**82** C1
Grand Ave EC1...**108** B4
Grandfield Ct W4..45 C4
Grandison Rd
SW11............60 B2
Grand Junction Wharf
N1...............86 C1
Grand Par SW14...55 B3
Grand Union Cl
W9..............31 B4
Grand Union Cres
E8...............24 C4
Grand Union Ind Est
NW10............20 A3
Grand Vitesse Ind Est
SE1.............**122** B1
Granfield St
SW11............**167** C3
Grangecourt Rd
N16...............7 A3
Grange Ct
Peckham SE15...**49** B3
Strand WC2.....**107** A1
1 Willesden NW10...8 A4
Grangefield NW1...14 A1
Grange Gdns NW3..2 A1
Grange Gr N1......15 B2
Grange Ho
Bermondsey SE1.**138** C1
2 Willesden NW10..9 A4
Grange La SE21....76 B2
Grangemill **11**
NW5..............12 C4
GRANGE MILLS...73 B3
Grange Mills
SW12............73 B3
Grange Pl NW6....10 C1

Grange Prim Sch
SE1.............**138** A1
Grange Rd
Barnes SW13......46 C2
Bermondsey SE1.**138** C1
Gunnersbury W4..37 A1
Willesden NW10...9 A2
Grange St N1.....**87** C3
Grange The
Bermondsey SE1.**138** C1
7 Gunnersbury W4..37 A1
Hammersmith W12 .39 A3
19 Maitland Pk
NW3.............12 B2
South Acton W3...37 A4
West Kensington
W14............**140** C2
Grangeway NW6....10 C1
Grange Wlk SE1..**138** C1
Grange Yd SE1...**138** C1
Granite Apts E15...19 C2
Grannary The **4**
SE16.............40 B4
Gransden Ave E8...17 A1
Gransden Ho **1**
SE8..............41 B1
Gransden Rd W12..38 B4
Grantbridge St N1..86 B2
Grantham Ct **8**
SE16.............40 C4
Grantham Ho **12**
SE15.............49 C4
Grantham Pl W1..**118** A1
Grantham Rd
Chiswick W4.....46 A3
South Lambeth
SW9............**172** B1
Grant Ho
3 Clapham SW8...**171** C2
Clerkenwell EC1..**108** B4
Grantley Ho
2 Deptford SE14...50 C4
3 Putney SW19...69 C3
Grantley St E1....25 C1
Grant Mus of
Zoology★
W1..............93 B1
Grant Rd SW11....60 A4
Grant St N1.......85 B2
Grantully Rd W9...88 A3
Granville Ct
8 Deptford SE14...51 A3
Shoreditch N1....87 C3
Granville Gr SE13..67 B4
Granville Ho **18**
E14.............33 C3
Granville Ind Est
NW2.............1 C2
Granville Mans **8**
W12.............39 B4
Granville Pk SE13..67 C4
Granville Pl
Marylebone W1..**103** B1
Walham Green
SW6............**156** A1
Granville Point
NW2..............1 B2
Granville Rd
Child's Hill NW2....1 B2
Kilburn NW6.....23 C3
Wandsworth SW18..70 B4
Granville Sq
3 Camberwell
SE15.............49 A3
Finsbury WC1....**95** A3
Granville St WC1..**95** A3

Grape St WC2....**106** A2
Grasgarth Cl W3...28 B2
Grasmere NW1....**92** B3
Grasmere Ave W3..28 C2
Grasmere Ct
SW13.............46 C4
Grasmere Ho **20**
N16.............16 A4
Grasmere Point **2**
SE15.............50 B3
Grasmere Prim Sch
N16.............15 C4
Grateley Ho **10**
SW15............69 A3
Gratton Rd W14..**126** A1
Graveley Ho **7**
SE8..............41 A2
Gravel La E1.....**110** C2
Gravesend Rd
W12.............29 C2
Grayfriars Pas
EC1.............**108** B2
Gray Ho SE17...**151** A2
Grayland Ct WC1..**94** C3
Grayling Ho **11**
N16...............6 C2
Grayling Sq
E2.........24 C2 **99** C4
Grayshott Rd
SW11............60 C4
Gray's Inn★ WC1..**107** A4
Gray's Inn PI WC1.**107** A3
Gray's Inn Rd WC1..**95** A2
Gray's Inn Sq
WC1.............**107** B3
Grayson Ho EC1...**97** A3
Gray St SE1.....**135** C3
Grayswood Point **1**
SW15............68 C3
Gray's Yd W1....**103** C2
Grazebrook Rd N16..6 C2
Great Arthur Ho
EC1..............**96** C1
Great Bell Alley
EC2.............**109** B2
Great Castle St
W1.............**104** C2
Great Central St
W1.............**102** C4
Great Chapel St
W1.............**105** B2
Great Chart St
SW11............59 B3
Great Chertsey Rd
SW14, W4........45 C2
Great Church La
W6...............39 C1
Great College St
SW1.............**134** A2
Great Croft WC1...**94** B3
Great Cross Ave
SE3..............53 C1
Great Cumberland
Mews W1.......**102** C1
Great Cumberland Pl
W1.............**103** A1
Great Dover St
SE1.............**137** B2
Great Eastern Bldgs
1 E8...............17 A2
Great Eastern Ent Ctr
E14.............42 A4
Great Eastern Pier
E14.............41 C1
Great Eastern Rd
E15.............19 C2

Great Eastern St
EC2......24 A1 **98** A2
Great Eastern Wharf
SW11............**158** B1
Great Field **7**
NW5.............13 B3
Greatfield Cl
1 London SE6.....66 C3
3 Tufnell Pk N19..13 B4
Great George St
SW1.............**134** A3
Great Guildford Bsns
Sq SE1..........**122** C1
Great Guildford St
SE1.............**122** C1
Greatham Wlk **3**
SW15............68 C3
Great James St
WC1.............**106** C4
Great Marlborough St
W1.............**104** C1
Great Maze Pond
SE1.............**137** C4
Great Newport St
WC2.............**120** A4
Greatorex Ho **13**
E1..............**111** B4
Greatorex St E1...**111** B4
Great Ormond St
Hospl for Children
WC1..............**94** C1
Great Ormond St
WC1..............**94** C1
Great Percy St
WC1..............**95** B4
Great Peter St
SW1.............**133** C1
Great Portland St
W1..............**92** B1
Great Portland Street
Sta W1..........92 B1
Great Pulteney St
W1.............**119** A4
Great Queen St
WC2.............**106** B2
Great Russell Mans
WC1.............**106** A3
Great Russell St
WC1.............**106** A3
Great St Helen's
EC3.............**110** A2
Great St Thomas
Apostle EC4....**123** A4
Great Scotland Yd
SW1.............**120** A2
Great Smith St
SW1.............**133** C2
Great Spilmans
SE22.............64 A2
Great Suffolk St
SE1.............**122** B1
Great Sutton St
EC1..............**96** B1
Great Swan Alley
EC2.............**109** B2
Great Titchfield St
W1.............**104** C2
Great Tower St
EC3.............**124** A4
Great Trinity La
EC4.............**123** A4
Great Turnstile
WC2.............**107** A3

Great Western Rd W2,
W9 . . . . **31** B4
Great West Rd W4,
W6 . . . .**45** C4
Great West Road
Cedars Rd W4. . . . . .**45** B4
Great West Road
Hogarth La W4 . . . .**46** A4
Great Winchester St
EC2 . . . .**109** C2
Great Windmill St
W1 . . . .**119** B4
Great Yd SE1 . . . . . .**138** B4
Greaves Cotts **10**
E14 . . . .**33** A4
Greaves Twr
SW10 . . . .**157** A2
Grebe Ct **18** E14 . . **42** B4
Greek Ct W1 . . . . . .**105** C1
Greek Sch of London
W3 . . . .**28** A2
Greek St W1 . . . . . .**105** C1
Greenacre Ct E8. . . .**16** C3
Greenacre Sq **26**
SE16 . . . .**40** C4
Green Arbour Ct
EC1 . . . .**108** A2
Greenaway Gdns
NW3 . . . .**11** A4
Greenaway Ho
Finsbury WC1 . . . . . .**95** B3
St John's Wood
NW8 . . . .**78** C4
Green Bank E1 . . . . .**32** A1
Greenberry St
NW8 . . . .**80** A1
Green Cl NW11 . . . . . .**2** B4
Greencoat Pl
SW1 . . . .**147** A4
Greencoat Row
SW1 . . . .**133** A1
Greencourt Ho **28**
E1 . . . .**25** C1
Greencroft Gdns
NW6 . . . .**11** B1
Green Ct **2** NW10 . . . .**8** A4
Green Dale SE22 . . . .**64** A2
Greendale Cl SE22 . .**64** A2
Green Dragon Ct
SE1 . . . .**123** B1
Green Dragon Ho
WC1 . . . .**106** B2
Green Dragon La
TW8 . . . .**36** B1
Green Dragon Prim
Sch TW8 . . . .**44** A4
Green Dragon Yd **34**
E1 . . . .**111** B3
Greene Ct **20** SE14 . .**50** C4
Greene Ho SE1 . . . .**137** B1
Greenend Rd W4 . . .**38** A4
Greener Ho **3**
SW4 . . . .**61** C4
Greenfell Mans
SE8 . . . .**52** A4
Greenfield Gdns
NW2 . . . .**1** A1
Greenfield Ho **28**
SW19 . . . .**69** C3
Greenfield Rd E1 . .**111** C2
Greenham Cl SE1 . .**135** B3
Greenham Ho **5**
E9 . . . .**25** B4

Greenheath Bsns Ctr
3 E2 . . . .**25** A1
Greenhill NW3 . . . .**11** C4
Greenhill Pk
NW10 . . . .**21** A4
Greenhill Rd
NW10 . . . .**21** A4
Greenhill's Rents
EC1 . . . .**108** A4
Greenhills Terr **10**
N1 . . . .**15** C2
Green Ho The **5**
SW19 . . . .**70** A3
Green Hundred Rd
SE15 . . . .**49** C4
Greening Ho SE13 . .**67** C3
Greenland Ho
Bermondsey SE8 . . . .**40** C1
4 Mile End E1 . . . .**26** A1
Greenland Mews
SE8 . . . .**40** C1
Greenland Pl NW1. .**82** B4
Greenland Quay
SE16 . . . .**40** C2
Greenland Rd
NW1 . . . .**82** C4
Greenland St NW1. .**82** B4
Green Lanes N4, N8,
N15 . . . .**6** A4
Greenleaf Cl **8**
SW2 . . . .**74** C4
Green Link Wlk
TW9 . . . .**45** A2
Greenman St N1 . . .**86** C4
Greenock Rd **11**
W3 . . . .**37** B3
Green Park★ SW1,
W1 . . . .**132** B4
Green Park Sta
W1 . . . .**118** C2
Greenroof Way
SE10 . . . .**43** B3
Greens Ct W1 . . . . .**119** B4
Green's Ct
W11 . . . .**31** B1 **112** C1
Greenside Prim Sch
W12 . . . .**38** C4
Greenside Rd W12. .**38** C4
Green St W1 . . . . . .**117** B4
Greenstead Gdns
SW15 . . . .**57** A2
Greenstreet Hill
SE4 . . . .**65** C4
Greensward Ho
SW6 . . . .**166** C2
Green Terr EC1 . . . . .**95** C3
Green The W3 . . . . . .**29** A1
Greenview Cl W3 . . .**29** A1
Greenview Ct
East Dulwich SE22 . .**64** C3
Wandsworth SW18 . .**72** A4
Greenway Cl N4 . . . . .**6** A2
Greenwell St W1 . . .**92** B1
GREENWICH **43** C3
Greenwich Acad
SE10 . . . .**52** A2
Greenwich Bsns Ctr
SE10 . . . .**52** B3
Greenwich Bsns Pk
SE10 . . . .**52** A3
Greenwich Church St
SE10 . . . .**52** B4
Greenwich Coll **17**
SE10 . . . .**52** B4

Greenwich Ct **11**
E1 . . . .**32** A3
Greenwich High Rd
SE10 . . . .**52** A3
Greenwich Ho
SE13 . . . .**67** C1
Greenwich Ind Est
SE10 . . . .**52** A3
Greenwich Mkt **2**
SE10 . . . .**52** B4
Greenwich Park★
SE10 . . . .**53** A3
Greenwich Park St
SE10 . . . .**53** B4
Greenwich Quay
SE8 . . . .**52** A4
Greenwich South St
SE10 . . . .**52** B2
Greenwich Sta
SE10 . . . .**52** A3
Greenwich View Pl
E14 . . . .**42** A3
Green Wlk SE1 . . . .**138** A1
Greenwood **8**
SW19 . . . .**69** C4
Green Wood NW5 . .**13** B3
Greenwood Ho
Finsbury WC1 . . . . . .**95** B3
8 Nunhead SE4 . . . .**65** C3
Greenwood Pl
NW5 . . . .**13** A3
Greenwood Rd E8. .**16** C2
Greenwood Terr
NW10 . . . .**20** C3
Green Yd WC1 . . . . .**95** A2
Greet Ho SE1 . . . . .**135** C3
Greet St SE1 . . . . . .**121** C1
Gregor Mews SE3 . .**53** C3
Gregory Pl W8 . . . .**128** A4
Greig Terr SE17 . . . .**48** A4
Grenada Ho **18**
E14 . . . .**33** B2
Grenade St E14 . . . .**33** B2
Grena Gdns TW9 . . .**54** B3
Grena Rd TW10,
TW9 . . . .**54** B3
Grenard Cl SE15. . . .**49** C3
Grendon Ho
20 Hackney E9 . . . . .**17** B1
Pentonville N1 . . . . .**84** C1
Grendon St NW8 . . .**90** A2
Grenfell Ho SE5 . . . .**48** B3
Grenfell Rd W11. . . .**30** C2
Grenfell Twr **5**
W11 . . . .**30** C2
Grenfell Wlk **4**
W11 . . . .**30** C2
Grenier Apartments
1 SE15 . . . .**50** A3
Grenville Ho
26 Bow E3 . . . .**26** A3
4 Deptford SE8. . . .**51** C4
Grenville Lo N6 . . . . .**4** B4
Grenville Mans
WC1 . . . .**94** A2
Grenville Mews
SW7 . . . .**142** C3
Grenville Pl SW7 . . .**142** C4
Grenville Rd N19 . . . .**5** A3
Grenville St WC1 . . .**94** B1
Gresham Almshouses
3 SW9 . . . .**62** B3
Gresham Coll EC1 . .**107** C3
Gresham Gdns
NW11 . . . .**1** A3
Gresham Pl **2** N19 . .**4** C2

Gresham Rd SW9. . .**62** C4
Gresham St EC2 . . .**109** A2
Gresham Way
SW19 . . . .**70** C1
Gresham Way Est
SW19 . . . .**70** C1
Gresley Ho SW8 . . .**171** C4
Gresley Rd N19. . . . . .**4** B4
Gressenhall Rd
SW18 . . . .**70** B4
Gresse St W1 . . . . .**105** B2
Greswell St SW6. . . .**47** C2
Greta Ho SE3 . . . . . .**53** B4
Gretton Ho **2** E2 . . .**25** B2
Greville Hall NW6 . .**78** B2
Greville Ho
Knightsbridge
SW1 . . . .**131** B2
Putney SW15 . . . . . .**57** C4
Greville Lo **6** W2 . .**100** A2
Greville Mews **5**
NW6 . . . .**78** A3
Greville Pl NW6 . . . .**78** B2
Greville Rd
Kilburn NW6 . . . .**78** B2
Richmond TW10 . . . .**54** B1
Greville St EC1 . . . .**107** C4
Grey Coat Hospital
The
SW1 . . . .**147** B3
SW1 . . . .**133** B1
Greycoat Pl SW1 . .**133** B1
Greycoat St SW1 . .**133** B1
Grey Eagle St
E1 . . . .**111** A4
Greyfriars **18** SE26 . .**76** C1
Greyfriars Ho SE3 . .**53** B4
Grey Ho **27** W12 . . .**30** A2
Greyhound Ct
WC2 . . . .**121** B4
Greyhound Rd
College Pk NW10 . . .**22** B2
Fulham W6 . . . .**154** A4
Greyladies Gdns
SE10 . . . .**52** B1
Greystoke Ho
SE15 . . . .**49** C4
Greystoke Pl EC4 . .**107** C2
Grey Turner Ho
W12 . . . .**29** C3
Grice Ct N1 . . . .**15** B2
Grierson Rd SE23. . .**66** A1
Griffin Cl NW10 . . . . .**9** A3
Griffin Ct
8 Brentford TW8 . . . .**44** A4
Chiswick W4 . . . .**38** B1
Shepherd's Bush
W12 . . . .**30** A1
Griffin Gate **1**
SW15 . . . .**57** C4
Griffon Ho **3**
SW11 . . . .**60** A4
Grigg's Pl SE1 . . . .**138** B1
Grimaldi Ho N1 . . . .**84** C2
Grimsby St
8 Bethnal Green
E2 . . . .**24** C1 **99** A2
Shoreditch
E2. . . . .**24** B1 **99** A2
Grimsel Path SE5. . .**48** A3
Grimshaw Cl N6. . . . .**3** C4
Grimston Rd SW6 . .**164** C1
Grimthorpe Ho
EC1 . . . .**96** B2
Grimwade Cl SE15. .**65** B4
Grindall Ho **28** E1 . .**25** A1

Grindal St SE1. . . . .**135** B3
Grindley Ho **3** E3 . .**33** B4
Grinling Gibbons Prim
Sch **42** SE8 . . . .**51** B4
Grinling Pl SE8 . . . . .**51** C4
Grinstead Rd SE8. . .**41** A1
Grisedale NW1 . . . . .**92** C4
Grittleton Rd W9 . . .**23** C1
Groombridge Rd
E9 . . . .**17** C1
Groom Cres SW18 . .**71** C4
Groome Ho SE11 . .**149** A3
Groom Pl SW1 . . . .**131** C2
Grosse Way SW15 . .**57** A1
Grosvenor Ave
Canonbury N5 . . . . .**15** B3
Mortlake SW14 . . . . .**56** A4
Richmond TW10 . . . .**54** A2
Grosvenor Bridge
SW1 . . . .**160** B4
Grosvenor Cotts
SW1 . . . .**145** A3
Grosvenor Court
Mans W2. . . . .**102** C1
Grosvenor Cres
SW1 . . . .**131** C3
Grosvenor Cres Mews
SW1 . . . .**131** B3
Grosvenor Ct
Brondesbury Pk
NW6 . . . .**22** C4
Gunnersbury W4 . . .**37** A1
62 Poplar E14 . . . . .**33** B3
Putney SW15 . . . . . .**58** A2
Grosvenor Gdns
Cricklewood NW2. . . . .**9** B3
Mortlake SW14 . . . . .**56** A4
Westminster SW1 . .**132** B1
Grosvenor Gdns Mews
E SW1 . . . .**132** B2
Grosvenor Gdns Mews
N SW1 . . . .**132** A1
Grosvenor Gdns Mews
S SW1 . . . .**132** B1
Grosvenor Hill
W1 . . . .**118** A4
Grosvenor Hill Ct
W1 . . . .**118** A4
Grosvenor Ho E5. . . . .**7** C3
Grosvenor Park
SE5 . . . .**48** B3
Grosvenor Pier
SW1 . . . .**161** B4
Grosvenor Pk SE5 . .**48** B4
Grosvenor Pl
SW1 . . . .**132** A3
Grosvenor Rd
Acton Green W4. . . . .**37** B1
Pimlico SW1 . . . . . .**161** A4
Richmond TW10 . . . .**54** A2
Grosvenor Residences
1 W14. . . . .**39** C3
Grosvenor Sq W1 . .**117** C4
Grosvenor St W1 . .**118** A4
Grosvenor Terr
SE5 . . . .**48** B4
Grosvenor The
NW11 . . . .**2** A4
Grosvenor Wharf Rd
E14 . . . .**42** C2
Grote's Bldgs SE3 . .**53** A1
Grote's Pl SE3 . . . . .**53** A1
Groton Rd SW18. . . .**71** A2
Grotto Ct SE1 . . . .**136** C4
Grotto Pas W1 . . . .**103** B4

Grove Crescent Rd
E15 . . . . 19 C2
Grove Ct
Camberwell SE5 . . . . . . 49 A1
Clapham SW4 . . . . 61 B4
South Kensington
SW10 . . . . 143 A1
St John's Wood
NW8 . . . . 89 B4
Grovedale Rd N19 . . 4 C2
Grove Dwellings
E1 . . . . 32 B4
Grove End NW5 . . . . 13 A4
Grove End Gdns
NW8 . . . . 79 A1
Grove End Ho
NW8 . . . . 89 B3
Grove End Rd NW8 . 89 B3
Grove Gdns NW8 . . 90 B3
Grove Hall Ct
Bow E3 . . . . 26 C3
St John's Wood
NW8 . . . . 89 A3
Grove Hill Rd SE5 . . 64 A4
Grove Ho
Blackheath SE3 . . . . . 53 B1
Chelsea SW3 . . . . 158 B4
Grove La SE5 . . . . . . 64 A4
Groveland Ct EC4 . 109 A1
Grovelands Ct SE21 . 76 A4
Grove Lane Terr
SE5 . . . . 48 C1
Groveley Ho ☑ N4 . 6 B4
Grove Lo SW4 . . . . . 61 B3
Grove Mans
London W6 . . . . 60 B3
☑ Shepherd's Bush
W6 . . . . 39 B4
☑ Stamford Hill N16 . 7 C3
Grove Mews W6 . . . 39 B3
GROVE PARK 45 B2
Grove Park Bridge
W4 . . . . 45 B3
Grove Park Gdns
W4 . . . . 45 B3
Grove Park Mews
W4 . . . . 45 B3
Grove Park Prim Sch
W4 . . . . 45 B3
Grove Park Rd W4 . . 45 A3
Grove Park Terr
W4 . . . . 45 A3
Grove Pk SE5 . . . . . . 49 A1
Grove Pl
Acton W3 . . . . 28 B1
Balham SW12 . . . . . . 61 A1
Hampstead NW3 . . . . 2 C1
Grover Ct SE13 . . . . . 52 A1
Grove Rd
Acton W3 . . . . 28 B1
Barnes SW13 . . . . . . 46 B1
Bow E3 . . . . 26 A3
Richmond TW10 . . . . 54 B1
Willesden NW2 . . . . . 9 B2
Grover Ho
☑ London SW4 . . . . . 61 B2
Vauxhall SE11 . . . . . 149 A1
Groveside Ct
SW11 . . . . 167 B2
Grove St SE8 . . . . . . 41 B1
Grove Terr NW5 . . . 13 A4
Grove Terrace Mews
NW5 . . . . 4 A1
Grove The
Dulwich SE21 . . . . . . 76 C3
Hendon NW11 . . . . . . 1 A4

Grove The continued
Highgate N6 . . . . 3 C3
Stroud Green N4 . . . . . 5 B4
Grove Vale SE22 . . . . 64 B3
Groveway SW9 . . . 173 A3
Grovewood ☑
TW9 . . . . 44 C2
Grovewood Ho
NW2 . . . . 1 B2
Grummant Rd
SE15 . . . . 49 B2
Grundy St E14 . . . . . 34 A3
Guardian Angels RC
Prim Sch ☑ E3 . . . 26 A2
Guards Mus The★
SW1 . . . . 133 A3
Gubyon Ave SE24 . . 63 A2
Gudden Dr E5 . . . . . . 17 A4
Guerin Sq E3 . . . . . . 26 B2
Guernsey Gr SE24 . . 75 B4
Guernsey Ho ☑
N1 . . . . 15 B2
Guernsey Rd ☑
N1 . . . . 15 B2
Guildford Gr SE10 . . 52 A2
Guildford Ho ☑
SE5 . . . . 48 B1
Guildford Rd SW8 . 172 B4
Guildhall Art Gall★
EC2 . . . . 109 A2
Guildhall Bldgs
EC2 . . . . 109 B2
Guildhall Sch Music &
Drama EC2 . . . . . . 109 A4
Guildhall Yd EC2 . . 109 A2
Guildhouse St
SW1 . . . . 146 C3
Guilford Pl WC1 . . . . 94 C1
Guilford St WC1 . . . . 94 B1
Guillemot Ct ☑
SE8 . . . . 51 B4
Guinness Cl E9 . . . . . 18 A1
Guinness Ct
Chelsea SW3 . . . . . . 144 C3
Finsbury EC1 . . . . 97 A3
Primrose Hill NW8 . . 80 B3
Whitechapel E1 . . . . 111 A1
Guinness Sq SE1 . . 152 A4
Guinness Trust Bldgs
Bermondsey SE1 . . . 138 A4
☑ Bethnal Green
E2 . . . . 24 C3
Chelsea SW3 . . . . . . 144 C3
Hammersmith W6 . . 39 B1
Kennington SE11 . . . 150 A2
Guion Rd SW6 . . . . 165 A2
Gujarat Ho ☑ N16 . . 7 A1
Gulland Wlk ☑ N1 . 15 B2
Gullane Ho ☑ E3 . . 26 B3
Gulliver St SE16 . . . 41 B3
Gulston Wlk SW3 . . 145 A3
Gunmakers La E3 . . 26 A4
GUNNERSBURY 37 A2
Gunnersbury Avenue
(North Circular Rd)
W3 . . . . 36 C3
Gunnersbury Cl ☑
W4 . . . . 37 A1
Gunnersbury Cres
W3 . . . . 36 C4
Gunnersbury Ct ☑
W3 . . . . 37 A4
Gunnersbury Dr
W5 . . . . 36 B4
Gunnersbury Gdns
W3 . . . . 36 C4

Gunnersbury La
W3 . . . . 36 C4
Gunnersbury Mews ☑
W4 . . . . 37 A1
Gunnersbury Park
W3 . . . . 36 C3
Gunnersbury Park
Mus★ W3 . . . . 36 C3
Gunnersbury Sta
W4 . . . . 37 A1
Gunnersbury Triangle
Nat Res★ W4 . . . . 37 A2
Gunners Rd SW18 . . 71 C2
Gunpowder Sq
EC4 . . . . 107 C2
Gun St E1 . . . . 110 C3
Gunstor Rd N16 . . . . 16 A4
Gunter Gr SW6 . . . . 156 C2
Gunterstone Rd
W14 . . . . 140 B2
Gunthorpe St E1 . . 111 A2
Gunwhale Cl SE16 . . 32 C1
Gun Wharf
Old Ford E3 . . . . 26 A4
Wapping E1 . . . . 32 B1
Gurdon Ho ☑ E14 . . 33 C3
Gurdon Rd SE7 . . . . 43 C1
Gurney Ho
☑ Bayswater W2 . . 100 A2
☑ Bethnal Green
E2 . . . . 24 C3
Gurney Rd SW6 . . . 59 B4
Guthrie Ct SE1 . . . . 135 C3
Guthrie St SW3 . . . . 144 A2
Gutter La EC2 . . . . . 108 C2
Guyscliff Rd SE13 . . 67 B2
Guy's Hospl SE1 . . 137 C4
Guy St SE1 . . . . 137 C4
Gwalior Rd SW15 . . 57 C4
Gwendolen Ave
SW15 . . . . 57 C2
Gwendolen Cl
SW15 . . . . 57 C2
Gwendwr Rd W14 . 140 B2
Gwent Ct ☑ SE16 . . 32 C1
Gwilym Maries Ho ☑
E2 . . . . 25 A2
Gwyn Cl SW6 . . . . . 156 C1
Gwynne Cl W4 . . . . . 46 B4
Gwynne Ho
Finsbury WC1 . . . . . . 95 B3
☑ Streatham SW2 . . 74 B3
Whitechapel E1 . . . . 32 A4
Gwynne Pl WC1 . . . . 95 A3
Gwynne Rd SW11 . . 167 C2
Gye Ho ☑ SW4 . . . . 62 A3
Gylcote Cl SE5 . . . . . 63 C3

H

Haarlem Rd ☑
W14 . . . . 39 C3
Haberdasher Pl ☑
N1 . . . . 24 A2 98 A4
Haberdashers' Aske's
Hatcham Coll
SE4 . . . . 51 A1
Haberdasher St
N1 . . . . 97 C4
Hackford Rd SW9 . 173 B4
Hackford Wlk
SW9 . . . . 173 B3
HACKNEY 17 A2
Hackney Central Sta
E8 . . . . 17 A2

Hackney Com Coll ☒
N1 . . . . 24 A2 98 B4
Hackney Downs Sta
E8 . . . . 17 A3
Hackney Empire
E8 . . . . 17 A2
Hackney Free &
Parochial CE Sec Sch
☒ E9 . . . . 17 C2
Hackney Gr E8 . . . . . 17 A2
Hackney Rd E2 . . . . . 24 C3
HACKNEY WICK . . . 18 C2
Hackney Wick E9 . . 18 B2
Hackney Wick Sta
E9 . . . . 18 C2
Hackworth Point ☑
E3 . . . . 27 A2
Hacon Sq ☒ E8 . . . . 17 A1
Haddo Ho
Gospel Oak NW5 . . . 13 A4
Greenwich SE10 . . . . 52 A4
Haddon Ct W3 . . . . . 29 B2
Haddo St SE10 . . . . . 52 B4
Haden Ct N4 . . . . 5 C2
Hadfield Ho ☑
E1 . . . . 111 C1
Hadleigh Cl ☑ E1 . . 25 B1
Hadleigh Ho ☒ E1 . . 25 B1
Hadleigh St E2 . . . . . 25 B2
Hadley Ct N16 . . . . . 7 C3
Hadley Gdns W4 . . . 37 C1
Hadley St NW1 . . . . 13 A2
Hadlow Ho SE17 . . . 152 B2
Hadrian Cl ☑ E3 . . . 26 C4
Hadrian Ct SE4 . . . . . 66 C4
Hadrian Est ☑ E2 . . 24 C3
Hadrian St SE10 . . . . 43 A1
Hadstock Ho NW1 . . 93 C4
Hadyn Park Ct ☑
W12 . . . . 38 C4
Hadyn Park Rd
W12 . . . . 38 C4
Hafer Rd SW11 . . . . . 60 B3
HAGGERSTON 24 B3
Haggerston Rd E8 . . 24 B4
Haggerston Sch ☒ E8 . 24 B3
Haggerston Sta
E2 . . . . 24 B4
Haggerston Studios
☒ E8 . . . . 24 B4
Hague Prim Sch ☒
E2 . . . . 25 A1
Hague St ☒
E2 . . . . 24 C2 99 C3
Haig Ho ☑ E2 . . . . . 24 C3
Hailsham Ave SW2 . 74 B2
Hainford Cl SE4 . . . . 65 C3
Haining Cl ☑ W4 . . 36 C1
Hainton Cl E1 . . . . . . 32 A3
Halcomb St N1 . . . . . 24 A4
Halcrow St E1 . . . . . . 32 A4
Haldane Pl SW18 . . . 71 A3
Haldane Rd SW6 . . . 155 A3
Halidon Rd SE10 . . . 58 B1
Hale Ho SW1 . . . . . . 147 C2
Hales Ho ☑ SW12 . . 73 A4
Hales Prior N1 . . . . . 84 C1
Hales St SE8 . . . . 51 C3
Hale St E14 . . . . 34 A2
Halesworth Rd
SE13 . . . . 67 A4
Half Moon Cres
N1 . . . . 85 A2
Half Moon La SE24 . 63 B1

Half Moon La
SE24 . . . . 63 B1
Halfmoon Pas E1 . . 111 A1
Half Moon St W1 . . 118 B1
Halford Ho ☑
SW15 . . . . 57 C2
Halford Rd
Richmond TW10 . . . . 54 A2
West Brompton
SW6 . . . . 155 B3
Haliday Ho N1 . . . . . 15 C2
Haliday Wlk ☑ N1 . 15 C2
Halidon Cl E9 . . . . . . 17 B3
Haliwell Ho ☑
NW6 . . . . 78 A3
Halkett Ho ☒ E2 . . . 25 B4
Halkin Arc SW1 . . . . 131 A2
Halkin Mews SW1 . 131 B2
Halkin Pl SW1 . . . . . 131 B2
Halkin St SW1 . . . . . 131 C3
Hallam Ct W1 . . . . . 104 B4
Hallam Ho
☑ London SW9 . . . . 173 B4
Pimlico SW1 . . . . 147 A1
Hallam Mews W1 . 104 B4
Hallam Rd SW13 . . . 57 A4
Hallam St W1 . . . . . 104 B4
Halley Gdns SE13 . . 67 C3
Halley Ho
☑ Bethnal Green
E2 . . . . 24 C3
☑ Cubitt Town
SE10 . . . . 43 B1
Halley Prim Sch
E14 . . . . 33 A4
Halley St E14 . . . . . . 33 A4
Hallfield Jun & Inf
Schs ☑ W2 . . . . . . 100 B1
Hall Gate NW8 . . . . . 89 A4
Halliday Ho ☒ E1 . . 111 C1
Halling Ho SE1 . . . . . 137 C3
Halliwell Ct ☑
SE22 . . . . 64 C2
Halliwell Rd SW2 . . 62 B1
Hall Oak Wlk NW6 . 10 B2
Hall Pl W2 . . . . 89 B1
Hall Rd
Leyton E15 . . . . 19 C4
St John's Wood
NW8 . . . . 89 A4
Hall Sch The NW3 . 11 C2
Hall Sch Wimbledon
SW15 . . . . 68 C1
Hall St EC1 . . . . 96 B4
Hallsville Prim Sch
E16 . . . . 35 C3
Hallsville Rd E16 . . . 35 B3
Hall Twr W2 . . . . . . 101 C4
Halpin Pl SE17 . . . . . 151 C3
Halsbury Ho ☑ N7 . 14 B4
Halsbury Rd W12 . . . 30 A1
Halsey St SW3 . . . . . 144 C4
Halsmere Rd SE5 . . . 48 A2
Halstead Ct N1 . . . . . 87 C1
Halston Cl SW11 . . . 60 B1
Halstow ☑ NW5 . . . 12 C2
Halstow Prim Sch ☒
SE10 . . . . 43 C1
Halstow Rd
Greenwich SE3,
SE10 . . . . 43 C1

Halstow Rd continued
Kensal Green NW10..**22** C2
Halton Cross St
N1...................... **86** B4
Haltone Ho [1]
SW4 ....**171** C1
Halton Ho [22] N1 ..**15** A1
Halton Mans N1.....**15** A1
Halton Pl N1 ....**86** C4
Halton Rd N1.........**86** B4
Halyard Ho E14 .....**42** B3
Hambalt Rd SW4 ....**61** B2
Hambledon Ct [7] SE7 ..**48** C4
Hambledon Chase
N4........................ —
Hambledon Ho E5..**17** A4
Hambledon Pl
SE21 ....**76** B3
Hambledon Rd
SW18 ....**70** B4
Hamble St SW6 ....**59** A4
Hambley Ho [5]
SE16 ....**40** A2
Hamblyn Ct N16.....**7** B4
Hambridge Way
SW2 ....**74** C4
Hambrook Ct [12]
NW5 ....**13** A4
Hamers Ho [19]
SW2 ....**74** C4
Hamilton Cl
Rotherhithe SE16.....**41** A4
St John's Wood
NW8 ....**89** B3
Hamilton Ct W9 ....**88** C4
Hamilton Gdns
NW8 ....**89** A4
Hamilton Hall
NW8 ....**78** C1
Hamilton Ho
[23] Bow E3 ....**26** B2
Chiswick W4...........**46** A4
[1] Poplar E14 ....**33** B2
Putney SW15 ....**56** C2
[10] Richmond TW9 ..**44** C2
St John's Wood
NW8 ....**89** A4
Hamilton La N5 ....**15** A4
Hamilton Lo [37] E1..**25** B1
Hamilton Mews
W1 ....**132** A4
Hamilton Pk N5 ....**15** A4
Hamilton Pk W N5..**15** A4
Hamilton Pl W1 ...**117** C1
Hamilton Rd
Acton W4 ....**38** A4
Hendon NW11 ....**1** A4
Willesden NW10......**8** C3
Hamilton Sq SE1 ..**137** C4
Hamilton St SE14 ..**51** A4
Hamilton Terr
NW8 ....**89** A4
Hamlet Ct
[1] Hammersmith
W6 ....**38** C2
Kennington SE11 ....**150** A2
Hamlet Gdns W6 ..**38** C2
Hamlet Ind Ctr E9 ..**18** C1
Hamlet Sq NW2 ....**1** A1
Hamlets Way E3....**26** B1
Hamlet The SE5 ....**63** C4
Hamlet Way SE1 ..**137** C4

Hammelton Gn [2]
SW9 ....**48** A2
Hammersley Ho [8]
SE14 ....**50** B3
HAMMERSMITH ...**39** B2
Hammersmith Bridge
Rd W6, SW13 ....**39** B1
Hammersmith
Broadway
Hammersmith W6 ...**39** B1
[5] Hammersmith
W6 ....**39** B2
Hammersmith Flyover
W6 ....**39** B1
Hammersmith Gr
W6 ....**39** B3
Hammersmith Hospl
W6 ....**30** A3
Hammersmith Rd
Hammersmith W6 ...**39** C2
Kensington W14 ....**140** B4
Hammersmith Sta
W6 ....**39** B2
Hammersmith Terr [1]
W6 ....**38** C1
Hammett St EC3...**124** C4
Hammond Ho
[10] Deptford SE14 ..**50** B3
Millwall E14 ....**42** A3
Hammond Lo [6]
W9 ....**31** C4
Hammond St NW5..**13** B2
Hamond Sq N1 .....**24** A3
Hampden Cl NW1 ..**83** C2
Hampden Gurney CE
Prim Sch W1 ....**102** B2
Hampden Gurney St
W1 ....**102** C1
Hampden Rd N19 .....**4** C2
Hampshire Ct [6]
SW13 ....**46** B1
Hampshire Hog La
[3] Hammersmith
W6 ....**39** A1
[2] Hammersmith
W6 ....**39** A2
Hampshire St
NW5 ....**13** C2
Hampson Way
SW8 ....**172** C4
HAMPSTEAD **11** B2
Hampstead Coll of
Fine Arts &
Humanities [12]
NW3 ....**12** A2
Hampstead Com
Mkt* NW3 ....**11** C4
Hampstead Gate
NW3 ....**11** B3
Hampstead Gn
NW3 ....**12** A3
Hampstead Gr NW3 .**2** B1
Hampstead Heath★ ..
...........................**2** C2
Hampstead Heath
Prep Sch NW3 ....**12** B4
Hampstead Heath Sta
NW3 ....**12** A4
Hampstead High Sch
[3] NW3 ....**11** B3
Hampstead High St
NW3 ....**11** C4
Hampstead Hill Gdns
NW3 ....**12** A4
Hampstead Hill Sch
[1] NW3 ....**12** A3

Hampstead La N6 ...**3** A4
Hampstead Parochial
CE Prim Sch [30]
NW3 ....**11** B4
Hampstead Rd
NW1 ....**92** C4
Hampstead Sch
NW2 ....**10** A4
Hampstead Sq [1]
NW3 ....**2** B1
Hampstead Sta
NW3 ....**11** B4
Hampstead West [4]
NW6 ....**10** C2
Hampstead Wlk [1]
E3 ....**26** B4
Hampton Ct NW6..**23** C2
Hampton Ct
[1] Islington N1 ......**15** A2
[19] Rotherhithe
SE16 ....**32** C1
Hampton St SE1 ..**150** B3
Hamstead Gates [1]
NW5 ....**13** A2
Ham Yd W1 ....**119** B4
Hana Mews E5 .....**17** A4
Hanbury Ho
[8] Bethnal Green
E1 ....**111** B4
South Lambeth
SW8 ....**162** B3
Hanbury Mews N1..**87** A2
Hanbury Rd N17 ....**37** A4
Hanbury St E1......**111** A4
Hancock Nunn Ho [1]
NW3 ....**12** B1
Hancock Rd E3 .....**27** B2
Handa Wlk [3] N1...**15** B2
Hand Ct WC1......**107** A3
Handel House
Museum★ W1 .....**118** B4
Handel Mans
Barnes SW13 ....**47** B3
Bloomsbury WC1 ...**94** B2
Handel St WC1 .....**94** B2
Handforth Rd
SW9 ....**163** B2
Handley Rd E9 .....**25** B4
Hands Wlk E16 .....**35** C3
Hanford Cl SW18 ..**70** C3
Hankey Pl SE1 ....**137** C3
Hanley Ct N4 ....**5** B3
Hanley Gdns N4......**5** B3
Hanley Rd N4, N19..**5** A3
Hanmer Wlk N7......**5** B2
Hannah Mary Way [1]
SE1 ....**153** C3
Hannay La N8 ....**4** C4
Hannay Wlk SW16 ..**73** C2
Hannell Rd SW6 ...**154** B2
Hannen Ho SE5.....**63** C4
Hannen Rd SE27....**75** A1
Hannibal Rd E1 ....**32** B4
Hannington Rd
SW4 ....**61** A4
Hanover Ave E16 ..**35** C1
Hanover Ct TW9 ...**44** C3
Hanover Ct
Shepherd's Bush
W12 ....**29** C1
Stamford Hill N16...**7** A4
Hanover Gate Mans
NW1 ....**90** B2
Hanover Gdns
SE11 ....**163** B3
Hanover Ho NW8 ..**80** A1

Hanover Mans [5]
SW2 ....**62** C2
Hanover Pk SE15 ..**49** C2
Hanover Pl
[6] Bow E3 ....**26** B2
St Giles WC2 ....**106** B1
Hanover Prim Sch
N1 ....**86** C2
Hanover Rd NW10 ..**22** B4
Hanover Sq W1 ...**104** B1
Hanover St W1 ....**104** B1
Hanover Stps W2..**102** B1
Hanover Terr NW1 ..**90** C3
Hanover Terrace
Mews NW1...........**90** B3
Hanover West Ind Est
NW10 ....**20** C2
Hanover Yd N1 .....**86** C2
Hansard Mews
W14 ....**39** C4
Hanscomb Mews
SW4 ....**61** B3
Hans Cres SW1 ...**130** C2
Hansler Ct [4]
SW19 ....**70** A3
Hansler Rd SE22 ..**64** B2
Hanson Cl
Balham SW12.........**73** A4
Mortlake SW14 ......**55** B4
Hanson Ho [2] E1..**125** C4
Hanson St W1 .....**104** C4
Hans Pl SW1 ....**130** C2
Hans Rd SW3 ......**130** C2
Hans St SW1 ......**131** A1
Hanway Ho [26]
SW9 ....**173** C4
Hanway Pl W1 .....**105** B2
Hanway St W1 .....**105** B2
Hanworth Ho SE5..**48** A3
Harben Rd NW6 ....**11** B1
Harberson Rd
SW12 ....**73** A3
Harberton Rd N19 ...**4** B3
Harbet Rd W2 .....**101** C3
Harbinger Prim Sch
E14 ....**42** A2
Harbinger Rd E14 ..**42** A2
Harbin Ho [5] SW2..**74** C3
Harbledown Ho [6]
SE1 ....**137** B3
Harbledown Rd
SW6 ....**165** B4
Harbord Cl
Camberwell SE5 .....**49** A3
London SE5...........**48** C1
Harbord Ho [5]
SE16 ....**40** C2
Harbord St SW6 ....**47** C2
Harbour Ave
SW10 ....**167** A3
Harbour Exchange Sq
E14 ....**42** A4
Harbour Rd SE5 ....**63** B4
Harbridge Ave
SW15 ....**68** C4
Harbut Rd SW11 ..**59** C3
Harcombe Rd E5 ...**17** A4
Harcourt Ho
[7] Clapham SW8...**171** B2
Marylebone W1 ....**104** A2
[4] Willesden NW10 ..**9** B2
Harcourt Rd SE4 ...**66** B4
Harcourt St W1 ...**102** B3
Harcourt Terr
SW10 ....**142** B1

Hardcastle Ho
[3] New Cross Gate
SE14 ....**51** A2
[1] Peckham SE15 ..**49** C2
Hardel Rise SW2 ...**75** A3
Hardel Wlk SE24,
SW2 ....**74** C4
Harden Ho SE5......**49** A1
Harders Rd SE15 ..**50** A1
Hardess St SE24 ..**63** B4
Hardham Ho [5]
SW2 ....**62** C1
Harding Cl SE17 ..**48** B4
Hardinge Rd
NW10 ....**22** B4
Hardinge St E1.....**32** B3
Harding Ho SW13 ..**47** A4
Hardington [2]
NW1 ....**12** C1
Hardwick Ho [14]
E3 ....**27** A2
Hardwick Mews
WC1 ....**95** A3
Hardwick St W4 ...**37** C2
Hardwick Ho
[14] London SW8 ...**171** B2
Marylebone NW8 ....**90** B2
Hardwick St EC1 ...**95** C3
Hardwick's Way
SW18 ....**58** C2
Hardwidge St SE1 ..**138** A4
Hardy Ave E16 .....**35** C1
Hardy Cl SE16 ......**40** C4
Hardy Cotts [2]
SE10 ....**52** C4
Hardy Ct SE3 ....**53** B4
Hardy Rd SE3 ......**53** B4
Hare and Billet Rd
SE3 ....**52** C1
Harecourt Rd N1 ..**15** B2
Hare Ct EC4 ....**107** B1
Haredale Ho [24]
SE16 ....**139** B3
Haredale Rd SE24 ..**63** B3
Harefield Mews
SE4 ....**66** B4
Harefield Rd SE4 ..**66** B4
Hare Marsh
E2 ....**24** C1 **99** B2
Hare Pl EC4 ....**107** C1
Hare Row E2 ....**25** A3
Hare Wlk N1 ....**24** A3
Harewood Ave
NW1 ....**90** B1
Harewood Pl W1 ..**104** B1
Harewood Row
NW1 ....**102** B3
Harfield Gdns [1]
SE5 ....**64** A4
Harfleur Ct SE11 ..**150** A3
Harford Ho
Camberwell SE5 .....**48** B4
Notting Hill W11 ....**31** B4
Harford Mews [6]
N19 ....**4** C1
Harford St E1 ....**26** A1
Hargrave Mans [3]
N19 ....**4** C2
Hargrave Park Prim
Sch [17] N19 ......**4** B2
Hargrave Pk N19 ...**4** B2
Hargrave Pl N7.....**13** C3
Hargrave Rd N19 ...**4** B2
Hargraves Ho [14]
W12 ....**30** A2
Hargwyne St SW9 ..**62** B4

Harkness Ho 30
E1 . . . . 111 C1

Harlech Twr 5
W3 . . . . .37 B4

Harlescott Rd
SE15 . . . . .65 C3

HARLESDEN 21 B4

Harlesden Gdns
NW10 . . . . .21 B4

Harlesden Plaza 2
NW10 . . . . .21 B4

Harlesden Prim Sch
NW10 . . . . .21 B4

Harlesden Rd
NW10 . . . . .21 C4

Harlesden Sta
NW10 . . . . .20 C3

Harleyford Ct
SW8 . . . . 162 C4

Harleyford Manor 6
W3 . . . . .28 B1

Harleyford Rd
SE11 . . . . 162 C4

Harleyford St
SE11 . . . . 163 B3

Harley Gdns
SW10 . . . . 143 A1

Harley Gr E3 . . . . .26 B2

Harley Ho NW1 . . . .91 C1

Harley Pl W1 . . . . 104 A3

Harley Rd
Hampstead NW3 . . . .11 C1
Harlesden NW10 . . . .21 A3

Harley St W1 . . . . 104 A3

Harley Villas
NW10 . . . . .21 A3

Harling Ct 3
SW11 . . . . 168 C2

Harlowe Ho 18 E8 . .24 B4

Harlynwood 19
SE5 . . . . .48 B3

Harman Cl
10 Bermondsey
SE1 . . . . 153 B1
Cricklewood NW2 . . . .9 C4

Harman Dr NW2 . . .10 A4

Harmon Ho 7 SE8 .41 B2

Harmood Gr NW1 . .13 A1

Harmood Ho 2
NW1 . . . . .13 A1

Harmood St NW1 . .13 A1

Harmsworth St
SE17 . . . . 150 A1

Harnage Ho TW8 . .36 A1

Harney Ct SE14 . . .51 A2

Harold Ct 14 SE16 .40 C4

Harold Est SE1 . . . 138 B1

Harold Ho 16 E2 . . .25 C3

Harold Laski Ho
EC1 . . . . .96 B3

Harold Maddison Ho
SE17 . . . . 150 B2

Harold Wilson Ho
SW6 . . . . 155 A3

Harp Alley EC4 . . . 108 A2

Harpenden Rd SE27,
SW16 . . . . .75 A2

Harpenmead Point
NW2 . . . . .1 B2

Harper Ho 3 SW9 .63 A4

Harper Mews
SW17 . . . . .71 B1

Harper Rd SE1 . . . 137 A2

Harp La EC3 . . . . . 124 A3

Harpley Sq E1 . . . .25 C1

Harpsden St
SW11 . . . . 169 B3

Harpur Mews
WC1 . . . . 106 C4

Harpur St WC1 . . . 106 C4

Harrier Ho 9
SW11 . . . . .60 A4

Harriet Cl E8 . . . . .24 C4

Harriet Ho SW6 . . 156 B1

Harriet St SW1 . . . 131 A3

Harriet Tubman Cl 21
SW2 . . . . .74 C4

Harriet Wlk SW1 . . 131 A3

Harrington Ct
South Kensington
SW7 . . . . 143 C4
5 West Kilburn W9 . .23 B2

Harrington Gdns
SW7 . . . . 142 C3

Harrington Ho
Regent's Pk NW1 . . . .92 C4
Westminster SW1 . . 147 C2

Harrington Rd
SW7 . . . . 143 B4

Harrington Sq
NW1 . . . . .82 C1

Harrington St NW1 .92 C4

Harriott Cl SE10 . . .43 B2

Harriott Ho 11 E1 . .32 B3

Harris Acad at
Peckham SE15 . . . . .49 B2

Harris Acad
Bermondsey SE1 . . . 153 A4

Harris Girl's Acad
SE15 . . . . .65 B2

Harris Ho
3 Bow E3 . . . . .26 C2
7 Brixton SW9 . . . . .62 C4

Harrison Ho SE17 . 151 B2

Harrison Rd NW10 .20 C4

Harrisons Ct 1
SE14 . . . . .50 C4

Harrison St WC1 . . .94 B3

Harris St SE5 . . . . .48 C3

Harrodian Sch The
SW13 . . . . .46 B3

Harrogate Ct 2
SE26 . . . . .76 C1

Harrold Ho 6
NW3 . . . . .11 B1

Harroway Rd
SW11 . . . . 167 C2

Harrowby St W1 . . 102 B2

Harrowgate Ho 22
E9 . . . . .17 C2

Harrowgate Rd E9 . .18 A1

Harrow La E14 . . . .34 B2

Harrow Pl E1 . . . . 110 B2

Harrow Rd
Little Venice W2 . . . 101 A3
Westbourne Green W2,
W9 . . . . .23 C1

Harrow St NW1 . . . 102 A4

Harry Gosling Prim
Sch 41 E1 . . . . . . 111 C1

Harry Hinkins Ho
SE17 . . . . 151 A1

Harry Lambourn Ho
10 SE15 . . . . .50 A3

Hartfield Terr E3 . . .26 C3

Hartham Cl N7 . . . .14 A3

Hartham Rd N7 . . . .14 A3

Hart Ho SW2 . . . . .74 C3

Hartington Ct
Chiswick W4 . . . . . .45 A3

Hartington Ct continued
South Lambeth
SW8 . . . . 172 A4

Hartington Rd
Chiswick W4 . . . . . .45 B3
South Lambeth
SW8 . . . . 162 A1

Hartismere Rd
SW6 . . . . 155 A2

Hartlake Rd E9 . . . .18 A2

Hartland NW1 . . . . .83 A3

Hartland Rd
Camden Town
NW1 . . . . .13 A1
Kilburn NW6 . . . . . .23 B4

Hartley Ho
Bermondsey SE1 . . . 153 A4
Putney SW15 . . . . . .56 C2

Hartley St E2 . . . . .25 B2

Hartnoll Ho 4 N7 . .14 C3

Hartnoll St N7 . . . .14 B3

Harton Lodge 7
SE8 . . . . .51 C2

Harton St SE8 . . . . .51 C2

Hartopp Ct 20 N16 . .6 C1

Hartopp Point
SW6 . . . . 154 B2

Hartshorn Alley
EC3 . . . . 110 B1

Hart's La SE14 . . . .51 A2

Hart St EC3 . . . . . . 124 B4

Hartswood Ho 10
SW2 . . . . .74 A3

Hartswood Rd
W12 . . . . .38 B3

Hartwell Cl 12
SW2 . . . . .74 B3

Hartwell Ct SE22 . . .64 C3

Hartwell St E8 . . . . .16 B2

Harvard Ct NW6 . . .11 A3

Harvard Hill W4 . . . .45 A4

Harvard Ho
3 Camberwell
SE17 . . . . .48 A4
Putney SW15 . . . . . .57 C1

Harvard Mans 18
SW11 . . . . .59 C3

Harvard Rd
3 Acton Green
W4 . . . . .37 B1
Gunnersbury W4 . . . .37 A1
Lewisham SE13 . . . . .67 B2

Harvey Ct SW11 . . 168 B4

Harvey Ho
10 Bethnal Green
E1 . . . . .25 A1
Brentford TW8 . . . . .36 A1
Pimlico SW1 . . . . . 147 C1
Shoreditch N1 . . . . . .87 C3

Harvey Lo 5 W9 . . .31 C4

Harvey Point 7
E16 . . . . .35 C4

Harvey Rd 15 SE5 . .48 C2

Harvey St N1 . . . . . .87 C3

Harvington Wlk
E8 . . . . .16 C1

Harvist Rd NW6 . . .23 A3

Harwood Ct
Putney SW15 . . . . . .57 B3
Shoreditch N1 . . . . . .87 C3

Harwood Point
SE16 . . . . .41 B4

Harwood Rd SW6 . 156 A1

Harwood Terr
SW6 . . . . 166 A4

Hascombe Ho 11
SW15 . . . . .69 A3

Hascombe Terr 2
SE5 . . . . .48 C1

Haselrigge Rd
SW4 . . . . .61 C3

Hasker St SW3 . . . 144 B4

Haslam Cl N1 . . . . .14 C1

Haslam Ho 12 N1 . .15 B1

Haslam St SE15 . . .49 B2

Haslemere Ave
SW18 . . . . .71 A2

Haslemere Ct 5
N16 . . . . .7 A3

Haslemere Ind Est
SW18 . . . . .71 A2

Haslemere Rd N8 . . .5 A4

Hassard St E2 . . . . .24 B3

Hassett Rd E9 . . . . .18 A2

Hassop Rd NW2 . . . .9 C4

Hastings Cl 17
SE15 . . . . .49 C3

Hastings Ho 18
W12 . . . . .30 A2

Hastings Hos WC1 . 94 A3

Hastings St WC1 . . .94 A3

Hatcham Mews Bsns
Ctr SE14 . . . . .50 C2

Hatcham Park Mews
SE14 . . . . .50 C2

Hatcham Park Rd
SE14 . . . . .50 C2

Hatcham Rd SE15 . .50 B4

Hatchard Rd N19 . . .5 A2

Hatchers Mews
SE1 . . . . 138 B3

Hatcliffe Almshouses
8 SE10 . . . . .43 A1

Hatcliffe St SE10 . . .43 B1

Hatfield Cl SE14 . . .50 C3

Hatfield Ct SE3 . . . .53 C3

Hatfield Ho EC1 . . . .96 C1

Hatfield Rd W4 . . . .37 C4

Hatfields SE1 . . . . . 121 C2

Hathaway Ho 3
N1 . . . . .24 A2 98 A4

Hatherley Ct 6
W2 . . . . 100 A2

Hatherley Gr W2 . . 100 A2

Hatherley Rd TW9 . .44 B2

Hatherley St SW1 . 147 A3

Hathersage Ct N1 . .15 C3

Hathersley Ho 3
SW2 . . . . .74 C4

Hathorne Cl 7
SE15 . . . . .50 A1

Hathway Ho 2
SE15 . . . . .50 B1

Hathway St 4
SE15 . . . . .50 B1

Hatley Rd N4, N7 . . .5 B2

Hat & Mitre Ct EC1 . 96 B1

Hatstone Ct 2
NW3 . . . . .11 B3

Hatteraick St 6
SE16 . . . . .40 B4

Hatton Gdn EC1 . . . 107 C4

Hatton Ho 17 E1 . . 125 C4

Hatton Pl EC1 . . . . 107 C4

Hatton Row NW8 . . .89 C1

Hatton St NW8 . . . .89 C1

Hatton Wall EC1 . . . 107 C4

Haunch of Venison Yd
W1 . . . . 104 A1

Hauteville Court Gdns
2 W6 . . . . .38 B3

Havana Rd SW18,
SW19 . . . . .70 C2

Havannah St E14 . . .41 C4

Havelock Cl 13
W12 . . . . .30 A2

Havelock Ct 5
SE15 . . . . .50 A3

Havelock St N1 . . . .84 B4

Havelock Terr
SW8 . . . . 160 B1

Haven Cl SW19 . . . .69 C1

Havenpool NW8 . . . .78 B3

Haven St 18 NW1 . .13 A1

Haven The 7
TW9 . . . . .54 C4

Havercourt 8
NW3 . . . . .12 A2

Haverfield Gdns
TW9 . . . . .44 C3

Haverfield Rd E3 . . .26 A2

Haverhill Rd SW12 . .73 B3

Havering 6 NW1 . . .13 A1

Havering Ho N4 . . . .6 B4

Havering St E1 . . . . .32 C3

Haversham Lo NW2 . .9 C3

Haversham Pl N6 . . . .3 B2

Haverstock Hill
NW3 . . . . .12 B3

Haverstock Rd
NW5 . . . . .12 C3

Haverstock Sch 22
NW3 . . . . .12 C2

Havil St SE5 . . . . . .49 A2

Havisham Ho 25
SE16 . . . . 139 B3

Hawarden Gr SE24 . .75 B4

Hawberry Lo N7 . . . .14 A2

Hawes St N1 . . . . . .15 A1

Hawgood St E3 . . . .33 C4

Hawke Ho 20 E1 . . .25 C1

Hawke Pl 29 SE16 . .40 C4

Hawkesbury Rd
SW15 . . . . .57 A2

Hawkesdown House
Sch W2 . . . 31 C1 113 C1

Hawkesworth Ho 6
SW4 . . . . .61 B1

Hawke Twr 4
SE14 . . . . .51 A4

Hawkins Ho 7 SW1 . 60 A4

Hawkins Ho 8
SE8 . . . . .51 C4

Hawkins Rd NW10 . .8 A1

Hawkley Gdns
SE27 . . . . .75 A2

Hawkridge 19
NW1 . . . . .12 C2

Hawkshaw Cl 28
SW2 . . . . .74 A4

Hawkshead NW1 . . .92 C4

Hawkshead Rd
Acton W4 . . . . .38 A4
Willesden NW10 . . . . .8 B1

Hawkslade Rd
SE15 . . . . .65 C2

Hawksley Rd N16 . . .7 A1

Hawksmoor Mews
E1 . . . . .32 A2

Hawksmoor Pl 2
E2 . . . . 24 C1 99 B2

Hawksmoor St 5
W6 . . . . .47 C4

Hawkstone Rd
SE16 . . . . .40 B2
Hawkwell Ho N1 . 87 A4
Hawley Cres NW1 . .13 A1
Hawley Inf Sch 22
. . . . .13 A1
Hawley Mews 4
NW1 . . . . .13 A1
Hawley Rd 8
NW1 . . . . .13 A1
Hawley St NW1 . . . .13 A1
Haworth Ho 7
SW2 . . . . .62 C1
Hawstead Rd SE6. . .67 A1
Hawthorn Ct
Putney SW15 . . . . . .57 A4
Richmond TW9 . . . . .45 A2
Hawthorne Ave E3 .26 B4
Hawthorne Cl N1. . .16 A2
Hawthorne Ho
SW1 . . . . 147 A1
Hawthorn Ho SE14 .51 B2
Hawthorn Rd NW10. .8 B1
Hawthorn Wlk
W10 . . . . .23 A1
Hawtrey Rd NW3 . . .12 A1
Haycroft Gdns
NW10 . . . . .22 A4
Haycroft Mans
NW10 . . . . .21 C4
Haycroft Rd SW2 . . .62 A2
Hay Currie St E14 . .34 A3
Hayday Rd E16 . . . . .35 C4
Hayden Piper Ho
SW3 . . . . 158 C4
Hayden's Pl W11 . . .31 B3
Haydon St E1, EC3 124 C4
Haydon Wlk SW11. . .59 C3
Haydon Wlk E1 . . . 111 A1
Hayes Ct
22 Camberwell
. . . . .48 B3
Streatham SW2 . . . .74 A3
Hayes Gr SE15,
SE22 . . . . .64 B3
Hayes Pl NW1 . . . . 90 B1
Hayfield Pas E1 . . . .25 B1
Hayfield Yd 5 E1 . . .25 B1
Hay Hill W1 . . . . . 118 B3
Hayhurst N1 . . . . . 86 B4
Hayles Bldgs
SE11 . . . . 150 A4
Hayles St SE11 . . . 150 A4
Hayling Cl 20 N16 .16 A3
Haymans Point
SE11 . . . . 148 C2
Haymarket SW1 . . 119 B3
Haymerle Ho 6
SE15 . . . . .49 C4
Haymerle Rd SE15 .49 C4
Haymerle Sch 18
. . . . .49 C4
Hayne Ho
W11 . . . . .31 A1 112 A2
Haynes Ho 8 E9 . . .17 C2
Hayne St EC1. . . . . 108 B4
Hay's Galleria★
. . . . 124 A2
Hay's La SE1 . . . . . 124 A2
Hay's Mews W1 . . . 118 A2
Hay St E2 . . . . .24 C4
Hayter Ho W12 . . . .29 C2
Hayter Rd SW2 . . . .62 B2

Haythorn Ho
SW11 . . . . 167 C3
Hayton Cl 11 E8 . . .16 B2
Hayward Ct 14
. . . . 172 B2
Hayward Gallery★
SE1 . . . . 121 A2
Hayward Gdns
SW15 . . . . .57 B1
Hayward Ho N1. . . . 85 B2
Haywards Pl EC1. . . 96 A2
Hayward's Pl EC1. . . 96 A2
Haywood Lo 2
N7. . . . . .13 C3
Hazelbourne Rd
SW12 . . . . .61 A1
Hazel Cl
Peckham SE15 . . . . .49 C1
Upper Holloway N19 . .4 B2
Hazeldon Rd SE4. . .66 A2
Hazel Ho
London SE4. . . . . . . .66 B4
12 Maitland Pk
NW3 . . . . .12 B2
Hazellville Rd N19. . .4 C3
Hazelmere Ct 10
SW2 . . . . .74 B3
Hazelmere Rd
NW6 . . . . .23 B4
Hazel Way SE1 . . . 152 C4
Hazelwood Cl W5 . .36 A4
Hazelwood Ho 11
SE8 . . . . .41 A2
Hazelwood Mans
SW6 . . . . 164 C4
Hazlebury Rd
SW6 . . . . 166 B2
Hazledene Rd W4 . .45 B4
Hazlewell Rd
SW15 . . . . .57 B2
Hazlewood Cres
W10 . . . . .23 A1
Hazlewood Twr
W10 . . . . .23 B1
Hazlitt Mews
W14 . . . . 126 A1
Hazlitt Rd W14 . . . 126 A1
Headbourne Ho
SE1 . . . . 137 C2
Headcorn 10 NW5 .12 C2
Headfort Pl SW1 . . 131 C3
Headington Rd
SW18 . . . . .71 B2
Headlam Rd SW4. . .73 C4
Headlam St E1 . . . . .25 A1
Heads Mews W11 . .31 C3
Heald St SE8, SE14 .51 C2
Healey St NW1 . . . .13 A2
Healy Ho 2 E3 . . . .26 C1
Heanor Ct 4 E5. . . .17 C4
Hearne Rd W4. . . . .44 C4
Hearn's Bldgs
SE17 . . . . 151 C3
Hearnshaw St 1
E14 . . . . .33 A3
Hearn St
EC2. . . . . . . .24 A1 98 B1
Hearnville Rd
SW12 . . . . .72 C3
Heart Hospl The
W1 . . . . 103 C3
Heart Raido W11 . .30 C2

Heathbrook Prim Sch
11 SW4 . . . . 170 C4
Heath Brow NW3 . . .2 B1
Heath Cl NW11 . . . . .2 A4
Heathcote Point 25
E9 . . . . .17 C2
Heathcote St WC1 . 94 C3
Heathcroft NW11 . . .2 A3
Heath Ct
2 Hampstead
NW3 . . . . .11 B2
Stoke Newington N16 . .6 C3
Heath Dr NW3 . . . . .11 A4
Heather Cl SW8 . . . .61 A4
Heather Ct SW4 . . 172 B3
Heather Ho 11 E14 .34 B3
Heatherley Ct N16. .6 C1
Heatherley Sch of
Fine Art SW10 . . . 157 A1
Heather Lo N16. . . . .7 A3
Heather Wlk W10 . .23 A1
Heathfield Ave
SW18 . . . . .71 C4
Heathfield Ct
3 Bow E3 . . . . .26 C3
5 Chiswick W4 . . . .37 C1
Wandsworth SW18 . .71 C4
Heathfield Gdns
Acton Green W4 . . . .37 B1
Blackheath SE3 . . . .53 A1
Wandsworth SW18 . .59 C1
Heathfield Ho SE3 . .53 A1
Heathfield House Sch
18 W4 . . . . .37 B1
Heathfield Pk NW2 . .9 B2
Heathfield Rd
South Acton W3 . . . .37 A4
Wandsworth SW18 . .59 C1
Heathfield Sq
SW18 . . . . .71 C4
Heathfield Terr
W4 . . . . .37 C1
Heathgate Pl NW3 . 12 B4
Heath House Prep
Sch 1 SE8 . . . . .53 B1
Heath Hurst Rd
NW3 . . . . .12 A4
Heath La SE3 . . . . . .52 C1
Heathland Rd N16 . .7 A3
Heath Mans
5 Hampstead
NW3 . . . . .11 B4
Putney SW15 . . . . . .57 C1
Heathman's Rd
SW6 . . . . 165 A3
Heath Mead SW19 . .69 C1
Heathmere Prim Sch
SW15 . . . . .68 C3
Heath Park Gdns
NW3 . . . . .2 A1
Heathpool Ct 8
E1 . . . . .25 A1
Heath Rd SW8. . . . 170 B1
Heath Rise SW15 . .57 C1
Heath Royal SW15 .57 C1
Heathshott 8
TW10 . . . . .54 A1
Heathside NW3 . . . .11 C4
Heathside Prep Sch
32 NW3 . . . . .11 B4
Heathstan Rd W12 . .29 C3
Heath View NW5. . . .12 C4
Heathview Ct
SW19 . . . . .69 C2

Heathview Gdns
SW15 . . . . .69 B4
Heath Villas NW3 . . .2 C1
Heathville Rd N4,
N19. . . . . .5 A4
Heathwall St
SW11 . . . . .60 B4
Heathway SE3 . . . . .53 C3
Heathway Ct NW3 . .1 C2
Heathwood Ct
SW12 . . . . .73 B3
Heaton Ho
Chelsea SW10 . . . . 157 A4
6 Peckham SE15 . . .50 A1
Heaton Rd SE15 . . .50 A1
Heaven Tree Cl
N1. . . . . .15 B3
Heaver Rd 2
SW11 . . . . .59 C4
Hebden Ct 24 E2 . . .24 B4
Hebdon Rd SW17. . .72 A1
Heber Prim Sch
SE22 . . . . .64 B1
Heber Rd
Cricklewood NW2 . . . .9 C3
East Dulwich SE22 . .64 B1
Hebron Rd W6 . . . . .39 A3
Heckfield Pl SW6. . 155 B1
Heckford Ho E14 . . .34 A3
Heckford St E1 . . . .32 C2
Hector Ct
1 London SW9 . . . 173 B4
Putney SW15 . . . . . .57 C2
Hector Ho 18 E2 . . .25 A3
Heddington Gr N7. .14 B3
Heddon St W1 . . . . 118 C4
Hedger's Gr E9 . . . .18 A2
Hedger St SE11 . . . 150 A4
Hedingham Cl 6
N1. . . . . .15 B1
Hedley Ct SW15 . . .57 C2
Hedley Ho E14 . . . . .42 B3
Hedley Row N5,
N16. . . . . .15 C3
Hedsor Ho
E2 . . . . 24 B1 98 C2
Heidegger Cres
SW13 . . . . .47 A3
Heights The NW3 . .11 B4
Heiron St SE17 . . . .48 A4
Helby Rd SW4 . . . . .61 C1
Heldar Ct SE1 . . . . 137 C3
Helena Pl 3 E9 . . . .25 B4
Helena Rd NW10 . . . .9 A3
Helena Sq 12 SE16. .33 A2
Helen Gladstone Ho
SE1 . . . . 136 A4
Helen Ho 9 E2 . . . . .25 A3
Helen Mackay Ho 11
E14 . . . . .34 C3
Helen Peele Cotts 10
SE16 . . . . .40 B3
Helenslea Ave
NW11 . . . . .1 C3
Helen's Pl E2 . . . . . .25 B2
Helen Taylor Ho 5
SE16 . . . . 153 B4
Heliport Ind Est
SW11 . . . . 167 B1
Helix 17 W11 . . . . . .30 C1
Helix Gdns SW2 . . .62 B1
Helix Rd SW2 . . . . .62 B1
Helix The SW19 . . . .69 C2
Hellings St E1 . . . . 125 C1
Helmet Row EC1 . . 97 A2

Helmsdale Ho
NW6 . . . . 78 A1
Helmsley Pl E8 . . . .17 A1
Helmsley St 7 E8 . .17 A1
Helperby Rd NW10 . .8 A1
Helsby Ct NW8 . . . . 89 B2
Helsinki Sq SE16 . . .41 A3
Helston N1 . . . . 83 A2
Helston Ho SE11 . . 149 C2
Hemans Est SW8 . . 161 C1
Hemans St SW8 . . . 161 C1
Hemberton Rd
SW9 . . . . .62 A4
Hemingford Rd N1 . 85 A4
Hemlock Rd W12 . . .29 B2
Hemming St
E1 . . . . 24 C1 99 C1
Hemmingway Cl
NW5 . . . . .12 C4
Hemp Wlk SE17 . . . 151 C4
Hemstal Rd NW6 . . .10 C1
Hemsworth Ct N1 . .24 A3
Hemsworth St N1 . .24 A3
Hemus Pl SW3 . . . . 144 B1
Henchman St W12. .29 B3
Henderson Ct
8 Deptford SE14 . . .50 C4
Hampstead NW3 . . . .11 C3
Wandsworth SW18 . .72 A4
Henderson Dr
NW8 . . . . 89 B2
Henderson Rd
SW18 . . . . .72 A4
Hendham Rd
SW17 . . . . .72 B2
Hendre Ho SE1 . . . 152 B3
Hendre Rd SE1 . . . 152 B3
Hendrick Ave
SW12 . . . . .72 B4
Heneage La EC3 . . . 110 B1
Heneage Pl EC3 . . . 110 B1
Heneage St E1 . . . . 111 A4
Henfield Cl N19 . . . .4 B3
Henley Cl SE16 . . . . .40 B4
Henley Ct
Brondesbury NW2 . . . .9 C2
Peckham SE15 . . . . .64 C4
Henley Dr SE1 . . . . 153 A4
Henley Ho
E2 . . . . 24 B1 99 A2
Henley Prior N1 . . . 84 C1
Henley Rd NW10 . . .22 B4
Henley St SW11 . . . 169 C2
Henniker Mews
SW3 . . . . 157 A4
Henniker Rd E15 . . .19 C3
Henning St SW11 . . 168 A3
Henrietta Cl SE8 . . .51 C4
Henrietta Ho
W6 . . . . .39 B1
Henrietta Mews
WC1 . . . . 94 B2
Henrietta Pl W1 . . . 104 A2
Henrietta St
Strand WC2 . . . . . . 120 B4
Stratford New Town
E15 . . . . .19 B3
Henriques St E1 . . . 111 C1
Henry Cavendish Prim
Sch 2 SW12 . . . . . .73 B3
Henry Compton Sch
SW6 . . . . 164 A4
Henry Dent Cl SE5. .63 C4
Henry Dickens Ct
W11 . . . . .31 A1 112 A2

Henry Fawcett Prim
Sch 15 SE11 . . . . . **163 B4**
Henry Ho
Lambeth SE1 . . . . . **121 C1**
South Lambeth
SW8 . . . . **162 A2**
St Iohn's Wood
NW8 . . . . **80 A2**
Henry Jackson Ho 4
SW15 . . . . . . **57 C4**
Henry Jackson Rd
SW15 . . . . . . **57 C4**
Henry Rd N4 . . . . . **6 B3**
Henryson Rd SE4 . . . **66 C2**
Henry Wise Ho
SW1 . . . . **147 A3**
Henshall Point 28
E3 . . . . **27 A2**
Henshall St N1 . . . . **15 C2**
Henshaw St SE17 . . . **151 B4**
Hensley Point 28
E9 . . . . **17 C2**
Henslowe Rd SE22 . . **64 C2**
Henslow Ho 12
SE15 . . . . **49 C3**
Henson Ave NW2 . . . **9 B3**
Henson Cl 8 N5 . . . **15 B4**
Henstridge Ho
NW8 . . . . **80 A3**
Henty Cl SW11 . . . . **167 C4**
Henty Wlk SW15 . . . **57 A2**
Hepburn Mews
SW11 . . . . **60 B2**
Hepplestone Cl
SW15 . . . . **57 A1**
Hepscott Rd F9 . . . . **18 C1**
Hepworth Ct
Chelsea SW1 . . . . **146 A1**
Islington N1 . . . . **86 A4**
Hera Ct 13 E14 . . . . **41 C2**
Heralds Pl SE11 . . . **150 A4**
Herald Sq 5 E2 . . . **25 A1**
Herbal Hill EC1 . . . . **95 C1**
Herbert Chapman Ct
N5 . . . . **15 A4**
Herbert Cres
SW1 . . . . **131 A2**
Herbert Gdns
Chiswick W4 . . . . **45 A4**
Willesden Green
NW10 . . . . . . **22 A3**
Herbert Ho EC1 . . . **110 C2**
Herbert Mews 19
SW2 . . . . **62 C1**
Herbert Morrison Ho
SW6 . . . . **154 C3**
Herbert Morrison
Prim Sch SW8 . . . **162 A1**
Herbert St NW5 . . . **12 C2**
Herbrand Est WC1 . . **94 A2**
Herbrand St WC1 . . . **94 A2**
Hercules Ct 7
SE14 . . . . **51 A4**
Hercules Pl N7 . . . . **5 A1**
Hercules Rd SE1 . . . **135 A1**
Hercules St N7 . . . . **5 A1**
Hereford Bldgs
SW3 . . . . **157 C4**
Hereford Ho
1 Brixton SW2 . . . **62 B2**
25 Camberwell SE5 . . **48 B1**
Knightsbridge SW3 **130 B2**
Walham Green
SW10 . . . . **156 B2**
Hereford Mans 10
W2 . . . . **31 C3**

Hereford Mews 11
W2 . . . . **31 C3**
Hereford Pl SE14 . . . **51 B3**
Hereford Rd
Acton W3 . . . . . **28 B2**
Bayswater
W2 . . . . 31 C2 **113 C4**
Hereford Retreat 5
SE15 . . . . **49 C3**
Hereford Sq SW7 . . **143 A3**
Hereford St
E2 . . . . 24 C1 **99 B2**
Hereward House Sch
NW3 . . . . **11 C2**
Heritage Cl SW9 . . . **63 A4**
Heritage Ct SE8 . . . **40 C1**
Heritage Ho 28
SW19 . . . . **69 C3**
Hermes Cl 5 W9 . . . **23 C1**
Hermes Ct 4
SW9 . . . . **173 B4**
Hermes St N1 . . . . **85 B1**
Hermitage Ct
2 Child's Hill NW2 . . **1 C1**
5 Wapping E1 . . . **125 C1**
Hermitage Gdns
NW2 . . . . **1 C1**
Hermitage La NW2 . . **1 C1**
Hermitage Prim Sch
19 E1 . . . . **125 C2**
Hermitage Row 9
E8 . . . . **16 C3**
Hermitage St W2 . . **101 B3**
Hermitage The
Barnes SW13 . . . . **46 B2**
Richmond TW10 . . . **54 A2**
Hermitage Villas
SW6 . . . . **155 B4**
Hermitage Wall
E1 . . . . **125 C1**
Hermit Pl NW6 . . . . **78 A3**
Hermit St EC1 . . . . **96 A4**
Herndon Rd SW18 . . **59 B2**
HERNE HILL **63 B2**
Herne Hill Ho
SE24 . . . . **63 A1**
Herne Hill Mans
SE24 . . . . **63 B1**
Herne Hill Rd
SE24 . . . . **63 B3**
Herne Hill Sch
SE24 . . . . **63 B2**
Herne Hill Sta
SE24 . . . . **63 A1**
Herne Hill Velodrome
SE24 . . . . **63 C1**
Herne Pl SE24 . . . . **63 A2**
Heron Cl NW10 . . . . **8 A2**
Heron Ct
16 Cubitt Town
E14 . . . . **42 B3**
7 Dulwich SE21 . . . **75 C2**
Herondale Ave
SW18 . . . . **72 A3**
Heron Dr N4 . . . . . **6 B2**
Herongate N1 . . . . **87 A4**
Heron Ho
Battersea SW11 . . . **168 A4**
Peckham SE15 . . . . **49 B2**
St Iohn's Wood
NW8 . . . . **80 A1**
Heron Pl
Marylebone W1 . . **103 C2**
Rotherhithe SE16 . . **33 A1**
Heron Quays E14 . . . **33 C1**

Heron Quays Sta
E14 . . . . **33 C1**
Heron Rd SE24 . . . . **63 B3**
Heron Trad Est
W3 . . . . **28 A4**
Herrick Ho
16 Camberwell
SE5 . . . . **48 C3**
17 Canonbury N16 . . **15 C4**
Herrick Rd N5 . . . . **6 B1**
Herrick St SW1 . . . **147 C3**
Herries St W10 . . . . **23 A3**
Hersant Cl NW10 . . . **21 C4**
Herschell's Mews
SE5 . . . . **63 B4**
Hersham Cl SW15 . . . **68 C4**
Hershell St E1
SW14 . . . . **55 A3**
Hertford Ave
SW14 . . . . **56 A3**
Hertford Ct 16
SW14 . . . . **60 A4**
Hertford Lo 10
SW19 . . . . **70 A3**
Hertford Pl W1 . . . . **93 A1**
Hertford Rd N1 . . . . **24 A4**
Hertford St W1 . . . **118 A1**
Hertmitage The 5
SE13 . . . . **52 B1**
Hertslet Rd N7 . . . . **5 B1**
Hertsmere Rd E14 . . **33 C2**
Hesewall Ct SW4 . . . **171 A1**
Hesketh Pl
W11 . . . . 31 A2 **112 A3**
Heslop Ct 1
SW12 . . . . **72 C3**
Heslup Rd SW12 . . . **72 B3**
Hesper Mews
SW5 . . . . **142 A3**
Hesperus Cres
E14 . . . . **42 A2**
Hessel St E1 . . . . . **32 A3**
Hester Rd SW11 . . . **158 A1**
Hester Terr TW9 . . . **54 C4**
Hestia Ho SE1 . . . . **138 A3**
Heston Ho
Gunnersbury W4 . . . **37 A1**
8 St Iohns SE8 . . . **51 C2**
Heston St SE14 . . . . **51 C2**
Hetherington Rd SW2,
SW4 . . . . **62 A3**
Hethpool Ho W2 . . . **89 B1**
Hetley Rd W12 . . . . **39 A4**
Hetty Rees Ct 3
N19 . . . . **5 A4**
Hevelius Cl SE10 . . . **43 B1**
Hever Ho 6 SW4 . . . **61 B2**
Hewer Ho 2 SW4 . . . **61 B2**
Hewer Ho 7 SW15 . . **47 B1**
Hewett St
EC2 . . . . . . 24 A1 **98 B1**
Hewison St E3 . . . . **26 B3**
Hewlett Rd E3 . . . . **26 A3**
Hewling Ho 1
N16 . . . . **16 A3**
Hexagon The N6 . . . **3 B3**
Hexham Rd SE27 . . . **75 B2**
Hexton Ct N4 . . . . . **6 B2**
Heybridge 9 NW1 . . **13 A2**

Heydon Ho 3
SE14 . . . . **50 B2**
Heyford Ave SW8 . . . **162 B2**
Heyford Terr
SW8 . . . . **162 B2**
Heygate St SE17 . . . **151 A4**
Heylin Sq E3 . . . . . **26 B2**
Heylyn Sq E3 . . . . . **26 B2**
Heysham La NW3 . . . **2 A1**
Heythorp St SW18 . . **70 B2**
Heythrop Coll W8 . . **128 A2**
Heywood Ho
7 Deptford SE14 . . **50 C4**
6 Tulse Hill SW2 . . **62 C1**
Heyworth Rd E5 . . . **17 A4**
Hibbert Ho 14 E14 . . **41 C3**
Hibbert St SW11 . . . **59 C4**
Hichisson Rd SE15 . . **65 B2**
Hicken Rd SW2 . . . . **62 B2**
Hickes Ho 6 NW6 . . **11 C1**
Hickey's Almshouses
1 TW9 . . . . . . **54 B3**
Hickin Cl 3 SE4 . . . **24 C2**
Hickin St 2 E14 . . . **42 B3**
Hickleton N1 . . . . . **83 A3**
Hickling Ho 10
SE16 . . . . **40 A3**
Hickmore Wlk
SW4 . . . . **61 B4**
Hicks Cl SW11 . . . . **60 A4**
Hicks St SE8 . . . . . **41 A1**
Hide Pl SW1 . . . . . **147 B3**
Hide Twr SW1 . . . . **147 B3**
Hieover SE21 . . . . . **75 B2**
Higgins Ho 7 N1 . . . **24 A4**
Higginson Ho 2
NW3 . . . . **12 B1**
Higgs Ind Est 19
SE24 . . . . **63 A4**
Highbridge Cl 13
SE14 . . . . **50 B3**
High Bridge Wharf
SE10 . . . . **42 C1**
Highburty Mans 24
N1 . . . . **15 A1**
HIGHBURY **15 A4**
Highbury Cnr N5 . . . **15 A2**
Highbury Corner
N5 . . . . **15 A2**
Highbury Cres N5 . . **14 C3**
Highbury Fields Sch
N5 . . . . **15 A4**
Highbury Grange
N5 . . . . **15 B4**
Highbury Grove Ct
N5 . . . . **15 A3**
Highbury Grove Sch
7 N5 . . . . **15 B4**
Highbury Hill N5 . . . **15 A4**
Highbury & Islington
Sta N1 . . . . . . **15 A1**
Highbury New Pk
N5 . . . . **15 B4**
Highbury Pk N5 . . . **15 A4**
Highbury Pl N5 . . . . **15 A3**
Highbury Pool N5 . . . **15 A2**
Highbury Quadrant
N5 . . . . **6 B1**
Highbury Quadrant
Prim Sch N5 . . . . **15 B4**
Highbury Station Rd
N1 . . . . **14 C2**
Highbury Terr N5 . . . **15 A3**
Highbury Terrace
Mews N5 . . . . . **15 A3**
Highcliffe Dr
SW15 . . . . **56 B1**

Highcroft Rd N19 . . . **5 A4**
Highcross Way 4
SW15 . . . . **68 C3**
Highdown Rd
SW15 . . . . **57 A1**
Highfield Ave NW11 . . **1 A4**
Highfield Cl SE13 . . **67 C1**
Highfield Mews
NW6 . . . . **11 A1**
Highfield Rd W3 . . . **28 B4**
Highfields Gr N6 . . . **3 B3**
HIGHGATE **3 C4**
Highgate Archway
N6 . . . . **4 B3**
Highgate Ave N6 . . . **4 A4**
Highgate Cemetery* . . **3 C3**
Highgate Cl N6 . . . . **3 C4**
Highgate High St
N6 . . . . **4 A3**
Highgate Hill N19 . . . **4 B3**
Highgate Ho 11
SE26 . . . . **76 C1**
Highgate Pre-Prep &
Jun Sch N6 . . . . **3 B4**
Highgate Rd NW5 . . **13 A4**
Highgate Sch N6 . . . **3 C4**
Highgate West Hill
Highgate N6 . . . . **3 C3**
London N6 . . . . . **3 C4**
Highgrove Point 2
NW3 . . . . **11 B4**
High Holborn
WC1 . . . . **106 C3**
High Holborn Ho
WC1 . . . . **107 A3**
Highlands Ave W3 . . **28 B2**
Highlands Cl N4 . . . . **5 A4**
Highlands Heath
SW15 . . . . **69 B4**
Highlever Rd W10 . . **30 B4**
High London 6 N6 . . **4 C4**
Highmore Rd SE3 . . . **53 A3**
High Mount 1 N4 . . **5 A4**
High Park Ave
TW9 . . . . **44 C2**
High Park Rd TW9 . . **44 C2**
High Par The
SW15 . . . . **74 A1**
High Point N6 . . . . **3 C4**
High Rd NW10 . . . . **8 C2**
Highshore Rd
SE15 . . . . **49 B1**
Highshore Sch 16
SE15 . . . . **49 B2**
High St
Acton W3 . . . . . **28 A1**
Brentford TW8 . . . **44 A4**
Stratford Marsh E15 . **27 B4**
High Street Harlesden
NW10 . . . . **21 B3**
High Street
Kensington Sta
W8 . . . . **128 A3**
High The SW16 . . . . **74 A1**
High Timber St
EC4 . . . . **122 C4**
High Trees SW2 . . . . **74 C3**
Hightrees Ho
SW12 . . . . **60 C1**
Highview N8 . . . . . **5 A4**
Highview Ct 2
SW19 . . . . **70 A3**

High View Prim Sch
1 SW11 . . . . .59 C3
Highway Bssns Pk The
7 E1 . . . . .32 C2
Highway The E1 . . . . . .32 B2
Highway Trad Ctr The
6 E1 . . . . .32 C2
Highwood Cl SE22 . . . .76 C3
Highwood Rd N19 . . . . .5 A1
Highworth St
NW1 . . . . .102 B4
Hilary Cl SW6 . . . . . . .156 A2
Hilary Rd W12 . . . . . . .29 B2
Hilborough Ct **1**
E8 . . . . .24 B4
Hilborough Rd **1**
E8 . . . . .16 B1
Hilda Terr **2**
SW9 . . . . .173 C2
Hilditch Ho **7**
TW10 . . . . .54 B1
Hildred Ho SW1 . . . . .146 A4
Hildreth St **6**
SW12 . . . . .73 A3
Hildreth Street Mews
2 SW12 . . . . .73 A3
Hildyard Rd SW6 . . . .155 C4
Hiley Rd NW10 . . . . . . .22 B2
Hilgrove Rd NW6 . . . . .11 B1
Hillary Ct **13** W12 . . . . .39 B4
Hillbeck Cl
Deptford SE15 . . . . . . .50 B3
Deptford SE15 . . . . . . .50 B4
Hillbrow **7** TW10 . . . .54 A1
Hillbury Rd SW17 . . . . .73 A1
Hillcourt Rd SE22 . . . .65 A1
Hillcrest
Camberwell SE24 . . . . .63 C3
Highgate N6 . . . . .3 C4
Notting Hill
W11 . . . . .31 B2 112 C3
Hillcrest Ct NW2 . . . . . .10 A3
Hillcrest Rd W3 . . . . . .28 A1
Hill Ct
Hampstead NW3 . . . . . .12 A4
Putney SW15 . . . . .57 C2
Hilldrop Cres N7 . . . . .13 C3
Hilldrop La N7 . . . . . . .13 C3
Hilldrop Rd N7 . . . . . . .13 C3
Hillersdon Ave
SW13 . . . . .46 C1
Hillersdon Ho
SW1 . . . . .146 A2
Hillery Cl SE17 . . . . . .151 C3
Hill Farm Rd W10 . . . .30 C4
Hillfield Ct NW3 . . . . . .12 A3
Hillfield Ho N5 . . . . . . .15 B3
Hillfield Mans
NW3 . . . . .12 A3
Hillfield Rd NW6 . . . . .10 C3
Hillgate Pl
Balham SW12 . . . . .73 A4
Kensington
W8 . . . . .31 C1 113 B2
Hillgate St
W8 . . . . .31 C1 113 B2
Hill House
International Jun
Sch SW1 . . . . .131 A1
Hilliard Ho **8** E1 . . . . .32 A1
Hilliard's Ct E1 . . . . . .32 B1
Hillier Ho **1** NW1 . . . .13 C1
Hillier Rd SW11 . . . . . .60 B1
Hillingdon St SE17 . . . .48 A4

Hill Lo SW11 . . . . .59 C3
Hillman Dr **12**
NW10 . . . . .22 B1
Hillman St E8 . . . . .17 A2
Hillmarton Rd N7 . . . . .14 A3
Hillmead Dr SW9 . . . . .63 A3
Hill Mead Prim Sch **23**
SW9 . . . . .63 A3
Hillmore Ct SE13 . . . . .67 C4
Hill Rd NW8 . . . . .79 A1
Hillrise Mans N19 . . . . .5 A4
Hillrise Rd N19 . . . . .5 A4
Hillsboro Rd SE22 . . . .64 A2
Hillsborough Ct **13**
NW6 . . . . .78 A3
Hillside
Greenwich SE10 . . . . . .52 C3
Stonebridge NW10 . . . .20 C4
Hillside Cl NW8 . . . . . .78 B2
Hillside Ct NW3 . . . . . .11 A3
Hillside Gdns SW2 . . . .74 C2
Hillside Rd SW2 . . . . . .74 C2
Hillsleigh Rd
W14 . . . . . . .31 B1 113 A2
Hills Pl W1 . . . . .104 C1
Hill St W1 . . . . .118 A2
Hillstone Ct **5** E3 . . . .27 A1
Hilltop Ct
12 London SW18 . . . . .59 C3
South Hampstead
NW8 . . . . .11 B1
Hilltop Ho **7** N6 . . . . . . .4 C4
Hilltop Rd NW6 . . . . . . .10 C1
Hill View NW1 . . . . . . .81 A4
Hill Wood Ho NW1 . . . .83 B1
Hillworth Rd SW2 . . . . .74 C4
Hillyard St SW9 . . . . . .173 B3
Hillyfield Cl E9 . . . . . . .18 A3

HMS Belfast*
SE1 . . . . .124 B2
Hoadly Rd SW16 . . . . .73 C2
Hobart Pl SW1 . . . . . .132 A2
Hobbes Wlk SW15 . . . .57 A2
Hobb's Ct SE1 . . . . . . .139 A4
Hobb's Pl N1 . . . . .24 A4
Hobday St E14 . . . . . . .34 A3
Hobhouse Ct SW1 . . . .119 C3
Hobsons Pl **7** E1 . . . .111 B4
Hocker St **8**
E2 . . . . .24 B2 98 C3
Hockett Cl SE8 . . . . . . .41 B2
Hockley Ho **4** E9 . . . . .17 B2
Hockliffe Ho **5**
W10 . . . . .30 B4
Hockney Ct **1**
SE16 . . . . .40 A1
Hockworth Ho **7**
N16 . . . . .7 A3
Hocroft Ave NW2 . . . . . .1 B1
Hocroft Ct NW2 . . . . . . .1 B1
Hocroft Rd NW2 . . . . . . .1 B1
Hocroft Wlk NW2 . . . . . .1 B1
Hodford Lo NW11 . . . . . .1 C2
Hodford Rd NW11 . . . . . .1 C2
Hodister Cl **20** SE5 . . . .48 B3
Hodnet Gr **1** SE16 . . . .40 B2
Hoffman Sq N1 . . . . . . .97 C4
Hofland Rd W14 . . . . . .126 A2
Hogan Mews **2**
W2 . . . . .101 B4
Hogan Way E5 . . . . .7 C2
Hogarth Bsns Pk
W4 . . . . .46 A4
Hogarth Ct
1 Camden Town
NW1 . . . . .13 B1
City of London EC3 . . .124 B4
24 Whitechapel E1 . . .111 C1
Hogarth Ind Est
NW10 . . . . .21 C1
Hogarth Pl SW5 . . . . . .142 A3
Hogarth Rd SW5 . . . . . .142 A3
Hogarth Roundabout
W4 . . . . .46 A4
Hogarth's House* 46 A4

Hitherfield Prim Sch
SW16 . . . . .74 C2
Hitherfield Rd SW16,
SW27 . . . . .74 C1
Hither Green La
SE13 . . . . .67 C1
Hither Green Prim
Sch SE13 . . . . .67 C1
Hitherlands SW12 . . . .73 A2
HM Prison
Wormwood Scrubs
W12 . . . . .29 C3

Holborn Pl WC1 . . . . .106 C3
Holborn Sta WC1 . . . .106 C3
Holborn Viaduct
EC1 . . . . .108 A3
Holbrook Cl N19 . . . . . . .4 A3
Holbrooke Ct N7 . . . . .14 A4
Holbrook Ho
Acton W3 . . . . .28 C4
5 Streatham SW2 . . . .74 B3
Holcombe Ho
SW9 . . . . .62 A4
Holcombe Pl SE4 . . . . .66 A4
Holcombe St W6 . . . . .39 A2
Holcroft Ct W1 . . . . . . .104 C4
Holcroft Ho
Battersea SW11 . . . . . .59 C4
Lewisham SE10 . . . . . .52 B2
Holcroft Rd E9 . . . . . . .17 B1
Holdenby Rd SE4 . . . . .66 A2
Holden Ho
12 Deptford SE8 . . . . .51 C3
Islington N1 . . . . .86 C3
Holden Point E15 . . . . .19 C2
Holden St SW11 . . . . .169 B1
Holderness Ho
SE5 . . . . .64 A4
Holderness Rd **6**
SW17 . . . . .72 C2
Holdsworth Ho **5**
SW2 . . . . .74 C4
Holford Ho
6 Bermondsey
SE16 . . . . .40 A2
Finsbury WC1 . . . . .95 A4
Holford Pl WC1 . . . . . . .95 A4
Holford Rd NW3 . . . . . . .2 B1
Holford St WC1 . . . . . . .95 A4
Holford Yd WC1 . . . . . .85 B1
Holgate Ave SW11 . . . .59 C4
Holland Gdns
Brentford TW8 . . . . . . .44 A4
Kensington W14 . . . . .126 B2
Holland Gr SW9 . . . . . .163 C1
Holland Park
W11 . . . . . . .31 B1 112 C1
Holland Park Ave
W11 . . . . . . .31 A1 112 B1
Holland Park Ct
W14 . . . . .126 B3
Holland Park Gdns
W14 . . . . .126 A4
Holland Park Mews
W11 . . . . . . .31 B1 112 C1
Holland Park Pre
Prep Sch W14 . . . . .126 C1
Holland Park Rd
W14 . . . . .127 A1
Holland Park Rdbt
W12 . . . . .39 C4
Holland Park Sch
W8 . . . . .127 A4
Holland Park Sta
W11 . . . . . . .31 B1 112 C1
Holland Pas N1 . . . . . . .86 C4
Holland Pl W8 . . . . . . .128 A4
Holland Rd
West Kensington
W14 . . . . .126 B2
Willesden Green
NW10 . . . . .22 A3
Holland Rise Ho
SW9 . . . . .163 A1
Holland St
Kensington W8 . . . . . .127 C4
Lambeth SE1 . . . . .122 B2

Holland Villas Rd
W14 . . . . .126 A3
Holland Wlk
Kensington W14 . . . . . .127 A3
Upper Holloway N19 . . .4 C3
Hollar Rd N16 . . . . .7 B1
Hollen St W1 . . . . .105 B2
Holles Ho **8** SW9 . . . .173 B2
Holles St W1 . . . . .104 B2
Holley Rd W3 . . . . .38 A4
Holliday Sq **4**
SW11 . . . . .59 C4
Hollies The SW12 . . . . .73 B2
Hollies Way **1**
SW12 . . . . .72 C4
Hollingbourne Rd
SE24 . . . . .63 B2
Hollins Ho N7 . . . . .14 A4
Hollisfield WC1 . . . . . . .94 B3
Holloway Rd
Lower Holloway
N7 . . . . .14 B4
Upper Holloway N19 . . .4 C2
Holloway Road Sta
N7 . . . . .14 B3
Holloway Sch N7 . . . . .13 C3
Holly Berry La **8**
NW3 . . . . .11 B4
Hollybush Gdns
E2 . . . . .25 A2
Holly Bush Hill **4**
NW3 . . . . .11 B4
Hollybush Ho **28**
E2 . . . . .25 A2
Hollybush Pl E2 . . . . . .25 A2
Holly Bush Steps **5**
NW3 . . . . .11 B4
Holly Bush Vale **10**
NW3 . . . . .11 B4
Holly Cl NW10 . . . . .8 A1
Hollycroft Ave NW3 . . . .1 C1
Hollydale Prim Sch **7**
SE15 . . . . .50 B1
Hollydale Rd SE15 . . . .50 B1
Hollydene
Hither Green SE13 . . . .67 C1
5 Peckham SE15 . . . .50 A2
Holly Gr SE15 . . . . .49 C1
Hollyhedge Ho
SE3 . . . . .52 C1
Holly Hill NW3 . . . . . . .11 B4
Holly Lo W6 . . . . .127 B4
Holly Lodge SE13 . . . .67 C3
Holly Lodge Gdns
N6 . . . . .3 C3
Holly Lodge Mans
N6 . . . . .3 C2
Holly Mews SW10 . . . .143 A1
Holly Mount NW3 . . . . .11 B4
Hollymount Cl **9**
SE10 . . . . .52 B2
Holly Park Est N4 . . . . .5 B4
Holly Pk N4 . . . . .5 B4
Holly Pl NW3 . . . . .11 B4
Holly Rd **13** W4 . . . . . . .37 C2
Holly St E8 . . . . .16 B1
Holly Terr N6 . . . . .3 C3
Hollytree Cl SW19 . . . .69 C3
Holly Tree Ho SE4 . . . .66 B4
Holly Village N6 . . . . . . .4 A2
Holly Wlk NW3 . . . . . . .11 B4
Hollywood Lofts
E1 . . . . .24 B1 98 C1

Hilmead Prim Sch **23**
SW9 . . . . .63 A3
Hillmore Ct SE13 . . . . .67 C4

Holborn Pl WC1 . . . . .106 C3

Hogarth Pl SW5 . . . . . .142 A3

Hill Lo SW11 . . . . .59 C3

Hollywood Mews SW10 . . . . 156 C4
Hollywood Rd SW10 . . . . 156 C4
Holman Ho 2 E2 . . . 25 C2
Holman Hunt Ho W14 . . . . 140 A1
Holman Rd SW11 . . . 83 A1
Holmbrook NW1 . . . . 83 A1
Holmbury Ct SW17 . . 72 B1
Holmbury Ho SW9 . . 63 A2
Holmbush Rd SW15 . . . . 58 A1
Holmcote Gdns N5 . . . . 15 B3
Holmdale Rd NW6 . . 10 C3
Holmdene Ave SE24 . . . . 63 B2
Holmead Rd SW6 . . 156 B1
Holmefield Ct 4 NW3 . . . . 12 A2
Holmefield Ho W10 . . . . 23 A1
Holmes Cl SE22 . . . . 64 C3
Holmes Ct
South Acton W4 . . . . 37 B3
South Lambeth SW4 . . . . 172 A2
Holmesdale Ave SW14 . . . . 55 A3
Holmesdale Ho 2 NW6 . . . . 23 C4
Holmesdale Rd
Highgate N6 . . . . 4 A4
Richmond TW9 . . . . 44 B2
Holmesley Rd SE23 . . . . 66 A1
Holmes Pl SW10 . . . 157 A4
Holmes Rd NW5 . . . . 13 A3
Holmes Terr SE1 . . . 135 B4
Holmewood Gdns SW2 . . . . 74 B4
Holmewood Rd SW2 . . . . 74 B4
Holmleigh Prim Sch N16 . . . . 7 A3
Holmleigh Rd N16 . . . 7 A3
Holm Oak Cl SW15 . . 58 B1
Holmsbury Ho 6 N7 . . . . 13 C3
Holmsdale Ho 2 E14 . . . . 34 A2
Holmside Ct SW12 . . 60 C1
Holmside Rd SW12 . . . . 60 C1
Holmsley Ho SW15 . . . . 68 B4
Holm Wlk SE3 . . . . . 53 C1
Holmwood Ct 3 N16 . . . . 7 B4
Holocaust Meml Gdn* W2 . . . . 131 A4
Holroyd Rd SW15 . . 57 B2
Holsgrove Ct W3 . . . 29 A1
Holst Mans SW13 . . 47 B3
Holsworthy Ho 2 E3 . . . . 27 A2
Holsworthy Sq WC1 . . . . 95 A1
Holt Ct SE14 . . . . . . 52 B4
Holt Ho SW2 . . . . . . 62 C1
Holton St E1 . . . . . . 25 C1
Holwood Pl 7 SW4 . . . . 61 C3

Holybourne Ave SW15 . . . . 68 C4
Holy Cross Prim Sch SW6 . . . . 165 B4
Holy Family RC Prim Sch 14 E14 . . . . 33 C2
Holyhead Cl E3 . . . . 26 C2
Holyoake Ct SE16 . . . 41 B4
Holyoak Rd SE11 . . 150 B3
Holyport Rd SW6 . . . 47 C3
Holyrood Ho N4 . . . . 6 B3
Holyrood Mews
6 Greenwich SE7 . . 43 C1
10 Newham E16 . . . . 35 C1
Holyrood St SE1 . . . 124 A1
Holy Trinity CE Prim Sch
Belgravia SW1 . . . . 145 B4
Dalston E8 . . . . 16 C3
10 Hampstead NW3 . . 11 B2
Richmond TW10 . . . 54 C3
Streatham SW2 . . . . 74 C4
Holy Trinity & Saint Silas CE Prim Sch 22 NW1 . . . . 13 A1
Holywell Cl
39 Bermondsey SE16 . . . . 40 A1
2 Greenwich SE3 . . . 53 C4
Holywell La EC2 . . . . . . 24 A1 98 B2
Holywell Row EC2 . . . . . . 24 A1 98 A1
Homecross Ho 7 W4 . . . . 37 C2
Homefield Rd W4 . . . 38 B1
Homefield St 14 N1 . . . . 24 A3
Homeleigh Ct 8 SW16 . . . . 74 A1
Homeleigh Rd SE15 . . . . 65 C2
Homemead SW12 . . . 73 A3
Home Office SW1 . . 133 C1
Home Park Rd SW19 . . . . 70 B1
Home Rd SW11 . . . 168 A2
Homer Dr E14 . . . . . 41 C2
Homer Rd E9 . . . . . . 18 A2
Homer Row W1 . . . 102 B3
Homer St W1 . . . . . 102 B3
HOMERTON 17 C1
Homerton Gr E9 . . . . 17 C3
Homerton High St E9 . . . . 17 C3
Homerton Rd E9 . . . . 18 B3
Homerton Row E9 . . . 17 B3
Homerton Sta E9 . . . 18 A3
Homerton Terr E9 . . . 17 B2
Homerton University Hospl E9 . . . . 17 C3
Homestall Rd SE22 . . . . 65 B2
Homestead Rd SW6 . . . . 155 A1
Homewoods 2 SW12 . . . . 73 B4
Homildon Ho 10 SE26 . . . . 76 C1
Honduras St EC1 . . . 96 C2
Honeybourne Rd NW6 . . . . 11 A3

Honeybrook Rd SW12, SW4 . . . . 73 B4
Honeyfield N4 . . . . . . 5 C2
Honey La EC2 . . . . . 109 A1
Honey Lane Ho SW10 . . . . 156 B4
Honeywell Jun & Inf Schs 6 SW11 . . . . . 60 B1
Honeywell Rd SW11 . . . . 60 B1
Honeywood Ho 5 SE15 . . . . 49 C2
Honeywood Rd NW10 . . . . 21 B3
Honiton Gdns 5 SE15 . . . . 50 B1
Honiton Ho 26 SE5 . . 48 B1
Honiton Rd NW6 . . . 23 B3
HONOR OAK 65 B2
Honor Oak Park Sta SE23 . . . . 65 C1
Honor Oak Pk SE23 . . . . 65 C1
Honor Oak Rise SE23 . . . . 65 B1
Honwell Ho 24 W2 . . . . 31 C4
Hood Ave SW14 . . . . 55 B2
Hood Ct N7 . . . . 5 B1
Hood Ho 17 SE5 . . . . 48 C3
Hooke Cl SE10 . . . . . 52 B2
Hooke Ho 32 E3 . . . . 26 A3
Hookham Ct SW8 . . 171 B4
Hooks Cl SE15 . . . . . 50 A2
Hooper Ho 8 SW10 . . . . 60 C4
Hooper Rd E16 . . . . . 35 C3
Hooper's Ct SW1 . . 130 C3
Hooper's Mews 4 W3 . . . . 28 B1
Hooper St E1 . . . . . . 111 B1
Hoop La NW11 . . . . . . 1 C4
Hope Cl
2 Brentford TW8 . . . 36 A1
Canonbury N1 . . . . . . 15 B2
Hopefield Ave NW6 . . . . 23 A3
Hope Gdns 10 W3 . . . 37 A4
Hope St SW11 . . . . . 59 C4
Hopetown St E1 . . . 111 A3
Hopewell St SE5 . . . . 48 C3
Hop Gdns WC2 . . . . 120 A3
Hopgood St 5 W12 . . . . 30 B1
Hopkins Ho 17 E14 . . . . 33 C3
Hopkinson Ho 11 SW11 . . . . 169 B2
Hopkinson's Pl NW1 . . . . 81 B4
Hopkins St 5 W1 . . 105 B1
Hopping La N1 . . . . . 15 A2
Hop St SE10 . . . . 43 B2
Hopton Ho 5 SW9 . . . . 48 A1
Hopton's Gdns SE1 . . . . 122 B2
Hopton St SE1 . . . . 122 B2
Hopwood Cl SW17 . . 71 B1
Hopwood Rd SE17 . . 48 C4
Hopwood Wlk E8 . . . 16 C1
Horatio Ho 18 E2 . . . 24 B3
Horatio Pl 9 E14 . . . 34 B1
Horatio St 11 E2 . . . . 24 B3

Horbury Cres W11 . . . . 31 C2 113 B3
Horbury Mews W11 . . . . 31 B2 113 A3
Horder Rd SW6 . . . . 164 B3
Hordle Prom E 8 SE15 . . . . 49 B3
Hordle Prom N 4 SE15 . . . . 49 B3
Hordle Prom S 7 SE15 . . . . 49 B3
Horizon Bldg 22 E14 . . . . 33 C2
Horizon Ind Est SE15 . . . . 49 C4
Horizon Sch N16 . . . 16 A4
Horle Wlk SE5 . . . . . 48 A1
Hormead Rd W9 . . . . 23 B1
Hornbeam Cl SE11 . . . . 149 B4
Hornbeam Ho 2 NW3 . . . . 12 B2
Hornbeam Sq 3 E3 . . . . 26 B4
Hornblower Cl 2 SE16 . . . . 41 A2
Hornby Cl NW3 . . . . 11 C1
Hornby Ho 6 SE11 . . . . 163 C4
Horndean Cl 3 SW15 . . . . 68 C3
Horner Hos 5 N1 . . . 24 A4
Horne Way SW15 . . . 47 B1
Horn La
Acton W3 . . . . 28 B3
Greenwich SE10 . . . 43 C2
Horn Link Way SE10 . . . . 43 C2
Hornsby House Sch 5 SW12 . . . . 72 C3
Hornsey La N6 . . . . . . 4 B4
Hornsey Lane Gdns N6 . . . . 4 B4
Hornsey Rd N7, N19 . . 5 B2
Hornsey Rise Gdns N19 . . . . 5 A4
Hornsey St N7 . . . . . 14 B3
Hornshay St SE15 . . . 50 B4
Hornton Ct W8 . . . . 127 C3
Hornton Pl W8 . . . . 127 C3
Hornton St W8 . . . . 127 C4
Horrocks Ho SW15 . . . . 57 A2
Horse & Dolphin Yd W1 . . . . 119 C4
Horseferry Pl SE10 . . . . 52 B4
Horseferry Rd
Limehouse E14 . . . . 33 A2
Westminster SW1 . . 147 C4
Horseferry Rd Est SW1 . . . . 133 B1
Horse Guards Ave SW1 . . . . 120 A1
Horse Guards Par★ SW1 . . . . 119 C1
Horse Guards Rd SW1 . . . . 133 C4
Horsell Rd N5 . . . . . 14 C2
Horselydown La SE1 . . . . 124 C1
Horselydown Mans SE1 . . . . 138 C4
Horsemongers Mews SE1 . . . . 137 A3

Horsendon Ho 11 . . . . 13 C3
Horseshoe Cl E14 . . 42 B1
Horse Yd N1 . . . . . . 86 B4
Horsfield Ho 6 . . . . 15 B1
Horsford Rd SW2 . . . 62 B2
Horsley Ct SW1 . . . 147 C3
Horsley St 1 SE4 . . . 65 C3
Horsley St 3 SE17 . . 48 C4
Horsman Ho SE5 . . . 48 B4
Horsman St SE5 . . . . 48 B4
Horsmonden Rd SE4 . . . . 66 B1
Horston Ho N4 . . . . . 6 B4
Hortensia Ho SW10 . . . . 156 C2
Hortensia Rd SW10 . . . . 156 C2
Horticultural Pl 6 W4 . . . . 37 C1
Horton Ave NW2 . . . 10 A4
Horton Ho
13 Deptford SE15 . . . 50 B4
South Lambeth SW8 . . . . 162 C2
West Kensington W14 . . . . 140 A1
Horton Rd E8 . . . . . . 17 A2
Horton St SE13 . . . . 67 A4
Horwood Ho
24 Bethnal Green E2 . . . . 25 A2
Marylebone NW8 . . . 90 B2
Hosack Rd SW12, SW17 . . . . 72 C2
Hoser Ave SE3 . . . . . 53 C1
Hosier La EC1 . . . . 108 B3
Hoskins St SE10 . . . 42 C1
Hospl for Tropical Diseases 93 A1
Hospl of St John & St Elizabeth 3 NW8 . . 79 B1
Hotham Prim Sch SW15 . . . . 57 C3
Hotham Rd SW15 . . . 57 B4
Hothfield Pl SE16 . . . 40 B3
Hotspur St SE11 . . . 149 B2
Houblon Rd TW10 . . 54 A2
Houghton Cl 10 E8 . . . . 16 B2
Houghton Sq SW9 . . 62 A4
Houghton St WC2 . . 107 A1
Houndsditch EC3 . . 110 B2
Household Cavalry Mus★ SW1 . . . . . . 120 A1
Houseman Way 24 SE5 . . . . 48 C3
House Mill The★ E3 . . . . 27 B2
Houses of Parliament★ SW1 . . . . 134 B2
Hoveden Rd NW2 . . . 10 A3
Howard Bldg SW8 . . . . 160 A3
Howard Cl
Acton W3 . . . . 28 A3
Cricklewood NW2 . . . 10 A3
Howard Ct
Lewisham SE10 . . . . 52 B2
Peckham SE15 . . . . 64 C4
Howard Ho
6 Brixton SW9 . . . . 62 C4
14 Deptford SE8 . . . . 51 B4

Howard Ho continued
Fitzrovia W1.... **92** B1

Howard Mews N5...15 A4

Howard Rd
Canonbury N16....15 C4
Cricklewood NW2....9 C4

Howard's La SW15...57 B3

Howbury Rd SE15...65 B4

Howcroft Ho 🔞
E3....26 B2

Howden St SE15....64 C4

Howell Ho 🔟 N7...13 C3

Howell Wlk SE1...150 B3

Howgate Rd SW14...55 C4

Howick Pl SW1...133 A1

Howie St SW11...158 A1

Howitt Cl
🔞 Maitland Pk
NW3....12 B2
Stoke Newington
N16....16 A4

Howitt Rd NW3....12 A2

Howland Ho 🔟
SW16....74 A1

Howland Mews E
W1....105 A4

Howland St W1....105 A4

Howland Way
SE16....41 A4

Howletts Rd SE24...63 B1

Howley Pl W2....101 A4

Howsman Rd
SW13....46 C4

Howson Rd SE4....66 A3

Howson Terr
TW10....54 A1

How's St E2....24 B3

HOXTON....24 A3

Hoxton Mkt 🔟
N1....24 A2 **98** A3

Hoxton Point
EC1....24 A2 **98** A3

Hoxton Sq
N1....24 A2 **98** A3

Hoxton St N1....24 A3

Hoxton Sta E2....24 B3

Hoylake Rd W3....29 A3

Hoyland Cl 🔟
SE15....50 A3

Hoy St E16....35 B3

Hub Buildings The 🖪
SW12....73 A3

Hub E15 E15....27 A3

Huberd Ho SE1...137 C2

Hubert Gr SW9....62 A4

Hubert Ho NW8....90 A1

Hucknall Ct NW8...89 B2

Huddart St 🔟 E3....33 B4

Huddleston Cl E2...25 B3

Huddlestone Rd
NW2....9 A2

Huddleston Rd N7...13 B4

Hudson Cl 🔟 W12...30 A2

Hudson Ct 🔟 E14....41 C1

Hudson Ho
Chelsea SW10....156 C2
🖪 Notting Hill W11...31 A3

Hudsons Ho N1....97 C3

Hudson's Pl SW1...146 C4

Huggin Ct EC4...123 A4

Huggin Hill EC4....123 A4

Huggins Ho 🔳 E3....33 C4

Huggins Pl SW2....74 B3

Hughan Rd E15...19 C3

Hugh Astor Ct
SE1....136 B2

Hugh Dalton Ave
SW6....154 C3

Hughenden Ho
NW8....90 A2

Hughenden Terr
E15....19 B4

Hughes Ho
🔞 Bethnal Green
E2....25 B2
Camberwell SE5....48 B2
🔟 Deptford SE8....51 C4
Newington SE17....150 B3

Hughes Mans
E1....24 C1 **99** C1

Hughes Terr 🔟
E16....35 B4

Hugh Gaitskell Cl
SW6....154 C3

Hugh Gaitskell Ho
Stoke Newington
N16....7 B2
Willesden NW10....8 B1

Hugh Mews SW1...146 B3

Hugh Morgan Ho 🔟
SW4....61 C4

Hugh Myddelton Prim
Sch EC1....95 C3

Hugh Platt Ho 🔟
E2....25 A3

Hugh St SW1...146 B3

Hugo Ho 🔟 SW1...131 A2

Hugon Rd SW6....59 A4

Hugo Rd N19....13 B4

Huguenot Ct 🔟
E1....111 B4

Huguenot Pl
London SW18....59 B2
Spitalfields E1...111 A4

Huguenot Sq SE15...65 A4

Hullbridge Mews
N1....87 B4

Hull Cl SE16....32 C1

Hull Ct SE5....48 C1

Hull St EC1....96 C3

Hulme Pl SE1...137 A3

Humber Dr W10....22 C1

Humber Rd SE3...53 B4

Humberton Cl E9...18 A3

Humbolt Rd W6...154 A3

Hume Ct N1....15 B1

Hume Ho 🔟 W11....30 C1

Humphrey Ct
SW11....167 C3

Humphrey St SE1...152 C2

Humphry Ho 🔟
SW15....57 C2

Hungerford Bridge
WC2....120 C2

Hungerford Ho
SW1....161 A4

Hungerford La
WC2....120 B2

Hungerford Prim Sch
🔞 N7....13 C2

Hungerford St 🔳
E1....32 A3

Hunsdon Rd SE14...50 C3

Hunslett St 🔞 E2....25 B3

Hunstanton Ho
NW1....102 B4

Hunt Cl W11....30 C1

Hunter Cl
Borough The SE1...137 C1
Upper Tooting
SW12....72 C3

**Huntercombe-
Roehampton Hospl**
The SW15....68 C4

Hunter Ct
🔞 London SE5...63 C3
🔳 Streatham SW2...74 C4

Hunter Ho
Bloomsbury WC1...94 B2
Lambeth SE1....136 B3
South Lambeth
SW8....161 C1
🔟 Tufnell Pk N19....4 B1
West Brompton
SW5....141 C1

Hunter Lo 🔟 W9...31 C4

Hunter St WC1....94 B2

Huntingdon Ct
SW14....55 B4

Huntingdon Gdns
W4....45 B3

Huntingdon Ho
SW5....141 C1

Huntingdon St
Canning Town E16...35 B3
Islington N1....14 B1

Huntingfield Rd
SW15....56 C2

Huntingford Ho
SW15....47 B1

Huntington Ho
NW2....9 B2

Huntley St WC1....93 B1

Hunton St E1....111 B4

Hunts Cl SE3....53 C1

Hunt's La E15....27 B3

Hunt's Slip Rd
SE21....76 A2

Huntshaw Ho 🔟
E3....27 A2

Hunts La E15....27 B3

Huntsman St
SE17....152 A3

Huntspill St SW17...71 B1

Hunts Slip Rd
SE21....76 A2

Huntsworth Mews
NW1....90 C1

Hurdwick Ho NW1...82 C2

Hurdwick Pl NW1...82 C2

Hurleston Ho 🔟
SE8....41 B1

Hurley Cres SE16...40 C4

Hurley Ho
Lambeth SE11....149 C3
🔳 Shoreditch
E2....24 B2 **98** C3

Hurley Lo SE22....65 B1

Hurlingham Bsns Pk
SW6....58 C4

**Hurlingham &
Chelsea Sec Sch**
SW6....58 C4

Hurlingham Court
Mans SW6....165 B1

Hurlingham Ct
SW6....58 B4

Hurlingham Gdns
SW6....58 B4

Hurlingham Rd
SW6....165 A1

Hurlingham Sch
SW15....58 B3

Hurlingham Sq
SW6....59 A4

Hurlock Ho 🔟 N5....6 A1

Hurlock St N5....6 A1

Huron Rd SW17....72 C1

Huron Univ WC1....106 A4

Hurstbourne Ho
SW15....56 B1

Hurstdene Gdns
N15....7 A4

Hurst Ho WC1....85 A1

Hurst St SE24....63 A1

Hurstway Wlk 🔞
W11....30 C2

Husborne Ho 🔞
SE8....41 A2

Huson Cl NW3....12 A1

Hutching's St E14...41 C4

Hutching's Wharf 🔟
E14....41 C4

Hutchins Cl E15....19 B1

Hutchins Ho 🖪
SW4....73 C4

Hutchinson Ho 🔟
SE14....50 B3

Hutton Ct 🗖 N4....5 B3

Hutton Ho 🔟
E2....24 C2 **99** B3

Hutton St EC4....107 C1

Huxbear St SE4....66 B2

Huxley Ho
🖪 London SW9....172 C2
Paddington NW8....89 C1

Huxley St W10....23 A2

Hyacinth Rd SW15...68 C3

Hyde Farm Mews
SW12....73 C3

Hyde La SW11....168 A4

Hyde Park 🖪 W2...116 C1

Hyde Park Cnr
SW1....131 C4

Hyde Park Corner Sta
SW1....131 C4

Hyde Park Cres
W2....102 A1

Hyde Park Gate Mews
SW7....129 A3

Hyde Park Gdns
W2....115 C4

Hyde Park Gdns Mews
W2....116 A4

Hyde Park Mans
NW1....102 A3

Hyde Park Pl W2...116 B4

Hyde Park Sq W2...102 A1

Hyde Park Square
Mews W2....102 A1

Hyde Park St W2...102 A1

Hyde Park Twrs
W2....114 C3

Hyde Rd
Richmond TW10....54 B2
Shoreditch N1....24 A4

Hyde's Pl 🔟 N1....15 A1

Hyde St SE8....51 C4

Hydethorpe Rd
SW12....73 B3

Hyde Vale SE10....52 B3

Hylda Ct NW5....3 C1

Hyndman Ho 🖪
N19....13 C4

Hyndman St SE15...50 A4

Hyperion Ho
🔳 Bow E3....26 A3

Hyperion Ho continued
Streatham SW2....74 B4

Hyson Rd SE16....40 A1

Hythe Ho 🔢 SE16....40 B4

Hythe Ho NW10....21 C3

Hythe Road Ind Est
NW10....21 C1

Ian Hamilton Ho
NW1....93 B3

Ian Mikardo Sch 🔢
E3....27 B2

Ibberton Ho
Kensington W14....126 B1
South Lambeth
SW8....162 C2

Ibbotson Ave E16...35 B1

Ibbott St 🗹 E1....25 B1

Iberia Ho 🔟 N19....4 C4

Ibis Ct 🔟 SE8....51 B4

Ibis La W4....45 B2

Ibsley Gdns SW15...68 C3

Ibstock Place Sch
SW15....56 A1

Icarus Ho 🔢 E3....26 B2

Iceland Rd E3....26 C4

Iceland Wharf
SE16....41 A2

Iceni Ct 🔢 E3....26 B4

Ice Wharf NW1....84 B2

Idaho Bldg 🔢
SE13....52 A2

Ida St E14....34 B3

**Identity & Passport
Office** SW1....146 B3

Idmiston Rd SE21,
SE27....75 B2

Idol La EC3....124 A3

Idonia St SE8....51 C3

Iffley Ho 🗗
E2....24 B2 **98** C3

Iffley Rd W6....39 A3

Ifield Ho SE17....152 B2

Ifield Rd SW10....156 B4

Ifor Evans Pl E1....25 C1

Ightham Ho SE17...152 A3

Ikon Ho 🔟 E1....32 B2

Ilbert St W10....23 A2

Ilchester Gdns
W2....114 A4

Ilchester Mans
W8....127 B2

Ilchester Pl W14...127 A2

Ildersly Gr SE21....75 C2

Ilderton Prim Sch 🔢
SE16....40 B1

Ilderton Rd SE15,
SE16....50 B4

Ilex Rd NW10....8 B2

Ilford Ho 🔞 N1....15 C2

Ilfracombe Flats
SE1....137 A4

Iliffe St SE17....150 B2

Iliffe Yd SE17....150 B2

Ilkeston Ct 🔟 E5....17 C4

Ilminster Gdns
SW11....60 A3

Ilsley Ct 🔢 SW8....170 C1

Imber St N1....87 B3

Imperial Ave 🖪
N16....16 A4

Imperial Cl NW2....9 A3

Imperial College
London (Charing
Cross) W6 . . . . .39 C1
Imperial College
London (Chelsea &
Westminster)
SW10 . . . . .157 A3
Imperial College
London
(Hammersmith)
W12 . . . . .30 A3
Imperial College
London (Royal
Brompton) SW3 . .144 A2
Imperial College
London (South
Kensington)
SW7 . . . . .129 B2
Imperial College
London (St Mary's)
W2 . . . . .101 C2
Imperial College Rd
SW7 . . . . .129 B2
Imperial Cres
SW6 . . . . .166 C2
Imperial Ct NW8 . . .80 B2
Imperial Ho
◼ Bow E3 . . . . .26 A2
◻ Poplar E14 . . . . . .33 B2
Strand WC2 . . . . . .106 C1
Imperial Rd SW6 . .166 B3
Imperial Sq SW6 . .166 B3
Imperial St E3 . . . . .27 B2
Imperial Twrs ◻
NW3 . . . . .11 B2
Imperial War Mus *
SE1, SE11 . . . . . . .135 C1
Imperial Wharf Sta
SW10 . . . . .167 A3
Imre Cl W12 . . . . . . .30 A1
Inchbald Sch of
Design (Garden
Design) SW1 . . . .146 B3
Inchbald Sch of
Design (Interior
Design) SW1 . . . .145 B4
Independent Pl E8 .16 B3
Indescon Ct E14 . . .42 A4
Indiana Bldg ◻
SE8 . . . . .51 C2
India St EC3 . . . . . .110 C1
India Way W12 . . . . .30 A2
Indigo Mews N16 . . . .6 C1
Indoor Sports Arena
E14 . . . . .34 B1
Indus Ct ◻ SE15 . . .49 B3
Ingate Pl SW8 . . . .170 B3
Ingelow Ho W10 . . .128 A4
Ingersoll Rd W12 . . .30 A1
Ingestre Pl W1 . . . .105 A1
Ingestre Rd NW5 . . .13 A4
Ingham Rd NW6 . . . .10 C4
Inglebert St EC1 . . .95 B4
Ingleborough St
SW9 . . . . .173 B2
Ingleby Rd N7 . . . . . .5 A1
Inglefield Sq ◻
E1 . . . . .32 A1
Ingle Ho ◻ SW12 . .73 C3
Inglesham Wlk E9 . .18 B2
Ingleside Gr ◻ SE3 .53 B4
Inglethorpe Ho ◻
E5 . . . . .7 C2
Inglethorpe St
SW6 . . . . .47 C2
Ingleton St SW9 . .173 B2

Inglewood Cl E14 . .41 C2
Inglewood Mans ◻
NW6 . . . . .10 C3
Inglewood Rd
NW6 . . . . .10 C3
Inglis Ho ◻ SW15 . .57 B2
Inglis St SE5 . . . . . .48 A2
Ingram Ave NW11 . .2 B4
Ingram Cl SE11 . . .149 A4
Ingram Ho ◻ E3 . . . .26 A4
Ingram Lo ◻ SW4 . .61 C1
Ingrave St SW11 . . .60 A4
Ingrebourne Ho
NW8 . . . . .101 C4
Ingress St ◻ W4 . . .38 A1
Inigo Pl WC2 . . . . .120 A4
Inkerman Rd NW5 . .13 A2
Inkerman Terr
W8 . . . . .127 C1
Inkster Ho ◻
SW11 . . . . .60 A4
Inman Rd
Harlesden NW10 . . . .21 A4
Wandsworth SW18 . .71 B4
Inner Circ NW1 . . . .91 B4
Inner Park Rd
SW19 . . . . .69 C2
Inner Temple *
EC4 . . . . .121 B4
Inner Temple La
EC4 . . . . .107 B1
Innes Gdns SW15 . .57 A1
Innisfree Ho NW2 . . .9 C2
Innis Ho SE17 . . . .152 A2
Insley Ho ◻ E3 . . . .27 A2
Institute of Cancer
Research The
SW7 . . . . .143 A2
Institute Pl ◻ E8 . . .17 A3
Inst of Child Health
WC1 . . . . .94 C1
Inst of Neurology
Bloomsbury WC1 . . . .94 B1
St Pancras WC1 . . . .94 B1
Int Coll of
Accountancy The
SW17 . . . . .72 B1
Interchange The
NW5 . . . . .13 A3
International Com Sch
W1 . . . . .91 C1
International House
Language Sch
WC2 . . . . .106 B2
International Sch of
London W3 . . . . . . .36 C2
Inver Ct
◼ Bayswater W2 . .100 B1
◻ Hammersmith
W6 . . . . .38 C3
Inverforth Cl NW3 . .2 B2
Inverforth Ho NW3 . .2 B2
Invergarry Ho
NW6 . . . . .78 A1
Invermead Cl W6 . . .38 C2
Inverness Gdns
W8 . . . . .114 A3
Inverness Mews
W2 . . . . .114 A4
Inverness Pl W2 . .114 A4
Inverness St NW1 . .82 B4
Inverness Terr
W2 . . . . .114 A4
Inverton Rd SE15 . .65 C3
Invicta Cl ◻ E3 . . . .33 C4
Invicta Plaza SE1 .122 A2

Invicta Prim Sch
SE3 . . . . .53 C3
Invicta Rd SE3, SE7 .53 C4
Inville Rd SE17 . . .151 C1
Inwen Ct SE8 . . . . . .41 A1
Inwood Ct ◻ NW1 . .13 B1
Inwood Ho ◻
SE22 . . . . .64 A4
Inworth St SW11 . .168 B2
Inworth Wlk N1 . . . .86 C4
Ion Ct ◼ E2 . . . . . . .24 C3
Ionian Bldg ◻
E14 . . . . .33 A2
Ionian Ho ◼ E1 . . . .25 C1
Ipsden Bldgs SE1 .135 C4
Ipswich Ho SE4 . . . .65 C2
Iqra Ind Sch SW9 . .62 C4
Irby Ho SW2 . . . . . .62 C1
Ireland Yd EC4 . . . .108 B1
Irene Rd SW6 . . . . .165 C3
Ireton Ho ◻ SW9 . .173 C1
Ireton St ◻ E3 . . . . .26 C1
Iris Ct ◻ SE16 . . . . .50 A1
Iroko Ho ◻ NW3 . . .11 C2
Iron Bridge Cl
NW10 . . . . .8 A3
Iron Bridge Ho
NW3 . . . . .12 B1
Irongate Ho EC3 . .110 B2
Iron Mill Pl SW18 . .59 A1
Iron Mill Rd SW18 . .59 A1
Ironmonger La
EC2 . . . . .109 B1
Ironmonger Pas
EC1 . . . . .97 A3
Ironmonger Row
EC1 . . . . .97 A3
Ironmonger Row
Baths EC1 . . . . .97 A3
Ironmongers Pl
◻ E14 . . . . .41 C2
Ironmonger's Pl ◻
E14 . . . . .41 C2
Ironside Cl SE16 . . .40 C4
Ironside Ho E9 . . . . .18 A4
Ironworks ◻ E3 . . . .26 C4
Irvine Ct W1 . . . . . . .93 A1
Irvine Ho N7 . . . . . . .14 B2
Irving Gr SW9 . . . .172 C1
Irving Ho SE17 . . . .150 A1
Irving Mews N1 . . . .15 B2
Irving Rd W14 . . . . .39 C3
Irving St WC2 . . . . .119 C3
Irwell Est ◻ SE16 . .40 B4
Irwin Gdns NW10 . .22 A4
Isabella Ct ◻
TW10 . . . . .54 B1
Isabella Ho
◻ Hammersmith
W6 . . . . .39 B1
Kennington SE11 . .150 A2
Isabella Mews ◼
N1 . . . . .16 A2
Isabella Rd E9 . . . . .17 B3
Isabel St SW9 . . . .173 A4
Isambard Mews
E14 . . . . .42 B3
Isambard Pl SE16 . .32 B1
Iseldon Ct N7 . . . . . .14 A4
Isel Way ◻ SE22 . .64 A2
Isis Cl SW15 . . . . . .57 B3
Isis Ho NW8 . . . . . .89 C1
Isis St SW18 . . . . . .71 B2
Islamia Girls' High
Sch NW6 . . . . .23 A4

Islamia Prim Sch
NW6 . . . . .23 A4
Islamic Coll for
Advanced Studies ◻
NW10 . . . . .9 A2
Island Gardens Sta
E14 . . . . .42 B1
Island Ho E14 . . . . .42 C3
Island Rd SE16 . . . .40 C2
Island Row E14 . . . .33 B3
Islay Wlk ◻ N1 . . . .15 B2
Isleden Ho N1 . . . . .86 C3
Isledon Rd N4, N5 . . .5 C1
ISLE OF DOGS 42 B2
ISLINGTON 14 C2
Islington Arts & Media
Sch ◻ N4 . . . . .5 B3
Islington Bsns Ctr
N1 . . . . .87 A3
Islington Est N1 . . .86 C4
Islington Gn ◻ N1 . .86 A3
Islington High St
N1 . . . . .86 A2
Islington Mus *
WC1 . . . . .96 A3
Islington Park Mews
◼ N1 . . . . .15 A1
Islington Park St
◻ N1 . . . . .15 A1
Islington Tennis Ctr
N1 . . . . .14 A1
Islip St NW5 . . . . . . .13 B3
Isokon Flats ◻
NW3 . . . . .12 B3
Issac Way SE1 . . . .137 A4
Italia Conti Acad of
Theatre Arts L1 . . .96 C1
Ivanhoe Ho
◼ Balham SW12 . . .73 A4
◻ Bow E3 . . . . .26 A3
Ivanhoe Rd SE5 . . .64 A4
Ivatt Pl W14 . . . . . .141 A1
Iveagh Cl E9 . . . . . .25 C4
Iveagh Ct EC3 . . . .110 C1
Iveagh Ho
◼ Brixton SW9 . . . .48 A1
Chelsea SW10 . . . .157 A2
Ivebury Ct ◻ W10 . .30 B3
Iveley Rd SW4 . . . .170 C1
Iver Ct N1 . . . . .15 B2
Iverna Ct W8 . . . . .127 C2
Iverna Gdns W8 . .127 C2
Iverson Rd NW6 . . .10 C2
Ives Rd E16 . . . . . . .35 A4
Ives St SW3 . . . . . .144 B4
Ivimey St E2 . . . . . . .24 C2
Ivinghoe Ho ◻ N7 . .13 C3
Ivor Ct NW1 . . . . . . .90 C2
Ivories The N1 . . . . .15 B1
Ivor Mayor Lo
SW12 . . . . .60 C1
Ivor Pl NW1 . . . . . . .90 C1
Ivor St NW1 . . . . . . .13 B1
Ivory Ho
◼ London SW11 . . .59 B4
St George in East
E1 . . . . .125 A2
Ivory Sq ◻ SW18 . .59 B4
Ivybridge Ho ◻
SE22 . . . . .64 A4
Ivybridge La WC2 . .120 B3
Ivy Church La
SE17 . . . . .152 C2
Ivy Cres W4 . . . . . . .37 B2
Ivy Ct ◼ SE16 . . . .153 C1

Ivydale Prim Sch
SE15 . . . . .65 C3
Ivydale Rd SE15 . . .65 C3
Ivyday Gr SW16 . . . .74 B1
Ivy Lo W8 . . . . .31 C1 113 B2
Ivymount Rd SE27 . .74 C1
Ivy Rd
Brockley SE4 . . . . . . .66 C3
Cricklewood NW2 . . . .9 B4
Newham E16 . . . . . . .35 C3
Ivy St N1 . . . . .24 A3
Ixworth Pl SW3 . . .144 A3

J

Jacaranda Gr E8 . . .16 B1
Jackman Ho ◻
E1 . . . . .32 A1
Jackman St E8 . . . . .25 A4
Jackson Cl E9 . . . . .17 C1
Jackson Ho ◻
SW11 . . . . .59 C4
Jackson's La N6 . . . .4 A4
Jack Taylor Sch
NW8 . . . . .78 C4
Jack Tizard Sch
W12 . . . . .30 A1
Jack Walker Ct
N5 . . . . .15 A4
Jacobin Lo N7 . . . . .14 A3
Jacob Mans ◻ E1 . .32 A3
Jacobson Ct
SW11 . . . . .168 B3
Jacobson Ho ◻ E1 .110 C2
Jacob St SE1 . . . . .139 B4
Jacob's Well Mews
W1 . . . . .103 C2
Jacotts Ho W10 . . . .22 B1
Jacqueline Ho ◻
E1 . . . . .32 C4
Jacques Prevert Sch
◻ W6 . . . . .39 C2
Jaggard Way
SW12 . . . . .72 B4
Jagger Ho SW11 . .168 C3
Jago Wlk SE5 . . . . .48 C3
Jamahirya Sch
SW3 . . . . .158 A4
Jamaica Rd
Bermondsey SE1 . . .139 A3
Bermondsey SE16 . . .40 A3
Jamaica St E1 . . . . .32 B4
James Allen's Girls'
Sch L2 SE22 . . . . .64 A2
James Allen's Pre-
Prep Sch SE21 . . . .63 C1
James Allen's Prep
Sch ◻ SE22 . . . . . .64 A2
James Anderson Ct 20
E2 . . . . .24 A3
James Ave NW2 . . . .9 B3
James Brine Ho ◻
E2 . . . . .24 B2 99 A4
James Campbell Ho
◻ E2 . . . . .25 B3
James Collins Cl
W9 . . . . .23 B1
James Docherty Ho
◼ E2 . . . . .25 B3
James Hammett Ho
◻ E2 . . . . .24 B3

James Ho
  Mile End E1....26 A1
  33 Rotherhithe
  SE16........40 C4
James Joyce Wlk 7
  SE24.........63 A3
James Lind Ho 6
  SE8..........41 B2
James Middleton Ho
  20 E2.....25 B3
Jameson Ct 6 E2...25 B3
Jameson Ho SE11 148 C2
Jameson St
  W8...... 31 C1 113 C2
James's Cotts
  TW9.............44 C3
James St
  Marylebone W1 .. 103 C1
  Strand WC2 .... 120 B4
James Stewart Ho
  NW6...........10 B1
James Stroud Ho
  SE17......... 151 A1
Jamestown Rd
  NW1....... 82 A4
Jamestown Way
  E14...........34 C2
Jamiatul Ummah Sch
  46 E1.........32 A3
Jamuna Cl E14...33 A4
Jane St E1.......32 A3
Janet St E14....41 C3
Janeway Pl 2
  SE16...........40 A4
Janeway St SE16 139 C3
Jansen Ho 5
  SW15.........56 C2
Jansen Wlk SW11 .59 C3
Japan Cres N4 ...5 B3
Jardine Rd E1.....32 C2
Jarman Ho
  Bermondsey SE16 ..40 C2
  18 Stepney E1 ....32 B4
Jarrett Cl SW2 ...75 A3
Jarrow Rd SE16...40 B1
Jarrow Way E9....18 A4
Jarvis Ho 3 SE15 ..49 C2
Jarvis Rd SE22 ...64 A3
Jasmin SE1......125 A1
Jasmine Sq 18 E3 ..26 B4
Jasmin Ho SE4....66 B4
Jasmin Lo 7 SE16 .40 C1
Jason Ct
  2 London SW9 ..173 B4
  Marylebone W1 ..103 C2
Jasper Wlk N1 ....97 B4
Java Wharf SE1 ..139 A4
Jay Ho SW15.....47 B1
Jay Mews SW7 ...129 A3
Jean Darling Ho
  SW10.........157 B3
Jean Pardies Ho 23
  E1............32 B4
Jebb Ave SW2....62 A1
Jebb St E3.......26 C3
Jedburgh St SW11 .60 C3
Jeddo Mews W12 ..38 B4

Jeddo Rd W12.....38 B4
Jefferson Bldg 3
  E14...........41 C4
Jeffrey's Ct 2
  SW4.........172 A2
Jeffrey's Pl NW1 ..13 B1
Jeffrey's Rd NW1 ..13 B1
Jeff Wooller Coll
  WC1..........106 B4
Jeger Ave 2 E2 ...24 B4
Jelf Rd SW2.......62 C2
Jellicoe Ho
  5 Bethnal Green
  E2............24 C3
  Fitzrovia NW1.....92 B1
  11 Putney SW15 ..57 C2
Jemotts Ct 9
  SE14..........50 C4
Jenkins Ho SW8..171 B4
Jenkinson Ho 12
  E2............25 C2
Jenner Ave 3....28 C4
Jenner Ho SE3....53 A4
Jenner Pl SW13 ..47 A4
Jenner Rd N16.....7 B1
Jennifer Ho SE11 149 C3
Jennings Ho SE10 .42 C1
Jennings Rd SE22 ..64 B1
Jensen Ho 10 E3 ..26 C1
Jephson Ct 7
  SW4.........172 B1
Jephson Ho 6
  SE17..........48 A4
Jephson St SE5...48 C2
Jephtha Rd SW18 .58 C1
Jerdan Pl SW6 ...155 B2
Jeremiah St 11
  E14...........34 A3
Jereme Benham Ho
  26 E2.....24 C2 99 C2
Jermyn St SW1 ..119 A2
Jernigan Ct
  SE14..........51 A2
Jerningham Rd
  SE14..........51 A2
Jerome Cres NW8 .90 A2
Jerome Ho NW1 ..102 B4
Jerome St
  E1.......24 B1 98 C1
Jerome Twr 8
  W3............37 A4
Jerrard Cl SE13...67 A4
Jerrold Lo SW15...57 B4
Jerrold Rd 24 N1 ..24 A3
Jersey Ho 15 N1 ..15 B2
Jersey Rd N1.....15 B2
Jersey St 2.......25 A2
Jerusalem Pas
  EC1...........96 A1
Jervis Bay Ho 9
  E14...........34 C3
Jervis Ct
  2 Greenwich
  SE10..........52 B2
  Marylebone W1 ..104 B1
Jessel Ho
  St Pancras WC1 ...94 A3
  Westminster SW1 ..147 C4
Jessica Rd SW18 ..59 B2
Jessie Blythe La 4
  N19............5 A4
Jessie Duffett Ho 11
  SE5...........48 B3
Jesson Ho SE17 ..151 B3
Jessop Ct N1......86 B1

Jessop Ho 9 W4...37 C2
Jessop Sq E14....33 C1
Jeston Ho 10 SE27 .75 A1
Jethou Ho 11 N1 ..15 B2
Jevons Ho 9
  NW8..........11 C1
Jewell Ho 3
  SW12.........73 B4
Jewish Mus The*
  NW1...........82 B3
Jewry St EC3....110 C1
Jews Row SW18 ..59 B3
Jeymer Ave NW2 ..9 B3
Jeypore Rd SW18 ..59 B1
Jim Griffiths Ho
  SW6..........155 A3
Jim Veal Dr 3
  N17...........14 A2
Joanna Ho 9 W6 ..39 B1
Joan St SE1......122 A1
Jocelin Ho N1.....85 A3
Jocelyn Rd TW9 ..54 A4
Jocelyn St SE15 ..49 C2
Jockey's Fields
  WC1..........107 A4
Jodane Rd SE8...41 B2
Jodrell Rd E3....26 B4
Johanna Prim Sch
  SE1..........135 B3
Johanna St SE1 ..135 B3
John Adam St
  WC2..........120 B3
John Aird Ct W2 ..101 A4
John Archer Way
  SW18.........59 C1
John Ashby Cl
  SW2...........62 A1
John Ball Prim Sch
  SE3...........53 A1
John Barker Ct
  NW6..........10 A1
John Betts' Ho
  W12..........38 C3
John Betts Prim Sch
  W6............39 A3
John Bond Ho 2
  E3............26 B2
John Brent Ho 8
  SE8...........40 C2
John Buck Ho
  NW10..........21 B4
John Burns Prim Sch
  17 SW11......169 C1
John Campbell Rd 26
  N16............16 A3
John Carpenter St
  EC4..........122 A4
John Cartwright Ho
  7 E2..........25 A2
John Clynes Ct
  SW15..........57 A3
John Conwey Ho 3
  SW2...........62 C1
John Dee Ho 3
  SW14.........55 C4
John Donne Prim Sch
  13 SE15.......50 A2
John Dwight Ho
  SW6..........166 A1
John Fearon Wlk 3
  W10...........23 A2
John Felton Rd 16
  SE16..........139 B3
John Fielden Ho 10
  E2............25 A2
John Fisher St E1 125 B4

John F Kennedy Specl
  Sch 8 E15......27 C4
John Harris Ho
  SE15..........64 C4
John Harrison Way
  SE10..........43 B3
John Islip St SW1 148 A3
John Keall Ho 5
  SW15..........57 C4
John Kebie CE Prim
  Sch NW10......21 B4
John Kennedy Ct 1
  N1............15 C2
John Kennedy Ho 1
  SE16..........40 C2
John Kennedy Lo 2
  N1............15 C2
John King Ct 5
  N4.............4 C2
John Kirk Ho
  21 Battersea
  SW11..........59 C4
  5 Streatham SW16 .74 A1
John Knight Lo
  SW6..........156 A2
John McDonald Ho 3
  E14...........42 B3
John McKenna Wlk 7
  SE16.........139 C2
John Maurice Cl
  SE17..........151 B4
John Nettleford Ho 3
  E2............25 A2
John Orwell Sports
  Ctr E1.........125 C2
John Parker Sq 7
  SW11..........59 C4
John Parry Ct 28
  N1............24 A3
John Paul II Sch 5
  SW19..........69 C4
John Penn St
  SE13..........52 A2
John Perryn Prim Sch
  W3............29 A3
John Prince's St
  W1...........104 B2
John Pritchard Ho 18
  E1.......24 C1 99 C1
John Ratcliffe Ho 6
  NW6...........23 C2
John Rennie Wlk 3
  E1............32 B1
John Roan Sch
  SE3...........53 A3
John Roll Way
  SE16.........139 C2
John Ruskin Prim Sch
  46 SE5.........48 B4
John Ruskin St
  SE5...........48 B4
John Scurr Ho 18
  E14...........33 A3
John Scurr Prim Sch
  46 E1..........25 B1
John Silkin La SE8 .40 C1
John's Mews WC1 .95 A1
John Smith Ave
  SW6..........154 C2
John Smith Mews
  E14...........34 C2
Johnson Cl E8....24 C4
Johnson Ct 10
  SW18..........59 C3

Johnson Ho
  Belgravia SW1 ...145 C3
  28 Bethnal Green
  E2.........24 C2 99 C3
  Somers Town NW1 .83 A1
  South Lambeth
  SW8..........161 C1
Johnson Lo 9 W9 .31 C4
Johnson Rd NW10 .20 C4
Johnsons Ct EC4 .107 C1
Johnson's Pl SW1 146 C1
Johnson St E1....32 B3
Johnsons Way
  NW10..........20 A1
John Spencer Sq
  N1............15 A2
John's Pl E1......32 A3
John Stainer Prim
  Sch SE4........66 A4
Johnston Cl SW9 173 A3
Johnstone Ho
  SE13..........67 C4
John Strachey Ho
  SW6..........155 A3
John Trundle Ct
  EC4..........108 C4
John Tucker Ho 8
  E14...........41 C3
John Wesley's House
  & Mus of
  Methodism*
  ....97 C2
John Wheatley Ho
  14 London N19.....4 C4
  West Brompton
  SW6..........155 A3
John Williams Cl
  SE14..........50 C4
Joiners Arms Yd 1
  SE5...........48 C2
Joiner St SE1....123 C1
Joiners Yd N1.....84 B1
Jolles Ho 9 E3....27 A2
Jonathan Ct 9
  W4............38 A2
Jonathan St SE11 148 C2
Jones Ho
  5 South Bromley
  E14...........34 C3
  Stamford Hill N16...7 A3
Jones St W1.....118 A3
Jones Wlk 6
  TW10..........54 B1
Jonson Ho
  Borough The SE1 ..137 C1
  18 Canonbury N16..15 C4
Jordan Ct SW15 ..57 C3
Jordan Ho
  2 London SE4....65 C3
  Shoreditch N1.....87 C3
Jordans Ho NW8 ..90 A1
Joscoyne Ho 5
  E1............32 A3
Joseph Ave W3...28 C3
Joseph Conrad Ho
  SW1..........147 A3
Joseph Ct N16.....7 A4
Joseph Hardcastle Cl
  SE14..........50 C3
Josephine Ave
  SW2...........62 B2
Joseph Irwin Ho 5
  E14...........33 B2
Joseph Powell Cl 1
  SW12..........61 B1

Joseph Priestley Ho
🔟 E2 . . . . .25 A2
Joseph St E3 . . . . .26 B1
Joseph Trotter Cl
EC1 . . . . .95 C3
Joshua St E14 . . . . .34 B3
Joslings Cl W12 . . . . . . .29 C2
Josseline Ct 🄱 E3 . . .26 A3
Joubert Mans
SW3 . . . . .144 B2
Joubert St SW11 . . . . .169 A2
Jowett Ho 🔟
SW9 . . . . .172 B1
Jowett St SE15 . . . . . . .49 B3
Jubet Ho 🄴 N16 . . . . .15 C4
Jubilee Bldgs NW8 . . .79 B2
Jubilee Cl 🄰
NW10 . . . . .21 B3
Jubilee Cres E14 . . . . .42 B3
Jubilee Ct N1 . . . . .84 B4
Jubilee Hall Mkt*
WC2 . . . . .120 B4
Jubilee Ho SE11 . . . . .149 C3
Jubilee Hts NW2 . . . . .10 B2
Jubilee JMI Sch
N16 . . . . .7 C3
Jubilee Mans
E1 . . . . .32 B3
Jubilee Pl SW3 . . . . . .144 B2
Jubilee Prim Sch
SW2 . . . . .62 C1
Jubilee St E1 . . . . .32 B4
Jubilee The 🄱
SE10 . . . . .52 A3
Jubilee Yd SE1 . . . . . .138 C4
Judd St WC1 . . . . .94 A3
Jude St E16 . . . . .35 B3
Judges' Wlk NW3 . . . . . .2 B1
Juer St SW11 . . . . .158 B1
Julian Ave W3 . . . . .28 A2
Julian Cl SW13 . . . . . . .46 B2
Julian Pl E14 . . . . .42 A1
Julia St NW5 . . . . .12 C3
Juliet Ho 🄱 N1 . . . . . .24 A3
Julius Ct TW8 . . . . .44 A3
Julius Ho 🄱 E14 . . . . .34 C3
Julius Nyerere Cl
N1 . . . . .84 C3
Junction App
Battersea SW11 . . . . . .60 A4
Lewisham SE13 . . . . . .67 B4
Junction Mews
W2 . . . . .102 A2
Junction Pl W2 . . . . . .101 C2
Junction Rd N19 . . . . . .4 B1
Juniper Cres NW1 . .12 C1
Juniper Ct N16 . . . . .6 C2
Juniper Dr SW18 . . . . .59 B3
Juniper Ho
🄱 Peckham SE14,
SE15 . . . . .50 B3
🄱 Richmond TW9 . . .45 A2
Juniper St 🔟 E1 . . . . .32 B2
Juno Ct 🔟 SW9 . . . . .163 B1
Juno Ho 🄱 E3 . . . . . . .26 C4
Juno Way SE14 . . . . . . .50 C4
Juno Way Ind Est
SE14 . . . . .50 C4
Jupiter Ct 🔟
SW9 . . . . .163 B1
Jupiter Way N7 . . . . . . .14 B2
Jupp Rd E15 . . . . .19 C1
Jupp Rd W E15 . . . . . . .27 C4
Jura Ho SE16 . . . . .41 A2
Jurston Ct SE1 . . . . . .135 C3
Justice Wlk SW3 . . . . .158 A3

Justines Pl E2 . . . . .25 C2
Jutland Cl N19 . . . . .5 A3
Jutland Ho 🄴 SE5 . . .48 B1
Juxon St SE11 . . . . . . .149 A4

K

Kambala Rd SW11 . . . .59 C4
Kara Way NW2 . . . . . . .9 C4
Karen Ct
🄱 Camberwell
SE5 . . . . .64 A4
Forest Hill SE23 . . . . . .66 A1
Karen Ho 🄴 N16 . . . .15 C4
Kasmin Ct NW10 . . . . . .8 C1
Kassala Rd SW11 . . . .169 A3
Katherine Cl 🄱
SE16 . . . . .32 C1
Katherine Ho 🔟
W10 . . . . .23 A1
Katherine Sq
W11 . . . . .31 A1 112 A3
Kathleen Ave W3 . . . . .28 B4
Kathleen Rd SW11 . . . .60 B4
Kay Rd SW9 . . . . .172 C1
Kay St E2 . . . . .24 C3
Kean Ho 🄴 SE17 . . . . .48 A4
Kean St WC2 . . . . .106 C1
Keates Est N16 . . . . .7 B2
Keats Cl
Bermondsey SE1 . . . .152 C3
Hampstead NW3 . . . .12 A4
Keats Gr NW3 . . . . .12 A4
Keats Ho
🄱 Bethnal Green
E2 . . . . .25 B2
🄱 Camberwell SE5 . .48 B3
Chelsea SW1 . . . . . . .161 A4
NW3 . . . . .12 A4
Keats Pl EC2 . . . . .109 B3
Keble Ho 🄴 SW15 . . .57 C1
Keble Pl SW13 . . . . . . .47 A4
Kedelston Ct E5 . . . . . .18 A4
Kedge Ho 🔟 E14 . . . . .41 C3
Kedleston Wlk 🔟
E2 . . . . .25 A2
Keel Cl SE16 . . . . .32 C1
Keel Ct 🄱 E14 . . . . . . .34 C2
Keeley Rd SW11 . . . . .169 C3
Keeley St WC2 . . . . . .106 C1
Keeling Ho 🄴 E2 . . . . .25 A3
Keelson Ho 🄴
E14 . . . . .41 C3
Keen's Yd N1 . . . . .15 A2
Keeper Wharf E1 . . . . .32 C2
Keepier Wharf 🄱
E1 . . . . .32 C2
Keep The SE3 . . . . .53 C1
Keeton's Rd SE16 . . . . .40 A3
Keevil Dr SW19 . . . . . . .70 A4
Keighley Cl N7 . . . . . . .14 A4
Keildon Rd SW11 . . . . .60 B3
Keir Hardie Ho
Fulham W6 . . . . .47 C4
🔟 Upper Holloway
N19 . . . . .4 C4
Willesden NW10 . . . . . .8 B1
Keir Hardy Prim Sch
🔟 E16 . . . . .35 C4
Keith Connor Cl 🄴
SW8 . . . . .61 A4
Keith Gr W12 . . . . .29 C1
Keith Ho NW6 . . . . .78 A1
Kelby Ho N7 . . . . .14 B2
Kelfield Ct 🔟 W10 . . . .30 C3

Kelfield Gdns W10 . . . .30 C3
Kelfield Mews
W10 . . . . .30 C3
Kellett Ho N1 . . . . .87 C3
Kellett Rd SW2 . . . . . . .62 C3
Kellow Ho SE1 . . . . . .137 B4
Kell St SE1 . . . . .136 B2
Kelly Ave SE15 . . . . . . .49 B2
Kelly Ct 🔟 E14 . . . . . . .33 C2
Kelly Mews 🄴 W9 . . . .23 B1
Kelly St NW1 . . . . .13 A2
Kelman Cl SW4 . . . . . .171 C1
Kelmore Gr SE22 . . . . .64 C3
Kelmscott Gdns
W12 . . . . .38 C3
Kelmscott House*
W6 . . . . .39 A2
Kelmscott Rd
SW11 . . . . .60 B2
Kelross Rd N5 . . . . .15 B4
Kelsall Mews TW9 . .45 A2
Kelsey St 🄱 E2 . . 24 C1 99 C2
Kelshall Ct N4 . . . . .6 B2
Kelson Ho E14 . . . . .42 B3
Kelso Pl W8 . . . . .128 B2
Kelvedon Ho SW8 . . .172 B4
Kelvedon Rd SW6 . . . .155 A1
Kelvin Ct
Chiswick W4 . . . . .45 B3
Notting Hill
W11 . . . . .31 C2 113 B3
Kelvington Rd
SE15 . . . . .65 C2
Kelvin Rd N5 . . . . .15 B4
Kelyway Ho 🔟
SW2 . . . . .74 C4
Kember St N1 . . . . .14 B1
Kemble Ho SW9 . . . . . .63 A4
Kemble St WC2 . . . . . .106 C1
Kemerton Rd SE5 . . . . .63 B4
Kemey's St E9 . . . . .18 A3
Kemp Ct SW8 . . . . . . .162 A1
Kempe Ho SE1 . . . . . .137 C1
Kempe Rd NW6 . . . . . .22 C3
Kemp Ho
Finsbury EC1 . . . . .97 B3
🔟 Globe Town E2 . . .25 C3
Kempis Way 🄴
SE22 . . . . .64 A2
Kemplay Rd NW3 . . . . .11 C4
Kemp's Ct W1 . . . . . . .105 B1
Kemps Dr E14 . . . . .33 C2
Kempsford Gdns
SW5 . . . . .141 C1
Kempsford Rd
Lambeth SE11 . . . . . .149 C3
Newington SE11 . . . . .150 A3
Kempson Rd SW6 . . . .155 C1
Kempthorne Rd
SE8 . . . . .41 B2
Kempton Ct E1 . . . . . . .32 A4
Kempton Ho 🔟
N1 . . . . .24 A4
Kemsing Ho SE1 . . . .137 C3
Kemsing Rd SE10 . . . . .43 C1
Kemsley SE13 . . . . . . .67 A2
Kenbrook Ho
Kensington W14 . . . . .127 A1
🄱 Kentish Town
NW5 . . . . .13 B3
Kenbury Gdns 🔟
SE5 . . . . .48 B1
Kenbury Mans 🔟
SE5 . . . . .48 B1
Kenbury St SE5 . . . . . .48 B1

Kenchester Cl
SW8 . . . . .162 B1
Kendal Ho N1 . . . . .92 B4
Kendal Ave W3 . . . . . . .28 A4
Kendal Cl SW9 . . . . . . .48 A3
Kendal Ct NW2 . . . . . . .10 A3
Kendal Ho
🔟 Hackney E9 . . . . . .17 B1
Islington N1 . . . . .85 A2
Kendall Ct 🄱
SE22 . . . . .64 C2
Kendall Pl W1 . . . . .103 B3
Kendall Pl SW15 . . . . .58 B2
Kendal Rd NW10 . . . . . .8 C4
Kendal St W2 . . . . .102 B1
Kendal Stps W2 . . . . .102 B1
Kender Prim Sch
SE14 . . . . .50 B2
Kender St SE14 . . . . . . .50 B2
Kendoa Rd 🄱
SW4 . . . . .61 C3
Kendon Ho E15 . . . . . . .19 C1
Kendrick Ct 🔟
SE15 . . . . .50 A2
Kendrick Mews
SW7 . . . . .143 B3
Kendrick Pl SW7 . . . . .143 B3
Kenilford Rd
SW12 . . . . .73 A4
Kenilworth Ct
SW6 . . . . .58 A4
Kenilworth Rd
Bow E3 . . . . .26 A3
Kilburn NW6 . . . . .23 B4
Kenley Wlk
W11 . . . . .31 A2 112 A3
Kenmont Gdns
NW10 . . . . .22 A2
Kenmont Prim Sch
NW10 . . . . .22 A2
Kenmore Cl TW9 . . . . .44 C3
Kenmore Ct NW6 . . . . .10 C1
Kenmure Rd E8 . . . . . .17 A3
Kenmure Yd E8 . . . . . .17 A3
Kennacraig Cl 🄴
E16 . . . . .35 C1
Kennard Ho 🔟
SW11 . . . . .169 C3
Kennard Rd E15 . . . . . .19 C1
Kennard St
SW11 . . . . .169 B3
Kennedy Cox Ho 🄴
E16 . . . . .35 B4
Kennedy Ho SE11 . . . .148 C2
Kennedy Wlk
SE17 . . . . .151 C3
Kennet Cl SW11 . . . . . .59 C3
Kennet Ct 🄼 W2 . . . . .31 C4
Kenneth Campbell Ho
NW8 . . . . .89 C2
Kenneth Cres NW2 . . .9 A3
Kenneth Ct SE11 . . . . .149 C4
Kennet Ho NW8 . . . . . .89 C1
Kenneth Younger Ho
SW6 . . . . .155 A3
Kennet Rd W9 . . . . .23 B1
Kennet St E1 . . . . .125 C2
Kennett Wharf La
EC4 . . . . .123 A4
Kenning Ho 🄴 N1 . . . .24 A4
Kenning St 🔟
SE16 . . . . .40 B4
Kennings Way
SE11 . . . . .149 C2
KENNINGTON 149 B1

Kennington Ent Ctr
SE17 . . . . .150 A1
Kennington La
SE11 . . . . .149 A1
Kennington Oval
SE11 . . . . .163 A3
Kennington Palace Ct 🔟
SE11 . . . . .149 B2
Kennington Park
Gdns SE17 . . . . .48 A4
Kennington Park Ho
SE11 . . . . .149 C2
Kennington Park Pl
SE11 . . . . .48 A4
Kennington Park Rd
SE11 . . . . .149 C1
Kennington Rd
SE11 . . . . .149 B3
Kennington Sta
SE17 . . . . .150 A2
Kennoldes SE21 . . . . .75 C2
Kenrick Pl W1 . . . . . . .103 B3
KENSAL GREEN 22 B2
Kensal Green Cemy
(All Souls)* 22 B2
Kensal Green Sta
NW10 . . . . .22 B2
Kensal Ho W10 . . . . . . .22 C1
Kensal Rd W10 . . . . . . .23 A1
KENSAL RISE 22 C3
Kensal Rise Prim Sch
NW6 . . . . .22 C3
Kensal Rise Sta
NW6 . . . . .22 C3
KENSAL TOWN 23 A1
KENSINGTON 127 C3
Kensington Acad
W8 . . . . .128 A1
Kensington & Chelsea
Coll
Chelsea SW10 . . . . . .156 C2
🔟 Kensal Town
W10 . . . . .31 A4
Kensington Church Ct
W8 . . . . .128 A3
Kensington Church St
W8 . . . . .31 C1 113 C1
Kensington Church
Wlk W8 . . . . .128 A3
Kensington Court
Mans W8 . . . . .128 B3
Kensington Court
Mews W8 . . . . .128 B2
Kensington Court Pl
W8 . . . . .128 B2
Kensington Ct
W8 . . . . .128 B3
Kensington Ct Gdns
W8 . . . . .128 B2
Kensington Gardens*
W2 . . . . .115 A1
Kensington Gate
W8 . . . . .128 C2
Kensington Gdns Sq
W2 . . . . .100 A1
Kensington Gore
SW7 . . . . .129 B3
Kensington Hall Gdns
W14 . . . . .140 C2
Kensington High St
W8 . . . . .127 C2
Kensington Ho 🄱
NW5 . . . . .13 B3

Kensington Hts
W8 . . . . . . .31 C1 **113** B1
Kensington L Ctr
W11 . . . . . . .31 A2 **112** A4
Kensington Mall
W8 . . . . .31 C1 **113** C2
Kensington Mans
SW5 . . . . **141** C2
Kensington Olympia
Sta W14. . . . . . . **126** A2
Kensington Pal★ . . . . .
. . . . **114** B1
Kensington Palace
Gdns W8. . . . . . **114** A2
Kensington Park Gdns
W11 . . . . . .31 B3 **112** B4
Kensington Park
Mews W11 . . . . . .31 B3
Kensington Park Rd
W11 . . . . . .31 C3 **113** A4
W8 . . . . . . .31 C1 **113** B2
Kensington Pl
W8 . . . . . . .31 C1 **113** B2
Kensington Prep Sch
SW6 . . . . **165** A4
Kensington Rd
SW7 . . . . **129** A3
Kensington Sq
W8 . . . . **128** A3
Kensington Village
W14 . . . . **141** A3
Kensington W
W14 . . . . **140** A4
Kensworth Ho EC1. **97** C3
Kent C 3 E2 . . . . .24 B3
Kent Ho
Camberwell SE1. . . . **153** A1
13 Chiswick W4 . . . .38 A1
Marylebone W1 . . . . **104** C2
Pimlico SW1 . . . . . . **147** B1
Richmond TW10 . . . .54 C2
Kentish Bldgs
SE1. . . . . **123** B1
KENTISH TOWN . . .13 B2
Kentish Town CE Prim
Sch 15 NW5 . . . . .13 A4
Kentish Town City
Farm★ NW5. . . . . . .12 C3
Kentish Town Rd
NW1 . . . . .13 A2
Kentish Town Sta
NW5 . . . . .13 B3
Kentish Town West
Sta NW5 . . . . .13 A2
Kent Lo 9 SW19 . . .69 C3
Kentmere Ho SE15. .50 B4
Kenton Ct W14 . . . **126** C1
Kenton Ho
26 Globe Town E1 . .25 B1
Highbury N5. . . . . . . .5 C1
Kenton Rd E9 . . . . .17 C2
Kenton St WC1 . . . . **94** A2
Kent Pas NW1 . . . . **90** C2
Kent Pk Ind Est
SE15. . . . . .50 A4
Kent Rd
Richmond TW9 . . . . .44 C3
South Acton W4 . . . . .37 B3
Kent St 2 E2 . . . . .24 B3
Kent Terr NW1 . . . . **90** B3
Kentwell CI SE4 . . . .66 A3
Kentwode Gn
SW13 . . . . .46 C3
Kent Yard SW7. . . . **130** B3
Kenway Rd SW5. . . **142** A3

Ken Wilson Ho 19
E2. . . . . .24 C3
Kenwood CI NW3. . . . .2 C3
Kenwood Ho 16
SW9 . . . . .63 A3
Kenwood Ho★ . . . . .
. . . . .3 A3
Kenworthy Rd E9. . . .18 A2
Kenrick Ho N1. . . . **85** A3
Kenwyn Rd SW4 . . . .61 C3
Kenyon Ho SE5. . . . .48 B3
Kenyon St SW6 . . . .47 C2
Kepler Ho SE10. . . . .43 B1
Kepler Rd SW2,
SW4 . . . . .62 A3
Kerbela St 3
E2. . . . . . . .24 C1 **99** B2
Kerbey St E14 . . . . .34 A3
Kerfield Cres SE5. . .48 C2
Kerfield PI SE5 . . . . .48 C2
Kerridge Ct 10 N1. .16 A2
Kerrier Ho SW10 . . **157** A1
Kerrington Ct 7
W12. . . . . .39 B4
Kerrison Rd
Battersea SW11. . . . .60 A4
Mill Meads E15. . . . .27 C4
Kerry N7. . . . . .14 A2
Kerry Ho 5 E1 . . . . .32 B3
Kerry Path SE8 . . . .51 B4
Kerry Rd SE8 . . . . . .51 B4
Kerscott Ho 2 E3 . .27 A2
Kersfield Ho SW15. .57 C1
Kersfield Rd SW15. .57 C1
Kershaw CI SW15. . .59 C1
Kershaw Ho 7
SE27 . . . . .75 A1
Kersley Mews
SW11 . . . . **168** C3
Kersley Rd N16. . . . . .7 A1
Kersley St 1 N7 . . .14 B1
Kersley St 1 SW11. . **168** C2
Kerwick CI 1 N7 . . .14 B1
Keslake Mans
NW10 . . . . .22 C3
Keslake Rd NW6. . . .22 C3
Keston Ho SE17 . . . **152** B2
Keston Rd SE15. . . . .64 C4
Kestrel Ave SE24 . . .63 B2
Kestrel Ho
4 Battersea
SW11 . . . . .60 A4
Finsbury EC1 . . . . . . **96** C4
Keswick Broadway 1
SW15 . . . . .58 B2
Keswick Ct 2
SE22 . . . . .64 C2
Keswick Ho 8
SE5 . . . . .48 B2
Keswick Hts 9
SW15 . . . . .58 A2
Keswick Lo E8 . . . . .16 B2
Keswick Rd SW15. . .58 A2
Kett Gdns SW2 . . . .62 B2
Kettleby Ho SW9 . . .63 A4
Ketton Ho 11 W10 . .22 B1
Kevan Ho SE5 . . . . .48 B3
KEW 44 C4
Kew Bridge TW8. . . .36 B1
Kew Bridge Ct W4. . .36 C1

Kew Bridge
Distribution Ctr
TW8 . . . . .36 B1
Kew Bridge Rd
TW8 . . . . .36 B1
Kew Bridge Sta
TW8 . . . . .36 B1
Kew Bridge Steam
Mus★ TW8 . . . . . . .36 B1
Kew Coll TW9 . . . . .44 C3
Kew Foot Rd TW9 . . .54 A4
Kew Gardens Rd
TW9 . . . . .44 C2
Kew Gardens (Royal
Botanic)★ TW9. . . .44 A2
Kew Gardens Sta
TW9 . . . . .44 C2
Kew Gn TW9 . . . . . .44 B4
Kew Green TW9 . . . .44 B4
Kew Green Prep Sch
TW9 . . . . .44 B4
Kew Lo 11 TW9 . . . .44 B4
Kew Pier TW9 . . . . .44 A3
Kew Rd TW9. . . . . . .44 B4
Kew Ret Pk TW9 . . . .45 A2
Kew Riverside Prim
Sch TW9. . . . . . . .45 A1
Key CI E1 . . . . .25 A1
Keyes Ct SE22 . . . . .64 C2
Keyes Rd NW2 . . . . . .9 C3
Keyham Ho 10 W2. .31 C4
Key Ho 9 SE11. . . . **163** B4
Keymer Rd SW2 . . . .74 B2
Keynsham Ho 2
N4. . . . . .6 B4
Keystone Cres N1. . **84** B1
Keyworth Ct E5. . . . .18 A4
Keyworth PI SE1. . . **136** B2
Keyworth Prim Sch
SE17 . . . . **150** A2
Keyworth St SE1. . . **136** B2
Kezia St SE8. . . . . . .41 A1
Khyber Rd SW11. . . **168** A1
Kibworth St SW8 . . **162** C1
Kidbrooke Gdns
SE3 . . . . .53 C2
Kidderpore Ave
NW3 . . . . .10 C4
Kidderpore Gdns
NW3 . . . . .10 C4
Kiffen St EC2 . . . . . . **97** C2
Kilbrennan Ho 9
E14 . . . . .34 B3
KILBURN 23 C4
Kilburn Bridge 14
NW6 . . . . .23 C4
Kilburn Gate NW6. . **78** A2
Kilburn High Rd
NW6 . . . . .23 C4
Kilburn High Road Sta
NW6 . . . . **78** A3
Kilburn Ho 10 W9. . .23 B2
Kilburn La W10 . . . . .23 A3
Kilburn Park Rd
NW6 . . . . .23 C2
Kilburn Park Sch 16
NW6 . . . . .23 C3
Kilburn PI NW6 . . . . .23 C4
Kilburn Priory
NW6 . . . . **78** A3
Kilburn Sq NW6 . . . .23 C4
Kilburn Vale NW6. . **78** A3

Kilburn Vale Est 13
NW6 . . . . .23 C4
Kilby Ct SE10. . . . . . .43 B3
Kildare Ct W2 . . . . . .31 C3
Kildare Gdns W2 . . .31 C3
Kildare Rd E16 . . . . .35 C4
Kildare Terr W2 . . . .31 C3
Kildare Wlk E14 . . . .33 C3
Kildoran Rd SW2 . . .62 A2
Kilgour Rd SE23 . . . .66 A1
Kilkie St SW6. . . . . **166** C1
Killarney Rd SW18. .59 B1
Killick St N1 . . . . . . **84** C1
Killieser Ave SW2 . .74 A2
Kilip CI E16. . . . . . . .35 B3
Killoran Ho 8 E14 . .42 B3
Kilmaine Rd SW6. . **154** B1
Kilmarsh Rd W6 . . . .39 B2
Kilmington Rd
SW13 . . . . .46 C4
Kilmore Ho 5 E14. . .34 A3
Kilmuir Ho 1 SW1 . **145** C3
Kiln Ct E14 . . . . .33 B2
Kilner Ho 3 SE11 . . **163** B4
Kilner St E14 . . . . . .33 C4
Kiln PI NW5 . . . . . . .12 C3
Kiloh Ct 1 SW11. . . .60 A4
Kilpatrick Ct N16 . . .7 B3
Kilpeck Ho 3 N4. . . .6 B4
Kilravock St W10 . . .23 A2
Kilronan 3 W3 . . . . .28 C3
Kimball Gdns . . . . .
. . . .
Kimbell Gdns
SW6. . . . . **164** A3
Kimber Ctr The
SW18 . . . . .70 C4
Kimber Ave
SE15 . . . . .65 B4
Kimberley Ct NW6. . .23 A4
Kimberley Ho 7
E14 . . . . .42 B3
Kimberley Rd
Kilburn NW6. . . . . . .23 A4
Stockwell SW9 . . . . .62 A4
Kimber Rd SW18 . . . .71 A4
Kimble Ho
Lisson Gr NW8 . . . . . **90** B2
1 Lower Holloway
N7 . . . . .14 A3
Kimbolton Row
SW3 . . . . **144** A3
Kimpton Ct 12 SE5. .48 C2
Kimpton Ho SW15. . .68 C4
Kimpton Rd SE5 . . . .48 C2
Kinburn St SE16. . . .40 C4
Kincaid Rd SE15. . . .50 A3
Kincardine Gdns
W9 . . . . .23 C1
Kindell Ho 4
SW14 . . . . .55 C4
Kinder Ho N1 . . . . . **87** C2
Kindersley Ho 38
E1. . . . . **111** C1
Kinder St 10 E1 . . . .32 A3
Kinefold Ho N7. . . . .14 A2
Kinfauns Rd SW2 . . .74 C2
King Alfred Sch
NW11. . . . . .1 C2
King Arthur CI
SE15 . . . . .50 B3
King Charles Ct 16
SE17 . . . . .48 A4
King Charles Ho
SW6 . . . . **156** B2

King Charles St
SW1 . . . . **134** A4
King Charles Terr 11
E1. . . . . .32 A2
King Charles Wlk 8
SW19 . . . . .70 A3
King David La E1 . . .32 B2
Kingdom St W2 . . . **100** C3
Kingdon Ho 8
E14. . . . . .42 B3
Kingdon Rd NW6 . . .10 C2
Kingdown CI W10 . . .30 C3
King Edward Mans 17
E8 . . . . .25 A4
King Edward Mews
SW13 . . . . .46 C2
King Edwards Mans
SW6 . . . . **155** B1
King Edward's Rd
E9. . . . . .25 B4
King Edward St
EC1. . . . . **108** C2
King Edward The
Third Mews 7
SE16 . . . . .40 A4
King Edward VII Hospl
for Officers W1 . . **103** C4
King Edward Wlk
SE1. . . . . **135** C2
King Fahed Acad
W3 . . . . .29 B2
Kingfield St E14 . . . .42 B2
Kingfisher Ct
11 Battersea
SW11 . . . . .60 A4
18 Cubitt Town E14 .42 C4
Putney SW19 . . . . . .70 A2
Kingfisher Ho
16 Battersea
SW18 . . . . .59 B4
Peckham SE15 . . . . .49 B2
West Kensington
W14 . . . . **126** C2
Kingfisher Mews
SE13 . . . . .67 A2
Kingfisher Sq 18
SE8 . . . . .51 B4
King Frederick IX Twr
SE16 . . . . .41 B3
King George Sq
TW10 . . . . .54 B1
King George St
SE10 . . . . .52 B3
Kingham CI
3 Shepherd's Bush
W11 . . . . .39 C3
Wandsworth SW18 . .71 B4
Kingham Ind Est
NW10 . . . . .20 C2
King Henry's Rd
NW3 . . . . .12 A1
King Henry's Reach
W6 . . . . .47 B4
King Henry St N16. .16 A3
King Henry's Wlk
N1. . . . . .16 A2
King Henry Terr 10
E1. . . . . .32 A2
King Ho 5 W12 . . . . .30 A3
Kinghorn St EC1. . . **108** C3
King James Ct
SE1. . . . . **136** B3
King James St
SE1. . . . . **136** B3

King John Ct
EC2 . . . . 24 A1 98 B2
King John St E1 . . . . . 32 C4
Kinglake St SE17 . 152 B2
Kingly Ct W1 . . . . . 119 A4
Kingly St W1 . . . . . . 118 C4
King & Queen St
SE17 . . . . 151 A2
King's Arms Ct E1 111 B3
King's Arms Yd
EC2 . . . . 109 B2
Kings Ave SW4 . . . . 62 A1
Kings Avenue Sch
SW4 . . . . 62 A2
King's Bench St
SE1 . . . . 136 B4
King's Bench Wlk
EC4 . . . . 107 C1
Kingsbridge Ho . . . 6 C3
Kingsbridge Ave
W3 . . . . 36 B4
Kingsbridge Ct
E14 . . . . 41 C2
Kingsbridge Rd
W10 . . . . 30 B3
Kingsbury Rd N1 . 16 A2
Kingsbury Terr N1 . 16 A2
Kingsclere Cl
SW15 . . . . 68 C4
Kingscliffe Gdns
SW19 . . . . 70 B3
King's Coll SE24 . . 63 C1
Kings College Ct
NW3 . . . . 12 A1
Kings College Hospl
SE5 . . . . 48 C1
Kings College Rd
NW3 . . . . 11 C1
King's Coll London
(Denmark Hill
Campus) SE5 . . . 48 B1
King's Coll London
School of Medicine
SE1 . . . . 123 C1
King's Coll London
(Strand Campus)
WC2 . . . . 121 A4
King's Coll London (St
Thomas' Campus)
SE1 . . . . 134 C1
King's Coll London
(Waterloo Campus)
SE1 . . . . 121 B1
Kingscote NW11 . . . 1 B3
Kingscote Rd W4 . . 37 C3
Kingscote St EC4 122 A4
King's Court N
SW3 . . . . 144 A1
Kingscourt Rd
SW16 . . . . 74 A1
King's Court S
SW3 . . . . 144 A1
Kingscroft SW4 . . . . 62 A1
Kingscroft Rd
NW2 . . . . 10 B2
KING'S CROSS . . . 84 C2
King's Cross WC1 . 94 A4
King's Cross Bridge
WC1 . . . . 94 B4
King's Cross Rd
WC1 . . . . 95 A3
King's Cross, St
Pancras N1 . . . . 94 A4
King's Cross Sta
N1 . . . . 84 B1

Kings Ct
6 Barnsbury N7 . . . 14 B1
Chiswick W6 . . . . . . 38 C2
East Dulwich SE22 . . 64 C3
Primrose Hill NW8 . 80 C3
10 Putney SW15 . . . 68 C4
Kingsdale Gdns
W11 . . . . 30 C1
Kingsdale Sch
SE21 . . . . 76 A1
Kingsdown Ave
W3 . . . . 29 A2
Kingsdown Cl
26 Deptford SE16 . . 40 A1
8 Notting Hill W11 . 31 A3
Kingsdown Ct
SW11 . . . . 60 A1
Kingsdown Ho 1
E8 . . . . 16 C3
Kingsdown Rd
N19 . . . . 5 A2
Kings Farm Ave
TW10 . . . . 54 C3
Kingsfield Ho 18
N16 . . . . 7 A1
Kingsford St NW5 . 12 B3
Kingsgate Est N1 . . 16 A2
Kingsgate Ho 20
SW9 . . . . 173 C4
Kingsgate Par
SW1 . . . . 133 A1
Kingsgate Pl NW6 . 10 C1
Kingsgate Prim Sch
NW6 . . . . 10 C1
Kingsgate Rd
NW6 . . . . 10 C1
King's Gdns 6
NW6 . . . . 10 C1
King's Gr
Peckham SE15 . . . . 50 A2
Peckham SE15 . . . . 50 A3
Kingshall Mews
SE13 . . . . 67 B4
King's Head Yd
SE1 . . . . 123 B1
Kingshill SE17 . . . 151 A4
Kings Ho
12 Limehouse E14 . 33 B2
South Lambeth
SW8 . . . . 162 B2
Kingshold Rd E9 . . 17 B1
King's House Sch
TW10 . . . . 54 B2
King's House Sch
(Jun) TW10 . . . . . 54 B2
King's Keep 6
SW15 . . . . 57 C2
King's Mansions
SW3 . . . . 158 A3
Kingsland NW8 . . . 80 B3
Kingsland Gn 1 E8,
N1 . . . . 16 A2
Kingsland High St
E8 . . . . 16 B3
Kingsland Pas 2
E8 . . . . 16 A2
Kingsland Rd E2 . . 24 A3
Kingsland Sh Ctr 12
E8 . . . . 16 B2
Kingslawn Cl
SW15 . . . . 57 A2
Kingsley Ct NW2 . . . 9 A2
Kingsley Flats
SE1 . . . . 152 B3
Kingsley Ho
Chelsea SW3 . . . 157 C3
3 Clapham SW4 . 171 C2

Kingsley Mews
Kensington W8 . . 128 B1
15 St George in t East
E1 . . . . 32 A2
Kingsley Pl N6 . . . . . 3 C4
Kingsley Rd NW6 . 23 B4
Kingsley St SW11 . . 60 B4
Kings Mall Sh Ctr
W6 . . . . 39 B2
King's Mans 3
SW3 . . . . 158 A3
Kingsmead TW10 . . 54 B1
Kingsmead Ct N6 . . 4 C4
Kingsmead Ho E9 . 18 A4
Kingsmead Prim Sch
E9 . . . . 18 A4
Kingsmead Rd
SW2 . . . . 74 C2
King's Mead Way E5,
E9 . . . . 18 A4
Kingsmere Cl 13
SW15 . . . . 57 C4
Kingsmere Pl N16 . 6 C3
Kingsmere Rd
SW19 . . . . 69 C2
King's Par
1 Clapham Pk
SW4 . . . . 62 A2
Gray's Inn WC1 . . . 95 A1
Kingsmill NW8 . . . 79 C2
Kugsmill Terr
NW8 . . . . 79 C2
Kingsnorth Ho 12
W10 . . . . 30 C3
King Solomon Acad
NW1 . . . . 102 A2
King's Quay SW10 167 A4
Kings Rd
Richmond TW10,
TW9 . . . . 54 B2
Willesden NW10 . . . . 9 A1
King's Rd
Chelsea SW3 . . . 144 B1
Chelsea SW10 . . . 157 B3
Mortlake SW14 . . . 55 C4
Kings Ride Gate
TW10 . . . . 54 B2
Kingsridge SW19 . . 70 A2
King's Scholars' Psge
SW1 . . . . 146 C4
King St
Acton W3 . . . . 28 B1
Hammersmith W6 . . 38 C2
St James SW1 . . . 119 A2
Strand WC2 . . . . . 120 A4
Whitechapel EC2 . . 109 A1
King Stairs Cl
SE16 . . . . 40 A4
King's Terr NW1 . . 82 C3
Kingston Ho 4
NW6 . . . . 10 A1
Kingston Ho E
SW7 . . . . 130 A3
Kingston Ho N
SW7 . . . . 130 A3
Kingston Ho S
SW7 . . . . 130 A3
Kingston Rd SW15,
SW19 . . . . 69 A3

Kingston Univ
(Roehampton Vale)
SW15 . . . . 68 B1
Kingston Vale
SW15 . . . . 68 A1
Kingstown St NW1 81 B4
King Street Cloisters
8 W6 . . . . 39 A2
Kingswater Pl
SW11 . . . . 39 B2
Kingsway
WC2 . . . . 158 A1
Kingsway
Mortlake SW14,
TW9 . . . . 55 A4
St Giles WC2 . . . . 106 C2
Kingsway Coll 17
NW5 . . . . 13 A2
Kingsway Mans
WC1 . . . . 106 C4
Kingsway Pl EC1 . . 96 A2
Kingswear Rd NW5 . 4 A1
Kings Well 25
NW3 . . . . 11 B4
Kings Wlk Sh Mall
SW3 . . . . 144 C2
Kingswood 22 E2 . 25 B3
Kingswood Ave
NW6 . . . . 23 A3
Kingswood Cl
SW8 . . . . 162 B1
Kingswood Ct
Hither Green SE13 . 67 C1
7 Richmond TW10 . 54 B2
Kings Wood Ct 4
NW6 . . . . 10 C1
Kingswood Rd
South Acton W4 . . . 37 B3
Streatham SW2 . . . 74 A4
Kingswood Terr
W4 . . . . 37 B3
Kings Yd E15 . . . . . 19 A3
Kington Ho 18
NW6 . . . . 78 B3
Kingward Ho 1 E1 111 B4
Kingweston Cl NW2 . 1 A1
King William La 3
SE10 . . . . 43 A1
King William St
EC4 . . . . 123 C4
King William Wlk
SE10 . . . . 52 B4
Kingwood Rd
SW6 . . . . 154 A1
Kinloch St N7 . . . . . 5 B1
Kinnaird Ave W4 . . 45 B3
Kinnear Rd W12 . . 38 B4
Kinnerton Pl N
SW1 . . . . 131 A3
Kinnerton Pl S
SW1 . . . . 131 A3
Kinnerton St SW1 131 B3
Kinnerton Yd
SW1 . . . . 131 B3
Kinnoull Mans 10
E5 . . . . 17 A4
Kinnoul Rd W6 . . . 154 A4
Kinross Ho N1 . . . . 84 C4
Kinsale Rd SE15 . . 64 C4
Kinsham Ho 3
E2 . . . . 24 C1 99 C2
Kintore Way SE1 . 152 C4
Kintyre Ct 17 SW2 . 74 A4
Kintyre Ho 10 E14 . 34 B1
Kinver Ho N4 . . . . . . 6 C4
Kipling Ho 29 SE5 . 48 B3

Kipling St SE1 . . . 137 C4
Kipling Twr 3 W3 . 37 B3
Kirby Est SE16 . . . 40 A3
Kirby Gr SE1 . . . . 138 A4
Kirby St EC1 . . . . 107 C4
Kirkeby Bldg EC1 . 107 B4
Kirkland Wlk 4
E8 . . . . 16 B2
Kirkley Ho N16 . . . . 7 A3
Kirkman Ho W1 . . 105 B3
Kirkman Pl W1 . . . 105 B3
Kirkmichael Rd
E14 . . . . 34 B3
Kirkside Rd SE3 . . 53 C4
Kirk St WC1 . . . . . 94 A1
Kirkstall Gdns
SW2 . . . . 74 A3
Kirkstall Ho SW1 . 146 A2
Kirkstall Rd SW2 . 74 A3
Kirkstead Ct E5 . . 18 A4
Kirton Gdns 22
E2 . . . . 24 B2 99 A3
Kirton Cl W4 . . . . . 37 C2
Kirwin Way SE5 . . 48 A3
Kitcat Terr E3 . . . . 26 C2
Kite Ho 5 SW11 . . 60 A4
Kite Pl 9
E2 . . . . 24 C2 99 C4
Kitson Rd
Barnes SW13 . . . . 46 C2
Camberwell SE5 . . . 48 B3
Kittiwake Ct 6
SE8 . . . . 51 B4
Kitto Rd SE14 . . . . 50 C1
Kiver Rd N19 . . . . . . 5 A2
Klea Ave SW4 . . . . 61 B1
Kleffens Ct 2 SE3 . 53 B3
Kleine Wharf 30
N1 . . . . 24 A4
Knapp Cl NW10 . . . 8 A2
Knapp Rd E3 . . . . 26 C1
Knaresborough Dr
SW18 . . . . 71 A3
Knaresborough Ho
N4 . . . . 6 B4
Knaresborough Pl
SW5 . . . . 142 A4
Knatchbull Rd
Brixton SE5 . . . . . 48 A2
Stonebridge NW10 . 20 C4
Knebworth Ho
South Lambeth
SW8 . . . . 171 C3
8 Stoke Newington
N16 . . . . 16 A4
Knebworth Rd 3
N16 . . . . 16 A4
Kneller Ho 9
SW8 . . . . 171 C2
Kneller Rd SE4 . . . 66 A3
Knighten St E1 . . . 32 A1
Knighthead Point 26
E14 . . . . 41 C3
Knightland Rd E5 . 17 A4
Knightleas Ct NW2 . 9 B2
Knightrider Ct
EC4 . . . . 122 C4
Knightrider St
EC4 . . . . 122 B4

Knights Arc SW1 . . **130** C3
Knight's Ave W5 . . . . **36** A4
KNIGHTSBRIDGE
. . . . **130** A2
Knightsbridge SW1,
SW7 . . . . **130** C3
Knightsbridge Ct
SW1 . . . . **131** A3
Knightsbridge Gn
SW1 . . . . **130** C3
Knightsbridge Sch
SW11 . . . . **130** C3
Knightsbridge Sta
SW1 . . . . **131** A3
Knightsbridge Under
Sch SW7 . . . . **143** A3
Knights Cl E9 . . . . . **17** B3
Knights Ho
Bermondsey SE1 . . **138** C4
South Lambeth
SW8 . . . . **162** B1
West Kensington
SW5 . . . . **140** C2
Knight's Ho SW10 **156** C2
Knights Rd E16 . . . . **43** C4
Knight's Wlk SE11 **150** A3
Knightswood Ct N6 . **4** C4
Knivet Rd SW6 . . . . **155** B3
Knoll Ho NW8 . . . . . **78** C2
Knoll Rd SW18 . . . . **59** B2
Knolly's Cl SE27,
SW16 . . . . **74** C1
Knolly's Rd SE27,
SW16 . . . . **74** C1
Knot Ho SE1 . . . . . **124** C1
Knottisford St E2 . . **25** B2
Knowlden Ho **5**
E1 . . . . **32** B2
Knowle Cl SW9 . . . **62** C4
Knowledge Point Sch
6 N7 . . . . **14** B2
Knowles Hill Cres
SE13 . . . . **67** C2
Knowles Ho
Wandsworth
SW18 . . . . **59** A1
Willesden Green
NW10 . . . . **21** C4
Knowles Wlk SW4 . . **61** B4
Knowlton Ho **32**
SW9 . . . . **173** C4
Knowsley Rd
SW11 . . . . **168** C1
Knox Ct **16** SW4 . . **172** B2
Knox Ho SW15 . . . . **47** B1
Knox St W1 . . . . . . **102** C4
Knoyle Ho W14 . . . **126** B2
Knoyle St SE14 . . . . **51** A4
Kobi Nazrul Prim Sch
43 E1 . . . . **111** C2
Kossuth St SE10 . . . **43** A1
Kotree Way **16**
SE1 . . . . **153** C4
Kramer Mews
SW5 . . . . **142** A1
Kreedman Wlk **8**
E8 . . . . **16** C3
Kreisel Wlk TW9 . . . **44** B4
Kylemore Ct **4**
W12 . . . . **38** C4
Kylemore Rd NW6 . . **10** C1
Kylestrome Ho
SW1 . . . . **145** C3

Kynance Mews
SW7 . . . . **128** B1
Kynance Pl SW7 . . **128** C1
Kynaston Ho **7**
SW2 . . . . **74** B4
Kynaston Rd N16 . . . **7** A1
Kyrle Rd SW11 . . . . **60** C1
Kyverdale Rd N16 . . **7** B3

L

Laburnum Cl NW2 . . **1** B2
Laburnum Ct **5**
SE15 . . . . **50** B4
Laburnum Ct **26**
E2 . . . . **24** B4
Laburnum Ho
New Cross SE4 . . . . **51** B1
5 Stoke Newington
N16 . . . . **6** C2
Laburnum St E2 . . . . **24** B4
Lacey Ho **7** SE13 . . **52** B1
Lacey Mews **9** E3 . . **26** C3
Lacine Ct **12** SE16 . . **40** C4
Lackington St
EC2 . . . . **109** C4
Lackland Ho SE1 . . **153** A2
Lacland Ho SW10 . . **157** B2
Lacon Rd SE22 . . . . **64** C3
Lacy Rd SW15 . . . . **57** C3
Ladbroke Cres
W11 . . . . **31** A3
Ladbroke Gdns
W11 . . . . **31** B2 **112** C4
Ladbroke Gr
Kensal Town W10 . . . **31** A4
Notting Hill
W11 . . . . **31** B2 **112** C4
Ladbroke Grove Ho
W11 . . . . **31** B2 **112** C4
Ladbroke Grove Sta
W10 . . . . **31** A3
Ladbroke Ho E1 . . . **111** A3
Ladbroke Mews
W11 . . . . **31** A1 **112** C3
Ladbroke Rd
W11 . . . . **31** B1 **112** C2
Ladbroke Sq
W11 . . . . **31** B2 **113** A3
Ladbroke Terr
W11 . . . . **31** B1 **113** A2
Ladbroke Wlk
W11 . . . . **31** B1 **113** A2
Ladlands SE22 . . . . . **76** C4
Ladybower Ct **6**
E5 . . . . **17** C4
Ladycroft Rd SE13 . . **67** A4
Lady Elizabeth Ho
SW14 . . . . **55** B4
Ladyfern Ho **19** E3 . . **33** C4
Lady Florence Ctyd **9**
SE8 . . . . **51** C3
Lady Margaret Rd
NW5 . . . . **13** B3
Lady Margaret Sch
SW6 . . . . **165** B3
Lady Somerset Rd
NW5 . . . . **13** A4
LADYWELL **67** A2
Ladywell Arena
SE13 . . . . **67** A1
Ladywell Cl SE4 . . . . **66** B3
Ladywell Hts SE4 . . . **66** B1
Ladywell Rd SE13 . . **67** A2
Ladywell Sta SE13 . . **67** A2

Ladywell Water Twr
SE4 . . . . **66** C2
Lafitte Ho **22** N19 . . . **4** C4
Lafone Ho **11** SW2 . . **74** A4
Lafone St SE1 . . . . **138** C4
Lagado Mews
SE16 . . . . **32** C1
Lagonda Ho **11** E3 . . **26** C1
Lagonier Ho EC1 . . . **97** A3
Laindon Ho **6** N16 . . . **7** B3
Laing Ho SE5 . . . . . **48** B3
Lainson St SW18 . . . **70** C4
Lairdale Cl SE21 . . . **75** B2
Laird Ho SE5 . . . . . . **48** B3
Lairs Cl N7 . . . . **14** A2
Laitwood Rd
SW12 . . . . **73** A3
Lakanal **16** SE5 . . . . **49** A2
Lake Ho SE1 . . . . . **136** C3
Laker Ct SW4 . . . . **172** B2
Laker Pl SW15 . . . . . **58** A1
Lakeside Ct N4 . . . . . **6** B3
Lakeside Rd W14 . . . **39** C3
Lakeview **23** E3 . . . . **25** C3
Lake View Ct
SW1 . . . . **132** B2
Lakis Cl NW3 . . . . . . **11** B4
Laleham Ho
E2 . . . . . . **24** B1 **98** C2
Lalor St SW6 . . . . . **164** B2
Lambard Ho **4**
SE10 . . . . **52** B3
Lamb Ct **16** E14 . . . . **33** A2
Lamberhurst Ho **14**
SE15 . . . . **50** B4
Lambert Ave TW9 . . . **45** A1
Lambert Ho
10 Brixton SW9 . . **173** B1
11 Crouch End N19 . . **4** C4
Lambert Rd SW2 . . . **62** B2
Lambert St N1 . . . . . **14** C1
LAMBETH **134** C3
Lambeth Acad
SW4 . . . . **61** B2
Lambeth Coll
SW16 . . . . **74** A1
Lambeth Coll (Brixton
Ctr) SW2 . . . . **62** B2
Lambeth Coll
(Clapham Ctr)
SW4 . . . . **61** B2
Lambeth Coll
(Vauxhall Ctr)
SW8 . . . . **171** B4
Lambeth Ct **8**
SW18 . . . . **58** C2
Lambeth High St
SE1 . . . . **148** C4
Lambeth Hill EC4 **122** C4
Lambeth Hospl
SW9 . . . . **172** C1
Lambeth North Sta
SE1 . . . . **135** B2
Lambeth Pal ★
SE1 . . . . **134** C1
Lambeth Palace Rd
SE1 . . . . **134** C2
Lambeth Pier SE1 **134** B1
Lambeth Rd SE1 . . **135** C1
Lambeth Twrs
SE11 . . . . **135** B1
Lambeth Wlk
SE11 . . . . **149** A4
Lambfold Ho N7 . . . . **14** A2

Lamb Ho
28 Camberwell
SE5 . . . . **48** B3
11 Camberwell SE5 . . **48** C2
Greenwich SE10 . . . . **52** B4
Lamb La E8 . . . . **17** A1
Lamble St NW5 . . . . **12** C4
Lamb Office Ct
WC1 . . . . **106** A4
Lambolle Pl NW3 . . . **12** A2
Lambolle Rd NW3 . . **12** A2
Lambourn Cl **9**
NW5 . . . . **13** B4
Lambourne Gr
SE16 . . . . **40** C1
Lambourne Ho
NW8 . . . . **101** C4
Lambourn Rd SW4 . . **61** A4
Lambrook Ho **15**
SE15 . . . . **49** C2
Lambrook Terr
SW6 . . . . **164** A4
Lamb's Bldgs EC1 . . **97** B1
Lamb's Conduit Pas
WC1 . . . . **94** C1
Lamb's Conduit St
WC1 . . . . **106** C4
Lamb's Mews N1 . . . **86** A3
Lamb's Pas EC1 . . . . **97** B1
Lamb St E1 . . . . . . **110** C4
Lambton Ct **2** N19 . . . **5** A3
Lambton Mews **4**
N19 . . . . **5** A3
Lambton Pl
W11 . . . . **31** B2 **113** A4
Lambton Rd N19 . . . . **5** A3
Lamb Wlk SE1 . . . . **138** A3
Lamerton Lo **10**
TW9 . . . . **44** B2
Lamerton St **3**
SE8 . . . . **51** C4
Lamington St **3**
W6 . . . . **39** A2
Lamlash St SE11 . . **150** A4
Lamley Ho SE10 . . . . **52** A3
Lammas Rd E9 . . . . . **17** C1
Lammermoor Rd
SW12 . . . . **73** A4
Lamont Rd SW10 . . **157** B3
Lamont Rd Pas
SW10 . . . . **157** B3
Lampard Gr N16 . . . . **7** B3
Lampern Sq **8**
E2 . . . . **24** C2 **99** C4
Lampeter Sq W6 . . **154** A3
Lamplighter Cl **34**
E1 . . . . **25** B1
Lampson Ho **3**
N19 . . . . **4** B1
Lanark Ho **12** SE1 . . **153** B1
Lanark Mans
Paddington W9 . . . . . **89** A2
15 Shepherd's Bush
W12 . . . . **39** B4
Lanark Mews NW8 . . **89** A3
Lanark Pl W9 . . . . . . **89** A2
Lanark Rd W9 . . . . . . **88** C3
Lanark Sq E14 . . . . . **42** A3
Lanbury Rd SE15 . . . **65** C3
Lancashire Ct W1 **118** B4
Lancaster Ave SE21,
SE27 . . . . **75** B2
Lancaster Cl
10 De Beauvoir Town
N1 . . . . **16** A1
Kensington W2 . . . **114** A3

Lancaster Cotts **1**
TW10 . . . . **54** A1
Lancaster Ct
Bayswater W2 . . . . **115** A4
Parsons Green
SW6 . . . . **155** A1
West Norwood
SE27 . . . . **75** A2
Lancaster Dr
Canary Wharf E14 . . **34** B1
Maitland Pk NW3 . . . **12** A2
Lancaster Gate
W2 . . . . **115** A4
Lancaster Gate Sta
W2 . . . . **115** B4
Lancaster Gr NW3 . . **12** A2
Lancaster hall **14**
E16 . . . . **35** C1
Lancaster Ho
SW15 . . . . **47** B1
Lancaster Ho
SW1 . . . . **132** C4
Lancaster Ho
SW18 . . . . **71** A4
Lancaster Lo **2**
W11 . . . . **31** A3
Lancaster Mews
Bayswater W2 . . . . **115** A4
2 Richmond TW10 . . **54** A1
3 Wandsworth
SW18 . . . . **59** A2
Lancaster Pk
TW10 . . . . **54** A2
Lancaster Pl WC2 **120** C3
Lancaster Rd
Dudden Hill NW10 . . . **8** C3
Finsbury Pk N4 . . . . . . **5** C4
Notting Hill W11 . . . . **31** A3
Lancaster St SE1 . . **136** B3
Lancaster Stables **10**
NW3 . . . . **12** A2
Lancaster Terr
W2 . . . . **115** B4
Lancaster Wlk
W2 . . . . **115** A2
Lancefield Ho
SE15 . . . . **65** A4
Lancefield St W10 . . **23** B2
Lancell St N16 . . . . . **7** A2
Lancelot Pl SW7 . . **130** C3
Lancer Sq W8 . . . . **128** A4
Lanchester Ct W2 **102** C1
Lanchester Way
SE14 . . . . **50** C2
Lancing St NW1 . . . **93** B3
Lancresse Ct N1 . . . **24** A4
Landale Ct SE10 . . . . **52** B2
Landale Ho **3**
SE16 . . . . **40** B3
Landcroft Rd SE22 . . **64** B1
Landells Rd SE22 . . . **64** C1
Landford Rd SW15 . . **57** B4
Landin Ho **1** E14 . . . **33** C3
Landleys Field **21**
N7 . . . . **13** C3
Landmann Ho **16**
SE16 . . . . **40** A2
Landmann Way
SE14 . . . . **40** C1
Landmark Hts E5 . . . **18** A4
Landon Pl SW1 . . . **130** C2
Landons Cl E14 . . . . **34** B1
Landon Wlk **16**
E14 . . . . **34** A2
Landor Ct N16 . . . . . **16** A3
Landor Ho **7** SE5 . . **48** C3

Landor Rd SW9.....62 A4
Landor Wlk **11**
  W12.....................38 C2
Landrake NW1....83 A3
Landridge Rd
  SW6.........................164 C2
Landseer Ct **10** N19...5 A2
Landseer Ho
  Battersea SW11....169 C3
  Paddington NW8......89 C2
  Westminster SW1....147 C3
Landseer Rd N19.....5 A2
Landulph Ho
  SE11.....................149 C2
Landward Ct W1....102 B2
Lane Cl SW11..........72 B4
Lanercost Cl SW2...74 C2
Lanercost Rd SW2...74 C2
Lane The NW8.........78 C1
Laneway SW15........57 A2
Laney Bldg EC1....107 B4
Lanfranc Rd E3.......26 A3
Lanfrey Pl W14....140 C1
Langbourne Ave N6..3 C2
Langbourne Ho **7**
  SW2........................62 A3
Langbourne Mans
  N6..............................3 C2
Langbourne Pl
  E14............................42 A1
Langbourne Prim Sch
  SE21.........................76 A1
Langdale NW1......92 C4
Langdale Cl
  Camberwell SE17....48 B4
  Mortlake SW14.......55 A3
Langdale Ho **8** SW1.146 C1
Langdale Rd SE10..52 B3
Langdale St **1** E1..32 A3
Langdon Ct
  Finsbury EC1..........86 B1
  Harlesden NW10....21 A4
Langdon Ho **3**
  E14............................34 B3
Langdon Park Rd
  N6...............................4 B4
Langdon Park Sch
  E14............................34 A4
Langdon Pk Sta
  E14............................34 A4
Langdon Pk L Ctr
  E3............................34 A4
Langdon Pk Sta
  E3............................34 A4
Langdon Pl SW14...55 B3
Langdon Way **18**
  SE1.......................153 C3
Langford Cl
  Shacklewell E8......16 C3
  St John's Wood
  NW8..........................79 A2
Langford Ct NW8....79 A1
Langford Gn SE5....64 A4
Langford Ho **5**
  SE8............................51 C4
Langford Prim Sch
  SW6.......................166 B2
Langford Rd **4**
  SW6.......................166 B2
Langham Ct **4**
  SW15........................57 C2
Langham Ho SW4..61 B2
Langham Mans
  SW5.......................142 A1

Langham Pl
  Chiswick W4..........46 A4
  Fitzrovia W1.........104 B3
Langham St W1.....104 B3
Lang Ho
  South Lambeth
  SW8......................162 A1
  3 Tufnell Pk N19....4 B1
Langholm Cl
  SW12........................73 C4
Langhorne Ct **10**
  NW8............................8 A4
Langhurst Ho **10**
  SW11.....................169 B2
Langland Gdns
  NW3..........................11 A3
Langland Ho **10**
  SE5............................48 C3
Langland Mans
  NW3..........................11 A3
Langler Rd NW10..22 B3
Langley Ct
  South Lambeth
  SW8......................172 A4
  Strand WC2...........120 A4
Langley Dr W3........37 A4
Langley Ho
  11 Lower Clapton
  E5.............................17 A3
  52 Paddington W2..31 C4
Langley La SW8....162 B4
Langley Mans
  SW8......................162 B4
Langley St WC2....106 A1
Langmead Ho **24**
  E3.............................27 A2
Langmore Ho **30**
  E1...........................111 C1
Langport Ho **1**
  SW9..........................48 A1
Langridge **15** NW5..12 C2
Langroyd Rd
  SW17........................72 B2
Langside Ave
  SW15........................56 C3
Lang St E1................25 B1
Langston Hughes Cl
  5 SE24.................63 A3
Langthorn Ct EC2.109 C2
Langthorne **10**
  SW2..........................74 C4
Langthorne St
  SW6........................47 C2
Langton Cl WC1.....95 A2
Langton Ct SW15..58 B1
Langton Ho SE11..149 A4
Langton Pl SW18...70 C3
Langton Rd SW9..163 A2
Langton St SW10..157 A3
Langton Way SE3...53 C3
Lanhill Rd W9........23 C1
Lanier Ho SE13......67 C1
Lanner Ho **2**
  SW11........................60 A4
Lannoy Point
  SW6......................154 B2
Lanrick Rd E14......35 A3
Lansbury Gdns **1**
  E14............................34 C3
Lansbury Lawrence
  Prim Sch **20** E14..34 A3
Lanscombe Wlk
  SW8......................162 A1

Lansdell Ho **9**
  SW2..........................62 C1
Lansdowne Coll
  W2.........................114 A3
Lansdowne Cres
  W11........31 A2 112 B3
Lansdowne Dr E8...16 C1
Lansdowne Gdns
  SW8......................172 A4
Lansdowne Gr
  NW10........................8 A4
Lansdowne Hill
  SE27........................75 A1
Lansdowne Ho
  W11........31 B1 112 C2
Lansdowne Mews
  W11........31 B2 112 C2
Lansdowne Pl
  SE1........................137 C2
Lansdowne Rd
  W11........31 A2 112 B3
Lansdowne Rise
  W11........31 A2 112 B3
Lansdowne Row
  W1.........................118 B3
Lansdowne Sch
  SW9..........................62 B4
Lansdowne Terr
  WC1..........................94 B1
Lansdowne Way SW4,
  SW8......................172 A4
Lansdowne Wlk
  W11........31 B1 112 C2
Lansdowne Wood Cl
  1 SE27.................75 A1
Lansdown Ho **8**
  SE5............................48 B1
Lantern Cl SW15....56 C3
Lantern Ho E14....41 C4
Lanterns Ct E14....41 C3
Lant Ho SE1.........136 C3
Lantry Ct **1** W3....28 A1
Lanvanor Rd SE15..50 B1
Lanyard Ho **4** SE8..41 B2
Lapford Cl W9........23 B1
Lapsing SE1.........125 A1
Lapwing Twr **8**
  SE8............................51 B4
Lapworth Ct W2...100 B4
Lara Cl SE13............67 B1
Larch Ave W3.........29 A1
Larch Cl
  Balham SW12.......73 A2
  3 Deptford SE8....51 B4
  10 Upper Holloway
  N19.............................4 B2
  9 Rotherhithe
  SE16.........................33 A1
Larch Ct **3** W9........23 B2
Larch Ho **23** SE16..40 B3
Larchmore Ct N19...5 A2
Larch Rd NW2..........9 B4
Larcom St SE17....151 A3
Larden Rd W3........38 A4
La Retraite RC Girls
  Sch SW12...............73 B4
Larissa St SE17...151 C3
Larix Ct NW10........21 C4
Larkfield Rd **1** 54 A3
Larkhall La SW4...172 A3
Larkhall Rise
  SW4......................171 B1
Lark Row E2............25 B4

Larmenier & Sacred
  Heart RC Prim Sch
  4 W6....................39 C2
Larnaca Ho SE1....138 C2
Larnach Rd W6......47 C4
Larpent Ave SW15..57 B2
La Saint Union RC Sec
  Sch NW5...................3 C1
Lascelles Ho NW1...90 B1
Lascelles St SE10...43 C1
Lasseter Pl SE3......53 B4
Latchmere Rd
  SW11.....................168 C1
Latchmere St **5**
  SW11.....................168 C2
Latham Ho E1..........32 C3
Latimer SE17.......152 A1
Latimer Ind Est **1**
  W10........31 B2 113 A3
Latimer Pl W10......30 B3
Latimer Rd W10.....30 B3
Latimer Road Sta
  W10..........................30 C2
Latona Ho **1** W2......31 C4
Latona Rd SE15.....49 C4
Lattimer Pl W4........46 A4
Latvia Ct SE17.....151 A1
Latymer Ct W6......39 C2
Latymer Upper Sch
  W6............................38 C2
Lauderdale Mans
  W9............................88 B3
Lauderdale Rd W9..88 B3
Lauderdale Twr
  EC2.........................108 C4
Laud St SE11.......148 C2
Laughton Ho **11**
  SW2..........................62 C1
Launcelot St SE1..135 B3
Launceston Pl
  W8............................128 C2
Launch St E14........42 B3
Laundress La N16....7 C1
Laundry La N1........15 B1
Laundry Rd W6.....154 A3
Laura Pl E5...............17 B4
Laurel Bank Gdns **3**
  SW6.......................165 A2
Laurel Cl
  Dalston SE8............16 B1
  2 Putney SW15....57 C2
  9 Rotherhithe
  SE16.........................33 A1
Laurel Ho
  9 Deptford SE8....51 B4
  3 Hampstead NW3..11 A2
Laurel Rd SW13......46 C1
Laurel St E8.............16 B2
Laurence Mews **12**
  W12...........................38 C4
Laurence Pountney
  Hill EC4.................123 B4
Laurence Pountney La
  EC4.........................123 C4
Laurie Gr SE14......51 A2
Laurie Ho
  Newington SE1.....136 B1
  Notting Hill
  W8............31 C1 113 B1
Laurier Rd NW5.......4 A1

Lauriston Ho **6**
  E9..............................17 C2
Lauriston Lo NW6..10 B2
Lauriston Prim Sch **6**
  E9..............................25 C4
Lauriston Rd E9.....17 C1
Lausanne Rd SE15..50 B2
Lavell St N16..........15 C4
Lavender Cl SW3..157 C3
Lavender Ct SW4..172 B3
Lavender Gdns
  SW11........................60 B3
Lavender Gr E8......16 C1
Lavender Hill
  SW11........................60 C4
Lavender Ho
  1 Richmond TW9....45 A2
  14 Rotherhithe
  SE16...........................32 C1
Lavender Rd
  Battersea SW11......59 C4
  Rotherhithe SE16...33 A1
Lavender Sweep
  SW11........................60 B3
Lavender Terr **12**
  SW11........................60 A4
Lavender Wlk
  SW11........................60 B3
Lavendon Ho NW8..90 B3
Lavengro Rd SE27..75 B2
Lavenham Rd
  SW18........................70 C3
Lavers Rd N16..........7 A1
Laverstoke Gdns
  SW15........................68 C4
Laverton Mews
  SW5........................142 B3
Laverton Pl SW5..142 B3
Lavina Gr N1............84 C2
Lavington Cl E9......18 B2
Lavington St SE1..122 B1
Lawdale Jun Sch **17**
  E2..............22 C2 99 C4
Lawford Rd
  Chiswick W4.........45 B3
  De Beauvoir Town
  N1..............................16 A1
  Kentish Town NW5..13 B2
Lawfront Wharf **18**
  NW1...........................13 B1
Lawless Ho **5** E14..34 B2
Lawless St **12** E14..34 A2
Lawley St E5............17 B4
Lawman Ct **2**
  TW9...........................44 B2
Lawn Cres TW9......44 C1
Lawnfield Ct NW6...9 C1
Lawn House Cl
  E14............................42 B4
Lawn La SW8.......162 C4
Lawn Rd NW3........12 B3
Lawns The N16.......16 A3
Lawrence Ave
  NW10........................20 C4
Lawrence Bldgs
  N16...........................7 B1
Lawrence Cl
  Bow E3.....................26 C3
  6 Shepherd's Bush
  W12...........................30 A2
Lawrence Ct
  4 South Acton
  W3..............................37 B3
  Stoke Newington N16..7 B1

Lawrence Ho
20 Camden Town
NW1 . . . . .13 A1
Westminster SW1 . . **147** C3
Lawrence La EC2 . . **109** A2
Lawrence Mans
SW3 . . . . **158** A3
Lawrence Pl N1 . . **84** B4
Lawrence St
Canning Town E16 . . . 35 B4
Chelsea SW3 . . . . . **158** A3
Lawrence Trad Est
SE10 . . . . .43 A2
Lawrence Univ
SW7 . . . . **143** A3
Lawson Cl SW19 . . **69** C1
Lawson Ct ∎ N1 . . . 5 B3
Lawson Ho 17
W12 . . . . .30 A2
Law St SE1 . . . . . . **137** C2
Lawton Rd E3 . . . . .26 A2
Laxfield Ct E8 . . . . .24 C4
Laxley Cl SE5 . . . . .48 A3
Laxton Path ∎
SE4 . . . . .65 C3
Laxton Pl NW1 . . **92** B2
Layard Rd SE16 . . . .40 A2
Layard Sq SE16 . . . .40 A2
Laybourne Ho 16
E14 . . . . .41 C4
Laycock Prim Sch 5
N1 . . . . .15 A2
Laycock St N1 . . . . .14 C2
Layfield Ho ∎
SE10 . . . . .43 C1
Laystall Ct EC1 . . **95** B1
Laystall St EC1 . . **95** B1
Layton Pl 17 TW9 . .44 C2
Lazar Wlk 2 N7 . . . 5 B2
Leabank Sq E9 . . . .18 C2
Leabourne Rd N16 . . 7 C4
Leacroft Ave
SW12 . . . . .72 B4
Lea Ct 3 W12 . . . . .38 A4
Leadenhall Mkt *
EC3 . . . . **110** A1
Leadenhall Pl
EC3 . . . . **110** A1
Leadenhall St
EC3 . . . . **110** A1
Leadenham Ct 15
E3 . . . . .26 C1
Lea Ho NW8 . . . . . **90** A1
Leahurst Rd SE13 . . **67** C2
Lea Int E9 . . . . .18 C3
Leake St
Lambeth SE1 . . . . . **135** B3
South Bank SE1 . . . **135** A4
Leamington Ct
4 Forest Hill
SE26 . . . . .76 C1
North Acton W3 . . . .28 C4
Leamington Ho 4
W11 . . . . .31 B4
Leamington Pk
W3 . . . . .28 C4
Leamington Rd Villas
W11 . . . . .31 B4
Leamore St W6 . . .39 B2
Leamouth Rd E14 . .34 C3
Leander Ct
27 Hackney E9 . . . . .17 B1
St Johns SE8 . . . . . .51 C2
Leander Rd SW2 . . .62 C1

Leary Ho SE11 . . . **149** A1
Lea Sq 22 E3 . . . . . .26 B4
Leatherdale St
∎ Bethnal Green
E1 . . . . .25 B1
10 Globe Town E1 . . .25 C2
Leatherhead Cl N16 . 7 B3
Leather La EC1 . . . **107** C4
Leather La Mkt *
EC1 . . . . **107** C4
Leathermarket Ct
SE1 . . . . **138** A3
Leathermarket St
SE1 . . . . **138** A3
Leathwaite Rd
SW11 . . . . .60 B2
Leathwell Rd SE8 . .52 A1
Lebanon Gdns
SW18 . . . . .58 C1
Lebanon Rd SW18 . .58 C2
Lebus Ho NW8 . . . **80** A1
Lechmere Rd NW2 . . 9 A2
Leckford Rd SW18 . .71 B3
Leckhampton Pl 23
SW2 . . . . .74 C4
Lecky St SW7 . . . **143** B2
L'Ecole des Petits Sch
SW6 . . . . **166** A2
Leconfield Ave SW13,
SW15 . . . . .56 B4
Leconfield Ho SE5 . .64 A4
Leconfield Rd N5 . .15 C4
Lector Ct EC1 . . . . **95** C1
Leda Ct 9 SW9 . . **163** B1
Ledam Bldg EC1 . . **107** B4
Ledbury Ho 2
SE22 . . . . .64 A4
Ledbury Mews N
W11 . . . . .31 C3
Ledbury Mews W
W11 . . . . .31 C2 **113** B4
Ledbury Rd W11 . . .31 C3
Ledbury St SE15 . . .49 C3
Ledo Ho ∎ N16 . . . . 7 A1
Lee Conservancy Rd
E9 . . . . .18 B3
Lee Ct SE13 . . . . . .67 C3
Leeds Ct EC1 . . . . **96** A2
Lee Ho 9 N19 . . . . .13 C3
Leeke St WC1 . . . . **94** C4
Leeland Way NW10 . 8 B4
Leerdam Dr E14 . . .42 B3
Lees Ct W1 . . . . . **117** B4
Lees Ho SE17 . . . **151** C1
Leeson Rd 12
SE24 . . . . .62 C3
Lees Pl W1 . . . . . **117** B4
Lee St E8 . . . . .24 B4
Leet Ct N16 . . . . . . .15 C4
Leeve Ho 9 W9 . . .23 B2
Leeward Ct 3 E1 **125** C2
Leeway SE8 . . . . . .41 B1
Lefevre Wlk 3 . . . .26 C4
Leffern Rd W12 . . . .38 C4
Leff Ho 9 NW6 . . .10 A1
Lefroy Ho SE1 . . . **136** C3
Lefroy Rd W12 . . . .38 B4
Legard Rd N5 . . . . . 6 A1
Leggatt Rd E15 . . . .27 B3
Legge St SE13 . . . . .67 B2
Leghorn Rd NW10 . .21 C3
Legion Cl N1 . . . . . .14 C1
Legion Terr E3 . . . .26 C4

Leicester Ct
48 Paddington W2 . . .31 C4
St James WC2 . . . . **119** C4
Leicester Ho
4 Brixton SW9 . . . . .63 A4
5 Putney SW15 . . . .69 B4
Leicester Pl WC2 . . **119** C4
Leicester Sq *
WC2 . . . . **119** C3
Leicester Square Sta
WC2 . . . . **119** C4
Leicester Wlk EC2 . **119** C4
Leigham Ave
SW16 . . . . .74 A1
Leigham Ct 5
SW16 . . . . .74 B1
Leigham Hall 3
SW16 . . . . .74 A1
Leigham Hall Par 2
SW16 . . . . .74 A1
Leigham Vale SE27,
SW16, SW2 . . . . .74 C2
Leigh Ct 22 SW2 . . .62 C1
Leighfield Ho 5 . . .13 C3
Leigh Gdns NW10 . .22 B3
Leigh Ho 6 SW15 . .56 C2
Leigh Orchard Cl
SW16 . . . . .74 B1
Leigh Pl EC1 . . . . **107** B4
Leigh Rd N5 . . . . . . .15 A4
Leigh St WC1 . . . . **94** A3
Leighton Cres
NW5 . . . . .13 B3
Leighton Gdns
NW10 . . . . .22 B3
Leighton Gr NW5 . .13 B3
**Leighton House (Art
Gall & Mus)** *
W14 . . . . **127** A2
Leighton Pl NW5 . . .13 B3
Leighton Rd NW5 . .13 B3
Leinster Ave SW14 . .55 B3
Leinster Gdns W2 **114** C4
Leinster Mews
W2 . . . . **114** C4
Leinster Pl W2 . . . **100** C1
Leinster Sq W2 . . . **100** A1
Leinster Terr W2 . . **114** C4
Leitch Ho 8 NW8 . .11 C1
Leithcote Path
SW16 . . . . .74 B1
Leith Ho
7 Kentish Town
N7 . . . . .13 C3
13 Streatham SW2 . .74 B4
Leith Mans W9 . . **88** A3
Leith Yd 3 NW6 . . .23 C4
Lelitia Cl E8 . . . . . .24 C4
Leman St E1 . . . . . **111** B1
Lemmon Rd SE10 . . .53 A4
Le Moal Ho 28 E1 . .32 B4
Lemsford Ct N4 . . . . 6 B2
**Lena Gardens Prim
Sch** W6 . . . . .39 B3
Lena Gdns W6 . . . .39 B3
Lendal Terr 7
SW4 . . . . .61 C4
Len Freeman Pl
SW6 . . . . **154** C3
Lenham 11 NW5 . . .12 C2
Lenham Ho SE1 . . **137** C3
Lennon Rd NW2 . . . 9 B2
Lennox Gdns
Knightsbridge
SW1 . . . . **130** C1
Willesden NW10 . . . . 8 B4

Lennox Gdns Mews
SW1 . . . . **144** C4
Lennox Ho 10 E9 . .17 B2
Lennox Rd N4, N7 . . 5 C2
Lenthall Ho SW1 . . **147** A1
Lenthall Rd E8 . . . . .16 C1
Lenthorp Rd SE10 . .43 B2
Lenton Rise TW9 . . .54 A4
Len Williams Ct
NW6 . . . . .23 C3
Leo Ct 3 . . . . .37 B3
Leonard Ct
Bloomsbury WC1 . . . **94** A2
Kensington W8 . . . **127** B2
Leonard Day Ho 3
NW5 . . . . .13 A2
Leonard Pl 2 N16 . .16 A4
Leonard St EC2 . . **97** C2
Leonora Ho W9 . . **88** C2
Leontine Cl SE15 . . .49 C3
Leopards Ct EC1 . . **107** B4
Leopold Bldgs 14
E2 . . . . .24 B2 **98** C4
Leopold Mews 9 E9 .25 B4
Leopold Prim Sch
NW10 . . . . 8 B1
Leopold Rd SE8 . . . 8 B1
Leopold St E3 . . . . .33 B4
Leopold Wlk SE11 **148** C1
Leo St SE15 . . . . . . .50 A3
Leo Yd EC1 . . . . . . **96** B1
Leppoc Rd SW4 . . . .61 C2
Leroy St SE1 . . . . . **152** A4
Lerry Cl W14 . . . . . **155** A4
Lerwick Ho SW18 . .59 B3
Lesley Ct SW1 . . . **133** B1
Leslie Prince Ct 8
SE5 . . . . .48 C3
Leslie Rd E11 . . . . . .19 C4
Lessar Ave SW4 . . . .61 B2
Lessar Ct SW4 . . . . .61 B2
Lester Ct 45 E3 . . . .27 A2
Leswin Pl N16 . . . . . 7 B1
Leswin Rd N16 . . . . . 7 B1
Letchford Gdns
NW10 . . . . .21 C2
Letchford Mews
NW10 . . . . .21 C2
Lethaby Ho 16
SW4 . . . . .62 B3
Lethbridge Cl
SE13 . . . . .52 B1
Letterstone Rd
SW6 . . . . **154** C1
Lettice St SW6 . . . **165** A3
Lett Rd E15 . . . . . . .19 C1
Lettsom St SE5 . . . .49 A1
Levana Cl SW19 . . . .70 A3
Levant Ho 8 E1 . . . .25 C1
Levehurst Way SW4,
SW9 . . . . **172** B2
Leven Rd E14 . . . . . .34 C3
Lever Ct 15 E9 . . . . .17 C2
Leverett St SW3 . . **144** B4
Leverington Pl N1 **97** C3
Lever St EC1 . . . . . **96** C3
Leverstock Ho
SW3 . . . . **144** B2
Leverton Pl NW5 . . .13 B3
Leverton St NW5 . . .13 B3
Levison Way 2
N19 . . . . 4 C3
Levita Ho NW1 . . . **93** C4
Levyne Ct EC1 . . . **95** B2

Lewesdon Cl 13
SW19 . . . . .69 C3
Lewes Ho
Bermondsey SE1 . . **138** B4
Peckham SE15 . . . . .49 C4
Leweston Pl N16 . . . 7 B4
Lewey Ho E3 . . . . . .26 B1
Lewin Rd SW14 . . . .55 C4
Lewis Ct 5 SE16 . . .40 A1
Lewis Gr SE13 . . . . .67 B4
LEWISHAM 67 B4
**Lewisham Bridge
Prim Sch** 3 SE13 . .67 A4
Lewisham Bsns Ctr
SE14 . . . . .50 C4
**Lewisham Coll
(Deptford Campus)**
15 SE8 . . . . .51 C2
**Lewisham Coll
(Lewisham Way
Campus)** SE4 . . . . .51 C1
Lewisham Ctr
SE13 . . . . .67 B4
Lewisham High St
SE13 . . . . .67 A2
Lewisham Hill
SE13 . . . . .52 B1
Lewisham Hospl
SE13 . . . . .67 A1
Lewisham Pk SE13 . .67 B1
Lewisham Rd SE13 . .52 B1
Lewisham Sta
SE13 . . . . .67 B3
Lewisham Way SE4,
SE14 . . . . .51 B2
Lewis Pl E8 . . . . . . .16 C3
Lewis Silkin Ho 9
SE15 . . . . .50 B4
Lewis St NW1 . . . . .13 A2
Lexden Rd W3 . . . . .28 A1
Lexfield Ho N5 . . . .15 B4
**Lexham Gardens
Mews** W8 . . . . . . **128** B1
Lexham Gdns W8 . **142** A4
Lexham Mews
W8 . . . . **141** C4
Lexham Wlk W8 . . **128** B1
Lexington St W1 . . **119** A4
Lexton Gdns SW12 . .73 C3
Leyborne Pk TW9 . .44 C2
Leybourne Ho 20
SE15 . . . . .50 B4
Leybourne Rd 17
NW1 . . . . .13 A1
Leybourne St 5
NW1 . . . . .13 A1
Leyden Mans 7
N19 . . . . 5 A4
Leyden St E1 . . . . **110** C3
Leydon Cl
Rotherhithe SE16 . . .32 C1
SE16 . . . . .32 C1
Ley Ho SE1 . . . . . **136** C3
Leyland Ho 6 E14 . .34 A2
Leylands SW18 . . . .58 B1
Leylang Rd SE14 . . .50 C3
Leys Ct 6 SW9 . . . **173** B1
Leysdown 9 NW5 . .12 C2
Leysdown Ho
SE17 . . . . **152** B2
Leysfield Rd W12 . .38 C4
Leythe Rd W3 . . . . .37 B4
LEYTON 19 C4
Leyton Mill Ret Pk
E10 . . . . .19 B4

Leyton Mills E10 . . . . .19 B4
Leyton Rd E15 . . . . .19 C2
Liardet St SE14 . . . . .51 A4
Liberia Rd N5 . . . . .15 A2
Liberty Mews
SW12 . . . . .61 A1
Liberty St SW9 . . . . .173 A4
Libra Rd 7 E3 . . . . .26 B3
Library Mans 4
W12 . . . . .39 B4
Library Par NW10 . . .21 A4
Library Pl E1 . . . . .32 A2
Library St SE1 . . . . .136 B3
Lichfield Ct TW9 . . . . .54 A3
Lichfield Gdns TW10 .
TW9 . . . . .54 A2
Lichfield Ho 27
SE5 . . . . .48 B1
Lichfield Rd
Mile End E3 . . . . .26 A2
Richmond TW9 . . . . .44 B2
West Hampstead
NW2 . . . . .10 A4
Lichfield Terr 1
TW9 . . . . .54 A2
Lickey Ho W14 . . . .155 A4
Lidcote Gdns 22
SW9 . . . . .173 A1
Liddell Gdns
NW10 . . . . .22 B3
Liddell Rd NW6 . . . . .10 C2
Lidfield Rd N16 . . . . .15 C4
Lidgate Rd 22
SE15 . . . . .49 B3
Lidiard Rd SW18 . . . . .71 B2
Lidlington Pl NW1 . . .83 A1
Lidu Ho W19 . . . . .116 A1
Lidyard Rd N19 . . . . .4 B3
Liffey Ho NW14 . . . . . . .155 A4
Liffords Pl SW13 . . . . . .46 B1
Lifford St SW15 . . . . .57 C3
Lighter Cl 15 SE16 . . . . . .41 A2
Lighterman Mews 15
E1 . . . . .33 A4
Lighterman's Rd
E14 . . . . .42 A4
Lighterman's Wlk
SW18 . . . . .58 C3
Light Horse Ct
SW1 . . . . .145 B1
Ligonier St
E2 . . . . .24 B1 98 C2
Lilac Ho SE4 . . . . .66 B4
Lilac Pl SE11 . . . . .148 C3
Lilac St W12 . . . . .29 C2
Lilestone Est NW8 . . .89 C1
Lilestone Ho NW8 . . .89 C2
Lilestone St NW8 . . .90 A2
Lilford Ho 8 SE5 . . .48 B1
Lilford Rd SE5 . . . . .48 A1
Lilian Baylis Ho
N1 . . . . .15 B2
Lilian Baylis Tech Sch
SE11 . . . . .149 A1
Lilley Cl E1 . . . . .125 C1
Lillian Ave W3 . . . . .36 C4
Lillian Cl 14 N16 . . . . .7 A1
Lillian Rd SW13 . . . . .47 A4
Lillie Ho N5 . . . . .14 C3
Lillie Rd SW6 . . . . .154 C3
Lillie Road Mans
SW6 . . . . .154 B3
Lillieshall Rd SW4 . .61 B4
Lillie Yd SW6 . . . . .155 B4
Lillingston Ho N7 . . .14 C4
Lily Cl W14 . . . . .39 C2

Lily Pl EC1 . . . . .107 C4
Lilyville Rd SW6 . . . .164 C4
Limborough Ho 5
E14 . . . . .33 C4
Limburg Rd SW11 . . . . . . .60 A3
Limeburner La
EC4 . . . . .108 A2
Lime Cl E1 . . . . .125 C2
Lime Ct SW15 . . . . .57 A4
Lime Gr W12 . . . . .39 B4
Limeharbour E14 . . .42 A4
Lime Ho 7 TW9 . . .45 A2
LIMEHOUSE 33 A2
Limehouse Cswy
E14 . . . . .33 B2
Limehouse Ct 5
E14 . . . . .33 C3
Lime House Ct 28
E14 . . . . .33 B3
Limehouse Cut 4
E14 . . . . .34 A4
Limehouse Fields Est
12 E14 . . . . .33 A4
Limehouse Link
(Tunnel) E14 . . . . .33 B2
Limehouse Sta
E14 . . . . .33 A3
Limekiln Wharf 21
E14 . . . . .33 B2
Limerick Cl SW12 . . .73 B4
Limerick Ct 1
SW12 . . . . .73 B4
Limerston St
SW10 . . . . .157 A3
Lime St Pas EC3 . . .124 A4
Limes Ave
Barnes SW13 . . . . .46 B1
Golders Green NW11 . . .1 A4
Limes Ct NW6 . . . . .23 A4
Limes Field Rd
SW14 . . . . .56 A4
Limesford Rd
SE15 . . . . .65 C3
Limes Gdns SW18 . .58 C1
Limes Gr SE13 . . . . .67 B3
Lime St EC3 . . . . .110 A1
Limes The
Camberwell SE5 . . . . .64 A4
Kensington
W2 . . . . .31 C2 113 C3
Limescroft Ave
SW19 . . . . .69 C2
Limetree Cl SW2 . . .74 B3
Lime Tree Ct 3
E3 . . . . .33 C4
Limpsfield Ave
SW19 . . . . .69 C2
Limscott Ho 33 E3 . .27 A2
Linacre Cl SE15 . . . . .65 A4
Linacre Ct W6 . . . . .39 C1
Linacre Rd NW2 . . . . .9 A2
Linale Ho N1 . . . . .87 B1
Linberry Wlk 8
SE8 . . . . .41 B2
Lincoln Ave SW19 . .69 C1
Lincoln Ct N16 . . . . .6 C4
Lincoln Ho
Bloomsbury WC1 . . . .107 A3
9 Dartmouth Pk
NW5 . . . . .4 B1
2 Islington N1 . . . . .15 B1
Knightsbridge SW1 130 C3
Lincoln Mews
NW6 . . . . .23 B4
Lincoln's Inn*
WC2 . . . . .107 A2

Lincoln's Inn Fields
WC2 . . . . .107 A2
Lincoln St SW3 . . . .144 C3
Lindale SW19 . . . . .70 A3
Lindal Rd SE4 . . . . .66 B2
Linden Ave NW10 . . .22 C3
Linden Ct
8 Battersea
SW18 . . . . .59 C3
1 Shepherd's Bush
W12 . . . . .30 B1
Linden Gdns
Chiswick W4 . . . . .37 C1
Notting Hill
W2 . . . . .31 C2 113 C3
Linden Gr SE15 . . . . .65 B4
Linden Ho 10 SE8 . .51 B4
Linden Lodge Sch
SW19 . . . . .70 A3
Linden Mans N6 . . . . .4 A3
Linden Mews
Kensington
W2 . . . . .31 C2 113 C3
Stoke Newington N1 . . . .15 C3
Lindens The W4 . . . . .45 B2
Lindfield Gdns
NW3 . . . . .11 B3
Lindfield Hts NW3 . .11 B3
Lindfield St E14 . . . . .33 C3
Lindisfarne Way
E9 . . . . .18 A4
Lindley Ho
10 Peckham SE15 . . . . . .49 C3
1 Stepney E1 . . . . .32 B4
Lindley Pl TW9 . . . . .44 C2
Lindley St E1 . . . . .32 B4
Lindop Ho 6 E1 . . . . .26 A1
Lindore Rd SW11 . . . . . . .60 B3
Lindo St SE15 . . . . .50 B1
Lindrop St SW6 . . . .166 C2
Lindsay Ct SW11 . . .167 C3
Lindsay Sq SW1 . . . .147 C2
Lindsell St 5
SE10 . . . . .52 B2
Lindsey Ho*
SW10 . . . . .157 C2
Lindsey Mews 16
N1 . . . . .15 B1
Lindsey St EC1 . . . . . .108 A4
Lind St SE8 . . . . .52 A1
Linfield WC1 . . . . .94 C3
Linford Christie
Stadium The
W12 . . . . .30 A4
Linford Ho 17 E2 . . .24 C4
Linford St E8 . . . . .170 C3
Linford Street Bsns
Est SW8 . . . . .170 C4
Lingard Ho 11 E14 . .42 B3
Lingards Rd SE13 . . .67 B3
Lingfield Ho
5 Acton Green
W4 . . . . .37 B1
Lambeth SE1 . . . . .136 B3
Lingham St SW9 . . .172 C1
Ling Rd E16 . . . . .35 C4
Ling's Coppice
SE21 . . . . .75 C2
Lingwell Rd SW17 . .72 A1
Lingwood Rd E5 . . . . .7 C4
Linhope St NW1 . . . .90 C1
Linkenholt Mans 8
W6 . . . . .38 B2
Link St E9 . . . . .17 B3
Links Yd
10 Spitalfields E1 . . . .111 B4

Links Yd continued
Spitalfields E1 . . . . . . .111 A4
Link The W3 . . . . .28 A3
Linkway N4 . . . . .6 B4
Linkwood Wlk
NW1 . . . . .13 C1
Linnell Ho
Spitalfields E1 . . . . . . .111 A4
St John's Wood
NW8 . . . . .78 C4
Linnell Rd SE5 . . . . .49 A1
Linnet Mews
SW12 . . . . .72 C4
Linom Rd SW4 . . . . .62 A3
Linscott Rd E5 . . . . .17 B4
Linsey St
Bermondsey SE16 . . . .153 B4
Bermondsey SE16 . . . .139 C1
Linslade Ho
10 Hackney E2 . . . . .24 C4
Marylebone NW8 . . . .90 B2
Linstead St 11
NW6 . . . . .10 C1
Linstead Way SW18,
SW19 . . . . .70 A4
Lintaine Cl W6 . . . . . .154 B3
Linthorpe Rd N16 . . . .7 A4
Linton Ho
Lower Holloway
N7 . . . . .14 B4
2 Tower Hamlets
E3 . . . . .33 C4
Linton St N1 . . . . .87 A3
Linver Rd SW6 . . . . . .165 B2
Linwood Cl SE5 . . . . .49 B1
Lion Cl SE4 . . . . .66 C1
Lionel Ho 6 W10 . . . .31 A4
Lionel Mans 4
W14 . . . . .39 C3
Lionel Mews 13
W10 . . . . .31 A4
Lionel Road N
TW8 . . . . .36 A2
Lionel Road Prim Sch
TW8 . . . . .36 A1
Lionel Road S
TW8 . . . . .36 B1
Lion Gate Gdns
TW9 . . . . .54 B4
Lion Gate Mews
SW18 . . . . .70 C4
Lion House Sch
SW15 . . . . .57 C3
Lion Mills 38 E2 . . . .24 C3
Lion Yd SW4 . . . . .61 C3
Lipton Rd 9 E1 . . . . .32 C3
Lisburne Rd NW3 . . .12 B4
Lisford St SE15 . . . . .49 B2
Lisgar Terr W14 . . . .140 C4
Liskeard Gdns SE3 . .53 C2
Liskeard Ho SE11 . .149 C2
Lisle Ct NW2 . . . . .1 A1
Lisle St WC2 . . . . . .119 C4
Lismore Cir NW5 . . . . . . .12 C3
Lismore Wlk 4
N1 . . . . .15 B2
Lissenden Gdns
NW5 . . . . .12 C4
Lissenden Mans
NW5 . . . . .12 C4
Lisson Cotts NW1 . .102 B4
Lisson Gr NW1,
NW8 . . . . .90 A2
LISSON GROVE 90 B1
Lisson Ho NW1 . . . .102 A4
Lisson St NW1 . . . . .102 A4

Lister Cl W3 . . . . .28 C4
Lister Ct N16 . . . . .7 A2
Lister Ho
Greenwich SE3 . . . . .53 A4
Marylebone W1 . . . . . .104 A2
Spitalfields E1 . . . . . . .111 C4
Lister Hospl SW1 . . .146 A1
Lister Mews N7 . . . . .14 B4
Liston Rd SW4 . . . . .61 B4
Listowel Cl 2
SW9 . . . . .163 C2
Litchfield Gdns
NW10 . . . . .8 C2
Litchfield St WC2 . .119 C4
Lithos Rd NW3 . . . . .11 B2
Little Albany St
NW1 . . . . .92 B2
Little Argyll St
W1 . . . . .104 C1
Little Boltons The
SW10 . . . . .142 B1
Little Britain EC1 . .108 C3
Littlebury Rd SW4 . .61 C4
Little Chelsea Ho
SW10 . . . . .157 A3
Little Chester St
SW1 . . . . .132 A2
Little Cloisters
SW1 . . . . .134 A2
Little College St
SW1 . . . . .134 A2
Little Combe Cl 13
SW15 . . . . .57 C1
Littlecote Cl SW19 . .70 A4
Little Cottage Pl
SE10 . . . . .52 A3
Little Deans Yd
SW1 . . . . .134 A2
Little Dimocks
SW12 . . . . .73 A2
Little Dorrit Ct
SE1 . . . . .137 A4
Little Edward St
NW1 . . . . .92 B4
Little Essex St
WC2 . . . . .121 B4
Little George St
SW1 . . . . .134 A3
Little Green St
NW5 . . . . .13 A4
Little Marlborough St
W1 . . . . .104 C1
Little Newport St
WC2 . . . . .119 C4
Little New St EC4 . .107 C2
Little Portland St
W1 . . . . .104 C2
Little Russell St
WC1 . . . . .106 A3
Little St James's St
SW1 . . . . .118 C1
Little St Leonards
SW14 . . . . .55 B4
Little Sanctuary
SW1 . . . . .134 A3
Little Smith St
SW1 . . . . .133 C2
Little Somerset St
E1 . . . . .110 C2

Little Titchfield St
W1 . . . . **104** C3
Littleton St SW18 . . **71** B2
Little Trinity La
EC4 . . . . **123** A4
Little Turnstile
WC1 . . . . **106** C3
LITTLE VENICE . . **101** A4
Little Venice *
W9 . . . . **100** C4
Littlewood SE13 . . **67** B1
Livermere Ct 3
E8 . . . . **24** B4
Livermere Rd E8 . . **24** B4
Liverpool Gr SE17 **151** B1
Liverpool Ho N7 . . **14** C2
Liverpool Rd
Islington N1 . . . . . **85** C3
Islington N1, N7 . . . **14** C1
Newham E16 . . . . . **35** A4
Liverpool St EC2 . . **110** B3
Liverpool Street Sta
EC2 . . . . **110** A3
Livesey PI SE15 . . . **49** C4
Livingstone Ho 16
SE5 . . . . **48** B3
Livingstone Lo 13
W9 . . . . **31** C4
Livingstone PI E14 . **42** B1
Livingstone Rd
5 Battersea
SW11 . . . . **59** C4
Mill Meads E15 . . . **27** B4
Livity Sch The
SW2 . . . . **62** A2
Livonia St W1 . . . **105** A1
Lizard St EC1 . . . . **97** A3
Llandovery Ho 1
E14 . . . . **42** B4
Llanelly Rd NW2 . . . . **1** B3
Llanvanor Rd NW2 . . . **1** B2
Llewellyn Ho 16
N19 . . . . **4** B1
Llewellyn St SE16 **139** C3
L'Ile aux Enfants
NW5 . . . . **12** C2
Lloyd Baker St
WC1 . . . . **95** B3
Lloyd Ct
Ladywell SE13 . . . . **67** A2
6 West Norwood
SE27 . . . . **75** A1
Lloyd Ho N16 . . . . . . **6** C4
Lloyd's Ave EC3 . . **110** B1
Lloyd's Bldg *
EC3 . . . . **110** A1
Lloyd's PI SE3 . . . . **53** A1
Lloyd Sq WC1 . . . . **95** B4
Lloyd's Row EC1 . . **96** A3
Lloyd St WC1 . . . . **95** B4
Lloyd Villas SE4 . . **51** C1
Lloyd Williamson Sch
17 W10 . . . . **31** A4
Loampit Hill SE13 . **52** A1
Loampit Vale SE13 . **67** B4
Loanda Ct 17 E8 . . . **24** B4
Loats Rd SW2 . . . . **62** A1
Locarno Rd 6 W3 . . **28** B1
Lochaline St W6 . . . **47** B4
Lochbie 9 N4 . . . . . . **5** A4
Lochinvar St
SW12 . . . . **73** A4
Lochmore Ho
SW1 . . . . **145** C3

Lochnagar St E14 . . **34** B4
Lockbridge Ct 8
W9 . . . . **31** C4
Locke Ho
Nine Elms SW8 . . . **170** C4
Stamford Hill N16 . . . **7** B3
Lockesfield PI E14 . **42** A1
Lockgate Cl E9 . . . . **18** B3
Lockhart Cl N7 . . . . **14** B2
Lockhart St E3 . . . . **26** B1
Lockhurst St E5 . . . **17** C4
Lockington Rd
SW8 . . . . **170** B4
Lockmead Rd
SE13 . . . . **67** B4
Lock Mews 9
NW1 . . . . **13** C2
Lockside 17 E14 . . . **33** A2
Locksley St E14 . . . **33** B4
Lock View Ct 9
E14 . . . . **33** A2
Lockwood Ho 10
SE16 . . . . **40** A3
Lockwood Sq
SE16 . . . . **40** A3
Lockyer Est SE1 . . **137** C3
Lockyer Ho
SE10 . . . . **43** B1
10 Putney SW15 . . . **57** C4
South Lambeth
SW8 . . . . **162** A2
Lockyer St SE1 . . . **137** C3
Locton St E3 . . . . . **26** B4
Loddiges Ho 5 E9 . . **17** B1
Loddiges Rd E9 . . . . **17** B1
Loddon Ho NW8 . . . **89** C1
Loder St SE15 . . . . . **50** B3
Lodge Ave SW14 . . . **56** A4
Lodge Rd NW8 . . . . **90** A3
Lodge The 9 W4 . . . **38** A3
Lodore St E14 . . . . **34** B3
Lodsworth Ho
SW11 . . . . **169** B3
Loftie St SE1 . . . . **139** C3
Lofting Ho 8 N1 . . . **14** C1
Lofting Rd N1 . . . . . **14** C1
Lofts on the Park 24
E9 . . . . **17** C2
Loftus Rd W12 . . . . **30** A1
Loftus Rd (Queens
Park Rangers FC)
W12 . . . . **30** A1
Logan Mews W8 . . **141** B4
Logan PI W8 . . . . . **141** B4
Loggetts SE21 . . . . **76** A2
Lohmann Ho 5
SE11 . . . . **163** B4
Lolesworth Cl E1 . . **111** A3
Lollard St SE11 . . . **149** B3
Lollards Twr SE1 . . **134** C1
Loman St SE1 . . . . **136** B4
Lomas Dr 1 E8 . . . . **16** B1
Lomas St E1 . . . . . **111** C4
Lombard Ct
14 Acton W3 . . . . . . **28** A1
City of London EC3 . **123** C4
Lombard La EC4 . . **107** C1
Lombard Rd
SW11 . . . . **167** B2
Lombard St EC3 . . **109** C1
Lombardy PI W2 . . **114** B3
Lomley Ho 10
SW2 . . . . **62** C1
Lomond Gr SE5 . . . **48** C3

Lomond Ho 10
SE5 . . . . **48** C2
Loncroft Rd SE5 . . . **49** A4
Londesborough Ho 1
N16 . . . . **16** A4
Londesborough Rd
N16 . . . . **16** A4
London Acad for
Higher Education
The E15 . . . . **27** C4
London Acad of
Computing &
Electronics SW17 . **72** B1
London Bridge EC4,
SE1 . . . . **123** C3
London Bridge City
Pier SE1 . . . . . . **124** A2
London Bridge
Experience The
SE1 . . . . **123** C2
London Bridge Hospl
SE1 . . . . **123** C2
London Bridge Sta
SE1 . . . . **123** C1
London Bridge Wlk
SE1 . . . . **123** C2
London Britannia Coll
N1 . . . . **97** B4
London Business Sch
NW1 . . . . **90** C2
London Canal Mus *
N1 . . . . **84** B2
London Central
Mosque * NW8 . . . **90** B3
London Chest Hospl
E2 . . . . **25** B3
London Christian Sch
SE16 . . . . **40** B3
London City Sh Ctr
EC1 . . . . **97** A1
London Clinic (Hospl)
NW1 . . . . **91** C1
London Coll of
Advanced Studies
SE1 . . . . **123** B1
London Coll of Beauty
Therapy W1 . . . . **105** A1
London Coll of Bsns &
Computer Studies 12
SW4 . . . . **61** C3
London Coll of
Communication (Sch
of Printing &
Publishing) SE1 . **136** B1
London Coll of
Economics &
Science NW10 . . . . **20** B1
London Coll of
Fashion (Curtain Rd)
EC2 . . . . . . **24** A1 **98** B2
London Coll of
Fashion (Golden La)
EC1 . . . . **96** C1
London Coll of
Fashion (John
Prince's St) W1 . . **104** A1
London Coll of
Fashion (Lime
Grove) 18 W6 . . . . **39** B4
London Coll of
Fashion (Mare St)
E8 . . . . **17** B1

London Coll of
International
Business Studies
WC1 . . . . **106** B3
London Ct 3
SW18 . . . . **58** C2
London Dungeon
The * SE1 . . . . . **123** C2
London Electronics
Coll SW5 . . . . . . **142** A2
London Eye
(Millennium
Wheel) * SE1 . . . **134** C4
London Fields East
Side E8 . . . . **17** A1
London Fields Prim
Sch 15 E8 . . . . . . **25** A4
London Fields Sta
E8 . . . . **25** A4
London Fields West
Side E8 . . . . **16** C1
London Fire Brigade
Mus * SE1 . . . . . **136** C3
London Glassblowing
Workshop SE1 . . . **138** A3
London Ho 13 NW8 . . **80** B2
London Ho TW9 . . . **54** B4
London Ho NW8 . . . **80** B2
London Hospital
Dental Inst 5 E1 . . **32** A4
London Independent
Hospl The E1 . . . . **32** C4
London International
Film Sch WC2 . . . **106** A1
London Irish Rifles
Mus * SW9 . . . . . **48** B2
London La E8 . . . . . **17** A1
London Meridian Coll
2 N7 . . . . **5** B1
London Metrocity Coll
21 E3 . . . . **26** C2
London Metropolitan
Univ
Islington N1 . . . . . **15** A2
Whitechapel E1 . . . **110** C1
London Metropolitan
Univ (Central Ho) 44
E1 . . . . **111** B2
London Metropolitan
Univ (Commercial
Rd) 22 E1 . . . . . **111** C2
London Metropolitan
Univ (Ladbrook Ho)
6 N5 . . . . **15** A3
London Metropolitan
Univ (Moorgate)
EC2 . . . . **109** C3
London Metropolitan
Univ (Tower Hill)
EC3 . . . . **124** C4
London Metropolitan
Univ (Spring Ho) 1
N7 . . . . **14** C2
London Mews W2 . **101** C2
London Nautical Sch
SE1 . . . . **121** C2
London Oratory Sch
The SW6 . . . . . . **155** C2
London Oratory The *
SW7 . . . . **130** A1
London Rd SE1 . . . **136** B2
London Sch of
Economics &
Political Science
WC2 . . . . **107** A1

London South Bank
Univ SE1 . . . . . . **136** C2
London St
City of London
EC3 . . . . **124** B4
Paddington W2 . . . **101** B1
London Stile 5
W4 . . . . **36** C1
London Stock
Exchange * EC2 . . **108** C2
London Terr 1 E2 . . **24** C3
London Transport
Mus * WC2 . . . . . **120** B4
London Trocadero *
W1 . . . . **119** C3
London Wall EC2 . . **109** C3
London Wall Bldgs
EC2 . . . . **109** C3
London Wetland Ctr *
SW13 . . . . **47** A3
London Wetland
Visitor Ctr *
SW13 . . . . **47** A2
London Wharf 4
E2 . . . . **25** A4
London Zoo *
NW1 . . . . **81** B2
Long Acre WC2 . . . **106** B1
Longbeach Rd
SW11 . . . . **60** B4
Longberrys NW2 . . . . **1** B1
Longbridge Way
SE13 . . . . **67** B2
Longcliffe Ho
SW18 . . . . **59** A2
Long Dr W3 . . . . . . **29** A3
Longfellow Way
SE1 . . . . **153** A3
Longfield Dr
SW14 . . . . **55** A2
Longfield Est SE1 . **153** A3
Longfield St SW18 . **70** C4
Longford Ct
1 Bedford Pk
W12 . . . . **38** B4
2 Clapton Pk E5 . . **17** C4
Longford Ho 7
E1 . . . . **32** B3
Longford St NW1 . . **92** B2
Longford Wlk 9
SW2 . . . . **74** C4
Longhope Cl SE15 . . **49** B4
Longhurst Ho 6
W9 . . . . **23** B2
Long La
Bermondsey SE1 . . **137** C3
Holborn EC1 . . . . **108** B4
Longland Ct
Bermondsey SE1 . . **137** C2
Hackney E9 . . . . . . **18** A3
Longlands Ct
W11 . . . . **31** B2 113 A4
Longleat Ho SW1 . . **147** B2
Longleigh Ho 8
SE5 . . . . **49** A2
Longlents Ho 3
NW10 . . . . **20** C4
Longley Ho 5
N19 . . . . **13** B4
Longley St SE1 . . . **153** B4
Longman Ho
9 Globe Town E2 . . **25** C3
10 Shoreditch E8 . . **24** B4
Long Meadow 20
N7 . . . . **13** C3

Longmoor Point **14**
SW15 . . . . .69 A3
Longmore St
SW1 . . . . **146** C3
Longnor Rd **11** 25 C2
Long Pond Rd SE3. .53 A2
Long Rd SW4 . . . . .61 B3
Longridge Ho
SE1 . . . . **137** A1
Longridge Rd
SW5 . . . . **141** C3
Longs Ct **2** TW9 . . . .54 B3
Long's Ct W1 . . . . . . **119** C3
Longshore SE8 . . . . . .41 B2
Long St **2** . .24 B2 **98** C4
Longstaff Cres
SW18 . . . . .70 C4
Longstaff Rd
SW18 . . . . .58 C1
Longstone Ave
NW10 . . . . .21 A4
Longthorne Ho **18**
E3 . . . . .26 B2
Longthorpe Ct **9**
W6 . . . . .38 C2
Longville Rd SE11 **150** B4
Long Wlk SE1 . . . . . **138** B2
Longwood Dr
SW15 . . . . .56 C1
Long Yd WC1 . . . . . . .94 C1
Lonsdale Ho
Fulham SW6. . . . . . . .58 C4
6 Stoke Newington
N4. . . . . .6 B4
Lonsdale Mews
Notting Hill W11. . . . .31 B3
4 Richmond TW9 . . . .44 C2
Lonsdale Pl N1 . . . . . .14 C1
Lonsdale Rd
Barnes SW13 . . . . . . .46 B3
Chiswick W4 . . . . .38 B2
Kilburn NW6 . . . . .23 B4
Notting Hill W11. . . . .31 B3
Lonsdale Sq
Islington N1 . . . . .14 C1
Islington N1 . . . . .85 C4
Lopez Ho **3** SW9 . .62 A4
Loraine Rd
Chiswick W4 . . . . .45 A4
Islington N7 . . . . .14 B4
Lord David Pitt Ho **6**
SE24 . . . . .62 C3
Lorden Wlk **13**
E2 . . . . .24 C2 **99** B3
Lord Hills Rd W2 **100** B4
Lord Holland La **5**
SW9 . . . . **173** C2
Lord Napier Pl
W6 . . . . .38 C1
Lord North St
SW1 . . . . **134** A1
Lord Roberts Mews
SW6 . . . . **156** A1
Lords Cl SE21 . . . . . . .75 B2
Lord's Cricket Mus*
NW8 . . . . **89** C3
Lordship Gr N16. . . . . .6 C2
Lordship Ho **3** N16 . .6 C2
Lordship La SE22 . . .64 B1
Lordship Park Mews
N16. . . . . .6 B2
Lordship Pk N16. . . . . .6 C2
Lordship Pl SW3. . **158** A3
Lordship Rd N16 . . . . .6 C2
Lordship Terr N16 . . . .6 C2

Lord's Indoor Cricket
Sch NW8 . . . . **90** A4
Lord's (MCC &
Middlesex Cty
Cricket Ground)*
NW8 . . . . **89** C4
Lord's View NW8 . . **89** C3
Loreburn Ho **2**
N7 . . . . .14 B4
Lorenzo St N1,
WC1 . . . . .94 C4
Loris Rd W6 . . . . .39 B3
Lorn Ct SW9 . . . . . **173** B2
Lorne Cl NW8 . . . . . **90** B3
Lorne Ct SW15 . . . . . .57 C1
Lorne Gdns
W11 . . . . .39 C4
Lorne Ho
Hornsey N4. . . . . .5 B4
7 Tower Hamlets
E1 . . . . .33 A4
Lorne Rd
Finsbury Pk N4. . . . . . .5 B3
3 Richmond TW10 . .54 B2
Lorn Rd SW9 . . . . . **173** B2
Lorraine Ct **3**
NW1 . . . . .13 A1
Lorrimore Rd
SE17 . . . . .48 A4
Lorrimore Sq
SE17 . . . . .48 A4
Lorton Ho **9** NW6. .23 C4
Lostock Ho **10**
SW8 . . . . **171** B2
Lothair Rd **5** N4 . . . . .6 A4
Lothbury EC2. . . . . **109** B2
Lothian Rd SW9 . . . .48 A2
Lothrop St W10. . . . . .23 A2
Lots Rd SW10 . . . . **157** A1
Loudoun Rd NW8. . **79** A3
Loughborough Ct **1**
SW9 . . . . .63 A4
Loughborough
Junction Sta
SW9 . . . . .63 A4
Loughborough Pk
SW9 . . . . .63 A3
Loughborough Prim
Sch SW9 . . . . .48 A1
Loughborough Rd SE5,
SW9 . . . . .48 A1
Loughborough St
SE11 . . . . **149** A1
Lough Rd N7 . . . . .14 B2
Louisa Cl E9 . . . . .25 C4
Louisa Gdns E1. . . . . .25 C1
Louisa Ho SW15 . . . . .56 B3
Louisa St E1 . . . . .25 C1
Louise Bennett Cl **9**
SE24 . . . . .63 A3
Louise De Marillac Ho
25 E1 . . . . .32 B4
Louise White Ho **1**
N19. . . . . .4 C3
Louisville Rd
SW17 . . . . .72 C1
Louvaine Rd SW11. .59 C3
Lovat La EC3 . . . . . **124** A3
Lovatt Ct SW12. . . . . .73 A3
Loveday Ho **3**
SW2 . . . . .74 C3
Lovegrove St SE1 . . .49 C4
Lovegrove Wlk
E14 . . . . .34 B1
Love La EC2 . . . . . . **109** A2
Lovelace Rd **12** SE8. .24 B4

Lovelace Rd SE21. . . .75 B3
Lovelinch Cl SE15 . . .50 B4
Lovell Ho E8 . . . . .24 C4
Lovell Pl SE16 . . . . . . .41 A3
Loveridge Mews
NW6 . . . . .10 B2
Loveridge Rd NW6. .10 B2
Lover's Wlk W1 . . . **117** B1
Lovette Ho **4** E3. . . .26 C2
Lovetts Pl SW18 . . . . .59 A3
Love Wlk SE5 . . . . . . .48 C1
Low Cross Wood La
SE21 . . . . .76 B1
Lowder Ho SE24. . . . .63 B3
Lowder Ho **6** E1 . . . .32 A1
Lowe Ave E16 . . . . . . .35 C4
Lowell Ho **10** SE5. . .48 B3
Lowell St E14 . . . . . . .33 A3
LOWER
HOLLOWAY 14 A3
Lower Clapton Rd
E5. . . . . .17 B4
Lower Clarendon Wlk
9 W11 . . . . .31 A3
Lower Comm S
SW15 . . . . .57 A4
Lower Grosvenor Pl
SW1 . . . . **132** B2
Lower Grove Rd
TW10 . . . . .54 B2
LOWER
HOLLOWAY 14 A3
Lower James St
W1 . . . . **119** A4
Lower John St
W1 . . . . **119** A4
Lower Lea Crossing
E14, E16 . . . . .35 A2
Lower Mall **4** W6. . .39 A1
Lower Marsh SE1. . **135** B3
Lower Merton Rise
NW3 . . . . .12 A1
Lower Mortlake Rd
TW9 . . . . .54 B4
Lower Pk
Acton W3 . . . . .20 B1
5 Putney SW15 . . . .57 C2
LOWER PLACE. . . .20 B3
Lower Place Bsns Ctr
NW10 . . . . .20 B3
Lower Rd SE16 . . . . . .40 B4
Lower Richmond Rd
Mortlake SW14,
TW9 . . . . .55 A4
Putney SW15 . . . . . . .57 B4
Lower Robert St
WC2 . . . . **120** B3
Lower Sloane St
SW1 . . . . **145** B2
Lower Terr NW3 . . . . . .2 B1
Lower Thames St
EC3 . . . . **124** A3
Lowerwood Ct
W11 . . . . .31 A3
Loweswater Ho
E3 . . . . .26 B2
Lowfield Rd
Dagenham W3 . . . . . .28 B3
Hampstead NW6 . . . .10 C1
Lowlands NW3 . . . . . .12 A2
Lowman Rd N7 . . . . . .14 B4
Lownes Cl SW1 . . . **131** C1

Lowndes Ct
Knightsbridge
SW1 . . . . **131** A2
Marylebone W1 . . . **104** C1
Lowndes Lo SW1. . **131** A2
Lowndes Pl SW1 . . **131** B1
Lowndes Sq SW1 . **131** A3
Lowndes St SW1 . . **131** B2
Lowood Ho **12** E1. . .32 B2
Lowood St E1 . . . . . . .32 A2
Lowry Ct **3** SE16. . .40 A1
Lowther Ho
Pimlico SW1 . . . . . **147** A1
11 Shoreditch E8 . . . .24 B4
Lowther Prim Sch
SW13 . . . . .46 C4
Lowther Rd
Barnes SW13 . . . . . . .46 B2
Islington N7 . . . . .14 C3
Lowth Rd SE5 . . . . . . .48 B1
Loxford Ho SW1 . . **145** C3
Loxham St WC1. . . . .94 B3
Loxley Rd SW18 . . . . .71 C3
LTC Coll London
W1 . . . . **104** C2
Lubavitch Boys Prim
Sch **5** E5 . . . . .7 C3
Lubavitch Girls Prim
Sch E5 . . . . .7 C3
Lubavitch House Sch
(Jun Boys) **8** E5. . . . .7 C4
Lubbock Ho **21**
E14 . . . . .34 A2
Lubbock St SE14 . . . .50 B3
Lucan Ho N1 . . . . . **87** C3
Lucan Pl SW3 . . . . **144** B3
Lucas Ct SW11 . . . **169** C3
Lucas Ho
2 Clapham SW8. . **171** A2
Walham Green
SW10 . . . . **156** B2
Lucas St SE4, SE8 . . .51 C2
Lucas Vale Prim Sch
SE8 . . . . .51 C2
Lucerne Mews
W8 . . . . 31 C1 **113** C2
Lucerne Rd N5 . . . . . .15 A4
Lucey Rd SE16 . . . . **139** B2
Lucey Way SE16 . . **153** C4
Lucien Rd SW18 . . . . .71 A2
Lucraft Ho **12** SW2 .74 A4
Lucy Ashe Ho
SE17 . . . . **150** B3
Lucy Brown Ho
SE1 . . . . **123** A1
Lucy Cres **3** W3 . . . .20 B1
Ludgate Broadway
EC4 . . . . **108** B1
Ludgate Cir EC4 . . **108** A1
Ludgate Hill EC4 . **108** A1
Ludgate Sq EC4. . . **108** B1
Ludham NW5 . . . . . . .12 B3
Ludlow Ct W3 . . . . . . .37 B4
Ludlow St EC1. . . . . .96 C2
Ludovick Wlk
SW15 . . . . .56 A3
Ludwell Ho W14. . **126** B2
Ludwick Mews
SE14 . . . . .51 A3
Lugard Ho **2** W12 . .30 A1
Lugard Rd SE15 . . . . .50 A2
Luke Ho **10** E1 . . . . .32 A3
Luke St EC2 . .24 A1 **98** A2
Lukin St E1 . . . . .32 B3

Lullingstone Ho **21**
SE1 . . . . .50 B4
Lullingstone La
SE13 . . . . .67 C1
Lulot Gdns N19. . . . . . .4 A2
Lulworth
Camden Town
NW1 . . . . .13 C1
Walworth SE17. . . . **151** B2
Lulworth Ho SW8 **162** C1
Lulworth Rd SE15 . . .50 A1
Lumiere Ct **7**
SW17 . . . . .72 C2
Lumina Bldg **1**
E14 . . . . .34 B1
Lumley Ct WC2 . . **120** B3
Lumley Flats SW1 **145** B2
Lumley St W1 . . . . **103** C1
Lumsden Ho
Lunan Ho **10** E3 . . . .26 B3
Lund Point E15. . . . . .27 B4
Luntley Pl E1 . . . . . **111** B3
Lupin Cl SW2. . . . . . . .75 A2
Lupino Ct SE11 . . . **149** A4
Lupin Point SE1 . . **139** A3
Lupton St NW5 . . . . . .13 B4
Lupus St SW1 . . . . **147** A1
Luralda Gdns E14. . . .42 C1
Lurgan Ave W6 . . . . . .47 C4
Lurline Gdns
SW11 . . . . **169** C4
Luscombe Ho
SW18 . . . . .58 B2
Luscombe Way
SW8 . . . . **162** A2
Lusher Ho SW15 . . . . .57 C1
Lushington Rd
NW10 . . . . .22 A3
Lushington Terr **11**
E8. . . . . .16 C3
Luton Pl SE10 . . . . . . .52 B3
Luton St NW8 . . . . **89** C1
Luttrell Ave SW15 . . .57 A2
Lutyens Ho SW1. . **146** C1
Luxborough Ho
W1 . . . . **103** B4
Luxborough St
W1 . . . . **103** B4
Luxborough Twr
W1 . . . . **103** B4
Luxemburg Gdns
W6 . . . . .39 C2
Luxford St SE16 . . . . .40 C2
Luxmore St SE4 . . . . .51 B2
Luxor St SE5 . . . . .48 B1
Lyall Mews SW1 . . **131** B1
Lyall Mews W
SW1 . . . . **131** B1
Lyall St SW1 . . . . . **131** B1
Lyal Rd E3 . . . . .26 A3
Lycett Ho **6** SW2 . . .74 A4
Lycett Pl **3** W12 . . .38 C4
Lygon Gr SE22 . . . . . .64 B2
Lydden Gr SW18 . . . .71 A4
Lydden Rd SW18 . . . .71 A4
Lydford NW1 . . . . . **83** A3
Lydford Cl **2** N16 . .16 A3
Lydford Rd
Brondesbury NW2 . . . .9 C2
Paddington W9 . . . . . .23 B1
Lydgate Ho **8**
N16. . . . . .16 A3
Lydhurst Ave SW2 . . .74 B2

Lydney Cl
Camberwell SE15 . . . . 49 A3
Putney SW19 . . . . 70 A2
Lygon Rd SW4 . . . . . . 61 B4
Lydwell Ho 29
SW8 . . . . 171 B1
Lyford Rd SW18 . . . . 72 A3
Lygoe Ho 18 N6 . . . . 4 C4
Lygon Ho 2
E2 . . . . 24 C2 99 B4
Lygon Pl SW1 . . . . . 132 A1
Lyham Cl SW2 . . . . . . 62 A1
Lyham Rd SW2 . . . . . 62 A1
Lyle Pk SW15 . . . . . . 57 C1
Lyly Ho SE1 . . . . 137 C1
Lyme Gr E9 . . . . 17 B1
Lyme Grove Ho 2
E9 . . . . 17 B1
Lyme St NW1 . . . . . . 82 C4
Lyminge Gdns SW17,
SW18 . . . . 72 A3
Lymington Mans
NW6 . . . . 11 A2
Lymington Rd
NW6 . . . . 11 A2
Lympstone Gdns
SE15 . . . . 49 C3
Lynbrook Gr SE15 . . . 49 A3
Lynch Wlk 7 SE8 . . . 51 B4
Lyncott Cres SW4 . . . 61 A3
Lyncourt SE3 . . . . . . 52 C1
Lyncroft Gdns
NW6 . . . . 10 C3
Lyncroft Mans 4
NW6 . . . . 10 C3
Lyndale NW2 . . . . 1 B1
Lyndale Ave NW2 . . . . 1 B1
Lyndale Cl SE3 . . . . . 53 B4
Lynde Ho 4 SW4 . . . 61 C4
Lynden Gate SW15 . . . 69 A4
Lyndhurst Gdns
NW2 . . . . 11 C3
Lyndhurst Gr SE5,
SE15 . . . . 49 B1
Lyndhurst Ho 2
SW15 . . . . 68 C4
Lyndhurst House Prep
Sch NW3 . . . . 11 C3
Lyndhurst Lo 8
E14 . . . . 42 C2
Lyndhurst Rd NW3 . . 11 C3
Lyndhurst Sch
SE5 . . . . 48 C1
Lyndhurst Sq SE15 . . 49 B2
Lyndhurst Terr
NW3 . . . . 11 C3
Lyndhurst Way
SE15 . . . . 49 B1
Lyneham Wlk E5 . . . . 18 A3
Lynette Ave SW4 . . . . 61 A1
Lynford French Ho
SE17 . . . . 150 C2
Lyngham Ct 10 N4 . . 6 B4
Lyn Mews 12 E3 . . . . 26 B2
Lynmouth Rd N16 . . . 7 B3
Lynne Ct NW6 . . . . . . 11 A1
Lynnett Ct E9 . . . . . . 18 A2
Lynscale Ct SW15 . . . 49 C4
Lynn Rd SW12 . . . . . . 73 A4
Lynton Cl NW10 . . . . . 8 A3
Lynton Ct 2 W3 . . . . 28 B3
Lynton Est SE1 . . . . . 153 B3
Lynton Ho 14 W2 . . . 100 B1

Lynton Lo N5 . . . . . . 15 A3
Lynton Mans SE1 . . . 135 B2
Lynton Rd
Acton W3 . . . . 28 A2
Bermondsey SE1 . . . 153 A3
Paddington NW6 . . . . 23 B3
Lynton Terr 4 W3 . . . 28 B3
Lynx Terr SW19 . . . . 70 C1
Lyon Ho NW8 . . . . . . 90 A1
Lyons Pl NW8 . . . . . . 89 B1
Lyon St N1 . . . . 14 B1
Lyons Wlk W14 . . . . . 140 A4
Lyric Rd SW13 . . . . . . 46 B2
Lysander Gr N19 . . . . 4 C3
Lysander Ho 10
E2 . . . . 25 A3
Lysander Mews
N19 . . . . 4 B3
Lysia Ct SW6 . . . . . . 47 C3
Lysias Rd SW12 . . . . 61 A1
Lysia St SW6 . . . . . . 47 C3
Lysons Wlk SW15 . . . 56 C2
Lytham St SE17 . . . . 151 B1
Lyttelton Cl NW3 . . . 12 A1
Lytten Ct 6 W12 . . . 38 C4
Lyttleton Ho 10 E9 . . 17 B1
Lytton Gr WC1 . . . . . 106 B3
Lytton Gr SW15 . . . . 58 A1

M

Mabel Thornton Ho 12
N16 . . . . 15 C4
Mabledon Pl NW1,
WC1 . . . . 93 C3
Mablethorpe Rd
SW6 . . . . 154 A1
Mabley St E9 . . . . . . 18 A3
MacArthur Ho 4
SW2 . . . . 74 A4
Macartney Ho
SE10 . . . . 52 C3
Macaulay CE Prim
Sch SW4 . . . . 61 A3
Macaulay Ct SW4 . . . 61 A4
Macaulay Ho
2 Kensal Town
W10 . . . . 31 A4
10 Stoke Newington
N16 . . . . 7 A1
Macaulay Rd SW4 . . . 61 A4
Macaulay Sq SW4 . . . 61 A3
McAuley Ct SE1 . . . . 135 B2
Macauley Mews
SE13 . . . . 52 B1
McAusland Ho 5
E3 . . . . 26 B3
Macbeth Ho 4
N1 . . . . 24 A3
Macbeth St W6 . . . . . 39 A1
McBride Ho 6 E3 . . . 26 B3
McCall Cl SW4 . . . . . 172 A2
McCall Ho N7 . . . . . . 14 A4
McCarthy Ct
SW11 . . . . 168 B3
Macclesfield Rd
EC1 . . . . 96 C4
Macclesfield St
W1 . . . . 119 C4
McCoid Way SE1 . . . 136 C3
Mcconnell Ho
SW8 . . . . 171 B3
McCormick Ho 9
SW2 . . . . 74 C3

McCrone Mews 3
NW3 . . . . 11 C2
McCullum Rd E3 . . . . 26 B4
McDermott Cl
SW11 . . . . 60 A4
McDermott Rd
SE15 . . . . 64 C4
Macdonald Ho 7
SW11 . . . . 169 B2
Macdonald Rd N19 . . 4 B2
McDougall Ct
TW9 . . . . 44 C1
Mcdougall Ho
E2 . . . . 24 C2 99 B3
McDowall Cl E16 . . . 35 B4
McDowall Rd SE5 . . . 48 B2
Macduff Rd SW11 . . . 169 C4
Mace Cl E1 . . . . 32 A1
Mace St E2 . . . . 25 C3
McEwan Way E15 . . . 27 C4
Macey Ho
Battersea SW11 . . . . 168 A3
18 Greenwich SE10 . . 52 B4
Macfarlane Rd
W12 . . . . 30 B1
Macfarren Ho 7
W10 . . . . 23 A2
McFarren Pl NW1 . . . 91 C1
McGlashon Ho 15
E1 . . . . 24 C1 99 B1
McGregor Ct 8
N1 . . . . 24 A2 98 B4
McGregor Ho 2
SW12 . . . . 73 C3
McGregor Rd W11 . . . 31 B4
Machell Rd SE15 . . . . 65 B4
McIndoe Ct N1 . . . . . 87 B4
McIntosh Ho 14
SE16 . . . . 40 B2
McIntyre Ct 19
SW4 . . . . 172 B2
Mackay Ho 33
W12 . . . . 30 A2
Mackay Rd SW4 . . . . 61 A4
McKenna Ho
E3 . . . . 26 B3
Mackennal St NW8 . . 80 B2
Mackenzie Cl 7
W12 . . . . 30 A2
Mackenzie Rd N7 . . . 14 B2
Mackenzie Wlk
E14 . . . . 33 C1
McKerrell Rd SE15 . . 49 C2
Mauglen Rd
NW3 . . . . 12 C2
Mackie Ho 5
SW2 . . . . 74 C4
Mackie Rd SW2 . . . . 74 C4
McKiernan Ct 2
SW11 . . . . 168 A2
McKinnon Wood Ho
16 E2 . . . . 24 C2 99 C3
Mackintosh La E9 . . . 17 C3
Macklin St WC2 . . . . 106 B2
Mackonochie Ho
EC1 . . . . 107 B4
Mackrow Wlk 11
E14 . . . . 34 B2
Macks Rd SE16 . . . . 153 C4
Mackworth Ho
NW1 . . . . 92 C4
Mackworth St
NW1 . . . . 92 C4
Mac Laren Mews
SW15 . . . . 57 B3
Maclean Rd SE23 . . . 66 A1

Mcleod Ct SE21 . . . . 76 C3
McLeod's Mews
SW7 . . . . 142 B4
Macleod St SE17 . . . 151 A1
Maclise Rd W14 . . . . 126 A1
McManus Ho 2
SW11 . . . . 59 C4
Macmillan Ho
Cricklewood NW4 . . . 9 A4
Lisson Gr NW8 . . . . 90 B3
McMillan St SE8 . . . . 51 C4
Mcmorran Ho 4
N7 . . . . 14 A4
Macnamara Ho
SW10 . . . . 157 B2
Mcneil Rd SE5 . . . . . 49 A1
McNicol Dr NW10 . . . 20 B3
Maconochies Rd 1
E14 . . . . 42 A1
Macquarie Way
E14 . . . . 42 A2
Macready Ho W1 . . . . 102 B3
Macready Pl 2
N7 . . . . 14 A4
Macroom Ho W9 . . . . 23 B2
Macroom Rd W9 . . . . 23 B2
Mac's Pl EC4 . . . . . . 107 C2
Madame Tussaud's★
NW1 . . . . 91 B1
Madani Girls Sch 38
E1 . . . . 32 A3
Maddams St E3 . . . . 27 A1
Maddocks Ho 3
E1 . . . . 32 A2
Maddock Way
SE17 . . . . 48 A4
Maddox St W1 . . . . . 118 B4
Madinah Rd
7 Dalston E8 . . . . . . 16 C3
London E8 . . . . 16 C3
Madison Ho E3 . . . . . 27 B2
Madras Pl N7 . . . . . . 14 C2
Madrid Rd SW13 . . . . 46 C2
Madron St SE17 . . . . 152 B2
Mafeking Ave
TW8 . . . . 44 A4
Magdala Ave N19 . . . 4 B2
Magdalene Cl 7
SE15 . . . . 50 A1
Magdalene Ho 7
SW15 . . . . 57 C1
Magdalen Pas 5 E1 . . 125 A4
Magee St SE11 . . . . 163 B4
Magellan Ho 18
E1 . . . . 25 C1
Magellan Pl 28
E14 . . . . 41 C2
Magnin Cl 5 E8 . . . . 24 C4
Magnolia Ho
Richmond TW9 . . . . . 45 A2
Wandsworth SW11 . . 60 B1
Magnolia Ho 8
SE8 . . . . 51 B4
Magnolia Pl SW4 . . . 62 A2
Magnolia Rd W4 . . . . 45 A4
Magnolia Wharf
W4 . . . . 45 A4
Magpie Ho 7 E3 . . . . 26 B4
Magpie Pl SE14 . . . . 51 A4
Magri Wlk 22 E1 . . . 32 B4
Maguire St SE1 . . . . 139 A4

Mahatma Gandhi Ind
Est 1 SE24 . . . . 63 A3
Mahogany Cl SE16 . . 33 A1
Mahoney Ho SE14 . . . 51 B2
Maida Ave W2 . . . . . . 88 E1
MAIDA VALE 88 A4
Maida Vale W9 . . . . . 88 C3
Maida Vale Sta
W9 . . . . 88 C3
Maiden La
Borough The SE1 . . . 123 A2
Camden Town NW1 . . 13 C1
Strand WC2 . . . . . . 120 B4
Maidenstone Hill
SE10 . . . . 52 B2
Maidstone Bldgs
SE1 . . . . 123 B1
Maidstone Ho 4
E14 . . . . 34 A3
Mail Coach Yd 23
E2 . . . . 24 A2 98 B4
Main Yd E9 . . . . 18 C2
Maismore St SE15 . . 49 C4
Maitland Cl 3
SE10 . . . . 52 A3
Maitland Ct W2 . . . . 115 B4
Maitland Ho
Chelsea SW1 . . . . . . 160 C4
10 South Hackney
E2 . . . . 25 B3
MAITLAND PARK . . 12 B2
Maitland Park Rd
NW3 . . . . 12 B2
Maitland Park Villas
NW3 . . . . 12 B2
Maitland Pl E5 . . . . . 17 A4
Majestic Ct N4 . . . . . 6 A3
Major Cl SW9 . . . . . . 63 A4
Marjorie Mews 6
E1 . . . . 32 C3
Major Rd E15 . . . . . . 19 C3
Makepeace Ave N6 . . 3 C2
Makepeace Mans
N6 . . . . 3 C2
Makins St SW3 . . . . 144 B3
Malabar Ct 20
W12 . . . . 30 A2
Malabar St E14 . . . . 41 C4
Malam Ct SE11 . . . . 149 B3
Malam Gdns 4
E14 . . . . 34 A2
Malay Ho 2 E1 . . . . 32 B1
Malbrook Rd
SW15 . . . . 57 A3
Malcolm Ho 13 N1 . . 24 A3
Malcolm Pl E2 . . . . . 25 B1
Malcolm Rd E1 . . . . . 25 B1
Malcolmson Ho
SW1 . . . . 147 C1
Malden Cres NW1 . . . 12 C2
Malden Pl NW5 . . . . . 12 C3
Malden Rd NW5 . . . . 12 C2
Maldon Cl
Camberwell SE5 . . . . 64 A4
Shoreditch N1 . . . . . 87 A4
Stratford New Town
E15 . . . . 19 C3
Maldon Rd W3 . . . . . 28 B2
Malet Pl WC1 . . . . . 93 B1
Malet St WC1 . . . . . 105 C4
Maley Ave SE27 . . . . 75 A2
Malfort Rd SE5 . . . . 64 A4
Malins Ct SW12 . . . . 60 C1
Mallams Mews 1
SW9 . . . . 63 A4

Mallard Cl
1 Hackney E9 . . . . 18 B2
Kilburn NW6 . . . . .23 C4
Mallard Ho
8 Camberwell
SE15 . . . . .49 B2
St John's Wood
NW8 . . . . 80 A1
Mallard Point **6**
E3 . . . . .26 C2
Mallet Ho **11**
SW15 . . . . .56 C2
Mallet Rd SE13 . . . . . .67 C1
Mall Galleries★
SW1 . . . . 119 C2
Malling SE13 . . . . .67 A2
Mallinson Rd
SW11 . . . . .60 B2
Mallinson Sp Ctr
N6 . . . . .3 B4
Mallon Gdns E1 . . 111 A3
Mallord St SW3 . . . . .157 C4
Mallory Bldgs EC1 . 96 A1
Mallory Cl SE4 . . . . . .66 A3
Mallory Ho NW8 . . . . 90 B2
Mallow Ct SE13 . . . . . .52 B1
Mallow St EC1 . . . . . . .97 B2
Mall Rd W6 . . . . .39 A1
Mall Studios **9**
NW3 . . . . .12 B3
Mall The
Mortlake SW14 . . . . . .55 B2
St James SW1 . . . . . . 119 B1
Malmesbury **30** E2 . .25 B3
Malmesbury Prim Sch
23 E2 . . . . .26 B2
Malmesbury Rd
Bow E3 . . . . .26 B3
Newham E16 . . . . .35 A4
Malmesbury Terr
E16 . . . . .35 B4
Malmsey Ho SE11 149 A2
Malmsmead Ho
E9 . . . . .18 A3
Malorees Jun & Inf
Schs NW6 . . . . .9 C1
Malpas Rd
Hackney E8 . . . . .17 A2
New Cross SE4 . . . . . . .51 B1
Malta St EC1 . . . . . . 96 B2
Maltby St SE1 . . . . . 138 C2
Malthouse Dr W4 . . .46 B4
Malthouse Pas
SW13 . . . . .46 A1
Malting Ho E14 . . . . . .33 B2
Maltings W4 . . . . .36 C1
Maltings Cl SW13 . . . .46 A1
Maltings Lo W4 . . . . . .46 A3
Maltings Pl
Bermondsey SE1 . . 138 B4
Parsons Green
SW6 . . . . 166 B3
Malt Mill SE1 . . . . . 124 C1
Malton Mews **1**
W10 . . . . .31 A3
Malton Rd W10 . . . . . .31 A3
Maltravers St
WC2 . . . . 121 B4
Malt St SE1 . . . . .49 C4
Malva Cl SW18 . . . . . .59 A2
Malvern Cl W10 . . . . . .31 B4
Malvern Ct
15 Shepherd's Bush
W12 . . . . .38 C4
South Kensington
SW7 . . . . 143 C4

Malvern Gdns NW2 . .1 A2
Malvern Ho
London N16 . . . . .7 B3
SE17 . . . . 151 A1
Malvern Mews
NW6 . . . . .23 C2
Malvern Pl NW6 . . . . .23 B2
Malvern Rd
Dalston E8 . . . . .16 C1
Maida Vale NW6 . . . . .23 C2
Upper Holloway N19 . .4 C3
Malvern Terr N1 . . . . .85 B4
Malwood Rd
SW12 . . . . .61 A1
Malyons SE13 . . . . . . .67 A2
Malyons Terr SE13 . .67 A2
Managers St **8**
E14 . . . . .34 B1
Manaton Cl SE15 . . . .65 A4
Manbre Rd W6 . . . . . .47 B4
Manchester Dr
W10 . . . . .23 A1
Manchester Gr
E14 . . . . .42 B1
Manchester Ho
SE17 . . . . 151 A2
Manchester Mans
N19 . . . . .4 C4
Manchester Mews
W1 . . . . 103 C3
Manchester Rd
E14 . . . . .42 B3
Manchester Sq
W1 . . . . 103 C2
Manchester St
W1 . . . . 103 B3
Manchuria Rd
SW11 . . . . .60 C1
Manciple St SE1 . . . 137 C2
Mandalay Ho **6**
N16 . . . . .15 C4
Mandalay Rd SW4 . .61 B2
Mandarin Ct **6**
SE8 . . . . .51 C4
Mandela **30**
W12 . . . . .30 A2
Mandela Ho **10**
E2 . . . . .24 B2 98 C4
Mandela Rd E16 . . . .35 C3
Mandela St
Camden Town
NW1 . . . . 83 A4
Kennington SW9 . . . 163 B1
Mandela Way **1** SE1 152 B4
Manderville Ho
SE1 . . . . 153 A2
Mandeville Cl **1**
SE3 . . . . .53 B3
Mandeville Ct
NW3 . . . . .11 A3
Mandeville Ctyd
SW11 . . . . 169 B3
Mandeville Ho **3**
SW4 . . . . .61 B2
Mandeville Pl W1 103 C2
Mandrake Rd
SW17 . . . . .72 B1
Mandrell Rd SW2 . .62 A2
Manette St W1 . . . . 105 C1
Manfred Ct **7**
SW15 . . . . .58 A2
Manfred Rd SW15 . .58 B2
Manger Rd N7 . . . . .14 A2
Manilla St E14 . . . . . .41 C4
Manitoba Ct **28**
SE16 . . . . .40 B4

Manley Ct N16 . . . . . . .7 B1
Manley Ho SE11 . . . 149 B2
Manley St NW1 . . . . .81 B4
Mannebury Prior N1 . 85 A1
Mannering Ho **16**
SW2 . . . . .62 B2
Manningford Cl
EC1 . . . . 96 A4
Manning Ho **3**
W11 . . . . .31 A3
Manning Pl TW10 . .54 B1
Manningtree Cl
SW19 . . . . .70 A3
Manningtree St E1 . 111 B2
Manny Shinwell Ho
SW6 . . . . 155 A3
Manor Ave SE4 . . . . .51 B1
Manor Circus TW9 . .54 C4
Manor Ct
7 Brixton SW2 . . . . .62 B2
Camberwell SE15 . . . .49 B2
Gunnersbury W3 . . . . .36 C2
Parsons Green
SW6 . . . . 166 B3
Streatham SW16 . . . . .74 A1
Manorfield Cl **3**
N19 . . . . .13 B4
Manorfield Prim Sch
8 E14 . . . . .34 A4
Manor Gdns
8 Chiswick W4 . . . .38 A1
Clapham SW4 . . . . . 171 A1
Gunnersbury W3 . . . . .36 C2
Richmond TW10,
TW9 . . . . .54 B3
8 Upper Holloway N7 . .5 A1
Manor Gr
Deptford SE15 . . . . . .50 B4
Richmond TW9 . . . . . .54 C4
Manor Gr SW15 . . . . .58 A2
Manor Ho NW1 . . . 102 B4
Manor House Ct
W9 . . . . 88 C1
Manor House Dr
NW6 . . . . .9 C1
Manor House Sta
N4 . . . . .6 A3
Manor Lo NW2 . . . . . .9 C2
Manor Mans
1 Hampstead
NW3 . . . . .12 A2
Tufnell Pk N7 . . . . .5 A1
Manor Mews
New Cross SE4 . . . . . .51 B1
Paddington NW6 . . . .23 C3
Manor Oak Mans
SE22 . . . . .65 A1
Manor Par N16 . . . . . .7 B2
Manor Park Par
SE13 . . . . .67 C3
Manor Park Rd
NW10 . . . . .21 B4
Manor Pk TW9 . . . . . .54 B3
Manor St **27** SE17 . . 150 C2
Manor Specl Sch
TW10 . . . . .54 B3
Manor Street Est
SW3 . . . . 158 B4
Manor The W1 . . . . 118 A3
Manor Way W3 . . . . .36 C2
Manresa Rd SW3 . 144 A1

Mansel Ct SW11 . . 168 B3
Mansell Ho SW8 . . 171 A4
Mansell Rd W3 . . . . .37 C4
Mansell St E1 . . . . . 111 A1
Manse Rd N16 . . . . . . .7 B1
Mansfield Ct **27**
E2 . . . . .24 B4
Mansfield Ho
SW15 . . . . .57 C1
Mansfield Mews
W1 . . . . 104 A3
Mansfield Pl **28**
NW3 . . . . .11 B4
Mansfield Rd
Acton W3 . . . . .20 A1
Maitland Pk NW3 . . .12 B4
Mansfield St **1** NW3 . 104 A3
Mansford St E2 . . . .24 C3
Mansion Cl SW9 . 173 C4
Mansion Ho★
EC4 . . . . 109 B1
Mansion House **28**
EC4 . . . . 109 B1
Mansion House St
EC2 . . . . 109 B1
Mansion House Sta
EC4 . . . . 123 A4
Mansions The
NW6 . . . . .10 B3
Manson Mews
SW7 . . . . 143 B3
Manson Pl SW7 . . . 143 B3
Manstone Rd NW2 . .10 A3
Manthorp Rd SE14 . 126 D1
Mantell Ho SW4 . . .61 B2
Mantle Rd SE4 . . . . . .66 A4
Manton Ho N16 . . . . . .6 C1
Mantua St **22**
SW11 . . . . .59 C4
Mantus Cl E1 . . . . . . .25 B1
Mantus Rd E1 . . . . . .25 B1
Manville Gdns
SW17 . . . . .73 A1
Manville Rd SW17 . .73 A1
Manwood Rd SE4 . . .66 B1
Many Gates SW12 . .73 A2
Mapesbury Ct
NW2 . . . . .10 A3
Mapesbury Rd
NW2 . . . . .10 A2
Mapeshill Pl NW2 . . .9 B2
Mapes Ho **7** NW6 . .10 A1
Maple Ave W3 . . . . . .29 A1
Maple Cl SW4 . . . . . .61 C1
Maple Ct **3** NW2 . .9 C4
Mapledene Est E8 . .16 C1
Mapledene Rd E8 . .16 C1
Maple Ho
11 Maitland Pk
NW3 . . . . .12 B2
5 New Cross SE8 . . .51 B3
4 Richmond TW9 . . .45 A2
Maple Leaf Sq **27**
SE16 . . . . .40 C4
Maple Lo SW15 . . . . .58 A1
Maple Mews NW6 . .78 A2
Maple Pl W1 . . . . 93 A1
Maples Pl E1 . . . . .32 A4
Maple St
2 Bethnal Green
E2 . . . . .25 A3
Fitzrovia W1 . . . . 93 A1

Maplestead Rd
SW2 . . . . .74 B4
Mapleton Cres
SW18 . . . . .59 A1
Mapleton Rd
SW18 . . . . .59 A1
Maple Wlk W10 . . . .22 C1
Maplin St E3 . . . . . . .26 B2
Marada Ho NW6 . . . .10 A1
Marais W4 . . . . .45 B3
Marban Rd W9 . . . . . .23 B2
Marble Arch★
W1 . . . . 117 A4
Marble Arch Sta
W1 . . . . 103 A1
Marble Cl W3 . . . . . . .28 A1
Marbleford Ct **4**
N6 . . . . .4 C4
Marble Ho W9 . . . . . .23 B1
Marcella Rd SW9 . 173 B1
Marchant Ho **19**
SW2 . . . . .62 B2
Marchant St SE14 . .51 A4
Marchbank Rd
W14 . . . . 155 A4
March Ct SW15 . . . . .57 A3
Marchmont Ho **1**
TW10 . . . . .54 B2
Marchmont St
WC1 . . . . 94 A2
Marchwood Cl **2**
SE5 . . . . .49 A3
Marcia Rd SE1 . . . . 152 B3
Marcilly Rd SW18 . .59 C2
Marco Rd W6 . . . . . 104 B2
Marcon Ct **28** E8 . .17 A3
Marcon Pl E8 . . . . . .17 A3
Marco Rd W6 . . . . . . .39 B3
Marcus Ct TW8 . . . . .44 A3
Marcus Garvey Mews
SE22 . . . . .65 A2
Marcus Garvey Way
10 SE24 . . . . .62 C3
Marcus Ho **3**
SE15 . . . . .49 B2
Marcus St SW18 . . . .59 A1
Marcus Terr SW18 . .59 A1
Marden Ho **8** E8 . .17 A3
Marden Sq SE16 . . . .40 A3
Mardyke Ho SE17 . 151 C4
Maresfield Gdns
NW3 . . . . .11 B2
Mare St E8 . . . . .17 A3
Margaret Bondfield
Ho
6 Bow E3 . . . . .26 A3
2 Kentish Town N7 . .13 C3
Margaret Ct W1 . . . 104 C2
Margaret Herbison Ho
SW6 . . . . 155 A3
Margaret Ho **6**
W6 . . . . .39 B1
Margaret Ingram Cl
SW6 . . . . 154 C3
Margaret Mcmillan
Ho **10** N19 . . . . .4 C4
Margaret Rd N16 . . . .7 B3
Margaret Rutherford
Pl **3** SW12 . . . . .73 B3
Margaret St W1 . . . 104 C2
Margaretta Terr
SW3 . . . . 158 B4
Margaret White Ho
NW1 . . . . 93 B4

Margate Rd SW2 . . . 62 A2
Margery Fry Ct N7 . . . 5 A1
Margery St WC1 . . . . 95 B3
Margravine Gdns
  Hammersmith W6 . . . . 39 C1
  West Kensington
  W14 . . . . 140 A2
Margravine Rd
  W6 . . . . 154 A4
Marham Gdns SW17,
  SW18 . . . . 72 A3
Maria CB SE1 . . . 153 C4
Maria Fidelis Convent
  Sch (Lower) NW1 93 A3
Maria Fidelis Convent
  Sch (Upper) NW1 93 B4
Marian Ct E9 . . . . . . 17 B3
Marian PI E2 . . . . . . 25 A3
Marian Sq E2 . . . . . . 25 A3
Marian St E2 . . . . . . 25 A3
Marian Way NW10 . . 8 B1
Maria Terr E1 . . . . . . 25 C1
Maribor B SE10 . . . 52 B3
Marie Curie SE5 . . . . 49 A2
Marie Lloyd Ct B
  SW9 . . . . 62 B3
Marie Lloyd Gdns B
  N19 . . . . 5 A4
Marie Lloyd Ho N1 87 B1
Marie Stopes Ct B
  N19 . . . . 5 A4
Marigold St SE16 . . . 40 A4
Marina Ct B E3 . . . . 26 C2
Marina Point B
  E14 . . . . 42 A3
Marinefield Rd
  SW6 . . . . 166 B2
Marinel Ho B SE5 . . 48 B3
Mariners Mews
  E14 . . . . 42 C2
Marine Twr B
  SE8 . . . . 51 B4
Marion Richardson
  Prim Sch B E1 . . . 32 C3
Marischal Rd SE13 . . 67 C4
Maritime Greenwich
  Coll B SE8 . . . . . . 51 C3
Maritime Ho B
  SW4 . . . . 61 B4
Maritime Quay B
  E14 . . . . 41 C1
Maritime St E3 . . . . . 26 B1
Marius Mans B
  SW17 . . . . 72 C2
Marius Rd SW17 . . . . 72 C2
Marjorie Gr SW11 . . 60 B3
Market Ct W1 . . . . . 104 C2
Market La W12 . . . . . 39 B4
Market Mews W1 . . 118 A1
Market PI
  B Acton W3 . . . . . 28 B1
  B Bermondsey
  SE16 . . . . 40 A2
  Marylebone W1 . . . 104 C2
Market Rd
  Barnsbury N7 . . . . . 14 A2
  Richmond TW9 . . . . 54 C4
Market Sq E14 . . . . . 34 A3
Market St E1 . . . . . 110 C4
Market Studios B
  W12 . . . . 39 B4
Market Way E14 . . . . 34 A3

Market Yd Mews
  SE1 . . . . 138 A2
Markham PI SW3 . . 144 C2
Markham Sq SW3 . . 144 C2
Markham St SW3 . . 144 B2
Mark Ho B E2 . . . . . 25 C3
Mark La EC3 . . . . . 124 B4
Markland Ho W10 . . 30 C2
Mark Mans W12 . . . 38 C4
Marksbury Ave
  TW9 . . . . 54 C4
Mark Sq EC2 . . . . 24 A1 98 A2
Mark St EC2 . . . . 24 A1 98 A2
Markstone Ho
  SE1 . . . . 136 A3
Markyate Ho B
  W10 . . . . 22 B1
Marland Ho SW1 . . 131 A2
Marlborough
  B Putney SW19 . . . 69 C3
  St John's Wood W9 . 88 C4
Marlborough Ave B
  E8 . . . . 24 C4
Marlborough CI
  SE17 . . . . 150 B3
Marlborough Cres
  W4 . . . . 38 A3
Marlborough Ct
  Kensington W8 . . . 141 B4
  Marylebone W1 . . . 104 C1
Marlborough Flats
  SW3 . . . . 144 B4
Marlborough Gr
  SE1 . . . . 153 B1
Marlborough Hill
  NW8 . . . . 79 A3
Marlborough Ho
  Marylebone NW1 . . . 92 B2
  Richmond TW10 . . . . 54 C2
  Stoke Newington N4 . 6 B3
Marlborough Ho
  SW1 . . . . 119 A1
Marlborough Lo
  B Stepney E1 . . . . 25 B1
  St John's Wood
  NW8 . . . . 78 C1
Marlborough Mans B
  NW6 . . . . 10 C3
Marlborough Mews B
  SW2 . . . . 62 B3
Marlborough PI
  NW8 . . . . 79 A2
Marlborough Prim
  Sch SW3 . . . . 144 B3
Marlborough Rd
  Acton Green W4 . . . 37 B1
  Richmond TW10 . . . . 54 B1
  St James SW1 . . . . 119 A1
  Upper Holloway N19 . 5 A2
Marlborough St
  SW3 . . . . 144 B3
Marlborough Trad Est
  TW9 . . . . 45 A2
Marlbury NW8 . . . . . 78 B3
Marley Ho B W11 . . 30 C2
Marley Wlk NW2 . . . . 9 B3
Marlins Ho SW15 . . 128 A1
Marloes Rd W8 . . . 128 A1
Marlow Ct NW6 . . . . . 9 C1
Marlowe Bsns Ctr B
  SE14 . . . . 51 A3
Marlowe Ct SW3 . . 144 B3

Marlowe Ho B
  N16 . . . . 16 A4
Marlowes The
  NW8 . . . . 79 B4
Marlow Ho
  Bermondsey SE1 . . 138 C2
  B Kensington W2 . . 100 B1
  B Spitalfields
  E2 . . . . 24 B2 98 C3
Marlow Studio
  Workshops B
  E2 . . . . 24 B2 98 C3
Marlow Way SE16 . . 40 C4
Marl Rd SW18 . . . . . 59 B3
Marlton St SE10 . . . . 43 B1
Marmara Apts B
  E16 . . . . 35 C2
Marmion Ho B
  SW12 . . . . 73 A4
Marmion Mews B
  SW11 . . . . 60 C4
Marmion Rd SW11 . . 60 C3
Marmont Rd SE15 . . 49 C3
Marmora Ho E1 . . . . 33 A4
Marmora Rd SE22 . . 65 B1
Marner Prim Sch B
  E3 . . . . 27 A1
Marne St W10 . . . . . 23 A2
Marney Rd SW11 . . . 60 C3
Marnfield Cres
  SW2 . . . . 74 B3
Marnham Ave
  NW2 . . . . 10 A4
Marnock Ho SE17 . . 151 B2
Marnock Rd SE4 . . . 66 B2
Maroon St E14 . . . . . 33 A4
Marquess Rd N1 . . . 15 C2
Marquis Ct N4 . . . . . . 5 B3
Marquis Ho
  Finsbury Pk N4 . . . . 11 C3
  Kentish Town NW1 . . 13 C2
Marrick CI SW15 . . . 56 C3
Marrick Ho B
  NW6 . . . . 78 B3
Marriott Rd N4 . . . . . 5 B3
Marryat Ct B W6 . . 39 A2
Marryat Ho SW1 . . . 146 C1
Marryat Sq SW6 . . . 164 A4
Marsala Rd SE13 . . . 67 A3
Marsalis Ho B E3 . . 26 C2
Marsden Rd SE15 . . 64 B4
Marsden St NW5 . . . 12 C2
Marshall CI SW18 . . 59 B1
Marshall Ct B SW4 . 172 B3
Marshall Ho
  Paddington NW6 . . . 23 B3
  Shoreditch N1 . . . . . 87 C2
  Walworth SE17 . . . 151 B2
Marshall Rd E10 . . . . 19 A4
Marshall St L Ctr
  W1 . . . . 105 A1
Marshall's PI
  SE16 . . . . 139 A1
Marshall St W1 . . . 105 A1
Marshalsea Rd
  SE1 . . . . 137 A4
Marsham Ct
  B Putney SW19 . . . 69 C3
  Westminster SW1 . . 147 C4
Marsham St SW1 . . 147 C4
Marsh Ct E8 . . . . . . 16 C2
Marshfield St E14 . . 42 B3
Marsh Gate Bsns Ctr
  E15 . . . . 27 B3

Marshgate Sch
  TW10 . . . . 54 B2
Marsh Hill E9 . . . . . . 18 A3
Marsh Ho
  Nine Elms SW8 . . . 171 A4
  Pimlico SW1 . . . . . 147 C1
Marsh St E14 . . . . . . 42 A2
Marsh Wall E14 . . . . 42 A4
Marshwood Ho B
  NW6 . . . . 23 C4
Marsland CI SE17 . . 150 B1
Marsom Ho N1 . . . . 87 B1
Marston SE17 . . . . . 151 A4
Marston CI NW6 . . . . 11 B1
Marston Ho B
  SW9 . . . . 173 C1
Marsworth Ho B
  E2 . . . . 24 C4
Martaban Rd N16 . . . 7 B2
Martello St E8 . . . . . 17 A1
Martello Terr E8 . . . . 17 A1
Martell Rd SE21 . . . . 75 C1
Martel PI E8 . . . . . . 16 B2
Martha's Bldgs
  EC1 . . . . 97 B2
Martha St E1 . . . . . . 32 B3
Martin Ct B E14 . . . 42 B4
Martindale SW14 . . . 55 B2
Martindale Ave B
  E16 . . . . 35 C2
Martindale Ho B
  E14 . . . . 34 A2
Martindale Rd
  SW12 . . . . 73 A4
Martineau Ho
  SW1 . . . . 146 C1
Martineau Mews
  N5 . . . . 15 A4
Martineau Rd N5 . . . 15 A4
Martin Ho
  Newington SE1 . . . 137 A1
  South Lambeth
  SW8 . . . . 162 A2
Martin La EC4 . . . . 123 C4
Martlett Ct WC2 . . 106 B1
Martlett Lo NW3 . . . 11 A4
Martley Ho SW8 . . . 171 A4
Martock Ct B
  SE15 . . . . 50 A2
Marton Rd B N16 . . 7 A1
Marvel Ho B SE5 . . 48 C3
Marville Rd SW6 . . . 154 C1
Marvin St B E8 . . . 17 A2
Marwell Ct SE3 . . . . 52 C1
Mary Adelaide CI
  SW15 . . . . 68 A1
Mary Adelaide Ho
  W2 . . . . 101 C4
Mary Ann Bldgs
  SE8 . . . . 51 C4
Mary Datchelor CI
  SE5 . . . . 48 C2
Mary Dine Ct
  SW8 . . . . 163 A1
Mary Gn NW8 . . . . . 78 B4
Mary Ho
  B Hammersmith
  W6 . . . . 39 B1
  B Stockwell SW9 . 172 C1
Mary James Ho B
  E2 . . . . 24 C3
Mary Jones Ho B
  E14 . . . . 33 C2
Maryland Rd
  Paddington W9 . . . . 23 C1

Maryland Rd continued
  Stratford New Town
  E15 . . . . 19 C3
Marylands Rd W9 . . 88 A1
Maryland Wlk N1 . . 86 C4
Mary Lawrenson PI B
  SE3 . . . . 53 C3
MARYLEBONE 104 B2
Marylebone Flyover
  NW1 . . . . 102 A3
Marylebone High St
  W1 . . . . 103 C3
Marylebone La
  W1 . . . . 103 C2
Marylebone Mews
  W1 . . . . 104 A3
Marylebone Pas
  W1 . . . . 105 A2
Marylebone Rd
  NW1 . . . . 103 A4
Marylebone St
  W1 . . . . 103 C3
Marylebone Sta
  NW1 . . . . 90 C1
Marylee Way
  SE11 . . . . 149 A3
Mary McArthur Ho B
  N19 . . . . 4 C4
Mary Macarthur Ho
  B Globe Town E2 . . 25 C2
  W14 . . . . 154 A4
Maryon Mews
  NW3 . . . . 12 A4
Mary PI
  W11 . . . . . . 31 A2 112 A3
Mary's Ct NW8 . . . . 90 B2
Mary Secole Ct B
  E8 . . . . 24 B4
Mary Smith Ct
  SW5 . . . . 141 C3
Mary St
  B Canning Town
  E16 . . . . 35 B4
  Shoreditch N1 . . . . . 87 A3
Mary Terr NW1 . . . . 82 C2
Mary Wharrie Ho B
  NW3 . . . . 12 B1
Masbro' Rd W14 . . . 39 C3
Mascotte Rd B
  SW15 . . . . 57 C3
Masefield Ct N5 . . . 15 C3
Masefield Ho B
  NW6 . . . . 23 C2
Mashie Rd W3 . . . . . 29 A3
Maskall CI SW2 . . . . 74 C3
Maskell Rd SW17 . . . 71 B1
Maskelyne CI
  SW11 . . . . 168 B4
Mason CI
  Bermondsey SE16 . 153 C2
  Newham E16 . . . . . . 35 C2
Mason Ho
  B Bermondsey
  SE1 . . . . 153 C3
  B Hackney E9 . . . . 17 B1
Mason's Arms Mews
  W1 . . . . 118 B4
Mason's Ave EC2 . . 109 B2
Mason's PI EC1 . . . . 96 C4
Mason St SE17 . . . . 151 C4
Mason's Yd
  Finsbury EC1 . . . . . 96 B4
  St James SW1 . . . . 119 A2
Massie Rd E8 . . . . . 16 C2
Massinger St SE1,
  SE17 . . . . 152 A3

Massingham St
E1 . . . . .25 C1
Mast Ct [17] SE16 . . . .41 A2
Masterman Ho [1]
SE5 . . . . .48 C3
Masters Dr SE16 . . . .40 A1
Masters Lo SE16 . . . .40 A1
Master's St [10] E1 . . .32 C2
Mast House Terr
E14 . . . . .41 C2
Mastin Ho SW18 . . . .70 C3
Mastmaker Rd
E14 . . . . .41 C4
Matara Mews
SE17 . . . . .150 C1
Matching Ct [14] E3 . . .26 C2
Matham Gr SE22 . . . .64 B3
Matheson Lang Ho
SE1 . . . . .135 B3
Matheson Rd
W14 . . . . .140 C3
Mathews Yd WC2 . . .106 A1
Mathieson Ct SE1 . . .136 B3
Mathison Ho
SW10 . . . . .156 C2
Matilda Gdns [10]
E3 . . . . .26 B3
Matilda Ho [1] E1 . . .125 B2
Matilda St N1 . . . . . . .85 A4
Matlock Cl SE24 . . . . .63 B3
Matlock Ct
[7] Herne Hill SE5 . . .63 C3
St John's Wood
NW8 . . . . .78 C2
Matlock St E14 . . . . . .33 A3
Maton Ho SW6 . . . . .154 C2
Matson Ho
[9] Bermondsey
SE16 . . . . .40 A3
[10] Hackney E9 . . . . .17 B2
Matthew Cl W10 . . . . .22 C1
Matthew Parker St
SW1 . . . . .133 C3
Matthews Ct N5 . . . . .15 B4
Matthews Ho [3]
E14 . . . . .33 C4
Matthews St
SW11 . . . . .168 C2
Matthias Ct [12]
TW10 . . . . .54 A1
Matthias Ho [2]
N16 . . . . .16 A3
Matthias Rd N16 . . . . .16 A3
Mattingly Way [3]
SE15 . . . . .49 B3
Maude Ho [3] E2 . . . . .24 C3
Maude Rd SE5 . . . . . .49 A2
Maudlins Gn E1 . . . .125 B2
Maudsley Ho TW8 . . .36 A1
Maudsley Hospl
SE5 . . . . .48 C1
Maud St E16 . . . . .35 B4
Maud Wilkes Cl [10]
NW5 . . . . .13 B3
Maugham Ct [5]
W3 . . . . .37 B3
Maulverer Rd
SW2 . . . . .62 A2
Maundeby Wlk
NW10 . . . . .8 A2
Maunsel St SW1 . . . .147 B4
Maurer Ct [2] SE10 . . .43 B3
Mauretania Bldg [11]
E1 . . . . .32 C2
Maurice Ct [4] E1 . . . .26 A2

Maurice Ho [1]
SW9 . . . . .172 C2
Maurice Ho W12 . . . . .30 A3
Mauritius Rd SE10 . . .43 A2
Maury Rd N16 . . . . . . .7 C2
Maverton Rd E3 . . . . .26 C4
Mavor Ho N1 . . . . . . .85 A3
Mawbey Ho SE1 . . . .153 A1
Mawbey Pl SE1 . . . . .153 A1
Mawbey Rd SE1 . . . .153 A1
Mawbey St SW8 . . . .162 A1
Mawdley Ho SE1 . . . .135 C3
Mawson Ct N1 . . . . . .87 C3
Mawson La W4 . . . . . .46 B4
Maxden Ct SE15 . . . . .64 C4
Maxted Rd SE15 . . . . .64 B4
Maxwell Ct SE21 . . . . .50 A1
Maxwell Rd SW6 . . . .156 B1
Maya Ct SE15 . . . . . . .50 A1
Mayall Ho SE24 . . . . .63 A2
Maybury Ct W1 . . . . .103 C3
Maybury Gdns
NW10 . . . . .9 A2
Maybury Mews N6 . . . .4 B4
Maydew Ho SE16 . . . .40 B2
Maydwell Ho [6]
E14 . . . . .33 C4
MAYFAIR 118 A2
Mayfair Pl W1 . . . . . .118 B2
Mayfield Ave W4 . . . . .38 A2
Mayfield Cl
Clapham Pk SW4 . . . .61 C2
Dalston E8 . . . . .16 C2
Mayfield Ho
[3] Bethnal Green
E2 . . . . .25 A3
Stamford Hill N16 . . . . .7 A4
Mayfield Mans
SW15 . . . . .58 B2
Mayfield Rd
Acton W3 . . . . .28 A1
Bedford Pk W12 . . . . .38 A4
Dalston E8 . . . . .16 B1
Mayflower Cl SE16 . . .40 C2
Mayflower Prim Sch
[22] E14 . . . . .34 A3
Mayflower Rd
SW9 . . . . .62 A4
Mayflower St [1]
SE16 . . . . .40 B4
Mayford NW1 . . . . . . .83 A2
Mayford Cl SW12 . . . .72 B4
Mayford Rd SW12 . . . .72 B4
Maygood Ho N1 . . . . .85 B2
Maygood St N1 . . . . . .85 B2
Maygrove Rd NW6 . . .10 B2
Mayhew Ct [2] SE5 . . .63 C3
Maylands Ho
SW3 . . . . .144 B3
Maylie Ho [4] SE16 . . .40 A4
Maynard Cl SW6 . . . .156 B1
Maynards Quay E1 . . .32 B2
Mayne Ct E8 . . . . .16 C4
Mayo Ho [10] E1 . . . . .32 B4
Mayola Rd E5 . . . . . . .17 B4
Mayo Rd NW10 . . . . . .8 A2
May's Buildings Mews
SE10 . . . . .52 C3
Mays Ct WC2 . . . . . .120 A3
May's Ct SE10 . . . . . . .52 C3
Maysoule Rd
SW11 . . . . .59 C3
May St W14 . . . . .141 A1

Mayston Mews [3]
SE10 . . . . .43 C1
Maythorne Cotts
SE13 . . . . .67 C1
Mayton St N7 . . . . .5 B1
May Tree Ho SE4 . . . . .66 B4
Maytree Wlk SW2 . . . .74 C2
Mayward Ho [7]
SE5 . . . . .49 A2
Maze Hill SE10,
SE3 . . . . .53 A4
Maze Hill Lodge [7]
SE10 . . . . .52 C4
Maze Hill Sta
SE10 . . . . .53 A4
Mazenod Ave
NW6 . . . . .10 C1
Maze Rd TW9 . . . . . . .44 C3
Mead Cl [3] NW1 . . . . .12 C1
Meadcroft Rd
SE17 . . . . .48 A4
Meade Cl W4 . . . . .44 C4
Meader Ct SE14 . . . . .50 C3
Mead Ho
W11 . . . . . . .31 B1 112 C2
Mead Lo W4 . . . . .37 C4
Meadowbank NW3 . . .12 B1
Meadow Bank [8]
SW15 . . . . .58 B2
Meadowbank
SW6 . . . . .58 B2
Meadow Cl E9 . . . . . . .18 B3
Meadowcroft [8]
W4 . . . . .36 C1
Meadowgate Sch
SE4 . . . . .66 A4
Meadow Mews
SW8 . . . . .162 C3
Meadow Pl
Chiswick W4 . . . . .46 A3
South Lambeth
SW8 . . . . .162 C2
Meadow Rd SW8 . . . .162 C2
Meadow Row SE1 . . .136 C1
Mead Pl E9 . . . . .17 B2
Mead Row SE1 . . . . .135 B2
Meadway The SE3 . . . .52 C1
Meakin Est SE1 . . . . .138 A2
Meakin Ho N7 . . . . . . .14 B3
Meard St W1 . . . . . . .105 B1
Meath Cres E1, E2 . . .25 C2
Meath Ho SE24 . . . . . .63 A1
Meath St SW11 . . . . .170 A4
Mecklenburgh Pl
WC1 . . . . .94 C2
Mecklenburgh Sq
WC1 . . . . .94 C2
Mecklenburgh St
WC1 . . . . .94 C2
Medburn St NW1 . . . .83 B2
Medcroft Gdns
SW14 . . . . .55 B3
Medfield St SW15 . . . .69 A4
Medhurst Cl [19] E3 . . .26 A3
Median Rd E5 . . . . . . .17 B3
Medina Ct N7 . . . . .5 C1
Medina Gr N7 . . . . .5 C1
Medina Ho SE15 . . . . .65 B3
Medina Rd N7 . . . . .5 C1
Medlar St SE5 . . . . . . .48 B2
Medley Rd NW6 . . . . .10 C2
Medora Rd SW2 . . . . .74 B4
Medresco Ho
NW3 . . . . .11 C3
Medusa Rd SE6,
SE13 . . . . .67 A1

Medway Bldgs E3 . . . .26 A3
Medway Ct WC1 . . . . .94 A3
Medway Ho
Bermondsey SE1 . . . .137 C3
Paddington NW8 . . . .102 A4
Stoke Newington
N16 . . . . .15 C4
Medway Mews [38]
E3 . . . . .26 A3
Medway Rd E3 . . . . . .26 A3
Medway St SW1 . . . .133 C1
Medwin St SW4 . . . . .62 B3
Meecham Ct [1]
SW11 . . . . .168 A2
Meeson St E5 . . . . . . .18 A4
Meeting House Alley
[7] E1 . . . . .32 A1
Meeting House La
SE15 . . . . .50 A3
Mehetabel Rd E9 . . . .17 B3
Melba Way SE13 . . . . .52 A2
Melbourne Ct
Hackney E5 . . . . .18 A4
Paddington W9 . . . . . .89 A2
Melbourne Gr
SE22 . . . . .64 B3
Melbourne Ho
W8 . . . . . . .31 C1 113 B1
Melbourne Mews
SW9 . . . . .173 B3
Melbourne Pl
WC2 . . . . .107 A1
Melbourne Sq [21]
SW9 . . . . .173 B3
Melbray Mews [1]
SW6 . . . . .164 C1
Melbreak Ho [10]
SE22 . . . . .64 A4
Melbury Ct W8 . . . . . .127 A2
Melbury Dr SE5 . . . . .49 A3
Melbury Ho SW8 . . . .162 C2
Melbury Rd W14 . . . .127 A2
Melchester [11]
W11 . . . . .31 B3
Melchester Ho [1]
N19 . . . . .4 C1
Melcombe Ct
NW1 . . . . .102 C4
Melcombe Ho
SW8 . . . . .162 C1
Melcombe Pl
NW1 . . . . .102 C4
Melcombe Prim Sch
[6] W6 . . . . .47 C4
Meldon Cl SW6 . . . . .166 B4
Melford Ct
Bermondsey SE1 . . . .138 B4
Dulwich SE22 . . . . . . .76 C4
Melford Rd SE21,
SE22 . . . . .76 C3
Melgund Rd N5 . . . . . .14 C3
Melina Ct
Putney SW15 . . . . . . .56 C4
St John's Wood
NW8 . . . . .89 B3
Melina Pl NW8 . . . . . .89 B3
Melina Rd W12 . . . . . .39 A4
Melior Pl SE1 . . . . . . .138 A4
Melior St SE1 . . . . . . .138 A4
Melisa Ct N6 . . . . .4 C4
Mellington Ct [2]
N16 . . . . .7 C1
Mellis Ave TW9 . . . . . .45 A2
Mellish Ho [2] E1 . . . .32 A3
Mellish St E14 . . . . . . .41 C3

Mellitus St W12 . . . . . .29 B3
Mell St [5] SE10 . . . . .43 A1
Melody La N5 . . . . . . .15 B3
Melody Rd SW18 . . . .59 B2
Melon Pl W8 . . . . .127 C2
Melon Rd SE15 . . . . . .49 C2
Melrose Ave
Cricklewood NW2 . . . . .9 B3
Wimbledon SW19 . . . .70 C1
Melrose Ct SW18 . . . .58 B1
Melrose Gdns W6 . . . .39 B3
Melrose Ho
Maida Vale NW6 . . . . .23 C2
Pimlico SW1 . . . . . . .146 B2
Melrose Rd
[1] Barnes SW13 . . . .46 B1
Wandsworth SW18 . . .58 B1
Melrose Terr W6 . . . . .39 B3
Melton Ct SW7 . . . . . .143 C3
Melton Ho E5 . . . . .7 C2
Melton St NW1 . . . . . .93 B3
Melville Court Flats [8]
W12 . . . . .39 A4
Melville Ho
[4] Brentford W4 . . . . .36 C1
Rotherhithe SE8 . . . . .41 A2
Melville Ho SE10 . . . .52 B2
Melville Pl [4] N1 . . . . .15 B1
Melville Rd SW13 . . . .46 C2
Melville Villas Rd
W3 . . . . .28 C1
Melvin Ct [1] TW9 . . . .44 C2
Melwood Ho [23]
E1 . . . . .32 A3
Melyn Cl N7 . . . . .13 B4
Memel Ct EC1 . . . . . . .96 C1
Memel St EC1 . . . . . . .96 C1
Menai Pl [2] E3 . . . . . .26 C3
Menard Ct EC1 . . . . . .97 A3
Mendham Ho SE1 . . .138 A2
Mendip Ct
[12] Battersea
SW11 . . . . .59 B4
Deptford SE14 . . . . . .50 B4
Mendip Dr NW2,
NW11 . . . . .1 A2
Mendip Ho [2] N4 . . . . .6 C4
Mendip Hos [12] E2 . . .25 B2
Mendip Rd SW11 . . . .59 B4
Mendora Rd SW6 . . . .154 C2
Menelik Rd NW2 . . . . .10 B4
Menorah Prim Sch
NW11 . . . . .1 A4
Menotti St [8]
E2 . . . . .24 C1 99 C2
Menteath Ho [9]
E14 . . . . .33 C3
Mentmore Terr E8 . . . .17 A1
Mentone Ct SW8 . . . .172 B4
Meon Rd W3 . . . . .37 B4
Mepham St SE1 . . . . .121 C1
Merbury Cl SE13 . . . . .67 C2
Mercator Pl [4]
E14 . . . . .41 C1
Mercator Rd SE13 . . . .67 C3
Merceron Ho [3]
E2 . . . . .25 B2
Merceron St E1 . . . . . .25 A1
Mercers Cl SE10 . . . . .43 B2
Mercer's Cotts [3]
E3 . . . . .33 A3
Mercers Mews N7 . . . .13 C4
Mercers Pl W6 . . . . . . .39 C2
Mercers Rd N19 . . . . . .4 C1

Mercer St WC2 .... **106** A1
Merchant Ct E1 .... **32** B1
Merchants Ho
SE10 .... **42** C1
Merchant St W2 .. **101** B3
Merchant St E3 .... **26** B2
Merchant Taylors
Hall* EC3 .... **109** C1
Merchon Ho N7 .... **13** B4
Mercia Gr SE13 .... **67** B3
Mercia Ho 9 SE5 .. **48** B1
Mercie Ct SE22 .... **76** C3
Mercier Rd SW15 .. **58** A2
Mercury Ct
6 Brixton SW9 .. **173** B4
10 Millwall E14 .... **41** C2
Mercury Ho 6 E3 .. **26** C4
Mercury Way SE14 **50** C4
Mercy Terr SE13 .... **67** A2
Mere Cl SW15,
SW19 .... **69** C4
Meredith Ho 4
N16 .... **16** A3
Meredith Ho 17
N16 .... **16** A3
Meredith Mews
SE4 .... **66** B3
Meredith St EC1 .. **96** A3
Meredith Twr 3 .. **37** A3
Meredyth Rd
SW13 .... **46** C1
Meretone Cl SE4 .. **66** A3
Mereton Mans 6
SE8 .... **51** C2
Mereworth Ho 3
SE15 .... **50** B4
Merganser Ct 17
SE8 .... **51** B4
Meridan Ct SE13 .. **67** C3
Meriden Ho SW3 .. **144** A1
Meriden Ho 22 N1.. **24** C4
Meridian Building*
SE10 .... **52** C3
Meridian Ho SE10 **43** A2
Meridian Pl E14 .. **42** B4
Meridian Prim Sch 4
SE10 .... **52** C4
Meridian Sq E15 .. **19** C1
Merivale Rd SW15 **58** A3
Merlin Ho
7 Chiswick W4 .. **37** C1
West Hampstead
NW3 .... **11** A4
Merlin St The 11
SW15 .... **58** A2
Merlins Ct WC1 .... **95** B3
Merlin St EC1 ...... **95** B3
Mermaid Ct
Bermondsey SE1 . **137** B4
Rotherhithe SE16.. **33** B1
Mermaid Ho 8
E14 .... **34** B2
Mermaid Twr 22
SE8 .... **51** B4
Meroe Ct N16 ...... **7** A2
Merredene St
SW2 .... **62** B1
Merriam Ave 2
E9 .... **18** B2
Merricks Ct 5
SW14 .... **55** A3
Merrick Sq SE1 .. **137** B2
Merrington Rd
SW6 .... **155** C4
Merritt Rd SE4 .... **66** B2

Merrivale NW1 .... **83** A3
Merrow St SE17 .. **151** B1
Merrow Wlk SE17 **151** C2
Merryfield SE3 .... **53** B1
Merryweather Ct 1
N19 .... **4** B1
Mersey Ho 10 N7 .. **14** C3
Merstone Ho
SW18 .... **59** A1
Merthyr Terr
SW13 .... **47** A4
Merton Ave W4 .... **38** B2
Merton Ho SW18 .. **70** C3
Merton La N6 ...... **3** B2
Merton Rd SW18 .. **70** C4
Merton Rise NW3 .. **12** A1
Merton Road Ind Est
SW18 .... **70** C3
Merttins Rd SE15 **65** C2
Meru Cl NW5 ...... **12** C3
Mervan Rd SW2 .. **62** C3
Messaline Ave W3 **28** B3
Messina Ave NW6 **10** C1
Messiter Ho N1 .... **85** A3
Metcalfe Ho 28
SW8 .... **171** B2
Meteor St SW11 .. **60** C3
Methley Ho 8 N7 .. **5** B2
Methley St SE11 .. **149** C1
Methodist Central
Hall* SW1 ...... **133** C3
Methwold Rd W10 **30** C4
Metropolis
Apartments 5
SW12 .... **73** A3
Metropolitan Benefit
Societies
Almshouses 3
N1 .... **16** A2
Metropolitan Bsns Ctr
9 N1 .... **24** A4
Metropolitan Ct 23
E14 .... **33** C4
Mews St E1 ...... **125** B2
Mews The
Shoreditch N1 .... **87** A4
1 Upper Holloway
N19 .... **5** A3
Mexborough N1 .... **82** A4
Mexfield Rd SW15 **58** B2
Meyer Ho 1
SW12 .... **73** A4
Meymott St SE1 .. **122** A1
Meynell Cres E9 .. **17** C1
Meynell Gdns E9 .. **17** C1
Meynell Rd E9 .... **17** C1
Meyrick Ho 6
E14 .... **33** C4
Meyrick Rd
Battersea SW11 .. **60** A4
Willesden NW10 .... **8** C2
Miah Terr 3 E1 .. **125** C1
Micawber Ct N1 .. **97** A4
Micawber Ho 27
SE16 .... **139** C3
Micawber St N1 .. **97** A4
Michael Cliffe Ho
EC1 .... **95** C3
Michael Faraday Ho
SE17 .... **151** C1
Michael Faraday Prim
Sch SE17 .... **151** C1
Michael Manley Ind
Est 12 SW8 ...... **171** A2
Michael Rd SW6 .. **166** B4

Michael Tippett Sch
The SE24 .... **63** B3
Michelangelo Ct 14
SE16 .... **40** A1
Michelle Ct W3 .... **28** C2
Michels Almshouses
5 TW10 .... **54** A2
Michelsdale Dr 3
TW9 .... **54** A3
Michelson Ho
SE11 .... **149** A3
Michel's Row 2
TW9 .... **54** A3
Michigan Ho E14 .. **41** C3
Mickleborne NW1 .. **83** A1
Micklethwaite Rd
SW6 .... **155** C3
Mickleton Ho 30
W2 .... **31** C4
Middlefield NW8 .. **79** B4
Middle Row W10 .. **23** A1
Middle Row Prim Sch
21 W10 .... **23** A1
Middlesex Ct 5
W4 .... **38** B2
Middlesex Ho 1 W1 **105** A4
Middlesex Pas
EC1 .... **108** B3
Middlesex Pl 13
E9 .... **17** B2
Middlesex St E1 .. **110** C2
Middlesex Univ
(Archway Campus)
17 N19 .... **4** B2
Middle St EC1 .... **108** C4
Middle Temple*
EC4 .... **121** B4
Middle Temple La
EC4 .... **121** B4
Middleton Dr
SE16 .... **40** C4
Middleton Gr N7 .. **14** A3
Middleton Ho
Dalston E8 .... **16** B1
Newington SE1 .. **137** B1
Middleton Mews
N7 .... **14** A3
Middleton Pl W1 .. **104** C3
Middleton Rd
Dalston E8 .... **16** B1
Golders Green NW11.. **1** C4
Middleton St E2 .. **25** A2
Middleton Way
SE13 .... **67** C3
Middle Yd SE1 .. **124** A2
Midford Pl W1 .... **93** A1
Midhope Ho WC1 .. **94** B3
Midhope St WC1 .. **94** B3
Midhurst Ct N8 .... **5** A4
Midhurst Ho 6
E14 .... **33** B3
Midhurst Way E5 .. **16** C4
Midland Pl E14 .... **42** B1
Midland Rd NW1 .. **94** A4
Midland Terr
NW10 .... **21** A1
Midlothian Ho N7 .. **9** A4
Midlothian Rd E3 .. **26** B1
Midmoor Rd SW12 **73** B3
Midship Cl SE16 .. **32** C1
Midship Point E14 **41** C4
Midstrath Rd NW10 **8** A4
Midway Ho EC1 .... **96** B4
Milborne Gr
SW10 .... **143** A1
Milborne Ho 11 E9 **17** B2

Milborne St E9 .... **17** B2
Milbrook Ct NW3 .... **2** B3
Milcote St SE1 .. **136** B3
Mildmay Ave N1 .. **15** C2
Mildmay Gr N N1.. **15** C3
Mildmay Gr S N1.. **15** C3
Mildmay Pk N1 .... **15** C3
Mildmay Rd N1 .... **15** C3
Mildmay St N1 .... **15** C2
Mildmay Ho 6
SW15 .... **57** B2
Mildmay Mission
Hospl E2 .... 24 B2 **98** C3
Mildmay Pk N1 .... **15** C3
Mildmay Rd N1 .... **16** A3
Mildmay St N1 .... **15** C2
MILE END **26** A1
Mile End Hospl E2 **25** C2
Mile End Park L Ctr 8
Stad E3 .... **33** B4
Mile End Pl E1 .... **25** C1
Mile End Rd E1, E3 **25** C1
Mile End Sta E3 .. **26** B2
Miles Bldgs NW1 **102** A4
Miles Coverdale Prim
Sch 18 W12 ...... **39** B4
Miles Ct E1 .... **32** A3
Miles Ho 5 SE10 .. **43** A1
Miles Lo E15 ...... **19** C3
Miles Pl NW8 .... **101** C4
Miles St SW8 .... **162** B3
Milestone Green
SW14 .... **55** C3
Milfoil St W12 .... **29** C2
Milford Ct 3 N1 .. **15** C2
Milford La WC2 .. **121** B4
Milford Mews
SW16 .... **74** B1
Milk St E3 .... **109** A2
Milk St
SE5 .... **48** B2
Milkwood Rd SE24 **63** A3
Milk Yd E1 .... **32** B2
Millais Rd E11 .... **19** C4
Milland Ho 1
SW15 .... **68** C3
Millard Cl 21 N16 **16** A3
Millard Rd SE8 .... **41** B1
Millbank SW1 .... **148** A3
Millbank Prim Sch
SW1 .... **147** C3
Millbrooke Ct 7
SW15 .... **49** C4
Millbrook Ho 4
SE15 .... **49** C4
Millbrook Pl NW1 **82** C2
Millbrook Rd SW9 **63** A4
Millender Wlk
SE16 .... **40** B2
Millennium Bridge*
SE1, EC4 .... **122** C3
Millennium City Acad
W1 .... **104** B3
Millennium Dr
E14 .... **42** C2
Millennium Harbour
E14 .... **41** C4
Millennium Pl 27
E2 .... **25** A3
Millennium Prim Sch
The SE10 .... **43** B3
Millennium Sq
SE1 .... **139** A4
Millennium Way
SE10 .... **43** B3
Miller Ho 9 SW2 .. **74** A4
Miller's Ave E8,
N16 .... **16** B3

Miller's Ct 1 W4 .. **38** B1
Miller St NW1 .... **82** C2
Miller's Terr 1 E8 **16** B3
Miller's Way W6 .. **39** B4
Millers Wharf Ho
E1 .... **125** B1
Miller Wlk SE1 .. **121** C1
Millfield N4 .... **5** C2
Millfield La N6 ...... **3** B2
Millfield Pl N6 ...... **3** C2
Millfields Com Sch
E5 .... **17** B4
Millgrove St 8
SW11 .... **169** B2
Millharbour E14 .. **42** A4
Mill Hill SW13 .... **56** C4
Mill Hill Gr 1 W3 **28** A1
Mill Hill Rd
Barnes SW13 ...... **46** C1
South Acton W3 .. **37** A4
Mill Hill Terr 9
W3 .... **28** A1
Mill Ho 4 SE13 .... **67** B4
Milligan St E14 .... **33** B2
Millmers Ho SW18 **58** C2
Millington Ho N16 .. **6** C1
Mill La NW6 ...... **10** B3
Millman Ct WC1 .. **94** C1
Millman Mews
WC1 .... **94** C1
Millman Pl WC1 .. **95** A1
Millman St WC1 .. **94** C1
Millmark Gr SE14 **51** A1
Millner Ct SE4 .... **51** B1
Mill Pl E14 .... **33** A3
Mill Pond Cl SW8 **161** C1
Millpond Est SE16 **40** A4
Mill Row N1 ...... **24** A4
Mills Ct EC2 .. 24 A2 **98** A3
Mills Gr 1 E14 .... **34** B4
Mills Ho SW8 .... **171** A4
Millshott Cl SW6 .. **47** B2
Mills Row W4 ...... **37** C2
Mill St
Bermondsey SE1 **139** A4
Mayfair W1 ...... **118** C4
Millstone Cl E15 .. **19** C2
Millstream Ho 14
SE16 .... **40** A4
Millstream Rd
SE1 .... **138** C3
Mill Trad Est The
NW10 .... **20** B2
MILLWALL **41** C4
Millwall Dock Rd
E14 .... **41** C3
Milwood St 10
W10 .... **31** A4
Mild Yd E1 ...... **125** B4
Milman Rd NW6 .. **23** A3
Milman's Ho
SW10 .... **157** B3
Milman's St SW10 **157** B3
Milner Bldg N16 .... **6** C1
Milner Ho N1 .... **1** C2
SW11 .... **59** C4
Milner Pl N1 ...... **85** C4
Milner Sq N1 ...... **15** A1
Milner St SW3 .... **144** C4
Milnthorpe Rd W4 **45** C4
Milo Rd SE22 ...... **64** B1
Milroy Ho 5 E1 .. **32** C4
Milroy Wlk SE1 .. **122** A2
Milson Rd W14 .. **126** A2
Milsted Ho 23 E5 .. **17** A3

Milton Ave
Becontree NW10 . . . . . .20 C4
Crouch End N6 . . . . . . 4 B4
Stonebridge NW10 . .20 B4
Milton Cl SE1 . . . . . . **152** C3
Milton Court Rd
SE14 . . . . .51 A4
Milton Ct
Fulham NW6 . . . . .58 A4
St Luke's EC2 . . . . . **109** B4
🟦 Wandsworth
SW18 . . . . .58 C2
Milton Gr N16 . . . . . .16 A4
Milton Ho
🟦 Bethnal Green
E2 . . . . .25 B2
🟦 Camberwell SE5 . .48 C3
Milton House Mans
E8 . . . . .16 B4
Milton Pk N6 . . . . . . 4 B4
Milton Pl 🟦 N7 . . . .14 C3
Milton Rd
Acton W3 . . . . .28 C1
Crouch End N6 . . . . . 4 B4
Mortlake SW14 . . . . .55 C4
Tulse Hill SE24 . . . . .63 A2
Milton St EC1, EC2 **109** B4
Milverton NW5 . . . . .12 C3
Milverton Rd NW6 . .9 B1
Milverton St SE11 **149** C1
Milward St E14 . . . . .32 A4
Mimosa Ct SW4 . . . .**172** B3
Mimosa St SW6 . . . .**165** A3
Mina Rd SE17 . . . . .**152** B2
Minchin Ho 🟦
E14 . . . . .33 C3
Mincing La EC3 . . .**124** A4
Minera Mews
SW1 . . . .**145** C4
Minerva Cl SW9 . . .**163** C2
Minerva Rd NW10 . .20 C2
Minerva St E2 . . . . . .25 A3
Minerva Wlk EC1 . .**108** B2
Minet Ave NW10 . . . .21 A3
Minet Gdns NW10 . .21 A3
Minet Rd SE5, SW9 .48 A1
Minford Gdns
W14 . . . . .39 C4
Mingard Wlk N7 . . . .5 B1
Ming St E14 . . . . .33 C2
Minnow Wlk SE17 .**152** B3
Minories EC3 . . . . . .**124** C4
Minshull St SW8 . . .**171** B3
Minson Rd E9 . . . . . .25 C4
Minstead Gdns
SW15 . . . . .68 B4
Minster Ct EC3 . . . .**124** B4
Minster Rd NW2 . . .10 A3
Mint Bsns Pk 🟦
E16 . . . . .35 C4
Mintern St 🟦 N1 . .87 C2
Minton Ho SE11 . . .**149** B4
Minton Mews 🟦
NW6 . . . . .11 A2
Mint St SE1 . . . .**137** A4
Mirabel Rd SW6 . . .**155** A2
Miranda Cl 🟦 E1 . .32 B4
Miranda Ho 🟦 N1 . .24 A3
Miranda Rd N19 . . . .4 B3
Missenden SE17 . . .**151** C1
Missenden Ho
NW8 . . . .**90** A2
Mission Pl SE15 . . .49 C2
Mission Sq 🟦
TW8 . . . . .44 A4

Mission The
🟦 Bermondsey
SE16 . . . . .40 A4
🟦 Poplar E14 . . . . . .33 B3
Misterton Ct
SW11 . . . .**167** C4
Mistral SE5 . . . . .49 A2
Mitali Pas 🟦 E1 . . .**111** B1
Mitcham Ho 🟦
SE5 . . . . .48 B2
Mitchell Brook Prim
Sch NW10 . . . . .8 A2
Mitchell St SW14 . . .56 A3
Mitchell Ho
Gunnersbury W4 . . .37 A1
🟦 Islington N1 . . . .14 C1
🟦 Shepherd's Bush
W12 . . . . .30 A2
Mitchell's Pl SE21 .76 A4
Mitchell St EC1 . . . .97 A2
Mitchison Rd N1 . . .15 C2
Mitford Ho N19 . . . . .5 A2
Mitre Bridge Ind Pk
NW10 . . . . .22 A1
Mitre Rd SE1 . . . . . .**135** C4
Mitre Sq EC3 . . . . . .**110** B1
Mitre St EC3 . . . .**110** B1
Mitre The 🟦 E14 . . .33 B2
Mitre Way W10 . . . . .30 A4
Mizzen Ct E14 . . . . . .41 C4
Moatfield NW6 . . . . . .10 A1
Moat Pl
Acton W3 . . . . .28 A3
Stockwell SW9 . . . . .62 B4
Moat Sch The 🟦
SW6 . . . .**164** A2
Moberly Rd SW4 . . .73 C4
Mobey Ct SW4 . . . .**172** A3
Mocatta Ho 🟦 E1 . .25 A1
Modbury Gdns
NW5 . . . . .12 C2
Modder Pl SW15 . . .57 C3
Model Cotts SW14 .55 B4
Modling Ho 🟦 E2 . .25 C3
Moelwyn Hughes Ct
N7 . . . . .13 C3
Moffat Ho 🟦 SE5 . .48 B3
Mohawk Ho 🟦 E3 . .26 A3
Moira Ct SW17 . . . . .72 C2
Moira Ho 🟦 SW9 . .**173** B4
Molasses Ho 🟦
SW11 . . . . .59 B4
Molasses Row 🟦
SW11 . . . . .59 B4
Mole Ct 🟦 W12 . . . .39 C4
Molesey Ho 🟦
E2 . . . . .24 B1 **98** C2
Molesford Rd
SW6 . . . .**165** B3
Molesworth Ho 🟦
SE17 . . . . .48 A4
Muleyswith St
SE13 . . . . .67 B4
Molly Huggins Cl
SW12 . . . . .73 B4
Molton Ho N1 . . . . . .85 A3
Molyneux Ho W1 . .**102** B2
Molyneux St W1 . . .**102** B3
Mona Rd SE15 . . . . .50 B1
Mona St E16 . . . . . . .35 B4
Monck's Row
SW18 . . . . .58 B1
Monck St SW1 . . . .**133** C1
Monclar Rd SE5 . . . .63 C3

Moncorvo Cl SW7 .**130** A3
Moncrieff Cl E16 . . .35 C3
Moncrieff St SE15 . .49 C1
Mondragon Ho
SW8 . . . .**172** B4
Monet Ct 🟦 SE16 . .40 A1
Moneyer Ho N1 . . . .97 B4
Monica Shaw Ct
NW1 . . . .**83** C1
Monier Rd E3 . . . . . . .18 C1
Monkbretton Ho
E2 . . . . .24 C2 **99** B3
Monk Ct W12 . . . . . . .29 C1
Monk Dr E16 . . . . . . .35 C2
Monkridge 🟦 N8 . . .4 C4
Monksfield N4 . . . . . .5 C2
Monkswell Ho
W12 . . . . .30 A2
Monkton Ho
🟦 Bermondsey
SE16 . . . . .40 C4
🟦 Hackney E5 . . . . .17 A3
Monkton St SE11 . .**149** C4
Monkwell Sq EC2 .**109** A3
Monmouth Cl W4 . . .37 C3
Monmouth Gr
TW8 . . . . .36 A2
Monmouth Ho
🟦 Camden Town
NW5 . . . . .13 A2
Wandsworth SW18 .58 C1
Monmouth Pl W2 . .31 C3
Monmouth Rd W2 .31 C3
Monmouth St
WC2 . . . .**106** A1
Monnery Rd N19 . . .4 B1
Monnow Rd SE1 . .**153** B3
Monroe Dr SW14 . .55 A2
Monroe Ho
🟦 Crouch End N19 .4 C4
Lisson Gr NW8 . . . .**90** B3
Monro Ho
🟦 Hampstead
NW3 . . . . .11 B4
Putney SW15 . . . . . .57 A2
Monro Way E5 . . . . .16 C4
Monsal Ct E5 . . . . . . .18 A4
Monsell Ct 🟦 N4 . . .6 A1
Monsell Rd N4, N5 . .6 A1
Monson Rd
Deptford SE14 . . . . .50 C3
Willesden Green
NW10 . . . . .22 A3
Montagu Ct 🟦 W1 .**103** A3
Montague Ave
SE4 . . . . .66 C3
Montague Cl SE1 .**123** B2
Montague Pl WC1 .**105** C4
Montague Rd
Richmond TW10 . . .54 A1
Shacklewell E8 . . . . .16 C3
Montagu Mans
Bloomsbury WC1 . .**106** A4
City of London EC1 **108** C3
Montagu Mews N
W1 . . . .**103** A3
Montagu Mews S
W1 . . . .**103** A2
Montagu Mews W
W1 . . . .**103** A2
Montagu Pl W1 . . .**103** A3
Montagu Row W1 .**103** A3
Montagu Sq W1 . . .**103** A3
Montagu St W1 . . .**103** A2

Montaigne Cl
SW1 . . . .**147** C3
Montana Bldg 🟦
SE13 . . . . .52 A2
Montana Rd SW17 .72 C1
Montcalm Ho E14 . .41 C3
Montclare St
E2 . . . . .24 B1 **98** C2
Monteagle Ct 🟦
N1 . . . . .24 A3
Monteagle Way
Nunhead SE15 . . . . .65 A4
Shacklewell E5 . . . . .7 C1
Montefiore Ct 🟦
N16 . . . . .7 C3
Montefiore St 🟦
SW8 . . . .**170** B1
Montego Cl 🟦
SW2 . . . . .62 C3
Montem Prim Sch 🟦
N7 . . . . .5 B1
Montem St N4 . . . . . .5 B3
Monteray Studios
W10 . . . . .23 A3
Montesquieu Terr 🟦
E16 . . . . .35 B3
Montford Pl SE11 . .**149** B1
Montfort Ho
🟦 Bethnal Green
E2 . . . . .25 B2
Cubitt Town E14 . . .42 B3
Montfort Pl SW19 . .69 C3
Montgomery Ct
W4 . . . . .45 B4
Montgomery Ho 🟦
SW14 . . . . .55 C4
Montgomery Lo 🟦
E1 . . . . .25 B1
Montgomery Rd
W4 . . . . .37 B2
Montgomery St
E14 . . . . .34 A1
Montholme Rd
SW11 . . . . .60 B1
Monthope Rd 🟦
E1 . . . .**111** B3
Montolieu Gdns
SW15 . . . . .57 A2
Montpelier Gr
NW5 . . . . .13 B3
Montpelier Mews
SW7 . . . .**130** B2
Montpelier Pl
Knightsbridge
SW7 . . . .**130** B2
🟦 Stepney E1 . . . . .32 B3
Montpelier Rd
SE15 . . . . .50 A2
Montpelier Rise
NW11 . . . . .1 A4
Montpelier Row
SE3 . . . . .53 B1
Montpelier Sq
SW7 . . . .**130** B3
Montpelier St
SW7 . . . .**130** B2
Montpelier Terr
SW7 . . . .**130** B3
Montpelier Vale
SE3 . . . . .53 B1
Montpelier Way
NW11 . . . . .1 A4
Montpelier Wlk
SW7 . . . .**130** B2
Montreal Pl WC2 . .**120** C4
Montrell Rd SW2 . .74 A3

Montrose Ave
NW6 . . . . .23 A3
Montrose Ct SW7 .**129** C3
Montrose Ho
Belgravia SW1 . . . .**131** C3
E14 . . . . .41 C3
Montrose Pl SW1 .**131** C3
Montrose Villas 🟦
W6 . . . . .38 C1
Montserrat Rd
SW15 . . . . .58 A3
Monument* EC3 . .**123** C4
Monument Gdns
SE13 . . . . .67 B2
Monument St EC3 **123** C4
Monument Sta
EC3 . . . .**123** C4
Monza Bldg The
E1 . . . . .32 B2
Monza St E1 . . . . . . .32 B2
Moodkee St SE16 . .40 B3
Moody Rd SE15 . . . .49 B2
Moody St E1 . . . . . . .25 C2
Moon St N1 . . . . .86 A4
Moorcroft Rd
SW16 . . . . .74 A1
Moore Cl SW14 . . . .55 B4
Moore Ct N1 . . . . . . .86 A3
Moore Ho
🟦 Bethnal Green
E2 . . . . .25 B2
🟦 Greenwich SE10 .43 B1
🟦 Wandsworth SW17 ..71 C1
Moore Park Ct
SW6 . . . .**156** B2
Moore St SW3 . . . .**144** C4
Moorfields EC2 . . .**109** B3
Moorfields Eye Hospl
EC1 . . . . .97 B3
Moorfields Highwalk
EC2 . . . .**109** B3
Moorgate EC2 . . . .**109** B3
Moorgate Pl EC2 .**109** B2
Moorgate Sta
EC2 . . . .**109** B3
Moorgreen Ho
EC1 . . . . .96 A4
Moorhouse Rd
W2 . . . . .31 C3
Moor La EC2 . . . . .**109** B3
Moorland Rd SW9 .63 A3
Moor Pl EC2 . . . . . .**109** B3
Moor St W1 . . . .**105** C1
Morant Ho SW9 . .**172** C2
Morant St E14 . . . . .33 C2
Mora Prim Sch
NW2 . . . . .9 B4
Mora Rd NW2 . . . . . . .9 B4
Mora St EC1 . . . . . . .97 A3
Morat St SW9 . . . .**173** A4
Moravian Cl SW3 .**157** C3
Moravian Pl
SW10 . . . .**157** C3
Moravian St 🟦 E2 .25 B2
Moray Ho 🟦 E1 . . .26 A1
Moray Mews N4, N7 . .5 B2
Moray Rd N4, N7 . . .5 B2
Mordaunt Ho
🟦 Becontree
NW10 . . . . .20 C4

Mordaunt Ho *continued*
34 Clapham SW8 .. 171 B1
Mordaunt Rd NW10 .... 20 C4
Mordaunt St SW9 .. 62 B4
Morden Hill SE13 ... 52 B1
Morden Ho 19 SW2 .... 62 C1
Morden La SE13 .... 52 B2
Morden Mount Prim Sch 1 SE13 .... 52 A1
Morden Rd SE3 ...... 53 C1
Morden Road Mews SE3 .... 53 C1
Morden St SE13 .... 52 A2
Morden Wharf Rd SE10 .... 43 A3
Mordern Ho NW1 .. 90 B1
Morecambe Cl 3 E1 .... 32 C4
Morecambe St SE17 .... 151 A2
More Cl
Canning Town E16 ... 35 B3
West Kensington W14 .... 140 A3
Moredown Ho 3 E8 .... 16 C3
More House Sch SW1 .... 131 A1
Moreland Ct 3 NW2 .... 1 C1
Moreland Prim Sch EC1 .... 96 B3
Moreland St EC1 .. 96 B4
Morella Rd SW11, SW12 .... 72 B4
Morell Ho 5 SW9 172 C1
More London Pl SE1 .... 124 A1
Moresby Wlk 6 SW8 .... 170 B1
More's Gdn SW3 . 157 C3
Moreton Ho SE16 ... 40 A3
Moreton Pl SW1 .. 147 A2
Moreton St SW1 .. 147 B2
Moreton Terr SW1 .... 147 A2
Moreton Terr Mews N SW1 .... 147 A2
Moreton Terr Mews S SW1 .... 147 A2
Moreton Twr 3 W3 .... 28 A1
Morgan Ct 5 SW11 .... 167 C2
Morgan Ho
Nine Elms SW8 .... 171 A4
Pimlico SW1 ...... 147 A3
Morgan Rd
Islington N7 .... 14 C3
Notting Hill W10 ..... 31 B4
Morgans La SE1 .. 124 A1
Morgan St
Canning Town E16 ... 35 B4
Globe Town E3 ...... 25 C2
Morgan's Wlk SW11 .... 158 A1
Moriatry Cl N7 ..... 14 A4
Morie St SW18 ..... 59 A2
Morkyns Wlk SE21 .. 76 A1
Morland Cl NW11 .... 2 A3
Morland Ct W12 .... 39 A4
Morland Est E8 ..... 16 C1
Morland Ho
Kilburn NW6 .... 23 C4
Notting Hill W11 ..... 31 A3
Somers Town NW1 .. 83 A1
Westminster SW1 . 148 A4
Morland Mews N1 .. 14 C1
Morley Coll SE1 .. 135 C2
Morley Ct SE13 ..... 67 B3
Morley Ho
Stoke Newington N16 .... 7 C2
Streatham SW2 ..... 74 A4
W1 .... 104 B2
Morley Rd SE13 .... 67 B3
Morley St SE1 .... 135 C3
Morna Rd SE5 ...... 48 B1
Morning La E9 ..... 17 B2
Morningside Prim Sch 17 E9 .... 17 B2
Mornington Ave W14 .... 140 C3
Mornington Avenue Mans W14 .... 140 C3
Mornington Cres
Camden Town NW1 . 82 C2
NW1 .... 82 C2
Mornington Crescent Sta NW1 .... 82 C2
Mornington Ct NW1 .... 82 C2
Mornington Gr E3 .. 26 C2
Mornington Mews 2 SE5 .... 48 B2
Mornington Pl
4 New Cross SE8 ... 51 B3
Regent's Pk NW1 ... 82 C2
Mornington Rd SE14, SE8 .... 51 B3
Mornington St NW1 .... 82 B2
Mornington Terr NW1 .... 82 B2
Morocco St SE1 .. 138 A3
Morpeth Gr E9 ..... 25 C4
Morpeth Rd E9 ..... 25 C4
Morpeth Sch E2 .... 25 B2
Morpeth St E2 ..... 25 C2
Morpeth Terr SW1 .... 146 C4
Morrel Ct 11 E2 .... 24 C3
Morris Blitz Ct 2 N16 .... 16 B4
Morris Ct 3 SE5 ... 63 C3
Morris Gdns SW18 .. 70 C4
Morris Ho
17 Bethnal Green E2 .... 25 B2
Lisson Gr NW8 ..... 90 A1
1 Stockwell SW4 ... 62 A3
10 Tufnell Pk N19 .... 13 B4
Morrish Rd SW2 .... 74 A4
Morrison Bldgs 5 E1 .... 111 B2
Morrison Ho SW2 .. 74 C3
Morrison St SW11 .. 60 C4
Morris Pl N4 .... 5 C2
Morris Rd E14 ...... 34 A4
Morriss Ho 9 SE16 .... 40 A4
Morris St E1 .... 32 A3
Morshead Mans W9 .... 23 C2
Morshead Rd W9 ... 23 C2
Mortain Ho 9 SE16 .... 40 A2
Morten Cl SW4 ..... 61 C1
Mortimer Cl
1 Child's Hill NW2 ... 1 B1
Streatham SW16 .... 73 C2
Mortimer Cres NW6 .... 78 B3
Mortimer Ct NW8 . 79 A1
Mortimer Est NW6. 78 A3
Mortimer Ho
6 Shepherd's Bush W11 .... 30 C1
West Kensington W14 .... 140 B3
Mortimer Lo 11 SW19 .... 70 A3
Mortimer Market WC1 .... 93 A1
Mortimer Pl NW6 .. 78 A3
Mortimer Rd
De Beauvoir Town N1 .... 16 A1
Kensal Green NW10 .. 22 B2
Mortimer Sq W11 .. 30 C2
Mortimer St W1 .. 105 A3
Mortimer Terr NW5 .... 13 A4
MORTLAKE 55 B4
Mortlake High St SW14 .... 55 C4
Mortlake Ho 7 W4 .... 37 B2
Mortlake Rd SW14, TW9 .... 44 C2
Mortlake Sta SW14 .... 55 B4
Mortlake Terr TW9 .... 44 C3
Mortlock Cl SE15 ... 50 A2
Morton Cl 29 E1 .... 32 B3
Morton Ho SE17 .... 48 A4
Morton Mews SW5 .... 142 A3
Morton Pl SE1 .... 135 B1
Morton Rd N1 ...... 15 B1
Morval Rd SW2 ..... 62 C2
Morven Rd SW17 ... 72 B1
Morville Ho SW18 .. 59 C1
Morville St E3 ...... 26 C3
Morwell St WC1 .. 105 C3
Moscow Pl W2 ... 114 A4
Moscow Rd W2 ... 114 A4
Mosedale NW1 .... 92 B3
Moseley Row SE10 .. 43 B2
Mosque Tower 26 E1 .... 111 C3
Mossbourne Com Acad E8 .... 16 C3
Mossbury Rd SW11 .... 60 A4
Moss Cl E1 .... 111 C4
Mossford St E3 ..... 26 B1
Mossington Gdns SE16 .... 40 B2
Mossop St SW3 .. 144 B4
Mostyn Gdns NW10 .... 22 C3
Mostyn Gr E3 ...... 26 C3
Mostyn Lo N5 ...... 15 B4
Mostyn Rd SW9 .. 173 C3
Motcomb St SW1. 131 B2
Mothers Sq The 13 E5 .... 17 A4
Motley Ave EC2 .... 24 A1 98 A2
Motley St SW8 ... 170 C2
Moules Ct SE5 ..... 48 B3
Moulins Rd E9 ..... 17 B1
Moulsford Ho
5 Lower Holloway N7 .... 14 A3
32 Paddington W2 ... 31 C4
Mounsey Ho 13 W10 .... 23 A2
Mount Adon Pk SE21, SE22 .... 76 C4
Mountague Pl 2 E14 .... 34 B2
Mountain Ho SE11 .... 148 C2
Mount Angelus Rd SW15 .... 68 B4
Mount Ararat Rd TW10 .... 54 A2
Mountbatten Ho N6 .... 3 C4
Mountbatten Mews SW18 .... 71 B3
Mount Carmel 3 N7 .... 14 B3
Mount Carmel RC Tech Coll for Girls 6 N19 .... 4 C3
Mountearl Gdns SW16, SW2 .... 74 B1
Mount Ephraim La SW16 .... 73 C1
Mount Ephraim Rd SW16 .... 73 C1
Mountfield NW2 ..... 1 B2
Mountfield Ct SE13 .... 67 C1
Mount Ford St E1 111 B2
Mountfort Cres N1 .... 14 C1
Mountfort Terr 1 N1 .... 14 C1
Mountgrove Rd N5 .. 6 B1
Mountjoy Ho EC2 108 C3
Mount Lodge SW4 .. 61 C3
Mount Mills EC1 ... 96 B3
Mount Nod Rd SW16, SW2 .... 74 B1
Mount Pl 7 W3 .... 28 A1
Mount Pleasant WC1 .... 95 B1
Mount Pleasant Cres N4 .... 5 B4
Mount Pleasant Rd
Lewisham SE13 ..... 67 B1
Willesden NW10 ..... 22 B4
Mount Pleasant Villas N4 .... 5 B4
Mount Rd SW18, SW19 .... 71 A2
Mount Row W1 ... 118 A3
Mounts Pond Rd SE3, SE13 .... 52 C1
Mount Sq The 3 NW3 .... 2 B1
Mount St W1 ..... 117 C3
Mount Terr E1 ...... 32 A4
Mount The
Hampstead NW3 ..... 2 B1
Kensington W8 .... 31 C1 113 B1
Mount Tyndal NW3 .. 2 C3
Mount Vernon NW3 .... 11 B4
Mountview 5 SW16 .... 74 B1
Mountview Cl NW11 .... 2 B3
Mount Villas SE27 .. 75 A1
Mourne Ho NW3 ... 11 B2
Movieum The★ SE1 .... 134 C4
Mowatt Cl N19 ...... 4 C3
Mowbray Rd NW6 .. 10 A1
Mowlem Prim Sch 36 E2 .... 25 B3
Mowlem St E2 ..... 25 A3
Mowll St SW9 .... 163 B1
Moxon St W1 ..... 103 B3
Moye Cl 10 E2 ...... 24 C3
Moylan Rd W6 .... 154 B3
Moyle Ho SW1 ... 161 A4
Moyne Ho 16 SW9 .. 63 A3
Mozart St W10 ..... 23 B2
Mudchute Pk & Farm★ E14 .... 42 B2
Mudchute Sta E14 .. 42 A2
Mudie Ho 8 SW2 .. 74 A4
Mudlarks Blvd 3 SE10 .... 43 B3
Muirdown Ave SW14 .... 55 C3
Muir Dr SW18 ...... 60 A1
Muirfield W3 .... 29 A3
Muirfield Cl 23 SE16 .... 40 A1
Muirfield Cres E14 .... 42 A3
Muir Rd E5 .... 7 C1
Mulberry Bsns Ctr SE16 .... 40 C4
Mulberry Cl
Chelsea SW3 ..... 157 C3
East Dulwich SE22 ... 64 C1
Hampstead NW3 .... 11 C4
Mulberry Ct
Finsbury EC1 ...... 96 B3
Islington N5 .... 15 A3
1 Leyton E11 ...... 19 C4
10 Paddington W9 ... 23 B2
Mulberry Ho
1 Bethnal Green E2 .... 25 B2
8 Deptford SE8 ..... 51 B4
Mulberry House Sch NW2 .... 10 A3
Mulberry Mews SE14 .... 51 B2
Mulberry Pl W6 .... 38 C1
Mulberry Rd E8 .... 16 B1
Mulberry Sch for Girls
39 Stepney E1 ...... 32 A3
16 St George in t East E1 .... 32 A2
Mulberry St 7 E1 .... 111 B2
Mulberry Wlk SW3 .... 157 C4
Mulgrave Rd
West Kensington W14 .... 154 C4
Willesden NW10 ...... 8 B4
Mulkern Rd N19 ..... 4 C3
Mullard Ho WC1 .. 105 B4
Mullens Ho 7 SW15 .... 57 B2
Mullen Twr EC1 .... 95 B1
Muller Rd SW4 ..... 61 C1
Mullet Gdns 7 E2 .... 24 C2 99 C4
Mulletsfield WC1 .. 94 B3
Mull Ho 17 E3 ...... 26 B3
Mullins Path SW14 .... 55 C4
Mulready St NW8 .. 90 A1

Multi Way W3 ....38 A4
Multon Ho E9 ....17 B1
Multon Rd SW18 ....71 C2
Mulvaney Way
SE1 ....137 C3
Mumford Ct EC2 .63 A2 98 B2
Muncaster Rd
SW11 ....60 C2
Mundania Ct SE22 ..65 A1
Mundania Rd SE22 ..65 B1
Munday Ho SE1 ....137 B1
Munday Rd E16 ....35 C2
Munden Ho E3 .27 A2
Munden St W14 .....140 A4
Mund St W14 ....141 A1
Mundy Ho E6 ....10 A3
Mundy St
N1 ....24 A2 98 B4
Munro Ho
Bermondsey SE1 ...137 C3
Lambeth SE1 ......135 B3
Munro Mews W10 .31 A4
Munster Ct SW6 ...164 C2
Munster Rd SW6 ..154 B2
Munster Residences
SW6 ....164 B4
Munster Sq NW1 ..92 B2
Munton Rd SE1,
SE17 ....151 A4
Murchison Ho
W10 ....31 A4
Murdock Ho E4
SE16 ....40 B3
Murdock Cl E16 ....35 B3
Murdock St SE15 ...50 A4
Murfett Cl SW19 ....70 A2
Muriel St N1 ....85 A4
Murphy Ho SE1 ....136 B2
Murphy St SE1 ....135 B3
Murray Gr N1 ....87 B1
Murray Mews
NW1 ....13 C1
Murray St NW1 ....13 C1
Murray Terr NW3 ...11 C4
Musard Rd W6 .....154 B4
Musbury St E1 ....32 B3
Muscal W6 ....154 A4
Muscatel Pl SE5 .....49 A2
Muschamp Rd
SE15 ....64 B4
Muscott Ho E3 .24 C4
Muscovy St EC3 ..124 B4
Museum & Galleries
of Modern London★
EC2 ....108 C2
Museum Ho E7 .25 B2
Museum La SW7 .129 B1
Museum Mans
WC1 ....106 A3
Museum of Brands,
Packaging &
Advertising★
W11 ....31 B3
Museum of Childhood
(V&A)★ E2 .25 A2
Museum of Culinary
History &
Alimentation★
NW1 ....83 A2
Museum of
Instruments★
SW7 ....129 B3
Museum of London★
EC2 ....108 C3
Museum of London
Docklands★ E14 .33 C2

Museum of the Order
of St John★ EC1 ...96 A1
Museum Rd SE22 ..106 A2
Museum Way W3 ....36 C4
Musgrave Cres
SW6 ....165 C4
Musgrave Ct
SW11 ....168 A4
Musgrove Ho E9 .17 C2
Musgrove Rd SE14 .51 A2
Musical Mus The★
TW8 ....44 B4
Musjid Rd E7
SW11 ....167 C1
Mus of the Royal
Pharmaceutical
Society★ SE1 ....148 C4
Mustow Pl SW6 ...165 A2
Mutrix Rd NW6 .....23 C4
Mutton Pl NW1 .....12 C2
Myatt Garden Prim
Sch SE4 ....51 B1
Myatt Rd SE5 ....48 A1
Myatt Rd SW9 ....48 A2
Myatts Field Ct
SE5 ....48 B2
Mycenae Rd SE3 ...53 C4
Myddelton Pas
EC1 ....95 C4
Myddelton Sq EC1 .95 C4
Myddelton St EC1 ..95 C3
Myddleton Ave N4 ..6 B2
Myers Ho E5 .48 B3
Myers La SE14 ....50 C4
Mylius Cl SE14 ......50 B2
Mylne Cl W6 ....38 C1
Mylne St EC1 ....85 B1
Mynterne Ct E16
SW19 ....69 C3
Myrdle Ct E1 111 C2
Myrdle St E1 ....111 C2
Myrtle St E1 ....111 C2
Myron Pl SE13 ......67 B4
Myrtle Ho SE14 .....50 C2
Myrtle Rd W3 ....28 B1
Myrtle Wlk E1 N1 .24 A3
Mysore Rd SW11 ....60 B3
Myton Rd SE21 .....75 C1
Mytton Ho SW8 ...162 C1

N
N1 Shopping Ctr
N1 ....85 C2
Nags Head N7 ....14 B4
Nags Head EC1 ....97 A1
Nags Head Sh Ctr The
N7 ....14 B4
Naima Jewish Prep
Sch E1 NW6 .78 A2
Nainby Ho SE11 ...149 B3
Nairne Gr SE5,
SE24 ....63 C3
Nairn St E14 ....34 B4
Naldera Gdns SE3 ..53 C4
Nalton Ho E4 NW6 .11 B1
Namco Sta★ SE1 ..124 C3
Nankin St E14 ....33 C3
Nansen Rd SW11 ...60 B3
Nant Ct NW2 ....1 B2
Nant Rd NW2 ....1 B2
Nant St E2 .25 A2
Naoroji St WC1 .....95 B3

Napier Ave
Deptford E14 ....41 C1
Fulham SW6 ....58 B4
Napier Cl
New Cross SE14,
SE8 ....51 B3
West Kensington
W14 ....126 C2
Napier Ct
Fulham SW6 ....58 B4
Shoreditch N1 ....87 B2
Napier Gr N1 ....87 A2
Napier Ho SE17 .....48 A4
Napier Pl W14 .....126 C1
Napier Rd
College Pk NW10 ...22 A2
Kensington
W14 ....126 C1
Napier Terr N1 ....15 A1
Narbonne Ave
SW4 ....61 B2
Narborough St
SW6 ....166 B2
Narcissus Rd NW6 .10 C3
Narford Rd E5 ....7 C2
Narrow St E1
E Acton W3 .28 A1
Limehouse E14 .....33 A2
Nascot St W12 ....30 B3
Naseby Cl NW6 .....11 B1
Nashe Ho SE1 ......137 B1
Nash Ho
Millwall E14 .....41 C3
Pimlico SW1 .....146 B1
Nash Rd SE4 ....66 A2
Nash St NW1 ....92 B4
Nasmyth St W6 .....39 A3
Nassau Rd SW13 ...46 B2
Nassau St W1 .....104 C3
Nassington Rd
NW3 ....12 B4
Nathan Ho SE11 ...149 C3
Nathaniel Cl E1 ....111 A3
National Archives The
TW9 ....45 A3
National Army Mus★
SW3 ....159 A4
National Gallery★
W1 ....119 C3
National Hospl for
Neurology &
Neurosurgery
WC1 ....94 B1
National Maritime
Mus★ SE10 ......52 C4
National Portrait
Gallery★ W1 ...119 C3
National Portrait
Gallery (Annexe)★
W1 ....119 C2
National Theatre★
SE1 ....121 A2
Natural History Mus★
SW7 ....129 B1
Nautilus Bldg The
EC1 ....95 C4
Naval Row E14 ....34 B2
Navarino Gr E8 .16 C2
Navarino Mans E8 .16 C2
Navarino Rd E8 .16 C2
Navarre St
E2 ....24 B1 98 C2
Navenby Wlk E3
E3 ....26 C1
Navy St SW4 ....61 C4
Naxos Bldg E14 .41 C4

Naylor Bldg W E4
E1 ....111 B2
Naylor Ho
Clapham SW8 ....171 B1
Walworth SE17 ...151 C2
West Kilburn
W10 ....23 B2
Naylor Rd SE15 ....50 A3
Nayor Bldg E E6
E1 ....111 B2
Nazareth Cl SE15 ..50 A1
Nazrul St E2 .24 B2 98 C4
Nealden St SW9 ...62 B4
Neal St WC2 ....106 A1
Neal's Yd WC2 ....106 A1
Neasden Cl NW10 ..8 A3
Neasden Junc
NW10 ....8 A4
Neasden La NW10 ..8 A4
Neasden Sta NW10 .8 A3
Neathouse Pl
SW1 ....146 C4
Nebraska Bldg E11
SE13 ....52 A2
Nebraska St SE1 ..137 B3
Neckinger E16 SE16 .139 A2
Neckinger Est
SE16 ....139 A2
Neckinger St SE1 .139 A2
Nectarine Way
SE13 ....52 A1
Nedahall Ct E4
NW11 ....1 B4
Needham Ho
SE11 ....149 B3
Needham Rd W11 .31 C3
Needleman St
SE16 ....40 C4
Needwood Ho N4 ...6 B3
Neilson-Terry Ct E9
SW9 ....62 B3
Neil Wates Cres E17
SW2 ....74 C3
Nella Rd W6 ....47 C4
Nelldale Rd SE16 ...40 B2
Nell Gwynn Ho
SW3 ....144 B3
Nelson Cl E9 NW6 .23 C2
Nelson Cl SE16 .....33 B1
Nelson Docks
SE16 ....33 B1
Nelson Gdns
E2 ....24 C2 99 C4
Nelson Pas EC1 .97 A4
Nelson Pl N1 ....86 B1
Nelson Rd SE10 ....52 B4
Nelson's Monument★
WC2 ....120 A2
Nelson Sq SE1 ....136 A4
Nelsons Row SW4 .61 C3
Nelson St
Canning Town E16 .35 B2
Stepney E1 ....32 A3
Nelson Terr N1 .....86 B1
Nemoure Rd W3 ....28 B2
Nepaul Rd E17
SW11 ....60 A4
Nepean St SW15 ...68 C4
Neptune Ct E13 E14 .41 C2
Neptune Ho
E2 Rotherhithe
SE16 ....40 B3
E4 Stoke Newington
N16 ....16 A3
Neptune St SE16 ...40 B3

Nesham Ho E4 N1 ..24 A4
Nesham St E1 ......125 B2
Ness St E9 SE16 ..139 B2
Nestor Ho E3 E2 ...25 A3
Netheravon Rd
W4 ....38 B1
Netheravon Rd S
W4 ....38 B1
Netherby Ho E2
SW8 ....171 B1
Nethercombe Ho E1
SE3 ....53 C4
Nethercott Ho E7
E3 ....27 A2
Netherfield Rd
SW17 ....72 C1
Netherford Rd
SW4 ....171 A1
Netherhall Gdns
NW3 ....11 B3
Netherhall Int Coll
NW3 ....11 B3
Netherhall Way
NW3 ....11 B3
Netherleigh Cl N6 ...4 B3
Netherton Gr
SW10 ....157 A3
Netherwood Rd
W14 ....39 C4
Netherwood St
NW6 ....10 C2
Netley E13 SE5 .....49 A2
Netley Prim Sch
NW1 ....92 B3
Netley Rd TW8 .....44 A4
Netley St NW1 ......92 C3
Nettlecombe NW1 .13 C1
Nettleden Ho
SW3 ....144 B3
Nettlefold Pl SE27 .75 A1
Nettleton Rd SE14 .50 C2
Nevada St SE10 ....52 B4
Nevena Ct E3 SW2 .62 C2
Nevern Mans
SW5 ....141 B2
Nevern Pl SW5 ....141 C3
Nevern Rd SW5 ...141 B3
Nevern Sq SW5 ...141 C3
Nevil Ho E4 SW9 ...48 A1
Nevill Ct SW10 ....156 C2
Neville Cl
Acton W3 ....37 B4
Paddington NW6 ...23 B3
Peckham SE15 ......49 C2
Somers Town NW1 ..83 C1
Neville Ct E10
SW12 ....73 B4
Neville Gill Cl
SW18 ....59 A1
Neville Ho N7 .6 A4
Neville Rd NW6 .....23 B3
Neville St SW7 ....143 B2
Neville Terr SW7 ..143 B2
Nevill Rd N16 ....7 A1
Nevinson Cl SW18 .59 C1
Nevis Rd SW17 .....72 C2
Nevitt Ho N1 .87 C1
New Ho E4 SE1 ....137 A2
Newark Cres
NW10 ....20 C2
Newark Ho E3
SW9 ....48 A1
Newark St E1 ....32 A4
New Atlas Wharf
E14 ....41 C3

New Bentham Ct 10
  N1 . . . . 15 B1
Newbery Ho N1 . . . 15 B1
Newbold Cotts 4
  E1 . . . . 32 B3
Newbolt Ho SE17 . 151 B2
New Bond St W1 . 118 B4
New Bridge St
  EC4 . . . . 108 A1
New Broad St
  EC2 . . . . 110 A3
Newburgh Rd W3 . 28 B1
Newburgh St W1 . 105 A1
Newbury Ct E5 . . . 18 A3
Newbury Ho
  Brixton SW9 . . . . . 48 A1
  14 Kensington W2 . 100 B1
Newbury Mews
  NW5 . . . . 12 C2
Newbury St EC1 . 108 C4
New Butt La SE8 . 51 C3
Newby NW1 . . . . . . 92 C4
Newby Pl E14 . . . . 34 B2
Newby St SW8 . . . 61 A4
New Caledonian
  Mkt★ SE16 . . . . 138 B2
New Caledonian
  Wharf SE16 . . . . . . 41 B3
New Campden Ct 9
  NW3 . . . . 11 B4
Newcastle Cl EC4 108 A2
Newcastle Ct EC4 123 A4
Newcastle Ho W1 103 B3
Newcastle Pl W2 . 101 C4
Newcastle Row
  EC1 . . . . 95 C1
New Cavendish St
  W1 . . . . 104 A3
New Change EC4 . 108 C1
New Charles St
  EC1 . . . . 96 B4
New Church Rd
  32 Camberwell
  SE5 . . . . 48 B3
  Camberwell SE5 . . . 48 C3
New College Ct 6
  NW3 . . . . 11 B2
New College Mews 7
  N1 . . . . 14 C1
New College Par 1
  NW3 . . . . 11 C1
Newcombe Ho N5 . 15 B3
Newcombe St
  W8 . . . . . 31 C1 113 C2
Newcomen Ho
  NW5 . . . . 13 A4
Newcomen Rd
  SW11 . . . . 59 C4
Newcomen St
  SE1 . . . . 137 B4
New Compton St
  WC2 . . . . 106 A1
New Concordia Wharf
  SE1 . . . . 139 A4

Newcourt Ho 26
  E2 . . . . 25 A2
Newcourt St NW8 . 80 A1
New Covent Garden
  Flower Market★
  SW8 . . . . 162 A3
New Covent Garden
  Fruit & Vegetable
  Mkt★ SW8 . . . . 161 B1
New Crane Pl E1 . 32 B1
New Crescent Yd 1
  NW10 . . . . 21 B3
NEW CROSS 51 B2
New Cross SE14 . 51 B3
NEW CROSS
  GATE 50 C2
New Cross Gate
  SE14 . . . . 50 C2
New Cross Gate Sta
  SE14 . . . . 51 A3
New Cross Rd
  SE14 . . . . 51 A2
New Cross Sta
  SE14 . . . . 51 B3
New Ct
  City of London
  EC4 . . . . 107 B1
  20 Hampstead NW3 . 11 B4
  Stoke Newington N16 . 6 C3
New Den (Millwall
  FC) The SE16 . . . . 40 B1
Newdigate Ho 8
  E14 . . . . 33 B3
Newell St E14 . . . . 33 B3
New End NW3 . . . . . 2 B1
New End Prim Sch 33
  NW3 . . . . 11 B4
New End Sq NW3 . . 11 C4
New Fetter La EC4 107 C2
Newfield Prim Sch
  NW10 . . . . 8 B1
Newgate St EC1 . 108 B2
New Globe Wlk
  SE1 . . . . 122 C2
New Goulston St
  E1 . . . . 110 C2
Newham Sixth Form
  Coll (Stratford Ctr)
  7 E15 . . . . 19 C1
Newham's Row
  SE1 . . . . 138 B3
Newhaven La 3
  E16 . . . . 35 C4
New Hope Christian
  Sch 1 SE22 . . . . . 64 B3
NEWINGTON 150 B4
Newington Barrow
  Way N7 . . . . 5 B1
Newington Butts SE1,
  SE11 . . . . 150 B3
Newington Cswy
  SE1 . . . . 136 C2
Newington Gn
  N16 . . . . 15 C3
Newington Green
  Mans N16 . . . . 15 C3
Newington Green
  Prim Sch 1 N16 . 15 C3
Newington Green Rd
  N1 . . . . 15 C3
Newington Ind Est
  SE17 . . . . 150 C3
New Inn Broadway
  EC2 . . . . 24 A1 98 B2

New Inn Sq
  EC2 . . . . 24 A1 98 B2
New Inn St
  EC2 . . . . 24 A1 98 B2
New Inn Yd
  EC2 . . . . 24 A1 98 B2
New James Ct
  SE15 . . . . 65 A4
New Kent Rd SE1 151 A4
New King's Prim Sch
  12 SW6 . . . . 165 A2
New King's Rd
  SW6 . . . . 165 C3
New King St SE8 . 51 C4
Newland Ct EC1 . . 97 B2
Newland Ho 17
  SE14 . . . . 50 C4
Newlands NW1 . . . . 92 C4
Newlands Quay E1 32 B2
New London St
  EC3 . . . . 124 B4
Newlyn NW1 . . . . . . 83 A3
Newman Pas W1 . 105 A3
Newman's Row
  WC2 . . . . 107 A3
Newman St W1 . . . 105 A3
Newmill Ho E3 . . . 27 B1
Newmount NW3 . . . 11 C3
New Mount St E15 . 19 C1
Newnes Path
  SW15 . . . . 57 A3
Newnham Ho 9
  SW15 . . . . 57 C1
Newnham Terr
  SE1 . . . . 135 B2
New North Com Sch
  N1 . . . . 86 C4
New North Pl
  EC2 . . . . 24 A1 98 A2
New North Rd N1 . 87 B3
New North Road
  Bridge N1 . . . . 87 B3
New North St
  WC1 . . . . 106 C4
Newnton Cl N4 . . . 6 C4
New Oxford St
  WC1 . . . . 106 A2
New Palace Yd
  SW1 . . . . 134 A3
New Park 26
  SW2 . . . . 74 A4
New Park Par 14
  SW2 . . . . 74 A4
New Park Rd SW2 . 74 A4
New Place Sq
  SE16 . . . . 40 A3
Newport Ave E14 . 34 C2
Newport Ct WC2 . 119 C4
Newport Ho E3 . . 26 A2
Newport Pl WC2 . 119 C4
Newport Rd SW13 . 46 C2
Newport St SE11 . 149 A4
New Priory Ct 9
  NW6 . . . . 10 C1
New Providence
  Wharf E14 . . . . 34 C1
Newquay Ho SE11 149 B2
New Quebec St
  W1 . . . . 103 A1
New Rd E1 . . . . 32 A4
New River Ct N5 . 15 C4
New River Way N4 . 6 C4
New Row WC2 . . . . 120 A4
New Sq EC4 . . . . 107 C2

New Scotland Yard★
  SW1 . . . . 133 B2
New Shepherd's Bush
  Mkt★ 6 W12 . . . . . 39 B4
New Spring Gdns Wlk
  SE11 . . . . 148 B1
New Sq WC2 . . . . . 107 A2
New Square Pas
  WC2 . . . . 107 B2
New St EC2 . . . . . . 110 B3
Newstead Ho N1 . . 85 C2
Newton Ave W3 . 37 B4
Newton Gr W4 . . . 38 A2
Newton Ho
  22 Clapham SW8 . 171 B2
  Paddington NW8 . . 78 B4
  7 Stepney E1 . . . . 32 A2
Newton Pl E14 . . . 41 C2
Newton Point 1
  E16 . . . . 35 B3
Newton Prep Sch
  SW8 . . . . 170 B4
Newton Rd
  Acton W3 . . . . 37 B4
  Kensington W2 . . . . 100 A1
  Stratford New Town
  E15 . . . . 19 C3
Newton St WC2 . 106 B2
Newton's Yd 14
  SW18 . . . . 58 C2
New Tower Bldgs 21
  E1 . . . . 32 A1
Newtown Ct
  Battersea SW11 . . . 170 A3
  Clapham SW4 . . . . 61 A2
New Union Cl E14 . 42 B3
New Union St
  EC2 . . . . 109 B3
New Wharf Rd N1 . 84 B2
Niagara Cl N1 . . . . 87 A2
Niagara Ct 6
  SE16 . . . . 40 B3
Nicholas Ct
  Chiswick W4 . . . . . 46 A3
  Golders Green NW11 . 1 C4
Nicholas Ho 2
  SW15 . . . . 56 C2
Nicholas La EC2,
  EC4 . . . . 123 C4
Nicholas Pas EC3 123 C4
Nicholas Rd
  Bethnal Green E1 . . 25 B1
  20 Shepherd's Bush
  W11 . . . . 30 C2
Nicholay Rd N19 . . 4 C3
Nicholl Ho N4 . . . . 6 B3
Nicholl St E2 . . . . 24 C4
Nicholson Ho
  SE17 . . . . 151 B2
Nicholson St SE1 . 122 A1
Nickleby Ho
  18 Bermondsey
  SE1 . . . . 139 B3
  7 Shepherd's Bush
  W11 . . . . 30 C2
Nickols Wlk SW18 . 59 A3
Nicoll Ct NW10 . . 21 A4
Nicoll Rd NW10 . . 21 A4
Nicosia Rd SW18 . 72 A4
Nigel Bldg EC1 . . 107 B4
Nigel Playfair Ave
  W6 . . . . 39 A1
Nigel Rd SE15 . . . . 64 C4
Nightingale Cl W4 . 45 B4

Nightingale Ct
  14 Cubitt Town
  E14 . . . . 42 B3
  Finsbury Pk N4 . . . . 5 B2
Nightingale Gr
  SE13 . . . . 67 C2
Nightingale Ho
  2 Hoxton E1 . . . . . 24 A4
  4 North Kensington
  W10 . . . . 30 B3
  7 St George in t East
  E1 . . . . 125 B2
Nightingale La SW11,
  SW12 . . . . 60 C1
Nightingale Lo 5
  W9 . . . . 31 C4
Nightingale Mans 4
  SW12 . . . . 60 C1
Nightingale Mews
  1 Bow E3 . . . . 26 A3
  Newington SE11 . . . 150 A4
Nightingale Pl
  SW10 . . . . 157 A4
Nightingale Prim Sch
  E5 . . . . 16 C4
Nightingale Rd
  22 Canonbury N1 . 15 B2
  Dagenham NW10 . . 21 B3
Nightingale Sch
  SW17 . . . . 72 A2
Nightingale Sq
  SW12 . . . . 72 C4
Nightingale Wlk SW18,
  SW4 . . . . 61 A1
Nile Cl N16 . . . . . . 7 B1
Nile Ho N1 . . . . 97 B4
Nile St N1 . . . . 97 B4
Nile Terr SE1,
  SE15 . . . . 153 A1
Nimegen Way 9
  SE22 . . . . 64 A2
Nimrod Pas 4 N1 . 16 A2
NINE ELMS 160 C2
Nine Elms La
  SW8 . . . . 161 B3
Nisbet Ho E9 . . . . . 17 C3
Niton Rd TW9 . . . . 54 C4
Niton St SW6 . . . . 47 C3
No 2 Willow Rd★
  NW3 . . . . 12 A4
Nobel Ho 8 SE5 . . 48 B1
Noble Ct E1 . . . . . . 32 A2
Noble St EC2 . . . . 108 C2
Noel Coward Ho
  SW1 . . . . 147 A3
Noel Ho 3 NW3 . . 11 C1
Noel Rd
  Acton W3 . . . . 28 A3
  Islington N1 . . . . . 86 B2
Noel St W1 . . . . . . 105 A1
Nolan Way E5 . . . . 16 C4
Noll Ho N7 . . . . 5 B2
Norbiton Rd E14 . 33 B3
Norbroke St W12 . 29 B2
Norburn St W10 . . 31 A4
Norcombe Ho 9
  N19 . . . . 4 C1
Norcott Rd N16 . . 7 C1
Norcroft Gdns
  SE22 . . . . 76 C4
Norden Ho 28 E2 . 25 A2
Nore Ct NW10 . . . 21 C3
Norfolk Cres W2 . 102 B2

Norfolk Ho
City of London
EC4 . . . . 122 C4
Greenwich SE3 . . . 53 A4
4 Putney SW15 . . 69 B4
Richmond TW10 . . 54 C2
Shacklewell E8 . . . 16 B4
St Johns SE1 . . . . 51 C2
Westminster SW1 . 147 C4
Norfolk House Rd
SW16 . . . . 74 A1
Norfolk Mans
Battersea SW11 . . 169 A3
10 Wandsworth
SW18 . . . . 58 C2
Norfolk Mews 12
W10 . . . . 31 A4
Norfolk Pl W2 . . 101 C2
Norfolk Rd
St John's Wood
NW8 . . . . 79 C3
Willesden NW10 . . 8 A1
Norfolk Row SF1,
SE11 . . . . 148 C4
Norfolk Sq W2 . . 101 C2
Norfolk Sq Mews
W2 . . . . 101 C1
Norgrove St SW12 . 72 C4
Norland Ho 19
W11 . . . . 30 C1
Norland Pl
W11 . . . . . 31 A1 112 B1
Norland Place Sch
W11 . . . . . 31 A1 112 A1
Norland Rd 10
W11 . . . . . 31 A1 112 A1
Norland Sq
W11 . . . . . 31 A1 112 B1
Norley Vale SW15 . 68 C3
Norman Butler Ho 19
W10 . . . . 23 A1
Normanby Cl
SW15 . . . . 58 B2
Normanby Rd NW10 . 8 B4
Norman Ct
Dulwich SE22 . . . 76 C4
Finsbury Pk N4 . . . 5 C4
Willesden NW10 . . 9 A4
Normand Croft Com
Sch W14 . . . . . 155 A4
Normand Mews
W14 . . . . 154 B4
Normand Rd W14 154 C4
Normandy Ho 8
E14 . . . . 42 B4
Normandy Rd
SW9 . . . . 173 B3
Norman Gr E3 . . . 26 A3
Norman Ho SW8 . 162 A2
Normanhurst Rd
SW2 . . . . 74 B2
Norman Rd SE10 . 52 A3
Norman St EC1 . . 97 A3
Normanton Ave SW18,
SW19 . . . . 70 C2
Normanton Ho 6
SW4 . . . . 61 B1
Norman Way N4 . . 28 A1
Norris Ho
12 Hoxton N1 . . . 24 A4
15 South Hackney
E9 . . . . 25 B4
Norris St SW1 . . 119 B3
Norroy Rd SW15 . . 57 C3
Norse Ho 5 SE5 . . 48 B1
Norstead Pl SW15 . 68 C2

NORTH ACTON . . 20 C2
North Acton Rd
NW10 . . . . 20 C2
North Acton Sta
W3 . . . . 28 C4
Northampton Gr
N1 . . . . 15 C3
Northampton Pk
N1 . . . . 15 C2
Northampton Rd
EC1 . . . . 95 C2
Northampton Sq
EC1 . . . . 96 A3
Northampton St
N1 . . . . 117 B4
North Audley St
W1 . . . . 117 B4
Northaw Ho 4
W10 . . . . 22 B1
North Bank NW8 . 90 A3
North Block 19 E1 . 32 B2
Northbourne Ho 21
E5 . . . . 17 A3
Northbourne Rd
SW4 . . . . 61 C2
North Bridge House
Sch 13 NW3 . . . 11 B2
North Bridge House
Senior Sch NW1 . 82 C4
Northbrook CE Sch
SE12 . . . . 67 C2
Northburgh St EC1 96 B2
North Carriage Dr
W2 . . . . 116 B4
Northchurch
SE17 . . . . 151 C2
Northchurch Ho 10
E2 . . . . 24 C4
Northchurch Rd
N1 . . . . 15 C1
Northchurch Terr
N1 . . . . 16 A1
North Circular Rd NW2,
NW10 . . . . 8 A3
North Colonnade The
E14 . . . . 34 A1
Northcote Lodge Sch
SW11 . . . . 60 B1
Northcote Rd
Wandsworth SW11 . 60 B2
Willesden NW10 . . 8 C2
Northcourt W1 . . 105 A4
North Cres
Marylebone WC1 . 105 B4
Newham E16 . . . . 27 C1
Northcroft Ct 8
W12 . . . . 38 C4
North Cross Rd
SE22 . . . . 64 C2
North Ct SW1 . . 134 A1
Northdown St N1 . 84 C1
North Dulwich Sta
SE21 . . . . 63 C2
NORTH DULWICH . 63 C2
North End NW3 . . . 2 B2
North End Ave NW3 . 2 B2
North End Cres
W14 . . . . 140 C3
North End Ho
W14 . . . . 140 A3
North End Par
W14 . . . . 140 A3
North End Rd
Golders Green
NW11 . . . . 2 A3

North End Rd continued
West Kensington
W14 . . . . 141 A1
North End Way
NW3 . . . . 2 B2
Northern Hts N8 . . 4 C4
Northesk Ho 6
E1 . . . . 25 A1
North Eyot Gdns 6
W6 . . . . 38 B1
Northey St E14 . . 33 A2
Northfield Hall N6 . 3 C4
Northfield Ho 3
SE15 . . . . 49 C4
Northfield Rd N16 . 7 A4
Northfields SW18 . 58 C3
Northfields Prospect
SW18 . . . . 58 C3
Northfields Rd W3 . 28 B4
Northfleet Ho
SE1 . . . . 137 B4
North Flower Wlk
W2 . . . . 115 B3
North Gate NW8 . 80 A1
Northgate Ct 14
SW9 . . . . 62 C4
North Gower St
NW1 . . . . 93 A3
North Gr N6 . . . . 3 C4
North Greenwich Sta
SE10 . . . . 43 A4
North Hill Ct N6 . . 3 C4
North Ho 3 SE8 . . 41 B1
Northiam WC1 . . 94 B3
Northiam St E9 . . 25 A4
Northington St
WC1 . . . . 95 A1
NORTH
KENSINGTON . . 30 C4
Northlands St SE5 . 48 B1
Northleigh Ho 39
E3 . . . . 27 A2
North Lo SW4 . . . 61 A3
North Lodge Cl
SW15 . . . . 57 C2
North London Science
Ctr 2 N1 . . . . . 14 C2
Northlorne Rd N5 . 15 B4
North Pas SW18 . . 58 C2
Northpoint Sq 8
N1 . . . . 14 A2
North Pole Rd
W10 . . . . 30 B4
Northport St N1 . . 87 C3
North Ride W2 . . 116 A3
North Rise W2 . . 102 B1
North Row W1 . . 117 B4
NORTH SHEEN . . 44 C1
North Sheen Sta
TW10 . . . . 54 C3
North Side
Wandsworth Comm
SW18 . . . . 59 C2
North St SW4 . . . 61 B4
Northstead Rd
SW2 . . . . 74 C2
North Tenter St
E1 . . . . 111 A1
North Terr SW3 . 130 A1

Northumberland Alley
EC3 . . . . 110 B1
Northumberland Ave
WC2 . . . . 120 A2
Northumberland Ho
NW5 . . . . 13 B2
Northumberland
Mans E5 . . . . . 17 B4
Northumberland Pl
W2 . . . . 31 C3
Northumberland St
WC2 . . . . 120 A2
Northumbria Ct 10
TW9 . . . . 54 A3
Northumbria St
E14 . . . . 33 C3
North Verbena Gdns
2 W6 . . . . 38 C1
Northview 7 N7 . . 5 A1
Northview Cres
NW10 . . . . 8 B4
Northview Prim Sch
N7 . . . . 5 A1
North Villas NW1 . 13 C2
Northway Rd SE5 . 63 B4
Northways Par 2
NW3 . . . . 11 C1
North West London
Jewish Day Sch
NW6 . . . . 10 A1
Northwest Pl N1 . 85 C2
Northwick Cl NW8 . 89 B2
Northwick Ho
NW8 . . . . 89 A2
Northwick Terr
NW8 . . . . 89 B2
North Wlk W2 . . 114 C3
Northwold Prim Sch
E5 . . . . 7 C2
Northwold Rd E5,
N16 . . . . 7 C2
North Wood Lo
NW3 . . . . 11 A4
Northwood Rd N6 . 4 A4
North Worple Way
SW14 . . . . 55 C4
Norton Folgate
E1 . . . . 110 B4
Norton Ho
14 Globe Town E2 . 25 C3
30 Stepney E1 . . . 32 A3
16 Stockwell SW9 173 A1
Norval Gn 1 SW9 173 C2
Norvic Ho 5 SE5 . 48 B1
Norway Gate SE16 . 41 A3
Norway Pl E14 . . 33 B3
Norway St SE10 . . 52 A4
Norwich Ho 6
E14 . . . . 34 A3
Norwich St EC4 . 107 B2
Norwood Cl NW2 . 1 A1
Norwood Ho 25
E14 . . . . 34 A2
Norwood Rd SE24,
SE27 . . . . 75 A3
Notley St SE5 . . . 48 C3
Notre Dame RC Girls
Sch SE1 . . . . . 136 B2
Notting Barn Rd
W10 . . . . 22 C1
Nottingdale Sq
W11 . . . . . 31 A1 112 A2
Nottingham Ct
WC2 . . . . 106 A1

Nottingham Ho
33 Camberwell
SE5 . . . . 48 B1
Stoke Newington N4 . 6 B3
Nottingham Pl
W1 . . . . 103 B4
Nottingham Rd
SW17 . . . . 72 B1
Nottingham St
W1 . . . . 103 B4
Nottingham Terr
NW1 . . . . 91 B1
NOTTING HILL . . 112 C3
Notting Hill Gate
W11 . . . . . 31 A1 113 A2
Notting Hill Gate Sta
W11 . . . . 113 B2
Notting Hill Prep Sch
W11 . . . . 31 A3
Nottingwood Ho
W11 . . . . . 31 A2 112 A4
Nova Bldg 1 E14 . 41 C2
Nova Ct E 3 E14 . 34 B1
Nova Ct W 2 E14 . 34 B1
Novello St SW6 . . 165 B4
Nowell Rd SW13 . 47 A4
Noyna Rd SW17 . . 72 B1
Nucleus NW10 . . 20 B2
Nuding Cl SE13 . . 66 C4
Nuffield Lo 6 W9 . 31 C4
Nugent Ct 3 N19 . 5 A3
Nugent Rd N19 . . 5 A3
Nugent Terr NW8 . 79 A1
Nun Ct EC2 . . . 109 B2
NUNHEAD 65 B3
Nunhead Cres
SE15 . . . . 65 A4
Nunhead Gn SE15 . 65 A4
Nunhead Gr SE15 . 65 B4
Nunhead La SE15 . 65 A4
Nunhead Sta SE15 . 50 B1
Nursery Cl
New Cross SE4 . . 51 B1
Putney SW15 . . . 57 C3
Nursery La
North Kensington
W10 . . . . 30 B4
Shoreditch E2 . . . 24 B4
Nursery Rd
Hackney E9 . . . . 17 B2
Stockwell SW9 . . . 62 B3
Nursery Row
SE17 . . . . 151 B3
Nutbourne St W10 . 23 A2
Nutbrook St SE15 . 64 C4
Nutcroft Rd SE15 . 50 A3
Nutfield Rd
East Dulwich SE22 . 64 C3
Leyton E15 . . . . . 19 B4
Nutford Pl W1 . . 102 C2
Nuthurst Ave SW2 . 74 B2
Nutley Terr NW3 . 11 C2
Nutmeg La E14 . . 34 C3
Nuttall St N1 . . . 24 A3
Nutt St SE15 . . . . 49 B3
Nye Bevan Ho
SW6 . . . . 154 C2
Nye's Wharf SE1,
Nylands Ave TW9 . 44 C1
Nynehead St SE14 . 51 A3
Nyton Cl N19 . . . 5 A3

O

O2 Ctr NW6 . . . . .11 B2
O2 Millennium Dome
The★ SE10 . . . . .35 A1
Oakbank Gr SE24 . . . . .63 B3
Oakbury Rd SW6 . .166 B1
Oakcourt 17 SE15. . . .49 B3
Oak Cres E16 . . . . .35 A4
Oakcroft CI SE13 . . . .53 C2
Oakcroft Rd SE13. . . .52 C1
Oakdale Ct N19 . . . . . . .5 A2
Oakdale Rd SE15 . . . .65 B4
Oakdene 3 SE15 . . . .50 A2
Oakdene Ho 11 N16 . .7 A3
Oakden St SE11 . . . .149 C4
Oakeford Ho N4 . . . .126 B1
Oakend Ho 10 N4. . . . .6 C4
Oakeshott Ave N6 . . . .3 C2
Oakey La SE1. . . . . . .135 B2
Oakfield
Clapham Pk SW4 . . . . .62 A1
Finsbury Pk N8 . . . . .5 A4
Oakfield Ct
Finsbury Pk N8 . . . . . . .5 C4
Wimbledon SW19. . . .69 C1
Oakfield Prep Sch
SE21 . . . . .75 C3
Oakfield Rd
Finsbury Pk N4 . . . . . . .5 C4
Wimbledon SW19 . . . .69 C1
Oakfield St SW10 .156 C4
Oakford Rd NW5 . . . .13 B4
Oak Gr NW2. . . . . .10 A4
Oakham Ho 5
W10 . . . . .22 B1
Oakhill Ave NW3 . . .11 A4
Oakhill Ct
Honor Oak SE23. . . . . .65 B1
Putney SW15 . . . . .58 B2
Oak Hill Lo NW3. . . .11 A4
Oak Hill Park Mews
NW3 . . . . .11 A4
Oak Hill Pk NW3 . . .11 A4
Oakhill Pl SW15 . . . .58 C2
Oakhill Rd SW15. . . .58 B2
Oak Hill Way NW3 . .11 B4
Oak Ho
15 Cubitt Town
E14 . . . . .42 B4
3 Maitland Pk
NW3 . . . . .12 B2
2 Richmond TW9 . . .45 A2
5 Stoke Newington
N16 . . . . .7 B3
Oakhurst Gr SE22. . .64 C3
Oakington Rd W9 . . .23 C1
Oakington Way N8 . . .5 A4
Oak La E14 . . . . .33 B2
Oaklands
Dagenham NW10. . . . .21 A4
5 Shepherd's Bush
W12 . . . . .30 A1
Oaklands Gr W12 . . .29 C1
Oaklands Ho SE4 . . .66 B4
Oaklands Mews 1
NW2 . . . . .9 C4
Oaklands Pas NW2 . .9 C4
Oaklands Pl 8
SW4 . . . . .61 C3
Oaklands Rd
Cricklewood NW2 . . . . .9 C4
Mortlake SW14 . . . . . .55 C4
Oaklands Sec Sch 31
E2 . . . . .25 A2

Oakley Cres EC1 . . . . .86 B1
Oakley Dr SE13 . . . . .67 C1
Oakley Gdns SW3 .158 B4
Oakley Ho SW1. . . .145 A4
Oakley Pl SE1 . . . . . .152 C1
Oakley Rd N1 . . . . . . .15 C1
Oakley Sq NW1. . . . . .83 A2
Oakley St SW3 . . . . .158 A4
Oakley Wlk W6 . . . . . .47 C4
Oak Lodge 11
SE21 . . . . .75 C2
Oak Lodge Sch
SW12 . . . . .72 C4
Oakman Ho 29
SW19 . . . . .69 C3
Oakmead Rd
SW12 . . . . .73 A3
Oak Park Gdns
SW19 . . . . .69 C3
Oak Park Mews
N16 . . . . .7 B1
Oakshaw Rd SW18. .71 A4
Oakshott Ct 1 NW1. .83 B1
Oaks Sh Ctr The
W3 . . . . .28 B1
Oaks The
Brondesbury Pk
NW6 . . . . .9 C1
Willesden NW10. . . . . .9 A1
Oak Tree Ct
Acton W3 . . . . .28 A2
5 Clapham Pk SW4 . .62 A2
Oak Tree Ho W9 . . . .88 A2
Oak Tree Rd NW8 . . .90 A3
Oakview Lo NW11 . . .1 B4
Oak Village NW5. . . .12 C4
Oak Way W3 . . . . .29 A1
Oakwell Ho 24
SW9 . . . . .171 B1
Oakwood Cl SE13 . .67 C1
Oakwood Ct W14 . .126 C2
Oakwood La W14 . .126 C2
Oakworth Rd W10 . .30 C4
Oast Ct 8 E14. . . . . . .33 B2
Oast Lo W4 . . . . .46 A3
Oat La EC2 . . . . .109 A2
Oatlands Ct 3
SW19 . . . . .69 C3
Oatwell Ho SW3 . .144 B3
Oban Ho E14 . . . . .34 C3
Oban St E14 . . . . .34 C3
Oberon Ho 5 N1 . . . .24 A3
Oberstein Rd 13
SW11 . . . . .59 C3
Oborne Cl SE24. . . . .63 A2
O'Brian Ho 11 E1. . . .32 C4
Observatory Gdns
W8 . . . . .127 C4
Observatory Mews
E14 . . . . .42 C2
Observatory Rd
Kensington SW7 . . .129 B1
Mortlake SW14 . . . . . .55 B3
Occupation Rd
SE17 . . . . .150 C2
Ocean St E1. . . . . .32 C4
Ocean Wharf E14. . . .41 C4
Ockbrook 3 E1 . . . . . .32 B4
Ockendon Rd N1 . . . .15 C2
Ockley Rd SW16. . . . .74 A1
Octagon Arc EC2 . .110 A3
Octagon The NW3 . .12 A3
Octavia Ho W10 . . . .23 A1
Octavia Mews 1
W9 . . . . .23 B1
Octavia St SW11. . .168 B3

Octavius St SE8 . . . .51 C3
Odell Wlk SE13 . . . . .67 B4
Odeon Ct
Dagenham NW10 . . . .21 A4
1 Newham E16. . . . . .35 C4
Odessa Rd NW10 . . . .21 C3
Odessa St SE16 . . . . .41 B3
Odette Duval Ho 82
E1 . . . . .32 B4
Odger St SW11 . . . .169 A2
Odhams Wlk WC2 .106 B1
Odin Ho 6 SE5 . . . . . .48 B1
O'Donnell Ct WC1 . .94 B2
O'Driscoll Ho 4
W12 . . . . .30 A3
Offa's Mead E9. . . . . .18 A4
Offenbach Ho 12
E2 . . . . .25 C3
Offerton Rd SW4 . . . .61 B4
Offham Ho SE17 . . .152 A3
Offley Ho 10 E9 . . . . .17 C2
Offley Rd SW9 . . . .163 B2
Offord Rd N1 . . . . .14 B1
Offord St N1 . . . . .14 B1
Ogilvie Ho 12 E1 . . . .32 C3
Oglander Rd SE15 . .64 B4
Ogle St W1 . . . . .104 C4
O'Gorman Ho
SW10 . . . . .157 B2
Ohio Bldg 13 SE13. .52 A2
Oil Mill La W6 . . . . . . .38 C1
Okehampton Rd
NW10 . . . . .22 C4
Okeover Manor
SW4 . . . . .61 A3
Olaf St W11 . . . . .30 C2
Old Bailey EC4 . . . . .108 B1
Old Bailey (Central
Criminal Court)★
EC4 . . . . .108 B2
Old Barrack Yd
SW1 . . . . .131 B3
Old Bellgate Wharf
E14 . . . . .41 C3
Old Bethnal Green Rd
E2 . . . . .25 A2
Old Billingsgate Wlk
EC3 . . . . .124 A3
Old Bldgs WC2 . . . .107 B2
Old Bond St W1 . . . .118 C3
Old Brewery Mews
NW3 . . . . .11 C4
Old Broad St EC2 . .109 C2
Old Brompton Rd SW5,
SW7 . . . . .143 A3
Old Burlington St
W1 . . . . .118 C3
Oldbury Ct E9 . . . . . . .18 A3
Oldbury Pl W1. . . . . .103 C4
Old Castle St E1. . . .111 A2
Old Cavendish St
W1 . . . . .104 A1
Old Change Ct
EC4 . . . . .108 C1
Old Chiswick Yd
W4 . . . . .46 A4
Old Church Rd E1 . . .32 C3
Old Church St
SW3 . . . . .143 C1
Old Compton St
W1 . . . . .105 B1
Old Court Ho W8 . . .128 A3
Old Court Pl W8 . . . .128 A3
Old Covent Gdn★
WC2 . . . . .120 B4
Old Cty H★ SE1 . . . .134 C4

Old Dairy Mews
5 Balham SW12 . . . .72 C3
4 Camden Town
NW5 . . . . .13 A2
Old Deer Park Gdns
TW9 . . . . .54 A4
Old Devonshire Rd
SW12 . . . . .73 A4
Old Dock Cl TW9 . . . .44 C4
Old Gloster Ho SE16 . .40 C2
Oldfield Gr SE16. . . . .40 C2
Oldfield Ho 4 W4. . . .38 A1
Oldfield Mews N6 . . .4 B4
Oldfield Rd
Bedford Pk W3,
W12 . . . . .38 B4
Stoke Newington N16 . .7 A1
Willesden NW10. . . . . .8 B1
Old Fish St Hill
EC4 . . . . .122 C4
Old Fleet La EC4. . .108 A2
OLD FORD 26 B4
Old Ford Prim Sch 38
E3 . . . . .26 B4
Old Ford Rd E2, E3 . .25 C3
Old Ford Trad Est
E3 . . . . .26 C4
Old Forge Mews
W12 . . . . .39 A4
Old Forge Rd N19 . . . .4 C2
Old Gloucester St
WC1 . . . . .106 B4
Oldham Terr W3. . . . .28 B1
Oldhill St N16 . . . . .7 C3
Old Hospital Cl SW12,
SW17 . . . . .72 B3
Oliding Ho 6
SW12 . . . . .73 B4
Old Jamaica Bsns Est
23 SE16 . . . . .139 B1
Old Jamaica Rd
SE16 . . . . .139 B2
Old James St SE15 . .65 B4
Old Jewry EC2. . . . . .109 B1
Old Kent Rd
Deptford SE1,
SE15 . . . . .50 A4
Walworth SE1,
SE17 . . . . .152 B2
Old Laundry The 14
SW18 . . . . .59 C3
Old Manor Ct NW8 . .79 A2
Old Manor Yd
SW5 . . . . .142 A3
Old Market Sq 1
E2 . . . . .24 B2
Old Marylebone Rd
NW1 . . . . .102 B3
Old Mitre Ct EC4 . . .107 C1
Old Montague St
E1 . . . . .111 B3
Old Nichol St
E2 . . . . .24 B1 98 C2
Old North St WC1 . .106 C4
OLD OAK
COMMON 21 B1
Old Oak Common La
NW10 . . . . .21 A1
Old Oak La NW10 . . .21 A2
Old Oak Prim Sch
W12 . . . . .29 B3
Old Oak Rd W3 . . . . . .29 B2
Old Orch The NW3 . .12 B4
Old Palace Prim Sch
51 E3 . . . . .27 A2
Old Paradise St
SE11 . . . . .148 C4

Old Park Ave
SW12 . . . . .60 C1
Old Park La W1 . . . .118 C1
Old Pearson St
SE10 . . . . .52 A3
Old Pye St SW1. . . .133 B1
Old Pye Street Est
SW1 . . . . .133 B1
Old Quebec St
W1 . . . . .103 A1
Old Queen St
SW1 . . . . .133 C3
Oldridge Rd SW12 . .73 A4
Old Royal Free Pl
N1 . . . . .85 C3
Old Royal Free Sq
N1 . . . . .85 C3
Old School Sq 12
E14 . . . . .33 C3
Old School The
WC1 . . . . .107 A4
Old Seacoal La
EC4 . . . . .108 A1
Old South Lambeth
Rd SW8 . . . . .162 B2
Old Spitalfields Mkt★
E1 . . . . .111 A4
Old Sq WC2 . . . . . . .107 B2
Old St EC1 . . . . .97 C2
Old Stable Mews
N5. . . . . .6 B1
Old Street Sta EC1. .97 C2
Old Sun Wharf
E14 . . . . .33 A2
Old Swan Wharf
SW11 . . . . .167 C4
Old Theatre Ct
SE1 . . . . .123 A2
Old Town SW4 . . . . . .61 B4
Old Vicarage Sch 51
TW10 . . . . .54 A1
Old Woolwich Rd
SE10 . . . . .42 C1
Old York Rd SW18 . .59 A2
O'Leary Sq E1. . . . . . .32 B4
Olga Prim Sch 37
E3 . . . . .26 A3
Olga St 23 E3. . . . . . . .26 A3
Oliphant St W10 . . . .23 A2
Olive Blythe Ho 14
W10 . . . . .23 A1
Oliver Bsns Pk
NW10 . . . . .20 B3
Oliver Cl W4 . . . . .45 A4
Olive Rd NW2 . . . . .9 B4
Oliver Goldsmith Prim
Sch 63 SE5 . . . . .49 B2
Oliver Ho
22 Bermondsey
SE16 . . . . .139 B3
Notting Hill
W11 . . . . . . .31 A2 112 A3
South Lambeth
SW8 . . . . .162 A2
Oliver House Prep
Sch 1 SW4 . . . . .61 A1
Oliver's Yd EC1 . . . . .97 C2
Oliver's Yd 61
SE15 . . . . .49 C1
Olive Tree Ho 7
SE15 . . . . .50 B4
Olive Tree Sch The
SE13 . . . . .67 A1
Olivette St 1
SW15 . . . . .57 C3
Olive Waite Ho
NW6 . . . . .11 A1

Ollerton Gn E3 . . . . . . .26 B4
Ollgar Cl W12 . . . . .29 B1
Olliffe St E14 . . . . .42 B3
Olmar St SE1 . . . . .49 C4
Olney Ho NW8 . . . . . . .90 B2
Olney Rd SE17 . . . . . . .48 B4
Olympia Ex Ctr★
  W14 . . . . .126 B1
Olympian Ct 8
  E14 . . . . .41 C2
Olympia Way
  W14 . . . . .126 B1
Olympia Yd W2 . . . . . .114 B3
Olympic Ho 10
  W10 . . . . .30 B3
Olympus Sq E5 . . . . .7 C1
Oman Ave NW2 . . . . . . .9 B4
Oman Ct NW4 . . . . .1 A4
Ombersley Ho N19 . . . . .4 C4
Omeara St SE1 . . . . . . .123 A1
Omega Cl E14 . . . . .42 B3
Omega Ho SW10 . . . . .157 A2
Omega Pl N1 . . . . .84 B1
Omega St SE14 . . . . . . .51 C2
Omega Works E3 . . . . . .18 C1
Ommaney Rd
  SE14 . . . . .51 A2
Omnibus Bsns Ctr
  N7 . . . . .14 A3
Ondine Rd SE15 . . . . . .64 B3
Onedin Point 10
  E1 . . . . .125 C3
Onega Gate SE16 . . . . .41 A3
O'Neill Ho NW8 . . . . . . .79 C1
One Tree Cl SE23 . . . . . .65 B1
Ongar Ho 10 N1 . . . . . .15 C2
Ungar Rd SW6 . . . .155 A4
Onslow Ave TW10 . . . . .54 A2
Onslow Avenue Mans
  10 TW10 . . . . .54 A2
Onslow Cl W9 . . . . .23 B2
Onslow Ct SW10 . . . . .143 A1
Onslow Gdns
  SW7 . . . . .143 B2
Onslow Lo 28 SW2 . . . .74 C4
Onslow Mews E
  SW7 . . . . .143 B3
Onslow Mews W
  SW7 . . . . .143 B3
Onslow Rd TW10 . . . . . .54 A1
Onslow Sq SW7 . . . . . .143 C3
Onslow St EC1 . . . . .95 C1
Ontario St SE1 . . . . . . .136 B2
Ontario Way E14 . . . . . .33 C2
Opal St SE11 . . . . .150 A2
Open Air Theatre,
  Regent's Pk★
  NW1 . . . . .91 B3
Openview SW17 . . . . . .71 C2
Opera Ct 7 N19 . . . . . . .4 C1
Operating Theatre
  Mus & Herb Garret
  The★ SE1 . . . . .123 C1
Ophelia Gdns NW2 . . . . .1 A1
Ophir Terr SE15 . . . . . .49 C2
Opie Ho NW8 . . . . .80 B2
Oppenheim Rd
  SE13 . . . . .52 B1
Oppidan Apartments
  NW6 . . . . .10 C2
Oppidans Rd NW3 . . . .12 B1
Orange Pl SE16 . . . . . . .40 B3
Orangery Gallery
  The★ W8 . . . . .126 C3
Orange St WC2 . . . . . .119 C3

Orange Yd WC2 . . . . . .105 C1
Oransay Rd 25 N1 . . . . .15 B2
Oratory La SW3 . . . . . .143 C2
Oratory RC Prim Sch
  SW3 . . . . .144 A2
Orbain Rd SW6 . . . . . .154 B1
Orbel St SW11 . . . . . . .168 A3
Orb St SE17 . . . . .151 B3
Orchard Cl
  Honor Oak SE23 . . . . . .65 B4
  21 Islington N1 . . . . . .15 B1
  Kensal Town W10 . . . . .31 A4
Orchard Ct
  Barnes SW13 . . . . .56 B4
  Marylebone W1 . . . . . .103 B2
Orchard Dr SE3 . . . . . .53 A1
Orchard Hill SE13 . . . . .52 A2
Orchard Ho
  Camberwell SE5 . . . . . .48 B2
  11 Rotherhithe
  SE16 . . . . .40 B3
  Shepherd's Bush
  W1? 29 C1
Orchard House Sch 13
  W4 . . . . .37 C2
Orchard Mead Ho
  NW11 . . . . .1 C2
Orchard Mews N1 . . . . .15 C1
Orchard Pl E14 . . . . . . .35 A2
Orchard Prim Sch
  E9 . . . . .17 B1
Orchard Rd
  Highgate N6 . . . . .4 A4
  Richmond TW9 . . . . . . .54 C4
Orchard Rise
  TW10 . . . . .55 A3
Orchardson Ho
  NW8 . . . . .89 C1
Orchardson St
  NW8 . . . . .89 C1
Orchard Sq W14 . . . . .140 C1
Orchard St W1 . . . . . . .103 C2
Orchard The
  Acton Green W4 . . . . . .37 C2
  Lewisham SE3 . . . . .52 C1
Orchid Cl SE13 . . . . . . .67 C2
Orchid St W12 . . . . . . .29 C2
Orde Hall St WC1 . . . . .106 C4
Orde Ho 16 N16 . . . . . .15 C4
Ordell Ct 28 E3 . . . . . . .26 B3
Ordell Rd E3 . . . . .26 B3
Ordnance Cres
  SE10 . . . . .43 A4
Ordnance Hill
  NW8 . . . . .79 C3
Ordnance Mews
  NW8 . . . . .79 C2
Ordnance Rd E16 . . . . .35 B4
Oregano Dr E14 . . . . . .34 C3
Oregon Bldg 5
  SE13 . . . . .52 A2
Orestes Mews 1
  NW6 . . . . .10 C3
Orford Ct SE27 . . . . . . .75 A2
Oriana Ho 2 E14 . . . . .33 B2
Oriel Cl NW3 . . . . .11 B4
Oriel Dr SW13 . . . . . . .47 B4
Oriel Ho
  Hackney E9 . . . . .18 A2
  Homerton E9 . . . . .17 C2
Orient St SE11 . . . . . . .150 A4
Orion Bsns Ctr
  SE14 . . . . .40 C1
Orion Ho 6 E1 . . . . . . .25 A1
Orion Point 5
  E14 . . . . .41 C2

Orkney Ho N1 . . . . .84 C4
Orkney St SW11 . . . . . .169 B2
Orlando Rd SW4 . . . . . .61 B4
Orleston Mews N7 . . . . .14 C2
Orleston Rd N7 . . . . . . .14 C2
Orlop St SE10 . . . . .43 A1
Orme Ct W2 . . . . .114 A3
Orme Ho 8
  W2 . . . . .114 A3
Orme Ho 8 E8 . . . . .24 B4
Orme La W2 . . . . .114 A3
Ormeley Rd SW12 . . . . .73 A3
Ormerod Ho 3
  SW9 . . . . .62 A4
Orme Sq W2 . . . . .114 A3
Ormiston Gr W12 . . . . . .30 A1
Ormiston Rd SE10 . . . . .43 C1
Ormond Cl WC1 . . . . . .106 B4
Ormonde Ct SW15 . . . . .57 B3
Ormonde Gate
  SW3 . . . . .145 A1
Ormonde Mans
  WC1 . . . . .106 A4
Ormonde Pl SW1 . . . . .145 C3
Ormonde Rd
  SW14 . . . . .55 B4
Ormonde Terr
  NW8 . . . . .80 C3
Ormond Ho 2 N16 . . . .6 C2
Ormond Mans
  WC1 . . . . .94 C1
Ormond Mews
  WC1 . . . . .94 B1
Ormond Rd N4, N19 . . .5 A3
Ormond Yd SW1 . . . . . .119 A2
Ormrod Ct W11 . . . . . . .31 B3
Ormsby Lo 2 W4 . . . . .38 A3
Ormsby Pl N16 . . . . .7 B1
Ormsby St E2 . . . . .24 B3
Ornan Rd NW3 . . . . . . .12 A3
Orpen Ho SW5 . . . . . . .141 C3
Orpen Wlk N16 . . . . .7 A1
Orpheus Ho 2 N19 . . . .4 C4
Orpheus St SE5 . . . . . . .48 C2
Orsett Mews W2 . . . . .100 C2
Orsett St SE11 . . . . . . .149 A2
Orsett Terr W2 . . . . . . .100 C2
Orsman Rd N1 . . . . .24 A4
Orton St E1 . . . . .125 B1
Orville Rd SW11 . . . . . .167 C2
Orwell Ct
  Hackney E8 . . . . .24 C4
  Highbury N5 . . . . .15 B4
Orwell Ho W12 . . . . . . .29 C2
Osbaldeston Rd
  N16 . . . . .7 C2
Osbert St SW1 . . . . . . .147 B3
Osborn Cl E8 . . . . .24 C4
Osborne Rd
  Finsbury Pk N4 . . . . .5 C3
  Hackney E9 . . . . .18 B2
  South Acton W3 . . . . . . .37 A4
  Willesden NW2 . . . . .9 A2
Osborn St E1 . . . . .111 A4
Osbourne Ho
  TW10 . . . . .54 C2
Oscar Faber Pl 8
  N1 . . . . .16 A1
Oscar St SE8 . . . . .51 C1
Oseney Cres NW5 . . . . .13 C2
Osier Ct E1 . . . . .25 C1
Osier La SE10 . . . . .43 B3
Osier Mews W4 . . . . . . .46 B4
Osiers Rd SW18 . . . . . .58 C3
Osier St E1 . . . . .25 B1

Oslo Ct NW8 . . . . .80 A1
Oslo Ho 2 SE5 . . . . . . .48 B1
Oslo Sq SE16 . . . . .41 A3
Oslow Cl W10 . . . . .23 B2
Osmani Prim Sch
  E1 . . . . .111 C3
Osman Rd W6 . . . . .39 B3
Osmington Ho
  SW8 . . . . .163 A1
Osmund St W12 . . . . . .29 B4
Osnaburgh St NW1 . . . .92 B2
Osnaburgh Terr
  NW1 . . . . .92 B2
Osprey Ct SW3 . . . . . . .11 A3
Osprey Ho
  Camberwell SE15 . . . . . .49 B2
  3 Limehouse E14 . . . . .33 A2
Ospringe Ho SE1 . . . . .121 C1
Ospringe Rd NW5 . . . . .13 B4
Osram Ct W6 . . . . .39 B3
Osric Path 8 N1 . . . . . .24 A3
Ossian Mews N4 . . . . . . .5 B4
Ossian Rd N4 . . . . .5 B4
Ossington Bldgs
  W1 . . . . .103 B3
Ossington Cl
  W2 . . . . .31 C2 113 C3
Ossington St W2 . . . . .114 A3
Ossory Rd SE1 . . . . . . .49 C4
Ossulston St NW1 . . . . .83 C2
Ostade Rd SW2 . . . . . . .74 B4
Osten Mews SW7 . . . . .128 B1
Osterley Ho 5
  E14 . . . . .34 A3
Osterley Rd N16 . . . . . .16 A4
Oswald Bldg SW8 . . . . .160 A3
Oswald's Mead E9 . . . . .18 A4
Oswald Rd SW12,
  SW17 . . . . .72 C2
Oswell Ho 9 E1 . . . . . .32 A1
Oswin St SE11 . . . . . . .150 B4
Oswyth Rd SE5 . . . . . . .49 A1
Otford Cres SE4 . . . . . . .66 B1
Otford Ho
  Bermondsey SE1 . . . . .137 C3
  8 Deptford SE15 . . . . . .50 B4
Otha Ho 15 SW9 . . . . .172 B2
Othello Cl SE11 . . . . . .150 A2
Otis St E3 . . . . .27 C2
Otley Ho N5 . . . . .6 A1
Ottaway Ct E5 . . . . .7 C1
Ottaway St E5 . . . . .7 C1
Otterburn Ho 12
  SE5 . . . . .48 B3
Otter Cl E15 . . . . .27 B4
Otto St SE17 . . . . .48 A4
Our Lady of Dolours
  RC Prim Sch 8
  W2 . . . . .100 A4
Our Lady of Lourdes
  RC Prim Sch
  1 Lewisham SE13 . . . . .67 C4
  London NW10 . . . . .20 B4
Our Lady of Victories
  RC Prim Sch
  8 Putney SW15 . . . . . . .57 C3
  South Kensington
  SW7 . . . . .143 A3
Our Lady Queen of
  Heaven RC Prim Sch
  10 SW19 . . . . .69 C4
Our Lady RC Prim Sch
  Camden Town
  NW1 . . . . .83 A4
  28 Poplar E14 . . . . .33 B3

Our Lady & St Joseph
  RC Prim Sch 14
  N1 . . . . .16 A2
Our Lady's Convent
  RC High Sch 3
  N15 . . . . .7 A4
Ouseley Rd SW12 . . . . .72 B3
Outer Circ NW8 . . . . . . .81 A1
Outgate Rd NW10 . . . . . .8 B1
Outram Pl N1 . . . . .84 B4
Outwich St EC3 . . . . . .110 B2
Outwood Ho 3
  SW2 . . . . .74 B4
Oval Mans SE11 . . . . . .163 A4
Oval Pl SW8 . . . . .163 A2
Oval Rd NW1 . . . . .82 A4
Oval Sta SW11 . . . . . . .163 B3
Oval The E2 . . . . .25 A3
Oval Way SE11 . . . . . . .149 A1
Overbury Ho 8
  E5 . . . . .17 C4
Overbury St E5 . . . . . . .17 C4
Overcliff Rd SE13 . . . . . .66 C4
Overhill Rd SE21,
  SE22 . . . . .76 C4
Overlea Rd E5 . . . . .7 C4
Oversley Ho 1
  W2 . . . . .31 C4
Overstone Ho 10
  E14 . . . . .33 C3
Overstone Rd W6 . . . . .39 B2
Overstrand Mans
  SW11 . . . . .169 B3
Overton Ho SW15 . . . . .68 B4
Overton Rd SW9 . . . . . .173 C1
Overy Ho SE1 . . . . .136 A3
Ovex Cl E14 . . . . .42 B4
Ovington Ct SW3 . . . . .130 B1
Ovington Gdns
  SW3 . . . . .130 B1
Ovington Mews
  SW3 . . . . .130 B1
Ovington Sq SW3 . . . . .130 B1
Ovington St SW3 . . . . .144 B4
Owen Ho 12 N19 . . . . .13 B4
Owen's Ct EC1 . . . . .96 A4
Owen's Row EC1 . . . . . .96 A4
Owen St EC1 . . . . .86 A1
Owgan Cl SE5 . . . . .48 C3
Oxberry Ave SW6 . . . . .164 B2
Oxbridge Ct 4
  W4 . . . . .37 A1
Oxendon St SW1,
  W1 . . . . .119 B3
Oxenford St SE15 . . . . .64 B4
Oxenham Ho 13
  SE8 . . . . .51 C4
Oxestalls Rd SE8 . . . . . .41 A1
Oxford & Cambridge
  Mans NW1 . . . . .102 B3
Oxford Cir W1 . . . . . . .104 C1
Oxford Circus Ave
  W1 . . . . .104 C1
Oxford Circus Sta
  W1 . . . . .104 C1
Oxford Ct
  City of London
  EC4 . . . . .123 B4
  Gunnersbury W4 . . . . . .37 A1
  48 Paddington W2 . . . . .31 C4
Oxford Gate W6 . . . . . .39 C2
Oxford Gardens Prim
  Sch 21 W10 . . . . .30 C4

Oxford Gate W6....39 C2
Oxford Gdns
  Brentford W4....44 C4
  North Kensington
  W10....30 C3
Oxford Ho N4....5 C3
Oxford Rd
  Finsbury Pk N4....5 C3
  Paddington W2....23 C3
  Putney SW15....58 A3
  Stratford E15....19 C2
Oxford Rd N W4....37 A1
Oxford Rd S W4....37 A1
Oxford Sq W2....102 B1
Oxford St W1....104 B1
Oxley Cl SE1....153 A2
Oxonian St SE22....64 B3
Oxo Tower Wharf
  SE1....121 C3
Oxo Twr* SE1....121 C3
Oxted St N16....7 A3
Oyster Row E1....32 B3
Ozolins Way E16....35 C3

P

Pablo Neruda Cl 4
  SE24....63 A3
Pace Pl E1....32 A3
Pacific Ho 15 E1....25 C1
Pacific Rd E16....35 C3
Pacific Wharf
  SE16....32 C1
Packenham Ho
  24 Crouch End N19....4 C4
  21 Spitalfields
  E2....24 B2 99 A4
Packington Sq N1....86 A4
Packington St N1....86 B3
Padbury SE17....152 B1
Padbury Ct
  E2....24 B2 99 A4
Padbury Ho NW8....90 B2
Paddenswick Ct 2
  W6....39 A3
Paddenswick Rd
  W6....38 C3
PADDINGTON....100 C3
Paddington Acad 7
  W9....23 C2
Paddington Gn
  W2....101 B4
Paddington Green
  Prim Sch NW8....89 B1
Paddington St
  W1....103 B4
Paddington Sta
  W2....101 B2
Paddock Cl SE3....53 C1
Paddock Prim Sch
  SW11....60 C3
Paddock Sch
  SW15....56 B3
Paddock Way 11
  SW15....69 B4
Padfield Rd SE5....63 B4
Padstone Ho 50
  E3....27 A2
Padstow Ho 12
  E14....33 A2
Pagden St SW8....170 B4
Pageant Cres
  SE16....33 B1

Pageantmaster Ct
  EC4....108 A1
Page Ho SE10....52 B4
Page St SW1....147 C4
Page's Wlk SE1....138 B1
Page's Wlk W4....46 A4
Paget Ho 15 E2....25 B3
Paget Rd N16....6 C3
Paget St EC1....96 A4
Pagham Ho 8
  W10....22 B1
Pagnell St SE14....51 B3
Pagoda Ave TW9....54 B4
Pagoda Gdns SE3....52 C1
Pagoda Gr SE27....75 B2
Paine Ct SE3....53 B4
Painsthorpe Rd 3
  N16....7 A1
Painswick Ct 1
  SE15....49 B3
Painters Mews
  SE16....153 C4
Pakeman Ho SE1....136 B4
Pakeman Prim Sch 1
  N7....5 B1
Pakeman St N7....5 B1
Pakenham Cl
  SW12....72 C3
Pakenham St WC1....95 A2
Palace Ave W8....128 B4
Palace Cl 4 E9....18 B2
Palace Ct
  Hampstead NW3....11 A3
  Kensington W2....114 A3
  Streatham SW2....74 C2
Palace Garden Mews
  W8....31 C1 113 C2
Palace Gate W8....128 C3
Palace Gdns Mews
  W8....114 B3
Palace Gn W8....114 A4
Palace Mans W14....140 B4
Palace Mews
  Belgravia SW1....145 C3
  Fulham SW6....155 A2
Palace Pl SW1....132 C2
Palace Rd SW27, SW16,
  SW2....74 C2
Palace Rd SW1....132 C2
Palatine Ave N16....16 A4
Palatine Rd N16....16 A4
Palazzo Apartments
  11 N1....16 A1
Palemead Cl SW6....47 C2
Palermo Rd NW10....21 C3
Palewell Common Dr
  SW14....55 C2
Palewell Pk SW14....55 C2
Palfrey Pl SW8....163 A2
Palgrave Gdns
  NW1....90 B2
Palgrave Ho
  7 Camberwell
  SE5....48 B3
  4 Maitland Pk
  NW3....12 B3
Palgrave Rd W12....38 B3
Palissy St 35
  E2....24 B2 98 C3
Pallant Ho SE1....137 C1
Pallester Ct NW11....1 A3
Palliser Ct W14....140 A1
Palliser Ho
  3 Greenwich
  SE10....52 C4
  31 Stepney E1....25 C1

Palliser Rd W14....140 A1
Pallister Terr
  SW15....68 B2
Pall Mall SW1....119 B2
Pall Mall E SW1....119 C2
Pall Mall Pl SW1....119 A1
Palm Ct
  18 Camberwell
  SE15....49 B3
  Stoke Newington N16....6 C2
Palmer Ho
  5 Deptford SE14....50 C3
  4 Kentish Town
  NW5....13 B4
  15 Tufnell Pk N19....4 B1
Palmer Pl N7....14 C3
Palmers Rd
  Globe Town E2....25 C3
  Mortlake SW14....55 B4
Palmer St SW1....133 B2
Palmerston Ct 22
  E3....25 C3
Palmerston Ho
  Battersea SW11....169 C3
  Kensington
  W8....31 C1 113 B1
Palmerston Rd
  Acton Green W3....37 B3
  Brondesbury NW6....10 B1
  Hampstead NW6....10 C1
  Mortlake SW14....55 B3
Palmerston Way
  SW8....170 B4
Palm Gr W5....36 A3
Palm Tree Ho 2
  SE14....50 C3
Pamela Ct NW10....8 C1
Pamela Ho 14 E8....24 B4
Pamlion Ct N4....5 A4
Panama Ho 6 E1....32 C4
Pancras La EC2....109 B1
Pancras Rd NW1....83 C2
Pancras Way E3....26 C3
Pandian Way 4
  NW5....13 C2
Pandora Rd NW6....10 C2
Pangbourne NW1....92 C3
Pangbourne Ave
  W10....30 B4
Pangbourne Ho
  N7....14 A3
Pankhurst Cl 7
  SE14....50 C3
Pankhurst Ho 2
  NW10....8 B2
Panmure Cl N5....15 A4
Pan Peninsula Sq
  E14....42 A4
Pansy Gdns W12....29 C2
Panton St SW1....119 B3
Panyer Alley EC2....108 C2
Paper Mill Wharf
  E14....33 A2
Papworth Gdns
  N7....14 B3
Papworth Way
  SW2....74 C4
Parade Mans 19
  SE5....48 B1
Parade Mews SE27,
  SW2....75 A2
Parade The SW11....159 A2
Paradise Pas N7....14 C3
Paradise Rd
  Richmond TW10....54 A2

Paradise Rd continued
  South Lambeth
  SW4....172 A2
Paradise Row 2....25 A2
Paradise St SE16....40 A4
Paradise Wlk
  SW3....159 A4
Paragon Christian
  Acad E5....17 C4
Paragon Cl E16....35 C3
Paragon Ho SE3....53 B1
Paragon Mews
  SE1....151 C4
Paragon Pl SE3....53 B1
Paragon Rd E9....17 B2
Paragon The
  Kidbrooke SE3....53 C1
  Walworth SE17....151 C4
Paramount Bldg
  EC1....96 A2
Paramount Ct
  WC1....93 A1
Parbury Rd SE23....66 A1
Pardoner St SE1....137 C2
Pardon St EC1....96 B2
Parfett St E1....111 C2
Parfitt Cl NW11....1 A3
Parfrey St W6....47 B4
Paris Gdn SE1....122 A2
Paris Ho 12 E2....25 A3
Park Ave
  Golders Green
  NW11....2 A3
  Mortlake SW14....55 C3
  Willesden NW2....9 B2
Park Ave N N10....9 A4
Park Cl
  Kensington W14....127 A2
  Knightsbridge SW1....130 C3
  13 South Hackney
  E9....25 B4
Park Cres W1....92 A1
Park Crescent Mews E
  W1....92 B1
Park Crescent Mews
  W W1....92 A1
Park Ct
  Battersea SW11....170 A4
  Clapham Pk SW4....61 C2
  Dulwich SE21....75 C1
  12 Hammersmith
  W6....39 B3
  Upper Tooting
  SW12....72 C3
Park Dr
  Acton W3....36 C3
  Golders Green NW11....2 A3
  Mortlake SW14....55 C3
Park Dwellings 7
  NW3....12 B3
Park End NW3....12 A4
Parker Ct
  Shoreditch N1....87 A4
  South Lambeth
  SW4....172 A3
Parke Rd SW13....46 C2
Parker Mews
  WC2....106 B2
Parkers Row 15
  SE16....139 B3
Parker's Row SE1....139 A3
Parker St WC2....106 B2
Parkfield Ave
  SW14....56 A3
Parkfield Ct SE14....51 B2

Parkfield Ind Est
  SW11....169 C2
Parkfield Rd
  New Cross SE14....51 B2
  Willesden NW10....9 A1
Parkfields SW15....57 B3
Parkfield St N1....85 C2
Park Flats N6....3 A4
Parkgate Gdns
  SW14....55 C2
Parkgate House Sch
  SW11....60 C3
Parkgate Mews N6....4 B4
Parkgate Rd
  SW11....158 B1
Park Hall SE10....52 C3
Park Hall Rd SE21....75 C1
Park Hall Road Trad
  Est SE21....75 C1
Parkham St SW11....168 A3
Park Heights 21
  E14....33 B3
Park Hill
  Clapham Pk SW4....61 C2
  Richmond TW10....54 B1
Park Hill Ct SW17....72 B1
Parkhill Rd NW3....12 B3
Park Hill Wlk 10
  NW3....12 B3
Park Ho
  8 Camberwell
  SE5....48 C2
  Finsbury Pk N4....6 A2
  32 Hackney E9....17 B1
  Richmond TW10....54 A1
Parkholme Rd E8....16 C2
Parkhouse St SE5....48 C3
Parkhurst Ct N7....14 A4
Parkhurst Rd N7....14 A4
Parkinson Ct
  Finsbury N1....97 B3
  Shoreditch EC1....97 C4
Parkinson Ho 6
  E9....17 B1
Park La
  Mayfair W1....117 B3
  Mill Meads E15....27 C4
Parkland Ct W14....126 A4
Parkland Gdns 12
  SW19....69 C3
Parklands
  East Dulwich SE22....65 A2
  Highgate N6....4 A4
Parklands Cl
  SW14....55 B2
Parklands Rd
  SW14....55 B2
Park Lea N16....7 A4
Parklife Oxford St
  W1....103 B1
Park Lo
  11 South Hampstead
  NW8....11 C1
  10 Wapping E1....32 A1
  Willesden NW2....9 B4
Park Lofts 3 SW4....62 A2
Park Lorne NW8....90 B3
Park Mans
  Battersea SW11....168 A3
  Bedford Pk W6....38 B3
  Fulham SW6....164 B3
  Knightsbridge SW1....130 C3
  St John's Wood
  NW8....80 A1
  Vauxhall SW8....162 B4
Parkmead SW15....57 A1
Park Mews
  Greenwich SE10....43 B1

Park Mews continued
Kensal Rise W10 . . . . 23 A3
Park Par
Acton W3 . . . . 36 C3
Dagenham NW10 . . . . . . 21 B3
Park Piazza 3
SE13 . . . . 67 C1
Park Pl
Canary Wharf E14 . . . . . 33 C1
Gunnersbury W3 . . . . . . 36 C2
Shoreditch N1 . . . . 87 C4
St James SW1 . . . . 118 C2
Park Place Dr W3 . . . . . 36 C3
Park Place Ho 3
SE10 . . . . 52 C4
Park Place Villas
W2 . . . . 101 A4
Park Pl
Chiswick W4 . . . . 45 C4
Dagenham NW10 . . . . . 21 A4
Lisson Gr NW1,
NW8 . . . . 90 B2
Richmond TW10 . . . . . . 54 B1
Park Rd E 3 . . . . 37 B4
Park Rd N
Chiswick W4 . . . . 37 C1
South Acton W3 . . . . . . 37 A4
Park Road E 11
. . . . 37 A4
Park Row SF10 . . . . . . 52 C4
PARK ROYAL 20 A2
Park Royal NW10 . . . . . 20 A3
Park Royal Bsns Ctr
NW10 . . . . 20 B1
Park Royal Metro Ctr
NW10 . . . . 20 A1
Park Royal Rd NW10,
W3 . . . . 20 B1
Park St SW11 . . . . 169 B3
Park St James
NW8 . . . . 80 C3
Park Sheen 3
SW14 . . . . 55 A3
Parkshot TW9 . . . . 54 A3
Parkside
East Acton W3 . . . . 29 A1
Greenwich SE3 . . . . 53 B3
Park Side NW2 . . . . 9 A4
Parkside Bsns Est
SE8 . . . . 51 A4
Parkside Cres N7 . . . . . . 5 C1
Parkside Est E9 . . . . . . 25 C4
Parkside (Private)
Hospl SW19 . . . . 69 C1
Parkside St SW11 . . . . 169 B3
Park Sq E SW1 . . . . . . 92 B2
Park Square Mews
NW1 . . . . 92 A1
Park Sq W NW1 . . . . . 92 A1
Park St
Borough The SE1 . . . . 123 A2
Mayfair W1 . . . . 117 B3
Parkstead Rd
SW15 . . . . 57 A2
Parkstone Rd 3
SE15 . . . . 49 C1
Park Stps W2 . . . . 116 B4
Park The NW11 . . . . 2 A3
Parkthorne Rd
SW12 . . . . 73 C4
Park Twrs W1 . . . . 118 A1
Park View
Dagenham W3 . . . . 28 B4
Highbury N5 . . . . 15 B4
Willesden NW2 . . . . 9 B4
Parkview Ct SW6 . **164** B1

Park View Ct
SW18 . . . . 58 C1
Park View Ho
SE24 . . . . 63 A1
Park View Mans N4 . . 6 A4
Park View Mews 4
SW9 . . . . 172 C1
Park View Rd NW10 . 8 B4
Park Village E
NW1 . . . . 82 B1
Park Village W
NW1 . . . . 82 A2
Parkville Rd SW6 . . . 154 C1
Park Vista SE10 . . . . . 52 C4
Park Walk Prim Sch
SW10 . . . . 157 B3
Parkwat Cres E15 . . 19 B3
Parkway NW1 . . . . 82 A3
Park Way W3 . . . . 36 C2
Parkway Ho SW14 . . 55 C3
Park Way W2 . . . . 102 B1
Park West PI W1,
W2 . . . . 102 B2
Park Wlk
Chelsea SW10 . . . . 157 B4
Highgate N6 . . . . 3 C4
Parkwood NW8 . . . . . 80 C3
Parkwood Prim Sch
1 N4 . . . . 6 A2
Parliament Ct
NW3 . . . . 12 A4
Parliament Hill
NW3 . . . . 12 A4
Parliament Hill Mans
NW5 . . . . 12 C4
Parliament Hill Sch
NW5 . . . . 12 C4
Parliament Mews
SW14 . . . . 45 B1
Parliament Sq ★
SW1 . . . . 134 A3
Parliament St
SW1 . . . . 134 A3
Parliament View
Apartments
SE11 . . . . 148 C4
Parma Cres SW11 . . 60 B3
Parminter Ind Est 20
E2 . . . . 25 A3
Parmiter St E2 . . . . . 25 A3
Parmoor Ct EC1 . . . . 96 C2
Parnell Cl W12 . . . . . 39 A3
Parnell Ho WC1 . . . 105 C2
Parnell Rd E3 . . . . . . 26 B4
Parnham St E14 . . . . 33 A3
Parolles Rd N19 . . . . . 4 B3
Parr Ct N1 . . . . 87 B2
Parrington Ho 1
SW4 . . . . 61 C1
Parr Pl W4 . . . . 38 B2
Parr St N1 . . . . 87 B2
Parry Ho 32 E1 . . . . . 32 A1
Parry Rd W10 . . . . . . 23 A2
Parry St SW8 . . . . . . 162 B4
Parsifal Coll 1
NW3 . . . . 10 C4
Parsifal Ho NW3 . . . 10 C4
Parsifal Rd NW6 . . . 10 C3
Parsonage St E14 . . 42 B2
Parsons Gn SW6 . . . 165 B3
PARSONS
GREEN 165 B4
Parsons Green La
SW6 . . . . 165 B4
Parsons Green Sta
SW6 . . . . 165 B3

Parsons Ho
Paddington W2 . . . . 89 B1
21 Streatham SW2 . . 74 A4
Parsons Lo NW6 . . . . . 11 A1
Parthenia Rd
SW6 . . . . 165 C3
Partington Cl N19 . . . 4 C3
Parton Lo 14 E8 . . 16 B2
Partridge Cl E1 . . . . 96 A2
Partridge Ho 22
E3 . . . . 26 B3
Pascall Ho SE17 . . . . 48 B4
Pascal St SW8 . . . . . 161 C2
Pascoe Rd SE13 . . . . 67 C2
Pasley Cl SE17 . . . . . 150 C1
Passfield Dr E14 . . . 34 A4
Passfields W14 . . . . 140 C1
Passing Alley EC1 . . 96 B1
Passmore St SW1 . . 145 B2
Pastor St SE1,
SE11 . . . . 150 B4
Patcham Terr
SW8 . . . . 170 B4
Patent Ho E14 . . . . . 34 A4
Paternoster La
EC4 . . . . 108 B2
Paternoster Sq
EC4 . . . . 108 B2
Pater St W8 . . . . 127 B1
Patience Rd
SW11 . . . . 168 A1
Patience Villas
SE13 . . . . 67 C4
Patio Cl SW4 . . . . 61 C1
Patmore Ho 6
N16 . . . . 16 A3
Patmore St SW8 . . . 171 A4
Patmos Rd SW9 . . . . 48 A2
Paton Cl E3 . . . . 26 C2
Paton Ho 3 SW9 . . 172 C2
Paton St EC1 . . . . . . 96 C3
Patrick Coman Ho
EC1 . . . . 96 C3
Patrick Connolly Gdns
13 E3 . . . . 27 A2
Patriot Sq E2 . . . . . . 25 A3
Patrol Pl SE6 . . . . . . 67 A1
Pat Shaw Ho 2
E1 . . . . 25 C1
Patshull Pl NW5 . . . 13 B2
Patshull Rd NW5 . . . 13 B2
Patten Ho N4 . . . . 6 B3
Patten Rd SW18 . . . 72 A4
Patterdale NW1 . . . . 92 B3
Patterdale Rd
SE15 . . . . 50 B3
Pattina Wlk SE16 . . . 33 A1
Pattison Point 10
E16 . . . . 35 C4
Pattison Ho
Borough The SE1 . . . 137 A4
1 Stepney E1 . . . . . . 32 C3
Pattison Rd NW2 . . 1 C1
Pat Williams Ho
SE27 . . . . 75 B1
Paul Daisley Ct 2
NW6 . . . . 10 A1
Paulet Rd SE5 . . . . . 48 A2
Paul Ho 15 W10 . . . 23 A1
Pauline Ho 21 E1 . . 111 C4
Paul Julius Cl E14 . . 34 C2
Paul St EC2 . . . 24 A1 **98** A2
Paultons Ho SW3 . . 157 C4
Paultons Sq SW3 . . 157 C4
Paultons St SW3 . . 157 C3
Pauntley Ho 6 N19 . 4 B3

Pauntley St 4 N19 . . 4 B3
Pavan Ct 22 E2 . . . . 25 B2
Paveley Dr SW11 . . . 158 A1
Paveley Ho N1 . . . . . 84 C1
Paveley St NW8 . . . . 90 B2
Pavement The
Brentford W5 . . . . 36 A3
Clapham SW4 . . . . 61 B3
Pavilion Ct
7 Hampstead
NW3 . . . . 11 B4
Hampstead NW3 . . . . . 11 C3
3 Paddington NW6 . . 23 C2
Pavilion Mans 10
SW9 . . . . 62 B3
Pavilion Rd SW1 . . . 131 A1
Pavilion Sq SW17 . . 72 B1
Pavilion St SW1 . . . 131 A1
Pavilion Terr 8
W12 . . . . 30 B3
Pavillion Ct SW1 . . 160 A4
Pavitt Ct NW10 . . . . . 8 C1
Paxton Cl TW9 . . . . . 44 B1
Paxton Ho SE17 . . . 151 A2
Paxton Rd W4 . . . . . 46 A4
Paxton Terr SW1 . . 160 B4
Paymal Ho 3 E1 . . . 32 B4
Payne Ho N1 . . . . . . 85 A3
Payne Rd E3 . . . . 27 A3
Paynesfield Ave
SW14 . . . . 55 C4
Payne St SE8 . . . . . . 51 B4
Paynes Wlk W6 . . . . 154 A3
Peabody Ave
SW1 . . . . 146 B1
Peabody Bldgs
6 Camberwell
SE5 . . . . 48 C2
Walworth SE17 . . . . . . 151 B3
Peabody Cl SE10 . . . 42 C4
Peabody Ct
9 Camberwell
SE5 . . . . 48 C2
St Luke's EC1 . . . . 97 A1
Peabody Est
18 Bethnal Green
E2 . . . . 25 A3
Borough The SE1 . . . . 122 C1
Fulham SW6 . . . . 155 A4
17 Hammersmith
W6 . . . . 39 B1
Holborn EC1 . . . . 95 C1
Lambeth SE1 . . . . 121 C1
North Kensington
W10 . . . . 30 B4
4 Ratcliff E1 . . . . 32 C2
St George in t East
E1 . . . . 125 B4
St Luke's EC1 . . . . 97 A1
Strand WC2 . . . . 106 C1
Streatham SE24 . . . . . 75 B4
Westminster SW1 . . . 147 A4
Peabody Hill SE21 . . 75 B3
Peabody Sq SE1 . . 136 A3
Peabody Twr EC1 . . . 97 A1
Peabody Yd N1 . . . . . 86 C4
Peace Pagoda ★
SW3 . . . . 159 A2
Peach Rd W10 . . . . . . 23 A2
Peachum Rd SE3 . . . 53 B4
Peach Walk Mews 24
E3 . . . . 25 C3
Peacock St SE17 . . . 150 B3
Peacock Yd SE17 . . 150 B3
Peak Ho N4 . . . . 6 B3

Pearce Ho
Camden Town N19 . . . 4 B1
7 Streatham SW2 . . 74 A4
Westminster SW1 . . . 147 C3
Pear Cl SE14 . . . . 51 A3
Pear Ct 21 SE15 . . . . 49 B3
Peardon St SW8 . . . 170 B1
Pearfield Ho 1
N5 . . . . 15 B3
Pearl St E1 . . . . 32 A1
Pearmain Ho 5
SE13 . . . . 52 B1
Pearman St SE1 . . . 135 C3
Pear Pl SE1 . . . . 135 B4
Pearscroft Ct
SW6 . . . . 166 B3
Pearscroft Rd
SW6 . . . . 166 B3
Pearse St 3 SE15 . . 49 A4
Pearson Cl 4 SE5 . . 48 B2
Pearson Ho SW15 . . 47 B1
Pearson's Ave SE8,
SE14 . . . . 51 C2
Pearson St E2 . . . . . 24 B3
Peartree Ave
SW17 . . . . 71 B1
Pear Tree Cl 28
E2 . . . . 24 B4
Pear Tree Ct
Holborn EC1 . . . . 95 C1
Putney SW15 . . . . 57 A3
Pear Tree Ho SE4 . . 66 B3
Peartree La E1 . . . . . 32 B2
Peartree St EC1 . . . . 96 C2
Peartree Way
SE10 . . . . 43 C2
Peary Pl E2 . . . . 25 B2
Peckarmans Wood
SE21, SE26 . . . . 76 C1
Peckett Sq 3 N5 . . 15 A4
Peckford Pl SW9 . . 173 C1
PECKHAM 49 C2
Peckham Gr SE15 . . 49 A3
Peckham High St
SE15 . . . . 49 C2
Peckham Hill St
SE15 . . . . 49 C3
Peckham Park Prim
Sch 28 SE15 . . . . . . 49 C3
Peckham Park Rd
SE15 . . . . 49 C3
Peckham Rd SE5 . . . 49 A2
Peckham Rye
Dulwich SE22 . . . . 64 C3
Peckham SE15,
SE22 . . . . 65 A3
Peckham Rye Sta
SE15 . . . . 49 C1
Peckwater Ho 2
NW5 . . . . 13 C2
Peckwater St NW5 . 13 B3
Pedlars Wlk N7 . . . . 14 A3
Pedley St E1 . 24 B1 **99** A1
Pedro St E5 . . . . 17 C4
Pedworth Gdns 4
SE16 . . . . 40 B2
Peel Gr E2 . . . . 25 B3
Peel Pass
W8 . . . . 31 C1 113 B1
Peel Prec NW6 . . . . . 23 C3
Peel St W8 . . 31 C1 113 B1
Peerless St EC1 . . . . 97 B3
Pegasus Cl N16 . . . . 15 C4

Pegasus Ct
🏛 Acton W3 . . . . 28 B3
Brentford TW8 . . . . . . 36 B1
College Pk NW10 . . . . 22 A2
Pegasus Ho 🏛 E1 . . 25 C1
Pegwell Ho 🏛 E5 . . 17 A3
Pekin St E14 . . . . . . 33 C3
Pekoe SE1 . . . . 125 A1
Peldon Ct TW10 . . . . 54 B2
Pelham Cl SE5 . . . . 49 A1
Pelham Cres SW7 . . 144 A3
Pelham Ct SW3 . . . . 144 A3
Pelham Ho W14 . . . . 140 B2
Pelham Pl SW7 . . . . 144 A3
Pelham St SW7 . . . 143 C3
Pelican Ho 🟦 SE8 . . 41 B2
Pelican Pas 🏛 E1 . . 25 B1
Pelier St SE17 . . . . . 48 B4
Pella Ho SE11 . . . . 149 A2
Pellant Rd SW6 . . . 154 B2
Pellatt Rd SE22 . . . . 64 B2
Pellerin Rd N16 . . . . 16 A3
Pellew Ho 🏛 E1 . . . 25 A1
Pelling St E14 . . . . . 33 C3
Pelter St E2 . . 24 B2 98 C4
Pelton Rd SE10 . . . . 43 A1
Pember Rd NW10 . . 22 C2
Pemberton Ct 🏛
E1 . . . . 25 C2
Pemberton Gdns
N19 . . . . 4 B1
Pemberton Pl 🏛
E8 . . . . 17 A1
Pemberton Row
EC4 . . . . 107 C2
Pemberton Terr
N19 . . . . 4 B1
Pembridge Cres
W11 . . . . . 31 C2 113 B4
Pembridge Gdns
W2 . . . . . . 31 C2 113 B3
Pembridge Hall Prep
Sch for Girls
W2 . . . . . . 31 C2 113 C3
Pembridge Mews
W11 . . . . . 31 C2 113 B4
Pembridge Pl
Notting Hill
W2 . . . . 31 C2 113 C4
🏛 Wandsworth
SW11 . . . . 58 C2
Pembridge Rd
W11 . . . . . 31 C2 113 B3
Pembridge Sq
W2 . . . . . . 31 C2 113 C3
Pembridge Villas
W11 . . . . . 31 C2 113 B4
Pembroke W14 . . . . 141 A3
Pembroke Ave N1 . . 84 B4
Pembroke Bldgs
NW10 . . . . 21 C2
Pembroke Cl
SW1 . . . . 131 C3
Pembroke Gdns
W8 . . . . 141 A4
Pembroke Gdns Cl
W8 . . . . 127 B1
Pembroke Ho
Acton W3 . . . . 37 B4
Chelsea SW1 . . . . . 131 B1
🟦 Clapham Pk SW2 . 62 A2
🔟 Kensington W2 . . 100 B1
Putney SW15 . . . . . 56 C2

Pembroke Lo 🟦
SW16 . . . . 74 B1
Pembroke Mews
🟦 Bow E3 . . . . 26 A2
Kensington W8 . . . . 127 B1
Pembroke Pl W8 . . 127 B1
Pembroke Rd W8 . . 141 B4
Pembroke Sq W8 . . 127 B1
Pembroke St N1 . . . 84 B4
Pembroke Studios
W8 . . . . 127 A1
Pembroke Terr
NW8 . . . . 79 B3
Pembroke Wlk
W8 . . . . 141 B4
Pembury Cl E5 . . . . 17 A3
Pembury Ho SE5 . . 49 A1
Pembury Pl 🏛 E5,
E8 . . . . 17 A3
Pembury Rd E5 . . . . 17 A3
Pemell Cl 🔟 E1 . . . 25 B1
Pemell Ho 🟦 E1 . . . 25 B1
Penally Pl N1 . . . . . 87 C4
Penang St E1 . . . . . 32 A1
Penarth Ctr The
SE15 . . . . 50 B4
Penarth St SE15 . . . 50 B4
Pencombe Mews
W11 . . . . . 31 B2 113 A4
Pencraig Way
SE15 . . . . 50 A4
Penda's Mead E9 . . 18 A4
Pendennis Ho 🏛
SE8 . . . . 41 A2
Penderyn Way N7 . . 13 C4
Pendle Ho 🔟
SE26 . . . . 76 C1
Pendley Ho 🟦 E2 . . 24 C4
Pendrell Ho WC2 . . 105 C1
Pendrell Rd SE4 . . . 51 A1
Penelope Ho 🟦
SW9 . . . . 173 B3
Penfield Lo 🟦 W9 . 31 C4
Penfields Ho N7 . . . 14 A2
Penfold Pl NW1 . . . 102 A4
Penfold St NW8 . . . 89 C1
Penford St SE5 . . . . 48 A1
Penhurst Mans
SW6 . . . . 164 C4
Peninsula Ct E14 . . 42 A3
Peninsular Park Rd
SE7 . . . . 43 C2
Penmayne Ho
SE11 . . . . 149 C2
Pennack Rd SE15 . . 49 B4
Penn Almshouses 🏛
SE10 . . . . 52 B2
Pennant Mews
W8 . . . . 142 A4
Pennard Mans 🟦
W12 . . . . 39 B4
Pennard Rd W12 . . 39 B4
Pennethorne Ho
N1 . . . . 12 C1
Pennethorne Cl
E9 . . . . 25 B4
Pennethorne Ho
SW11 . . . . 59 C4
Pennethorne Rd
SE15 . . . . 50 A3
Penn Ho NW8 . . . . 90 A1
Pennine La NW2 . . . 1 A2
Pennine Mans NW2 . 1 A2

Pennine Par NW2 . . . 1 A2
Pennington Ct
🟦 Rotherhithe
SE16 . . . . 33 A1
🟦 St George in t East
E1 . . . . 125 C3
Pennington St E1 . . 32 A2
Penn Rd N7 . . . . . . 14 A4
Penn St N1 . . . . 87 C3
Penny Ct SW10 . . . 157 A4
Pennyfields E14 . . . 33 C2
Pennyford Ct NW8 . 89 B2
Penny Mews
SW12 . . . . 73 A4
Pennymore Wlk
W9 . . . . 23 B1
Penny Rd NW10 . . . 20 A2
Penpoll Rd E8 . . . . . 17 A2
Penrhyn Cres
SW14 . . . . 55 B3
Penrith Cl SW15 . . . 58 A2
Penrith Pl SE27 . . . 75 A2
Penrose Gr SE17 . . 150 C1
Penrose Ho SE17 . . 150 C1
Penrose St SE17 . . . 150 C1
Penryn Ho SE11 . . . 150 A2
Penryn St NW1 . . . 83 B2
Penry St SE1 . . . . . 152 B3
Pensbury Pl SW8 . . 171 A2
Pensbury St SW8 . . 171 A2
Pensford Ave TW9 . 44 C1
Penshurst 🟦 NW5 . . 12 C2
Penshurst Ho 🔟
SE15 . . . . 50 B4
Penshurst Rd E9 . . . 17 C1
Pentland Cl NW11 . . 1 A2
Pentland Gdns
SW18 . . . . 59 B1
Pentland Ho
🟦 Camden Town
NW5 . . . . 12 C2
🟦 Stamford Hill N16 . 7 B3
Pentland Rd 🟦
NW6 . . . . 23 C2
Pentland St SW18 . . 59 B1
Pentlow St SW15 . . 57 B4
Pentney Rd SW12 . . 73 B3
Penton Gr N1 . . . . . 85 B1
Penton Ho N1 . . . . . 85 B1
Penton Pl SE17 . . . 150 B2
Penton Rise WC1 . . 95 A4
Penton St N1 . . . . . 85 B1
PENTONVILLE 85 A1
Pentonville Rd
WC1 . . . . 84 C1
Pentridge St SE15 . 49 B3
Penwith Rd SW18 . . 71 A2
Penwood Ho
SW15 . . . . 56 B1
Penywern Rd
SW5 . . . . 141 C2
Penzance Ho
SE11 . . . . 149 C2
Penzance Pl
W11 . . . . . . 31 A1 112 B2
Penzance St
W11 . . . . . . 31 A1 112 A2
Peony Gdns W12 . . 29 C2
Peperfield WC1 . . . 94 C3
Pepler Ho 🔟 W10 . 23 A1
Pepler Mews SE1 . 152 C1
Peploe Rd NW6 . . . 22 C3
Peppermead Sq
SE13 . . . . 66 C2
Pepper St
Borough The SE1 . . 136 C4

Pepper St continued
Millwall E14 . . . . . . 42 A3
Peppie Cl N16 . . . . . 7 A2
Pepys Ct SW4 . . . . 61 C2
Pepys Ent Ctr 🔟
SE8 . . . . 41 B2
Pepys Ho
🔟 Bethnal Green
E2 . . . . 25 B2
🟦 Clapham Pk SW4 . 61 C2
Pepys Rd SE14 . . . . 50 C1
Pepys St EC3 . . . . . 124 B4
Perceval Ave NW3 . 12 A3
Percheron Ct 🟦
SW9 . . . . 62 B4
Perch St E8 . . . . . . 16 B4
Percival Rd SW14 . . 55 B3
Percival St EC1 . . . . 96 B3
Percy Cir WC1 . . . . 95 A4
Percy Laurie Ho 🟦
SW15 . . . . 57 C3
Percy Mews W1 . . . 105 B3
Percy Pas W1 . . . . 105 B3
Percy Rd
Newham E16 . . . . . 35 A4
Shepherd's Bush
W12 . . . . 38 C4
Percy St W1 . . . . . . 105 B3
Peregrine Ho
🟦 Battersea
SW11 . . . . 60 A4
Finsbury EC1 . . . . . 96 B4
Perham Rd W14 . . . 140 B1
Perifield SE21 . . . . . 75 B3
Perkins Ho 🔟 E14 . 33 B4
Perkins Rents
SW1 . . . . 133 B1
Perkins Sq SE1 . . . 123 A2
Perley Ho 🟦 E3 . . . 33 B4
Perotti Ho SW6 . . . 59 A4
Perran Rd SE24,
SW2 . . . . 75 A2
Perren St NW5 . . . . 13 A2
Perrers Rd W6 . . . . 39 A2
Perring Est E3 . . . . 33 C4
Perrin's Ct 🟦 NW3 . 11 B4
Perrin's La NW3 . . . 11 B4
Perrin's Wlk NW3 . . 11 B4
Perronet Ho SE1 . . 136 B1
Perry Ave W3 . . . . . 28 C3
Perry Ct 🟦 E14 . . . 41 C1
Perry Ho 🟦 SW2 . . 74 A4
Perrymead St
SW6 . . . . 166 A3
Perryn Ho W3 . . . . 29 A2
Perryn Rd
Acton W3 . . . . 28 C2
🟦 Bermondsey
SE16 . . . . 40 A3
Perry's Pl W1 . . . . . 105 B2
Perrywood Ho 🔟
E5 . . . . 17 A3
Perseverance Works
🔟 E2 . . . . 24 A2 98 B4
Perth Ct 🟦 SE5 . . . 63 C3
Perth Ho N1 . . . . . . 14 B1
Perth Rd N4 . . . . . . 5 C3
Petchey Acad The
E8 . . . . 16 B3
Peter Ave NW10 . . . 9 A1
Peter Best Ho 🔟
E1 . . . . 32 A3
Peterboat Cl SE10 . 43 A2
Peterborough Ct
EC4 . . . . 107 C1

Peterborough Mews
SW6 . . . . 165 B2
Peterborough Rd
SW6 . . . . 58 C4
Peterborough Villas
SW6 . . . . 166 A4
Peter Butler Ho 🟦
SE1 . . . . 139 B3
Peterchurch Ho
SE15 . . . . 50 A4
Petergate SW11 . . . 59 B3
Peter Heathfield Ho
🔟 E15 . . . . 27 C4
Peter Hills Ho 🟦
SE16 . . . . 153 B4
Peter Hills Sch 🟩
SE16 . . . . 32 C1
Peter Ho SW8 . . . . 162 A2
Peter James Ent Ctr
NW10 . . . . 20 B2
Peterley Bsns Ctr 🔟
E2 . . . . 25 A3
Peters Ct 🟦 W2 . . . 100 B2
Peter's Ct SW4 . . . 61 A2
Petersfield Rd W3 . 37 B4
Petersfield Rise
SW15 . . . . 69 A3
Petersham Ho
SW7 . . . . 143 B4
Petersham La
SW7 . . . . 128 C2
Petersham Mews
SW7 . . . . 129 A1
Petersham Pl
SW7 . . . . 129 A2
Peter's La EC1 . . . . 108 B4
Peter St W1 . . . . . . 119 B4
Peterstow Cl
SW19 . . . . 70 A2
Petherton Ct
NW10 . . . . 22 C4
Petherton Ho N4 . . . 6 B3
Petherton Rd N5 . . . 15 B3
Petiver Cl 🟦 E9 . . . 17 B1
Petley Rd W6 . . . . . 47 C3
Peto Pl NW1 . . . . . 92 B2
Peto St N E16 . . . . . 35 B3
Petrel Ct 🟦 SE21 . . 75 C2
Petrie Cl NW2 . . . . 10 A2
Petrie Mus of
Egyptian
Archaeology* WC1 . . . . 93 B1
Petros Gdns 🔟
NW3 . . . . 11 B2
Petticoat Lane Mkt* EC2 . . . . 110 C3
Petticoat Sq E1 . . . 110 C2
Petticoat Twr E1 . . . 110 C2
Pettiward Cl SW15 . 57 B3
Petty France SW1 . 133 B2
Petty Wales EC3 . . 124 B3
Petworth Ho 🔟
SE22 . . . . 64 A4
Petworth St
SW11 . . . . 168 B4
Petyt Pl SW3 . . . . . 158 A3
Petyward SW3 . . . . 144 B3
Pevensey Ct
🟦 South Acton
W3 . . . . 37 A4
West Norwood
SW16 . . . . 74 C1
Pevensey Ho 🟦
E1 . . . . 33 A4
Peveril Ho SE1 . . . 137 C1

Pewsham Ho N4 .... 6 B3
Peyton Pl SE10 .... 52 B3
Pharamond NW2 .... 9 C2
Phelps Ho
SW15 .... 57 C4
Phelp St SE17 .... 48 C4
Phene St SW3 .... 158 B4
Philadelphia Ct
SW10 .... 157 A1
Philbeach Gdns
SW5 .... 141 B2
Phil Brown Pl 3
SW8 .... 61 A4
Philchurch Pl 30
E1 .... 111 C1
Philia Ho 4 NW1 .... 13 B1
Philip Blairman Ho
E1 .... 24 B1 98 C1
Philip Ct W2 .... 101 B4
Philip Ho 12 NW6 .... 78 A3
Philip Turner Est 6
E9 .... 17 B1
Philip Wlk SE15 .... 64 C4
Phillimore Ct W8 .... 127 C3
Phillimore Gardens Cl
W8 .... 127 B2
Phillimore Gdns
Kensington W8 .... 127 B3
Willesden NW10 .... 22 B4
Phillimore Pl W8 .... 127 B3
Phillimore Terr
W8 .... 127 C2
Phillimore Wlk
W8 .... 127 C2
Phillip Ho E1 .... 111 A3
Phillipp St N1 .... 24 A4
Philpot La EC3 .... 124 A4
Philpot Sq SW6 .... 59 A4
Philpot St E1 .... 32 A3
Philson Mans 13
E1 .... 32 A3
Phipps Ho 10 W12 .... 30 A2
Phipp St
EC2 .... 24 A1 98 A2
Phoebeth Rd SE4 .... 66 C2
Phoenix Bsns Ctr 22
E3 .... 33 C4
Phoenix Cl 18 E8 .... 24 B4
Phoenix Ct
4 Brentford TW8 .... 36 A1
2 Deptford SE14 .... 51 A4
Millwall E14 .... 41 C2
Phoenix High Sch
W12 .... 29 C2
Phoenix Ho SW1 .... 145 B4
Phoenix Lodge Mans
W6 .... 39 B2
Phoenix Pl WC1 .... 95 A2
Phoenix Rd NW1 .... 93 B4
Phoenix Sch 12
NW3 .... 11 B2
Phoenix Sec & Prim
Sch 43 E3 .... 26 B2
Phoenix St WC2 .... 105 C1
Phoenix Wharf Rd
SE1 .... 139 A3
Phyllis Hodges Ho
NW1 .... 83 B1
Physic Pl SW3 .... 158 C4
Piccadilly W1 .... 118 C2
Piccadilly Arc
SW1 .... 118 C2
Piccadilly Cir*
W1 .... 119 B3
Piccadilly Circus Sta
SW1 .... 119 B3

Piccadilly Ct 5
N7 .... 14 B2
Piccadilly Pl W1 .... 119 A3
Pickard St EC1 .... 96 B4
Pickering Cl E9 .... 17 C1
Pickering Ho
18 Kensington
W2 .... 100 B3
Stoke Newington N4 .. 6 C4
Pickering Mews 7
W2 .... 100 B2
Pickering Pl SW1 .... 119 A1
Pickering St N1 .... 86 B4
Pickets St SW12 .... 73 A4
Pickfords Wharf
N1 .... 86 C1
Pickwick Ho
21 Bermondsey
SE16 .... 139 B3
3 Shepherd's Bush
W11 .... 30 C1
Pickwick Rd SE21 .... 76 A4
Pickwick St SE1 .... 136 C3
Pickworth Cl
SW8 .... 162 B1
Picton Ho 1 SW4 .... 74 A4
Picton Pl W1 .... 103 C1
Picton St SE5 .... 48 C3
Picture Ho 6
SW16 .... 74 A2
Pied Bull Ct WC1 .... 106 B3
Pied Bull Yd WC1 .... 106 B3
Pier Head EC1 .... 32 A1
Pierhead Wharf 9
E1 .... 32 A1
Pier Ho SW3 .... 158 B3
Piermont Rd SE22 .... 65 A2
Pierpoint Bldg 4
E14 .... 41 C4
Pierrepoint Rd
W3 .... 28 A2
Pierrepoint Row
N1 .... 86 A2
Pier St E14 .... 42 B2
Pier Terr SW18 .... 59 B3
Piggott Ho 2 E2 .... 25 C3
Pigott St E14 .... 33 C3
Pilgrimage St
SE1 .... 137 B3
Pilgrim Ho SE1 .... 137 C1
Pilgrims Cloisters 10
SE5 .... 49 A3
Pilgrims Ct SE3 .... 53 C2
Pilgrim's La NW3 .... 11 C4
Pilgrims Mews 2
E14 .... 34 C2
Pilgrim's Pl 6
NW3 .... 11 C4
Pilgrims Way N19 .... 4 C3
Pilgrims Way Prim
Sch 22 SE15 .... 50 B4
Pilkington Rd 4
SE15 .... 50 A1
Pilot Ind Ctr NW10 .... 21 A1
Pilsden Cl SW19 .... 69 C3
Pilton Pl SE17 .... 151 A2
Pimlico Acad
SW1 .... 147 A1
Pimlico Rd SW1 .... 145 C2
PIMLICO 146 C1
Pimlico Wlk 1
N1 .... 24 A2 98 A4
Pinchin St E1 .... 125 C4

Pincombe Ho
SE17 .... 151 B2
Pincott Pl SE4 .... 65 C4
Pindar St EC2 .... 110 A4
Pindock Mews W9. 88 B1
Pine Apple Ct
SW1 .... 132 C2
Pine Ave E15 .... 19 C3
Pine Cl 11 N19 .... 4 B2
Pinedene 2 SE15 .... 50 A2
Pinefield Cl E14 .... 33 C2
Pine Gr N4, N19 .... 5 B2
Pine Ho
Bow E3 .... 26 A4
21 Rotherhithe
SE16 .... 40 B4
Pinehurst Cl 6
W11 .... 31 B3
Pinelands Cl 7
SE3 .... 53 B3
Pine Lo SW15 .... 58 A1
Pine Rd NW2 .... 9 C4
Pine St EC1 .... 95 B2
Pine Tree Ho SE14 .... 50 C3
Pine Tree Way 1
SE13 .... 67 A4
Pinewood Ct SW4 .. 61 C1
Pinkham Mans
W4 .... 36 C1
Pinnace Ho E14 .... 42 B3
Pinnacle Ho EC3 .... 124 A3
Pinnacle The 7
N1 .... 15 C2
Pinner Ct NW8 .... 89 B2
Pinner Ho 40 SE5 .. 48 B1
Pintail Cl 30 SE8 .. 51 B4
Pinter Ho 50 SW9 172 B1
Pioneer Cl
10 Bow Comm E14 .. 34 A4
London SE15 .... 30 A3
Pioneer St SE15 .... 49 C2
Pioneer Way W12 .... 30 B3
Piper Cl N7 .... 14 B3
Pipers Ho SE10 .... 42 C1
Pippin Ho 17 W10 .. 30 C2
Pirate Castle The*
NW1 .... 12 C1
Pirbright Rd SW18. 70 C3
Pitcairn Ho 1 E9 .. 17 B2
Pitfield Ho N5 .... 15 B3
Pitfield St N1 .... 24 A3
Pitman Ho 4 SE8 .. 51 C2
Pitman St SE5 .... 48 B3
Pitmaston Ho 2
SE13 .... 52 B1
Pitsea Pl E1 .... 32 C3
Pitsea St E1 .... 32 C3
Pitt Ho 4 SW11 .... 59 C3
Pitt's Head Mews
W1 .... 117 C1
Pitt St W8 .... 127 C4
Pixley St E14 .... 33 B3
Planetree Ct W6 .... 39 C2
Plane Tree Ho
SE8 .... 51 A4
Plantain Pl SE1 .... 137 B4
Plantation La EC3 124 A4
Plantation The
SE3 .... 53 C1
Platehouse The 3
E14 .... 42 A1
Platina St EC2 .... 97 C2
Plato Pl 5 SW6 .... 165 A2
Plato Rd SW2 .... 62 A3
Platt's La NW3 .... 1 C1

Platt St NW1 .... 83 B2
Plaxdale Ho SE17 152 A3
Playfair St W6. .... 39 B1
Playfield Cres
SE22 .... 64 B2
Playford Rd
Finsbury Pk N4 .... 5 B2
Finsbury Pk N4 .... 5 C2
Playhouse Yd EC4 108 A1
Plaza Sh Ctr W1 .. 105 A2
Pleasance Rd
SW15 .... 57 A2
Pleasance The
SW15 .... 57 A3
Pleasant Pl N1 .... 15 A1
Pleasant Row NW1 82 B3
Plender St NW1 .... 83 A3
Plender St NW1 .... 83 A3
Pleshey Rd N7 .... 13 C4
Plevna St E14 .... 42 B3
Pleydell Ave W6 .... 38 B2
Pleydell Ct FC4 .... 107 C1
Pleydell St EC4 .... 107 C1
Plimsoll Cl E14 .... 34 A3
Plimsoll Rd N4 .... 6 A1
Plough Ct EC3 .... 123 C4
Plough La SE22 .... 64 B1
Ploughmans Cl
NW1 .... 83 B4
Plough Mews 19
SW11 .... 59 C3
Plough Pl EC4 .... 107 C2
Plough Rd SW11 .... 59 C3
Plough St 8 E1 .... 111 B2
Plough Terr SW11 .. 59 C3
Plough Way SE16 .. 41 A2
Plough Yd
EC2 .... 24 A1 98 B1
Plover Ho 4 SW9 163 B2
Plover Way SE16 .. 41 A3
Plowman Ho
SW19 .... 69 C2
Plumbers Row E1 111 C2
Plumbridge St SE10 52 B2
Plume Ho SE10 .... 52 A4
Plummer Ct SE13 .. 67 A1
Plummer Rd SW4 .. 73 C4
Plumtree Ct EC4 .. 108 A2
Plymouth Ho 20
SE10 .... 52 A4
Plymouth Rd E16 .. 35 C4
Plymouth Wharf
E14 .... 42 C2
Plympton Ave
NW6 .... 10 B1
Plympton Pl NW1 .. 90 A1
Plympton Rd NW6 10 B1
Plympton St NW8 .. 90 A1
Pocklington Ct
SW15 .... 68 C3
Pocklington Lo 5
W12 .... 38 C3
Pocock St SE1 .... 136 B4
Podmore Rd SW18. 59 B3
Poets Cnr* SW1 134 C2
Poets Mews 3
SE24 .... 63 A2
Poet's Rd N5 .... 15 C3
Point Cl SE10 .... 52 B2
Pointer Sch The
SE3 .... 53 C3
Pointers Cl E14 .... 42 A1
Point Hill SE10 .... 52 B2
Point Ho SE10 .... 52 B2

Point Pleasant
SW18 .... 58 C3
Point Wharf La
TW8 .... 44 A3
Poland Ho 3 E15 .. 27 C4
Poland St W1 .... 105 A1
Polesworth Ho 10
W2 .... 31 C4
Polish Inst & Sikorski
Mus* SW7 .... 129 C3
Polish Univ Abroad 16
W6 .... 38 C2
Pollard Cl
Islington N7 .... 14 B4
Newham E16 .... 35 C2
Pollard Ho N1 .... 84 C1
Pollard Row
E2 .... 24 C2 99 C4
Pollard St
E2 .... 24 C2 99 C4
Pollen St W1 .... 104 B1
Pollitt Dr NW8 .... 89 C2
Pollock Ho W10 .... 23 A1
Pollock's Toy Mus*
W1 .... 105 A4
Polperro Mans 3
NW6 .... 10 C3
Polperro Mews
SE11 .... 150 A4
Polygon Rd NW1 .. 83 B1
Polygon The
1 Clapham SW4 .. 61 B3
St John's Wood
NW8 .... 79 C4
Pomell Way E1 .... 111 A2
Pomeroy Ct W11 .. 31 A3
Pomeroy Ho 5
E2 .... 25 C3
Pomeroy St SE14 .. 50 B2
Pomfret Rd SE5 .... 63 A4
Pomoja La N19 .... 5 A2
Pomona Ho 10
SE8 .... 41 A2
Pond Cl SE3 .... 53 C1
Pond Cotts SE21 .. 76 A3
Ponder St 5 N7 .. 14 B1
Pondfield Ho 4
N5 .... 15 B3
Pond Ho SW3 .... 144 A3
Pond Mead SE21 .. 63 C1
Pond Pl SW3 .... 144 A3
Pond Rd SE3 .... 53 B1
Pond Sq N6 .... 3 C3
Pond St NW3 .... 12 A3
Ponler St E1 .... 32 A3
Ponsard Rd NW10 .. 22 A2
Ponsford St E9 .... 17 B2
Ponsonby Ho 13
E2 .... 25 B3
Ponsonby Pl SW1 147 C2
Ponsonby Rd
SW15 .... 69 A4
Ponsonby Terr
SW1 .... 147 C2
Ponton Rd SW8 .. 161 C3
Pont St Mews
SW1 .... 130 C1
Pont St SW1 .... 131 A1
Pontypool Pl SE1 136 A4
Poole Ct N1 .... 16 A1
Poole Ho SE11 .... 135 A1
Poole Rd E9 .... 17 C2
Pooles Bldgs EC1 .. 95 B1

Pooles La SW10 . . **156** C1
Pooles Park Prim Sch
  N4 . . . . 5 B2
Pooles Pk N4 . . . . . . 5 C2
Poole St N1 . . . . . . **87** B3
Pooley Ho E1 . . . . . .25 C2
Pool Ho NW8 . . . . . .101 A4
Poolmans St SE16 . . .40 C4
Poonah St E1 . . . . . .32 B3
Pope Ho
  7 Bermondsey
  SE16 . . . . .40 A2
  3 Camberwell SE5 . .48 C3
Pope John Prim Sch
  W12 . . . . .30 A2
Pope's Head Alley
  EC3 . . . . .109 C1
Pope's La W5 . . . . . .36 A3
Pope's Rd SW9 . . . . .62 C4
Pope St SE1 . . . . . .138 B3
Popham Gdns
  TW9 . . . . .55 A4
Popham Rd N1 . . . . .86 C4
Popham St
  Islington N1 . . . . . .86 B4
  Shoreditch N1 . . . . .86 C4
POPLAR 33 C3
Poplar Bath St 11
  E14 . . . . .34 A2
Poplar Bsns Pk
  E14 . . . . .34 B2
Poplar Cl E9 . . . . . .18 B3
Poplar Ct 3 SW16 . .74 B1
Poplar Gr W6 . . . . . .39 B4
Poplar High St
  E14 . . . . .34 A2
Poplar Ho
  Brockley SE4 . . . . . .66 B3
  19 Rotherhithe
  SE16 . . . . .40 C4
Poplar Mews 4
  W12 . . . . .30 B1
Poplar Pl W2 . . . . . .114 B4
Poplar Rd SE24 . . . . .63 B3
Poplar Sta E14 . . . . .34 A2
Poplars The NW5 . . . .13 B3
Poplar Wlk SE24 . . . .63 B3
Poppins Ct EC4 . . . .108 A1
Porchester Ct SW2 . .100 B1
Porchester Gate
  W2 . . . . .100 C1
Porchester Gdn Mews
  W2 . . . . .100 C1
Porchester Gdns
  W2 . . . . .100 B1
Porchester Ho 3
  E1 . . . . .32 A3
Porchester Mews
  W2 . . . . .100 B2
Porchester Pl W2 . . .102 B1
Porchester Rd
  W2 . . . . .100 B2
Porchester Sq
  W2 . . . . .100 B2
Porchester Terr
  W2 . . . . .114 C4
Porchester Terr N
  W2 . . . . .100 B2
Porden Rd SW2 . . . . .62 B3
Porland Ct SE1 . . . .137 B2
Porlock Ho 5
  SE26 . . . . .76 C1
Porlock St SE1 . . . .137 C4

Porson Ct SE13 . . . . .67 A4
Portal Cl SE27 . . . . .74 C1
Portal Way W3 . . . . .28 C4
Portbury Cl 17
  SE15 . . . . .49 C2
Portchester Cl
  SE24 . . . . .63 C3
Portelet Ct 1 N1 . . . .24 A4
Portelet Rd E1 . . . . .25 C2
Porten Hos W14 . . .126 A1
Porten Rd W14 . . . .126 A1
Porter Sq N19 . . . . . .5 A3
Porter St
  Borough The SE1 . . .123 A2
  Marylebone W1 . . . .103 A4
Porteus Rd W2 . . . . .101 A4
Portfleet Pl 26 N1 . . .24 A4
Portgate Ct W9 . . . . .23 B1
Port Ho 6 SW11 . . . .59 B4
Portia Way E3 . . . . . .26 B1
Porticos The SW3 . .157 B3
Portinscale Rd
  SW15 . . . . .58 B2
Portishead Ho 25
  W2 . . . . .31 C4
Portland Ave N16 . . . .7 B4
Portland Ct
  7 De Beauvoir Town
  N1 . . . . .16 A1
  1 Deptford SE14 . . . .51 A4
Portland Gr SW8 . . .172 C4
Portland Ho 18
  SW2 . . . . .74 C3
Portland Hospl for
Women & Children
  The W1 . . . . .92 B1
Portland Mews
  W1 . . . . .105 A1
Portland Pl W1 . . . .104 B3
Portland Place Sch
  W1 . . . . .104 B4
Portland Rd
  Notting Hill
  W11 . . . . . . .31 A1 112 B2
  Notting Hill
  W11 . . . . . . .31 A2 112 A3
Portland Rise N4 . . . .6 B3
Portland Sq 4 E1 . . .32 A1
Portland St SE17 . . .151 B1
Portland Village
  W6 . . . . .39 B3
Portman Ave
  SW14 . . . . .55 C4
Portman Cl W1 . . . .103 B2
Portman Gate
  NW1 . . . . .90 B1
Portman Hts 1
  NW3 . . . . .1 C1
Portman Mews S
  W1 . . . . .103 B1
Portman Pl E2 . . . . .25 B2
Portman Sq W1 . . . .103 B2
Portman St W1 . . . .103 B1
Portman The NW11 . . .1 C4
Portman Twrs
  W1 . . . . .103 A2
Portnall Rd W9 . . . . .23 B2
Portobello Ct Est
  W11 . . . . .31 B3
Portobello Mews
  W11 . . . . . . .31 C2 113 B3
Portobello Rd
  W11 . . . . . . .31 B3 113 A4

Portobello Road
  Mkt* W10 . . . . .31 A4
Portpool La EC1 . . . .107 B4
Portree St E14 . . . . .34 C3
Port Royal Pl 3
  N16 . . . . .16 A3
Portsea Hall W2 . . . .102 B1
Portsea Ho 3
  SW15 . . . . .69 A3
Portsea Mews
  W2 . . . . .102 B1
Portsea Pl W2 . . . . .102 B1
Portslade Rd
  SW8 . . . . .170 C2
Portsmouth Rd
  SW15 . . . . .69 A3
Portsmouth St
  WC2 . . . . .107 A1
Portsoken St E1,
  EC3 . . . . .124 C4
Portswood Pl
  SW15 . . . . .56 B1
Portugal St WC2 . . .107 A1
Poseidon Ct 9
  E14 . . . . .41 C2
Postern The EC2 . . .109 A3
Post Office Way
  SW8 . . . . .161 B2
Potier St SE1 . . . . .137 C1
Potterne Cl 5
  SW19 . . . . .69 C4
Potters Cl 8 SE15 . .49 A3
Potters Fields
  SE1 . . . . .124 B1
Potters Lo E14 . . . . .42 B1
Potters Rd SW6 . . . .166 C1
Pottery La
  W11 . . . . . . .31 A1 112 B2
Pottery Rd TW8 . . . . .44 A4
Pottery St SE16 . . . .40 A4
Pott St E2 . . . . .25 A2
Poullett Ho SW2 . . . .75 A3
Poulton Cl E8 . . . . . .17 A2
Poultry EC2 . . . . . . .109 B1
Pound La NW10 . . . . .8 C2
Pountney Rd
  SW11 . . . . .60 C4
Povey Ho
  Tulse Hill SW2 . . . . .62 C1
  Walworth SE17 . . . .152 A3
Powell's Wlk W4 . . . .46 B4
Powergate Bsns Pk
  NW10 . . . . .20 C2
Power Ho 10 TW9 . . .44 C2
Power Ho The W4 . . .38 B2
Power Rd W4 . . . . . .36 C2
Powerscroft Rd
  E5 . . . . .17 B4
Powis Gdns
  Golders Green
  NW11 . . . . .1 B4
  Notting Hill W11 . . . .31 B3
Powis Ho WC2 . . . . .106 B2
Powis Mews W11 . . . .31 B3
Powis Pl WC1 . . . . . .94 B1
Powis Rd E3 . . . . . . .27 A2
Powis Sq W11 . . . . . .31 B3
Powis Terr W11 . . . . .31 B3
Powlesland Ct 21
  E14 . . . . .33 A3
Powlett Ho NW1 . . . . .13 A2
Powlett Pl NW1 . . . . .13 A1
Pownall Rd E8 . . . . . .24 C4
Powrie Ho 4
  SW11 . . . . .167 C2
Poynder Ct 3 N7 . .14 A3

Poynders Ct 9
  SW4 . . . . .61 B1
Poynders Gdns
  SW12 . . . . .73 B4
Poynders Rd SW12,
  SW4 . . . . .73 C4
Poynings Rd N19 . . . .4 B1
Poynter Ho
  Paddington NW8 . . . .89 B2
  10 Shepherd's Bush
  W11 . . . . .30 C1
Poyntz Rd SW11 . . .168 C1
Poyser St E2 . . . . . . .25 A3
Praed Mews W2 . . .101 C2
Praed St W2 . . . . . .101 C2
Prague Pl SW2 . . . . .62 A2
Prah Rd N4 . . . . .5 C2
Prairie St SW8 . . . .170 A1
Pratt Mews NW1 . . . .82 C3
Pratt St NW1 . . . . . .82 C4
Pratt Wlk SE1,
  SE11 . . . . .149 A4
Preachers Ct EC1 . . .96 B1
Prebend Gdns
  W6 . . . . .38 B2
Prebend Mans 4
  W4 . . . . .38 B2
Prebend St N1 . . . . .86 C4
Precinct The
  Islington N1 . . . . . . .86 C3
  Islington N5 . . . . . . .15 A3
Premier Corner
  NW6 . . . . .23 B3
Premier Ho 2 N1 . . .15 A1
Premier Park Rd
  NW10 . . . . .20 A3
Premier Pk NW10 . . .20 A3
Premier Pl 17 E14 . .33 C2
Prendergast Ho 7
  SW4 . . . . .73 C4
Prendergast Ladywell
Fields Coll SE4 . . . . .66 C1
Prendergast Sch
  SE4 . . . . .66 C3
Prescot St E1 . . . . .125 A4
Prescott Ho 13
  SE17 . . . . .48 A4
Prescott Pl SW4 . . . .61 C3
Presentation Mews
  SW2 . . . . .74 B3
President Dr E1 . . . . .32 A1
President Ho EC1 . . . .96 B3
President St EC1 . . . .96 C4
Prestage Way 4
  E14 . . . . .34 B2
Prested Rd SW11 . . .60 A3
Preston Cl SE1 . . . .152 A4
Preston Gdns NW10 . .8 A2
Preston Ho
  Bermondsey SE1 . . .138 C2
  Walworth SE1 . . . . .152 A4
Preston Pl
  Richmond TW10 . . . .54 A2
  Willesden NW2 . . . . .8 C2
Preston's Rd E14 . . .34 B1
Prestwich Terr
  SW4 . . . . .61 C2
Prestwood Ho 3
  SE16 . . . . .40 A3
Prestwood St N1 . . . .87 A1
Priam Ho 17 E2 . . . .25 A3
Price Cl SW17 . . . . . .72 B1
Price Ho N1 . . . . . . .86 C3
Prices Ct SW11 . . . . .59 C4
Price's St SE1 . . . . .122 B2
Price's Yd N1 . . . . . .85 A3

Prichard Ct
  Battersea SW11 . . .167 C3
  Islington N7 . . . . . . .14 B3
Prideaux Ho WC1 . . . .95 A4
Prideaux Pl
  Acton W3 . . . . .28 C2
  St Pancras WC1 . . . .95 A4
Prideaux Rd SW9 . . . .62 A4
Pride Ct N1 . . . . . . .85 C2
Priestley Cl N16 . . . . .7 B4
Priestley Ho
  2 Camden Town
  NW5 . . . . .13 A2
  St Luke's EC1 . . . . . .97 A2
Priestman Point 25
  E3 . . . . .27 A2
Priests Bridge
  SW14 . . . . .56 A4
Priest's Ct EC2 . . . .108 C2
Prima Rd SW9 . . . . .163 B2
Primrose Cl 6 E3 . . .26 C3
Primrose Ct
  2 Child's Hill NW2 . . .1 B1
  Primrose Hill NW8 . . .80 C3
  11 Streatham SW12 . .73 C4
Primrose Gdns
  NW3 . . . . .12 B2
PRIMROSE HILL 12 B1
Primrose Hill EC4 . . .107 C1
Primrose Hill
  NW3 . . . . .12 B1
Primrose Hill Rd NW1,
  NW3 . . . . .12 B1
Primrose Hill Sch
  NW1 . . . . .81 C4
Primrose Hill Studios
  NW1 . . . . .81 B4
Primrose Ho
  1 Peckham SE15 . . . .49 C2
  1 Richmond TW9 . . . .44 B2
Primrose Mans
  SW11 . . . . .169 B4
Primrose Mews 9
  NW1 . . . . .12 B1
Primrose Sq E9 . . . .25 B4
Primrose St EC2 . . . .110 B4
Primrose Wlk 6
  SE14 . . . . .51 A3
Primula St W12 . . . . .29 C3
Prince Albert Ct
  NW8 . . . . .80 C3
Prince Albert Rd
  NW8 . . . . .80 C3
Prince Arthur Ct 18
  NW3 . . . . .11 B4
Prince Arthur Mews
  17 NW3 . . . . .11 B4
Prince Arthur Rd
  NW3 . . . . .11 B3
Prince Charles Rd
  SE3 . . . . .53 B2
Prince Consort Ho
  SE1 . . . . .148 B2
Prince Consort Rd
  SW7 . . . . .129 C2
Princedale Rd
  W11 . . . . . . .31 A1 112 B2
Prince Edward Mans
  W2 . . . . . . .31 C2 113 C4
Prince Edward Rd
  E9 . . . . .18 B2
Prince George Rd
  N16 . . . . .16 A4
Princelet St E1 . . . .111 A4
Prince of Orange La
  3 SE10 . . . . .52 B3

Prince of Wales Dr
SW11 . . . . 169 B4
Prince of Wales Mans
Battersea SW11 . . . 169 C4
Clapham SW4 . . . . . . 61 A2
Prince of Wales Pas
NW1 . . . . 92 C3
Prince of Wales Rd
Blackheath Vale
SE3 . . . . 53 B2
Camden Town NW5 . . 12 C2
Prince Of Wales Terr
Chiswick W4 . . . . 38 A1
Kensington W8 . . . . 128 B3
Prince Regent Ct 2
SE16 . . . . 33 A1
Prince Regent Mews
NW1 . . . . 92 C3
Princes Arc SW1 . . 119 A2
Princes Cir WC2 . . 106 A2
Princes Ct WC2 . . . 106 A2
Princes Ct N4 . . . . 6 A3
Princes Coll W1 . . . 106 A2
Princes Court Bsns
Ctr 14 E1 . . . . 125 C4
Princes Ct
Brondesbury NW2 . . 10 A3
Hampstead NW3 . . . 11 C4
Stepney E1 . . . . 32 A2
Prince's Gate SE16 . . 41 B3
Prince's Gate
SW7 . . . . 130 A3
Princes Gate Ct
SW7 . . . . 129 C3
Princes Gate Mews
SW7 . . . . 129 C2
Princes Gdns
SW7 . . . . 129 C2
Princes Ho
W11 . . . . . 31 C2 113 B3
Prince's Mews
1 Hammersmith
W6 . . . . 39 A1
Kensington W2 . . . . 114 A4
Princes Pl
Notting Hill
W11 . . . . . 31 A1 112 A2
St James SW1 . . . . 119 A2
Princes Rd
Kew TW9 . . . . 44 B2
Richmond TW10 . . . 54 A2
Prince's Rd SW14 . . 55 C4
Princes Rise SE13 . . 52 B1
Princes Riverside Rd
7 SE16 . . . . 32 C1
Princess Alexandra
School of Nursing
The 6 E1 . . . . 32 A4
Princess Alice Ho 2
W10 . . . . 22 B1
Princess Beatrice Ho
SW10 . . . . 142 A1
Princess Cres N4 . . . . 6 A2
Princess Ct
Hampstead NW6 . . . 11 A1
Kensington W2 . . . . 114 B4
Marylebone W1 . . . 102 C3
Princess Frederica CE
Jun & Inf Sch
NW10 . . . . 22 B3
Princess Grace Hospl
The W1 . . . . 91 B1
Princess Louise Cl
W2 . . . . 101 C4

Princess Mary Ho
SW1 . . . . 147 C3
Princess May Prim
Sch 6 N16 . . . . 16 B4
Princess May Rd
N16 . . . . 16 A4
Princess Mews
NW3 . . . . 11 C2
Prince's Sq W2 . . . . 114 A4
Princess Rd
Camden Town NW1 . . 81 C4
Paddington NW6 . . . 23 C3
Princess St SE1 . . . 136 B1
Princes St W1 . . . . 104 B1
Prince's St
City of London
EC2 . . . . 109 B1
Richmond TW9,
TW10 . . . . 54 A2
Princess Way
Acton W3 . . . . 36 C3
Putney SW15,
SW19 . . . . 70 A3
Princes Yd
W11 . . . . . 31 A1 112 B1
Princethorpe Ho
W2 . . . . 100 A4
Princeton Ct 12
SW15 . . . . 57 C4
Princeton Mans
WC1 . . . . 106 C3
Princeton St WC1 . . 106 C4
Principal Sq E9 . . . . 17 C3
Printers Mews E3 . . 26 A4
Printer St EC4 . . . . 107 C2
Printing House Yd 16
E2 . . . . 24 A2 98 B3
Printon Ho 18 E3 . . . 33 B4
Print Village Ind Est
SE15 . . . . 49 C1
Prior Bolton St N1 . . 15 A2
Prioress Ho 2 E3 . . . 27 A2
Prioress Rd SE27 . . . 75 A1
Prioress St SE1 . . . 138 A1
Priors Lo 4 TW10 . . 54 A1
Prior St SE10 . . . . . . 52 B3
Prior Weston Prim
Sch EC1 . . . . 97 B2
Priory Ave W4 . . . . . . 38 A3
Priory Ct
City of London
EC4 . . . . 108 B1
Homerton E9 . . . . . . 17 C2
Nunhead SE15 . . . . . 65 B3
Roehampton SW15 . . 56 B3
South Lambeth
SW8 . . . . 171 C4
Priory Gdns
Barnes SW13 . . . . . . 56 B4
6 Chiswick W4 . . . . 38 A2
Priory Gn N1 . . . . . . 85 A2
Priory Gr SW8 . . . . 172 A3
Priory Ho
Clerkenwell EC1 . . . . 96 A2
Pimlico SW1 . . . . . . 147 B2
Spitalfields E1 . . . . . 110 C4
Priory Hospl Grange
Roehampton
SW15 . . . . 56 B3
Priory Hts N1 . . . . . . 85 A2
Priory La SW15 . . . . 56 B2
Priory Lo 7 W4 . . . . 36 C1
Priory Mans
17 Maitland Pk
NW3 . . . . 12 B2

Priory Mans continued
South Kensington
SW10 . . . . 143 A1
Priory Park Rd
NW6 . . . . 23 B4
Priory Rd
Bedford Pk W4 . . . . . 37 C3
Hampstead NW6 . . . 11 A1
Richmond TW9 . . . . . 44 C3
Priory St 13 E3 . . . . 27 A2
Priory Terr NW6 . . . 78 A4
Priory The SE1 . . . . 136 B3
Priory Wlk SW10 . . 143 A1
Pritchard Ho 38
E2 . . . . 24 C3
Pritchard's Rd E2 . . 25 A4
Priter Rd SE16 . . . . 139 C1
Priter Road Hostel 14
SE16 . . . . 139 C1
Probert Rd SW2 . . . . 62 C2
Probyn Ho SW1 . . . 147 C4
Probyn Rd SW2 . . . . 75 A2
Procter Ho 12 SE5 . . 48 C3
Procter St WC1 . . . 106 C3
Proctor Ho 5
SE1 . . . . 153 B1
Prome Ho 3 N16 . . . . 6 C2
Promenade Approach
Rd W4 . . . . 46 A3
Promenade The
W4 . . . . 46 A2
Prospect Cotts
SW18 . . . . 58 C3
Prospect Ho
1 Dalston E8 . . . . . . 16 B2
Islington N1 . . . . 85 C1
Newington SE1 . . . . 136 B1
4 North Kensington
W10 . . . . 30 C3
Prospect House Sch
5 SW15 . . . . 69 C4
Prospect Pl
1 Child's Hill NW2 . . 1 B2
2 Chiswick W4 . . . . 37 C1
6 Deptford SE8 . . . . 51 B4
12 Hampstead NW3 . 11 B4
1 Lower Holloway
N7 . . . . 14 A4
Wapping E1 . . . . 32 B1
Prospect Quay
SW18 . . . . 58 C3
Prospect Rd NW2 . . . 1 B1
Prospect St SE16 . . . 40 A4
Prospect Wharf
E1 . . . . 32 B2
Prospero Rd N19 . . . . 4 C3
Prothero Rd SW6 . . 154 C2
Proud Ho 16 E1 . . . . 32 A3
Prout Gr NW10 . . . . . 8 B4
Provence St N1 . . . . 86 C2
Providence Cl E9 . . . 25 C4
Providence Ct
Islington N1 . . . . 86 A3
Mayfair W1 . . . . . . 117 C4
Providence Pl N1 . . . 86 A3
Providence Row
N1 . . . . 84 C1
Providence Row CE 50
E1 . . . . 24 C1
Providence Sq 38
SE1 . . . . 139 B4
Providence Yd 13
E2 . . . . 24 C2 99 B4
Provost Ct 3 NW3 . . 12 B2
Provost Rd NW3 . . . 12 B1
Provost St N1 . . . . . 97 B4

Prowse Pl NW1 . . . . 13 B1
Prudent Pas EC2 . . 109 A1
Prusom's Island 8
E1 . . . . 32 B1
Prusom St E1 . . . . . . 32 A1
Pryors The NW3 . . . . 2 C1
Pudding La EC3 . . . 123 C4
Pudding Mill La
E15 . . . . 27 A4
Pudding Mill Lane Sta
E15 . . . . 27 A4
Puddle Dock EC4 . . 122 B4
Pugin Ct N1 . . . . 14 C1
Pulborough Rd
SW18 . . . . 70 B4
Pulham Ho SW8 . . . 162 C1
Pullman Ct SW2 . . . 74 B3
Pullman Gdns
SW15 . . . . 57 B1
Pulross Rd SW9 . . . . 62 B4
Pulteney Cl 23 E3 . . 26 B4
Pulteney Terr N1 . . . 85 A4
Pulton Ho SE4 . . . . . 66 A3
Pulton Pl SW6 . . . . 155 B1
Puma Ct E1 . . . . 110 C4
Pump Ct EC4 . . . . . 107 B1
Pump House Cl
SE16 . . . . 40 B4
Pumphouse
Educational Mus
The* SE16 . . . . 33 A1
Pump House Gall*
SW11 . . . . 159 B1
Pumping Ho 3
E14 . . . . 34 C2
Pumping Station Rd
W4 . . . . 46 A4
Pump La SE14 . . . . . 50 B3
Punderson's Gdns
E2 . . . . 25 A2
Purbeck Ho SW8 . . 162 C1
Purbrook Est SE1 . . 138 B3
Purbrook Ho 2
SW15 . . . . 69 A3
Purbrook St SE1 . . 138 B2
Purcell Cres SW6 . . 154 A2
Purcell Ho SW10 . . 157 B3
Purcell Mews 2
NW10 . . . . 8 A1
Purcell St N1 . . . . . . 24 A3
Purchese St NW1 . . 83 C1
Purday Ho 4 W10 . . 23 B2
Purdon Ho 11
SE15 . . . . 49 C2
Purdy St E3 . . . . 27 A1
Purley Ave NW2 . . . . 1 A2
Purley Pl N1 . . . . 15 A1
Purser Ho 3 SW2 . . 62 C1
Pursers Cross Rd
SW6 . . . . 165 A4
Purves Rd NW10 . . . 22 B3
Pusey Ho 20 E14 . . . 33 C3
Puteaux Ho 6 E2 . . . 25 C3
PUTNEY 57 B2
Putney Bridge App
SW6 . . . . 58 A4
Putney Bridge Rd
SW15 . . . . 58 B3
Putney Bridge Sta
SW6 . . . . 58 A4
Putney Comm
SW15 . . . . 57 B3
Putney Exchange
Shopping Ctr
SW15 . . . . 57 B3
PUTNEY HEATH . . . 57 B1

Putney Heath
SW15 . . . . 57 B1
Putney Heath La
SW15 . . . . 57 C1
Putney High Sch
SW15 . . . . 57 C2
Putney High St
SW15 . . . . 58 A3
Putney Hill
12 Putney SW15 . . . 69 B4
Putney SW15 . . . . . . 57 C2
Putney L Ctr SW15 . . 57 B3
Putney Park Ave
SW15 . . . . 56 C3
Putney Park La
SW15 . . . . 57 A3
Putney Park Sch
SW15 . . . . 57 A3
Putney Pier SW15 . . 58 A4
Putney School of Art
& Design SW15 . . . 58 A3
Putney Sta SW15 . . 58 A3
PUTNEY VALE 68 C1
Putney Wharf Twr
SW15 . . . . 58 A4
Pykewell Lo 18 E8 . . 16 C3
Pylon Trad Est
E16 . . . . 34 C4
Pymers Mead
SE21 . . . . 75 B3
Pynfolds SE16 . . . . . 40 A4
Pynnersmead
SE24 . . . . 63 B2
Pyrford Ho 12
SW9 . . . . 63 A3
Pyrland Rd
Richmond TW10 . . . 54 B1
Stoke Newington N5 . 15 C3
Pyrmont Gr SE27 . . . 75 A1
Pyrmont Rd W4 . . . . 44 C4
Pytchley Rd SE22 . . 64 A4

Q
Quadrangle Cl
SE1 . . . . 152 A4
Quadrangle The
Chelsea SW10 . . . . 167 A4
Fulham SW6 . . . . . . 154 A1
Herne Hill SE24 . . . . 63 B2
3 North Kensington
W12 . . . . 30 B3
Paddington W2 . . . . 102 A2
Quadrant Arc W1 . . 119 A3
Quadrant Bsns Ctr
NW6 . . . . 23 A4
Quadrant Gr NW5 . . 12 B3
Quadrant The
4 Kensal Green
W10 . . . . 22 C2
Richmond TW9 . . . . 54 A3
Quaker Ct EC1 . . . . . 97 A2
Quaker St
E1 . . . . 24 B1 98 C1
Quality Ct WC2 . . . 107 B2
Quantock Ho N16 . . . 7 B3
Quantock Mews 3
SE15 . . . . 49 C1
Quarredon St
SW6 . . . . 165 A2
Quarry Rd SW18 . . . 59 B1
Quarterdeck The
E14 . . . . 41 C4

Quayside Ct **6**
SE16 . . . . .32 C1
Quebec & Crown
Wharves E14 . . . .33 B3
Quebec Ind Est
SE16 . . . . .41 A3
Quebec Mews
W1 . . . . .103 A1
Quebec Way SE16 . .41 A4
Quebec Wharf **32**
E8 . . . . .24 A4
Quedgeley Ct **3**
SE15 . . . . .49 B4
Queen Alexandra
Mans WC1 . . . . . . .94 A3
Queen Anne Mews
W1 . . . . .104 B3
Queen Anne Rd
E9 . . . . .17 C2
Queen Anne's Gate
SW1 . . . . .133 B3
Queen Anne's Gdns
Bedford Pk W4 . . . .38 A3
Ealing W5 . . . . .36 A4
Queen Anne's Gr
Bedford Pk W4 . . . .38 A3
Ealing W5 . . . . .36 A4
Queen Anne St
W1 . . . . .104 A3
Queen Anne Terr **9**
E1 . . . . .32 A2
Queen Caroline St
W6 . . . . .39 B1
Queen Charlotte's &
Chelsea Hospl
W12 . . . . .29 C3
Queen Ct WC1 . . . . .94 B1
Queen Elizabeth Ct **5**
E1 . . . . .15 C2
Queen Elizabeth Hall
& Purcell Room★
SE1 . . . . .121 A2
Queen Elizabeth Ho
SW12 . . . . .72 C4
Queen Elizabeth II
Con Ctr SW1 . . . . .133 C3
Queen Elizabeth II
Jubilee Sch **5**
W9 . . . . .23 B1
Queen Elizabeth II
Pier SE10 . . . . .35 B1
Queen Elizabeth's Cl
N16 . . . . .6 C2
Queen Elizabeth's Coll
15 SE10 . . . . .52 B3
Queen Elizabeth St
SE1 . . . . .138 C4
Queen Elizabeth's Wlk
N16 . . . . .6 C2
Queen Elizabeth Wlk
SW13 . . . . .47 A2
Queenhithe EC4 . .123 A4
Queen Margaret Flats
22 E2 . . . . .25 A2
Queen Margarets Ct
N1 . . . . .16 A3
Queen Margaret's Gr
N1 . . . . .16 A3
Queen Mary's Gdns★
NW1 . . . . .91 B3
Queen Mary's Univ
Hospl SW15 . . . . . .56 C1
Queen Mary, Univ of
London E1 . . . . . . .26 A1

Queen Mother Sp Ctr
SW1 . . . . .146 C4
Queen of Denmark Ct
SE16 . . . . .41 B3
Queen St PI EC4 . . .123 A4
Queensberry Mews W
SW7 . . . . .143 B4
Queensberry PI
SW7 . . . . .143 B4
Queensberry Way
SW7 . . . . .143 B4
Queensborough Mews
W2 . . . . .114 C4
Queensborough Pas
W2 . . . . .114 C4
Queensborough Terr
W2 . . . . .114 B4
Queensbridge Ct **1**
E2 . . . . .24 B4
Queensbridge Jun Sch
11 E8 . . . . .16 B1
Queensbridge Rd
Dalston E8 . . . . .16 B1
Shoreditch E2, E8 . .24 B4
Queensbury St **7**
N1 . . . . .15 B1
Queen's CE Prim Sch
The TW9 . . . . .44 C3
Queen's Cir SW11 . .160 A1
Queen's Club Gdns
W14 . . . . .154 B4
Queen's Club The
W14 . . . . .140 B1
Queen's Coll W1 . . .104 A3
Queen's Coll Prep Sch
W1 . . . . .104 A3
Queen's Cres TW10 .54 B2
Queen's Cres NW5 . .12 C2
Queens Ct
Battersea SW11 . . .170 A4
Camberwell SE5 . . . .49 A1
4 Limehouse E14 . .33 B2
Queen's Ct
Barnes SW13 . . . . . .56 C4
Kensington W2 . . . .114 A3
3 Richmond TW10 . .54 B1
St John's Wood
NW8 . . . . .79 B2
Queensdale Cres
W11 . . . . .30 C1
Queensdale PI
W11 . . . . . .31 A1 112 A1
Queensdale Rd
Notting Hill W11 . . .30 C1
Notting Hill
W11 . . . . . .31 A1 112 A1
Queensdale Wlk
W11 . . . . . .31 A1 112 A1
Queen's Dr N4 . . . . . .6 A2
Queen's Elm Par
SW3 . . . . .143 C2
Queen's Elm Sq
SW3 . . . . .143 C1
Queen's Gallery★
SW1 . . . . .132 B3
Queen's Gate
SW7 . . . . .129 A1
Queensgate Gdns
SW15 . . . . .57 A3
Queen's Gate Gdns
SW7 . . . . .129 A1
Queensgate Ho **34**
E3 . . . . .26 B3

Queen's Gate Jun Sch
SW7 . . . . .143 B4
Queen's Gate Mews
SW7 . . . . .129 A2
Queensgate PI **10**
NW6 . . . . .10 C1
Queen's Gate PI
SW7 . . . . .129 A1
Queen's Gate PI Mews
SW7 . . . . .129 A1
Queen's Gate Terr
SW7 . . . . .129 A2
Queen's Gdns W2 . .114 C4
Queen's Gr NW8 . . . .79 C3
Queen's Head Pas
EC2 . . . . .108 C2
Queen's Head St
N1 . . . . .86 B3
Queen's Head Yd
SE1 . . . . .123 B1
Queens Ho **1**
SE17 . . . . .48 C4
Queen's House The★
SE10 . . . . .52 C4
Queensland Rd
N7 . . . . .14 C4
Queen Manor Sch
SW6 . . . . .47 C3
Queens Mans
NW6 . . . . .11 A3
Queen's Mans W6 . .39 C2
Queensmead SW8 . .79 C4
Queensmere CI
SW19 . . . . .69 C2
Queensmere Rd
SW19 . . . . .69 C2
Queen's Mews
W2 . . . . .114 A4
Queensmill Rd
SW6 . . . . .47 C3
Queensmill Sch
SW6 . . . . .165 C1
Queens Par **1** NW2 . .9 B2
Queens Park Com Sch
NW6 . . . . .22 C4
Queen's Park Ct **5**
W10 . . . . .22 C2
Queen's Park Prim
Sch **20** W10 . . . . .23 A1
Queen's Park Sta
NW6 . . . . .23 B3
Queen Sq WC1 . . . .106 B4
Queen's Quay EC4 .123 A4
Queen's Rd
Mortlake SW14 . . . .55 C4
New Cross Gate SE14,
SE15 . . . . .50 B2
Richmond TW10 . . . .54 B2
Queen's Ride
SW13 . . . . .57 A4
Queen's Rise
TW10 . . . . .54 B1
Queen's Road Sta
SE15 . . . . .50 B2
Queen St
City of London
EC4 . . . . .123 A4
Mayfair W1 . . . . . . .118 A2
Queens Terr NW8 . . .79 B2
Queenstown Mews
SW8 . . . . .170 A3

Queenstown Rd
SW8 . . . . .160 A2
Queenstown Road
(Battersea) Sta
SW8 . . . . .170 B4
Queensville Rd SW12,
SW4 . . . . .73 C4
Queensway W2 . . .114 B4
Queensway Sta
W2 . . . . .114 B3
Queen's Wlk SW1 . .118 C1
Queenswood Ct **7**
SW4 . . . . .62 A2
Queens Yd E9 . . . . .18 C2
Queen's Yd W1 . . . . .93 A1
Queen Victoria
Mem★ SW1 . . . . . .132 C4
Queen Victoria St
EC4 . . . . .122 C4
Queen Victoria Terr
12 E1 . . . . .32 A2
Quelch Ho **2** N19 . .13 C3
Quemerford Rd
N7 . . . . .14 B3
Quendon Ho **9**
W10 . . . . .22 B1
Quenington Ct **5**
SE15 . . . . .49 B4
Quenington Mans
SW6 . . . . .164 C4
Quennel Ho **2**
SW12 . . . . .73 B4
Querrin St SW6 . . .166 C1
Quested Ct **27** E8 . .17 A3
Quex Mews NW6 . . .23 C4
Quex Rd NW6 . . . . . .23 C4
Quick Rd W4 . . . . . . .38 A1
Quick St N1 . . . . . . .86 B1
Quick Street Mews
N1 . . . . .86 A1
Quickswood NW3 . .12 A1
Quill La SW15 . . . . . .57 C3
Quill St N4 . . . . .5 C1
Quilp St SE1 . . . . . .136 C4
Quilter St
E2 . . . . .24 C2 99 B4
Quilting Ct **23**
SE16 . . . . .40 C4
Quince Rd SE13 . . . .52 A1
Quintin Ct W4 . . . . .45 B3
Quintin Kynaston Sch
NW8 . . . . .79 B3
Quintock Ho **2**
TW9 . . . . .44 C2
Quinton Ho SW8 . . .162 A2
Quinton St SW18 . . .71 B2
Quixley St **1** E14 . .34 C2
Quorn Rd SE22 . . . . .64 A4

R

Rabbit Row
W8 . . . . .31 C1 113 C2
Raby St E14 . . . . . . .33 A3
Racine **15** SE5 . . . . .49 A2
Racton Rd SW6 . . . .155 B3
Radbourne CI E5 . . . .17 C4
Radbourne Rd
SW12 . . . . .73 C3
Radcliff Bldg EC1 . .107 B4
Radcliffe Ave
NW10 . . . . .21 C3
Radcliffe Coll
Marylebone W1 . . . .104 C1
Soho W1 . . . . .105 B2

Radcliffe Ho **10**
SE16 . . . . .40 A2
Radcliffe Path **5**
SW8 . . . . .170 B1
Radcliffe Rd SE1 . . .138 B2
Radcot St SE11 . . . .149 C1
Raddington Rd
W10 . . . . .31 A4
Radford Ho
1 Bow Comm E14 . .34 A4
Islington N7 . . . . .5 B1
Radford Rd SE13 . . .67 B1
Radipole Rd SW6 . .164 C4
Radland Rd E16 . . . .35 C3
Radlett PI NW8 . . . . .80 A4
Radley Ct **2** SE16 . .40 C4
Radley Ho NW1 . . . .90 C2
Radley Lo **30**
SW19 . . . . .69 C3
Radley Mews W8 . .127 C1
Radley Terr **1**
E16 . . . . .35 B4
Radnor Lo **2** W2 . .101 C1
Radnor Mews W2 . .101 C1
Radnor PI W2 . . . . .102 A1
Radnor Rd
Kensal Rise NW6 . . . .23 C4
Peckham SE15 . . . . . .49 C3
Radnor St EC1 . . . . .97 A3
Radnor Terr W14 . . .140 C4
Radnor Way NW10 . .20 A1
Radnor Wlk
Chelsea SW3 . . . . . .144 C1
21 Millwall E14 . . .41 C2
Radstock St
SW11 . . . . .158 A1
Radway Ho **49** W2 . .31 C4
Radwell Ho SW2 . . . .62 C2
Raeburn Ct **8**
SW16 . . . . .74 A1
Raeburn St SW2 . . . .62 A3
Ragged School Mus★
E3 . . . . .33 A4
Raglan Ct SW9 . . . . .62 C4
Raglan St NW5 . . . . .13 A2
Ragley CI W3 . . . . . .37 B4
Rahere Ho EC1 . . . . .96 C4
Railey Mews NW5 . .13 B3
Railton Rd SE24 . . . .63 A2
Railway App SE1 . . .123 C2
Railway Ave SE16 . . .40 B4
Railway Cotts W6 . . .39 B4
Railway Gr SE14 . . . .51 B3
Railway Rise SE22 . .64 A3
Railway Side
SW13 . . . . .56 A4
Railway St N1 . . . . . .84 B1
Railway Terr SE13 . . .67 A2
Rainbow Ave E14 . . .42 A1
Rainbow Ct
SE14 . . . . .51 A4
Rainbow Montessori
Sch NW6 . . . . .11 A1
Rainbow Quay
SE16 . . . . .41 A3
Rainbow Sch **5**
SW17 . . . . .71 B2
Rainbow St SE5 . . . .49 A3
Raines Ct N16 . . . . . .7 B2
Raine's Foundation
Lower Sch **22** E2 . .25 A2
Raine's Foundation
Sch **24** E2 . . . . . . .25 B3
Raine St E1 . . . . .32 A1
Rainford Ho **9** N7 . . .5 B2

Rainham Cl SW11 . . . . . .60 A1
Rainham Ho NW1 . . . 83 A3
Rainham Rd NW10 . .22 B2
Rainhill Way E3 . . . . . .26 C2
Rainsborough Ave
SE8 . . . . .41 A2
Rainsford Ct
NW10 . . . . .20 A3
Rainsford Ho 14
SW2 . . . . .62 B2
Rainsford Rd
NW10 . . . . .20 A3
Rainsford St W2 . . . .102 A2
Rainton Rd SE7 . . . . .43 C1
Rainville Rd W6 . . . . .47 B4
Raleigh Ct
7 Hammersmith
W12 . . . . .39 A4
2 Rotherhithe
SE16 . . . . .32 C1
Raleigh Gdns SW2 . .62 B1
Raleigh Ho
80 Clapham SW8 . . .171 B2
Isle of Dogs E14 . . .42 A4
Raleigh Mews 1
Isle of Dogs E14 . . .42 A4
Raleigh Rd TW9 . . . . .54 B4
Raleigh St N1 . . . . . . .86 B3
Ralph Ct 8 W2 . . . . .100 B2
Ralston St SW3 . . . . .144 C1
Ramar Ho 16 E1 . . . . .111 B4
Ramilles Cl SW2 . . . . .62 A2
Ramilles Ho W1 . . . . .105 A1
Ramillies Pl W1 . . . . .104 C1
Ramillies Rd W4 . . . . .37 C3
Ramillies St W1 . . . . .104 C1
Rampart St E1 . . . . . . .32 A3
Rampayne St
SW1 . . . . .147 B2
Ramsay Ho NW8 . . . . .80 A2
Ramsay Rd W3 . . . . . .37 B4
Ramsdean Ho 1
SW15 . . . . .69 A3
Ramsden Rd
SW12 . . . . .72 C4
Ramsey Ct
Putney SW15 . . . . . . .57 B1
6 Upper Holloway
N19 . . . . .4 C2
Ramsey Ho
5 Battersea
SW11 . . . . .59 C3
2 Kennington
SW9 . . . . .163 C1
Ramsey St
E2 . . . . .24 C1 99 C2
Ramsey Wlk N1 . . . . .15 C2
Ramsfort Ho 4
SE16 . . . . .40 A2
Ramsgate St E8 . . . . .16 B2
Ram St SW18 . . . . . . .59 A2
Randal Cremer JMI
Sch 18 E2 . . . . .24 B3
Randall Cl 1 SW11 . .168 A4
Randall Pl SE10 . . . . .52 B3
Randall Rd SE11 . . . .148 C3
Randall Row SE11 . . .148 C3
Randell's Rd N1 . . . . .84 B4
Randolf Ct
Paddington NW6 . . . .78 A1
St John's Wood
NW8 . . . . .78 C3
Randolph Ave W9 . . . .88 C3
Randolph Cres NW6 . .88 C3
Randolph Gdns
NW6 . . . . .78 A1

Randolph Mews
W9 . . . . .89 A1
Randolph Rd W9 . . . . .89 A1
Randolph St NW1 . . . .13 B1
Ranelagh Ave
Barnes SW13 . . . . . . .46 C1
Fulham SW6 . . . . .58 B4
Ranelagh Gardens
(site of Chelsea
Flower Show)★
SW1 . . . . .145 C1
Ranelagh Gdns
3 Bedford Pk W6 . . .38 B3
Chiswick W4 . . . . .45 B3
Fulham SW6 . . . . .58 B4
Ranelagh Gr SW1 . . .145 C2
Ranelagh Ho SW3 . . .144 C2
Ranelagh Mans 4
SW6 . . . . .165 A2
Ranelagh Rd
Dagenham NW10 . . . .21 B3
Pimlico SW1 . . . . . . .147 A1
Rangdon St EC3 . . . .110 C1
Ranger's House (The
Wernher
Collection)★
SE10 . . . . .52 C2
Rangers Sq SE10 . . . .52 C2
Rangoon Ho 6
N16 . . . . .15 C4
Rankine Ho SE1 . . . .136 C1
Ranmere St SW12 . . . .73 A3
Rann Ho 1 SW14 . . . .55 C4
Rannoch Rd W6 . . . . .47 C4
Ransomes Dock Bsns
Ctr SW11 . . . . .158 B1
Ransomes Mews
SW11 . . . . .158 B2
Ranston St NW1 . . . .102 A4
Ranulf Rd NW2 . . . . . .10 B4
Ranwell Cl 18 E3 . . . .26 B4
Ranwell Ho 17 E3 . . . .26 B4
Raphael Ct 9
SE16 . . . . .40 A1
Raphael St SW7 . . . .130 C3
Rapley Ho 8
E2 . . . . .24 C2 99 B3
Rashleigh Ct 8
SW8 . . . . .61 A4
Rashleigh Ho NW1 . . .94 A3
Rastell Ave SW12 . . . .73 C3
RATCLIFF 32 C2
Ratcliffe Cross St
E1 . . . . .32 C3
Ratcliffe Ho 10
E14 . . . . .33 A3
Ratcliffe La 18
E14 . . . . .33 A3
Ratcliffe Orch 5
E1 . . . . .32 C2
Rathbone Ho
5 Canning Town
E16 . . . . .35 B3
Kilburn NW6 . . . . .23 C4
Rathbone Mkt★ 4
E16 . . . . .35 B4
Rathbone Pl W1 . . . .105 B2
Rathbone St
Canning Town E16 . . .35 B3
Fitzrovia W1 . . . . . . .105 A3
Rathgar Rd SW9 . . . . .63 A4
Rathmell Dr SW4 . . . .61 C1
Rattray Rd SW2 . . . . .62 C2
Raul Rd SE15 . . . . . . .49 C2

Raveley St NW5 . . . . . .13 B4
Ravenet Ct
Battersea SW11 . . . .170 A3
Clapham SW4 . . . . . . .61 A2
Ravenet St SW11 . . . .170 A3
Ravenfield Rd
SW17 . . . . .72 B1
Ravenna Rd SW15 . . . .57 C2
Raven Row E1 . . . . . . .32 A4
Ravensbourne Ho
NW8 . . . . .102 A4
Ravensbourne Pl
SE13 . . . . .52 A1
Ravensbury Rd
SW18 . . . . .71 A2
Ravensbury Terr
SW18 . . . . .71 A2
Ravenscar NW1 . . . . . .82 C3
Ravenscourt 1
N16 . . . . .7 C1
Ravenscourt Ave
W6 . . . . .38 C2
Ravenscourt Gdns
W6 . . . . .38 C2
Ravenscourt Ho 15
W6 . . . . .39 A2
Ravenscourt Park
Mans 1 W6 . . . . .39 A3
Ravenscourt Park Sta
W6 . . . . .39 A2
Ravenscourt Pk
W6 . . . . .38 C2
Ravenscourt Pl
W6 . . . . .39 A2
Ravenscourt Rd
W6 . . . . .39 A2
Ravenscourt Sq
W6 . . . . .38 C3
Ravenscourt Theatre
Sch 14 W6 . . . . .39 A2
Ravenscroft Ave
NW11 . . . . .1 B4
Ravenscroft Cl 4
E16 . . . . .35 C4
Ravenscroft Point
19 E9 . . . . .17 C2
Ravenscroft Rd
Acton W4 . . . . .37 B2
Newham E16 . . . . .35 C4
Ravenscroft St
E2 . . . . .24 B2 99 A4
Ravensdon St
SE11 . . . . .149 C1
Ravenshaw St
NW6 . . . . .10 C3
Ravenslea Rd SW11,
SW12 . . . . .72 B4
Ravensmede Way
W4 . . . . .38 B2
Ravenstone Prim Sch
SW12 . . . . .72 C2
Ravenstone St
SW12 . . . . .72 C3
Ravenswood Rd
SW12 . . . . .73 A4
Ravensworth Ct
SW6 . . . . .155 B1

Ravensworth Rd
NW10 . . . . .22 A2
Raven Wharf SE1 . . . .138 C4
Ravey St
EC2 . . . . .24 A1 98 A2
Rav Pinter Cl N16 . . . .7 A4
Rawlings St SW3 . . . .144 C4
Rawlinson Ho
SE13 . . . . .67 C3
Rawlinson Point 6
E16 . . . . .35 B4
Rawreth Wlk N1 . . . . .87 A4
Rawson St SW11 . . . .169 C3
Rawstone Wlk 3
E16 . . . . .35 C4
Rawstorne Pl EC1 . . . .96 A4
Rawstorne St EC1 . . . .96 A4
Rayburne Ct W14 . . . .126 A2
Raydon St N19 . . . . . . .4 A2
Ray Ho
1 North Kensington
W10 . . . . .30 C3
Shoreditch N1 . . . . . . .87 C3
Raymede Twr 2
W10 . . . . .30 C3
Raymond Bldgs
WC1 . . . . .107 A4
Raymouth Rd
SE16 . . . . .40 A2
Raynald Ho 15
SW16 . . . . .74 A1
Rayne Ct
8 Balham SW12 . . . .60 C1
Paddington W9 . . . . . .88 A2
Rayner Ct 10 W12 . . . .39 B4
Rayner's Rd SW15 . . . .58 A2
Raynes Ct NW2 . . . . . .10 A4
Raynham W2 . . . . . . .102 A2
Raynham Ho 1
E1 . . . . .25 C1
Raynham Rd W6 . . . . .39 A2
Raynor Pl
22 Canonbury N1 . . .15 B1
N1 . . . . .87 A4
Ray St EC1 . . . . .95 C1
Ray Wlk N7 . . . . .5 B2
Reachview Ct 17
NW1 . . . . .13 B1
Reade Ct 6 W3 . . . . . .37 B3
Reade Wlk 5
NW10 . . . . .8 A1
Read Ho 4 SE11 . . . .163 B4
Reading Ho
Paddington W2 . . . . .100 C1
Peckham SE15 . . . . . .49 C4
Reading La E8 . . . . . .17 A2
Reapers Cl NW1 . . . . .83 B4
Reardon Ho 5 E1 . . . .32 A1
Reardon Path 31
E1 . . . . .32 A1
Reardon St E1 . . . . . . .32 A1
Reaston St SE14 . . . . .50 C3
Reay Prim Sch
SW9 . . . . .163 A1
Reckitt Rd W4 . . . . . . .38 A1
Record St SE16 . . . . . .50 B4
Rector St N1 . . . . .86 C3
Rectory Gdns 6
SW4 . . . . .61 B4
Rectory Gr SW4 . . . . .61 B4
Rectory Rd
Barnes SW13 . . . . . . .46 C1
3 London N16 . . . . . .28 B1
Shacklewell N16 . . . . .7 B1
Rectory Road Sta
N16 . . . . .7 B1

Rectory Rd E1 . . . . . . .32 C4
Reculver Ho 2
SE15 . . . . .50 B4
Reculver Rd SE16 . . . .40 C1
Red Anchor Cl
SW3 . . . . .158 A3
Redan Pl W2 . . . . . . .100 A1
Redan St W14 . . . . . . .39 C3
Redan Terr SE5 . . . . . .48 A1
Redbourne Ho 7
E14 . . . . .33 B3
Redbourn Ho 10
W10 . . . . .22 B1
Redbridge Gdns
SE5 . . . . .49 A3
Redburn St SW3 . . . .158 C4
Redcar St SE5 . . . . . . .48 B3
Redcastle Cl E1 . . . . .32 B2
Redchurch St
E2 . . . . .24 B1 98 C2
Redcliffe Cl 5 SW5 . .142 A1
Redcliffe Gdns
Chiswick W4 . . . . .45 A3
Fulham SW10 . . . . . . .156 A4
Redcliffe Mews
SW10 . . . . .142 B1
Redcliffe Pl SW10 . . .156 C3
Redcliffe Rd
SW10 . . . . .157 A4
Redcliffe Sch
SW10 . . . . .156 B4
Redcliffe Sq
SW10 . . . . .142 B1
Redcliffe St SW10 . . .156 B4
Redclyf Ho 13 E1 . . . .25 B1
Redcroft 5 NW6 . . . . .10 C2
Red Cross Cotts
SE1 . . . . .137 A4
Redcross Way
SE1 . . . . .123 A1
Reddins Rd SE15 . . . .49 C4
Rede Pl
W2 . . . . .31 C2 113 C4
Redesdale St
SW3 . . . . .158 C4
Redfern Rd NW10 . . . . .8 A1
Redfield La SW5 . . . .142 A4
Redfield Mews
SW5 . . . . .141 C4
Redfiff Est SE16 . . . . .41 B3
Redford Wlk N1 . . . . .86 C4
Redgate Terr
SW15 . . . . .57 C1
Redgrave Rd
SW15 . . . . .57 C4
Redhill Ct SW2 . . . . . .74 C2
Redhill St NW1 . . . . . .92 B4
Red House Sq 20
N1 . . . . .15 B1
Redington Gdns
NW3 . . . . .11 A4
Redington Ho N1 . . . .85 A2
Redington Rd
NW3 . . . . .11 A4
Redlands Prim Sch 35
E1 . . . . .32 B4
Redlands Way
SW2 . . . . .74 B4
Red Lion Cl 9
SE17 . . . . .48 C4
Red Lion Ct EC4 . . . .107 C1
Red Lion Row
SE17 . . . . .48 B4
Red Lion Sq WC1 . . .106 C3

Red Lion St WC1 . . . . 106 C3
Red Lion Yd W1 . . . . . 117 C2
Redlynch St W14 . . 126 B3
Redlynch Ho 27
SW9 . . . . 173 A2
Redman Bldg EC1 107 B4
Redman Ho SE1 . . . 137 A3
Redman's Rd E1 . . . . 32 B4
Redmayne Ho 15
SW9 . . . . 173 A2
Redmead La E1 . . . 125 B1
Redmill Ho E2 . . . . . 25 A1
Redmond Ho N1 . . . . 85 A3
Redmore Rd W6 . . . . 39 A2
Red Pl W1 . . . . 117 B4
Red Post Hill SE21,
SE24 . . . . 63 C2
Redriff Prim Sch
SE16 . . . . 41 A4
Redriff Rd SE16 . . . . 41 A3
Red Rover SW13 . . . 56 C4
Redrup Ho 21
SE14 . . . . 50 C4
Redruth Rd E9 . . . . . 25 B4
Red Sq The N16 . . . . . 6 C1
Redstart Cl SE14 . . . 51 A3
Redvers St
E2 . . . . 24 A2 98 B4
Redwald Rd E5 . . . . 17 C4
Redwood Cl
4 Bow E3 . . . . 26 C3
Rotherhithe SE16 . . . 33 A1
Redwood Ct
Brondesbury NW6 . . 10 A1
Crouch End N19 . . . . . 4 C4
Redwood Mews 2
SW4 . . . . 61 A4
Redwoods SW15 . . . 68 C3
Reece Mews SW7 143 B4
Reed Cl E16 . . . . 35 C2
Reedham St SE15 . . 64 C4
Reed Ho SW15 . . . . 56 C1
Reedholm Villas
N16 . . . . 15 C4
Reed Pl
Battersea SW11 . . . . 60 A3
Clapham SW4 . . . . . 61 C3
Reed's Pl NW1 . . . . 13 B1
Reedworth St
SE11 . . . . 149 C3
Reef Ho E14 . . . . 42 B3
Rees St N1 . . . . 87 A3
Reeves Ho
Lambeth SE1 . . . . . 135 B3
Mayfair W1 . . . . . . 117 B3
Reeves Mews W1 117 C3
Reeves Rd E3 . . . . . . 27 A1
Reflection Ho 9
E2 . . . . 24 C1 99 B2
Reform St SW11 . . 169 A2
Regal Cl E1 . . . . 111 C4
Regal La NW1 . . . . . 81 C3
Regal Pl
8 Tower Hamlets
E3 . . . . 26 B2
Walham Green
SW6 . . . . 156 B1
Regan Way N1 . . . . . 24 A3
Regatta Point
TW8 . . . . 44 B4
Regency Ct
9 Bow E3 . . . . 26 B3
18 South Hackney
E9 . . . . 25 B4

Regency Ho NW1 . . . 92 B2
Regency Lo NW3 . . 11 C1
Regency Mews
Camberwell SW9 . . . 48 A3
1 Willesden NW10 . . 8 C2
Regency Pl SW1 . . 147 C4
Regency St SW1 . . 147 C3
Regency Terr
SW7 . . . . 143 B2
Regency Wlk 3
TW10 . . . . 54 A2
Regeneration Rd
SE16 . . . . 40 C1
Regent Ct
Lisson Gr NW8 . . . . . 90 A3
1 Stamford Hill N16 . . 7 B4
Regent Ho W14 . . . 140 A4
Regent Pl W1 . . . . . 119 A4
Regent Rd SE24 . . . . 63 A2
Regents Bridge Gdns
SW8 . . . . 162 B2
Regents Canal Ho 16
E14 . . . . 33 A3
Regent's Coll NW1 91 B3
Regents Ct E8 . . . . . . 24 C4
Regents Gate Ho 20
E14 . . . . 33 A2
Regents Lo 9
SW2 . . . . 74 B3
Regents Mews
NW8 . . . . 79 A2
REGENT'S PARK . . . 92 A4
Regent's Park★
NW1 . . . . 81 B1
Regent's Park
Barracks NW1 . . . . 82 B1
Regent's Park Rd
Camden Town
NW1 . . . . 81 B4
Primrose Hill NW3 . 12 C1
Regent's Park Sta
NW1 . . . . 92 A1
Regent's Park Terr
NW1 . . . . 82 A4
Regent's Pl SE3 . . . . 53 C1
Regents Plaza 7
NW6 . . . . 78 A2
Regent Sq
22 Bromley E3 . . . . . 27 A2
St Pancras WC1 . . . 94 B3
Regent's Row E8 . . . 24 C4
Regent St
Brentford W4 . . . . . . 36 C1
7 Kensal Green
NW10 . . . . 22 C2
Mayfair W1 . . . . . . 118 C4
Regents Wharf
3 Hackney E2 . . . . . 25 A4
Islington N1 . . . . . . 84 C2
Reginald Pl 6
SE8 . . . . 51 C3
Reginald Rd SE8 . . . 51 C3
Reginald Sq SE8 . . 51 C3
Regina Point SE16 . . 40 B3
Regina Rd N4 . . . . . . 5 B3
Regis Ct NW1 . . . . 102 C4
Regis Pl 17 SW2 . . . 62 B3
Regis Rd NW5 . . . . . 13 B3
Regnart Bldgs
NW1 . . . . 93 A3
Reid Ct SW14 . . . . . 45 B1
Reighton Rd E5 . . . . . 7 C2
Reizel Cl N16 . . . . . . 7 B3
Relay Rd W12 . . . . . 30 B1
Relf Rd SE15 . . . . . . 64 C4

Reliance Sq
E2 . . . . 24 A1 98 B2
Relton St W3 . . . . . . 36 C4
Relton Mews
SW7 . . . . 130 B2
Rembrandt Cl E14 . . 42 C3
Rembrandt Ct 10
SE16 . . . . 40 A1
Rembrant Cl SW1 143 C2
Remington St N1 . . 86 B1
Remnant St WC2 . . 106 C2
Remsted Ho 7
NW6 . . . . 78 A3
Remus Rd E3 . . . . . . 18 C1
Renaissance Wlk 4
SE10 . . . . 43 B3
Renbold Ho 5
SE10 . . . . 52 B2
Rendlesham Ho 3 E5,
N16 . . . . 7 C2
Rendlesham Rd E5 . . 7 C1
Renforth St SE16 . . . 40 B4
Renfrew Ho NW6 . . 78 A1
Renfrew Rd SE11 . . 150 A3
Rennell Ho 18 E9 . . . 17 C2
Rennell St SE13 . . . 67 B4
Rennie Cotts 29
E1 . . . . 25 B1
Rennie Ct SE1 . . . . 122 A2
Rennie Ho SE1 . . . . 136 C1
Rennie St SE1 . . . . 122 A2
Renoir Ct 7 SE16 . . 40 A1
Renton Cl SW2 . . . . 62 B1
Rephidim St SE1 . . 138 A1
Replingham Rd
SW18 . . . . 70 C2
Reporton Rd SW6 154 B1
Repton Ho SW1 . . . 147 A3
Repton St E14 . . . . . 33 A3
Reservoir Rd SE4 . . 51 A1
Reservoir Studios 1
E1 . . . . 32 C3
Resolution Way 7
SE8 . . . . 51 C3
Restell Cl SE3 . . . . . 53 A4
Reston Pl SW7 . . . . 128 C3
Restoration Sq
SW11 . . . . 167 C3
Retcar Pl N19 . . . . . . 4 A2
Retford St E2 . . . . . . 24 A3
Retreat Ho 5 E9 . . . 17 B2
Retreat Pl E9 . . . . . . 17 B2
Retreat The SW14 . . 56 A4
Reunion Row E1 . . . 32 A2
Reveley Sq SE16 . . . 41 A4
Revelon Rd SE4 . . . 66 A4
Revelstoke Rd SW18,
SW19 . . . . 70 C2
Reverdy Rd SE1 . . . 153 B3
Rewell St SW6 . . . . 156 C1
Rex Pl W1 . . . . 117 C2
Reynard Cl SE4 . . . . 66 A4
Reynard Pl SE14 . . . 51 A4
Reynolds Cl NW11 . . 2 A4
Reynolds Ho
Finsbury Pk N4 . . . . . 5 A3
18 South Hackney
E2 . . . . 25 B3
St John's Wood
NW8 . . . . 79 C1
Westminster SW1 . . 147 C3
Reynolds Pl 12
TW10 . . . . 54 B1
Reynolds Rd
Acton Green W4 . . . 37 B3
Nunhead SE15 . . . . . 65 B3

Reynolds Sp Ctr
W3 . . . . 36 C4
Rffra Rd Ret Pk
SW2 . . . . 62 C2
Rheidol Mews N1 . . 86 C3
Rheidol Terr N1 . . . 86 C3
Rhizotron & Xstrata
Treetop Walkway★
TW9 . . . . 44 A2
Rhoda St E2 . . 24 B1 99 A2
Rhodes Ho
Shepherd's Bush
W12 . . . . 30 A1
Shoreditch N1 . . . . . 87 C2
Rhodesia Rd SW9 172 B1
Rhodes St N7 . . . . . 14 B3
Rhodeswell Rd
E14 . . . . 33 B3
Rhondda Gr E3 . . . . 26 B2
Rhyl Prim Sch 21
NW5 . . . . 12 C2
Rhyl St NW5 . . . . . . 12 C2
Ribblesdale Ho 11
NW6 . . . . 23 C4
Ribbon Dance Mews
SE5 . . . . 48 C2
Ribstone Ho 12 E9 . . 17 C2
Ricardo St E14 . . . . . 34 A3
Riceyman Ho WC1 . . 95 B3
Richard Anderson Ct
1 SE14 . . . . 50 C3
Richard Atkins Prim
Sch 22 SW2 . . . . 74 A4
Richard Burbidge
Mans★ SW13 . . . . 47 B4
Richard Cloudesley
Sch (Prim Dept)
EC1 . . . . 97 A1
Richard Cloudesley
Sch (Secondary
Dept) EC1 . . . . . . 96 C1
Richard Cobden Prim
Sch NW1 . . . . 83 A3
Richard Fox Ho N4 . . 6 B1
Richard Ho 10
SE16 . . . . 40 B2
Richard Knight Ho
SW6 . . . . 165 C4
Richard Neale Ho 2
E1 . . . . 32 A2
Richardson Cl 10
E8 . . . . 24 B4
Richardson Ct 20
SW4 . . . . 172 B2
Richardson Ho 10
E14 . . . . 33 C4
Richardson's Mews
W1 . . . . 92 C1
Richard's Pl SW3 . . 144 B4
Richard St 20 E1 . . . 32 A3
Richbell WC1 . . . . . 106 B4
Richbell Pl WC1 . . . 106 C4
Richborne Terr
SW8 . . . . 163 A2
Richborough Ho
10 Deptford SE15 . . 50 B4
14 Hackney E5 . . . . 17 A4
Richborough Rd
NW2 . . . . 10 A4
Richbourne Ct
W1 . . . . 102 B2
Richford Gate W6 . . 39 B3
Richford St W6 . . . . 39 B3
Rich Ind Est SE15 . . 50 A4
Rich La SW5 . . . . . . 142 A2

Richland Ho 4
SE15 . . . . 49 C2
Richman Ho 10
SE8 . . . . 41 B1
RICHMOND 54 A3
Richmond Ave
Islington N1 . . . . 85 A4
Willesden NW10 . . . . 9 B2
Richmond Bldgs
W1 . . . . 105 B1
Richmond Circus
TW9 . . . . 54 A3
Richmond Coll
W8 . . . . 128 B2
Richmond Cres N1 85 B4
Richmond Ct
SW1 . . . . 131 A3
Richmond Gr N1 . . 15 A1
Richmond Healthcare
Hamlet Hospl
TW9 . . . . 54 A4
RICHMOND HILL . . 54 A1
Richmond Hill
TW10 . . . . 54 A1
Richmond Hill Ct 5
TW10 . . . . 54 A1
Richmond Ho
SE26 . . . . 76 C1
Regent's Pk NW1 . . 82 B1
Walworth SE17 . . . 151 B2
Richmond
International Bsns
Ctr 9 TW9 . . . . 54 B3
Richmond Mans
Earl's Ct SW5 . . . . 142 A2
Putney SW15 . . . . . 58 A4
Richmond Mews
W1 . . . . 105 B1
Richmond Park Rd
SW14 . . . . 55 C3
Richmond Rd
Dalston E8 . . . . 16 C1
Ealing W5 . . . . 36 A4
Richmond Sta
TW9 . . . . 54 A3
Richmond Terr
SW1 . . . . 134 A4
Richmond Way W12,
W14 . . . . 39 C4
Rich St E14 . . . . 33 B2
Rickard Cl SW2 . . . . 74 C3
Rickett St SW6 . . . 155 C4
Rickman Ho 23 E2 . . 25 B1
Rickman St 20 E1 . . 25 B1
Rick Roberts Way
E15 . . . . 27 C3
Rickthorne Rd 7
N19 . . . . 5 A2
Riddell Ct SE1 . . . . 152 C2
Ridgdale St E3 . . . . 27 A3
Ridge Hill NW11 . . . . 1 A3
Ridge Rd NW2 . . . . . 1 B1
Ridgeway 11
TW10 . . . . 54 A1
Ridgeway Dr W3 . . . 36 C3
Ridgeway Gdns N6 . . 4 B4
Ridgeway The
Acton W3 . . . . 36 C3
Golders Green NW11. . 1 B3
Ridgewell Cl N1 . . . 87 A4
Ridgmount Gdns
WC1 . . . . 105 B4
Ridgmount Pl
WC1 . . . . 105 B4

Ridgmount Rd SW18.....59 A2
Ridgmount St WC1.....**105** B4
Ridgway Rd SW9.....63 A4
Riding House St W1.....**104** C3
Ridings Cl N6.....4 C4
Riding The N11.....15 C1
Ridley Ho **14** SW11.....60 A4
Ridley Rd
Dalston E8.....16 B3
Willesden Green NW10.....21 C3
Ridley Road Mkt★ E8.....16 B3
Riffel Rd NW2.....9 B3
Rifle Ct SE11.....**163** C4
Rifle Pl W11.....30 C1
Rifle St E14.....34 A4
Riga Ho **10** E1.....32 C4
Rigault Rd SW6.....**164** B1
Rigden St E14.....34 A3
Rigeley Rd NW10.....21 C2
Rigge Pl SW4.....61 C3
Rigg Ho **2** SW4.....74 A4
Rignold Ho **6** SE5.....49 A1
Riley Ho
9 Bow E3.....26 C1
Chelsea SW10.....**157** B3
1 Streatham SW4.....74 A4
Riley Rd SE1.....**138** C2
Riley St SW10.....**157** B2
Rill Ho **16** SE5.....49 A3
Rimini Ct SW12.....72 B3
Rinaldo Rd SW12.....73 A4
Ringcroft St N7.....14 C3
Ringford Ho SW18.....58 B2
Ringford Rd SW18.....58 C1
Ring Ho **15** E1.....32 B2
Ringmer Ave SW6.....**164** B3
Ringmer Gdns **3** N19.....5 A2
Ringmer Ho **18** SE22.....64 A4
Ring Rd W12.....30 B1
Ringsfield St SE17.....**151** A1
Ringwood Gdns
17 Millwall E14.....41 C2
Roehampton SW15.....68 C3
Ripley Gdns SW14.....55 C4
Ripley Ho
Mortlake SW14.....56 A4
Nine Elms SW11.....**160** C4
Ripley's Believe it or Not!★ SW1.....**119** B3
Riplington Ct SW15.....69 A4
Ripplevale Gr N1.....14 B1
Risborough SE17.....**150** C4
Risborough Ho NW8.....**90** B2
Risborough St SE1.....**136** B4
Risdon Ho **28** SE16.....40 B4
Risdon St **27** SE16.....40 B4
Riseholme Ct E9.....18 B2
Riseholme Ho **14** SE22.....64 A4
Riseldine Rd SE23.....66 A1
Risinghill St N1.....**85** B2
Rising Sun Ct EC1.....**108** B3
Risley Ho **7** E9.....17 C2
Rita Rd SW8.....**162** C2

Ritchie Ho
Crouch End N19.....4 C4
12 Rotherhithe SE16.....40 B3
5 Bromley E14.....34 C3
Ritchie St N1.....**85** C2
Ritherdon Rd SW17.....73 A2
Ritson Ho N1.....**84** C3
Ritson Rd E8.....16 C2
Rivaz Pl E9.....17 B2
Riven Ct **10** W2.....**100** B1
Riverains The SW11.....**167** B3
River Barge Cl E14.....42 B4
Rivercourt Rd W6.....39 A1
River Ct SE1.....**122** A3
Riverdale Dr SW18.....71 A3
Riverfleet WC1.....**94** B4
Riverford Ho **28** W2.....31 C4
River Ho SW13.....46 A1
River House Montessori Sch E14.....42 A4
Rivermead Ct SW6.....58 B4
Rivermead Ho E9.....18 A3
River Pl N1.....15 B1
River Plate Ho EC2.....**109** C3
Riverside
Battersea SW11.....**158** B2
11 Rotherhithe SE16.....40 B4
St Pancras WC1.....**94** B4
Riverside Bsns Ctr SW18.....70 C3
Riverside Ct SW8.....**161** C4
Riverside Dr W4.....46 A2
Riverside Gdns W6.....39 A1
Riverside Health & Racquets Club Chiswick The W4.....46 A2
Riverside Ho **14** N1.....15 B1
Riverside Mans **4** E1.....32 B1
Riverside Prim Sch **37** SE16.....**139** C3
Riverside Rd
Mill Meads E15.....27 B3
Wandsworth SW17, SW19.....71 B1
Riverside Wlk Mkt★ WC2.....**121** A2
Riverside Workshops SE1.....**123** A2
River St EC1.....**95** B4
River Terr
London W6.....39 B1
St James SW1.....**120** C3
Riverton Cl W9.....23 B2
Riverview Gdns SW13.....47 A4
Rivercrux Gr W4.....45 A4
Riverview Rd W4.....45 A4
River Way SE10.....43 B3

Rivet Ho SE1.....**153** A2
Rivington Ct NW10.....21 C4
Rivington Pl EC2.....24 A2 **98** B3
Rivington St EC2.....24 A2 **98** B3
Rivington Wlk **4** E8.....24 A4
Rixon St N7.....5 C1
Roach Rd E3.....18 C1
Roads Pl N19.....5 A2
Roan St SE10.....52 B4
Robert Adam St W1.....**103** B2
Roberta St E2.....24 C2 **99** C3
Robert Bell Ho **2** SE16.....**153** B4
Robert Blair Prim Sch N7.....14 A2
Robert Browning Prim Sch SE17.....**151** B2
Robert Dashwood Way SE17.....**150** C3
Robert Gentry Ho W14.....**140** B1
Robert Jones Ho **6** SE16.....**153** B4
Robert Keen Cl **18** SE15.....49 C2
Robert Lowe Cl SE14.....50 C3
Robert Owen Ho
Fulham SW6.....47 C2
8 Spitalfields E2.....24 B2 **99** A4
Robert Owen Lo **4** E5.....17 C4
Roberts Ct
Islington N1.....**86** B3
Willesden NW10.....8 A2
Roberts Ho **5** SE27.....75 A1
Roberts Mews SW1.....**131** B1
Robert's Pl EC1.....**95** C2
Robert St
Regent's Pk NW1.....**92** B3
Strand WC2.....**120** B3
Robert Sutton Ho **20** E1.....32 B3
Robeson St **7** E3.....33 B4
Robin Ct **15** E14.....42 B3
Robin Gr
Dartmouth Pk N6.....3 C2
Highgate N6.....3 C2
Robin Ho NW8.....**80** A1
Robin Hood SW15.....68 A1
Robin Hood Gdns **12** E14.....34 B2
Robin Hood La E14.....34 B2
Robinscroft Mews **6** SE10.....52 A2
Robins Ct TW10.....54 A4
Robin's Ct SW4.....62 A1
Robinsfield Inf Sch NW8.....**80** A2
Robinson Ct
Islington N1.....**86** B4

Robinson Ct continued
4 Richmond TW9.....54 B3
Robinson Ho
8 North Kensington W10.....30 C3
12 Tower Hamlets E14.....33 C4
Robinson Rd E2.....25 B3
Robinson St SW3.....**158** C4
Robinswood Mews **4** N5.....15 A3
Robsart St SW9.....**173** B2
Robson Ave NW10.....8 C1
Robson Rd SE21.....75 B1
Roby Ho EC1.....**96** C2
Rochdale Way **4** SE8.....51 C3
Roche Ho **15** E14.....33 B2
Rochelle Cl SW11.....59 C3
Rochelle Ct **14** E1.....32 B3
Rochelle St E2.....24 B2 **98** C3
Rochemont Wlk **2** E8.....24 C4
Roche Sch The **18** SW18.....58 C2
Rochester Ct
1 Bethnal Green E2.....25 A1
9 Camden Town NW1.....13 B1
Rochester Mews NW1.....13 B1
Rochester Pl NW1.....13 B1
Rochester Rd NW1.....13 B2
Rochester Row SW1.....**147** A4
Rochester Sq NW1.....13 B1
Rochester St SW1.....**133** B1
Rochester Terr NW1.....13 B2
Rochester Wlk SE1.....**123** B2
Rochford Wlk **8** E8.....16 C1
Rochfort Ho **6** SE8.....41 B1
Rock Ave **13** SW14.....55 C4
Rockell's Pl SE22.....65 A1
Rockfield Ho SE10.....52 B4
Rock Grove Way SE16.....**153** C4
Rockhall Rd NW2.....9 C4
Rockingham Cl SW15.....56 B3
Rockingham St SE1.....**136** C1
Rockland Rd SW15.....58 A3
Rockley Ct **9** W14.....39 C4
Rockley Rd W14.....39 C4
Rocks La SW13.....56 C4
Rock St N4.....5 C2
Rockstraw Ho **5** NW3.....12 B1
Rockwood Ct N16.....7 C4
Rocque Ho SW6.....**154** C2
Rodborough Rd NW11.....1 C3

Rodenhurst Ct SW4.....61 C2
Rodenhurst Rd SW4.....61 C1
Roden St N7.....5 B1
Roderick Ho **3** SE16.....40 B2
Roderick Rd NW3.....12 B4
Rodgers Ho **4** SW4.....73 C4
Roding Ct **11** W12.....38 A4
Roding Ho N1.....**85** B3
Roding Mews E1.....**125** C2
Roding Rd E5.....18 A3
Rodmarton St W1.....**103** A3
Rodmell WC1.....**94** B3
Rodmere St SE10.....43 A1
Rodney Ct NW8.....**89** A2
Rodney Ho
4 Cubitt Town E14.....42 A2
Islington N1.....**85** A1
Notting Hill W11.....31 C2 **113** B4
Rodney Pl SE17.....**151** A4
Rodney Rd SE17.....**151** B3
Rodney St N1.....**85** A1
Rodway Rd SW15.....68 C4
Rodwell Rd SE22.....64 B1
Roedean Cres SW15.....56 A2
ROEHAMPTON.....68 A4
Roehampton Church Sch SW15.....56 C3
Roehampton Cl SW15.....56 C3
Roehampton Gate SW13.....56 C4
Roehampton Gate SW15.....56 A1
Roehampton High St SW15.....69 A4
Roehampton La
Putney SW15.....57 A1
Roehampton SW15.....69 A3
Roehampton Univ (Digby Stuart Coll) SW15.....56 C2
Roehampton Univ (Froebel Coll) SW15.....56 C3
Roehampton Univ (Southlands Coll) SW15.....56 C2
Roehampton Univ (Whitelands Coll) SW15.....68 C4
Roehampton Vale SW15.....68 B2
Roffey St E14.....42 B4
Rogate Ho E5.....7 C1
Roger Dowley Ct **8** E2.....25 B3
Roger's Almshouses **2** SW9.....62 B3
Rogers Ct **11** E14.....33 C2
Rogers Est **28** E2.....25 B2
Rogers Ho SW1.....**147** C4
Rogers Rd E16.....35 B3
Roger St WC1.....**95** A1
Rokeby Ho
9 Balham SW12.....73 A4
Bloomsbury WC1.....**94** C1

Rokeby Rd SE4 . . . . . . .51 B1
Rokeby Sch E15 . . . . . .19 C1
Rokeland Ho SE4 . . . . .66 A3
Roland Gdns SW7 **143 A2**
Roland Ho SW7 . . . . **143 A2**
Roland Mews **1**
E1 . . . . .32 C4
Roland Way
South Kensington
SW7 . . . . **143 A2**
Walworth SE17 . . . . **151 C1**
Rollins St SE15 . . . . . . .50 B4
Rollit Ho N7 . . . . .14 C3
Rollit St N7 . . . . .14 C3
Rollo Ct SW11 . . . . . .**170 A3**
Rolls Bldgs EC4 . . **107 C2**
Rollscourt Ave
SE24 . . . . .63 B2
Rolls Pas EC4 . . . . . **107 B2**
Rolls Rd SE1 . . . .**153 A2**
Rolt St SE8 . . . . .51 A4
Roman Cl W3 . . . . .37 A4
Roman Ct **4** N7 . . . .14 B2
Romanfield Rd
SW2 . . . . .74 B4
Roman Rd
Chiswick W4 . . . . .38 B2
Globe Town E2, E3 . . .25 C3
25 Old Ford E3 . . . . . .26 B4
Roman Road Mkt* **1**
E3 . . . . .26 B3
Roman Way
Barnsbury N7 . . . . .14 B2
4 Deptford SE15 . . . .50 B4
Roma Read Cl
SW15 . . . . .69 A4
Romayne Ho SW4 . . .61 C4
Romberg Rd
SW17 . . . . .72 C1
Romborough Gdns
SE13 . . . . .67 B2
Romborough Way
SE13 . . . . .67 B2
Romer Ho **9** SW2 . . .62 B2
Romero Cl SW9 . . . . . .62 B4
Romeyn Rd SW16 . . . .74 B1
Romford Ho **17**
N1 . . . . .15 C2
Romford St E1 . . . . . .32 A4
Romilly Rd N4 . . . . .6 A2
Romilly St W1 . . . . . **119 C4**
Romily Ct **3** SW6 **164 B2**
Romney Cl
7 Deptford SE14 . . . .50 B3
North End NW11 . . . . . . .2 B3
Romney Ct
9 Hammersmith
W12 . . . . .39 B4
9 Hampstead NW3 . .12 A2
Romney Ho **2**
E14 . . . . .34 C2
Romney Mews
W1 . . . . **103 B4**
Romney Rd SE10 . . . .52 C4
Romney St SW1 . . . **134 A1**
Romola Ct SE24,
SW2 . . . . .75 A3
Ronald Ross Prim Sch
6 SW19 . . . . .70 A4
Ronaldshay N4 . . . . . . .5 C3
Ronalds Rd N5 . . . . . . .14 C3
Ronald St E1 . . . . .32 B3
Rona Rd NW3 . . . . .12 C4
Rona Wlk **20** N1 . . . . .15 C2

Rondu Rd NW2 . . . . . . .10 A3
Rood La EC3 . . . .**124 A4**
Rookery Rd SW4 . . . . .61 B3
Rooke Way SE10 . . . . . .43 B1
Rookwood Rd N16 . . . .7 C4
Roosevelt Ct **15**
SW19 . . . . .70 A2
Rootes Dr W10 . . . . . .30 C4
Ropemaker Rd
SE16 . . . . .41 A3
Ropemaker's Fields **7**
E14 . . . . .33 B2
Ropemaker St
EC2 . . . . **109 B4**
Roper La SE1 . . . .**138 B3**
Roper's Orch
SW3 . . . .**158 A3**
Ropers Wlk **13**
SE24 . . . . .74 C4
Ropery St E3 . . . . .26 B1
Rope St SE16 . . . . .41 A3
Ropewalk Gdns **18**
E1 . . . .**111 C2**
Ropley St **6** E2 . . . .24 C3
Rosa Alba Mews
N5 . . . . .15 B4
Rosalind Ho **25** N1 . .24 A3
Rosaline Rd SW6 . . **154 B1**
Rosaline Terr
SW6 . . . .**154 B1**
Rosa Parks Ho **3**
SW9 . . . .**172 C1**
Rosary Ct **7** E1 . . . .32 C4
Rosary Gdns SW7 **143 A3**
Rosary RC Prim Sch
NW3 . . . . .12 B2
Rosaville Rd SW6 . . **154 C1**
Rosbury SW15 . . . . . . .58 A1
Roscastle Rd SE4 . . . .66 A2
Roscoe St EC1 . . . . . . .97 A1
Roscommon Ho **2**
NW3 . . . . .11 C3
Rose Alley
Borough The SE1 . . .**123 A2**
Broadgate EC2 . . . . . .**110 B3**
Rosebank
2 Dagenham W3 . .28 C3
Fulham SW6 . . . . .47 B3
Rosebank Gdns
Bow E3 . . . . .26 B3
1 Dagenham W3 . .28 C3
Rosebank Way
W3 . . . . .28 C3
Rosebank Wlk
NW1 . . . . .13 C1
Rosebay Ho **20** E3 . .33 C4
Roseberry Pl E8 . . . . .16 B2
Roseberry St SE16 . . . .40 A2
Rosebery Ave EC1 . . **95** C3
Rosebery Ct
Holborn EC1 . . . . .95 B2
Mayfair W1 . . . .**118 A2**
Rosebery Ho **21**
E2 . . . . .25 B3
Rosebery Rd SW2 . . . .62 A1
Rosebery Sq EC1 . . . .95 B1
Rosebury Rd SW6 **166 B1**
Rose Bush Ct NW3 . . .12 B3
Rosecroft Ave NW3 . . .1 C1
Rose & Crown Ct
EC2 . . . . **108 C2**
Rose & Crown Yd
SW1 . . . . **119 A1**
Rose Ct
7 Dalston E8 . . . . . .16 B1
Islington N1 . . . . .86 A3

Rose Ct *continued*
Spitalfields E1 . . . . . **111 A3**
Rosedale Ct N5 . . . . . .15 A4
Rosedale Ho N16 . . . . . .6 C3
Rosedale Rd TW9 . . . .54 A3
Rosedale Terr W6 . . . . .39 A3
Rosedene NW6 . . . . . .22 C4
Rosedene Ave
SW16 . . . . .74 B1
Rosedew Rd W6 . . . . . .47 C4
Rosefield Gdns
E14 . . . . .33 C2
Roseford Ct **16**
W12 . . . . .39 C4
Rosegate Ho **32**
E3 . . . . .26 B3
Rosehart Mews **8**
W11 . . . . .31 C3
Rosehill Rd SW18 . . . .59 B2
Rose Joan Mews
NW6 . . . . .10 C4
Rosemary Branch
Bridge N1 . . . .**87** C4
Rosemary Ct **38**
SE8 . . . . .51 B4
Rosemary Dr **16**
E14 . . . . .34 C3
Rosemary Gdns
SW14 . . . . .55 B4
Rosemary Ho
Shoreditch N1 . . . . . **87** C3
Willesden NW10 . . . . . .22 A4
Rosemary La
SW14 . . . . .55 B4
Rosemary Rd
Camberwell SE15 . . . .49 B3
Wandsworth SW17 . . . .71 B1
Rosemary St N1 . . . .87 C4
Rosemary Works Sch
N1 . . . .**87** C3
Rosemead Prep Sch
SE27 . . . . .75 B2
Rosemont Mans **11**
NW3 . . . . .11 A2
Rosemont Rd
Acton W3 . . . . .28 A2
Richmond TW10 . . . . . .54 A1
South Hampstead
NW3 . . . . .11 B2
Rosemoor St
SW3 . . . .**144 C3**
Rosemount Ct **2**
W3 . . . . .28 A1
Rosemount Lo W3 . . .28 A2
Rosenau Cres
SW11 . . . .**168 C3**
Rosenau Rd
SW11 . . . .**168 C4**
Rosendale Prim Sch
SE21 . . . . .75 B4
Rosendale Rd SE21,
SE24 . . . . .75 B3
Roseneath Rd
SW11 . . . . .60 C1
Rosenthal Ho SE6 . . . .67 A1
Rosenthal Rd SE6 . . . .67 A1
Rosenthorpe Rd
SE15 . . . . .65 C2
Roserton St E14 . . . . .42 B4
Rose Sq SW7 . . . .**143 C2**
Rose St
Holborn EC4 . . . .**108 B2**
Strand WC2 . . . .**120 A4**
Rose Theatre SE1 **122 C2**

Rosethorn Cl
SW12 . . . . .73 C4
Rosetta Cl SW8 . . . .**162 B1**
Roseway SE21 . . . . . . .63 C1
Rosewood Ct **2**
E11 . . . . .19 C4
Rosewood Gdns
SE13 . . . . .52 B1
Rosewood Ho **9**
NW3 . . . . .11 A2
Rosewood Sq
W12 . . . . .29 C3
Rosher Cl E15 . . . . .19 C1
Rosina St E9 . . . . .17 C2
Roskell Rd SW15 . . . . .57 C4
Roslin Ho **2** E1 . . . .32 B2
Roslin Rd W3 . . . . .37 A3
Rosmead Rd
W11 . . . . .31 A2 **112 B4**
Rosoman Pl EC1 . . . .**95** C2
Rosoman St EC1 . . . .**95** C3
Ross Ct
1 Hackney E5 . . . . . .17 A3
4 Putney SW15 . . . . .69 C4
Rossdale Rd SW15 . . .57 B3
Rosse Gdns SE13 . . . .67 C1
Rossendale Way
NW1 . . . . .83 A4
Rossendale St E5 . . . . . .7 C2
Rossetti Ct W1 . . . . .**105 B4**
Rossetti Gdns Mans
SW3 . . . .**158 C4**
Rossetti Ho NW1 . . . **147 C3**
Rossetti Mews
NW8 . . . . .79 C4
Rossetti Rd SE16 . . . . .40 A1
Rossetti Studios
SW3 . . . .**158 B4**
Ross Ho **18** E1 . . . . .32 A1
Rossington St E5 . . . . . .7 C2
Rossiter Rd SW12 . . . .73 A3
Rosslyn Ave SW13 . . . .56 B4
Rosslyn Ct NW3 . . . . .12 A3
Rosslyn Hill NW3 . . . .11 C3
Rosslyn Ho **3**
TW9 . . . . .44 B2
Rosslyn Mans
8 Hampstead
NW3 . . . . .11 B2
South Hampstead
NW6 . . . . .11 B2
Rosslyn Mews **7**
NW3 . . . . .11 C4
Rosslyn Park Mews
NW3 . . . . .11 C3
Rossmore Cl NW1 . . .**90** C2
Rossmore Rd NW1 . . **90** B2
Rostrevor Mans
SW6 . . . .**164 C4**
Rostrevor Mews
SW6 . . . .**164 C3**
Rostrevor Rd
SW6 . . . .**164 C4**
Rotary St SE1 **136 B2**
Rotary St SE1 . . . . . **136 B2**
Rothay NW1 . . . . .92 B4
Rothbury Rd E9 . . . . . .18 C1
Rotheley Ho **39** E9 . .17 B1
Rotherfield Ct
De Beauvoir Town
N1 . . . . .15 C1
Shoreditch N1 . . . . . **87** A4
Rotherfield Prim Sch
N1 . . . . .87 A4
Rotherfield St
Islington N1 . . . . .15 B1
Shoreditch N1 . . . . . **87** A4

Rotherham Wlk
SE1 . . . .**122 A1**
ROTHERHITHE 40 C3
Rotherhithe Bsns Est
6 SE16 . . . . .40 B2
Rotherhithe New Rd
SE16 . . . . .40 A1
Rotherhithe Old Rd
SE16 . . . . .40 C2
Rotherhithe Prim Sch
20 SE16 . . . . .40 C2
Rotherhithe St
SE16 . . . . .40 B4
Rotherhithe Sta
SE16 . . . . .40 B4
Rotherhithe Tunnel
SE16 . . . . .32 C1
Rother Ho SE15 . . . . .65 A3
Rotherwick Rd
NW11 . . . . .1 C4
Rotherwood Rd
SW15 . . . . .57 C4
Rothery St N1 . . . . . .86 B4
Rothesay Ave SW14,
TW10 . . . . .55 A3
Rothesay Ct **13**
SE11 . . . .**163 B3**
Rothley Ct NW8 . . . . .89 B2
Rothsay St SE1 . . . . **138 A1**
Rothsay Wlk **10**
E14 . . . . .41 C2
Rothschild Rd W4 . . . .37 B3
Rothwell St
10 Hampstead
NW1 . . . . .12 B1
Primrose Hill NW1 . . **81** A4
Roth Wlk N7 . . . . .5 B2
Rotten Row SW1 . . .**130 C4**
Rotterdam Dr E14 . . . .42 B3
Rouel Rd
Bermondsey SE16 . . .**153 B4**
Bermondsey SE16 . . .**139 B1**
Roundacre SW19 . . . . .69 C2
Roundel Cl SE4 . . . . . .66 B3
Roundwood Rd
NW10 . . . . .8 B2
Rounton Rd E3 . . . . . . .26 C1
Roupell Rd SW2 . . . . .74 B3
Roupell St SE1 . . . . **121 C1**
Rousden St NW1 . . . . .13 B1
Routh Rd SW18 . . . . . .72 A4
Rover Ho **26** N1 . . . . .24 A4
Rowallan Rd SW6 **154 A1**
Rowan Ct
19 Camberwell
SE15 . . . . .49 B3
Wandsworth SW11 . . . .60 B1
Rowan Ho
1 Bow E3 . . . . .26 B4
Dagenham NW10 . . . . .21 A1
5 Maitland Pk
NW3 . . . . .12 B2
Rowan Rd W6 . . . . .39 C2
Rowan Terr W6 . . . . . . .39 C2
Rowan Wlk
7 Dartmouth Pk
N19 . . . . .4 B2
Kensal Town W10 . . . .23 A1
Rowberry Cl SW6 . . . .47 B3
Rowcross St SE1 . . . **153 A2**
Rowditch La
SW11 . . . .**169 B2**
Rowdon Ave NW10 . . . .9 A1
Rowe Ho E9 . . . . .17 B2
Rowe La E9 . . . . .17 B3

Rowena Cres
SW11 . . . . 168 B1
Rowfant Rd SW12,
SW17 . . . . .72 C2
Rowhill Mans 11
E5 . . . . .17 A4
Rowhill Rd E5 . . . . .17 A4
Rowington Cl W2 100 A4
Rowland Hill Ho
SE1 . . . . 136 A4
Rowland Hill St
NW3 . . . . .12 A3
Rowley Gdns N4 . . . .6 B4
Rowley Ho SE8 . . . .51 C4
Rowley Ind Pk W3 . .37 A3
Rowley Way NW8 . . .78 C4
Rowntree Cl NW6 . .10 C2
Rowse Cl E15 . . . . .27 B4
Rowstock 1 NW5 . .13 C2
Rowstock Gdns
N7 . . . . .13 C3
Roxby Pl SW6 . . . . 155 C4
Roxford Ho 2 E3 . . .27 A1
Roxley Rd SE13 . . . .67 A1
Roxwell 10 NW1 . . .13 A2
Roxwell Rd W12 . . .38 C4
Royal Academy of
Dramatic Art★
WC1 . . . . 105 B4
Royal Acad of Arts★
W1 . . . . 118 C3
Royal Acad of Dance
SW11 . . . . 167 C3
Royal Acad of Music
NW1 . . . . .91 C1
Royal Albert Hall★
SW7 . . . . 129 B3
Royal Arc W1 . . . . 118 C3
Royal Armouries
The★ E1 . . . . 124 C3
Royal Ave SW3 . . . 144 C2
Royal Avenue Ho
SW3 . . . . 144 C2
Royal Ballet Upper
Sch The WC2 . . . . 106 B1
Royal Brompton Hospl
Chelsea SW3 . . . . 143 B2
Chelsea SW3 . . . . 144 A2
Royal Cir SE27 . . . .75 A1
Royal Cl
Deptford SE8 . . . . .51 B4
Putney SW15 . . . . .69 C2
Stamford Hill N16 . . .7 A3
Royal College of
Physicians Liby
NW1 . . . . .92 B2
Royal College St
NW1 . . . . .83 A4
Royal Coll of
Anaesthetists
WC1 . . . . 106 C3
Royal Coll of Art
SW7 . . . . 129 B3
Royal Coll of Art for
Sculpture Sch
SW11 . . . . 158 A1
Royal Coll of
Midwives W1 . . . . 104 A3
Royal Coll of Music
SW7 . . . . 129 B2
Royal Coll of
Obstetricians &
Gynaecologists
NW1 . . . . .90 C3

Royal Coll of
Ophthalmologists
NW1 . . . . .91 B1
Royal Coll of
Paediatrics & Child
Health W1 . . . . . . 107 A4
Royal Coll of
Pathologists
SW1 . . . . 119 B1
Royal Coll of
Physicians NW1 . . .92 B2
Royal Coll of
Radiologists W1 . 104 B4
Royal Coll of Science
SW7 . . . . 129 B2
Royal Coll of Speech
Language Therapists
SE1 . . . . 123 B1
Royal Coll of
Surgeons WC2 . . . 107 A2
Royal Coll of
Veterinary Surgeons
SW1 . . . . 134 A1
Royal Courts of
Justice WC2 . . . . 107 B1
Royal Cres
W11 . . 31 A1 112 A1
Royal Crescent Mews
W11 . . . . .30 C1
Royal Ct
City of London
EC3 . . . . 109 C1
Rotherhithe SE16 . .41 B3
Royal Duchess Mews
16 SW12 . . . . . . .73 A4
Royal Exchange★
EC3 . . . . 109 C1
Royal Exchange Bldgs
EC3 . . . . 109 C1
Royal Festival Hall★
SE1 . . . . 121 A1
Royal Free Hospl
NW3 . . . . .12 A3
Royal Fusiliers Mus★
E1 . . . . 124 C3
Royal Geographical
Society SW7 . . . . 129 C3
Royal Hill SE10 . . . .52 B3
Royal Hill Ct 2
SE10 . . . . .52 B3
Royal Horticultural
Society (Lawrence
Hall & Conf Ctr)
SW1 . . . . 133 B1
Royal Horticultural
Society (Lindley
Hall) SW1 . . . . . . 147 B4
Royal Hospital
Chelsea The★
SW1 . . . . 145 B1
Royal Hospital Rd
SW3 . . . . 145 A1
Royal Hospl for Neuro-
Disability The
SW15 . . . . .58 A1
Royal Hospl Mus★
SW3 . . . . 145 A1
Royal Institute of
British Architects
W1 . . . . 104 B4
Royal Institution Mus
The★ W1 . . . . . . 118 C3
Royal Langford
Apartments 3
NW6 . . . . .78 A2

Royal London Est The
NW10 . . . . .20 C3
Royal London
Homeopathic Hospl
WC1 . . . . 106 B3
Royal London Hospl
Mus★ E1 . . . . .32 A4
Royal London Hospl
(Whitechapel) The
E1 . . . . .32 A4
Royal Marsden Hospl
SW3 . . . . 144 B3
Royal Mews The★
SW1 . . . . 132 B2
Royal Mint Pl 6
E1 . . . . 125 B4
Royal Mint St E1 . . 125 A4
Royal National
Orthopaedic Hospl
W1 . . . . .92 B1
Royal National TNE
Hospl The WC1 . . .94 C4
Royal Naval Pl
SE14 . . . . .51 B3
Royal Oak Ct 9
N1 . . . . .24 A2 98 A4
Royal Oak Pl SE22 . .65 A1
Royal Oak Rd 5
E8 . . . . .17 A2
Royal Oak Sta W2 100 B3
Royal Oak Yd SE1 138 A3
Royal Observatory
The★ SE10 . . . . . .52 C3
Royal Opera Arc
SW1 . . . . 119 B2
Royal Orchard Cl
SW18 . . . . .70 A4
Royal Par
Blackheath Vale
SE3 . . . . .53 B1
Fulham SW6 . . . . . 154 A2
12 Richmond TW9 . .44 C2
Royal Pl 1 SE10 . . .52 B3
Royal Rd SE17 . . . .48 A4
Royal Sch Hampstead
The 8 NW3 . . . . . .11 C4
Royal St SE1 . . . . . 135 A2
Royalty Ho W1 . . . 105 B1
Royalty Mews W1 . 105 B1
Royalty Studios
W11 . . . . .31 A3
Royal United Services
Mus★ SW1 . . . . . 120 A1
Royal Veterinary Coll
NW1 . . . . .83 B3
Royal Victoria Sta
E16 . . . . .35 C2
Royal Victor Pl E3 . .25 C3
Roycroft Cl SW2 . . .74 C3
Roydon Cl 7
SW11 . . . . 168 C2
Roy Ridley Ho 6
SW4 . . . . .61 C4
Roy Sq E14 . . . . . . .33 A2
Royston Ct
New Cross SE4 . . . .51 B1
3 Richmond TW9 . .44 B2
Royston Ho 14
SE15 . . . . .49 C4
Royston Rd TW10 . .54 A2
Royston St 2 E2 . . .25 B3
Rozel Ct 3 N1 . . . . .24 A4
Rozel Rd SW4 . . . . .61 B4
Ruby St SE15 . . . . .50 A4
Ruby Triangle
SE15 . . . . .50 A4

Ruckholt Rd E9,
E10 . . . . .18 C4
Rucklidge Ave
NW10 . . . . .21 C3
Rudall Cres NW3 . . .11 C4
Rudbeck Ho 11
SE15 . . . . .49 C3
RuddIngton Cl E5 . .18 A4
Rudge Ho 1
SE16 . . . . 139 C2
Rudgwick Terr
NW8 . . . . .80 B3
Rudhall Ho 4
SW2 . . . . .62 C1
Rudloe Rd SW12 . . .73 B4
Rudolf Pl SW8 . . . . 162 B3
Rudolph Rd NW6 . . .23 C3
Rudstone Ho 10
E3 . . . . .27 A2
Rudyard Ct SE1 . . . 137 C3
Rufford St N1 . . . . .84 B4
Rufford Street Mews
N1 . . . . .14 A1
Rufford Twr 5
W3 . . . . .28 A1
Rufus Bsns Ctr
SW18 . . . . .71 A2
Rufus Ho SE1 . . . . 139 A2
Rufus St N1 . . . 24 A2 98 A3
Rugby Mans W14, 140 B4
Rugby Rd W4 . . . . .38 A4
Rugby St WC1 . . . . .94 C1
Rugg St E14 . . . . . .33 C2
Rugless Ho 2 E14 . .42 B4
Rugmere 4 NW1 . . .12 C1
Rumball Ho 14
SE5 . . . . .49 A3
Rumbold Rd SW6 . 156 B1
Rum Cl E1 . . . . .32 B2
Rumford Ho SE1 . . 136 C1
Rumsey Rd SW9 . . .62 B4
Runacres Ct SE17 . 150 C1
Runcorn Pl
W11 . . . . . 31 A2 112 A4
Rundell Twr SW8 . . 172 C4
Running Horse Yd 11
TW8 . . . . .44 A4
Runnymede Ct
SW15 . . . . .68 C3
Runnymede Ho
Hackney E9 . . . . . .18 A4
Homerton E9 . . . . .54 C2
Rupack St 3 SE16 . .40 B4
Rupert Ct W1 . . . . 119 B4
Rupert Gdns SW9 . .48 A1
Rupert Ho
SE11 . . . . 149 C3
8 Upper Holloway
N19 . . . . .4 C4
Rupert Rd
Bedford Pk W4 . . . .38 A3
Paddington NW6 . . .23 B3
Upper Holloway N19 . .4 C2
Rupert St W1 . . . . 119 B4
Rusbridge Cl E8 . . .16 C3
Ruscoe Rd E16 . . . .35 B3
Rusham Rd SW12 . .72 B4
Rushbrook Ho 20
SW8 . . . . 171 B2
Rushby Ct SW4 . . . 172 A3
Rush Common Mews
18 SW2 . . . . .74 B4
Rushcroft Rd SW2,
SW9 . . . . .62 C3
Rushcutters Ct 18
SE16 . . . . .41 A2

Row–Rus 263

Rushey Mead SE4 . .66 C2
Rushford Rd SE4 . . .66 B1
Rush Hill Mews 3
SW11 . . . . .60 C4
Rush Hill Rd SW11 . .60 C4
Rushlake Ho 3
SW11 . . . . 169 B2
Rushmead 5 E2 . . .25 A2
Rushmere Ho 2
SW15 . . . . .68 C3
Rushmore Cres 9
E5 . . . . .17 C4
Rushmore Ho
9 Kentish Town
N7 . . . . .13 C3
W14 . . . . 126 B1
Rushmore Prim Sch
12 E5 . . . . .17 C4
Rushmore Rd
Clapton Pk E5 . . . . .17 C4
Hackney E5 . . . . . .18 A4
Rusholme Rd
SW15 . . . . .58 A1
Rushton Ho 28
SW8 . . . . 171 B1
Rushton St N1 . . . . .87 C2
Rushworth St SE1 136 B3
Ruskin Ave 1 TW9 . .44 C3
Ruskin Ct SE5 . . . . .63 C4
Ruskin Ho SW1 . . . 147 C3
Ruskin Park Ho
SE5 . . . . .63 C4
Ruskin Wlk SE24 . . .63 B2
Rusper Ct SW9 . . . 172 B1
Russell Cl W4 . . . . .46 B4
Russell Ct
Battersea SW11 . . 169 C3
Bloomsbury WC1 . . .94 A1
5 Peckham SE15 . . .50 A1
St James SW1 . . . . 119 A1
Russell Gdns W14 126 A2
Russell Gdns Mews
W14 . . . . 126 A2
Russell Gr 33
SW9 . . . . 173 C4
Russell Ho
21 Poplar E14 . . . . .33 C3
SW1 . . . . 146 C2
Russell Kerr Cl
W4 . . . . .45 B3
Russell Lo SE1 . . . 137 B2
Russell Mans
WC1 . . . . 106 B4
Russell Pickering Ho
2 SW4 . . . . .62 A4
Russell Pl
Hampstead NW3 . . .12 A3
Rotherhithe SE16 . .41 A3
Russell Rd W14 . . . 126 B1
Russell Sq WC1 . . . .94 A1
Russell Square Ho
WC1 . . . . .94 A1
Russell Square Mans
WC1 . . . . 106 A3
Russell Square Sta
WC1 . . . . .94 A1
Russell St WC2 . . . 120 B4
Russell's Wharf 2
W9 . . . . .23 B1
Russell Wlk 4
TW10 . . . . .54 B1
Russet Val SW15 . . .58 A3
Russet Cres N7 . . . .14 B3
Russett Way SE13 . .52 B1

Russia Dock Rd
SE16 . . . . 33 A1
Russia La E2 . . . . 25 B3
Russia Row EC2 . . . . . 109 A1
Rusthall Ave W4 . . . . 37 C3
Rusthall Mans 3
W4 . . . . 37 C2
Ruston Mews W11 . . 31 A3
Ruston St E3 . . . . 26 B4
Rust Sq SE5 . . . . 48 C3
Ruth Ct 10 E3 . . . . . . 26 A3
Rutherford Ho 12
E1 . . . . 25 A1
Rutherford St
SW1 . . . . 147 B4
Ruthin Rd SE3 . . . . . . 53 C4
Ruthven St E9 . . . . . . 25 C4
Rutland Cl SW14 . . . 55 B4
Rutland Ct
Herne Hill SE24 . . . . . 63 C3
SW7 . . . . 130 B3
Rutland Gate
SW7 . . . . 130 B3
Rutland Gate Mews
SW7 . . . . 130 B3
Rutland Gdns
SW7 . . . . 130 B3
Rutland Gdns Mews
SW7 . . . . 130 B3
Rutland Gr W6 . . . . . 39 A1
Rutland Ho
10 Putney SW15 . . . . 69 B4
W8 . . . . 128 A1
Rutland Mews 21
NW8 . . . . 78 B3
Rutland Mews E
SW7 . . . . 130 B2
Rutland Mews S
SW7 . . . . 130 A2
Rutland Mews W
SW7 . . . . 130 A2
Rutland Park Gdns 1
NW2 . . . . 9 B2
Rutland Park Mans 2
NW2 . . . . 9 B2
Rutland Pk NW2 . . . . 9 B2
Rutland Pl EC1 . . . . . 108 B4
Rutland Rd E9 . . . . . . 25 C4
Rutland St SW7 . . . . 130 B2
Rutland Studios
NW10 . . . . 21 C2
Rutley Cl SE11 . . . . . 48 A4
Rutt's Terr SE14 . . . . 50 C2
Ruvigny Gdns
SW15 . . . . 57 C4
Ruvigny Mans 7
SW15 . . . . 57 C4
Rycott Path SE22 . . . 76 C4
Ryculff Sq SE3 . . . . . 53 B1
Rydal Ho 2 SW8 . . . 171 B1
Rydal Water NW1 . . . 92 C3
Ryde Ho 1 NW6 . . . . 23 C4
Ryder Ct SW1 . . . . . . 119 A2
Ryder Dr SE16 . . . . . . 40 A1
Ryder Ho 18 E1 . . . . . 25 B1
Ryder St SW1 . . . . . . 119 A2
Ryder's Terr NW8 . . . 78 C2
Ryder Yd SW1 . . . . . . 119 A2
Ryde Vale Rd
SW12 . . . . 73 B2
Rydon St N1 . . . . 87 A4
Rydston Cl 2 N7 . . . . 14 B1

Ryecotes Mead
SE21 . . . . 76 A3
Ryecroft Rd SE13 . . . 67 B2
Ryecroft St SW6 . . . 166 A3
Ryedale SE22 . . . . 65 A1
Ryefield Path 7
SW15 . . . . 68 C3
Ryegates 2 SE15 . . . 50 A1
Rye Hill Pk SE15 . . . 65 B3
Rye Ho 17 SE16 . . . . . 40 B4
Rye La SE15 . . . . 49 C1
Rye Lane Mkt★
SE15 . . . . 49 C1
Rye Oak Sch 7
SE15 . . . . 65 A4
Rye Rd SE15 . . . . 65 C3
Rye Wlk SW15 . . . . . 57 C2
Ryfold Rd SW19 . . . . 70 C1
Ryland Rd NW5 . . . . . 13 A2
Rylett Cres W12 . . . . 38 B3
Rylett Rd W12 . . . . . . 38 B3
Rylston Rd SW6 . . . . 154 C3
Rymer St SE24 . . . . . . 63 A1
Rysbrack St SW1 . . . 130 C2

S

**Saatchi Gallery Duke
of York's HQ★**
SW3 . . . . 145 A2
Sabbarton St 9
E16 . . . . 35 B3
Sabella Ct E3 . . . . 26 B3
Sabine Rd SW11 . . . . 60 C4
Sable St N1 . . . . 15 A1
Sacketts Ho 24
SW9 . . . . 173 C4
Sackville Ho 18
SW16 . . . . 74 A1
Sackville St W1 . . . . 119 A3
**Sacred Heart High
Sch** 8 W6 . . . . 39 B2
**Sacred Heart Prim
Sch, Battersea**
SW11 . . . . 168 B1
**Sacred Heart RC Prim
Sch** SW15 . . . . 56 C2
**Sacred Heart RC Sec
Sch** 10 SE5 . . . . 48 B2
Sacred Heart Sch
N7 . . . . 14 B3
Saddlers Mews
SW8 . . . . 172 B4
Sadler Ho
17 Bromley E3 . . . . . . 27 A2
EC1 . . . . 96 A4
Saffron Ave E14 . . . . 34 C2
Saffron Ct 5 N1 . . . . 15 C2
Saffron Hill EC1 . . . 107 C4
Saffron Ho 6
SE1 . . . . 139 A4
Saffron St EC1 . . . . . 107 C4
Saffron Wharf
SE1 . . . . 139 A4
Sage Mews SE22 . . . 64 B2
Sage St E1 . . . . 32 B2
Sage Way WC1 . . . . . 94 C3
Sailacre Ho 10
SE10 . . . . 43 B1
Sail Ct 10 E14 . . . . . . 34 C2
Sailmakers Ct
SW6 . . . . 59 B4
Sail St SE11 . . . . 149 A4
Sainfoin Rd SW17 . . 72 C2
St Agnes Cl E9 . . . . . . 25 B4

St Agnes Pl SE11 . . . 48 A4
St Agnes RC Prim Sch
1 E3 . . . . 27 A2
London NW2 . . . . 1 A1
St Aidan's Prim Sch
N4 . . . . 5 C4
St Aidan's Rd SE22 . . 65 A2
St Albans Ave W4 . . . 37 C3
**St Alban CE Prim
Sch** EC1 . . . . 107 B4
St Alban's Cl NW11 . . 1 C3
St Alban's Gr W8 . . . 128 B2
St Alban's La NW11 . . 1 C3
St Albans Mans
W8 . . . . 128 B2
St Albans Terr
W6 . . . . 154 A4
St Alban's Pl N1 . . . . 86 A3
St Alban's Rd
Dagenham NW10 . . . . . 21 A4
Dartmouth Pk NW5 . . . . 4 A1
St Alban's St SW1 . . 119 B3
St Albans Studios
W8 . . . . 128 B2
St Alban's Villas
NW5 . . . . 3 C1
St Alfege Pas
SE10 . . . . 52 B4
**St Alfege with St
Peter's CE Prim Sch**
SE10 . . . . 52 B4
St Aloysius Convent
NW1 . . . . 93 B4
St Aloysius RC Coll 19
N19 . . . . 4 C3
St Aloysius RC Inf Sch
NW1 . . . . 93 B4
**St Aloysius RC Jun
Sch** NW1 . . . . 83 B1
St Alphage Gdn
EC2 . . . . 109 A3
St Alphage Highwalk
EC2 . . . . 109 A3
St Alphonsus Rd
SW4 . . . . 61 C3
**St Andrew & St
Francis CE Prim Sch**
6 NW2 . . . . 8 C2
**St Andrew's
(Bunbury) Prim
Sch** N1 . . . . 85 A4
St Andrews Chambers
W1 . . . . 105 A2
St Andrews Cl 26
SE16 . . . . 40 A1
St Andrew's Ct W4 . . 45 B3
St Andrew's Ct 2
SW18 . . . . 71 B2
St Andrew's Gr N16 . . 6 C3
**St Andrew's Greek
Sch** NW1 . . . . 13 B2
St Andrew's Hill
EC4 . . . . 108 B1
St Andrews Ho 11
SE16 . . . . 40 A3
St Andrews Mans 9
E5 . . . . 17 A4
St Andrew's Mans
W1 . . . . 103 B3
St Andrews Mews
Greenwich SE3 . . . . . . 53 C3
4 Streatham SW12 . . . 73 C3
St Andrew's Mews
N16 . . . . 7 A3
St Andrew's Pl
NW1 . . . . 92 B2

St Andrew's Prim Sch
26 SW9 . . . . 172 B1
St Andrews Rd
W3 . . . . 29 A3
St Andrew's Rd
W14 . . . . 154 B4
Willesden NW2 . . . . 9 A2
St Andrew's Sq
W11 . . . . 31 A3
St Andrew St EC4 . . . 107 C3
St Andrews Way
E3 . . . . 27 A1
St Andrew's Wharf
SE1 . . . . 139 A4
St Anne RC Prim Sch
18 E1 . . . . 24 C1 99 B1
St Anne's CE Prim Sch
6 SW18 . . . . 59 A2
St Anne's Cl N6 . . . . . . 3 C1
St Anne's
Kensal Rise NW6 . . . . . 23 A4
1 W1 . . . . 105 B1
St Anne's Flats
NW1 . . . . 93 B4
St Anne's Pas E14 . . . 33 B3
St Anne's RC Prim Sch
SE11 . . . . 162 C4
St Anne's Row E14 . . 33 B3
St Anne St E14 . . . . . . 33 B3
St Anne's Trad Est 22
E14 . . . . 33 B3
St Ann's Cres
SW18 . . . . 59 B1
St Ann's Gdns
NW5 . . . . 12 C2
St Ann's Hill SW18 . . 59 B1
St Ann's Ho WC1 . . . . 95 B3
St Ann's La SW1 . . . . 133 C1
St Ann's Park Rd
SW18 . . . . 59 B1
St Anns Rd
Barnes SW13 . . . . 46 B2
Shepherd's Bush
W11 . . . . 30 C2
St Ann's St SW1 . . . . 133 C2
St Ann's Terr NW8 . . . 79 C2
St Ann's Villas
W11 . . . . 31 A1 112 A1
St Anselm's Pl
W1 . . . . 118 A4
**St Anselm's RC Prim
Sch** SW17 . . . . 72 C1
St Anthony's Cl 5
SW17 . . . . 72 A2
St Anthony's Cl
8 E1 . . . . 125 B2
6 Hackney Wick E9 . . 18 B2
St Anthony's Ct
2 Balham SW12 . . . . . 60 C1
Upper Tooting
SW17 . . . . 72 C2
St Anthony's Flats
NW1 . . . . 83 B1
**St Anthony's RC Prim
Sch** SE22 . . . . 64 C1
St Anthony's Sch 8
NW3 . . . . 11 B3
St Asaph Ct SE4 . . . . 65 C4
St Asaph Rd SE4 . . . . 65 C4
St Aubins Ct N1 . . . . 87 C4
**St Augustine's CE
High Sch** 5 NW6 . . 23 C3
St Augustine's Ho
NW1 . . . . 93 B4
**St Augustine's Prim
Sch** 8 NW6 . . . . . . 78 A2

**St Augustine's RC
Prim Sch** W6 . . . . 154 B3
St Augustine's Rd
NW1 . . . . 13 C1
St Austell Rd SE13 . . 52 C1
**St Barnabas CE Prim
Sch** SW1 . . . . 145 C2
St Barnabas Ct 11
SE22 . . . . 64 A2
**St Barnabas & St
Philip CE Prim Sch**
W8 . . . . 127 B1
St Barnabas St
SW1 . . . . 145 C2
St Barnabas Terr
E9 . . . . 17 C3
St Barnabas Villas
SW8 . . . . 172 B4
**St Bartholomew's
Hospl** EC1 . . . . 108 B3
**St Bartholomew's
Mus★** EC1 . . . . 108 B3
St Bede's RC Inf Sch
SW12 . . . . 73 C3
St Benets Cl 3
SW17 . . . . 72 A2
St Benet's Pl EC3 . . . 123 C4
**St Bernadette RC Jun
Sch** 12 SW12 . . . . . 73 B4
St Bernard Ho 6
E14 . . . . 42 B3
St Botolph St E1,
EC3 . . . . 110 C2
St Brelades Ct N1 . . . 87 C4
St Bride's EC4 . . . . . 108 A1
St Bride's Ave
EC4 . . . . 108 A1
St Bride's Pas
EC4 . . . . 108 A1
St Bride St EC4 . . . . 108 A2
St Catherines Cl 7
SW17 . . . . 72 A2
St Catherine's Ct 8
W4 . . . . 38 A3
St Catherine's Dr
SE14 . . . . 50 C1
St Catherines Mews
SW3 . . . . 144 C4
St Cecilia's CE Sch
SW18 . . . . 70 B3
St Chad's Pl WC1 . . . . 94 C4
St Chad's St WC1 . . . . 94 B4
St Charles Hospl
W10 . . . . 30 C4
St Charles Pl W10 . . . 31 A4
**St Charles RC Prim
Sch** 7 W10 . . . . 30 C4
**St Charles RC Sixth
Form Coll** 8
W10 . . . . 30 C4
St Charles Sq W10 . . 30 C4
**St Christina's RC Prep
Sch** NW8 . . . . 80 B2
St Christophers Ct 16
N19 . . . . 4 B1
St Christopher's Ho
NW1 . . . . 83 B1
St Christopher's Pl
W1 . . . . 103 C2
St Christopher's Sch
5 NW3 . . . . 11 C3
St Clair Ho 17 E3 . . . 26 B2
St Clare St EC3 . . . . . 110 C1
**St Clement Danes CE
Prim Sch** WC2 . . . . 106 C1

St Clement & St
James CE Prim Sch
W11 . . . . . 31 A1 112 A2
St Clements Cl
Barnsbury N7 . . . . 14 B2
7 SE14 . . . . 50 C4
8 Shepherd's Bush
W11 . . . . 30 C2
St Clement's Ct
EC3 . . . . 123 C4
St Clements Ho
E1 . . . . 110 C3
St Clement's La
WC2 . . . . 107 A1
St Clements Mans 3
SW6 . . . . 47 C4
St Clements St N7. .14 C1
St Columb's Ho 11
W10 . . . . 31 A4
St Crispins Cl
NW3 . . . . 12 A4
St Cross St EC1. . . 107 C4
St Cuthbert's Rd
NW2 10
St Cuthbert with St
Matthias CE Prim
Sch SW5 . . . . 142 A2
St Davids Cl 27
SE16 . . . . 40 A1
St David's Sq E14. .42 A1
St Dionis Rd SW6 165 A2
St Dominic RC Prim
Sch 10 NW5 . . . . . . 12 B3
St Dominics RC Prim
Sch 3 E9 . . . . 17 C2
St Donatt's Rd
London SE14 . . . . . . 51 B2
New Cross Gate SE14 .51 B1
St Dunstan Ave
W3 . . . . 28 C2
St Dunstan Gdns
W3 . . . . 28 C2
St Dunstan's Alley
EC3 . . . . 124 A3
St Dunstan's Ct
EC4 . . . . 107 C1
St Dunstan's Hill
EC3 . . . . 124 A3
St Dunstan's La
EC3 . . . . 124 A3
St Dunstan's Rd
W6 . . . . 39 C1
St Edmunds Cl 3
SW17 . . . . 72 A2
St Edmund's Cl
NW8 . . . . 80 C3
St Edmund's Ct
NW8 . . . . 80 C3
St Edmunds RC Prim
Sch E14 . . . . 41 C2
St Edmund's Sq
SW13 . . . . 47 B4
St Edmund's Terr
NW8 . . . . 80 C3
St Edward's RC Prim
Sch NW1 . . . . 90 B1
St Elizabeth RC Prim
Sch 3 E2 . . . . 25 B3
St Elizabeth's RC Prim
Sch TW10 . . . . 54 B1
St Elmo Rd W12 . . . 38 B4
St Elmos Rd SE16. . .41 A4
St Ermin's Hill
SW1 . . . . 133 B2
St Ervan's Rd W10. .31 B4

St Eugene de
Mazenod RC Prim
Sch 3 NW6 . . . . . . 10 C1
St Faith's CE Prim Sch
1 SW18 . . . . 59 B2
St Faith's Rd SE24 . .75 A3
St Francesca Cabrini
RC Prim Sch
SE23 . . . . 65 B1
St Francis' Ho
NW1 . . . . 83 B1
St Francis of Assisi
Prim Sch W11. .30 C2
St Francis Pl
SW12 . . . . 61 A1
St Francis RC Prim
Sch 20 SE15 . . . . . 49 C3
St Francis Rd
SE22 . . . . 64 A3
St Francis Xavier Coll
SW12 . . . . 61 A1
St Frideswides Mews
4 E14 . . . . 34 B3
St Gabriel's CE Prim
Sch SW1 . . . . 146 C1
St Gabriels Cl 3
E14 . . . . 34 A4
St Gabriel's Rd
NW2 . . . . 9 C3
St George Ho
SW11 . . . . 169 C3
ST GEORGE IN THE
EAST 32 A2
St George's Ave
N7 . . . . 13 C4
St George's Bldgs
SE1 . . . . 136 B1
St George's Cath
NW1 . . . . 92 B4
St George's Cath RC
Prim Sch SE1 . . . 136 A2
St George's CE Prim
Sch
18 SE5 . . . . 49 A3
SW8 . . . . 161 A1
St George's Circ
SW8 . . . . 171 A4
St Georges Cl
SW8 . . . . 171 A4
St Georges Coll N7 . .5 C1
St Georges Ct
SW15 . . . . 58 B3
St George's Dr
SW1 . . . . 146 C2
St George's Field
W2 . . . . 102 B1
St George's Gr
SW17 . . . . 71 C1
St Georges Hanover
Sq Sch W1 . . . . . . 117 C3
St George's Ho
NW1 . . . . 83 A1
St George's La
EC3 . . . . 124 A4
St Georges Mews 11
NW1 . . . . 12 B1
St George's Mews
2 Rotherhithe
SE8 . . . . 41 B2
SE1 . . . . 135 C2

St George's Pools
E1 . . . . 32 A2
St George's RC Cath
SE1 . . . . 135 C2
St George's RC Sec
Sch W9 . . . . 78 B1
St Georges Rd W4 . .37 C4
St George's Rd
Newington SE1 . . . 136 A1
Richmond TW9 . . . . . .54 B4
St George's
Residences 4
SW2 . . . . 62 C2
St Georges Sq 1
E14 . . . . 33 A2
St George's Sq
Rotherhithe SE8 . . . . 41 B2
SW1 . . . . 147 B1
St George's Square
Mews SW1 . . . . . . 147 B1
St Georges Terr
Hampstead NW1 . . . .12 B1
NW1 . . . . 81 A4
St George's Way
SE15 . . . . 49 A4
St George the Martyr
CE Prim Sch WC1. 95 A1
St George Wharf
SW8 . . . . 162 A4
St Gerards Cl SW4 . .61 B2
St German's Pl
SE3 . . . . 53 C2
St Gildas' RC Jun Sch
N8 . . . . 5 A4
ST GILES 106 A2
St Giles Cir WC1. . 105 C2
St Giles Coll WC1 . 106 B4
St Giles Ct WC2 . . 106 A2
St Giles High St
WC2 . . . . 105 C2
St Giles Ho SW16. . .74 A1
St Giles Pas WC2 . 105 C1
St Giles Rd SE5 . . . . 49 A2
St Giles Terr EC1. . 109 A3
St Giles Twr 3
SE5 . . . . 49 A2
St Gilles Ho 9 E2 . . 25 C3
St Helena Ho WC1. . 95 B3
St Helena Rd SE16. .40 C2
St Helena St WC1. . . 95 B3
St Helens Gdns
W10 . . . . 30 C3
St Helen's Pl EC3 . 110 A2
St Helen's RC Sch 17
SW9 . . . . 62 C4
St Helier Ct 4 N1 . .24 A4
St Hildas Cl 2
SW17 . . . . 72 A2
St Hilda's CE Prim
Sch 3 W2 . . . . 31 C4
St Hilda's Rd
SW13 . . . . 47 A4
St Hilda's Wharf
E1 . . . . 32 B1
St Hubert's Ho 3
E14 . . . . 41 C3
St Hughes Cl 3
SW17 . . . . 72 A2
St Ives Ct NW2 . . . . 10 A2
ST JAMES 119 B3
St James Ct
28 Bethnal Green
E2 . . . . .24 C2 99 C3
9 Brentford W4 . . . 36 C1

St James' Ct
Bedford Pk W4 . . . . . 37 C3
SW1 . . . . 133 A2
St James' Ho N5 . . . 14 C3
St James Independent
Schs SW14 . . . . . . 140 B4
St James Ind Mews 16
SE1 . . . . 153 C1
St James' Mans
NW6 . . . . 10 C1
St James Mews
E14 . . . . 42 B1
St James' St SE14 . .51 A2
St James & St
Michael's CE Prim
Sch W2 . . . . 115 A4
St James's App
EC2 . . . . 24 A1 98 A1
St James's Ave E2 . .25 B3
St James's CE Prim
Sch SE14 . . . . 51 A2
St James' School Flats
3 N7 . . . . 14 C3
St James's Cl
NW8 . . . . 80 C3
Upper Tooting
SW17 . . . . 72 B2
St James's Cloisters
2 SE22 . . . . 64 B3
St James's Cres
SW9 . . . . 62 C4
St James's Dr
Balham SW12,
SW17 . . . . 72 B3
Upper Tooting
SW17 . . . . 72 B3
St James's Gdns
W11 . . . . . . 31 A1 112 A2
St James's Gr
SW11 . . . . 169 A2
St James's Market
SW1 . . . . 119 B3
St James's Pal*
SW1 . . . . 119 A1
St James's Park Sta
SW1 . . . . 133 B2
St James's Pas
EC3 . . . . 110 B1
St James's Pk*
SW1 . . . . 133 B4
St James's Pl
SW1 . . . . 118 C1
St James's Rd
Bermondsey SE1,
SE16 . . . . 153 C4
Peckham SE1 . . . . . .49 C4
St James's Sq
SW1 . . . . 119 A2
St James's St
SW1 St W6 . . . . 39 B1
St James's Terr
NW8 . . . . 80 C4
4 Upper Tooting
SW12 . . . . 72 C3
St James's Terrace
Mews NW8 . . . . . . 80 C3
St James The Great
RC Prim Sch 17
SE15 . . . . 49 B2
St James Wlk EC1 . 96 A2
St Joan of Arc RC
Prim Sch N5 . . . . 15 B4
St John of Jerusalem
CE Prim Sch 42
E9 . . . . 17 B1

ST JOHN'S 51 C1
St John & St James
CE Prim Sch 1
E9 . . . . 17 B3
St John's Ave
Dagenham NW10 . . . .21 B4
Putney SW15 . . . . . . 57 C2
St John's CE Prim Sch
3 E2 . . . . 25 B3
St John's CE Walham
Green Prim Sch
SW6 . . . . 164 B4
St John's Church Rd
E9 . . . . 17 B3
St John's Cl SW6. . 155 B2
St John's Concert
Hall* SW1 . . . . . . 134 A1
St John's Cres
SW9 . . . . 62 C4
St John's Ct SE13 . .52 A1
St John's Ct
Finsbury Pk N4 . . . . . .6 A2
Hammersmith W6 . . . .39 A2
Lewisham SE13 . . . . .52 B1
5 South Hampstead
NW3 . . . . 11 B2
St John's Dr SW18. .71 A3
St John's Est SE1 . 138 C3
St John's Gdns
W11 . . . . . . 31 B2 112 C3
St John's Gr
3 Barnes SW13 . . . . 46 B1
1 Richmond TW9 . . .54 A3
Upper Holloway N19 . .4 B2
St John's Highbury
Vale CE Prim Sch
N5 . . . . 6 A1
St John's Hill
SW11 . . . . 59 C3
St John's Hill Gr
SW11 . . . . 59 C3
St Johns Ho 5
SE17 . . . . 48 C4
St John's Ho 4
E14 . . . . 42 B2
St John's La EC1 . . 108 B4
St John's Lodge 3
SE8 . . . . 51 C2
St John's Mans 3
N19 . . . . 4 C2
St John's Park Mans
N19 . . . . 4 C3
St John's Path EC1 . 96 A1
St John's Pk SE3 . . . 53 C3
St John's Pl EC1 . . . 96 A1
St John's RC Prim Sch
SE16 . . . . 41 A4
St John's Rd
Battersea SW11. . . . .60 A3
Canning Town E16 . . .35 C3
Richmond TW9 . . . . . .54 A3
St John's & St
Clements CE Jun &
Inf Sch 3 SE15 . . .64 C4
St John's Sq EC1 . . 96 A1
St Johns Sta SE8 . . . 51 C1
St John's St EC1 . . . 96 A2
St John's Terr
W10 . . . . 22 C1
St John's Therapy Ctr
SW11 . . . . 59 C3

St John's Upper Holloway CE Prim Sch **7** N19....4 C2
St John's Vale SE8..51 C1
St John's Villas
  Upper Holloway N19 ..4 C2
  W8 ....128 B1
St John's Walworth CE Prim Sch SE17............151 A3
St John's Way N19 ..4 C3
ST JOHN'S WOOD .79 B1
St John's Wood Ct NW8 ....89 C3
St John's Wood High St NW8 ....80 A1
St John's Wood Park NW8 ......79 B4
St John's Wood Pre-Prep Sch NW8...90 A4
St John's Wood Rd NW8 ......89 C3
St John's Wood Sta NW8 ......79 B2
St John's Wood Terr NW8 ......80 A2
St John the Baptist VA CE Prim Sch N1.............87 C1
St John the Divine CE Jun & Inf Sch SE5.............48 A3
St John the Evangelist RC Prim Sch N1..86 A2
St Joseph's Cl W10 ....31 A4
St Josephs Ct **3** NW10 ....21 B3
St Joseph's Flats NW1 ....93 B4
St Joseph's Ho W6 ....39 C2
St Joseph's Hospice E9, E8 ....25 A4
St Joseph's RC Inf & Jun Schs **32** SE5....48 B3
St Joseph's RC Prim Sch
  Chelsea SW3 .....144 C3
  11 Deptford SE8.....51 C3
  11 Greenwich SE10 ..43 A1
  Paddington W9.....88 C3
  Rotherhithe SE16 ..40 B3
  St Giles WC2.....106 B2
  Upper Holloway N19 ..4 A3
  16 Wandsworth SW18 ......58 C2
  8 Willesden NW10 ....8 A1
St Joseph's St SW8 ....170 B4
St Joseph's Vale SE3 ....67 C4
St Jude & St Paul's CE Prim Sch **12** N1 ...16 A2
St Jude's CE Prim Sch
  4 London SE24......63 A2
  SE1 ....136 A1
St Judes Ho **6** W10 ....23 B2
St Jude's Rd E2 ....25 A3
St Jude St N16 ....16 A3
St Julian's Rd NW6 ....23 C4

St Katharine's Ho N1.............85 B2
St Katharine's Prec NW1 ....82 A2
St Katharine's Way E1...........125 A2
St Katharine's Row EC3 ....110 B1
St Katherine's Wlk **10** W11 ....31 A3
St Kilda's Rd N16....7 A3
St Laurence's Cl W6...........22 C4
St Lawrence Ct **17** 87 C4 N1
St Lawrence Ho SE1 ....138 B2
St Lawrence St E14 ....34 B1
St Lawrence Terr W10 ....31 A4
St Lawrence Way SW9 ....173 C2
St Leonards Ct SW14 ....55 B4
St Leonard's Hospl SW14 ....55 B4
St Leonards Rd
  Becontree NW10...20 C1
  South Bromley E14...34 B4
St Leonard's Sq NW5 ....12 C2
St Leonard's St E3..27 A2
St Leonard's Terr SW3 ....145 B1
St Loo Ave SW3 ..158 B3
St Loo Ct SW3....158 B3
St Luke Prim CE Sch **9** E16......35 B3
ST LUKE'S........97 A2
St Luke's Ave SW4..61 C3
St Luke's CE Prim Sch
  7 Cubitt Town E14...........42 C2
  Paddington W9....23 B2
  Shoreditch EC1....97 A3
St Luke's Cl EC1...97 A2
St Luke's Ct W11 ..31 B3
St Luke's Mews W11 ....31 B3
St Luke's Rd W11...31 B4
St Luke's Sq E16...35 B3
St Luke's St SW3 ..144 B2
St Margaret's Cres SW15 ....57 A2
St Margaret's Ct
  Putney SW15......57 A3
  SE1 ....123 B1
St Margaret's La W8 ....128 A1
St Margarets Lo W3 ....37 A4
St Margaret's Rd
  Brockley SE4......66 B3
  Kensal Green NW10..22 B2
St Margaret's Sch NW3 ....11 A4
St Margaret St SW1 ....134 A3
St Mark's CE Prim Sch SE11 ....163 A4
St Marks Cl **5** SE11 ....52 B3

St Mark's Cres NW1 ....81 C4
St Marks Gate E9...18 B1
St Mark's Gr SW10 ....156 B2
St Marks Ho **6** SE17............48 C4
St Mark's Mans **14** N4 ....5 B2
St Mark's Pl W11 ..31 A3
St Mark's Prim Sch **11** N19 ....5 A2
St Marks Rd
  13 North Kensington W10 ....30 C3
  North Kensington W10 ....30 C3
St Mark's Rd W11 ..31 A3
St Mark's Rise E8 ..17 A3
St Mark's Sq NW1 ..81 B3
St Mark St E1 .....111 A1
St Martin-in-the-Fields High Sch **21** SW2 ....74 C3
St Martin's Almshouses **4** NW1 ....82 C4
St Martin's Cl NW1 ..82 C4
St Martins Ct N1 ..24 A4
St Martin's Ct WC2 ....120 A4
  West Norwood SE27............75 A2
St Martin's La WC2 ....120 A3
St Martin's Le Grand EC1 ....108 C2
St Martin's Pl WC2 ....120 A3
St Martin's Rd SW9 ....172 C2
St Martin's St WC2 ....119 C3
St Martin's Way SW17 ....71 B1
St Mary Abbots CE Prim Sch W8...128 A3
St Mary Abbot's Ct W14 ....126 C1
St Mary Abbot's Pl W8 ....127 A1
St Mary Abbots Terr W14 ....127 A1
St Mary at Hill EC3 ....124 A3
St Mary Axe EC3 ..110 B2
St Marychurch St SE16 ....40 B4
St Mary Graces Ct E1 ....125 A3
St Marylebone CE Sch The W1 ......103 C4
St Mary le Park Ct SW11 ....158 B1
St Mary Magdalene Acad N7 ......14 C2
St Mary Magdalene CE Prim Sch
  3 Paddington W2 ....100 A4
  16 Peckham SE15 ...50 A1
St Mary Magdalen's RC Prim Sch
  Brockley SE4......66 A3
  14 Mortlake SW14....55 C4

St Mary Magdelen's RC Jun Sch **1** NW2 ....9 A2
St Mary Newington Cl SE17............152 B2
St Mary of the Angels RC Prim Sch W2 ....31 C3
St Mary RC Prim Sch **22** W10..........30 C3
St Mary & St Michael Prim Sch **27** E1....32 B3
St Mary & St Pancras CE Prim Sch NW1 ..83 B1
St Mary's Bryanston Square Sch W1 ....102 C4
St Mary's CE Prim Sch
  Islington N1......86 B4
  London SE13......67 A2
  15 Putney SW15 .....57 C4
  Willesden NW10 ....8 C4
St Mary's Est **2** SE16............40 B4
St Mary's Flats NW1 ....93 B4
St Mary's Gate W8 ....128 A1
St Mary's Gdns SE11 ....149 C4
St Mary's Gr
  Barnes SW13......57 A4
  Chiswick W4......45 A4
  Islington N1......15 A2
  Richmond TW10, TW9 ....54 A3
St Mary's Ho N1...86 B4
St Mary's Hospl W2 ....101 C2
St Mary's Hospl Medical Sch W2 101 C2
St Mary's Kilburn CE Prim Sch **16** NW6...23 C4
St Mary's Mans
  Dagenham NW10...21 A4
  Paddington W2...101 B4
St Mary's Mews NW6 ....11 A1
St Mary's Path N1..86 B4
St Mary's Pl W8 ..128 A1
St Mary's RC Prim Sch
  Chiswick W4......45 A4
  11 Clapham Pk SW4..61 B2
  Clapham SW8.....172 A2
  Hammersmith W14..39 C3
  Paddington NW6...23 C3
St Mary's Rd
  Golders Green NW11 ....1 A4
  Harlesden NW10...21 A4
  Nunhead SE15....50 B1
St Mary's Sch Hampstead NW3 ..11 C3
St Mary's Sq W2...101 C3
St Mary's Stoke Newington CE Prim Sch **2** N16......7 A2
St Mary's Terr W2 ....101 B4
St Mary's Twr EC1 ..97 A1
St Mary's Wlk SE11 ....149 C4
St Matthews CE Sch SW1 ....133 C2

St Matthews Ct SE1 ....136 C1
St Matthew's Ho **8** SE17............48 C4
St Matthew's Lo NW1 ....83 A2
St Matthew's Rd SW2 ....62 B2
St Matthew's Row E2 ....24 C1 99 B2
St Matthew St SW1 ....133 B1
St Matthias CE Prim Sch E2 ......24 B1 99 A2
St Matthias's CE Prim Sch **32** N16....16 A4
St Mauritius Ho SE13............67 B2
St Maur Rd SW6..165 A3
St Michael & All Angels CE Acad **33** SE5 ....48 A3
St Michael's Alley EC3 ....109 C1
St Michael's CE Prim Sch
  Camden Town NW1 ..82 C4
  Highgate N6.......3 C4
  Wandsworth SW18 ..70 B4
St Michaels Ct **2** E14 ....34 B4
St Michael's Ct NW11 ....1 B4
St Michael's Flats NW1 ....83 B1
St Michael's Gdns W10 ....31 A4
St Michael's Rd
  Cricklewood NW2...9 B4
  Stockwell SW9...172 C2
St Michael's St W2 ....102 A2
St Michael Steiner Sch The **18** SW18 ..58 C2
St Mildred's Ct EC2 ....109 B1
St Monica's RC Prim Sch **24** N1....24 A2 98 A4
St Nicholas' Flats NW1 ....83 B3
St Nicholas Ho SE8 ....51 C4
St Nicholas Mans SW17 ....72 B1
St Nicholas St SE8..51 C2
St Norbert Gn SE4..66 A3
St Norbert Rd SE4..66 A3
St Olaf's Rd SW6..154 B1
St Olaves Ct W2...114 A3
St Olave's Ct EC2..109 B1
St Olave's Est SE1..138 A4
St Olave's Gdns SE11 ....149 B4
St Olave's Mans SE11 ....149 B4
St Olav's Sq **32** SE16............40 B4
St Osmund's RC Prim Sch SW13 ......46 B2
St Oswald's Pl SE11 ....148 C1
St Oswulf St SW1..147 C3
St Owen Ho SE1...138 B2
ST PANCRAS 94 B4

St Pancras Almshouses **13** NW5 . . . . 12 B3
St Pancras Commercial Ctr NW1 . . . . **83 A4**
St Pancras Hospl NW1 . . . . **83 B3**
St Pancras International Sta WC1 . . . . **94 A4**
St Pancras Way NW1 . . . . **83 B4**
St Patrick's Coll W1 . . . . **105 B2**
St Patrick's RC Prim Sch NW5 . . . . 13 A3
St Paul's Ave
Rotherhithe SE16 . . . . **32** C1
Willesden NW2 . . . . 9 B2
St Paul's Cath★ EC4 . . . . . . **108** C1
St Paul's Cath Sch EC4 . . . . . . **108** C1
St Paul's CE Prim Sch **23** Hammersmith W6 . . . . 39 B1
Hampstead NW3 . . . . 12 B1
SE17 . . . . **150** C2
St Paul's Church Yd EC4 . . . . **108** C1
St Pauls Ci W5 . . . . 36 B4
St Pauls Cres NW1 . . . . 13 C1
St Paul's Ct
Clapham SW4 . . . . **61** C3
7 Upper Holloway N19 . . . . **5** A2
St Paul's Dr E15 . . . 19 C3
St Paul's Girls' Sch **7** W6 . . . . **39** C2
St Pauls Mews NW1 . . . . 13 C1
St Paul's Pl N1 . . . . 15 C2
St Paul's Rd N1 . . . 15 B2
St Paul's Sch SW13 . . . . 38 C1
St Paul's Sta EC2 **108** C2
St Pauls Steiner Sch **25** N1 . . . . 15 C2
St Paul St N1 . . . . **87** A3
St Paul's Terr SE17 . . . . 48 A4
St Pauls View WC1 . . **95** B3
St Paul's Way E3 . . . 33 C4
St Paul's Way Com Sch E3 . . . . 33 C4
St Paul's with St Michael's Prim Sch **24** E8 . . . . 24 C4
St Paul with St Luke CE Prim Sch **18** E3 . . . . 33 B4
St Peter & St Paul RC Prim Sch EC1 . . . **96 B2**
St Peter's Alley EC3 . . . . **109** C1
St Peter's Ave **37** E2 . . . . 24 C3
St Petersburgh Mews W2 . . . . **114** A4
St Petersburgh Pl W2 . . . . **114** A3

St Peter's CE Prim Sch
15 Chiswick W6 . . . . **38** C1
9 E1 . . . . 32 B1
6 Paddington W9 . . . . **23** C1
SE17 . . . . **151** B1
SW1 . . . . **132** B1
St Peter's Church Ct N1 . . . . 86 C3
St Peters Cl **1** SW17 . . . . 72 A2
St Peter's Cl E2 . . . 24 C3
St Peters Ct
New Cross SE4 . . . . 51 B1
28 Stepney E1 . . . . . 25 B1
St Peter's Gdns SE27 . . . . 74 C1
St Peters Gr W6 . . . 38 C2
St Peters Ho WC1 . . . **94** B3
St Peter's Ho
1 SE17 . . . . 48 C4
Stamford Hill N16 . . . . 7 A4
St Peter's Pl W9 . . . . **88** A1
St Peter's Rd W6 . . . 38 C1
St Peter's Sq
Chiswick W6 . . . . 38 B1
Hackney E2 . . . . 24 C3
St Peter's St N1 . . . . **86** B3
St Peter's Street Mews N1 . . . . **86** B2
St Peter's Terr SW6 . . . . **154** B1
St Peter's Villas **6** W6 . . . . 38 C2
St Peter's Way N1 . . 16 A1
St Peter's Wharf **7** W6 . . . . 38 C1
St Phillp Ho WC1 . . . **95** A4
St Philip Sq **4** SW8 . . . . **170** A1
St Philip's Rd E8 . . . 16 C2
St Philip's Sch SW7 . . . . **143** A3
St Philip St SW8 . . . . **170** A1
St Philip's Way N1 . . **87** A3
St Quentin Ho SW18 . . . . 59 C1
St Quintin Ave W10 . . . . 30 C4
St Quintin Gdns **21** W10 . . . . 30 B4
St Regis Hts NW3 . . . . 2 A1
St Richard's Ho NW1 . . . . 93 B4
St Rule St SW8 . . . . . **170** A1
St Saviours **51** SW4 . . . . **61** A3
St Saviour & St Olaves CE Sch SE1 . . . **137** C1
St Saviour's CE Prim Sch
18 Bow Comm E14 . . . . 34 A4
Camberwell SE24 . . . . 63 B4
20 Paddington W9 . . . . **88** B1
St Saviours Ho **55** SE1 . . . . **139** B3
St Saviour's RC Prim Sch SE13 . . . . . . 67 B3
St Saviour's Wharf SE1 . . . . **139** A4
St Scholastica's RC Prim Sch **6** E5 . . . . 7 C1
St Silas Pl NW5 . . . 12 C2
St Simon's Ave SW15 . . . . 57 B2

St Stephen's Ave W12 . . . . .39 A4
St Stephen's CE Prim Sch
Paddington W2 . . . . . . 31 C4
17 Shepherd's Bush W12 . . . . 39 B4
2 St Johns SE8 . . . . .51 C1
SW8 . . . . **162** C2
St Stephen's Cl
Maitland Pk NW5 . . . . 12 B2
NW8 . . . . **80** B3
St Stephen's Cres W2 . . . . .31 C3
St Stephen's Gdns
Notting Hill W2 . . . . . . .31 C3
4 Putney SW15 . . . . .58 B2
St Stephen's Gr SE13 . . . . .67 B4
St Stephens Ho **7** SE17 . . . . 48 C4
St Stephen's Mews **5** W2 . . . . .31 C4
St Stephen's Rd E3 . . . . .26 B3
St Stephen's Row EC4 . . . . **109** B1
St Stephen's Terr SW8 . . . . **162** C1
St Stephen's Wlk SW7 . . . . **142** C4
St Swithin's La EC4 . . . . **123** B4
St Swithun's Rd SE13 . . . . .67 C2
St Theresa's CE Prim Sch **22** W10 . . . . . .23 A1
St Thomas' CE Prim Sch **22** W10 . . . . . . .23 A1
St Thomas Ct **14** NW1 . . . . .13 B1
St Thomas Ho **2** E1 . . . . .32 C3
St Thomas More Language Coll SW3 . . . . **144** C3
St Thomas of Canterbury RC Prim Sch SW6 . . . . . . **154** C2
St Thomas Rd E16 . . .35 C3
St Thomas' Rd W4 . . .45 B4
St Thomas's Gdns NW5 . . . . .12 C2
St Thomas's Hospl SE1 . . . . **134** C2
St Thomas's Pl **20** E9 . . . . .17 B1
St Thomas's Rd
Dagenham NW10 . . . .21 A4
Highbury N4, N5 . . . . . . 5 C1
St Thomas's Sq E9 . . .17 B1
St Thomas St SE1 . . . **123** C1
St Thomas's Way SW6 . . . . **155** A2
St Thomas the Apostle Coll SE15 . . .50 B2
St Ursula's Convent Sch SE10 . . . . . . **52 C3**
St Vincent De Paul Ho **24** E1 . . . . .32 A4
St Vincent De Paul RC Prim Sch SW1 . . . **133** A2
St Vincent Ho SE1 . . . . **138** C2
St Vincent's RC Prim Sch Acton W3 . . . . .28 A2

St Vincent's RC Prim Sch *continued*
Marylebone W1 . . . . **103** C3
St Vincent St W1 . . . . **103** C3
Salamanca Pl SE1 **148** C3
Salamanca St SE1, SE11 . . . . **148** C3
Salcombe Gdns SW4 . . . . .61 A3
Salcombe Lo NW5 . . .12 C4
Salcombe Rd **28** N16 . . . . .16 A3
Salcombe Villas **13** TW10 . . . . .54 A2
Salcot N4 . . . . 5 B2
Salcott Rd SW11 . . . .60 B2
Salehurst Cl SW4 . . . .61 A4
Salem Ho **13** E9 . . . . .17 C2
Salem Rd W2 . . . . . . **114** B4
Sale Pl W2 . . . . **102** A2
Salesian Coll SW11 . . . . **168** A3
Sale St E2 . . . .24 C1 **99** C2
Salford Ho **5** E14 . . . .42 B2
Salford Rd SW12 . . . .73 C3
Salisbury Cl SE17 . . . **151** B4
Salisbury Ct
16 Bermondsey SE16 . . . . **139** C3
Chiswick W4 . . . . .38 A1
EC4 . . . . **108** A1
Hackney E9 . . . . .25 B4
Salisbury Mews SW6 . . . . **154** C2
Salisbury Pl
Camberwell SW9 . . . . .48 A3
Marylebone W1 . . . . . **102** C4
Salisbury Prim Sch NW6 . . . . .54 A3
Salisbury Rd NW6 . . .23 A4
Salisbury Sq EC4 . . . **107** C1
Salisbury St
10 Acton W3 . . . . . . .37 B4
NW8 . . . . **90** A1
Salisbury Terr SE15 . . . . .65 B4
Salisbury Wlk N19 . . . . 4 B2
Salmon La E14 . . . . . .33 A3
Salmon St **18** E14 . . . .33 B3
Saltcoats Rd W4 . . . .38 A4
Saltdene N4 . . . . 5 B3
Salter Rd Rotherhithe SE16 . . . . .32 C1
SE16 . . . . .33 A1
Salters' Hall Ct EC4 . . . . **123** B4
Salters Rd W10 . . . . .22 C1
Salter St
College Pk NW10 . . . .21 C2
11 Poplar E14 . . . . . .33 C2
Salterton Rd N7 . . . . . 5 B1
Saltoun Rd SW2 . . . . .62 C3
Saltram Cres W9 . . . .23 C2
Saltwell St E14 . . . . . .33 C2
Saltwood Gr SE17 . . . **151** B1
Saltwood Ho **19** SE15 . . . . .50 B4
Salusbury Prim Sch NW6 . . . . .23 B4
Salusbury Rd NW6 . .23 A4

Salutation Rd SE10 . . . . .43 A2
Salvin Rd SW15 . . . . .57 C4
Salway Rd E15 . . . . . .19 C2
Salween Ho **2** N16 . . . . .15 C4
Sambrook Ho **25** E1 . . . . .32 B4
Samels Ct W6 . . . . . .38 C1
Samford Ho N1 . . . . . **85** B3
Samford St NW8 . . . . **90** A1
Sam Manners Ho **7** SE10 . . . . .43 A1
Sam March Ho **5** E14 . . . . .34 C3
Sampson St E1 . . . **125** C1
Samuel Cl
SE14 . . . . .50 C4
Shoreditch E8 . . . . . . .24 B4
Samuel Ct N1 . . . .24 A2 **98** A4
Samuel Ho **8** E8 . . . .24 B4
Samuel Jones Ind Est **7** SE15 . . . . .49 A3
Samuel Lewis Bldgs N1 . . . . .14 C2
Samuel Lewis Trust Dwellings
6 Camberwell SE5 . . . . .48 B2
Chelsea SW3 . . . . . **144** A3
Walham Green SW6 . . . . **155** C3
West Kensington W14 . . . . **140** C3
Samuel Rhodes Sch N1 . . . . **85** B4
Samuel Richardson Ho W14 . . . . **140** C3
Samuel's Cl **3** W6 . . . . .39 B2
Samuel St SE15 . . . . .49 B3
Sancroft Ct SW11 . . . **168** B4
Sancroft Ho SE11 . . . **149** A2
Sancroft St SE11 . . . **149** A2
Sanctuary Mews **15** E8 . . . . .16 B2
Sanctuary St SE1 . . . **137** A4
Sanctuary The
32 Wapping E1 . . . . . .32 A1
Westminster SW1 . . . **133** C2
Sandale Cl N16 . . . . . . 6 C1
Sandall Ho **8** E3 . . . .26 A3
Sandall Rd NW5 . . . .13 B2
Sandalwood Cl **1** E1 . . . . .26 A1
Sandalwood Ho **5** NW3 . . . . .11 A2
Sandbourne
4 Kensington W11 . . . . .31 C3
17 Paddington NW8 . . . . **78** B4
Sandbourne Rd SE4 . . . . .51 A1
Sandbrook Rd N16 . . . . 7 A1
Sandby Ho
11 Camberwell SE5 . . . . .49 A2
6 Kilburn NW6 . . . . .23 C4
Sandell St SE1 . . . . **135** B4
Sanderling Ct **20** SE8 . . . . .51 B4
Sanders Ho WC1 . . . . **95** B4
Sanderson Cl NW5 . . . . .13 A4

Sanderson Ho **7**
SE8 . . . . 41 B1
Sanderstead Ave
NW2 . . . . 1 A2
Sanderstead Cl
SW12 . . . . 73 B4
Sanders Way **3**
N19 . . . . 4 C3
Sandfield WC1 . . . . **94** B3
Sandford Ct N16. . . . 7 A3
Sandford Row
SE17 . . . . **151** C2
Sandford St SW6 . **156** B1
Sandgate Ho **15**
E5 . . . . 17 A4
Sandgate La SW17,
SW18 . . . . 72 A3
Sandgate St SE15 . . 50 A4
Sandgate Trad Est
SE15 . . . . 50 A4
Sandham Ct SW4 . **172** B3
Sandhills The
SW10 . . . . **157** A4
Sandhurst Ct SE5 . . 62 A3
Sandhurst Ho **12**
E1 . . . . 32 B4
Sandilands Rd
SW6 . . . . **166** A3
Sandison St SE15 . . 64 C4
Sandland St WC1 . **107** A3
Sandlings The SE15 . 50 A1
Sandmere Rd
SW4 . . . . 62 A3
Sandon Ho **5**
SW2 . . . . 74 A4
Sandown Ho **2**
W4 . . . . 37 B1
Sandpiper Cl SE16 . 41 B4
Sandpiper Ct
13 Cubitt Town
E14 . . . . 42 B3
1 SE8 . . . . 51 C3
Sandridge St **3**
N19 . . . . 4 B2
Sandringham Cl **1**
SW19 . . . . 69 C3
Sandringham Ct
Marylebone W1 . . **105** A1
Putney SW15 . . . . 57 C1
1 Rotherhithe
SE16 . . . . 32 C1
St John's Wood W9 . **89** A3
Sandringham Flats
WC2 . . . . **119** C4
Sandringham Ho
Richmond TW10 . . 54 C2
14 W14 . . . . **140** A4
Sandringham Rd
Dalston E8 . . . . . . 16 B3
Golders Green NW11. 1 A4
Willesden NW2 . . . . 9 A2
Sandrock Rd SE13 . 66 C4
SANDS END 59 B4

Sandwich Ho
16 Rotherhithe
SE16 . . . . 40 B4
WC1 . . . . **94** A3
Sandwich St WC1 . . **94** A3
Sandycombe Ctr
TW9 . . . . 54 C4
Sandycombe Rd
TW9 . . . . 44 C1
Sandy Rd NW3 . . . . . 2 A2
Sandy's Row E1 . . . **110** B3
Sanford La **3** N16. . 7 B2
Sanford St SE14,
SE8 . . . . 51 A4
Sanford Terr N16 . . . 7 B1
Sanford Wlk
4 SE14 . . . . 51 A4
1 Stoke Newington
N16 . . . . 7 B2
Sangora Rd **17**
SW11 . . . . 59 C3
San Ho **18** E9 . . . . . 17 C2
Sankey Ho **22** E2 . . 25 B3
Sansom St
Camberwell SE5 . . 48 C2
SE5 . . . . 48 C3
Sans Wlk EC1 . . . . **96** A2
Santley Ho SE1 . . . **135** C3
Santley St SW4 . . . 62 B3
Santos Rd SW18 . . . 58 C2
Sapcote Trad Ctr
NW10 . . . . 8 C3
Saperton Wlk
SE11 . . . . **149** A4
Sapperton Ct EC1 . **96** C2
Sapphire Ct **13**
E1 . . . . **125** B4
Sapphire Rd SE8 . . 41 A2
Saracen's Head Yd
EC3 . . . . **110** B1
Saracen St E14 . . . . 33 C3
Sarah Ho
Roehampton SW15. . 56 B3
4 Stepney E1 . . . . 32 A3
Sarah Swift Ho
SE1 . . . . **137** C4
Sara Lane Ct **31**
N1 . . . . 24 A3
Saratoga Rd E5 . . . 17 B4
Sardinia Ho WC2 . **106** C1
Sardinia St WC2 . . **106** C2
Sarjant Path SW19 . 69 C2
Sark Ho **8** N1. . . . . 15 B2
Sarnesfield Ho
SE15 . . . . 50 A4
Sarratt Ho **6** W10 . 30 B4
Sarre Rd NW2 . . . . . 10 B3
Sarsden Bldgs
W1 . . . . **103** C1
Sarsfeld Rd SW12,
SW17 . . . . 72 B3
Sartor Rd SE15 . . . . 65 C3
Sarum Hall Sch
NW3 . . . . 12 A1
Sarum Ho
W11 . . . . 31 B2 **113** A3
Sassoon Ho SE15 . . 50 B1
Satchwell Rd **8**
E2 . . . . 24 C2 **99** B3
Saturn Ho **4** E3 . . . 26 C4
Saul Ct **4** SE15 . . . . 49 B4
Saunders Ct **14**
E14 . . . . 33 B2
Saunders Ho **11**
SW2 . . . . 74 C3

Saunders Ness Rd
E14 . . . . 42 C2
Saunders St SE11 . **149** B4
Savage Gdns EC3 . **124** B4
Savana N16 . . . . 7 A3
Savannah Cl **9**
SE15 . . . . 49 B3
Savernake Ho N4 . . . 6 C4
Savernake Rd
NW3 . . . . 12 B4
Saville Rd W4 . . . . . 37 C3
Saville Row W1 . . . **118** C4
Savill Ho **2** SW4 . . 61 C1
Savona St SW8 . . . **160** C1
Savoy Circus **9**
W3 . . . . 29 B2
Savoy Ct
Earl's Ct SW5 . . . **141** C4
Strand WC2 . . . . . **120** B3
Savoy Hill WC2 . . . **120** C3
Savoy Mews SW9 . . 62 A4
Savoy Pier WC2 . . . **120** C3
Savoy Row WC2 . . . **120** C3
Savoy St WC2 . . . . **120** C3
Savoy Stps WC2 . . . **120** C3
Savoy Way WC2 . . . **120** C3
Sawkins Cl SW19 . . 70 A2
Sawley Rd W12 . . . . 29 C1
Sawmill Yd E3 . . . . 26 A4
Sawyer St SE1 . . . . **136** C4
Saxby Rd SW2 . . . . 74 A4
Saxonbury Ct
16 Kentish Town
N7 . . . . 13 C3
2 Lower Holloway
N7 . . . . 14 A3
Saxoncroft Ho
SW16 . . . . 73 C1
Saxon Dr W3 . . . . . 28 A4
Saxonfield Cl SW2 . 74 B4
Saxon Hall W2 . . . **114** A3
Saxon Ho **6** SW4 . . 61 C3
Saxon Rd E3 . . . . . 26 B3
Saxton Cl SE13 . . . 67 C4
Sayer Ho SE4 . . . . . 66 A3
Sayes Court St
SE8 . . . . 51 B4
Sayes Ct SE8 . . . . . 51 B4
Scafell NW1 . . . . . . **92** C4
Scala St W1 . . . . . **105** A4
Scampston Mews **5**
W10 . . . . 30 C3
Scandrett St **38**
E1 . . . . 32 A1
Scarba Wlk N1 . . . . 15 C2
Scarborough Rd N4 . 5 C3
Scarborough St
E1 . . . . **111** A1
Scarlette Manor Wlk
10 SE24 . . . . 74 C4
Scarsbrook Rd SE3 . 53 F3
Scarsdale Pl W8 . . **128** A2
Scarsdale Villas
W8 . . . . **127** C1
Scarth Rd SW13 . . . 56 B4
Scawen Rd SE8 . . . . 41 A1
Scawfell St E2 . . . . 24 B3
Sceptre Ho **16** E1 . . 25 B1
Sceptre Rd E2 . . . . 25 B2
Schiller International
Univ SE1 . . . . **121** B1
Sch of Pharmacy
WC1 . . . . **94** B2

Sch of the Islamic
Republic of Iran The
6 NW6 . . . . 23 C3
Scholars Ct **5** N19 . 4 C3
Scholars Rd SW12 . 73 B3
Scholefield Rd N19 . 4 C2
Scholey Ho SW11 . 60 A4
Schomberg Ho
SW1 . . . . **147** C3
Schonfeld Sq N16 . . 6 C3
School App **8**
E2 . . . . 24 A2 **98** B4
Schoolbank Rd
SE10 . . . . 43 B2
School Bell Cloisters
17 E3 . . . . 26 A3
Schoolbell Mews **18**
E3 . . . . 26 A3
School Flats SW8 . **172** A3
School Ho SE1 . . . **152** A4
Schoolhouse La
E1 . . . . 32 C2
School Rd NW10 . . . 20 C1
School Sq SE10 . . . 43 B3
Schooner Cl
Cubitt Town E14 . . 42 C3
1 Rotherhithe
SE16 . . . . 40 C4
Schubert Rd SW15. 58 B2
Science Mus★
SW7 . . . . **129** B1
Sclater St
E1 . . . . 24 B1 **99** A2
Scoles Cres SW2 . . 74 C3
Scoresby St SE1 . . **122** A1
Scorton Ho **2** N1 . . 24 A3
Scotch Ho SW1 . . . **130** C3
Scoter Ct **28** SE8 . . 51 B4
Scotia Bldg **10** E1 . 32 C2
Scotia Ct **6** SE16 . 40 B3
Scotia Rd **28** SW2 . 74 C4
Scotland Pl SW1 . . **120** A1
Scotney Ho E9 . . . . 17 B2
Scotson Ho SE11 . . **149** B3
Scotswood St EC1 . **95** C2
Scott Ave SW15,
SW18 . . . . 58 A1
Scott Ct
Acton W4 . . . . . . 37 C4
4 Clapham SW11 . **170** B1
7 Stoke Newington
N16 . . . . 7 A1
Scott Ellis Gdns
NW8 . . . . **89** B3
Scott Ho
2 Barnsbury N7 . . 14 B2
Islington N1 . . . . . **87** B4
Lisson Gr NW8 . . . **90** A1
17 Millwall E14 . . 41 C4
Scott Lidgett Cres
SE16 . . . . **139** C3
Scotts Ct **6** W12 . . 39 A4
Scott's Rd W12 . . . 39 A4
Scott's Sufferance
Wharf SE1 . . . . . . **139** A3
Scott St E1 . . . . . . 25 A1
Scott's Yd EC4 . . . **123** B4
Scoulding Ho **12**
E14 . . . . 41 C3
Scoulding Rd E16 . 35 C3
Scouler St E14 . . . . 34 C2
Scout App NW10 . . . 8 A4
Scout La SW4 . . . . . 61 B4
Scovell Cres SE1 . . **136** C3
Scovell Rd SE1 . . . **136** C3
Scriven Ct **2** E8 . . . 24 B4

Scriven St E8. . . . . . 24 B4
Scrooby St SE6 . . . . 67 A1
Scrope Bldg EC1 . . **107** B4
Scrubs La NW10, W10,
W12 . . . . 22 A1
Scrutton Cl SW12. . 73 C4
Scrutton St
EC2 . . . . 24 A1 **98** A1
Scutari Rd SE22 . . . 65 A2
Scylla Rd SE15 . . . . 65 A4
Seabright St **27**
E2 . . . . 25 A2
Seacole Cl W3 . . . . 28 C4
Seacon Twr **8**
E14 . . . . 41 C4
Seaford Ho **13**
SE16 . . . . 40 B4
Seaford St WC1 . . . **94** B3
Seaforth Cres N5 . . 15 B3
Seaforth Lo **2**
SW13 . . . . 46 B1
Seaforth Pl SW1 . . **133** A2
Seagrave Lo SW6 . **155** C4
Seagrave Rd SW6 . **155** C4
Seagrove Cl E1 . . . . 32 C4
Seagull La E16 . . . . 35 C2
Seal Ho SE1 . . . . . **137** C2
Sea Life London
Aquarium ★ SE1 . **134** C3
Seal St E8 . . . . 16 B4
Searle Pl N4 . . . . 5 B3
Searles Cl SW11 . . **158** B1
Searles St SE1 . . . . **151** C4
Searson Ho SE17 . . **150** B3
Sears St SE5 . . . . . 48 C3
Seasalter Ho **10**
SW9 . . . . **173** B4
Seaton Cl SW15 . . . 69 A4
Seaton Point **5**
E5 . . . . 16 C4
Seavington Ho **3**
SE5 . . . . 64 A4
Sebastian Ho **22**
N1 . . . . 24 A3
Sebastian St EC1 . . **96** B3
Sebbon St N1 . . . . . 15 A1
Sebright Ho **22** E2 . 24 C3
Sebright Pas **29**
E2 . . . . 24 C3
Secker Ho SW9 . . . 48 A1
Secker St SE1 . . . . **121** B1
Second Ave
East Acton W3 . . . 29 B1
Kensal Town W10 . 23 A1
Mortlake SW14 . . 56 A4
Sedan Way SE17 . . **152** A2
Sedding St SW1 . . **145** B4
Seddon Ho EC2 . . . **108** C4
Seddon St WC1 . . . **95** A3
Sedgeford Rd
W12 . . . . 29 B1
Sedgewick Ho
SW19 . . . . 69 C2
Sedgley Ho N4 . . . . . 5 B2
Sedgmoor Pl SE5 . . 49 A3
Sedgwick St E9 . . . 17 C3
Sedleigh Rd SW18 . 58 B1
Sedlescombe Rd
SW6 . . . . **155** B4
Sedley Ho SE11 . . . **149** A2
Sedley Pl W1 . . . . **104** A1
Seething La EC3 . . **124** B4
Sefton St SW15 . . . 57 B4
Sekforde St EC1 . . . **96** A2
Selbie Ave NW10 . . . 8 B3

Selborne 2 SW11 . . . .60 C4
Selborne Ho SE1 . . 137 B3
Selborne Rd 1
SE5 . . . . .48 C1
Selby Ho 10 SW4 . . . .61 B1
Selby Sq 1 W10 . . . .23 A2
Selby St E1 . . . .24 C1 99 C1
Selden Ct SE15 . . . .50 B1
Selden Ho 6 SE15 . . .50 B1
Selden Rd SE15 . . . .50 B1
Selden Wk N7 . . . . . .5 B2
Seldon Ho
Nine Elms SW8 . . . .160 C1
Pimlico SW1 . . . . . .146 C1
Selhurst Cl SW19 . . . .69 C3
Selina Ho NW8 . . . . .89 C2
Selkirk Ho
N1 . . . . .84 C4
4 Stoke Newington
N16 . . . . .7 A1
Sellons Ave NW10 . . .21 B4
Selma Ho 7 W12 . . . .30 A3
Selman Ho 6 E9 . . . .18 A2
Selsdon Way E14 . . . .42 A3
Selsea Pl N16 . . . . . .16 A3
Selsey St E14 . . . . . .33 C4
Selway Ho SW8 . . . .172 B4
Selwood Ho 1 N4 . . . .6 C4
Selwood Pl SW7 . . . .143 B2
Selwood Terr
. . . . .143 B2
Selworthy Ho
SW11 . . . . .167 C4
Selwyn Ave TW9 . . . .54 B4
Selwyn Ct 8
TW10 . . . . .54 B2
Selwyn Ho 9
SW15 . . . . .57 C1
Selwyn Rd
Bow E3 . . . . .26 B3
Willesden NW10 . . . . .8 A1
Semley Gate E9 . . . .18 B2
Semley Ho SW1 . . . .146 A3
Semley Pl SW1 . . . .146 A3
Senate St SE15 . . . . .50 B1
Senators Lo 31 E3 . . .26 A3
Sendall Ct 12
SW11 . . . . .59 C4
Senior St W2 . . . . . .100 A4
Senrab St E1 . . . . . .32 C3
Seraph Ct EC1 . . . . . .96 C4
Serenaders 8
SW9 . . . . .173 B1
Sergeant Ind Est The
SW18 . . . . .59 A1
Serica Ct 14 SE10 . . .52 B3
Serjeant's Inn
EC4 . . . . .107 C1
Serlby Ct W14 . . . . .126 C2
Serle St WC2 . . . . . .107 A2
Sermon La EC4 . . . .108 C1
Serpentine Ct 10
SE16 . . . . .40 C4
Serpentine Gallery *
W2 . . . . .129 C4
Serpentine Rd
W2 . . . . .116 C3
Serpentine The *
W2 . . . . .116 B3
Service Route No 1
E15 . . . . .19 C1
Service Route No 2
E15 . . . . .19 C1
Service Route No 3
E15 . . . . .19 C1
Servite Ho SE13 . . . .52 A1

Servite RC Prim Sch
SW10 . . . . .156 C4
Setchell Rd SE1 . . . .152 C4
Setchell Way SE1 . . .152 C4
Seth St 25 SE16 . . . . .40 B4
Settlers Ct 11 E14 . . .34 C2
Settles St E1 . . . . . .111 C2
Settrington Rd
SW6 . . . . .166 A1
Seven Dials WC2 . . .106 A1
Seven Islands L Ctr
SE16 . . . . .40 B3
Seven Mills Prim Sch
27 E14 . . . . .41 C4
Sevenoaks Rd SE4 . . .66 B1
Seven Sisters Rd
Finsbury Pk N4 . . . . . .6 A3
N15 . . . . .7 A4
Seven Stars Cnr
W12 . . . . .38 C3
Seven Stars Yd
E1 . . . . .111 A4
Severnake Cl E14 . . . .41 C2
Severn Ave 2
W10 . . . . .23 A2
Severn Way NW10 . . . .8 B3
Severus Rd SW11 . . . .60 A3
Seville Ho 10 E1 . . . .125 C1
Seville Mews 16 N1 . .16 A1
Seville St SW1 . . . . .131 A3
Sevington St W9 . . . .88 A1
Sewardstone Rd
E2 . . . . .25 B3
Seward St EC1 . . . . . .96 C3
Sewell Ho 7 N16 . . . .16 A3
Sextant Ave E14 . . . .42 C2
Sexton Ct 7 E14 . . . .34 C2
Sexton's Ho 5
SE13 . . . . .52 B4
Seymour Ct
Putney SW15 . . . . . .57 A3
Upper Clapton N16 . . .7 C3
Seymour Gdns
SE4 . . . . .66 A4
Seymour Ho
Bloomsbury WC1 . . . .94 A2
1 Clapham SW8 . . . .171 A2
Somers Town NW1 . . .93 C3
Seymour Mews
W1 . . . . .103 B2
Seymour Pl W1 . . . .102 C2
Seymour Rd
Acton W4 . . . . .37 B2
Wandsworth SW18 . . .58 B1
Wimbledon SW19 . . . .69 C1
Seymour St W1 . . . .103 A1
Seymour Wlk
SW10 . . . . .156 C4
Seyssel St E14 . . . . .42 B2
Shaa Rd W3 . . . . . . .28 C2
Shabana Ct 5
W12 . . . . .30 A1
Shackleton Ct
1 Dulwich SE21 . . . .75 C2
2 Isle of Dogs E14 . .41 C1
4 Shepherd's Bush
W12 . . . . .39 A4
Shackleton Ho 5
E1 . . . . .32 B1
SHACKLEWELL 16 B4
Shacklewell Ho 3
E8 . . . . .16 B4
Shacklewell La E8 . . .16 B4
Shacklewell Prim Sch
5 E8 . . . . .16 B4

Shacklewell Rd
N16 . . . . .16 B4
Shacklewell Row
E8 . . . . .16 B4
Shacklewell St 30
E2 . . . . .24 B2 99 A3
Shad Thames SE1 . . .139 A4
SHADWELL 32 B2
Shadwell Gdns E1 . . .32 B2
Shadwell Pierhead
E1 . . . . .32 B2
Shadwell Pl 11 E1 . . .32 B2
Shadwell Sta E1 . . . .32 A2
Shaftesbury Ave
W1 . . . . .119 C4
Shaftesbury Ct
Borough The SE1 . . .137 B2
1 Herne Hill SE5 . . . .63 C3
Shoreditch N1 . . . . . .87 B1
Streatham SW16 . . . .73 C1
Shaftesbury Ctr
NW10 . . . . .22 C1
Shaftesbury Gdns
NW10 . . . . .21 A1
Shaftesbury Ho
11 Canning Town
E16 . . . . .35 B3
13 Stoke Newington
N16 . . . . .7 A3
W2 . . . . .114 B4
Shaftesbury Lo 8
E14 . . . . .34 A3
Shaftesbury Mews
2 Clapham Pk
SW4 . . . . .61 B2
W8 . . . . .127 C1
Shaftesbury Park
Chambers 1
SW11 . . . . .60 C4
Shaftesbury Rd
Finsbury Pk N4, N19 . .5 A3
Richmond TW9 . . . . .54 A4
Shaftesbury St N1 . . .87 B1
Shafteswood Ct
SW17 . . . . .72 B1
Shafto Mews
SW1 . . . . .131 A1
Shafton Rd E9 . . . . . .25 C4
Shaftsbury Park Prim
Sch 10 SW11 . . . . . .169 B1
Shafts Ct EC3 . . . . . .110 A1
Shahjalal Ho 10
E2 . . . . .24 C3
Shakespeare Ave 2
NW10 . . . . .20 C4
Shakespeare Ho 3
E9 . . . . .17 B1
Shakespeare Rd
Acton W3 . . . . .28 B1
Brixton SE24 . . . . . . .63 A3
Stonebridge NW10 . . .20 C4
Shakespeare's Globe
Theatre (site of) *
SE1 . . . . .123 A2
Shakespeare Twr
EC2 . . . . .109 A4
Shakspeare Mews 7
N16 . . . . .16 A4
Shakspeare Wlk
N16 . . . . .16 A4
Shalbourne Sq E9 . . .18 B2
Shalcomb St
SW10 . . . . .157 A3
Shalden Ho SW15 . . .56 B1
Shalfleet Dr W10 . . . .30 C2
Shalford NW10 . . . . .21 C4

Shalford Ct N1 . . . . . .86 A2
Shalford Ho SE1 . . . .137 C2
Shalimar Gdns W3 . . .28 B2
Shalimar Lo W3 . . . . .28 B2
Shalimar Rd W3 . . . . .28 B2
Shalstone Rd SW14,
TW9 . . . . .55 A4
Shamrock St SW4 . . .61 C4
Shandon Ct SE4 . . . . .51 A1
Shandon Rd SW4 . . . .61 B1
Shand St SE1 . . . . . .138 B4
Shandy St E1 . . . . . . .25 C1
Shan Ho WC1 . . . . . .94 C1
Shannon Ct
11 Peckham SE15 . . .49 B3
Stoke Newington N16 . .7 A1
Willesden NW10 . . . . .8 A1
Shannon Gr SW9 . . . .62 B3
Shannon Pl NW8 . . . .80 B2
Shanti Ct SW18 . . . . .70 C3
Shapla Prim Sch 2
E1 . . . . .125 C3
Shardcroft Ave
SE24 . . . . .63 A2
Shardeloes Rd
SE14 . . . . .51 B1
Shard's Sq SE15 . . . .49 C4
Sharebourne Ho 8
SW2 . . . . .62 C2
Sharman Ho 13
E14 . . . . .34 B3
Sharnbrook Ho
W6 . . . . .155 B4
Sharon Gdns E9 . . . .25 B4
Sharon Rd W4 . . . . . .37 C1
Sharp Ho SW8 . . . . . .61 A4
Sharpleigh Rd SE23 . .65 B1
Sharples Hall St 8
NW1 . . . . .12 B1
Sharpness Ct 2
SE15 . . . . .49 A3
Sharratt St SE15 . . . .50 B4
Sharsted St SE17 . . .150 A1
Sharwood WC1 . . . . .85 A1
Shawfield St SW3 . . .144 B2
Shawford Ct 8
SW15 . . . . .68 C4
Shaw Rd SE22 . . . . . .64 A3
Shearling Way N7 . . . .14 A2
Shearsmith Ho 10
E1 . . . . .125 C4
Shearwater Ct 24
SE8 . . . . .51 B4
Sheba Pl E1 . . .24 B1 99 A1
Sheen Common Dr
SW14, TW10 . . . . . . .54 C2
Sheen Court Rd
TW10 . . . . .54 C3
Sheen Ct TW10 . . . . .54 C3
Sheendale Rd
TW9 . . . . .54 B3
Sheen Gate Gdns
SW14 . . . . .55 B3
Sheengate Mans
SW14 . . . . .55 C3
Sheen Gr N1 . . . . . . .85 B4
Sheen La SW14 . . . . .55 B3

Sheen Mount Prim
Sch SW14 . . . . .55 A2
Sheen Pk TW10,
TW9 . . . . .54 A3
Sheen Rd TW10,
TW9 . . . . .54 A3
Sheen Wood
SW14 . . . . .55 B2
Sheepcote La
SW11 . . . . .169 A1
Sheep La E8 . . . . . . .25 A4
Sheffield Ho 15
SE15 . . . . .49 B2
Sheffield Sq 3 E3 . . . .26 B2
Sheffield St WC2 . . .106 C1
Sheffield Terr
W8 . . . . .31 C1 113 C1
Shelbourne Ho 20
N19 . . . . .5 A2
Shelburne Ct
SW15 . . . . .57 C2
Shelburne Rd N7 . . . .14 B4
Shelbury Rd SE22 . . .65 A2
Sheldon Ct SW8 . . . .162 A1
Sheldon Ho 9 E9 . . . .17 C2
Sheldon Pl E2 . . . . . .25 A3
Sheldon Rd NW2 . . . . .9 C4
Sheldon Sq W2 . . . .101 A3
Sheldrake Ho 16
SE16 . . . . .40 C2
Shelidrake Pl W8 . . .127 B4
Shelduck Ct 5
SE8 . . . . .51 B4
Shelgate Rd SW11 . . .60 B2
Shell Ctr SE1 . . . . . .121 A1
Shelley Cl SE15 . . . . .50 A1
Shelley Ct
Finsbury Pk N4 . . . . . .5 B3
SW3 . . . . .159 A4
Shelley Ho
3 Bethnal Green
E2 . . . . .25 B2
Chelsea SW1 . . . . . .160 C4
9 Stoke Newington
N16 . . . . .16 A4
Walworth SE17 . . . . .151 A2
Shelley Rd NW10 . . . .20 C4
Shellgrove Rd 31
N16 . . . . .16 A3
Shellness Rd E5 . . . .17 A3
Shell Rd SE13 . . . . . .67 A4
Shellwood Rd
SW11 . . . . .168 C1
Shelmerdine Cl
E3 . . . . .33 C4
Shelton St WC2 . . . .106 A1
Shene Bldg EC1 . . . .107 B4
Shene Sch SW14 . . . .56 A3
Shenfield St N1 . . . . .24 A3
Shenley Rd SE5 . . . .49 A2
Shepard Ho 7
SW11 . . . . .59 C4
Shepardess Pl N1 . . .97 A4
Shepherd Cl W1 . . . .117 B4
Shepherdess Wlk
N1 . . . . .87 A1
Shepherd Ho
Barnsbury N7 . . . . . .14 A2
10 Poplar E14 . . . . .34 A3
W1 . . . . .118 C2
Shepherd Mkt
W1 . . . . .118 C2
SHEPHERD'S
BUSH 30 A1

Shepherd's Bush Gn
W12 . . . . .39 B4
Shepherd's Bush
Market W12 . . . . .39 B4
Shepherd's Bush Mkt
Sta W12 . . . . .30 B1
Shepherd's Bush
Overground Sta
W12 . . . . .39 C4
Shepherd's Bush Pl
W12 . . . . .39 C4
Shepherd's Bush Rd
W6 . . . . .39 B3
Shepherd's Bush Sta
W12 . . . . .39 C4
Shepherds Ct 🖪 39 C4
Shepherd's La E9 . . . . . .5 A1
Shepherds Pl W1 . . . . 117 B4
Shepherd's Wlk
NW3 . . . . .11 C4
Sheppard Dr SE16 . .40 A1
Sheppard Ho
🗐 Hackney E2 . . . . . . .24 C3
🖪 Streatham SW2 . .74 C3
Shepperton Rd N1 87 B4
Sheppey Ho 🔟 E5 . .17 A4
Shepton Ct SW11 . . . .167 C3
Shepton Hos 🔟
E2 . . . . .25 B2
Sherard Ct N19 . . . . . .5 A1
Sherard Ho 🗷 E9 . . . .17 B1
Sheraton Ho SW1 160 B4
Sheraton St W1 . . . . 105 B1
Sherborne Ho
Pimlico SW1 . . . . . . 146 B2
South Lambeth
SW8 . . . . 163 A1
Sherborne La EC4 123 C4
Sherborne St N1 . . . .87 B4
Sherbourne Ct
SW5 . . . . 142 A4
Sherbrooke Ho 🗷
E2 . . . . .25 B3
Sherbrooke Rd
SW6 . . . . 154 B1
Sherbrooke Terr
SW6 . . . . 154 B1
Shere Ho SE1 . . . . . 137 B2
Sherfield Gdns
SW15 . . . . .56 B1
Sheridan Bldgs
WC2 . . . . 106 B1
Sheridan Ct
Earl's Ct SW5 . . . . . 142 A3
South Hampstead
NW6 . . . . .11 B1
South Lambeth
SW9 . . . . 173 A3
Sheridan Ho
SE11 . . . . 149 C3
🟨 Stoke Newington
N16 . . . . .7 A1
Sheridan Pl SW13 . .56 B4
Sheridan St 🔢 E1 . .32 A3
Sheringdale Prim Sch
SW18 . . . . .70 B3
Sheringham NW8 . .79 C4
Sheringham Ho
NW1 . . . . 102 B4
Sheringham Mews 🖪
SW18 . . . . .71 B2

Sheringham Rd
N7 . . . . .14 C2
Sherlock Ct NW8 . .79 B4
Sherlock Holmes
Mus★ NW1 . . . . .91 A1
Sherlock Mews
W1 . . . . 103 B4
Sherren Ho 🗗 E1 . .25 B1
Sherrick Green Rd
NW10 . . . . .9 A3
Sherriff Ct NW6 . . . .10 C2
Sherriff Rd NW6 . . . .10 C2
Sherrin Rd E10 . . . . . .19 A4
Sherston Ct
Finsbury WC1 . . . . . .95 B3
Newington SE1 . . . . 150 B4
Sherwin Ho 🔢
SE11 . . . . 163 B4
Sherwin Rd SE14 . .50 C2
Sherwood NW6 . . . .10 A1
Sherwood Cl
SW13 . . . . .57 A4
Sherwood Ct
🔢 Battersea
SW11 . . . . .59 B4
St Johns SE13 . . . . . . .52 A1
W1 . . . . 102 C3
Sherwood Gdns
Bermondsey SE16 . . . .40 A1
Millwall E14 . . . . . . .41 C2
Sherwood Ho 🔢
SW19 . . . . .61 A4
Sherwood St 🔢
W1 . . . . 119 A4
Shetland Rd E3 . . . . . .26 B3
Shillaker Ct W3 . . . . .29 B1
Shillibeer Pl W1 . . . . 102 B3
Shillingford Ho 🐴
E3 . . . . .27 A2
Shillingford St 🗷
N1 . . . . .15 A1
Shillingstone Ho
W14 . . . . 126 B1
Shinfield St W12 . . . .30 B3
Shipka Rd SW12 . . . .73 A3
Ship La SW14 . . . . . . .45 B1
Shiplake Ho 🗷
E2 . . . . .24 B2 98 C3
Shipley Ho 🗗
SW8 . . . . 171 B1
Ship & Mermaid Row
SE1 . . . . 138 A4
Ship St SE8 . . . . .51 C2
Ship Tavern Pas
EC3 . . . . 124 A4
Shipton Ho
🔢 Camden Town
NW5 . . . . .12 C2
🔢 Haggerston E2 . .24 B3
Shipton St
E2 . . . . .24 B2 99 A4
Shipwright Rd
SE16 . . . . .41 A4
Shipwright Yd
SE1 . . . . 124 A1
Shirbutt St E14 . . . . .34 A2
Shire Pl SW18 . . . . . .71 B4
Shirland Mews
W9 . . . . .23 B2
Shirland Rd W9 . . . . .23 C1
Shirley Gr SW11 . . . .60 C4
Shirley Ho 🔢 SE5 . .48 C3
Shirley Rd W4 . . . . . . .37 C4
Shirley St E16 . . . . . . .35 B3
Shirlock Rd NW3 . . . .12 B4
Shoe La EC4 . . . . . . 107 C2
Shooters Hill Rd SE3,
SE10 . . . . .53 A2

Shoot-Up Hill
NW2 . . . . .10 A2
Shopstop SW11 . . . .60 A3
Shore Bsns Ctr 🗓
E9 . . . . .17 B1
SHOREDITCH 87 C1
Shoreditch Ct 🔢
E8 . . . . .16 B1
Shoreditch High St
Sta E2 . . . . .24 B1
Shoreditch High St
E2 . . . . .24 A1 98 B2
Shoreditch Ho N1 . .97 C3
Shoreham Cl
SW18 . . . . .59 A2
Shore Ho SW8 . . . . . .61 A4
Shore Mews 🗓 E9 . .17 B1
Shore Pl E9 . . . . .17 B1
Shore Rd E9 . . . . .17 B1
Shorncliffe Rd
SE1 . . . . 152 C2
Shorrolds Rd
SW6 . . . . 155 A2
Shortcroft Mead Ct
NW10 . . . . .8 C3
Shorter St EC3 . . . . 125 A4
Shortlands W6 . . . . . .39 C2
Short Rd W4 . . . . .46 A4
Shorts Gdns WC2 . . 106 A1
Short St SE1 . . . . . . 135 C4
Shottendane Rd
SW6 . . . . 165 B4
Shottfield Ave
SW14 . . . . .56 A3
Shottsford 🔢 W11 . .31 C3
Shoulder of Mutton
Alley 🔟 E14 . . . . . . .33 A2
Shouldham St
W1 . . . . 102 B3
Shreveport Ho 🗷
N19 . . . . .4 C4
Shrewsbury Ave
SW14 . . . . .55 C3
Shrewsbury Cres
NW10 . . . . .20 C4
Shrewsbury Ho
Chelsea SW3 . . . . . 158 A3
Kennington SE11 . . . 163 A3
Shrewsbury Mews 🔢
W2 . . . . .31 C4
Shrewsbury Rd
W2 . . . . .31 C3
Shrewsbury St
W10 . . . . .22 B1
Shropshire Ho
WC1 . . . . .93 A1
Shroton St NW1 . . . 102 B4
Shrubbery Cl N1 . . . .87 A3
Shrubland Rd E8 . . . .24 C4
Shrubs Ho SW1 . . . 147 C3
Shurland Gdns
SE15 . . . . .49 B3
Shuters Sq W14 . . . 140 C1
Shuttle St
E1 . . . . .24 C1 99 B1
Shuttleworth Rd
SW11 . . . . 168 A2
Sibella Rd SW4 . . . . 171 C1
Sicilian Ave WC1 . . . 106 B3
Sidbury St SW6 . . . . 164 A4
Siddons Ct WC2 . . . 106 C1
Siddons Ho 🔢
NW3 . . . . .12 B3
Siddons La NW1 . . . .91 A1
Sidford Ho SE1 . . . . 135 A1
Sidford Pl SE1 . . . . 135 A1

Sidgwick Ho 🖪
SW9 . . . . 172 B1
Sidings Mews N7 . . .14 C4
Sidlaw Ho N16 . . . . . .7 B3
Sidmouth Ho
🔢 Camberwell
SE15 . . . . .49 C3
Marylebone W1 . . . 102 B2
🖪 Streatham SW2 . .74 C4
Sidmouth Mews
WC1 . . . . .94 C3
Sidmouth Par NW2 . .9 B2
Sidmouth Rd NW2 . .9 B1
Sidmouth St WC1 . .94 C3
Sidney Boyd Ct
NW6 . . . . .10 C1
Sidney Godley (VC)
Ho 🔢 E2 . . . . .25 B2
Sidney Gr EC1 . . . . . .86 A1
Sidney Ho 🔢 E2 . . . .25 B3
Sidney Miller Ct 🔢
W3 . . . . .28 A1
Sidney Rd SW9 . . . . 173 A1
Sidney Sq E1 . . . . . . .32 B4
Sidney St E1 . . . . .32 B4
Sidworth St 🔢 E8 . .17 A1
Siebert Rd SE3 . . . . . .53 C4
Siege Ho 🔟 E1 . . . . .32 A3
Sigdon Rd E8 . . . . . . .16 C3
Signal Ho
🔟 London E8 . . . . . .17 A1
SE1 . . . . 136 C3
Signmakers Yd
NW1 . . . . .82 B3
Silbury Ho 🗘
SE26 . . . . .76 C1
Silbury St N1 . . . . . . .97 B4
Silchester Rd W10 . .30 C3
Silesia Bldgs E8 . . . .17 A1
Silex St SE1 . . . . . . 136 B3
Silk Mews 🗷
SE15 . . . . .49 C3
Silk Mews SE11 . . . 149 C1
Silk Mills Path
SE13 . . . . .67 B4
Silk Mills Sq E9 . . . .18 B2
Silk St EC2 . . . . 109 A4
Sillitoe Ho N1 . . . . . .87 C3
Silsoe Ho NW1 . . . . .82 B1
Silverbirch Wlk 🔢
NW3 . . . . .12 C2
Silverburn Ho 🖪
SW9 . . . . .48 A2
Silver Cl SE14 . . . . . .51 A3
Silver Cres W4 . . . . . .37 A2
Silver Ct N19 . . . . .4 B1
Silverdale NW1 . . . . .92 C4
Silverdale Ct EC1 . . .96 B2
Silvermere Rd SE6. . .67 A1
Silver Pl W1 . . . . . . 119 A4
Silver Rd
Shepherd's Bush
W12 . . . . .30 C2
St Johns SE13 . . . . . . .67 A4
Silverthorn 🔢
NW6 . . . . .78 B3
Silverthorne Rd
SW8 . . . . 170 B1
Silverton Rd W6 . . . .47 D4
Silvertown Way
E16 . . . . .35 C1
Silver Wlk SE16 . . . . .33 B1
Silvester Ho
🔟 Bethnal Green
E2 . . . . .25 B2
🖪 Notting Hill W11 . .31 B3

Silvester Ho continued
🖪 Stepney E1 . . . . . .32 A3
Silvester Rd SE22 . .64 B2
Silvester St SE1 . . . 137 B3
Silwex Ho
E1 . . . . .24 B1 98 C1
Silwood St SE16 . . . .40 B1
Simla Ho SE1 . . . . . 137 C3
Simmonds Ct
SW5 . . . . 142 A3
Simmons Ho
🔟 Bethnal Green
E2 . . . . .24 C2 99 B3
Finsbury Pk N7 . . . . . .5 B2
Simms Ct SW6 . . . . . .58 A4
Simms Rd SE1 . . . . 153 C3
Simon Cl
W11 . . . . .31 B2 113 A4
Simon Ct W9 . . . . . . .23 C2
Simon La SW19 . . . . .69 C3
Simon Marks Jewish
Prim Sch 🔢 N16 . . . .7 B2
Simons Wlk E15 . . . .19 C3
Simpson Dr W3 . . . . .28 C3
Simpson Ho
Lisson Gr NW8 . . . . . .90 A3
Vauxhall SE11 . . . . 149 A1
Simpson's Rd E14 . .34 A2
Simpson St SW11 168 A1
Sinclair Ct N5 . . . . . .15 B2
Sinclair Gdns W14 . .39 C4
Sinclair Ho 🔢
SW12 . . . . .73 C3
Sinclair Mans 🔢
W12 . . . . .39 C4
Sinclair Pl SE4 . . . . . .66 C1
Sinclair Rd W14 . . . 126 A2
Sinclairs Ho 🔟 E3 . .26 B3
Singer St EC2 . . . . . .97 C3
Sion Ho SE13 . . . . . . .67 B3
Sion-Manning RC Sch
for Girls
🔟 Kensal Town
W10 . . . . .31 A4
🖪 North Kensington
W10 . . . . .30 C4
Sir Abraham Dawes
Cotts SW15 . . . . .58 A4
Sir Alexander Cl
W3 . . . . .29 B1
Sir Alexander Rd
W3 . . . . .29 B1
Sirdar Rd
W11 . . . . .31 A2 112 A3
Sir Francis Drake
Prim Sch 🔟 SE8. . .41 A1
Sirinham Point
SW8 . . . . 163 A3
Sirius Bldg 🔢 E1 . . .32 C2
Sir James Barrie Prim
Sch SW8 . . . . 171 A3
Sir John Cass
Foundation &
Redcoat CE Sec Sch
🔟 E1 . . . . .32 C4
Sir John Cass's
Foundation Prim Sch
EC3 . . . . 110 B1
Sir John Kirk Cl 🗓
SE5 . . . . .48 B3
Sir John Lillie Prim
Sch SW6 . . . . 154 B3
Sir John Soane's
Mus★ WC2 . . . . . . 106 C2

Sir Oswald Stoll
Foundation The
SW6 . . . . 156 A2
Sir Thomas Abney
Prim Sch N16 . . . . . 6 C3
Sir Thomas More Est
SW3 . . . . 157 C1
Sir William Burrough
Prim Sch 27 E14 . . . 33 B3
Sir William Powell's
Almshos 58 A4
Sise La EC4 . . . . 109 B1
Siskin Ho 16 SE16 . . 40 C2
Sispara Gdns
SW18 . . . . 58 B1
Sissinghurst Ho 17
SE15 . . . . 50 B4
Sister Mabel's Way 15
SE15 . . . . 49 C3
Sisters Ave SW11 . . 60 B3
Sisters of St
Marcellina Sch 20
NW3 . . . . 11 B4
Sistova Rd SW12 . . 73 A3
Sisulu Pl 9 SW9 . . . 62 C4
Sitarey Ct 4 W12 . . 30 A1
Site of Changing of
the Guard* SW1 132 C3
Sivill Ho 5
E2 . . . . 24 B2 99 A4
Siward Ho SW17 . . . 71 B1
Six Bridges Ind Est 18
SE1 . . . . 153 C1
Sixth Ave W10 . . . . 23 A2
Skardu Rd NW2 . . . 10 A3
Skegena Hill SW18,
SW19 . . . . 70 A4
Skeggs Ho 5 E14 . . . 42 B3
Skegness Ho 8
N7 . . . . 14 B1
Skelbrook St
SW18 . . . . 71 B2
Skelgill Rd SW15 . . 58 B3
Skelton Cl 7 E8 . . . . 16 B2
Skelton Ho N16 . . . . 16 A3
Skelwith Rd W6 . . . 47 B4
Skenfrith Ho SE15 . . 50 A4
Sketchley Gdns
SE16 . . . . 40 C1
Skiffington Cl
SW2 . . . . 74 C3
Skinner Pl SW1 . . . 145 B3
Skinners Company
Sch (Upper) 10
N16 . . . . 7 B4
Skinners La EC4 . . 123 A4
Skinner St EC1 . . . . 95 C2
Skipsea Ho SW18 . . 59 C1
Skipton Ho SE4 . . . . 66 A3
Skipwith Bldg
EC1 . . . . 107 B4
Skipworth Rd E9 . . 25 B4
Skua Ct 33 SE8 . . . . 51 B4
Skyline Ct SE1 . . . . 138 C1
Skyline Plaza Bldg 19
E1 . . . . 111 C2
Skylines 2 E14 . . . . 42 B4
Slade Ct NW2 . . . . . 10 A3
Sladen Pl 12 E5 . . . . 17 A4
Slagrove Pl SE13 . . 67 A2
Slaidburn St
SW10 . . . . 157 A3
Slaithwaite Rd
SE13 . . . . 67 B3
Slaney Ct NW10 . . . 9 B1
Slaney Pl 1 N7 . . . . 14 C3

Sleaford Ho 18 E3 . . 26 C1
Sleaford Ind Est
SW8 . . . . 161 A1
Sleaford St SW8 . . . 161 A1
Sleat Ho 9 E3 . . . . . 26 B3
Slievemore Cl 8
SW4 . . . . 61 C4
Sligo Ho 8 E1 . . . . . 25 C1
Slingsby Pl WC2 . . 120 A4
Slippers Pl SE16 . . . 40 A3
Slipway Ho 1 E14 . . 42 A1
Sloane Ave SW3 . . 144 B3
Sloane Avenue Mans
SW3 . . . . 144 C3
Sloane Ct E SW3 . . 145 B2
Sloane Ct W SW3 . . 145 B2
Sloane Gate Mans
SW1 . . . . 145 B4
Sloane Gdns SW1 . . 145 B3
Sloane Ho 7 E9 . . . . 17 B1
Sloane Sq SW1 . . . 145 A3
Sloane Square Sta
SW1 . . . . 145 B3
Sloane St SW1 . . . . 131 A1
Sloane Terr SW1 . . 145 B4
Sloane Terr Mans
SW1 . . . . 145 B4
Sly St 18 E1 . . . . 32 A3
Smallbrook Mews
W2 . . . . 101 B1
Smalley Cl N16 . . . . 7 B1
Smart's Pl WC1,
WC2 . . . . 106 B2
Smart St E2 . . . . 25 C2
Smeaton Ct SE1 . . . 136 C1
Smeaton Rd SW18 . . 70 C4
Smeaton St E1 . . . . 32 A1
Smedley St SW4 . . 171 C2
Smeed Rd E3 . . . . . 18 C1
Smiles Pl SE13 . . . . 52 B1
Smith Cl SE16 . . . . . 32 C1
Smithfield Mkt*
EC1 . . . . 108 B3
Smithfield St EC1 . 108 A3
Smith's Ct W1 . . . . 119 B4
Smith Sq SW1 . . . . 134 A1
Smith St SW3 . . . . 144 C1
Smith's Yd SW18 . . 71 B2
Smith Terr SW3 . . 144 C1
Smithwood Cl
SW19 . . . . 70 A3
Smithy St E1 . . . . . . 32 B4
Smithy Street Sch 34
E1 . . . . 32 B4
Smugglers Way
SW18 . . . . 59 A3
Smyrk's Rd SE17 . . 152 B1
Smyrna Mans 8
NW6 . . . . 10 C1
Smyrna Rd NW6 . . . 10 C1
Smythe St E14 . . . . . 34 A2
Snarsgate St W10 . . 30 B4
Sneath Ave NW11 . . 1 B4
Sneyd Rd NW2 . . . . . 9 B4
Snowberry Cl E11 . . 19 C4
Snowbury Rd 6
SW6 . . . . 166 B1
Snowden St
EC2 . . . . 24 A1 98 A1
Snowe Ho SE27 . . . 75 A1
Snow Hill EC1 . . . . 108 A3
Snowman Ho NW6 . . 78 A4
Snowsfields SE1 . . . 137 C4
Snowsfields Prim Sch
SE1 . . . . 138 A4
Soames St SE15 . . . 64 B4

Soane Ct 10 NW1 . . 13 B1
Soane Ho SE17 . . . . 151 C1
Soaphouse La
TW8 . . . . 44 A3
Sobell L Ctr N7 . . . . 5 A1
SOHO 105 B1
Soho* W1 . . . . 105 B2
Soho Parish CE Prim
Sch W1 . . . . 119 B4
Soho Sq W1 . . . . . . 105 B2
Soho St W1 . . . . . . 105 B2
Sojourner-Truth Cl 11
E8 . . . . 17 A2
Solander Gdns
E1 15 Shadwell E1 . . . . 32 B2
Stepney E1 . . . . 32 A2
Solebay St E1 . . . . . 26 A1
Soley Ave WC1 . . . . 95 A4
Solent Ho 6 E1 . . . . 33 A4
Solent Rd NW6 . . . . 10 C3
Soley Mews WC1 . . 95 A4
Solidarity Ho 6
NW10 . . . . 9 B2
Solna Ave SW15 . . . 57 B2
Solomon's Pas
SE15 . . . . 65 A3
Solon New Rd
SW4 . . . . 62 A3
Solon Rd SW2 . . . . . 62 A3
Solway Ho 12 E1 . . . 25 C1
Solway Rd SE22 . . . 64 C3
Somali Rd NW2 . . . 10 B3
Somborne Ho 11
SW15 . . . . 68 C4
Sombrook Ho
SE11 . . . . 149 B3
Somer Ct SW6 . . . . 155 B3
Somerfield Rd N4 . . 6 A2
Somerfield St
SE16 . . . . 40 C1
Somerford Gr N16 . . 16 B4
Somerford Grove Est
N16 . . . . 16 B4
Somerford St E1 . . . 25 A1
Somerford Way
SE16 . . . . 41 A4
Somerleyton Rd
SW9 . . . . 62 C3
Somers Cl NW1 . . . 83 B2
Somers Cres W2 . . 102 A1
Somerset Gdns
Highgate N6 . . . . . . 3 C4
St Johns SE13 . . . . . 52 A1
SOMERS TOWN . . . 93 C4
Somers Town Est
NW1 . . . . 83 A1
Somerton Ave
TW9 . . . . 55 A4
Somerton Rd
Cricklewood NW2 . . . 1 A1
Nunhead SE15 . . . . . 65 A3
Somerville Ave
SW13 . . . . 47 B4

Somerville Cl
SW9 . . . . 173 A2
Somerville Ho 10
SW15 . . . . 57 C1
Somerville Point
SE16 . . . . 41 B4
Sonderburg Rd 18
N7 . . . . 5 B2
Sondes St SE17 . . . . 48 C4
Sonia Gdns NW10 . . 8 B4
Sonning Ho 82
E2 . . . . 24 B2 98 C3
Sophia Cl N7 . . . . . 14 B2
Sophia Ho 10 W6 . . 39 B1
Sophia Sq 16 SE16 . . 33 A2
Sopwith Way
SW8 . . . . 160 A2
Sorrel La 17 E14 . . . 34 C3
Sorrell Cl
1 Brixton SW9 . . . 173 C2
4 Deptford SE14 . . 51 A3
Soseki Mus* SW4 . . 61 A4
Sotheby Rd N5 . . . . 15 B4
Sotheran Cl E8 . . . . 24 C4
Sotheron Rd SW6 . 156 B1
Soudan Rd SW11 . . 168 C3
Souldern Rd 11
W14 . . . . 39 C3
SOUTH ACTON 37 A3
South Acton Sta W3,
W4 . . . . 37 B3
South Africa Rd
W12 . . . . 30 A2
Southall Pl SE1 . . . 137 B3
Southam Ho 9
W10 . . . . 23 A1
Southampton Bldgs
WC2 . . . . 107 B3
Southampton Pl
WC1 . . . . 106 B3
Southampton Rd
NW5 . . . . 12 B3
Southampton Row
WC1 . . . . 106 B4
Southampton St
WC2 . . . . 120 B4
Southampton Way
SE5 . . . . 49 A3
Southam St W10 . . 23 A1
South Audley St
W1 . . . . 117 C2
South Ave TW9 . . . 44 C1
SOUTH BANK 120 C1
South Bank Bsns Ctr
SW8 . . . . 161 C3
Southbank
International Sch 14
NW3 . . . . 11 B2
Southbank
International Sch
(Westminster
Campus) 11 . . . . 104 A4
Southbank Int Sch
W11 . . . . 31 C2 113 B3
South Bank Univ
SW8 . . . . 171 C4
South Bank University
(Erlang House)
SE1 . . . . 136 A3
South Bermondsey
Sta SE16 . . . . 40 B1
South Black Lion La
7 W6 . . . . 38 C1
South Bldg SW1 . . 133 A2
South Block 20 E1 . . 32 B2

South Bolton Gdns
SW10 . . . . 142 B2
Southborough Ho
SE17 . . . . 152 B2
Southborough Rd
E9 . . . . 25 C4
SOUTH BROMLEY . . 34 C4
South Building*
SE10 . . . . 52 C3
Southbury Ho 3 E9 . . 79 A4
South Camden Com
Sch NW1 . . . . 83 B2
South Carriage Dr
SW1, SW7 . . . . . . 130 C4
South Chelsea Coll 22
SW9 . . . . 62 B3
South Colonnade The
E14 . . . . 34 A1
Southcombe St
W14 . . . . 140 A4
Southcote Rd N19 . . 13 B4
Southcott Ho
31 Bromley E3 . . . 27 A2
4 W9 . . . . 89 A1
South Cres
Newham E16 . . . . . . 27 C1
WC1 . . . . 105 B3
Southcroft 8
NW2 . . . . 10 A4
South Ct 17 SW15 . . 57 C1
Southdean Gdns
SW19 . . . . 70 B2
Southdown N7 . . . . 14 A2
South Eastern Univ 5
N7 . . . . 5 B1
South Eaton Pl
SW1 . . . . 145 C4
South Edwardes Sq
W8 . . . . 127 B1
South End W8 . . . . 128 B2
South End Cl NW3 . . 12 A4
South End Gn
NW3 . . . . 12 A4
South End Rd
NW3 . . . . 12 A4
South End Row
W8 . . . . 128 B2
Southerngate Way
SE14 . . . . 51 A3
Southern Gr E3 . . . . 26 B1
Southern Row
W10 . . . . 23 A1
Southern St N1 . . . . 84 C2
Southern Way
SE10 . . . . 43 B3
Southerton Rd W6 . . 39 B2
Southey Ho SE17 . . 151 A2
Southey Mews
E16 . . . . 35 C1
Southey Rd SW9 . . 173 B4
Southfield Lo W4 . . 37 C4
Southfield Prim Sch
W4 . . . . 38 A4
Southfield Rd W4 . . 37 C4
SOUTHFIELDS 71 A3
Southfields Com Coll
SW18 . . . . 70 C3
Southfields Rd
SW18 . . . . 58 C1
Southfields Sta
SW18 . . . . 70 B3
Southgate Ct N1 . . . 15 C1
Southgate Gr N1 . . . 15 C1
Southgate Rd N1 . . 87 C4

South Gr N6. . . . . **3** C3
South Grove Ho N6. . **3** C3
SOUTH HACKNEY . . **25** B4
SOUTH
HAMPSTEAD **11** B1
South Hampstead
High Sch **11** NW3. . **11** C2
South Hampstead Sta
NW8 . . . . **11** B1
South Hill Pk NW3. . **12** A4
South Hill Pk Gdns
NW3 . . . . **12** A4
Southill St E14 . . . . **34** A3
South Island Pl
SW9 . . . . **163** B1
SOUTH
KENSINGTON . . **143** A3
South Kensington Sta
SW7 . . . . **143** C4
South Kensington
Station Arc SW7 **143** C4
SOUTH
LAMBETH **172** B3
South Lambeth Pl
SW8 . . . . **162** B4
South Lambeth Rd
SW8 . . . . **162** B2
Southlands Dr
SW19 . . . . **69** C2
South Lo NW8. . . . . **80** A4
South London Gall★ . . . .
SE5 . . . . **49** A2
South London
Montessori Sch
SW11 . . . . **168** A3
Southmead Prim Sch
16 NW7 . . . . **70** A3
Southmead Rd
SW19 . . . . **70** A3
South Molton La
W1 . . . . **104** A1
South Molton Rd
E16 . . . . **35** C3
South Molton St
W1 . . . . **104** A1
Southmoor Way
E9 . . . . **18** B3
Southolm St
SW11 . . . . **170** B3
South Par W4 . . . . . **37** C2
South Parade
SW3 . . . . **143** C2
South Park Mews
SW6 . . . . **59** A4
South Pl EC2 . . . . . **109** C3
South Pl Mews
EC2 . . . . **109** C3
South Quay Plaza
E14 . . . . **42** A4
South Quay Sta
E14 . . . . **42** A4
South Rise W2 . . . **116** B4
South Row SE3. . . . **53** B1
South Sea St SE16. . **41** B3
Southside N7 . . . . . **13** C4
South Side W6. . . . . **38** B3
Southside Ind Est
SW8 . . . . **170** C4
Southside Quarter **4**
SW11 . . . . **168** C2
Southside Sh Ctr
SW18 . . . . **59** A1
South Sq WC1 . . . . **107** B3
South St W1 . . . . . **117** C2

South Tenter St
E1 . . . . **111** A1
South Terr SW7. . . **144** A4
South Thames Coll
(Putney Ctr) **12**
SW15 . . . . **57** C2
South Thames Coll
(Roehampton Ctr)
SW15 . . . . **56** C1
South Thames Coll
(Wandsworth Ctr) **7**
SW18 . . . . **59** A2
Southvale Rd SE3 . . **53** A1
Southview Ave
NW10 . . . . **8** B3
Southville SW11 . . **13** C2
Southville
London SW8 . . . . **171** C3
South Lambeth
SW8 . . . . **172** A3
SOUTHWARK **40** B2
Southwark Bridge SE1,
EC4 . . . . **123** A3
Southwark Bridge Rd
SE1 . . . . **123** B2
Southwark Cath★ . . . .
SE1 . . . . **123** B2
Southwark Coll
SE1 . . . . **136** A4
Southwark Coll
(Blackfriars Ctr)
SE1 . . . . **122** A1
Southwark Coll
(Camberwell Ctr) **17**
SE5 . . . . **49** A3
Southwark Coll
(Grange Ctr)
SE1 . . . . **138** B1
Southwark Coll
(Surrey Docks Ctr)
12 SE16 . . . . **40** A3
Southwark Park Est
11 SE16 . . . . **40** A2
Southwark Park Prim
Sch **10** SE16 . . . . **40** A3
Southwark Park Rd
SE16 . . . . **153** B4
Southwark Pk Sports
Complex SE16 . . . **40** B2
Southwark St SE1 **122** C1
Southwark Sta
SE1 . . . . **122** A1
Southwater Cl **8**
E14 . . . . **33** B3
Southway Cl **9**
W12 . . . . **39** A4
Southwell Gdns
SW7 . . . . **142** C3
Southwell Ho
2 Bermondsey
SE16 . . . . **40** A2
13 Stoke Newington
N16 . . . . **16** A3
Southwell Rd SE5 . . **63** B4
South Wharf Rd
W2 . . . . **101** C2
Southwick Mews
W2 . . . . **101** C2
Southwick Pl W2 **102** A1
Southwick St W2 **102** A2
Southwick Yd W2 **102** A1
Southwold Mans
W9 . . . . **23** C2
Southwood Ave N6 . . **4** A4
Southwood Ct EC1. . **96** A3

Southwood Ho
W11 . . . . . **31** A2 **112** A4
Southwood Hts N6 . . **4** A4
Southwood La N6 . . . **3** C4
Southwood Lawn Rd
N6 . . . . **4** A4
Southwood Park
N6 . . . . **3** C4
Southwood Smith Ho
4 E2 . . . . **25** A2
Southwood Smith St
N1 . . . . **86** A3
South Worple Ave
SW14 . . . . **56** A4
Southwyck Ho
SW9 . . . . **62** C3
Sovereign Cl W1 EC1. . **109** B4
Sovereign Cl E1 . . . **32** A2
Sovereign Cres
SE16 . . . . **33** A2
Sovereign Ct
3 Richmond TW9 . . **54** B3
13 Stepney E1 . . . . . **32** A3
Sovereign Ho **28**
E1 . . . . **25** A1
Sovereign Mews **6**
E2 . . . . **24** B3
Sovereign Pk
NW10 . . . . **20** A1
Space Bsns Pk
NW10 . . . . **20** A2
Spa Ct **12** SE16 . . **139** B1
Spafield St EC1 . . . . **95** B2
Spalding Ho SE4 . . . **66** A2
Spanby Rd E3 . . . . . **26** C1
Spaniards Cl NW11 . . **2** C3
Spaniards End NW3 . . **2** C3
Spaniards Rd NW3 . . **2** B2
Spanish Billingual Sch
W10 . . . . **31** A4
Spanish Pl W1 . . . . **103** C2
Spanish Rd SW18. . . **59** B2
Spa Rd SE16 . . . . . **139** A1
Sparke Terr **2**
E16 . . . . **35** B3
Sparkford Ho
SW11 . . . . **167** C4
Sparks Cl W3. . . . . . **28** C3
Sparsholt Rd N19 . . . **5** B3
Sparta St SE10 . . . . **52** B2
Spa Sch SE1 . . . . . **153** B4
Spa View SW16★ . . **74** B1
Speakers' Corner★ . . . .
W1 . . . . **117** A4
Speakman Ho SE4 . . **66** A4
Spear Mews SW5 **141** C3
Spears Rd N19 . . . . . **5** A3
Spectrum Ho NW5 . . **12** C4
Spedan Cl NW3. . . . . **2** B1
Speechly Mews
E8 . . . . **16** B3
Speed Ho EC2 . . . . **109** B4
Speedwell St **5**
SE8 . . . . **51** C3
Speedy Pl WC1 . . . . **94** A3
Speldhurst Rd
Bedford Pk W4 . . . . **37** C3
Homerton E9 . . . . . . **17** C1
Spellbrook Wlk N1 **87** A4
Spelman Ho **8**
E1 . . . . **111** B3
Spelman St E1 . . . . **111** B4
Spence Cl SE16 . . . **41** B4
Spencer Gdns
SW14 . . . . **55** B2

Spencer Ho
31 Clapham SW8. . . **171** B1
24 Putney SW19 . . . . **69** C3
Vale of Health NW3 . . **2** C1
Wimbledon SW19 . . . **69** C1
Spencer House Mus★ . . . .
SW1 . . . . **118** C1
Spencer Mews
Fulham W6 . . . . . . **154** A4
South Lambeth
SW9 . . . . **172** C3
Spencer Park Ct
SW18 . . . . **59** C2
Spencer Pk SW18 . . **59** C2
Spencer Pl
10 Islington N1 . . . . **15** A1
SW1 . . . . **133** A1
Spencer Rd
Acton W3 . . . . **28** B1
Chiswick W4. . . . . . . **45** B3
Wandsworth SW18 . . **59** C2
Spencer Rise NW5. . . **4** A1
Spencer St EC1. . . . . **96** A3
Spencer Way **35**
E1 . . . . **32** A3
Spencer Wlk
1 Hampstead
NW3 . . . . **11** B4
Putney SW15 . . . . . . **57** C3
Spencer Yd SE3 . . . **53** B1
Spenlow Ho **2**
SE16 . . . . **139** C2
Spenser Gr N16 . . . . **16** A4
Spenser Mews
SE21 . . . . **75** C3
Spenser Rd SE24 . . **63** A2
Spenser St SW1 . . . **133** A2
Spens Ho WC1 . . . . **94** C1
Spensley Wlk N16 . . . **6** C1
Spert St E14 . . . . . . **33** A2
Spey St E14 . . . . . . **34** B4
Spezia Rd NW10. . . . **21** C3
Spice Ct
1 Battersea
SW11 . . . . **59** B4
2 St George in t East . . . .
E1 . . . . **125** C2
Spice Quay Htss
SE1 . . . . **125** A1
Spicer Cl SE5, SW9. . **48** A1
Spicer Ho
E2 . . . . **24** C2 **99** B3
Spindrift Ave E14. . . **42** A2
Spinnaker Ho **21**
E14 . . . . **41** C4
Spinney The
Barnes SW13 . . . . . . **47** A4
Streatham SW16 . . . **73** C1
Spire Ct **16** TW10 . . **54** A1
Spire Ho W2 . . . . . **115** A4
Spirit Quay E1 . . . . **32** A1
SPITALFIELDS . . . **111** A4
Spital Sq E1 . . . . . **110** B4
Spital St E1 . . . . . . **111** B4
Spital Yd E1 . . . . . **110** B4
Splendour Wlk
SE16 . . . . **40** B1
Spode Ho SE11 . . . **135** B1
Spode Wlk NW3 . . . **11** A3
Sporle Ct **5** SW11. . **59** C4
Sprewell SW15 . . . . **58** A1
Spriggs Ho **14** N1 . . . **15** A1
Sprimont Pl SW3 **144** C2
Springall St **9**
SE15 . . . . **50** A3

Springalls Wharf **2**
SE16 . . . . **139** B4
Springbank Wlk
NW1 . . . . **13** C1
Spring Cott **10**
W12 . . . . **38** C4
Spring Ct NW2 . . . . **10** B2
Springdale Rd
N16 . . . . **15** C4
Springett Ho **15**
SW2 . . . . **62** B2
Springfield Ct
7 Dagenham W3 . . **28** B3
Hampstead NW3 . . . **12** A1
Springfield Ho
Acton W3 . . . . **28** B1
1 Camberwell SE5 . . **49** A1
18 Dalston E8 . . . . . **16** B2
Springfield La
NW6 . . . . **78** A3
Springfield Rd
NW8 . . . . **79** A3
Springfield University
Hospl SW17 . . . . . . **72** B1
Springfield Wlk
NW6 . . . . **78** A3
Spring Gdns
Islington N5 . . . . **15** B3
SW1 . . . . **120** A2
Spring Gr W4 . . . . . **44** C4
Spring Grove Rd
TW10 . . . . **54** B2
Spring Hill E5 . . . . . . **7** C4
Springhill Cl SE5 . . . **63** C4
Spring Ho WC1 . . . . **95** B3
Spring Mews W1 . . **103** A4
Springpark Dr N4 . . . **6** B3
Spring Pl NW5 . . . . **13** A3
Springrice Rd
SE13 . . . . **67** C1
Spring St W2 . . . . . **101** B1
Spring Terr TW10 . . **54** A2
Springtide Cl **10**
SE15 . . . . **49** C2
Springvale Ave
TW8 . . . . **36** A1
Springvale Terr **5**
W14 . . . . **39** C3
Springwater WC1 **106** C3
Springwell Ave
NW10 . . . . **21** B4
Spring Wlk E1 . . . . **111** C4
Springwood Cl **8**
E3 . . . . **26** C3
Spruce Ct **5** **36** A3
Spruce Ho **18**
SE16 . . . . **40** C4
Sprules Rd SE4. . . . . **51** A1
Spurgeon St SE1 . . **137** B2
Spurling Rd SE22. . . **64** B3
Spur Rd SE1. . . . . . **135** B4
Spurstowe Rd E8 . . . **17** A2
Spurstowe Terr
E8 . . . . **17** A3
Square Rigger Row **7**
SW11 . . . . **59** B4
Square The
Hammersmith W6 . . **39** B1
SW6 . . . . **165** B3
Squarey St SW17 . . . **71** B1
Squire Gdns NW8. . . **89** B3
Squires Ct SW4. . . **172** B3
Squire's Mount
NW3 . . . . **2** C1
Squirrels The
SE13 . . . . **67** C3

Squirries St
E2 . . . . .24 C2 **99** C3

Stable Ho 9 SE16 . . .40 B4

Stables Way SE11. **149** B2

Stable Way W10 . . . .30 B3

Stable Yd Rd
SW1 . . . . **133** A4

Stacey St
Highbury N7 . . . . .5 C1
Soho WC2 . . . . **105** C1

Stack Ho SW1 . . . . **145** C3

Stackhouse St
SW1 . . . . **130** C2

Stacy Path SE5 . . . .49 A3

Stadium St SW10 **157** A1

Stafford Cl NW6 . . . .23 C2

**Stafford Cripps Ho
50** Bethnal Green
E2 . . . . .25 B2
SW6 . . . . **155** A3

Stafford Ct
Kensington W8 . . . . **127** C2
South Lambeth
SW8 . . . . **172** A4

Stafford Ho SE1 . . . **153** A2

**Stafford Mans
13** Hammersmith
W14 . . . . .39 C3
14 Stockwell SW4 . . .62 A3
SW11 . . . . **158** C1

Stafford Pl SW1 . . . **132** C2

Stafford Rd
Bow E3 . . . . .26 B3
Maida Vale NW6 . . . .23 C2

Staffordshire St
Peckham SE15 . . . . . .49 C2
Peckham SE15 . . . . . .50 A2

Stafford St W1 . . . . **118** C2

Stafford Terr W8 . . **127** B2

Stag La SW15 . . . . . .68 B2

Stagshaw Ho 17
SE22 . . . . .64 A4

Stainer St SE1 . . . . **123** C1

Staining La EC2 . . . **109** A2

Stainsbury St
E2 . . . . .25 B3

Stainsby Rd E14 . . . .33 C3

Stalbridge Flats
W1 . . . . **103** C1

Stalbridge Ho
NW1 . . . . **82** C1

Stalbridge Ho
NW1 . . . . **102** B4

Stalham St SE16 . . . .40 A3

Stambourne Ho
SW8 . . . . **172** B4

**Stamford Bridge
Stadium (Chelsea
FC)** SW6 . . . . **156** A2

Stamford Brook Ave
W6 . . . . .38 B3

**Stamford Brook Gdns
1** W6 . . . . .38 B3

**Stamford Brook Mans
2** W6 . . . . .38 B2

Stamford Brook Rd
W6 . . . . .38 B3

Stamford Brook Sta
W6 . . . . .38 B2

Stamford Cl 2
NW3 . . . . .2 B1

Stamford Cotts
SW10 . . . . **156** B2

Stamford Gr E 3
N16 . . . . .7 C3

Stamford Gr W 4
N16 . . . . .7 C3

STAMFORD HILL . . .7 A3

Stamford Hill N16 . . .7 B3

Stamford Hill Mans 1
N16 . . . . .7 C3

Stamford Hill Sta
N16 . . . . .7 A4

Stamford Lo 2 N16 . .7 B4

Stamford Mans 2
N16 . . . . .7 C3

Stamford Rd N1 . . . .16 A2

Stamford St SE1 . . . **121** C2

Stamp Ho E2 . . .24 B2 **99** A3

Stanard Cl N16 . . . . .7 A4

Stanborough Ho 4
E3 . . . . .27 A1

Stanborough Pas
E8 . . . . .16 B2

Stanbridge Mans
SW15 . . . . .57 B4

Stanbridge Rd
SW15 . . . . .57 B4

Stanbrook Ct W1 . . **118** C2

Stanbury Ct 18
NW3 . . . . .12 B2

Stanbury Rd
Nunhead SE15 . . . . . .50 B1
Peckham SE15 . . . . . .50 A1

Standard Pl 17
EC2 . . . . .24 A2 **98** B3

Standard Rd
NW10 . . . . .20 C1

Standen Rd SW18 . . .70 C4

Standish Ho 6
W6 . . . . .38 C2

Standish Ho W6 . . . .38 C2

Stanesgate Ho 20
SE15 . . . . .49 C3

Stanfield Ho NW8 . **89** C2

Stanfield Rd 14 E3 . .26 A3

Stanford Ct
Kensington W8 . . . . **128** B1
Walham Green
SW6 . . . . **166** B3

Stanford Pl SE1 . . . **152** A3

Stanford Rd W8 . . . **128** B2

Stanford St SW1 . . . **147** B3

Stangate SE1 . . . . . **135** A2

Stanhope Cl 28
SE16 . . . . .40 C4

Stanhope Gate
W1 . . . . **117** C2

Stanhope Gdns
SW7 . . . . **143** A4

**Stanhope Ho
4** Putney SW15 . . . . .57 B2
SE8 . . . . .51 B3

Stanhope Mews E
SW7 . . . . **143** A4

Stanhope Mews S
SW7 . . . . **143** A3

Stanhope Mews W
SW7 . . . . **143** A4

Stanhope Par NW1 . **92** C4

Stanhope Pl W2 . . . **102** C1

Stanhope Rd N6 . . . . .4 B4

Stanhope Row
W1 . . . . **118** A1

Stanhope St NW1 . . **92** C4

Stanhope Terr
W2 . . . . **115** C4

Stanier Cl SW5 . . . . **141** A1

Stanlake Mews 7
W12 . . . . .30 B1

Stanlake Rd W12 . . .30 B1

Stanlake Villas 8
W12 . . . . .30 B1

Stanley Cl SW8 . . . . **162** C3

Stanley Cohen Ho
EC1 . . . . **96** C1

Stanley Cres
W11 . . . . .31 B2 **112** C4

Stanley Gdns
Bedford Pk W3 . . . . .38 A4
Cricklewood NW2 . . . .9 B3
W11 . . . . .31 B2 **112** C4

Stanley Gr SW11 . . . .169 C4

**Stanley Ho
6** Clapham SW8 . . . . **171** B1
22 Poplar E14 . . . . . .33 C3

Stanley Holloway Ct
E16 . . . . .35 C3

Stanley Mans
SW10 . . . . **157** A4
Upper Tooting
SW17 . . . . .72 B2

Stanley Rd
Acton Green W3 . . . . .37 B3
Mill Meads E15 . . . . .27 C4
Mortlake SW14 . . . . .55 A3

Stanley St SE14,
SE8 . . . . .51 B3

Stanley Studios
SW10 . . . . **157** A4

Stanley Terr 8 N19 . .5 A2

Stanliff Ho 8 E14 . . .41 C3

Stanmer St SW11 . . **168** B2

Stanmore Gdns
TW9 . . . . .54 B4

Stanmore Ho 21
SW8 . . . . **171** C2

Stanmore Pl NW1 . . **82** B4

Stanmore Rd TW9 . .54 B4

Stanmore St N1 . . . . **84** C4

Stannard Cotts 27
E1 . . . . .25 B1

Stannard Mews
E8 . . . . .16 C2

Stannard Rd E8 . . . .16 C2

Stannary Pl SE11 . . **149** C1

Stannary St SE11 . . **149** C1

Stansbury Sq 3
W10 . . . . .23 A2

Stansfeld Ho SE1 . . **153** A3

Stansfield Rd SW9 . .62 B4

Stanstead Ho E3 . . .27 B1

**Stansted Express
Terminal** EC2 . . . . **110** A4

Stanswood Gdns
SE5 . . . . .49 A3

Stanton Ct N16 . . . . .6 C4

Stanton Ho
SE10 . . . . .52 B4
SE10 . . . . .52 B4

Stanton Rd SW13 . . .46 B1

Stanway Ct 23 N1 . . .24 A3

Stanway St N1 . . . . .24 A3

Stanwick Rd W14 . . **140** C3

Stanworth St SE1 . . **139** A3

Staplefield Cl 8
SW2 . . . . .74 A3

Stapleford Cl
SW19 . . . . .70 A4

Staplehurst Ho 1
SW11 . . . . .60 B1

Staplehurst Ho 18
E5 . . . . .17 A3

Staple Inn WC2 . . . **107** B3

Staple Inn Bldgs
WC2 . . . . **107** B3

Staples Cl SE16 . . . . .33 A1

Staple St SE1 . . . . . **137** C3

Stapleton Hall N4 . . .5 B4

Stapleton Hall Rd
N4 . . . . .5 B4

Stapleton Ho 19
E2 . . . . .25 A2

Stapleton Rd
SW17 . . . . .72 C1

Star Alley EC3 . . . . **124** B4

Starboard Way
E14 . . . . .41 C3

Starcross St NW1 . . **93** A3

Stardome NW1 . . . . **91** B1

Starfield Rd W12 . . .38 C4

Star & Garter Mans 3
SW15 . . . . .57 C4

Starliner Ct N7 . . . . .14 C2

Starling Ho NW8 . . . **80** A2

Star Pl E1 . . . . **125** A3

Star Rd W14 . . . . . . **140** C1

Star St W2 . . . . **102** A2

Star Works NW10 . . .21 C2

Star Yd WC2 . . . . . . **107** B2

Statham Gr N7 . . . . . .5 A1

Statham Gr N16 . . . . .6 C1

Statham Ho SW8 . . **170** C4

Station App
Dagenham NW10 . . . .21 B2
Fulham SW6 . . . . . . .58 A4
Richmond TW9 . . . . .44 C2

Station Approach Rd
W4 . . . . .45 B3

**Station Ave
5** Brixton SW9 . . . . . .63 A4
14 Richmond TW9 . . .44 C2

Station Cres SE3 . . . .43 C1

Station Ct 5 SE15 . . .50 B1

Stationers Hall Ct
EC4 . . . . **108** B1

Station Gdns W4 . . . .45 B3

Station Mews Terr 4
SE3 . . . . .43 C1

Station Par
Cricklewood NW2 . . . .9 B2
Richmond TW9 . . . . .44 C2
4 Upper Tooting
SW12 . . . . .72 C3

Station Pas SE15 . . .50 B2

Station Pl N4 . . . . . . .5 C2

Station Rd
Barnes SW13 . . . . . . .46 B1
Camden Town N19 . . .4 B1
Harlesden NW10 . . . .21 B3
Lewisham SE13 . . . . .67 B4

Station Rise SE27 . . .75 A2

Station St E15 . . . . . .19 C1

Station Terr
Camberwell SE5 . . . . .48 B2
Kensal Rise NW10 . . .22 C3

Staunton Ho SE17 . . **152** A3

Staunton St SE8 . . . .51 B4

Staveley NW1 . . . . . **92** C4

Staveley Cl
Hackney E9 . . . . .17 B3
Lower Holloway N7 . . .14 A4
New Cross Gate
SE15 . . . . .50 B2
8 Peckham SE15 . . . .50 A2

Staveley Gdns W4 . . .45 C2

Staveley Ho SE4 . . . .66 A2

Staveley Rd W4 . . . . .45 C3

Stavers Ho 31 E3 . . .26 B3

Stave Yard Rd
SE16 . . . . .33 A1

Stavordale Lo
W14 . . . . **127** A2

Stavordale Rd N5 . . .15 A4

Stayner's Rd E1 . . . .25 C1

Steadman Ct EC1 . . . **97** A2

Stead St SE17 . . . . . **151** B3

Stean St E8 . . . . .24 B4

Stebbing Ho 8
W11 . . . . .30 C1

Stebondale St E14 . . .42 B2

Stebon Prim Sch 26
E14 . . . . .33 C4

Stedham Pl WC1 . . . **106** A2

Steedman St
SE17 . . . . **150** C3

Steele Rd
Acton Green W4 . . . .37 B3
Becontree NW10 . . . .20 B3

Steele's Mews N
NW3 . . . . .12 B2

Steele's Mews S
NW3 . . . . .12 B2

Steele's Rd NW3 . . . .12 B2

Steel's La 23 E1 . . . .32 B3

Steen Way 7
SE22 . . . . .64 A2

Steep Hill SW16 . . . .73 C1

Steeple Cl SW6 . . . . **164** B1

Steeple Ct 19 E1 . . . .25 A1

Steeple Wlk N1 . . . . **87** A4

Steerforth St
SW18 . . . . .71 B2

Steers Way SE16 . . . .41 A4

Stelfax Ho WC1 . . . . **95** A4

Stellman Cl E5 . . . . . .7 C1

Stephan Cl E8 . . . . . .24 C4

Stephen Ct 11
SW19 . . . . .69 C3

Stephendale Rd
SW6 . . . . **166** C2

Stephen Fox Ho 7
W4 . . . . .38 A1

**Stephen Hawking Sch
42** E14 . . . . .33 A3

Stephen Mews
W1 . . . . **105** B3

Stephen Pl SW4 . . . .61 B4

Stephen Saunders Ct
SW11 . . . . .60 A2

Stephens Ct SE4 . . . .66 A4

**Stephenson Ho
2** Gospel Oak
NW5 . . . . .13 A4
8 Maitland Pk
NW3 . . . . .12 B3
Newington SE1 . . . . **136** C2

Stephenson St
Dagenham NW10 . . . .21 B2
Newham E16 . . . . . . .35 A4

Stephenson Way
NW1 . . . . **93** A2

Stephen St W1 . . . . **105** B3

STEPNEY 32 C4

Stepney City E1 . . . . .32 B4

Stepney Cswy E1 . . . .32 C3

Stepney Gn E1 . . . . . .32 C4

**Stepney Greencoat CE
Prim Sch The 28**
E14 . . . . .33 C3

Stepney Green Ct 4
E1 . . . . .32 C4

**Stepney Green Maths
& Computing Coll 18**
E1 . . . . .25 C1

Stepney Green Sta
E1 . . . . .25 C1

Stepney High St
E1 . . . . 32 C4
Stepney Way E1 . . 32 B4
Stepping Stones
Farm★ E1 . . . . 32 C4
Sterling Cl NW10 . . . 8 A4
Sterling Gdns
SE14 . . . . 51 A4
Sterling Pl W5 . . . . 36 A2
Sterling St SW7 . . 130 B2
Sterndale Rd W14 . . 39 C3
Sterne St W12 . . . . 39 C4
Sternhall La SE15 . 64 C4
Sternhold Ave SW12,
SW2 . . . . 73 C2
Sterry St SE1 . . . . 137 B3
Steve Biko Ct W10 . 22 C1
Steve Biko Rd N7 . . . 5 C1
Stevedore St E1 . . . . 32 A1
Stevenage Rd
SW6 . . . . 47 C2
Stevens Ave E9 . . . 17 B2
Stevenson Cres
SE16 . . . . 40 A1
Stevenson Ho
■ Battersea
SW11 . . . . 168 C1
G Clapham Pk SW2 . 62 A2
NW8 . . . . 78 C4
Stevens St SE1 . . . 138 B2
Steventon Rd W12 . 29 B2
Stewart Headlam
Prim Sch 28 E1 . . 25 A1
Stewart Ho SE1 . . 138 A1
Stewart's Gr SW3 144 A2
Stewart's Rd SW8 170 C4
Stewart St E14 . . . 42 B4
Stew La EC4 . . . . . 122 C4
Steyne Ho
16 Acton W3 . . . . . . 28 A1
G Acton W3 . . . . 28 B1
Steyne Rd W3 . . . . . 28 B1
Stifford Ho E1 . . . . 32 B4
Stile Hall Gdns
W4 . . . . 36 C1
Stile Hall Par G
W4 . . . . 36 C1
Stileman Ho 4 E3 . 33 B4
Stillingfleet Rd
SW13 . . . . 46 C4
Stillington St
SW1 . . . . 147 A4
Stillness Jun & Inf
Schs SE23 . . . . 66 A1
Stillness Rd SE23 . . 66 A1
Stirling Ct
Clerkenwell EC1 . . . 96 A2
Strand WC2 . . . . . . 106 C1
Stirling Mans NW6 . 11 B2
Stirling Rd
South Acton W3 . . . 37 A3
Stockwell SW9 . . . 172 B1
Stoatley Ho 10
SW15 . . . . 68 C3
Stockbeck NW1 . . . 83 A1
Stockfield Rd
SW16 . . . . 74 B1
Stockholm Ho E1 125 C4
Stockholm Rd
SE16 . . . . 40 B1
Stockholm Way
E1 . . . . 125 B2

Stockhurst Cl
SW15 . . . . 47 C1
Stockleigh Hall
NW8 . . . . 80 B2
Stock Orchard Cres
N7 . . . . 14 B3
Stock Orchard St
N7 . . . . 14 B3
Stocks Ct 5 E1 . . . 25 C1
Stocks Pl 16 E14 . . 33 B2
Stockton Ho 9 E2 . 25 A2
STOCKWELL 62 A4
Stockwell Ave
SW9 . . . . 62 B4
Stockwell Gdns
SW9 . . . . 172 C3
Stockwell Gn
SW9 . . . . 172 C1
Stockwell La SW9 172 C1
Stockwell Park Cres
SW9 . . . . 173 A2
Stockwell Park Rd
SW9 . . . . 173 A3
Stockwell Park Sch
SW9 . . . . 172 C3
Stockwell Park Wlk
SW9 . . . . 62 C4
Stockwell Prim Sch 9
SW9 . . . . 62 B4
Stockwell St SE10 . 52 B4
Stockwell Sta
SW4 . . . . 172 B2
Stockwell Terr
SW9 . . . . 172 C3
Stoddart Ho SW8 163 A3
Stodmarsh Ho 28
SW9 . . . . 173 C4
Stoford Cl 4
SW19 . . . . 70 A4
Stokenchurch St
SW6 . . . . 166 A3
STOKE
NEWINGTON 7 A2
Stoke Newington
Church St N16 . . . . . 7 A2
Stoke Newington
Comm N16 . . . . 7 B2
Stoke Newington
High St N16 . . . . . . 7 B1
Stoke Newington Rd
N16 . . . . 16 B4
Stoke Newington Sch
N16 . . . . 6 C1
Stoke Newington Sta
N16 . . . . 7 B2
Stoke Pl NW10 . . . 21 B2
Stokesley St W12 . . 29 B3
Stondon Pk SE23 . . 66 A1
Stone Bldgs WC2 107 A3
STONEBRIDGE 20 B4
Stonebridge Ctr G
NW10 . . . . 20 C4
Stonebridge Prim Sch
NW10 . . . . 20 C4
Stone Cl SW4 . . . . 171 A1
Stonecutter St
EC4 . . . . 108 A2
Stonefield N4 . . . . . 5 B2
Stonefield Mans
N1 . . . . 85 B3
Stonefield St N1 . . 85 C4
Stonegate 8 NW5 . 12 C2
Stonehill Cl SW14 . 55 C2
Stonehill Rd
Brentford W4 . . . . . 36 C1
Mortlake SW14 . . . . 55 C2

Stonehills Ct SE21 . 76 A1
Stonehill's Mans 3
SW16 . . . . 74 A2
Stonehouse NW1 . . 83 A3
Stonehouse Ct
EC2 . . . . 110 B2
Stonehouse Ho 27
W2 . . . . 31 C4
Stoneleigh Lo 13
TW9 . . . . 44 B2
Stoneleigh Mews 18
E3 . . . . 26 A3
Stoneleigh Pl W11 . 30 C2
Stoneleigh St W11 . 30 C2
Stoneleigh Terr
N19 . . . . 4 A2
Stonell's Rd SW11 . 60 B2
Stonenest St N4 . . . 5 B3
Stones End St
SE1 . . . . 136 C3
Stoney La EC3 . . . 110 B2
Stoney St SE1 . . . 123 B2
Stonhouse St SW4 . 61 C3
Stonor Rd W14 . . . 140 C3
Stopes St SE15 . . . 49 B3
Stopford Rd SE17 . 150 B1
Stopher Ho SE1 . . 136 B3
Storace Ho 6
SW4 . . . . 62 A3
Storers Quay E14 . 42 C2
Store St
Bloomsbury WC1 . . 105 B4
Stratford New Town
E15 . . . . 19 C3
Storey Ct NW8 . . . 89 B3
Storey Ho 8 E14 . . 34 A2
Storey's Gate
SW1 . . . . 133 C3
Stories Rd SE5 . . . 64 A4
Storks Rd SE16 . . . 139 C1
Stormont House Sch
E5 . . . . 17 A4
Stormont Rd
Clapham SW11 . . . . 60 C3
Highgate N6 . . . . 3 B4
Storrington WC1 . . . 94 B3
Story St N1 . . . . . . 14 B1
Stothard Ho 25 E1 . 25 B1
Stothard Pl E2 . . . 110 B4
Stothard St 12 E1 . 25 B1
Stott Cl SW18 . . . . 59 C1
Stoughton Cl
Roehampton SW15 . . 68 C3
SE11 . . . . 149 A3
Stourcliffe Cl W1 . 102 C2
Stourcliffe St W1 . 102 C1
Stourhead Cl 6
SW19 . . . . 69 C4
Stour Rd E3 . . . . . . 18 C1
Stowage SE8 . . . . . 52 A4
Stowe Ho 11 N16 . . 7 A1
Stowe Rd W12 . . . . 39 A4
Stracey Rd NW10 . . 20 C4
Stradbroke Rd N5 . 15 B4
Stradella Rd SE24 . 63 B1
Straffan Lo 8
NW3 . . . . 12 A2
Strafford Ho 9
SE8 . . . . 41 B1
Strafford Rd W3 . . 37 B4
Strafford St E14 . . 41 C4
Strahan Rd E3 . . . . 26 A2
Straightsmouth
SE10 . . . . 52 B3
Straker's Rd SE15 . 65 A3

Strale Ho 17 N1 . . . 24 A4
STRAND 120 C4
Strand
Strand WC2 . . . . . . 120 C4
Strand WC2 . . . . . . 107 A1
Strand Dr TW9 . . . . 45 A3
Strand La WC2 . . . 121 A4
STRAND ON THE
GREEN 44 C4
Strand-on-the-Green
Schs 5 W4 . . . . . . 44 C4
Strand-on-the-Green
W4 . . . . 44 C4
Strang Ho N1 . . . . . 86 C3
Strangways Terr
W14 . . . . 126 C1
Stranraer Way N1 . 14 A1
Strasburg Rd
SW11 . . . . 170 A3
STRATFORD 19 B2
Stratford Bus Sta
E15 . . . . 19 C1
Stratford Coll
(Newham Sixth Form
Coll) E15 . . . . 19 C2
Stratford Gr SW15 . 57 C3
Stratford
International Sta
E15 . . . . 19 B2
STRATFORD
MARSH 27 A4
STRATFORD NEW
TOWN 19 B3
Stratford Pl W1 . . 104 A1
Stratford Rd W8 . . 127 C1
Stratford Sh Ctr
E15 . . . . 19 C1
Stratford Sta E15 . . 19 C1
Stratford Studios
W8 . . . . 128 A1
Stratford Villas
NW1 . . . . 13 C1
Stratford Workshops
E15 . . . . 27 C4
Strathan Cl SW18 . 58 A1
Strathblaine Rd
SW11 . . . . 59 C3
Strathdon Dr
SW17 . . . . 71 C1
Strathearn Ho
W2 . . . . 116 A4
Strathearn Pl W2 116 A4
Stratheden Par
SE3 . . . . 53 C3
Stratheden Rd
SE3 . . . . 53 C3
Strathleven Rd
SW2 . . . . 62 A2
Strathmore Ct
NW8 . . . . 90 A4
Strathmore Gdns
W8 . . . . 31 C1 113 C2
Strathmore Rd
SW19 . . . . 70 C1
Strathnairn St
SE1 . . . . 153 C3
Strathray Gdns
NW3 . . . . 12 A2
Strath Terr SW11 . . 60 A3
Strathville Rd
SW18 . . . . 71 A2
Stratton Ct 4 N1 . . 16 A1
Strattondale St
E14 . . . . 42 B3
Stratton St W1 . . . 118 B2
Strauss Rd W4 . . . . 37 C4

Streamline Mews
SE22 . . . . 76 C3
Streatham Cl
SW16 . . . . 74 A2
Streatham & Clapham
High Sch SW16 . . 73 C1
Streatham Ct
SW16 . . . . 74 A2
STREATHAM HILL . . 74 A3
Streatham Hill
SW2 . . . . 74 A3
Streatham Hill &
Clapham High Sch 14
SW2 . . . . 74 B3
Streatham Hill Sta
SW2 . . . . 74 A3
Streatham Pl SW2 . 74 A4
Streatham St
WC1 . . . . 106 A2
Streathbourne Rd
SW17 . . . . 72 C1
Streatham Wells Prim
Sch SW2 . . . . 74 B2
Streatleigh Par 4
SW16 . . . . 74 A2
Streatley Pl
21 Hampstead
NW3 . . . . 11 B4
Hampstead NW3 . . . 11 C4
Streatley Rd NW6 . 10 B1
Streimer Rd E15 . . 27 B3
Strelley Way W3 . . 29 A2
Stretton Mans 18
SE8 . . . . 51 C4
Strickland Ct SE15 . 64 C4
Strickland Ho 26
E2 . . . . 24 B2 99 A3
Strickland Row
SW18 . . . . 71 C4
Strickland St SE8 . . 51 C2
Stringer Hos 19
N1 . . . . 24 A4
Strode Ho 3 SW2 . 74 C3
Strode Rd
SW6 . . . . 154 A2
Willesden NW10 . . . . 8 C2
Strome Ho NW6 . . . 78 A1
Stronsa Rd W12 . . 38 B4
Strood Ho SE1 . . . 137 C3
Stroud Cres SW15 . 68 C1
Stroud Green Prim
Sch N4 . . . . 5 C3
Stroud Green Rd
N4 . . . . 5 C3
Stroudley Ho
SW8 . . . . 171 A4
Stroudley Wlk E3 . . 27 A2
Stroud Rd SW19 . . 70 C1
Strout's Pl 2
E2 . . . . 24 B2 98 C4
Strudwick Ct
SW4 . . . . 172 B3
Strutton Ground
SW1 . . . . 133 B1
Strype St E1 . . . . . 110 C3
Stuart Ave W5 . . . . 36 B4
Stuart Ho
Hammersmith W6 . . 39 B3
■ Homerton E9 . . . . 17 C1
5 Stockwell SW4 . . 62 A3
W14 . . . . 140 A4
Stuart Mill Ho N1 . 84 C1
Stuart Rd
Acton W3 . . . . 28 B1
Maida Vale NW6 . . . 23 C2
Nunhead SE15 . . . . . 65 B3

Stuart Rd continued
Wimbledon SW19....**70** C1
Stubbs Dr SE16.....**40** A1
Stubbs Ho
Finsbury Pk N4......**5** B3
1 Globe Town E2 ...**25** C2
Stucley Pl 13 NW1...**13** A1
Studdridge St
SW6 ....**165** C2
Studd St N1.......**86** A4
Studholme St
NW3 ....**10** C4
Studholme St
SE15 ....**50** A3
Studio Pl SW1...**131** A3
Studios NW8 ......**78** C2
Studios The
4 Clapham SW4....**61** B3
SW8 ....**171** C3
Studland SE17...**151** B2
Studland Ho E14 ..**33** A3
Studland W6 ......**39** A2
Studley Cl E5......**18** A3
Studley Ct 13 E14...**34** C2
Studley Rd SW4...**172** B2
Stukeley St WC2..**106** B2
Stunell Ho 23
SE14 ....**50** C4
Sturdee Ho 2 E2...**24** C3
Sturdy Ho 20 E3....**26** A3
Sturdy Rd SE15....**50** A1
Sturgeon Rd SE17 **150** C1
Sturge St SE1 ....**136** C4
Sturmer Way N7 ...**14** B3
Sturminster Ho
SW9 ....**163** A1
Sturry St E14......**34** A3
Sturt St N1........**87** A1
Stutfield St E1 .....**125** C4
Stuttle Ho 14
E1............**24** C1 **99** B1
Styles Gdns SW9 ...**63** A4
Styles Ho SE1 ....**122** A1
Stylus Apartments 20
E1...............**32** B3
Sudbourne Prim Sch
18 SW2 ....**62** B2
Sudbourne Rd
SW2 ....**62** B2
Sudbrooke Rd
SW12 ....**60** C1
Sudbury Ct SW8 ..**171** C3
Sudbury Ho SW18 ..**59** A2
Sudeley St N1......**86** B1
Sudlow Rd SW18 ...**58** C2
Sudrey St SE1 ....**136** C3
Suffield Ho SE17 ..**150** B2
Suffolk Ho 8 NW5 ...**4** A1
Suffolk La EC4....**123** B4
Suffolk Pl SW1 ...**119** C2
Suffolk Rd
Barnes SW13........**46** C3
Willesden NW10......**8** A1
Suffolk St SW1 ...**119** C2
Sugar House La
E15 ....**27** B3
Sugar Loaf Wlk 6
E2................**25** B2
Sugden Rd SW11...**60** C3
Sulby Ho SE4......**66** A3
Sulgrave Gdns 11
W6................**39** B4
Sulgrave Rd W6....**39** B3
Sulina Rd SW2 .....**74** A4
Sulivan Ct SW6...**165** B1

SW6 ....**58** C4
Sulivan Prim Sch
SW6 ....**165** B1
Sulivan Rd SW6....**58** C4
Sulkin Ho 11 E2 ....**25** C2
Sullivan Cl SW11 ...**60** A4
Sullivan Ct
Stamford Hill N16....**7** B3
SW5 ....**141** C4
Sullivan Ho
Chelsea SW1 ......**160** B4
Vauxhall SE11......**149** A3
Sullivan Rd SE11 ..**149** C4
Sultan St SE5......**48** B3
Sumatra Rd NW6...**10** C2
Sumburgh Rd
SW12 ....**60** C1
Summercourt Rd
E1................**32** B3
Summerfield Ave
NW6 ....**23** A3
Summer Ho SE13...**67** C3
Summerhouse Rd
N16................**7** A2
Summerlands Ave
W3................**28** B2
Summerley St
SW18 ....**71** A2
Summers St EC1 ...**95** B1
Summit Cl NW2 ....**10** A3
Summit St N16......**7** C4
Sumner Ave SE15...**49** B2
Sumner Bldgs
SE1 ....**122** C2
Sumner Ct SW8 ...**172** A4
Sumner Ho 1 E3...**34** A4
Sumner Pl SW7 ...**143** C3
Sumner Place Mews
SW7 ....**143** C3
Sumner Rd SE15...**49** B3
Sumner St SE1....**122** C2
Sumpter Cl NW3 ...**11** B2
Sun Alley 4 TW9 ...**54** A3
Sun Alliance Ho
WC2 ....**107** B2
Sunbeam Cres
W10 ....**22** B1
Sunbeam Rd
NW10 ....**20** C1
Sunbury Ave
SW14 ....**55** C3
Sunbury Ct 8
SE14 ....**50** C4
Sunbury Ho 33
E2............**24** B2 **98** C3
Sunbury La SW11 ..**167** C4
Sunbury Workshops
33 E2 ....**24** B2 **98** C3
Sun Ct EC3 ....**109** C1
Sunderland Ct
SE22 ....**76** C4
Sunderland Ho 24
W2................**31** C4
Sunderland Terr
W2 ....**100** A2
Sundew Ave W12...**29** C2
Sundra Wlk 28 E1...**25** C1
Sundridge Ho 4
E9................**17** C1
Sunley Ho E1 .....**111** A3
Sunlight Sq 29 E2...**25** A2
Sunningdale Ave
W3................**29** A2

Sunningdale Cl 22
SE16 ....**40** A1
Sunningdale Gdns
W8 ....**127** C1
Sunninghill Ct 9
W3................**37** B4
Sunninghill Rd
SE13 ....**52** A1
Sunnyhill Cl E5.....**18** A4
Sunnymead Rd
SW15 ....**57** A2
Sunnyside 4 NW2...**1** B1
Sunnyside Ho 3
NW2 ....**1** B1
Sunnyside Rd N19...**4** C4
Sun Pas SE16.....**139** B2
Sunray Ave SE5,
SE24 ....**63** C3
Sun Rd W14......**140** C1
Sun St Pas EC2...**110** A3
Sunset Rd SE5.....**63** B3
Sun St EC2.......**109** C4
Sunwell Cl SE15....**50** A2
Surcot Ho 2
SW4 ....**171** C1
Surma Cl E1........**24** C1 **99** C1
Surrendale Pl W9 ..**23** C1
Surrey Canal Rd SE14,
SE8 ....**50** C4
Surrey Cres 1
W4................**36** C1
Surrey Docks Farm★
SE16 ....**41** B2
Surrey Docks
Watersports Ctr
SE8 ....**41** B2
Surrey Gr 4 SE17 ...**152** A1
Surrey Ho 8 SE16...**32** C1
Surrey La SW11 ..**168** B3
Surrey Quays Rd
SE16 ....**40** C4
Surrey Quays Sh Ctr
SE16 ....**40** C3
Surrey Quays Sta
SE16 ....**40** C2
Surrey Rd SE15.....**65** C2
Surrey Row 4 SE1 .**136** B4
Surrey Sq SE17 ...**152** B2
Surrey Square Inf Sch
SE17 ....**152** A2
Surrey Square Jun
Sch SE17 ....**152** A2
Surrey St WC2....**121** A4
Surrey Terr SE17 ..**152** B2
Surrey Water Rd
SE16 ....**32** C1
Surrey Wharf SE1 ..**49** C4
Surridge Ct 18
SW9 ....**172** B2
Surr St N7.........**14** A3
Susan Constant Ct 18
E14 ....**34** C2
Susannah St E14 ...**34** B3
Sussex Cl N19......**5** A2
Sussex Ct
4 Barnes SW13 ....**46** B1
Greenwich SE10......**52** B4
Paddington W2.....**101** B1
Sussex Gdns W2 ..**101** C1
Sussex Ho
Hampstead NW3 .....**12** A2
Richmond TW9 ......**44** B1
Sussex House Sch
SW3 ....**144** C4
Sussex Lo W2 ....**101** C1

Sussex Mans
South Kensington
SW7 ....**143** B3
Strand WC2 ....**120** B4
Sussex Mews E
W2 ....**101** C1
Sussex Mews W
W2 ....**115** C4
Sussex Pl
22 Hammersmith
W6................**39** B1
Lisson Gr NW1......**90** C2
Paddington W2.....**101** C1
Sussex Sq W2....**115** C4
Sussex St SW1 ...**146** B2
Sussex Way
Upper Holloway N7 ...**5** B1
Upper Holloway N7,
N19................**5** B2
Upper Holloway N19 ...**4** C1
Sutherland Ave
W9................**88** C2
Sutherland Ct
8 Paddington W9 ...**23** C1
Stoke Newington N16 ..**6** C1
Sutherland Gdns
SW14 ....**56** A4
Sutherland Gr SW18,
SW19 ....**70** B4
Sutherland Ho
Kensington W8.....**128** A1
7 Putney SW15 ....**69** B4
9 South Hampstead
NW6 ....**11** B1
Sutherland Pl W2 ...**31** C3
Sutherland Rd W4...**46** A4
Sutherland Row
SW1 ....**146** B2
Sutherland Sq
SE17 ....**150** C1
Sutherland St
SW1 ....**146** B2
Sutherland Wlk
SE17 ....**151** A1
Sutterton St N7....**14** B2
Sutton Court Mans
W4................**45** B4
Sutton Court Rd
W4................**45** B4
Sutton Ct
Chiswick W4........**45** B4
8 Hackney E5......**17** A4
Sutton Est SW3 ..**144** B2
Sutton Est The 8
W10 ....**30** B4
Sutton House★ W2 ...**96** B1
Sutton La EC1......**96** B1
Sutton La N W4.....**45** B4
Sutton La S W4.....**45** B4
Sutton Pl E9 ....**17** B3
Sutton Row W1...**105** C2
Sutton Sq E9 ......**17** B3
Sutton St E1.......**32** B3
Suttons Way EC1 ...**97** A1
Sutton Way W10....**30** B4
Sutton Wlk SE1 ...**121** A1
Swaby Rd SW17,
SW18 ....**71** B2
Swaffield Prim Sch
SW18 ....**71** B4
Swaffield Rd
SW18 ....**71** B4
Swain's La N6......**4** A2
Swainson Ho N7 ....**14** C4
Swainson Rd W3 ...**38** B4
Swain St NW8......**90** A2

Swallow Cl SE14....**50** C2
Swallow Ct 4 W9...**31** C4
Swallowfield NW1...**92** B3
Swallowhaven 1
NW8 ....**80** A2
Swallow Pl
24 Poplar E14 .....**33** B3
W1 ....**104** B1
Swallow St W1 ...**119** A3
Swanage Ct 5 N1...**16** A1
Swanage Ho SW8 .**162** C1
Swanage Rd SW18 ..**59** B1
Swanbourne SE17 ..**151** A3
Swanbourne Ho
NW8 ....**90** A2
Swan Bsns Ctr 8
W4................**37** C2
Swan Ct
Chelsea SW3 ......**144** B1
Parsons Green
SW6 ....**155** B1
Poplar E14 ....**33** B3
Swan Ctr SW17.....**71** B1
Swandon Way
SW18 ....**59** A3
Swanfield St
E2............**24** B2 **99** A3
Swan Ho N1........**15** C1
Swan La EC4 .....**123** C3
Swan Lane Pier
EC4 ....**123** B3
Swanlea Sch E1.....**25** A1
Swanley Ho SE17 ..**152** B2
Swan Mead SE1 ..**138** A1
Swan Mews
Stockwell SW9 ......**172** C2
SW6 ....**165** B4
Swanmore Ct
SW18 ....**59** B1
Swanne Ho 12
SE10 ....**52** B3
Swan Pas 1 E1 ...**125** B3
Swan Pl SW13......**46** B1
Swan Rd SE16......**40** C4
Swanscombe Ho 11
W11 ....**30** C1
Swanscombe Point 7
E16 ....**35** B4
Swanscombe Rd
5 Chiswick W4....**38** A1
Shepherd's Bush
W11 ....**30** C1
Swan St SE1 .....**137** A3
Swanton Gdns
SW19 ....**69** C3
Swanwick Cl
SW15 ....**68** B4
Swan Wlk SW3 ...**158** C4
Swan Yd N1........**15** A1
Swaton Rd E3......**26** C1
Swaythling Ho
SW15 ....**56** B1
Swedenborg Gdns
E1................**32** A2
Sweden Gate SE16..**41** A2
Swedish Quays
SE16 ....**41** A3
Swedish Sch The
SW13 ....**46** C4
Sweeney Cres
SE1 ....**139** A3
Sweyn Pl SE3......**53** C1
Swift Ho
18 Stepney E1......**32** B3

Swift Ho continued
 N16. . . . . **7** A1
 1 SW9 . . . . **163** C2
Swift St SW6 . . . . . **164** C4
Swinbrook Rd
 W10 . . . . **31** A4
Swinburne Ct 4
 SE5 . . . . **63** C3
Swinburne Ho 19
 E2 . . . . **25** B2
Swinburne Rd
 SW15 . . . . **56** C3
Swindon St W12. . . **30** B1
Swinford Gdns
 SW9 . . . . **63** A4
Swingfield Ho 4
 E9 . . . . **25** B4
Swinley Ho NW1. . . **92** B4
Swinnerton St E9. . **18** A3
Swinton Ho 21
 E2 . . . . **24** C2 **99** B3
Swinton Pl WC1. . . . **94** C4
Swinton St WC1. . . . **94** C4
Swiss Cottage
 NW3 . . . . **11** C1
Swiss Cottage L Ctr
 NW3 . . . . **11** C1
Swiss Cottage Sch
 14 South Hampstead
 NW3 . . . . **11** C1
 St John's Wood
 NW8 . . . . **79** C4
Swiss Cottage Sta
 NW3 . . . . **11** C1
Swiss Ct SW1 . . . . **119** C3
Swiss Re Building ✶
 EC2. . . . . **110** B2
Swiss Terr 7
 NW3 . . . . **11** C1
Switch Ho 4 E14. . **34** C2
Sybil Phoenix Cl
 SE8 . . . . **40** C1
Sybil Thorndike
 Casson Ho SW5. **141** C1
Sybil Thorndike Ho 9
 N1. . . . . **15** B2
Sycamore Ave E3. . **26** B4
Sycamore Cl W3. . . **29** A1
Sycamore Ct
 Kilburn NW6. . . . . **23** C4
 Tufnell Pk N19 . . . . **4** C1
Sycamore Gdns W6,
 W12 . . . . **39** A3
Sycamore Gr SE6. . **67** B1
Sycamore Ho
 10 Maitland Pk
 NW3 . . . . **12** B2
 17 Rotherhithe
 SE16. . . . . **40** C4
 3 Shepherd's Bush
 W6 . . . . **39** A4
 2 Stoke Newington
 N16. . . . . **6** C2
Sycamore Lo
 SW15 . . . . **57** A4
Sycamore Mews 4
 SW4 . . . . **61** C4
Sycamore St EC1. . **96** C1
Sycamore Wlk 1
 W10 . . . . **23** A1
Sydcote SE21. . . . . **75** B3

Sydenham Hill SE21,
 SE22, SE23, SE26,
 SE19. . . . . **76** C1
Sydenham Hill Sta
 SE21. . . . . **76** B1
**Sydenham Hill Wood
 Nature Reserve**
 SE26. . . . . **76** C1
Sydner Mews N16. . **16** B4
Sydner Rd N16 . . . . **16** B4
Sydney Cl SW3 . . . **143** C3
Sydney Ho 4 W4. . **38** A2
Sydney Mews
 SW3 . . . . **143** C3
Sydney Pl SW7 . . . **144** A3
Sydney Rd SW20. . **79** B1
 TW9 . . . . **54** A3
Sydney St SW3 . . . **144** A2
Sylva Cotts 3 SE8. **51** C2
Sylva Ct 3 SW15. . **69** C4
Sylvan Cl N1. . . . . . **87** B1
Sylvan Gr
 Hampstead NW2 . . . **9** C4
 SE15. . . . . **50** A4
Sylvester Ho 7
 E8 . . . . **17** A2
Sylvester Path 8
 E8 . . . . **17** A2
Sylvester Rd E8 . . . **17** A2
Sylvia Ct N1. . . . . . **87** B1
Sylvia Pankhurst Ho
 1 E2 . . . . **25** C2
**Sylvia Young Theatre
 Sch** NW1. . . . . **90** B1
Symes Mews NW1. . **82** C2
Symington Ho
 SE1 . . . . **137** B1
Symington Mews
 E9 . . . . **17** C3
Symister Mews
 N1. . . . . **24** A2 **98** A3
N1 Shoreditch
 N1. . . . . **24** A2 **98** A3
Symons Ct 6
 SE15. . . . . **50** B1
Symons St SW3 . . . **145** A3
Symphony Mews 15
 W10 . . . . **23** A2
Syracuse Univ
 W11 . . . . **31** B2 **112** C5
Syringa Ho SE4. . . . **66** B4

T

Tabard Ct 6 E14 . . . **34** B3
Tabard Ho SE1 . . . **137** C2
Tabard St SE1 . . . . **137** B2
Tabernacle St EC2. **97** C2
Tableer Ave SW4 . . **61** C2
Tabley Rd N7 . . . . . **14** A4
Tabor Rd W6 . . . . . **39** A3
Tachbrook Est
 SW1 . . . . **147** C1
Tachbrook Mews
 SW1 . . . . **146** C4
Tachbrook St
 SW1 . . . . **147** A3
Tack Mews SE4. . . . **66** C4
Tadema Ho NW8 . . . **89** C1
Tadema Rd SW10 . **157** A1
Tadmor St W12. . . . **30** C1
Tadworth Ho SE1 . . **136** A3
Taeping St E14. . . . **42** A2
Taffrail Ho 2 E14 . . **42** A1
Taft Way 44 E3 . . . . **27** A2

Tailworth St 10
 E1. . . . . **111** B3
Tait Ct
 10 Old Ford E3. . . . **26** B4
 SW8 . . . . **171** C4
Tait Ho
 SE1 . . . . **121** C1
 2 Tufnell Pk N19 . . **13** B4
Takhar Mews
 SW11 . . . . **168** B1
Talacre Com Sp Ctr
 NW5 . . . . **12** C2
Talacre Rd NW5 . . . **12** C2
Talbot Ct EC3. . . . **123** C4
Talbot Grove Ho 10
 W11 . . . . **31** A3
Talbot Ho
 Highbury N7 . . . . . . **5** C1
 Poplar E14 . . . . **34** A3
Talbot Pl SE3 . . . . . **53** A1
Talbot Rd
 Camberwell SE22. . . **64** A3
 Notting Hill W2 . . . . **31** C3
 Notting Hill W11. . . . **31** C3
 8 Stoke Newington
 N15. . . . . **7** A4
Talbot Sq W2. . . . **101** B1
Talbot Wlk
 Notting Hill W11. . . . **31** A3
 Willesden NW10. . . . **8** A2
Talbot Yd SE1 . . . . **123** B1
Talcott Path 12
 SW2 . . . . **74** C3
Talfourd Pl SE15. . . **49** B2
Talfourd Rd SE15. . . **49** B2
Talgarth Rd
 Hammersmith W6 . . **39** B1
 W14 . . . . **140** B2
Talia Ho E14. . . . . . **42** B3
Talleyrand Ho SE5. **48** B1
Tallis St EC4. . . . . **121** C4
Talma Rd SW2 . . . . **62** C3
**Talmud Torah
 Machzikei Hadass
 Sch** E5 . . . . **7** C4
**Talmud Torah Tiferes
 Shlomo** N16. . . . . . **1** A2
**Talmud-Torah Yetev-
 Lev 6** N16. . . . . **7** C3
Talwin St E3. . . . . . **27** A2
Tamar Cl 7 E3. . . . . **26** B4
Tamar Ho
 10 Cubitt Town
 E14. . . . . **42** B4
 SE11. . . . . **149** C2
Tamarind Ct 8
 W3 . . . . **28** B3
Tamarind Ho 6
 SE15. . . . . **49** C3
Tamarind Yd 6
 E1. . . . . **125** C2
Tamarisk Sq W12. . . **29** B2
Tamworth N7 . . . . . **14** A2
Tamworth St
 SW6 . . . . **155** B3
Tangier Rd TW10 . . . **55** A4
Tangley Gr SW15 . . . **68** B4
Tangmere WC1. . . . **94** C3
Tanhurst Ho 7
 SW2 . . . . **74** A4
Tankerton St WC1. . **94** B3
Tanner Ho SE1 . . . **138** B3
Tanner's Hill SE8 . . **51** C2
Tanners Mews
 SE8 . . . . **51** B2
Tanner St SE1 . . . . **138** B3
Tanners Yd 33 E2. . **25** A3
Tannery Ho 22 E1 . **111** B4

Tannington Terr
 N5. . . . . **5** C1
Tansley Cl N7 . . . . . **13** C3
Tanswell St SE1 . . **135** B3
Tantallon Rd
 SW12 . . . . **72** C3
Tant Ave E16. . . . . . **35** B3
Tanza Rd NW3. . . . . **12** B4
Tapley Ho 11 SE1 . . **139** B3
Taplow NW3. . . . . . **11** C1
Taplow Ho 36
 E2 . . . . **24** B2 **98** C3
Taplow St N1. . . . . . **87** A1
Tappesfield Rd
 SE15. . . . . **65** B4
Tapp St E1. . . . . . . **25** A1
Taranto Ho 11 E1 . . **32** C4
Tarbert Rd SE22. . . . **64** A2
Tarbert Wlk E1 . . . . **32** B2
Tarling Rd E16. . . . . **35** C3
Tarling St E1. . . . . . **32** B3
Tarnbrook Ct
 SW1 . . . . **145** B3
Tarn St SE1 . . . . . . **136** C1
Tarns The NW1 . . . . **92** C4
Tarplett Ho 22
 SE14. . . . . **50** C4
Tarragon Cl SE14. . . **51** A3
Tarranbrae NW6. . . . **10** A1
Tarrant Ho E2 . . . . . **25** B2
Tarrant Pl W1 . . . . **102** C3
Tarrantt Ho W14. . . **126** A2
Tarriff Cres SE8 . . . **41** B2
Tarrington
 SW16 . . . . **73** C1
Tartan Ho 12 E14. . . **34** B3
Tarver Rd SE17 . . . **150** B2
Tarves Way SE10 . . . **52** A3
Tasker Ho 17 E14 . . **33** B4
Tasker Lo W8. . . . . **127** B4
Tasker Rd NW3. . . . **12** B3
Tasman Ct 9 E14 . . . **42** A2
Tasman Ho 10 E1. . . **32** A1
Tasman Rd SW9 . . . **62** A4
Tasso Rd W6 . . . . . **154** A4
Tasso St W6 . . . . . **154** A3
Tatchbury Ho 6
 SW15 . . . . **56** B1
Tate Britain ✶
 SW1 . . . . **148** A3
Tate Ho 13 E2 . . . . . **25** C3
Tate Modern ✶
 EC4. . . . . **122** B2
Tatham Pl NW8. . . . **79** C2
Tatnell Rd SE23. . . . **66** A1
Tatton Cres E5, N16 . **7** B4
Tatum St SE17 . . . **151** C3
Tauheed Cl N4 . . . . . **6** B2
Taunton Ho W2. . . **100** C1
Taunton Mews
 NW1 . . . . **90** C1
Taunton Pl NW1 . . . **90** C2
Tavern Cl SE1 . . . **137** A1
Taverner Ho N16 . . . **6** C1
Taverners Cl
 W11 . . . . **31** A1 **112** A1
Taverner Sq 4 N5. . . **15** B4
Tavern La SW9 . . . **173** C2
Tavistock Cl N16. . . . **16** A3
Tavistock Cres
 W11 . . . . **31** B4
Tavistock Ct WC1. . **93** C2
Tavistock Ho 3
 W11 . . . . **31** B4
Tavistock Mews 3
 W11 . . . . **31** B3

Tavistock Pl WC1 . . **94** A2
Tavistock Rd
 Dagenham NW10. . . . **21** B3
 Notting Hill W11. . . . **31** B4
Tavistock Sq WC1. . **93** C2
Tavistock St WC2. . **120** B4
Tavistock Terr N19 . . **4** C1
Tavistock Twr
 SE16. . . . . **41** A3
Taviton St WC1 . . . . **93** B2
Tavy Cl SE11. . . . . **149** C2
Tawhid Boys Sch
 N16. . . . . **7** B2
Tawny Way SE16. . . **40** C2
Taybridge Rd
 SW11 . . . . **60** C3
Tayburn Cl E14 . . . . **34** B3
Tay Ho 10 E3 . . . . . **26** B3
Tayler Ct NW8 . . . . **79** B4
Taylor Ave TW9 . . . **45** A1
Taylor Cl SE8 . . . . . **51** B4
Taylor Ho 10 SW2. . **74** C3
Taylor's Gn W3 . . . . **29** A3
Taylor's La NW10. . . **8** A1
Tayport Cl N1 . . . . . **14** A1
Tayside Ct 8 SE5. . . **63** C3
Teak Cl SE16 . . . . . **33** A1
Tealby Ct N7 . . . . . . **14** B2
Teal Ct 30 SE8. . . . **51** B4
Teale St E2 . . . . **24** C3
Teal St 1 SE10 . . . . **43** B3
Teather St 12 SE5 . . **49** A3
Tebbs Ho 14 SW2. . **74** C4
Tedman Ct SE13. . . . **67** B3
Ted Roberts Ho 25
 E2 . . . . **25** A3
Tedworth Gdns
 SW3 . . . . **144** C1
Tedworth Sq SW3 . . **144** C1
Teesdale Cl E2 . . . . **25** A3
Teesdale St E2 . . . . **25** A3
Teesdale Yd 34 E2 . . **25** A3
Tee The W3 . . . . . . **29** A3
Teignmouth Cl 6
 SW4 . . . . **61** C3
Teignmouth Rd
 NW2 . . . . **9** C2
Telegraph Hill NW3 . **2** A1
Telegraph Pl E14. . . **42** A2
Telegraph Rd
 SW15 . . . . **69** B4
Telegraph St EC2. . **109** B2
Telephone Pl
 SW6 . . . . **155** A4
Telfer Cl 4 W3. . . . . **37** B4
Telfer Ho EC1 . . . . . **96** B3
Telferscot Prim Sch
 3 SW12 . . . . **73** C3
Telferscot Rd
 SW12 . . . . **73** C3
Telford Ave SW12,
 SW2 . . . . **74** A3
Telford Avenue Mans
 7 SW2 . . . . **74** A3
Telford Ho
 8 Kensal Town
 W10 . . . . **31** A4
 SE1 . . . . **136** C2
Telford Parade Mans
 8 SW2 . . . . **74** A3
Telford Rd W10. . . . **31** A4
Telford Terr SW1 . . **160** C4
Telford Way W3 . . . **29** A4
Tell Gr SE22 . . . . . . **64** B3
Telscombe Ho
 SW11 . . . . **169** B3

Temair Ho **1**
SE10 . . . . **52** B3
Temeraire Ho **1**
SE10 . . . . **52** B3
Temeraire St SE16 . . **40** B4
Temperley Rd
SW12 . . . . **72** C4
Templar Ho NW2 . . . **10** B2
Templar St SE5 . . . . . . **48** A1
Temple Ave EC4 . . . **121** C4
Temple Bar* EC4 **108** B1
Templecombe Rd
E9 . . . . **25** B4
Temple Ct
Stepney E1 . . . . **32** C4
SW8 . . . . **162** A1
Temple Dwellings **7**
E2 . . . . **25** A3
Temple Gr Hatcham
Sch SE14 . . . . **50** C1
Temple Ho
13 Battersea
SW11 . . . . **60** A4
4 Tufnell Pk N7 . . . . . **4** B1
Temple La EC4 . . . . **107** C1
Templemead CI
W3 . . . . **29** A3
Templemead Ho
E9 . . . . **18** A4
Temple Mills La
London E10, E15. . . . **19** B4
Stratford E15 . . . . **19** B4
Temple Mills Rd
E9 . . . . **18** C4
Temple PI WC2 . . . . **121** A4
Temple Rd
Acton Green W4 . . . **37** B3
Richmond TW9 . . . . . **54** B4
Temple Sheen
SW14 . . . . **55** B2
Temple Sheen Rd
SW14 . . . . **55** B3
Temple St E2 . . . . . . **25** A3
Temple Sta WC2 . . . **121** B4
Templeton CI **25**
N16 . . . . **16** A3
Templeton PI
SW5 . . . . **141** C3
Temple West Mews
SE11 . . . . **136** A1
Templewood Ave
NW3 . . . . **2** A1
Templewood Gdns
NW3 . . . . **2** A1
Templewood Point
NW2 . . . . **1** B2
Tenbury Ct SW12 . . . **73** C3
Tenby Ho
Islington N7 . . . . **14** C4
W2 . . . . **100** C1
Tench St E1 . . . . **32** A1
Tenda Rd SE16 . . . . . **40** A2
Tendring Ho SW9 . . . **62** C1
Tenham Ave SW2 . . . **73** C2
Tenison Ct W1 . . . . **118** C4
Tenison Way SE1 . . . **121** B1
Tenniel CI W2 . . . . . **114** B4
Tennis St SE1 . . . . . **137** B4
Tennyson Ho
SE17 . . . . **151** A2
Tennyson Rd NW6 . . . **23** B4
Tennyson St SW8 . . . **170** A1
Tensing Ho N1 . . . . . **15** A2
Tenterden Ho
SE17 . . . . **152** B2
Tenterden St W1 . . . **104** B1

Tenter Ground
E1 . . . . **110** C3
Tent St E1 . . . . **25** A1
Tequila Wharf E14 . . **33** A3
Terborch Way **6**
SE22 . . . . **64** A2
Tercelet Terr NW3 . . **11** B4
Teredo St SE16 . . . . . **40** C3
Terling Ho **9** W10 . . **22** B1
Terling Wlk N1 . . . . . **86** C4
Terminus PI SW1 . . . **132** B1
Tern Ho **9** SE15. . . . **49** B2
Terrace Gdns
SW13 . . . . **46** B1
Terrace La TW10 . . . . **54** A1
Terrace Rd E9 . . . . . . **17** B1
Terrace The
Barnes SW13,
SW14 . . . . **46** A1
EC4 . . . . **107** C1
Kilburn NW6 . . . . **23** C4
10 Rotherhithe SE8 . **41** B2
Terrano Ho **1**
TW9 . . . . **45** A2
Terrapin Ct SW17 . . . **73** A1
Terrapin Rd SW17 . . . **73** A1
Terrick St W12 . . . . . . **30** A3
Territorial Ho
SE11 . . . . **149** C3
Terry Ho SW2 . . . . . . **74** C3
Tersha St TW9 . . . . . . **54** B3
Tessa Sanderson PI
6 SW8 . . . . **61** A4
Testerton Wlk **3**
W11 . . . . **30** C2
Tetcott Rd SW10 . . . **156** C1
Teversham La
SW8 . . . . **172** B4
Teviot St E14 . . . . **34** B4
Teyham Ct **2**
SW11 . . . . **60** B1
Thackeray Ct
Chelsea SW3 . . . . . **144** C2
West Kensington
W14 . . . . **126** A1
Thackeray Ho
College Pk NW10 . . . **21** C2
WC1 . . . . **94** A2
Thackeray Mews **6**
E8 . . . . **16** C2
Thackeray Rd
SW8 . . . . **170** B1
Thackeray's
Almshouses SE6. . . **67** A1
Thackeray St W8 . . . **128** B2
Thalia CI SE10 . . . . . **52** C4
Tham CI **10** SE24 . . . **63** A4
Thame Rd SE16 . . . . . **40** C4
Thames Ave
SW10 . . . . **167** A3
Thames Bank
SW14 . . . . **45** B1
Thames Christian Coll
22 SW11 . . . . **59** C4
Thames Circ E14 . . . **41** C2
Thames Cres W4 . . . . **46** A3
Thames Ct **1**
SE15 . . . . **49** B3
Thames Hts SE1 . . . **138** C4
Thameside Ctr
TW8 . . . . **44** B4
Thames Link Ho **7**
TW9 . . . . **54** A3
Thames PI SW15 . . . . **57** C4
Thames Quay
Millwall E14 . . . . **42** A4

Thames Quay continued
E1 . . . . **167** A3
Thames Rd W4 . . . . . . **45** A4
Thames Reach W6 . . **47** B4
Thames Row TW9 . . . **44** B4
Thames St SE10 . . . . . **52** A4
Thames Village
W4 . . . . **45** B2
Thames Wlk
SW11 . . . . **158** A2
Thane Mans N7 . . . . . . **5** B1
Thanet Ho
WC1 . . . . **94** A3
1 West Norwood
SE27 . . . . **75** A1
Thanet Lo NW2 . . . . . **10** A2
Thanet St WC1 . . . . . **94** A3
Thane Villas N7 . . . . . . **5** B1
Thane Works N7 . . . . . . **5** B1
Thavies Inn EC4 . . . **107** C2
Thaxted Ct N1 . . . . . **87** C1
Thaxted Ho SE16 . . . . **40** B2
Thaxton Rd W14 . . . **155** A4
Thayer St W1 . . . . . **103** C2
Theatre Royal*
E10 . . . . **19** C4
Theatre Sq E15 . . . . . **19** C2
Theatre St SW11 . . . . **60** B4
Theberton St N1 . . . . **86** A4
Theed St SE1 . . . . . . **121** C1
Thelbridge Ho **28**
E3 . . . . **27** A2
Theobalds Ct N4 . . . . **6** B2
Theobald's Rd
WC1 . . . . **106** A4
Theobald St SE1 . . . **137** B1
Theodore Ct SE13 . . . **67** C1
Theodore Ho **1**
SW15 . . . . **56** C2
Theodore Rd SE13 . . . **67** C1
Therapia Rd SE22. . . . **65** B1
Theresa Rd W6 . . . . . **38** C2
Therfield Ct N4 . . . . . . **6** B2
Thermopylae Gate
E14 . . . . **42** A2
Theseus Ho **2**
E14 . . . . **34** C3
Theseus Wlk N1 . . . . **86** B1
Thessaly Ho SW8 . . . **160** C1
Thessaly Rd SW8 . . . **171** A4
Thetford Ho SE1 . . . **138** C2
Thetis Terr TW9 . . . . . **44** C4
Third Ave
East Acton W3 . . . . . **29** B1
West Kilburn W10 . . . **23** A2
Thirleby Rd SW1 . . . **133** A1
Thirlmere NW1 . . . . . . **92** B4
Thirlmere Ho **10**
N16 . . . . **16** A3
Thirsk Rd SW11 . . . . . **60** C3
Thistle Gr SW7 . . . . **143** A1
Thistle Ho **10** E14. . . . **34** B3
Thistlewood CI **3**
N7 . . . . **5** B2
Thistly Ct SE8 . . . . . . **52** A4
Thomas Baines Rd
SW11 . . . . **59** C4
Thomas Burt Ho **9**
E2 . . . . **25** A2
Thomas Buxton Jun &
Inf Sch **37**
E1 . . . . **24** C1
Thomas Crowell Ct **29**
N1 . . . . **16** A3
Thomas Doyle St
SE1 . . . . **136** B2

Thomas Fairchild
Com Sch N1 . . . . . . **87** A2
Thomas Ho
3 Hackney E9 . . . . . **17** B2
4 Stockwell SW4 . . **62** A3
Thomas Hollywood
Ho **3** E2 . . . . **25** B3
Thomas Jones Prim
Sch **11** W11 . . . . . . **31** A3
Thomas London Ind
Day Sch W8 . . . . . . **128** A2
Thomas Milner Ho **5**
SE15 . . . . **49** C3
Thomas More Ho
EC2 . . . . **108** C3
Thomas More Sq
E1 . . . . **125** B3
Thomas More St
E1 . . . . **125** B2
Thomas Neal's Ctr
WC1 . . . . **106** A1
Thomas North Terr **4**
E16 . . . . **35** B4
Thomas PI W8. . . . . . **128** A1
Thomas Rd E14 . . . . . **33** C4
Thomas Road Ind Est
11 E14 . . . . **33** C4
Thomas's Prep Sch
Clapham SW11 . . . . . **60** B2
Thomas's Prep Schs
SW11 . . . . **167** C3
Thompson Ave
Richmond TW9 . . . . . **54** C4
6 SE5 . . . . **48** B3
Thompson Ho
11 Kensal Town
W10 . . . . **23** A2
SE14 . . . . **50** C4
Thompson Rd
SE22 . . . . **64** B1
Thomson Ct **4** E8. . . **16** C2
Thomson Ho
Pimlico SW1 . . . . . . **147** C1
Walworth SE17 . . . . **152** A3
Thorburn Ho SW1 . . **131** B3
Thorburn Sq SE1 . . . **153** B3
Thoresby Ho N16 . . . . **6** C1
Thoresby St N1 . . . . . **97** A4
Thornaby Ho **15**
E2 . . . . **25** A2
Thornbill Ho **1**
SE15 . . . . **49** C3
Thornbury CI N16 . . . **16** A3
Thornbury Ct
W11 . . . . **31** C2 **113** B4
Thornbury Ho N6 . . . . **4** B3
Thornbury Rd
SW2 . . . . **62** A1
Thornbury Sq N6 . . . . **4** B3
Thorncliffe Ct
SW2 . . . . **62** A1
Thorncliffe Rd
SW2 . . . . **62** A1
Thorncombe Rd
SE22 . . . . **64** A2
Thorncroft St
SW8 . . . . **162** A1
Thorndale Ho **10**
N16 . . . . **7** A3
Thorndean St
SW18 . . . . **71** B2
Thorndike CI
SW10 . . . . **156** C2
Thorndike Ho
SW1 . . . . **147** B2

Thorndike Rd **21**
N1 . . . . **15** C2
Thorndike St
SW1 . . . . **147** B3
Thorne CI E16 . . . . . . **35** C3
Thorne Ho
34 Bethnal Green
E2 . . . . **25** B2
4 Cubitt Town E14 . **42** B3
Thorne Pas **7**
SW13 . . . . **46** B1
Thorne Rd SW8 . . . . **162** B1
Thorness Ct SW18 . . . **59** B1
Thorne St SW13,
SW14 . . . . **56** A4
Thornewill Ho **6**
E1 . . . . **32** B2
Thorney Cres
SW11 . . . . **157** C1
Thorneycroft Ho **3**
W4 . . . . **38** A1
Thorney Ct W8 . . . . **128** C3
Thorney Hedge Rd
W4 . . . . **37** A2
Thorney St SW1 . . . **148** A4
Thornfield Ho **5**
E14 . . . . **33** C2
Thornfield Rd
W12 . . . . **39** A4
Thornford Rd
SE13 . . . . **67** B2
Thorngate Rd W9 . . . **23** C1
Thornham Gr E15 . . . **19** C3
Thorn Ham Ho
SE1 . . . . **137** C2
Thornhaugh St
WC1 . . . . **93** C1
Thornhill Bridge
Wharf N1 . . . . **84** C3
Thornhill Cres N1 . . . **14** C1
Thornhill Gr N1 . . . . . **14** C1
Thornhill Ho
9 Chiswick W4 . . . . . **38** A1
Islington N1 . . . . **14** C1
Thornhill Mews
SW15 . . . . **58** B3
Thornhill Prim Sch **11**
N1 . . . . **14** C1
Thornhill Rd N1 . . . . . **85** B4
Thornhill Sq N1 . . . . . **14** B1
Thornicroft Ho **12**
SW9 . . . . **173** A1
Thornley PI **2**
SE10 . . . . **43** A1
Thornsett Rd
SW18 . . . . **71** A4
Thornton Ave
Chiswick W4 . . . . **38** A2
Streatham SW2 . . . . . **73** C3
Thornton Ct N1 . . . . . **14** A3
Thornton Gdns
SW12 . . . . **73** C3
Thornton Ho
SE17 . . . . **152** A3
Thornton PI W1 . . . . **103** A4
Thornton Rd
Mortlake SW14 . . . . . **55** C4
Streatham SW12,
SW2 . . . . **73** C3
Thornton St SW9 . . . **173** B2
Thornville St SE8 . . . **51** C2
Thornwood Gdns
W8 . . . . **127** B4

Thornwood Lo
W8 . . . . 127 B4
Thornycroft Ct
TW9 . . . . 44 B1
Thorold Ho
SE1 . . . . 136 C4
6 Streatham SW2 . .74 A4
Thorparch Rd
SW8 . . . . 161 C1
Thorpebank Rd
W12 . . . . 29 C1
Thorpe Cl W10 . . . .31 A3
Thorpedale Rd N4 . . .5 B3
Thorpe Ho N1 . . . . .85 A3
Thorverton Rd 2 . .1 A1
Thoydon Rd E3 . . . .26 A3
Thrale St SE1 . . . . .123 A1
Thrasher Cl 20 E8 . .24 B4
Thrawl St E1 . . . . .111 A3
Thrayle Ho 2
SW9 . . . . 62 B4
Threadgold Ho 8
N1 . . . . 15 C2
Threadneedle St EC2,
EC3 . . . . 109 C1
Three Colts La E2 . .25 A1
Three Colt St E14 . . .33 B2
Three Cups Yd
WC1 . . . . 107 A3
Three Kings Yd
W1 . . . . 118 A4
Three Mill La E3 . . .27 B2
Three Mills Studios*
E14 . . . . 27 B2
Three Nun Ct EC2 109 A2
Three Oak La SE1 138 C4
Threshers Pl
W11 . . . . 31 A2 112 A4
Thring Ho 2
SW9 . . . . 172 C2
Throgmorton Ave
EC2 . . . . 109 C2
Throgmorton St
EC2 . . . . 109 C2
Thrush St SE17 . . .150 C2
Thurland Ho 3
SE16 . . . . 40 A2
Thurland Rd SE16 139 B2
Thurleigh Ave
SW12 . . . . 60 C1
Thurleigh Ct
SW12 . . . . 60 C1
Thurleigh Rd
SW12 . . . . 60 C1
Thurloe Cl SW7 . .144 A4
Thurloe Ct SW3 . . .144 A3
Thurloe Pl SW7 . .143 C4
Thurloe Place Mews
SW7 . . . . 143 C4
Thurloe Sq SW7 . .144 A4
Thurloe St SW7 . .143 C4
Thurlow Hill SE21 .75 B2
Thurlow Ho 10
SW16 . . . . 74 A1
Thurlow Park Rd SE21,
SE24 . . . . 75 B2
Thurlow Rd NW3 . .11 C3
Thurlow St SE17 . .152 A1
Thurlow Terr NW5 . .12 C3
Thurlow Twrs
SE27 . . . . 74 C1
Thurlow Wlk
SE17 . . . . 152 A1
Thurnscoe NW1 . . .82 C3

Thursley Gdns
SW19 . . . . 69 C2
Thursley Ho 10
SW2 . . . . 74 B4
Thurso Ho NW6 . .78 A1
Thurston Ind Est
SE13 . . . . 67 A4
Thurston Rd SE8,
SE13 . . . . 52 A1
Thurtle Rd E2 . . . .24 B3
Tibbatt's Rd E3 . . . .27 A1
Tibberton Sq N1 . .86 C4
Tibbets Cl SW19 . . .69 C3
Tibbet's Corner
SW19 . . . . 69 C4
Tibbet's Ride
SW19 . . . . 69 C4
Tiber Cl 10 E3 . . . .26 C4
Tiber Gdns N1 . . .84 B3
Tickford Ho NW8 . . .90 A3
Tidal Basin Rd
E16 . . . . 35 B2
Tidbury Ct SW8 . .160 C1
Tidemill Prim Sch 20
. . . . 35 A3
Tideswell 10 NW5 . .13 A4
Tideswell Rd
SW15 . . . . 57 B3
Tideway Ct 9
SE16 . . . . 32 C1
Tideway Ho E14 . . .41 C4
Tideway Ind Est
SW8 . . . . 161 A3
Tideway Wharf
SW13 . . . . 46 A1
Tideway Yd SW13 . .46 A1
Tidey St E3 . . . . . . .33 C4
Tidworth Ho 18
SE22 . . . . 64 A4
Tidworth Rd E3 . . .26 C1
Tierney Rd SW2 . .74 A3
Tierney Terr SW2 . .74 A3
Tiger Ho NC1 . . . .93 C3
Tiger Way E5 . . . . .17 A4
Tignel Ct W3 . . . . .36 C4
Tilbury Cl 14 SE15 . .49 B3
Tilbury Ho 4
SE14 . . . . 50 C4
Tildesley Rd SW15 . .57 B1
Tilehurst NW1 . . . . .92 B3
Tilehurst Rd SW17,
Tile Kiln La N6 . . .4 B3
Tileyard Rd N7 . . . .14 A1
Tilford Gdns SW19 . .69 C3
Tilford Ho 8 SW2 . .74 B4
Tilia Rd E5 . . . . . .17 A4
Tilia Wlk 21 SW9 . .63 A3
Tiller Ho 20 N1 . . . .24 A4
Tiller L Ctr E14 . . . .41 C3
Tiller Rd E14 . . . . .41 C3
Tillet Sq SE16 . . . .41 A4
Tillet Way 6
E2 . . . . 24 C2 99 B4
Tilling Ho 1 SE15 .65 A4
Tillman Ho 3
SW2 . . . . 74 B3
Tillman St E1 . . . . .32 A3
Tilloch St 9 N1 . . . .14 B1
Tillotson Ct SW8 .161 C1
Tilney Ct EC1 . . . .97 A2
Tilney Gdns 12 N1 . .15 C2
Tilney St W1 . . . . .117 C2
Tilson Cl 2 SE15 . .49 A3
Tilson Gdns SW2,
SW4 . . . . 74 A4

Tilson Ho SW2 . . . .74 A4
Tilton St SW6 . . . .154 B3
Tiltwood The W3 . . .28 B2
Timberland CI 16
SE15 . . . . 49 C3
Timberland Rd E1 . .32 A3
Timber Mill Way
SW4 . . . . 61 C4
Timber Pond Rd
SE16 . . . . 40 C4
Timber St EC1 . . . .96 C2
Time Sq E8 . . . . . .16 C3
Timothy Cl 1
SW4 . . . . 61 B2
Timsbury Wlk 5
SW15 . . . . 68 C3
Tina Ct SW16 . . . .74 C1
Tindal St SW9 . . . .48 A2
Tinniswood Cl N5 . .14 C3
Tinsley Rd E1 . . . .32 B4
Tintagel Cres
SE22 . . . . 64 B3
Tintagel Ct EC1 . . .96 A2
Tintern Cl SW15 . .58 A2
Tintern Ho
Belgravia SW1 . . . . .146 A3
Regent's Pk NW1 . .82 B1
Tintern St SW4 . . . .62 A3
Tinworth St SE11 148 B2
Tipthorpe Rd
SW11 . . . . 60 C4
Tiptree 7 NW1 . . . .13 A1
Tisbury Ct W1 . . . .119 B4
Tisdall Pl SE17 . . .151 C3
Tissington Ct 4
SE16 . . . . 40 C2
Titan Bsns Est 3
SE8 . . . . 51 C3
Titan Ct TW8 . . . . .36 B1
Titchborne Row
W2 . . . . 102 B1
Titchfield Rd NW8 . .80 C4
Titchwell Rd
SW18 . . . . 71 C3
Tite St SW3 . . . . . . .158 C4
Titmuss St W12 . . .39 B4
Tiverton Rd NW6,
NW10 . . . . 22 C4
Tiverton St SE1 . . .136 C2
Tivoli Ct SE16 . . . .33 B1
Tobago St 12 E14 . .41 C4
Tobin Cl NW3 . . . .12 A1
Toby La E1 . . . . . . .26 A1
Todber Ho W14 . . .126 A2
Todds Wlk N7 . . . . .5 B2
Tokenhouse Yd
EC2 . . . . 109 B2
Token Yd SW15 . . .58 A3
Toland Sq SW15 . .56 C2
Tolchurch 2 W11 . .31 C3
Toldos Sch N16 . . .7 A3
Tolhurst Dr 4
W10 . . . . 23 A2
Tollbridge Cl W10 . .23 A1
Tollet St E1 . . . . . . .25 C1
Tollgate Dr SE21 . .76 A2
Tollgate Ho
NW6 . . . . 78 A2
Tollhouse Way N19 . .4 B2
Tollington Ct N4 . . .5 B2
Tollington Ho 4
N19 . . . . 5 A1
Tollington Pk N4 . . .5 B2
Tollington Pl N4 . . .5 B2
Tollington Rd N7 . .14 B4
Tollington Way N7 . .5 A1

Tolmers Sq NW1 . . .93 A2
Tolpaide Ho SE11 149 B3
Tolpuddle St N1 . . .85 B2
Tolsford Rd E5 . . . .17 A3
Tom Blau Gallery*
SE1 . . . . 134 C4
Tom Groves Cl
E15 . . . . 19 C3
Tom Hood Cl E15 . .19 C3
Tom Jenkinson Rd 5
E16 . . . . 35 C1
Tomkyns Ho SE11 149 B3
Tomline Ho SE1 . .122 C1
Tomlin's Gr E3 . . .26 C2
Tomlinson Cl
6 Gunnersbury
W4 . . . . 37 A1
Spitalfields
E2 . . . . 24 B2 99 A3
Tomlin's Terr E14 . .33 A3
Tomlins Wlk 4 N7 . .5 B2
Tompion Ho EC1 . . .96 B2
Tompion St EC1 . . .96 B3
Tom Smith Cl
SE10 . . . . 53 A4
Tomson Ho SE1 . .138 C2
Tom Williams Ho
SW6 . . . . 154 C3
Tonbridge Hos
WC1 . . . . 94 A3
Tonbridge St WC1 . .94 A3
Toneborough 18
NW8 . . . . 78 B3
Tonsley Hill SW18 . .59 A2
Tonsley Pl SW18 . .59 A2
Tonsley Rd SW18 . .59 A2
Tonsley St SW18 . .59 A2
Took's Ct EC4 . . . .107 B2
Tooley St SE1 . . . .124 A1
Tooting Bec Sta
SW17 . . . . 72 C1
Topham Ho 8
SE10 . . . . 52 B3
Topham St EC1 . . .95 B2
Topiary Sq TW9 . .54 B4
Topmast Point 22
E14 . . . . 41 C4
Torah Vodaas
NW11 . . . . 1 B3
Tora Temimah Prim
Sch NW2 . . . . 9 A4
Torbay Ct 13 NW1 . .13 A1
Torbay Mans NW6 . .23 B4
Torbay Rd NW6 . .10 B1
Torbay St 18 NW1 . .13 A1
Tor Ct W8 . . . . . . .127 C4
Tor Gdns W8 . . . . .127 B4
Tornay Ho
Hackney E9 . . . . . . .17 B1
N1 . . . . 84 C2
Torquay St W2 . . .100 A3
Torrence Ho 6
N19 . . . . 4 B2
Torrens Ct SE5 . . .63 C4
Torrens Rd SW2 . .62 B2
Torrens St EC1 . . .86 A1
Torres Sq E14 . . . .41 C1
Torriano Ave NW5 . .13 C3
Torriano Cotts
NW5 . . . . 13 B3
Torriano Jun & Inf
Schs 24 NW5 . . . .13 C3
Torriano Mews
NW5 . . . . 13 B3
Torridge Gdns
SE15 . . . . 65 B3

Torridon Ho NW6 . .78 A1
Torrington Pl
Bloomsbury WC1 . .105 B4
St George in t East
E1 . . . . 125 C2
Torrington Sq
WC1 . . . . 93 C2
Tortington Ho 1
SE15 . . . . 50 A3
Torwood Rd SW15 . .56 C2
Tothill Ho SW1 . . .147 C4
Tothill St SW1 . . . .133 C3
Totland Ho SW18 . .59 A1
Tottan Terr E1 . . . .32 C3
Tottenham 5 NW1 . .12 C1
Tottenham Court Rd
W1 . . . . 105 A4
Tottenham Court
Road Sta W1 . . . . .105 C2
Tottenham Mews
W1 . . . . 105 A4
Tottenham Rd N1 . .16 A2
Tottenham St W1 105 A4
Totteridge Ho
SW11 . . . . 167 C2
Touchard Ho N1 . . .97 C3
Toulmin St SE1 . . .136 C3
Toulon St SE5 . . . .48 B3
Toulouse Ct 2
SE16 . . . . 40 A1
Tounson Ct SW1 . .147 C3
Tournay Rd SW6 . .155 A2
Toussaint Wlk 18
SE16 . . . . 139 C2
Tovy Ho 8 SE1 . . .153 B1
Towcester Rd E3 . .27 B1
Tower 42* EC2 . . . .110 A2
Tower Bldgs 22
E1 . . . . 32 A1
Tower Br App E1,
EC3 . . . . 124 C3
Tower Bridge* SE1, EC3,
SE1 . . . . 124 C2
Tower Bridge Bsns
Complex SE16 . . . . .40 A3
Tower Bridge Bsns Sq
SE16 . . . . 40 A2
Tower Bridge Ex*
. . . . 124 C3
Tower Bridge Piazza
SE1 . . . . 124 C1
Tower Bridge Prim
Sch SE1 . . . . 138 C4
Tower Bridge Rd
SE1 . . . . 138 A3
Tower Bridge Sq
SE1 . . . . 138 C4
Tower Cl NW3 . . . . .11 C3
Tower Ct
Brockley SE4 . . . . . . .66 A3
Stamford Hill E5 . . . .7 B4
St Giles WC2 . . . . .106 A1
St John's Wood
NW8 . . . . 80 B2
Towergate SE1 . . . .152 A3
Towergate Ho 38
E3 . . . . 26 B3
Tower Gateway Sta
EC3 . . . . 124 C4
TOWER HAMLETS .33 B4
Tower Hamlets Coll
25 Poplar E14 . . . .34 A3
27 Poplar E14 . . . .34 A2
18 Stepney E1 . . . .32 C3
Tower Hill EC3 . . . .124 C3

Tower Hill Sta
EC3 . . . . 124 C4
Tower House Sch
SW14 . . . . 55 B3
Tower Mans SE1 . 138 C1
Tower Mews E5 . . . 18 A3
Tower Millennium
Pier 2 . . . . 124 B2
Tower Mill Rd
7 Camberwell
SE15 . . . . 49 A4
1 SE15 . . . . 49 A3
Tower PI E EC3 . . 124 B3
Tower PI W EC3 . . 124 B3
Tower Rd NW10 . . . 8 C1
Tower Rise TW9 . . . 54 A4
Tower Royal EC4 . 123 B4
Towers PI TW10 . . . 54 A2
Tower St WC2 . . . . 106 A1
Tower The
Dartmouth Pk NW5 . . 4 A1
3 Richmond TW9 . . 54 B3
Tower Ter SE4 . . . . 66 A3
Tower The★ EC3 . 124 C3
Towerview SE13 . . . 66 C2
Tower Wharf SE1 . 138 C4
Tower Wlk SE1 . . . 152 A4
Towncourt Path N4 . 6 B3
Townhall Ave 3
W4 . . . . 37 C1
Town Hall Rd
SW11 . . . . 60 B4
Town Hos EC1 . . . . 96 B1
Townley Rd SE22 . . 64 A2
Townley St SE17 . 151 B2
Townmead Bsns Ctr
SW6 . . . . 59 B4
Townmead Rd
Richmond TW9 . . . . 45 A1
Sands End SW6 . . . 166 C1
Townsend Ho 14
SE1 . . . . 153 C3
Townsend Ind Est
NW10 . . . . 20 B3
Townsend Mews 3
SW18 . . . . 71 B2
Townsend Prim Sch
SE17 . . . . 152 A4
Townsend Rd NW8 . 80 B2
Townsend St SE1,
SE17 . . . . 152 A4
Townsend Yd N6 . . . 4 A3
Townshend Ct
NW8 . . . . 80 B2
Townshend Est
NW8 . . . . 80 A2
Townshend Rd
Primrose Hill NW8 . . 80 A3
Richmond TW9 . . . . 54 B3
Townshend Terr
TW9 . . . . 54 B3
Towns Ho 4 SW4 . . 61 C4
Towpath Wlk E9 . . . 18 B3
Towton Rd SE27 . . . 75 B2
Toxteth Ho N4 . . . . . 6 B4
Toynbee St E1 . . . 110 C3
Toynbee Studios★
E1 . . . . 111 A3
Tracey Ave NW2 . . . 9 B3
Tracy Ho 13 E3 . . . . 26 B2
Tradescant Ho 13
E9 . . . . 17 B1
Tradescant Rd
SW8 . . . . 162 B1
Trade Twr 8
SW11 . . . . 59 B4

Trade Winds Ct 1
E1 . . . . 125 C2
Trading Estate Rd
NW10 . . . . 20 B1
Traemore Ct
SW16 . . . . 74 C1
Trafalgar Ave
SE15 . . . . 49 B4
Trafalgar Cl 1
SE16 . . . . 41 A2
Trafalgar Gdns
Stepney E1 . . . . 32 C4
W8 . . . . 128 B2
Trafalgar Gr SE10 . 52 C4
Trafalgar Ho
SE17 . . . . 151 A2
Trafalgar Mews
E9 . . . . 18 B2
Trafalgar Point 2
N1 . . . . 15 C1
Trafalgar Rd SE10 . 43 A1
Trafalgar Sq★
SW1 . . . . 119 C2
Trafalgar St SE17 . 151 C2
Trafalgar Way E14 . 34 B1
Trafford Ho N1 . . . . 87 C2
Tragail SW15 . . . . . 58 A2
Trahorn Cl E1 . . . . . 25 A1
Tralee Ct 5 SE16 . . 40 A1
Tramway Ave E15 . . 19 C1
Trance Way W3 . . . . 36 C3
Tranmere Ho 7
N7 . . . . 14 C3
Tranmere Rd SW17,
SW18 . . . . 71 B2
Tranquil Pas SE3 . . 53 B1
Tranquil Vale SE3 . . 53 A1
Transept St NW1 . 102 B3
Transom Cl SE16 . . 41 A2
Transom Sq E14 . . . 42 A1
Tranton Rd SE16 . . 40 A3
Trappes Ho 2
SE16 . . . . 40 A2
Travers Ho 6
SE10 . . . . 52 C4
Travers Rd N7 . . . . . 5 C1
Travis Ho SE10 . . . 52 B2
Treadgold Ho 7
W11 . . . . 30 C2
Treadgold St W11 . 30 C2
Treadway St E2 . . . 25 A3
Treasury Bldgs
SW1 . . . . 134 A4
Treaty St N1 . . . . . . 84 C3
Trebeck St W1 . . . 118 A1
Treborough Ho
W1 . . . . 103 B4
Trebovir Rd SW5 . 141 C3
Treby St E3 . . . . 26 B1
Trecastle Way 2
N7 . . . . 13 C4
Tredegar Mews 10
E3 . . . . 26 B2
Tredegar Rd E3 . . . 26 B3
Tredegar Sq E3 . . . 26 B2
Tredegar Terr E3 . . 26 B2
Trederwen Rd E8 . . 24 C4
Treen Ave SW13 . . 56 B4
Trees The N16 . . . . . 6 C4
Trefil Wlk N7 . . . . . 14 A4
Trefoil Rd SW18 . . 59 B2
Tregarvon Rd
SW11 . . . . 60 C3
Trego Rd E9 . . . . . . 18 C1

Tregothnan Rd
SW9 . . . . 62 A4
Tregunter Rd
SW10 . . . . 142 C1
Treherne Ct SW17 . 72 B1
Trehern Rd 12
SW14 . . . . 55 C4
Trehurst St E5 . . . . 18 A3
Trelawney Est E9 . . 17 B2
Trelawney Ho
SE1 . . . . 136 C4
Trelawn Rd SW2 . . 62 C2
Trellis Sq 1 E3 . . . . 26 B2
Tremadoc Rd SW4 . 61 C3
Tremaine Cl SE4 . . 51 C1
Trematon Ho
SE11 . . . . 149 C2
Tremlett Gr N19 . . . 4 B1
Tremlett Mews 17
N19 . . . . 4 B1
Trenchard St SE10 . 42 C1
Trenchold St
SW8 . . . . 162 A3
Trendell Ho 8
E14 . . . . 33 C3
Trenmar Gdns
NW10 . . . . 22 A2
Trentham Ct W3 . . 28 C4
Trentham St SW18 . 70 C3
Trent Ho SE15 . . . . 65 B3
Treport St SW18 . . 71 A4
Tresco Ho SE11 . . 149 B2
Tresco Rd SE15 . . . 65 A3
Tresham Cres
NW8 . . . . 90 A2
Tresham Wlk E9 . . . 17 B3
Tresidder Ho 10
SW4 . . . . 73 C3
Tressel 20 N1 . . . . . 15 A1
Tressillian Cres
SE4 . . . . 66 C4
Tressillian Rd SE4 . 66 C4
Trevanion Rd
W14 . . . . 140 B2
Trevelyan Gdns
NW10 . . . . 22 B4
Trevelyan Ho
16 Globe Town E2 . . 25 C2
SE5 . . . . 48 A3
Treveris St 5 SE1 . 122 B1
Treverton St W10 . 22 C1
Treverton Twr 1
W10 . . . . 30 C4
Treves Ho
E1 . . . . 24 C1 99 C1
Treville St SW15 . . 69 A4
Trevithick Ho
13 Bermondsey
SE16 . . . . 40 A2
9 Gospel Oak NW5 . 13 A4
SW8 . . . . 171 B4
Trevithick St SE8 . 51 C4
Trevor Pl SW7 . . . 130 B3
Trevor Roberts Sch
NW8 . . . . 11 C1
Trevor Sq SW7 . . . 130 B3
Trevor St SW7 . . . 130 B3
Trevose Ho SE11 . 149 A2
Trewint St SW18 . . 71 B2
Triangle Ct SE1 . . 123 A1
Triangle Est The
SE11 . . . . 149 B1
Triangle Ho SE1 . . 138 C4
Triangle Pl SW4 . . 61 C3
Triangle 7 E8 . . . . . 25 A4

Triangle The
Crouch End N19 . . . 4 C4
EC1 . . . . 96 B2
16 Hackney E8 . . . . 25 A4
Trident Ho 11 E14 . 34 B3
Trident St SE16 . . . 40 C2
Trieste Ct SW12 . . . 72 B3
Trig La EC4 . . . . . . 122 C4
Trigon Rd SW8 . . . 163 A2
Trillington Ho
W12 . . . . 29 C1
Trimdon NW1 . . . . . 83 A3
Trimmer Wlk 11
TW8 . . . . 44 A4
Trim St SE8 . . . . . . 51 B4
Trinder Gdns N19 . . 5 A3
Trinder Rd N4, N19 . 5 A3
Trinidad Ho 17
E14 . . . . 33 B2
Trinidad St E14 . . . 33 B2
Trinity Church Rd
SW13 . . . . 47 A4
Trinity Church Sq
SE1 . . . . 137 A2
Trinity Cl
3 Clapham SW4 . . . 61 B3
Lewisham SE13 . . . 67 C3
Trinity Coll London
SE10 . . . . 52 A4
Trinity Coll of Music
SE10 . . . . 52 C3
Trinity Cotts TW9 . 54 B4
Trinity Cres SW17 . 72 C2
Trinity Ct
Finsbury WC1 . . . . 94 C2
2 Hoxton N1 . . . . . 24 A3
Rotherhithe SE16 . . 41 A4
Willesden NW2 . . . . 9 B3
Trinity Gdns
E16 . . . . 35 B4
Stockwell SW2,
SW9 . . . . 62 B3
Trinity Gn 1 E1 . . . 32 B4
Trinity Gr 8 SE10 . 52 B2
Trinity Ho SE1 . . . 137 A2
Trinity Homes 14
SW2 . . . . 62 B3
Trinity Mews
SE20 . . . . 75 C3
Trinity Pl EC3 . . . 124 C3
Trinity Rd
Richmond TW9 . . . . 54 B4
Wandsworth SW17,
SW18 . . . . 72 A4
Trinity Rise SE24,
SW2 . . . . 75 A3
Trinity St Mary's Prim
Sch 8 SW12 . . . . 72 C3
Trinity Sq EC3 . . . 124 B4
Trinity St
11 Newham E16 . . . 35 C4
SE1 . . . . 137 B2
Trinity Way W3 . . . 29 B2
Trio Pl SE1 . . . . . . 137 A3
Tristan Ct 3 SE8 . . 51 B4
Triton Ct EC2 . . . . 97 C1
Triton Ho 2 E14 . . . 42 A2
Tritton Rd SE21,
SE27 . . . . 75 C1
Trocette Mans
SE1 . . . . 138 B2
Trojan Ct NW6 . . . . 10 A1
Trojan Ind Est
NW10 . . . . 8 B2
Troon Cl 34 SE16 . . 40 A1
Troon Ho 9 E14 . . . 33 A3

Troon St E1 . . . . . . 33 A3
Tropical Ct 2
W10 . . . . 22 C2
Trossachs Rd
SE22 . . . . 64 A2
Trothy Rd SE1 . . . 153 C3
Trotman Ho 1
SE14 . . . . 50 B2
Trott St SW11 . . . 168 A3
Trotwood Ho 3
SE16 . . . . 40 A4
Troubridge Ct 12
W4 . . . . 37 B1
Troutbeck NW1 . . . 92 B3
Troutbeck Ho
SE14 . . . . 51 A2
Trowbridge Est 6
E15 . . . . 19 B2
Trowbridge Rd E9 . 18 B2
Trower Ho 5 E9 . . . 18 A2
Troy Ct W8 . . . . . . 127 B2
Troyes Ho NW3 . . . 12 B3
Troy Town SE15 . . . 64 C4
Troy Town Flats
SE15 . . . . 64 C4
Truman's Rd 24
N16 . . . . 16 A3
Trump St EC2 . . . . 109 A1
Trundle St SE1 . . . 136 C4
Trundleys Rd SE8 . 51 A4
Trundley's Rd SE8 . 40 C1
Trundley's Terr
SE8 . . . . 40 C2
Truro Ho 25 W2 . . . 31 C4
Truro St NW5 . . . . 12 C2
Trussley Rd W6 . . . 39 B3
Trust Wlk SE21 . . . 75 A3
Tryon Cres E9 . . . . 25 B4
Tryon St SW3 . . . . 144 C2
Tubbs Rd NW10 . . . 21 B3
Tudor Cl
Crouch End N6 . . . . 4 B4
Hampstead NW3 . . . 12 A3
Tulse Hill SW2 . . . . 62 B1
Tudor Coll WC1 . . . 94 A3
Tudor Ct
Kingsland N1 . . . . . 16 A2
5 Rotherhithe
SE16 . . . . 32 C1
South Acton W5 . . . 36 C4
Tudor Est NW10 . . . 20 A3
Tudor Gdns SW14 . 56 A4
Tudor Gr 2 E9 . . . . 17 B1
Tudor Ho
Brook Green W14 . . 39 C2
34 Hackney E9 . . . . 17 B1
Tudor Mews 2
NW10 . . . . 8 C2
Tudor Rd E9 . . . . . . 25 A4
Tudor St EC4 . . . . 121 C4
Tudor Way W3 . . . . 36 C4
Tufnell Ct 13 E3 . . 26 B4
Tufnell Mans 7
N7 . . . . 14 A4
TUFNELL PARK . . . 13 C4
Tufnell Park Mans 2
N7 . . . . 5 A1
Tufnell Park Prim Sch
N7 . . . . 13 C4
Tufnell Park Rd N19,
N7 . . . . 13 C4
Tufnell Park Sta
N19 . . . . 13 B4

Tufton Ct SW1 . . . . **134** A1
Tufton St SW1 . . . . **134** A1
Tuke Sch SE15 . . . . 50 A2
Tullis Ho 12 E9 . . . . 17 B1
TULSE HILL 75 A4
Tulse Hill
Tulse Hill SW2 . . . . 74 C4
Tulse Hill SW27 . . . . 75 A2
Tulse Hill Sta
SE27 . . . . 75 A2
Tulse Ho SW2 . . . . 62 C1
Tulsemere Rd SE21,
SW27 . . . . 75 B2
Tunbridge Ct 1
SE26 . . . . 76 C1
Tunbridge Ho EC1 . . . . 96 A4
Tunis Rd W12 . . . . 30 A1
Tunley Gn 12 E14 . . . . . 33 B4
Tunley Rd
Dagenham NW10 . . . . . 21 A4
Upper Tooting SW12,
SW17 . . . . 72 C2
Tunnel Avenue Trad
Est SE10 . . . . 42 C4
Tunnel Rd SE16 . . . . 40 B4
Tunstall Ct 14
TW9 . . . . 44 B2
Tunstall Rd SW9 . . . . . . 62 B3
Tunstall Wlk 10
TW8 . . . . 44 A4
Tunworth Cres
SW15 . . . . 56 B1
Tun Yd SW8 . . . . 61 A4
Tupman Ho 28
SE16 . . . . 139 B3
Turberville Ho 1
SW9 . . . . 62 B4
Turenne Cl SW18 . . . . . 59 B3
Turin St E2 . . . . 24 C2 99 B3
Turk's Head Yd
EC1 . . . . 108 A4
Turks Row SW3 . . . . . . 145 A2
Turle Rd N4 . . . . 5 B2
Turlewray Cl N4 . . . . 5 B3
Turnagain La EC4 108 A2
Turnberry Cl 24
SE16 . . . . 40 A1
Turnberry Quay 1
E14 . . . . 42 A3
Turnbull Ho N1 . . . . 86 B4
Turnchapel Mews 1
SW4 . . . . 61 A3
Turner Cl 7 SW9 . . . . 48 A3
Turner Ct
9 Herne Hill SE5 . . . . 63 C3
24 Rotherhithe
SE16 . . . . 40 B4
Turner Ho
Finsbury Pk N4 . . . . 5 B2
24 Millwall E14 . . . . . . 41 C4
St John's Wood
NW8 . . . . 80 A2
Strand WC2 . . . . 120 B3
Westminster SW1 147 C3
Turner Lo 10
SW19 . . . . 69 C3
Turner Pl SW11 . . . . 60 A2
Turners Ct E15 . . . . 19 B4
Turner's Rd E3 . . . . 33 B4
Turner St
Canning Town E16 . . . . 35 B3
Stepney E1 . . . . 32 A4
Turneville Rd
W14 . . . . 154 C4

Turney Rd SE21 . . . . 75 C4
Turney Sch SE21 . . . . . . 75 B4
Turnham Green Sta
W4 . . . . 38 A2
Turnham Green Terr
W4 . . . . 38 A2
Turnham Ho SE4 . . . . . . 66 A3
Turnham Prim Sch 1
SE4 . . . . 66 A3
Turnham Rd SE4 . . . . . . 66 A3
Turnmill Ho 8
SW2 . . . . 62 C2
Turnmill St EC1 . . . . . . 108 A4
Turnour Ho 11 E1 . . . . . 32 A3
Turnpike Cl SE8 . . . . 51 B3
Turnpike Ho EC1 . . . . . 96 B3
Turpentine La
SW1 . . . . 146 B1
Turpin Ho SW11 . . . . . . 170 A4
Turpin Way N19 . . . . 4 C3
Turquand St SE17 . . . . 151 A3
Turret Gr SW4 . . . . 61 B4
Turville Ho NW8 . . . . . . 90 A2
Turville St
E2 . . . . 24 B1 98 C2
Tuscan Ho 22 E2 . . . . . 25 B2
Tuskar St SE10 . . . . 43 A1
Tuttle Ho SW1 . . . . 147 C1
Tweed Ho E14 . . . . 27 B1
Tweezer's Alley
WC2 . . . . 121 B4
Twelvetrees Bsns Pk
E16 . . . . 27 C1
Twelvetrees Cres
E3 . . . . 27 B1
Twig Folly Cl 21
E2 . . . . 25 C3
Twilley St SW18 . . . . 71 A4
Twine Ct E1 . . . . 32 B2
Twinings Mus *
WC2 . . . . 107 B1
Twisden Rd NW5 . . . . . . 13 A4
Twycross Mews
SE10 . . . . 43 A2
Twyford CE High Sch
W3 . . . . 28 A1
Twyford Sp Ctr
W3 . . . . 28 A1
Twyford St N1 . . . . 84 C4
Twynholm Mans
SW6 . . . . 154 A2
Tyburn Tree (site
of) * W2 . . . . 116 C4
Tyburn Way W1 . . . . . . 117 A4
Tyer's Est SE1 . . . . 138 A4
Tyers Gate SE1 . . . . 138 A3
Tyers St SE11 . . . . 148 C2
Tyers Terr SE11 . . . . . . 149 A1
Tyler Cl E2 . . . . 24 B3
Tyler Ho SE3 . . . . 52 C1
Tyler St
Greenwich SE10 . . . . . 43 A1
SE10 . . . . 53 A4
Tylney Ho 10 E1 . . . . . . 32 A3
Tymperley Ct
SW19 . . . . 70 A3
Tyndale La N1 . . . . 15 A1
Tyndale Mans N1 . . . . . 15 A1
Tyndale Terr 13
N1 . . . . 15 A1
Tyneham Cl 10
SW11 . . . . 60 C4
Tyneham Rd SW11 . . . . 60 C4

Tynemouth St
SW6 . . . . 166 C2
Tyne St E1 . . . . 111 A2
Tynsdale Rd NW10 . . . . . 8 A2
Tynte Ct E9 . . . . 18 A3
Tynwald Ho 14
SE26 . . . . 76 C1
Type St E2 . . . . 25 C3
Tyrawley Rd SW6 . . . . 166 A4
Tyrells Ct 3 SE15 . . . . . 65 A4
Tyrrell Ho SW1 . . . . . . 161 A4
Tyrrell Rd SE22 . . . . 64 C3
Tyrwhitt Rd SE4 . . . . . . 66 C4
Tysoe St EC1 . . . . 95 C3
Tyssen Com Prim Sch
N16 . . . . 7 C3
Tyssen Rd N16 . . . . 7 B1
Tyssen St
Dalston E8 . . . . 16 B2
Hoxton N1 . . . . 24 A3
Tysson Ho E9 . . . . 18 A1
Tytherton 20 E2 . . . . . . 25 B3
Tytherton Rd N19 . . . . . 4 C1

U

Uamvar St E14 . . . . 34 A4
Udall St SW1 . . . . 147 A3
Udimore Ho 11
W10 . . . . 30 B4
Uffington Rd
NW10 . . . . 22 A4
Ufford St SE1 . . . . 135 C4
Ufton Gr N1 . . . . 15 C1
Ufton Rd N1 . . . . 16 A1
Uhura Sq 12 N16 . . . . . . 7 A1
Ujima Ct N19 . . . . 5 A3
Ullin St E14 . . . . 34 B4
Ullswater SW15 . . . . 57 C1
Ullswater Rd
Barnes SW13 . . . . 46 C3
West Norwood SE27,
SW16 . . . . 75 A2
Ulster Pl NW1 . . . . 92 A1
Ulster Terr NW1 . . . . . . 92 A1
Ulundi Rd SE3 . . . . 53 A4
Ulva Rd SW15 . . . . 57 C3
Ulverscroft Rd
SE22 . . . . 64 C2
Ulverstone Rd
SE27 . . . . 75 A2
Ulysses Rd NW6 . . . . . . 10 B3
Umberston St E1 . . . . . . 32 A3
Umbria St SW15 . . . . . . 56 C1
Una Ho 7 NW5 . . . . 13 A2
Undercliff SE10 . . . . 52 B2
Undercliff Rd
SE13 . . . . 67 A4
Underhill Ho 7
E14 . . . . 33 C4
Underhill Pas NW1 . . . 82 B4
Underhill St NW1 . . . . . 82 B3
Undershaft EC3 . . . . . . 110 A1
Underwood Ho
W6 . . . . 39 A3
Underwood Rd
E1 . . . . 24 C1 99 C1
Underwood Row
N1 . . . . 97 A4
Underwood St N1 . . . . . 97 A4
Undine Rd E14 . . . . 42 A2
Unicorn Bldg 14
E1 . . . . 32 C2
Unicorn Sch TW9 . . . . . 44 B2

Union Cl E11 . . . . 19 C4
Union Ct
45 Paddington W2 . . . 31 C4
2 Richmond TW10 . . . 54 A2
South Lambeth
SW4 . . . . 172 A1
Whitechapel EC2 . . . . 110 A2
Union Dr E1 . . . . 26 A1
Union Gr SW8 . . . . 171 C2
Union Mews 32
SW9 . . . . 172 A1
Union Pk 11 SE10 . . . . 43 B1
Union Rd SW8 . . . . 171 C1
Union Sq N1 . . . . 87 A3
Union St
Mill Meads E15 . . . . . . 27 C4
SE1 . . . . 122 C1
Union Wharf N1 . . . . . . 87 A2
Union Wlk
E2 . . . . 24 A2 98 B4
Union Yd W1 . . . . 104 B1
United International
Coll W1 . . . . 104 B3
Unity Cl NW10 . . . . 9 A2
Unity Mews NW1 . . . . . 83 B2
Univ Coll Jun Sch 31
NW3 . . . . 11 B4
Univ Coll London
Bloomsbury WC1 . . . 93 B2
Bloomsbury WC1 . . . 94 B2
Univ Coll London
(Windeyer Inst)
W1 . . . . 105 A4
Univ Coll London
(Wolfson Ho)
NW1 . . . . 93 A3
University Coll Hospl
NW1 . . . . 93 A2
Univ Coll Sch
NW3 . . . . 11 B3
University Mans
SW15 . . . . 57 C4
University St WC1 . . . . 93 A1
Univ of California
WC1 . . . . 105 C3
Univ of East London
(Duncan Ho) 1
E15 . . . . 27 C4
Univ of Greenwich
SE10 . . . . 52 C4
Univ of London
WC1 . . . . 93 C1
Univ of London
(King's Coll Hall)
SE5 . . . . 63 C3
Univ of London
(Queen Mary &
Westfield Coll)
E1 . . . . 26 A1
Univ of Notre Dame
SW1 . . . . 119 C3
Univ of Notre Dame
SW1 . . . . 119 C2
Univ of Westminster
(Cavendish Campus)
W1 . . . . 104 C4
Univ of Westminster
(Marylebone
Campus) W1 . . . . 103 B4
Univ of Westminster
(Regent Campus)
W1 . . . . 104 C3
Univ of Westminster
(Regent Campus,
Univ HQ) W1 . . . . 104 B2

Univ of Westminster
(Wigram House Halls
of Residence)
SW1 . . . . 133 A1
Unwin Cl SE15 . . . . 49 C4
Unwin Rd SW7 . . . . 129 C2
Upbrook Mews
W2 . . . . 101 A1
Upcerne Rd SW10 . . . . 157 A1
Upcott Ho
33 Bromley E3 . . . . 27 A2
4 Hackney E9 . . . . 17 B1
Upgrove Manor Way
12 SE24 . . . . 74 C4
Upham Park Rd
W4 . . . . 38 A2
Upland Rd SE22 . . . . . . 64 C1
Uplands Cl SW14 . . . . . 55 A2
Upnall Ho 6 SE15 . . . . 50 B4
Upnor Way SE17 . . . . . 152 B2
Upper Addison Gdns
W14 . . . . 126 A3
Upper Bank St
E14 . . . . 34 A1
Upper Bardsley Wlk 7
N1 . . . . 15 B2
Upper Belgrave St
SW1 . . . . 131 C2
Upper Berkeley St
W1 . . . . 103 A1
Upper Brockley Rd
SE4 . . . . 51 B1
Upper Brook St
W1 . . . . 117 B3
Upper Caldy Wlk 18
N1 . . . . 15 B2
Upper Camelford Wlk
10 W10 . . . . 31 A3
Upper Cheyne Row
SW3 . . . . 158 A4
Upper Clarendon Wlk
12 W11 . . . . 31 A3
Upper Dengie Wlk
N1 . . . . 86 C4
Upper Grosvenor St
W1 . . . . 117 B3
Upper Ground
SE1 . . . . 121 B2
Upper Gulland Wlk 2
N1 . . . . 15 B2
Upper Hampstead Wlk
20 NW3 . . . . 11 B4
Upper Handa Wlk 2
N1 . . . . 15 B2
Upper Harley St
NW1 . . . . 92 A1
Upper Hawkwell Wlk
N1 . . . . 87 A4
Upper James St
W1 . . . . 119 A4
Upper John St
W1 . . . . 119 A4
Upper Lismore Wlk 8
N1 . . . . 15 B2
Upper Mall W6 . . . . 39 A1
Upper Marsh SE1 . . . . 135 A2
Upper Montague St
W1 . . . . 102 C3
Upper North St E3,
E14 . . . . 33 C4
Upper Park Rd
NW3 . . . . 12 B3
UPPER
HOLLOWAY 4 C2
Upper Holloway Sta
N19 . . . . 4 C2
UPPER

Upper Phillimore
Gdns W8 . . . . **127** B3
Upper Ramsey Wlk 19
N1 . . . .**15** C2
Upper Rawreth Wlk
N1 . . . .**87** A4
Upper Richmond Rd
W15 . . . .**57** B3
Upper Richmond Rd
W W10, SW14,
SW15 . . . .**55** B3
Upper St Martin's La
WC2 . . . .**120** A4
Upper St N1 . . . .**86** A3
Upper Tachbrook St
SW1 . . . .**147** A4
Upper Talbot Wlk 7
W10 . . . .**31** A3
Upper Terr NW3 . . . .**2** B1
Upper Thames St
EC4 . . . .**123** A4
Upper Tollington Pk
N4 . . . .**5** C3
UPPER TOOTING . .**72** B1
Upper Tooting
Mans 1 SW17 . . . .**72** C2
Upper Tooting Pk
SW17 . . . .**72** B2
Upper Tooting Rd
SW17 . . . .**72** B1
Upper Tulse Hill
SW2 . . . .**74** C4
Upper Wimpole St
W1 . . . .**103** C4
Upper Woburn Pl NW1,
WC1 . . . .**93** C3
Upstall St SE5 . . . . . .**48** A2
Upton Cl NW2 . . . .**1** A2
Urban Mews N4 . . . . .**6** A4
Urlwin St SE5 . . . . . .**48** B4
Urlwin Wlk SW9 . . . .**48** A2
Urmston Dr SW19 . .**70** A3
Urmston Ho 4
E14 . . . .**42** B2
Ursula Mews N4 . . . . .**6** B3
Ursula St SW11 . . . .**168** A3
Urswick Rd E5, E9 . .**17** B3
Usborne Mews
SW8 . . . .**163** A2
Usher Rd E3 . . . .**26** B3
Usk Rd SW11 . . . .**59** B3
Usk St E2 . . . .**25** C2
Utah Bldg 3 SE13 . .**52** A2
Utopia Ho 3 NW2 . . .**8** C2
Utopia Village
NW1 . . . .**81** B4
Uverdale Rd
SW10 . . . .**157** A1
Uxbridge St
W8 . . . .**31** C1 **113** B2

V

Vadnie Bish Ho
NW5 . . . .**13** B2
Vaine Ho 4 E9 . . . . .**18** A2
Vale Cl W9 . . . .**88** C3
Vale Ct
East Acton W3 . . . . . .**29** A1
St John's Wood W9 . .**88** C3
Vale End SE22 . . . . . .**64** B3
Vale Est The W3 . . . .**29** A1
Vale Gr
Acton W3 . . . .**28** C1

Vale Gr continued
Stoke Newington N4 . .**6** B4
Valens Ho 1 SW2 . . .**74** C3
Valentia Pl SW9 . . . .**62** C3
Valentine Ho
1 Clapham Pk
SW4 . . . .**61** B1
28 Old Ford E3 . . . . .**26** A4
Valentine Pl SE1 . .**136** A4
Valentine Rd E9 . . . .**17** C2
Valentine Row
SE1 . . . .**136** A3
VALE OF HEALTH . . .**2** C1
Vale of Health NW3 . .**2** C1
Vale Rd N4 . . . .**6** A4
Vale Rise NW11 . . . . .**1** B3
Vale Row N5 . . . .**6** A1
Vale Royal N7 . . . . . .**14** A1
Vale Sch The
SW7 . . . .**128** C1
Vale The
Cricklewood NW11 . . .**1** A2
East Acton W3 . . . . . .**29** A1
3W3 . . . .**157** C4
Valetta Rd W3 . . . . . .**38** B4
Valette Ho E9 . . . . . .**17** B2
Valette St E9 . . . .**17** A2
Valiant Ho
9 Cubitt Town
E14 . . . .**42** B4
SW11 . . . .**167** C3
Vallance Rd
E1 . . . .**24** C1 **99** C1
Valliere Rd NW10 . . .**21** C2
Val McKenzie Ave
N7 . . . .**5** C1
Valmar Rd SE5 . . . . .**48** B2
Valmar Trad Est
SE5 . . . .**48** B2
Valois Ho SE1 . . . . .**138** C2
Valonia Gdns
SW18 . . . .**58** B1
Vanbern Ho NW5 . . .**12** C2
Vanbrugh Ct SE11 .**149** C3
Vanbrugh Fields
SE3 . . . .**53** B3
Vanbrugh Hill SE10,
SE3 . . . .**53** B4
Vanbrugh Ho 8
E9 . . . .**17** B1
Vanbrugh Park Rd
SE3 . . . .**53** B3
Vanbrugh Park Rd W
SE3 . . . .**53** B3
Vanbrugh Pk SE3 . . .**53** B3
Vanbrugh Rd W4 . . .**37** C3
Vanbrugh Terr
SE3 . . . .**53** B2
Vanburgh Ho E1 . .**110** C4
Vancover Ho 15
E1 . . . .**32** A1
Vanderbilt Rd
SW18 . . . .**71** B3
Vanderbilt Villas 1
W12 . . . .**39** C4
Vandon Ct SW1 . . .**133** A2
Vandon Pas SW1 . .**133** A2
Vandon St SW1 . . .**133** A2
Vandyke Cl SW15 . . .**57** C1
Vandy St
EC2 . . . .**24** A1 **98** A1
Vane Cl NW3 . . . .**11** C4
Vane St SW1 . . . . . .**147** A4
Vange Ho 12 W10 . . .**30** B4
Van Gogh Ct E14 . . .**42** C3

Vanguard Bldg 6
E14 . . . .**41** C4
Vanguard Ho 11
E8 . . . .**17** A1
Vanguard St SE8 . . .**51** C2
Vanneck Sq SW15 . .**56** C2
Vanner Point 27
E9 . . . .**17** C2
Vansittart St 7
SE14 . . . .**51** A3
Vanston Pl SW6 . . .**155** C2
Vantage Mews 7
E14 . . . .**34** B1
Vantage Pl W8 . . . .**127** C1
Vantrey Ho SE11 . .**149** B3
Varcoe Rd SE16 . . . .**40** B1
Vardens Rd SW11 . . .**59** C3
Varden St E1 . . . .**32** A3
Vardon Cl W3 . . . . . .**28** C3
Vardon Ho SE10 . . . .**52** B2
Varey Ho E1 . . . .**26** A4
Varley Ho 5 NW6 . . .**23** C4
Varma Ct SE3 . . . . . .**53** C2
Vorna Rd SW6 . . . .**154** C1
Varndell St NW1 . . . .**92** C4
Varnishers Yard
N1 . . . .**84** B1
Varsity Row SW14 . .**45** B1
Vascroft Est NW10 . .**20** A1
Vassall Ho 3 E3 . . . .**26** A2
Vassall Rd 3 . . . . . .**163** C1
Vat Ho SW8 . . . .**162** B2
Vauban Est SE16 . .**139** A1
Vauban St SE16 . . .**139** A1
Vaudeville Ct N4 . . . .**5** C2
Vaughan Ave W6 . . .**38** B2
Vaughan Ct
E2 . . . .**24** B2 **98** C4
Vaughan Ho SE1 . .**136** A4
Vaughan Rd SE5 . . .**63** B4
Vaughan St SE16 . . .**41** B4
Vaughan Way E1 . .**125** C3
Vaughan Williams Cl
SE8 . . . .**51** C3
VAUXHALL **148** B1
Vauxhall Bridge Rd
SW1 . . . .**147** A3
Vauxhall City Farm *
SE11 . . . .**148** B1
Vauxhall Cross SE1,
SW8 . . . .**148** B1
Vauxhall Gr SW8 . .**162** C4
Vauxhall Prim Sch
SE11 . . . .**149** A2
Vauxhall St SE11 . .**149** A2
Vauxhall St SE11 . .**148** B2
Vauxhall Wlk
SE11 . . . .**148** C2
Vawdrey Cl E1 . . . . . .**25** B1
Vaynor Ho N7 . . . . . .**14** A4
Vectis Ct SW18 . . . . .**59** A1
Veda Rd SE13 . . . . . .**66** C3
Velde Way 1
SE22 . . . .**64** A2
Vellacott Ho 3
W12 . . . .**30** A3
Velletri Ho 11 E2 . . .**25** C3
Venables St NW8 . .**101** C4
Vencourt Pl W6 . . . .**38** C2
Venetian Rd SE5 . . . .**48** B1
Venice Ct 5 SE5 . . . .**48** B3
Venn Ho 1 . . . .**85** A3
Venn St SW4 . . . .**61** B3
Ventnor Rd SE14 . . . .**50** C3
Ventura Ho 19
SW2 . . . .**62** A3

Venue St E14 . . . .**34** B4
Venus Ho
7 Millwall E14 . . . . . .**41** C2
8 Old Ford E3 . . . . . .**26** C4
Vera Cl 1 W2 . . . . . .**100** A2
Vera Ho 9 SW8 . . . .**164** B4
Verbena Gdns 4
W6 . . . .**38** C1
Verdun Rd SW13 . . . .**46** C3
Vere Bank SW19 . . . .**70** B3
Vereker Rd W14 . . .**140** B1
Vere St W1 . . . .**104** A1
Verity Cl W11 . . . . . .**31** A3
Verity Ho 20 E3 . . . .**26** B2
Vermeer Ct E14 . . . .**42** C3
Vermont Rd SW18 . .**59** A1
Verne Ct 9 W3 . . . . .**37** B3
Verney Gdns
SE15 . . . .**65** B3
Verney Ho
Lisson Gr NW8 . . . . .**90** A2
South Kensington
SW10 . . . .**156** C4
Verney Rd SE16 . . . .**40** A1
Verney Way SE16 . . .**40** A1
Vernon Ct NW2 . . . . . .**1** B1
Vernon Ho SE11 . . .**149** A1
Vernon Mews
W14 . . . .**140** B3
Vernon Pl WC1 . . . .**106** B3
Vernon Rd
Bow E3 . . . .**26** B3
Mortlake SW14 . . . . .**55** C4
Vernon Rise WC1 . . .**95** A4
Vernon Sq WC1 . . . . .**95** A4
Vernon St W14 . . . .**140** B3
Vernon Yd
W11 . . . .**31** B2 **112** C4
Verona Ct
Chiswick W4 . . . .**38** A1
10 SE14 . . . .**50** C4
Veronica Ho
Brockley SE4 . . . .**66** B4
45 Bromley E3 . . . . .**27** A2
Veronica Rd SW17 . .**73** A2
Verran Rd SW12 . . . .**73** A4
Verulam Bldgs
WC1 . . . .**107** A4
Verulam Ho 1
W6 . . . .**39** B4
Verulam St EC1 . . . .**107** B4
Vervain Ho 2
SE15 . . . .**49** C3
Verwood Ho SW8 . .**163** A1
Verwood Lo 1
E14 . . . .**42** C2
Vesage Ct EC1 . . . .**107** C3
Vesey Path 15 E14 . .**34** A3
Vespan Rd W12 . . . . .**38** C4
Vesta Ct SE1 . . . . . .**138** A3
Vesta Ho 9 E3 . . . . . .**26** C4
Vesta Rd SE4, SE14 .**51** A1
Vestry Mews 12
SE5 . . . .**49** A2
Vestry Rd SE5 . . . . . .**49** A2
Vestry St N1 . . . .**97** B4
Viaduct Pl 28 E2 . . . .**25** A2
Viaduct St E2 . . . . . .**25** A2
Vian St SE13 . . . .**67** A4
Vibart Gdns SW2 . . .**74** B4
Vibart Wlk N1 . . . . . .**84** B4
Vicarage Ave SE3 . . .**53** C3
Vicarage Cres
SW11 . . . .**167** B3
Vicarage Ct
7 Putney SW15 . . . . .**68** C4

Upp–Vic   **281**

Vicarage Ct continued
W8 . . . .**128** A4
Vicarage Dr SW14 . .**55** C2
Vicarage Gate
W8 . . . .**114** A1
Vicarage Gdns
Mortlake SW14 . . . . .**55** C2
W8 . . . .**31** C1 **113** C1
Vicarage Gr SE5 . . . .**48** C2
Vicarage Rd SW14 . .**55** C2
Vicarage Wlk
SW11 . . . .**167** C4
Vicar's Cl E9 . . . .**25** B4
Vicars Hill SE13 . . . .**67** A3
Vicar's Rd NW5 . . . .**12** C3
Viceroy Cr NW8 . . . .**80** B2
Viceroy Rd SW8 . . .**172** A4
Vic Johnson Ho 20
E3 . . . .**26** B4
Vickery Ct EC1 . . . . .**97** A2
Vickery Ho 13
SW4 . . . .**62** A3
Vickery's Wharf 3
E14 . . . .**33** C3
Victor Cazalet Ho
N1 . . . .**86** A4
Victoria & Albert
Mus * SW1 . . . .**129** A1
Victoria Arc SW1 . .**132** B1
Victoria Ave EC2 . .**110** B3
Victoria Bldgs 13
E8 . . . .**25** A4
Victoria Chambers
EC2 . . . .**24** A1 **98** A2
Victoria Coach Sta
SW1 . . . .**146** A3
Victoria Coll W12 . .**107** B2
Victoria Cotts
2 Richmond TW9 . . .**44** C2
3 Spitalfields E1 . . .**111** B4
Victoria Cr
5 Clapham Pk
SW4 . . . .**61** C1
South Acton W3 . . . .**36** C4
4 St George in t East
E1 . . . .**125** B3
Victoria Dr SW19 . . .**69** C3
Victoria Emb
WC2 . . . .**121** B3
Victoria Gdns
W11 . . . .**31** C1 **113** B2
Victoria Gr W8 . . . .**128** C2
Victoria Gr Mews
W2 . . . .**114** A3
Victoria Hall 16
E16 . . . .**35** C1
Victoria Ho
5 Clapham Pk
SW4 . . . .**61** C1
2 Shepherd's Bush
W12 . . . .**38** C4
SW1 . . . .**146** A2
Victoria Ind Est
W3 . . . .**29** A4
Victoria Mans
8 Islington N7 . . . . .**14** C3
Willesden NW10 . . . . .**9** A1
Victoria Mews
Kilburn NW6 . . . .**23** C4
Wandsworth SW18 . .**71** B3
Victoria Mills 1
E15 . . . .**27** C4
Victorian Gr N16 . . . .**7** A1
Victorian Rd N16 . . . .**7** B1

Victoria Park **11**
E9 . . . . **17** B1
Victoria Park Ind Ctr
E9 . . . . **18** B1
Victoria Park Lofts
E9 . . . . **25** C4
Victoria Park Rd
E9 . . . . **17** C1
Victoria Park Sq
E2 . . . . **25** B3
Victoria Pas NW8 . . **89** B2
Victoria Place Sh Ctr
SW1 . . . . **146** B4
Victoria Rd
Finsbury Pk N4 . . . . **5** B3
Kensington W8 . . **128** C2
Kilburn NW6 . . . . **23** B4
Mortlake SW14 . . . . . **55** C4
North Acton NW10 . . **20** A3
Victoria Rise SW4 . . **61** A4
Victoria Sq SW1 . . **132** B2
Victoria Sta SW1 . . **133** A1
Victoria Sta SW1 . . **146** B4
Victoria Terr
Dagenham NW10 . . . . **21** A1
Finsbury Pk N4 . . . . **5** C3
Victoria
(Underground)
SW1 . . . . **132** B1
Victoria Villas
TW9 . . . . **54** B3
Victoria Wharf
E14 . . . . **33** A2
Victoria Yd **28** E1 **111** C1
Victor Rd NW10 . . . . **22** A2
Victory Pl
6 Limehouse E14 . . **33** A2
SE17 . . . . **151** B4
Victory Prim Sch
SE17 . . . . **151** A4
Victory Way N16 . . . . . **1** B3
Victory Wlk SE8 . . . . **51** C2
Video Ct N4 . . . . **5** A4
View Cl N6 . . . . **3** B4
Viewfield Rd
SW18 . . . . **58** C1
Viewpoint **3** N5 . . . . **15** A3
Vigo St W1 . . . . **118** C3
Viking Cl **13** E3 . . . . **26** A3
Viking Ho **3** SE5 . . . . **48** B1
Village Cl NW3 . . . . . . **11** C3
Village Mount **19**
NW3 . . . . **11** B4
Village Sch The
NW3 . . . . **12** B2
Village The SW11 . . **60** B4
Village Way SE21 . . **63** C1
Villa Rd SW9 . . . . **62** C3
Villas On The Heath
NW3 . . . . **2** B1
Villa St SE17 . . . . . . **151** C1
Villiers Ct N4 . . . . **5** A4
Villiers Ct SW11 . . **168** B4
Villiers Rd NW2 . . . . . . **8** C2
Villiers St WC2 . . **120** B2
Vince Ct N1 . . . . **97** C3
Vincent Ct
Finsbury Pk N4 . . . . **5** A3
Marylebone W1 . . **102** C2
South Lambeth
SW9 . . . . **173** A3
Vincent Mews **1**
E3 . . . . **26** C3
Vincent Rd W3 . . . . . . **37** B3
Vincents Cl SE16 . . . . **41** A4

Vincent Sq SW1 . . **147** B4
Vincent St
Canning Town E16 . . . **35** B4
Westminster SW1 . . **147** C4
Vincent Terr N1 . . . . **86** B2
Vince St EC1 . . . . **97** C3
Vine Cl E5 . . . . **16** C4
Vine Ct E1 . . . . **111** C3
Vinegar St E1 . . . . **32** A1
Vinegar Yd SE1 . . . **138** A4
Vine Hill EC1 . . . . **95** B1
Vine La SE1 . . . . **124** B1
Vine Rd SW13 . . . . **56** B4
Vine St Bridge EC1 **95** C1
Vine Sq W14 . . . . **141** A1
Vine St
W1 . . . . **119** A3
Whitechapel EC3 . . **110** C1
Vineyard Path
SW14 . . . . **55** C4
Vineyard Prim Sch
The TW10 . . . . **54** A1
Vineyard The
TW10 . . . . **54** A2
Vineyard Wlk EC1 . . **95** B1
Vine Yd SE1 . . . . **137** A4
Vine Yd SE13 . . . . **67** A4
Vining St SW2 . . . . . . **62** C3
Vinson Ho N1 . . . . **87** C1
Vintners Ct EC4 . . **123** A4
Viola Sq W12 . . . . **29** B2
Violet Cl **32** SE8 . . . . **51** B4
Violet Hill NW8 . . . . . **78** C1
Violet Hill Ho NW8 . . **78** C1
Violet Rd E3 . . . . **27** A1
Violet St E2 . . . . **25** A1
Virgil Pl W1 . . . . **102** C3
Virgil St SE1 . . . . **135** A2
Virginia Ct **7**
SE16 . . . . **40** C4
Virginia Ho **3** E14 . . **34** B2
Virginia Prim Sch **4B**
E2 . . . . **24** B2 98
Virginia Rd **19**
E2 . . . . **24** B2 **98** C3
Virginia St E1 . . . . . . **125** C3
Virginia Wlk SW2 . . **62** B1
Viscount Ct **8**
W11 . . . . **31** C3
Viscount St EC1 . . **108** C4
Vision Coll of
Theology SE27 . . . . . . **75** A1
Vista Bldgs **13** E3 . . **26** B2
Vitae Apartments **7**
W6 . . . . **38** C3
Vivian Comma Cl **3**
N4 . . . . **6** A1
Vivian Ct NW6 . . . . . . **78** A2
Vivian Ho N4 . . . . **6** C4
Vivian Rd E3 . . . . **26** A3
Vivian Sq SE15 . . . . . **65** A4
Vogans Mill SE1 . . **139** A4
Vogler Ho **9** E1 . . . . . **32** B2
Vollasky Ho **9** E1 . . **111** B4
Voltaire
2 Camberwell
SE5 . . . . **49** B2
11 Richmond TW9 . . **44** B2
Voltaire Ct **13**
SW11 . . . . **169** C2
Voltaire Rd SW4 . . . . **61** C4

Volt Ave NW10 . . . . . . **21** A2
Vorley Rd N19 . . . . **4** B2
Voss St E2 . . . **24** C2 **99** C3
Voyager Bsns Est **10**
SE16 . . . . **139** B2
Vulcan Rd SE4 . . . . . . **51** B1
Vulcan Sq E14 . . . . . . **41** C2
Vulcan Terr SE4 . . . . . **51** B1
Vulcan Way N7 . . . . . . **14** B2
Vyner Ct E5 . . . . **17** A3
Vyner Rd W3 . . . . **28** C2
Vyner St E2 . . . . **25** A4

W

Wadcroft Ct SE4 . . . . **66** B4
Wadding St SE17 . . **151** B3
Waddington Rd
E15 . . . . **19** C2
Waddington St
E15 . . . . **19** C2
Wade Ho **10** SE1 . . **139** B3
Wadeson St E2 . . . . . . **25** A3
Wade's Pl E14 . . . . **34** A2
Wadham Gdns
NW3 . . . . **80** A4
Wadham Rd SW15 . . **58** A3
Wadhurst Rd W4 . . . . **37** C3
Wager St E3 . . . . **26** B1
Waghorn St SE15 . . . . **64** C4
Wagner St SE15 . . . . . **50** B3
Wainford Cl SW19 . . **69** C3
Wainwright Ho **3**
E1 . . . . **32** B1
Waite St SE15 . . . . **49** B4
Waithman St EC4 **108** A1
Wakefield Ho **6**
SE15 . . . . **49** C2
Wakefield Mews
WC1 . . . . **94** B3
Wakefield St WC1 . . **94** B3
Wakeford Cl SW4 . . . **61** B2
Wakeham St **9**
N1 . . . . **15** C2
Wakehurst Rd
SW11 . . . . **60** B2
Wakeling Ho **8**
SE27 . . . . **75** A1
Wakeling St **10**
E14 . . . . **33** A3
Wakelin Ho **10** N1 . . **15** A1
Wakeman Rd
NW10 . . . . **22** C2
Wakley St EC1 . . . . . . **96** A4
Walberswick St
SW8 . . . . **162** B1
Walbrook EC4 . . . . . **123** B4
Walbrook Ct **32**
N1 . . . . **24** A3
Walbrook Wharf
EC4 . . . . **123** B4
Walburgh St E1 . . . . . **32** A3
Walcorde Ave
SE17 . . . . **151** A3
Walcot Gdns
SE11 . . . . **149** B4
Walcot Ho **9**
SE22 . . . . **64** A4
Walcot Sq SE11 . . . **149** C4
Walcott St SW1 . . . **147** A4
Waldeck Gr SE27 . . . **75** A1
Waldeck Rd
Brentford W4 . . . . **44** C4
Mortlake SW14 . . . . . **55** B4

Waldeck Terr
SW14 . . . . **55** B4
Waldegrave Ho **5**
SW15 . . . . **57** B2
Waldemar Ave
SW6 . . . . **164** B3
Waldemar Avenue
Mans SW6 . . . . **164** A3
Walden Ct SW8 . . . **171** C4
Walden Ho
8 Clapham
SW11 . . . . **169** B2
SW1 . . . . **145** C3
Walden St E1 . . . . **32** A3
Waldo Cl SW4 . . . . **61** B2
Waldo Rd NW10 . . . . **22** A2
Waldorf Sch of S W
London SW16 . . . . **73** C2
Waldron Ho **7**
SW2 . . . . **62** B2
Waldron Mews
SW3 . . . . **157** C4
Waldron Rd SW18 . . **71** B1
Walerand Rd SE13 . . **52** B1
Walerian Flats
SE1 . . . . **152** A4
Wales Cl SE15 . . . . **50** A4
Wales Farm Rd
W3 . . . . **28** C4
Waley St **1** E1 . . . . . . **33** A4
Walford Ho **28** E1 . . **32** A3
Walford Rd N16 . . . . . **16** A4
Walham Ct **15**
NW3 . . . . **12** B2
Walham Gr SW6 . . . **155** B2
WALHAM
GREEN **156** A1
Walham Green Arc
SW6 . . . . **155** B2
Walham Yd SW6 . . **155** B2
Walker Ho NW1 . . . . . **83** B1
Walker Mews **7**
SW2 . . . . **62** C2
Walkerscroft Mead
SE21 . . . . **75** B2
Walker's Ct W1 . . . **119** B4
Walkers Lo **13** E14 . . **42** B4
Walker's Pl SW15 . . **58** A3
Walkinshaw Ct **9**
N1 . . . . **15** B1
Walkynscroft **1**
SE15 . . . . **50** A1
Wallace Collection★
W1 . . . . **103** B2
Wallace Ct NW1 . . **102** B3
Wallace Ho N7 . . . . . . **14** B2
Wallace Lo N4 . . . . **5** C3
Wallace Rd N1, N5 . . **15** B2
Wallbutton Rd
SE4 . . . . **51** A1
Wall Ct N4 . . . . **5** B3
Waller Rd SE14 . . . . . **50** C1
Wallett Ct **11** NW1 . . **13** B1
Wallflower St W12 . . **29** B2
Wallgrave Rd
SW5 . . . . **142** A3
Wallingford Ave
W10 . . . . **30** C3
Wallis Alley SE1 . . . **137** A4
Wallis Cl SW11 . . . . . **59** C4
Wallis Ho **3** SE14 . . **51** A2
Wallis Rd E9 . . . . **18** C2
Wallorton Gdns
SW14 . . . . **55** C3
Wallside EC2 . . . . . . **109** A3
Wall St N1 . . . . **15** C2

Wallwood St E14 . . . . **33** B4
Walmer Ho **8**
W10 . . . . **30** C3
Walmer Pl W1 . . . . . **102** C4
Walmer Rd
North Kensington
W10 . . . . **30** B3
W11 . . . . . **31** A2 **112** A3
Walm La NW2 . . . . **9** B2
Walney Wlk **6** N1 . . **15** B2
Walnut Cl SE8 . . . . **51** B4
Walnut Ho **11** E3 . . **26** B4
Walnut Tree Cl
SW13 . . . . **46** B2
Walnut Tree Ho
SW10 . . . . **156** B4
Walnut Tree Rd
Brentford TW8 . . . . . . **44** A4
Greenwich SE10 . . . . . **43** A1
Walnut Tree Walk
Prim Sch SE11 . . . **149** B4
Walnut Tree Wlk
SE11 . . . . **149** B4
Walpole Ave TW9 . . **44** B1
Walpole Ct
7 Hammersmith
W14 . . . . **39** C3
South Hampstead
NW6 . . . . **11** B1
Walpole Gdns W4 . . **37** B1
Walpole Mews
NW8 . . . . **79** B3
Walpole St SW3 . . . **145** A2
Walsham Cl N16 . . . . . **7** C3
Walsham Ho
New Cross Gate
SE14 . . . . **50** C1
SE27 . . . . **151** B2
Walsham Rd SE14 . . . **50** C1
Walsingham NW8 . . **79** C4
Walsingham Lo
SW13 . . . . **46** C2
Walsingham Mans
SW6 . . . . **156** B2
Walsingham Pl SW4,
SW11 . . . . **60** C1
Walsingham Rd E5 . . **7** C1
Walter Besant Ho **4**
E1 . . . . **25** C2
Walter Ct **3** W3 . . . . **28** B3
Walter Green Ho
SE15 . . . . **50** B2
Walter Ho SW10 . . **157** B2
Walter Northcott Ho
2 NW6 . . . . **10** C3
Walters Ct SE17 . . . **151** A3
Walters Ho
3 Camberwell
SE5 . . . . **49** A1
Islington N1 . . . . **86** B4
6 Kennington SE17 . . **48** A4
Walter Sickert Hall
N1 . . . . **86** C1
Walter St E2 . . . . **25** C2
Walters Way SE23 . . **65** C1
Walter Taylor Ct
SE4 . . . . **66** B3
Walter Terr E1 . . . . **32** C3
Walterton Rd W9 . . . **23** C1
Waltham Green Ct
SW6 . . . . **156** A1
Waltham Ho
NW8 . . . . **78** C4
10 Stockwell SW9 **173** A1
Walton Cl SW8 . . . . **162** B2
Walton Gdns W3 . . . **28** A3

Walton Ho
E2 . . . . 24 B1 **99** A2
Upper Holloway N7 . . . 5 B1
Wandsworth SW18 . . . 58 C1
Walton Pl SW1 . . . **130** C2
Walton St SW3 . . . . . 130 B2
Walton Way W3 . . . 28 A4
Walt Whitman Cl **5**
SE24 . . . . 63 A3
WALWORTH . . . 151 C2
Walworth Acad
(Lower School)
SE17 . . . . _151 C2_
Walworth Acad
(Upper School)
SE17 . . . . _152 B1_
Walworth Pl SE17 _151 A1_
Walworth Rd
SE17 . . . . _151 A1_
Wanborough Dr
SW15 . . . . 69 A3
Wandle Ct **4** W12 38 A4
Wandle Ilo
NW8 . . . . _102 A4_
Wandsworth SW18 . . . 71 A4
Wandle Rd SW17 . . . 72 A2
Wandle Way SW18 . . 71 A3
Wandon Rd SW6 . _156 B1_
WANDSWORTH . . 58 C1
Wandsworth Bridge
Rd SW6 . . . . _166 A3_
Wandsworth Common
Sta SW12 . . . . 72 B4
Wandsworth Common
West Side SW18 . . 59 B2
Wandsworth Gyratory
SW18 . . . . 59 A1
Wandsworth High St
SW18 . . . . 59 A2
Wandsworth Plain
SW18 . . . . 59 A2
Wandsworth Rd
SW8 . . . . _162 A1_
Wandsworth Road Sta
SW4 . . . . _171 A1_
Wandsworth Town
Sta SW18 . . . . 59 A2
Wangford Ho **13**
SW9 . . . . 63 B3
Wanless Rd SE24 . . . 63 B4
Wanley Rd SE5 . . . . 63 C3
Wansbeck Rd E3,
E9 . . . . 18 B1
Wansdown Pl
SW6 . . . . _156 A2_
Wandsworth
Riverside Quarter
Pier SW6 . . . . 58 C4
Wansey St SE17 _151 A3_
WAPPING 32 A1
Wapping Dock St **19**
E1 . . . . 32 A1
Wapping High St
E1 . . . . 32 A1
Wapping La E1 . . . . 32 A1
Wapping Sta E1 . . . . 32 B1
Wapping Wall E1 . . . 32 B1
Warbeck Rd W12 . . 39 A4
Warburg Ho
E2 . . . . 24 C2 **99** B3
Warburton Cl **6**
N1 . . . . 16 A2
Warburton Ct
SE15 . . . . 64 C4
Warburton Ilo **5**
E8 . . . . 25 A4

Warburton Rd **8**
E8 . . . . 25 A4
Warburton St **6**
E8 . . . . 25 A4
Wardalls Ho **12**
SE8 . . . . 51 B4
Wardell Ho **7**
SE10 . . . . 52 B4
Warden Rd NW5 . . . 12 C2
Wardens Gr SE1 . _122 C1_
Wardle St E9 . . . . . . 17 C3
Wardley St SW18 . . . 71 A4
Wardlow **8** NW5 . . 13 A4
Wardo Ave SW6 . _164 A4_
Ward Rd
Camden Town N19 . . . 4 B1
Mill Meads E15 . . . . 27 C4
Wardrobe Pl EC4 . _108_ B1
Wardrobe Terr
EC4 . . . . _122 B4_
Wareham Ct **2**
N1 . . . . 16 A1
Wareham Ho
SW8 . . . . _162 C2_
Warfield Rd NW10 . . 22 C2
Warfield Yd **6**
NW10 . . . . 22 C2
Wargrave Ho **46**
E2 . . . . 24 B2 **98** C3
Warham Rd N4 . . . 5 C4
Warham St SE5 . . . . 48 A3
Waring Ho **2**
E2 . . . . 24 C2 99 C3
Warley Ho N1 . . . . 15 C2
Warley St E2 . . . . . . 25 C2
Warlock Rd W9 . . . . 23 C1
Warlters Cl N7 . . . . 14 A4
Warlters Rd N7 . . . 14 A4
Warltersville Mans
N19 . . . . 5 A4
Warltersville Rd N4, N8,
N19 . . . . 5 A4
War Meml Homes
W4 . . . . 45 C3
Warmington Rd
SE24 . . . . 63 B1
Warmsworth NW1 . _82_ C4
Warndon St SE16 . . 40 B2
Warneford St E9 . . . 25 A4
Warner Ho
4 Homerton E9 . . 17 C2
Lewisham SE13 . . . 52 A1
NW8 . . . . _89_ B1
Warner Pl
E2 . . . . 24 C2 **99** C4
Warner Rd SE5 . . . 48 B2
Warner St EC1 . . . . _95_ B1
Warner Yd EC1 . . . _95_ B1
Warnford Ho
SW15 . . . . 94 C3
Warnham WC1 . . . . _94_ C3
Warnham Ho **6**
SW2 . . . . 74 B4
Warple Mews W3 . . 38 A4
Warple Way W3,
W12 . . . . 38 A4
Warren Ave SW14,
TW10 . . . . 55 A3
Warren Ct SE21 . . . 75 B4
Warren Cl N1 . . . . . _85_ B2
Warrender Rd N19 . 13 B4
Warren Gdns E15 . . 19 C3
Warren **2** E3 . . . 27 A2

Warren Mews W1 . **92** C1
Warren St W1 . . . . **92** C1
Warren Street Sta
NW1 . . . . **93** A2
Warriner Gdns
SW11 . . . . _169_ B3
Warrington Cres
W9 . . . . _88_ C2
Warrington Gdns
W9 . . . . _88_ C2
Warspite Ho **3**
SE18 . . . . 42 A2
Warton Rd E15 . . . . 27 B4
Warwick W14 . . . _141_ A3
Warwick Ave W9 . . _88_ C1
Warwick Avenue Sta
W9 . . . . _88_ C1
Warwick Bldg
SW8 . . . . _160_ A3
Warwick Chambers
W8 . . . . _127_ B2
Warwick Cres W2 _100_ C4
Warwick Ct WC1 . . _107_ A3
Warwick Dr SW15 . _57_ A4
Warwick Gdns
W14 . . . . _141_ A4
Warwick Ho
10 Brixton SW9 . _173_ B1
6 Putney SW15 . _69_ B4
Stoke Newington N4 . . 6 B3
Warwick House St
SW1 . . . . _119_ C2
Warwick La EC4 . . _108_ B1
Warwick Mans
SW5 . . . . _141_ B4
Warwick Pas EC4 . _108_ B2
Warwick Pl W9 . . . _100_ C4
Warwick Pl N
SW1 . . . . _146_ C3
Warwick Rd W14,
SW5 . . . . _141_ A4
Warwick Row
SW1 . . . . _132_ B2
Warwickshire Path
SE8 . . . . 51 B3
Warwick Sq
Holborn EC4 . . . _108_ B2
Pimlico SW1 . . . _146_ C2
Warwick Sq Mews
SW1 . . . . _146_ C3
Warwick St W1 . . _119_ A4
Warwick Way
SW1 . . . . _146_ B4
Wasdale NW1 . . . . _92_ C3
Washbrook Ho
SW2 . . . . 62 C1
Washington Bldg **1**
SE13 . . . . 52 A2
Washington Cl **13**
E3 . . . . 27 A2
Washington Ho
SW1 . . . . _130_ C3
Washington Rd
SW13 . . . . 46 C3
Watchfield Ct **7**
W4 . . . . 37 B1
Watcombe Cotts
TW9 . . . . 44 C4
Watercress Pl **2**
N1 . . . . 16 A1
Waterford Rd
SW6 . . . . _156_ A1
Waterford Way
NW10 . . . . 8 C3

Water Gardens The
W2 . . . . _102_ B2
Watergate EC4 . . . _122_ A4
Watergate St SE8 . _51_ C4
Watergate Wlk
WC2 . . . . _120_ B2
Waterhead NW1 . . _92_ C4
Waterhouse Cl
Hammersmith W6 . . 39 C1
Hampstead NW3 . . 11 C3
Waterhouse Sq
EC1 . . . . _107_ B3
Wateridge Cl E14 . _41_ C3
Water La
8 Camden Town
NW1 . . . . 13 A1
SE14 . . . . 50 B3
Waterloo Bridge SE1,
WC2 . . . . _121_ A3
Waterloo Cl E9 . . . _17_ B3
Waterloo East Sta
SE1 . . . . _121_ C1
Waterloo Gdns
2 Islington N1 . . . 15 A1
South Hackney E2 . _25_ B3
Waterloo Millennium
Pier SE1 . . . . . . _134_ C3
Waterloo Pl
Kew TW9 . . . . 44 C4
9 Richmond TW9 . 54 A3
SW1 . . . . _119_ B2
Waterloo Rd SE1 _135_ C4
Waterloo Sta SE1 _135_ B4
Waterloo Terr N1 . . . 15 A1
Waterlow Ct NW11 . . 2 A4
Waterlow Rd N19 . . 4 B3
Waterman Bldg **2**
E14 . . . . _41_ C4
Watermans Arts Ctr★
TW8 . . . . 44 A4
Watermans Ct **2**
TW8 . . . . 44 A4
Waterman St
SW15 . . . . 57 C4
Waterman Way E1 . 32 A1
Watermead Ho E9 . 18 B3
Watermeadow La
SW6 . . . . _166_ C1
Water Mews SE15 . _65_ B3
Watermill Ct SE13 . _67_ A4
Watermint Quay
N16 . . . . _7_ C4
Water's Edge SW6 . 47 B2
Waterside E1 . . . . _86_ C1
Waterside Cl
30 Bermondsey
SE16 . . . . _139_ C3
Old Ford E3 . . . . 26 B4
Waterside Ct SE13 _67_ C3
Waterside Pl NW1 . _81_ C4
Waterside Point
SW11 . . . . _158_ B2
Waterson St E2 . . _98_ C4
Waters Pl SW15 . . 47 B1
Water St WC2 . . . _121_ B4
Water Tower Pl
N1 . . . . _86_ A3
Waterview Ho **13**
E14 . . . . 33 A4
Waterway Ave **2**
SE13 . . . . 67 A4
Waterworks Rd
SW2 . . . . 62 B1
Watford Cl SW11 . _168_ B4
Watford Rd E16 . . 35 C4

Watkins Ho **11** E14 . 42 B4
Watkinson Rd N7 . . 14 B2
Watling Ct EC4 . . _109_ A1
Watling Gdns
NW2 . . . . 10 A2
Watling St
4 Camberwell
SE15 . . . . 49 A4
City of London EC4 _109_ A1
Watney Cotts
SW14 . . . . 55 B4
Watney Mkt★ E1 . _32_ A3
Watney Rd SW14 . . 55 B4
Watney St E1 . . . . 32 A3
Watson Cl N16 . . . . 15 C3
Watson Ho **5**
SW2 . . . . 74 A4
Watsons Mews
W1 . . . . _102_ B3
Watson's St SE8 . _51_ C3
Watts Gr E3 . . . . . 34 A4
Watts Ho **6** W10 . 31 A4
Watts St
SE15 . . . . 49 B2
Wapping E1 . . . . . 32 A1
Wat Tyler Rd SE10 . 52 C2
Wavel Ct
7 Streatham
SW16 . . . . 74 A1
Wapping E1 . . . . . 32 B1
Wavel Mews NW6 . 11 A1
Wavendon Ave
W4 . . . . 37 C1
Waveney Ave
SE15 . . . . 65 A3
Waveney Cl **20** E1 _125_ C2
Waveney Ho SE15 . 65 A3
Waverley Ct
3 Brondesbury
NW6 . . . . 10 A1
W1 . . . . _103_ C4
Waverley Rd
Finsbury Pk N4 . . . 6 A3
St John's Wood
NW8 . . . . _79_ B2
Waverley Rd N8 . . . 5 A4
Waverly Ct NW3 . . 12 B2
Waverton Ho **2**
E3 . . . . 26 B4
Waverton Rd
SW18 . . . . 71 B4
Waverton St W1 . . _118_ A2
Wavertree Ct **9**
SW2 . . . . 74 A3
Wavertree Rd
SW2 . . . . 74 B3
Waxham Ho NW5 . 12 B3
Waxlow Rd NW10 . 20 C3
Wayford St SW11 _168_ B1
Wayland Ave E8 . . 16 C3
Wayland Ho **12**
SW9 . . . . _173_ B2
Waylett Ho SE11 . _149_ B1
Waylett Pl SE27 . _75_ A1
Wayman Ct E8 . . . 17 A2
Waynflete Sq
18 North Kensington
W10 . . . . 30 C3
11 Shepherd's Bush
W10 . . . . 30 C2
Waynflete St
SW18 . . . . 71 B2

Wayside
Golders Green
NW11 . . . . 1 A3
Mortlake SW14 . . . . . 55 B2
Weald Cl SE16 . . . . . 40 A1
Weardale Ho 6 B4
Weardale Rd SE13 . . 67 C3
Wearmouth Ho 1
E3 . . . . 33 B4
Wear Pl 13 E2 . . . . . 25 A2
Wearside Rd SE13 . . 67 A3
Weatherbury 6
W2 . . . . 31 C3
Weatherbury Ho 3
N19 . . . . 4 C1
Weatherley Cl E3 . . . 33 B4
Weaver Ct 2 E2 . . . 25 A1
Weaver Ho 2
E1 . . . . .24 C1 99 B1
Weaver's La SE1 . . 124 B1
Weaver St
E1 . . . . .24 C1 99 B1
Weavers Way
6 Camden Town
NW1 . . . . 13 C1
NW1 . . . . 83 B4
Webb Cl NW10 . . . . . 22 B1
Webb Ct 3 . . . . 37 A4
Webber Row SE1 . . 136 A3
Webber St SE1 . . . . 136 A3
Webb Est E5 . . . . 7 C4
Webb Ho SW8 . . . . 161 C1
Webb Pl NW10 . . . . 21 B2
Webb Rd SE3 . . . . . . 53 B4
Webb's Rd SW11 . . . 60 B2
Webb St SE1 . . . . . 138 A1
Webheath 4 NW6 . . 10 B1
Webster Ho 16
N16 . . . . 16 A3
Webster Rd SE16 . . 139 C1
Weddell Ho 23 E1 . . 25 C1
Wedderburn Rd
NW3 . . . . 11 C3
Wedgewood Ho
SW1 . . . . 146 C1
Wedgewood Mews
W1 . . . . 105 C2
Wedgewood Wlk
NW3 . . . . 11 A3
Wedgwood Ho
17 Globe Town E2 . . 25 C2
SE11 . . . . 135 B1
Wedlake St W10 . . . 23 A1
Wedmore Gdns
N19 . . . . 4 C2
Wedmore Mews
N19 . . . . 4 C1
Wedmore St N19 . . . 4 C1
Weech Rd NW6 . . . . 10 C4
Weedington Rd
NW5 . . . . 12 C3
Weedon Ho W12 . . . 29 C3
Weekley Sq SW11 . . 59 C4
Weighhouse St
W1 . . . . 103 C1
Weimar St SW15 . . . 58 A4
Weir Ho 8 SW12 . . . 73 B4
Weir Rd
Streatham SW12 . . . 73 B4
Wimbledon SW18,
SW19 . . . . 71 A1
Weiss Rd SW15 . . . . 57 C4
Welbeck Ct W14 . . . 140 C4

Welbeck Mans 10
NW6 . . . . 10 C3
Welbeck St W1 . . . . 104 A2
Welbeck Way W1 . . 104 A2
Welby Ho N19 . . . . . . 4 C4
Welby St SE5 . . . . . 48 A2
Weldon Ct SE8 . . . . 51 C1
Welford Ct
12 Camden Town
NW1 . . . . 13 A1
7 Clapham SW8 . . 170 C1
Welland Ho SE15 . . 65 B3
Welland Mews 21
E1 . . . . 125 C2
Welland St SE10 . . . 52 B4
Wellclose Sq E1 . . . 125 C4
Wellclose St 20
E1 . . . . 125 C3
Wellday Ho 2 E9 . . 18 A2
Welldon Ct 1
SE21 . . . . 75 C2
Weller Ho 25
SE16 . . . . 139 B3
Weller St SE1 . . . . . 136 C4
Wellesley Ave W6 . . 39 A3
Wellesley Ct W9 . . . 88 C3
Wellesley Ho NW1 . . 93 B3
Wellesley Pl
Camden Town
NW5 . . . . 12 C3
NW1 . . . . 93 B3
Wellesley Rd
Gospel Oak NW5 . . . 12 C3
Gunnersbury W4 . . . 37 A1
Wellesley St E1 . . . . 32 C4
Wellesley Terr N1 . . 97 A4
Wellfit St 6 SE24 . . 63 A4
Wellgarth Rd NW11 . 2 A3
Wellington Arch★
SW1 . . . . 131 C4
Wellington Bldgs
18 Bow E3 . . . . 26 C2
SW1 . . . . 145 C1
Wellington Cl
Kensington W11 . . . 31 C3
New Cross Gate
SE14 . . . . 50 C2
Wellington Ct
Knightsbridge
SW1 . . . . 130 C3
St John's Wood
NW8 . . . . 79 C1
Strand WC2 . . . . . . 120 A4
Wandsworth SW18 . . 60 A2
Wellington Gr
SE10 . . . . 52 C3
Wellington Ho 18
NW3 . . . . 12 B2
Wellington Hospl The
NW8 . . . . 79 C1
Wellington Mans
East Dulwich SE22 . . 64 C3
3 Islington N7 . . . . 14 B2
Streatham SW16 . . . 73 C1
Wellington Pl NW8 . . 89 C4
Wellington Prim Sch
20 E3 . . . . 26 C2
Wellington Rd
Kensal Green
NW10 . . . . 22 C2

Wellington Rd
continued
St John's Wood
NW8 . . . . 79 C1
Wimbledon SW19 . . . 70 C2
Wellington Row
E2 . . . . .24 C2 99 C4
Wellington Sq
Islington N1 . . . . 84 B4
SW3 . . . . 144 C2
Wellington St
WC2 . . . . 120 C4
Wellington Terr 2
E1 . . . . 32 A1
Wellington Way
E3 . . . . 26 C2
Well La SW14 . . . . . 55 B2
Well Rd NW3 . . . . . . 2 C1
Wells Ct
1 Hampstead
NW3 . . . . 11 B4
2 Paddington NW6 . . 23 C3
Stoke Newington N1 . 16 A3
Wells Ho
Finsbury FC1 . . . . . . 96 A4
2 Kensal Town
W10 . . . . 23 A1
New Cross Gate
SE4 . . . . 51 A1
9 Rotherhithe
SE16 . . . . 40 B3
Wells Ho The 2
NW3 . . . . 11 C4
Wells House Rd
NW10 . . . . 29 A4
Wellside Gdns
SW14 . . . . 55 B3
Wells Mews W1 . . . 105 A2
Wells Pl SW18 . . . . . 71 B4
Wells Rd W12 . . . . . 39 B4
Wells Rise NW8 . . . 80 C3
Wells Sq WC1 . . . . . 95 A3
Wells St W1 . . . . . . 105 A2
Well St E9 . . . . 17 B1
Wells Terr N4 . . . . . . 5 C2
Wells Way
Brompton SW7 . . . 129 B2
Camberwell SE5 . . . 49 A4
Well Wlk NW3 . . . . . 2 C1
Wellwood Ct
SW15 . . . . 57 B3
Welmar Works
SW4 . . . . 61 C3
Welsford St 1 SE1 . 153 B3
Welsh Ho 14 E1 . . . 32 A1
Welshpool Ho 22
E8 . . . . 24 C4
Welstead Ho 20
E1 . . . . 32 A3
Welstead Way W4 . . 38 B2
Weltje Rd W6 . . . . . 38 C1
Welton Ct SE5 . . . . . 49 A2
Welton Ho E1 . . . . . . 32 C4
Welwyn St E2 . . . . . 25 B2
Wembury Mews N6 . . 4 B4
Wembury Rd N6 . . . . 4 A4
Wemyss Rd SE3 . . . . 53 B1
Wendell Park Prim
Sch W12 . . . . 38 B4
Wendell Rd W12 . . . 38 B4
Wendle Ct SW8 . . . 162 A3
Wendling NW5 . . . . . 12 B3
Wendon St E3 . . . . . 26 B4
Wendover SE17 . . . . 152 A1

Wendover Ct
Acton W3 . . . . 20 A1
Becontree W3 . . . . . 20 B1
4 Child's Hill NW2 . . 1 C1
W1 . . . . 103 B3
Wendover Ho N1 . . 103 B3
Wendover Rd
NW10 . . . . 21 B3
Wengham Ho W12 . . 29 C2
Wenham Ho SW8 . . 160 C1
Wenlake Ho EC1 . . . 96 C2
Wenlock Ct N1 . . . . 87 C1
Wenlock Rd N1 . . . . 87 A1
Wenlock St N1 . . . . 87 A1
Wennington Rd
E3 . . . . 25 C3
Wensdale Ho E5 . . . . 7 C2
Wensleydale Ho 8
N4 . . . . 6 B4
Wentworth Cres
SE15 . . . . 49 C3
Wentworth Ct
W6 . . . . 154 A3
Wandsworth SW18 . . 59 A1
Wentworth Dwellings
E1 . . . . 110 C2
Wentworth Ho 7
SE3 . . . . 53 C3
Wentworth Mews
E3 . . . . 26 B2
Wentworth St 1 E1 . 111 A3
Werrington St
NW1 . . . . 83 A1
Werter Rd SW15 . . . 58 A3
Wesleyan Pl NW5 . . 13 A4
Wesley Ave NW10 . . 20 C2
Wesley Cl
Finsbury Pk N7 . . . . . 5 B2
SE17 . . . . 150 B3
Wesley Ct W1 . . . . . 103 C3
Wesley Ho SE24 . . . 63 C1
Wesley Rd NW10 . . . 20 B4
Wesley Sq W11 . . . . 31 A3
Wesley St W1 . . . . . 103 C3
Wessex Gardens Prim
Sch NW11 . . . . 1 A3
Wessex Gdns NW11 . 1 A3
Wessex Ho
4 Tufnell Pk N19 . . . 4 C1
SE1 . . . . 153 A1
Wessex St E2 . . . . . . 25 B2
Wessex Way NW11 . . 1 A4
West 12 Sh Ctr
W12 . . . . 39 C4
Westacott Cl N19 . . . 4 C3
West Acton Prim Sch
E1 . . . . 32 C3
West Arbour St
E1 . . . . 32 C3
West Bank N16 . . . . . 7 A4
Westbere Rd NW2 . . 10 A3
West Block 11 SE1 . 134 B1
Westbourne Ave
W3 . . . . 28 C3
Westbourne Cres
W2 . . . . 115 B4
Westbourne Ct
W2 . . . . 100 C2
Westbourne Gdns
W2 . . . . 100 A2
Westbourne Gr
Notting Hill W2,
W11 . . . . 31 C3
W11 . . . . . .31 B2 113 A4

WESTBOURNE
GREEN 88 A2
Westbourne Gr Mews
7 W11 . . . . 31 C3
Westbourne Gr Terr
W2 . . . . 100 A1
Westbourne Ho
SW1 . . . . 146 A2
Westbourne Park Rd
Notting Hill W2 . . . 31 C3
Notting Hill W11 . . . 31 B3
Westbourne Park Sta
W11 . . . . 31 B4
Westbourne Park
Villas W2 . . . . 100 A3
Westbourne Rd
N7 . . . . 14 B2
Westbourne St
W2 . . . . 115 B4
Westbourne Terr
W2 . . . . 101 A2
Westbourne Terrace
Mews W2 . . . . 100 C2
Westbourne Terrace
Rd W2 . . . . 100 C3
Westbridge Cl
W12 . . . . 29 C1
Westbridge Prim Sch
SW11 . . . . 168 A4
Westbridge Rd
SW11 . . . . 168 A4
WEST
BROMPTON 156 A4
West Brompton Sta
SW5 . . . . 141 C1
Westbrook Ho
6 Bethnal Green
E2 . . . . 25 B2
5 Clapham Pk SW4 . 61 C2
Westbury Ct SW4 . . 61 A1
Westbury Ho 6
NW10 . . . . 8 A1
Westbush Ct 1
W12 . . . . 39 A4
West Carriage Dr
W2 . . . . 116 A2
West Central St
WC1 . . . . 106 A2
Westchester Ho
W2 . . . . 102 C1
Westcliff Ho 13
N1 . . . . 15 C2
Westcombe Ct 1
SE3 . . . . 53 B3
Westcombe Hill SE3,
SE10 . . . . 53 C3
Westcombe Park Rd
SE3 . . . . 53 B3
Westcombe Park Sta
SE3 . . . . 53 A4
Westcott Ho 1
E14 . . . . 34 A2
Westcott Rd SE17 . . 48 A4
West Cotts NW6 . . . . 10 C3
Westcroft Cl NW2 . . 10 A4
Westcroft Ct 3
W6 . . . . 38 C2
Westcroft Sq W6 . . . 38 C2
Westcroft Way
NW2 . . . . 10 A4
West Cromwell Rd
W14 . . . . 141 A2
West Cross Route W10,
W11 . . . . 30 C2
Westdean Cl
SW18 . . . . 59 A1

Westdown Rd E15 . .19 B4
WEST DULWICH . . .75 B2
West Dulwich Sta
SE21 . . . . .75 C3
West Eaton Pl
SW1 . . . . .145 B4
West Eaton Pl Mews
SW1 . . . . .145 B4
West Ella Rd NW10 . .8 A1
West End Ct NW6 . .11 A1
West End La NW6 . .11 A2
Westerdale Ct N5 . .15 A4
Westerdale Rd 2
SE10 . . . . .43 C1
Westerham NW1 . . .82 C3
Westerham Ho
SE1 . . . . .137 C2
Western Ave W3 . . .28 C3
Western Avenue Bsns
Pk W3 . . . . .20 A1
Western Beach Apts
E16 . . . . .35 C1
Western Ct 4
4 Dagenham W3 . .28 C3
3 Kilburn W9 . . . . .23 B3
Western Eye Hospl
5 The NW1 . . . . . .102 C4
Western Gateway
E16 . . . . .35 C2
Western Ho 3
W9 . . . . .23 B1
Western La SW12 . .72 C4
Western Mews
W9 . . . . .23 B1
Western Pl 10
SE16 . . . . .40 B4
Western Rd
Becontree NW10 . .20 B1
Brixton SW9 . . . . . .62 C4
Western Terr 3
W6 . . . . .38 C1
Western Wharf 2
SE15 . . . . .49 C4
Westferry Cir E14 . .33 C1
Westferry Rd E14 . .41 C3
Westferry Sta E14 . .33 C2
Westfield NW3 . . . .10 C4
Westfield Cl
SW10 . . . . .156 C3
Westfield Ct 1
W10 . . . . .22 C2
Westfield Ho 6
SE16 . . . . .40 C2
Westfield London Bn
Ctr W12 . . . . .30 C1
Westfields SW13 . . .56 B4
Westfields Ave
SW13 . . . . .56 A4
Westfields Rd W3 . .28 A4
Westfield Way E1 . .26 A1
West Garden Pl
W2 . . . . .102 B1
Westgate Bsns Ctr
2 Kensal Town
W10 . . . . .23 A1
North Kensington
W10 . . . . .22 C1
Westgate Ct 15
SW9 . . . . .62 C4
Westgate St E8 . . . .25 A4
Westgate Terr
SW10 . . . . .156 B4
West Gdns E1 . . . . .32 A2
West Gr SE10 . . . . . .52 C2
Westgrove La
SE10 . . . . .52 B2

West Halkin St
SW1 . . . . .131 B2
West Hall Rd TW9 . .45 A2
WEST
HAMPSTEAD 10 C4
West Hampstead
Mews NW6 . . . . . . .11 A2
West Hampstead Sta
NW6 . . . . .10 C3
West Hampstead
Thameslink Sta
NW6 . . . . .10 C2
West Harding St
EC4 . . . . .107 C2
Westhay Gdns
SW14 . . . . .55 A2
West Heath Ave
NW11 . . . . .1 C3
West Heath Ct NW3 . .1 C1
West Heath Ct
NW11 . . . . .1 C3
West Heath Dr
NW11 . . . . .1 C3
West Heath Gdns
NW3 . . . . .1 C1
West Heath Rd
NW3 . . . . .2 A1
WEST HILL 58 B1
West Hill SW15 . . . .58 A1
Westhill Ct
W11 . . . . .31 B2 113 A4
West Hill Ct N6 . . . .3 C1
Westhill Pk
Dartmouth Pk N6 . . .3 C2
Highgate N6 . . . . . . .3 B2
West Hill Prim Sch 17
SW18 . . . . .58 C2
West Hill Rd SW18 . .58 B1
West Ho 9 SW12 . . .73 B4
Westhope Ho 29
E2 . . . . .24 C2 99 C3
Westhorpe Rd
SW15 . . . . .57 B4
West House Cl
SW19 . . . . .70 A3
West India Ave
E14 . . . . .33 C1
West India Dock Rd
E14 . . . . .33 C2
West India Ho 1
E14 . . . . .33 C2
West India Quay Sta
E14 . . . . .33 C2
WEST
KENSINGTON 140 B3
West Kensington Ct
W14 . . . . .140 C3
West Kensington
Mans W14 . . . . . . .140 C3
West Kensington
W14 . . . . .140 C4
WEST KILBURN . . .23 A2
West La SE16 . . . . . .40 A4
Westlake 12 SE16 . .40 B2
Westland Pl N1 . . . .97 B4
Westlands Terr 3
SW12 . . . . .61 B1
Westleigh Ave
SW15 . . . . .57 B2
Westly Ct NW2 . . . . .9 C2
Westmacott Ho
NW8 . . . . .89 C1
West Mall
W11 . . . . . .31 C1 113 C2
Westmark Point 13
SW15 . . . . .69 A3

Westmead SW15 . . .57 A1
West Mews SW1 . . .146 C3
Westmill Ct N4 . . . . .6 B2
WESTMINSTER 133 A1
Westminster Abbey *
SW1 . . . . .134 A2
Westminster Abbey
Choir Sch SW1 . . .133 C2
Westminster Acad
W2 . . . . .31 C4
Westminster Acad
(Sch of English)
W1 . . . . .105 A3
Westminster Boating
Base SW1 . . . . .161 B4
Westminster Bridge
SE1, SW1 . . . . .134 B3
Westminster Bridge
Rd SE1 . . . . .135 A3
Westminster Cath *
SW1 . . . . .132 C1
Westminster Cath
Choir Sch SW1 . . .147 A4
Westminster Cath RC
Prim Sch SW1 . . . .147 C2
Westminster City Hall
SW1 . . . . .133 A2
Westminster City Sch
SW1 . . . . .133 A2
Westminster Coll
W1 . . . . .119 B4
Westminster Ct
22 Rotherhithe
SF16 . . . . .32 C1
3 Wandsworth
SW18 . . . . .58 C2
Westminster
Dragoons Mus *
SW6 . . . . .164 B3
Westminster Gdns
SW1 . . . . .148 A4
Westminster
Kingsway Coll (King's
Cross Centre)
WC1 . . . . .94 C3
Westminster
Kingsway Coll
(Regent's Park Ctr)
NW1 . . . . .92 C2
Westminster
Kingsway Coll
(Victoria Centre)
SW1 . . . . .147 B4
Westminster Pier
SW1 . . . . .134 B4
Westminster Sch
SW1 . . . . .134 A2
Westminster Sta
SW1 . . . . .134 B3
Westminster Under
Sch SW1 . . . . .147 B3
Westmore Ct
SW15 . . . . .58 A2
Westmoreland Ho
NW10 . . . . .21 C2
Westmoreland Pl
SW1 . . . . .146 B1
Westmoreland Rd
Barnes SW13 . . . . . .46 C2
Camberwell SE17 . .48 C4
Westmoreland St
W1 . . . . .104 A3
Westmoreland Terr
SW1 . . . . .146 B1
WEST NORWOOD . .75 B1

West Norwood Sta
SE27 . . . . .75 A1
Westonbirt Ct 6
SE15 . . . . .49 B4
Weston Ct N4 . . . . . .6 B1
West One Ho W1 . .104 C3
West One Sh Ctr
W1 . . . . .104 A1
Weston Ho
6 Brondesbury
NW6 . . . . .10 A1
8 South Hackney
E9 . . . . .25 B4
Weston Rd W4 . . . . .37 B3
Weston Rise N1,
WC1 . . . . .95 A4
Weston St SE1 . . . .137 C4
Weston Wlk 3 E8,
E9 . . . . .17 A1
Westover Hill NW3 . .1 C2
Westover Rd
SW18 . . . . .59 B1
West Park Ave
TW9 . . . . .45 A2
West Park Rd
TW9 . . . . .44 C2
West Parkside
Greenwich SE10 . . .43 B3
Greenwich SE10 . . .43 C2
West Plaza E14 . . . .34 A1
Westpoint SW15 . . .57 C1
West Point 2
SE1 . . . . .153 B2
Westpoint Trad Est
W3 . . . . .28 A4
Westport St E1 . . . .32 C3
West Poultry Ave
EC1 . . . . .108 A3
West Quarters
W12 . . . . .29 C3
West Rd
Chelsea SW3 . . . . .159 A4
Clapham Pk SW4 . .61 C2
Westrow SW15 . . . . .57 B1
West Row W10 . . . . .23 A1
West Sheen Vale
TW9 . . . . .54 B3
Westside 11 W6 . . .38 C2
Westside Ct 3
W9 . . . . .23 C1
West Silvertown Sta
E16 . . . . .35 C1
West Smithfield
EC1 . . . . .108 B3
West Sq SE11 . . . . .136 A1
West St
50 Bethnal Green
E2 . . . . .25 A3
Soho WC2 . . . . . . .105 C1
West Temple Sheen
SW14 . . . . .55 A2
West Tenter St
E1 . . . . .111 A1
Westvale Mews
W3 . . . . .38 A4
Westview Cl
North Kensington
W10 . . . . .30 B3
Willesden NW10 . . . .8 B3
Westville Rd W12 . .38 C4
West Warwick Pl
SW1 . . . . .146 C3
Westway W10,
W12 . . . . .29 C2
Westway (Elevated
Rd) W10 . . . . .31 B4

Westway Lo 35
W2 . . . . .31 C4
Westwell 4 NW5 . .12 C2
Westwick Gdns
W14 . . . . .39 C4
Westwood Bsns Ctr
NW10 . . . . .21 A1
Westwood Gdns
SW13 . . . . .56 B4
Westwood Ho
5 Shepherd's Bush
W12 . . . . .30 B1
6 Stoke Newington
N4 . . . . .6 C4
Westwood Park Trad
Est W3 . . . . .28 A4
Westwood Rd
SW13 . . . . .56 B4
Wetherby Gdns
SW5 . . . . .142 C3
Wetherby Mans
SW5 . . . . .142 A2
Wetherby Mews
SW5 . . . . .142 B2
Wetherby Pl SW7 .143 A3
Wetherby Prep Sch
W11 . . . . . .31 C2 113 B4
Wetherell Rd E9 . . .25 C4
Wevco Wharf
SE15 . . . . .50 A4
Wexford Ho 11 E1 . .32 B4
Wexford Rd SW12 . .72 B4
Weybourne St
SW18 . . . . .71 B2
Weybridge Ct 18
SE16 . . . . .40 A1
Weybridge Ho N4 . . .6 B4
Weybridge Point 11
SW11 . . . . .169 A2
Weydown Cl SW19 . .70 A3
Weyhill Ho 28 SE5 . .48 B1
Weyhill Rd 11 E1 . .111 C2
Wey Ho NW8 . . . . . .89 C1
Weymouth Ct
5 Haggerston E2 . .24 B3
3 Streatham SW2 . .74 B4
Weymouth Ho
Fitzrovia W1 . . . . . .104 A3
South Lambeth
SW8 . . . . .162 C1
Weymouth Mews
W1 . . . . .104 A4
Weymouth St W1 . .104 A4
Weymouth Terr
E2 . . . . .24 B3
Whadcoat St N4 . . . .5 C2
Whaddon Ho
10 Camberwell
SE5 . . . . .64 A4
SW1 . . . . .131 A3
Wharfdale Rd N1 . . .84 B2
Wharfedale Ct 9
E5 . . . . .17 C4
Wharfedale St
SW10 . . . . .142 A1
Wharf La 14 E14 . . .33 B3
Wharf Pl E2 . . . . . . .25 A4
Wharf Rd
King's Cross NW1 . .83 C3
Shoreditch N1 . . . . .86 C1
Wharf Road NW1 . . .84 A2
Wharfside Rd E16 . .35 A4
Wharf St E16 . . . . . .35 A4

Wharf View Ct 18
E14 . . . . 34 B3
Wharncliffe Ho 3
SW15 . . . . 57 B2
Wharton CI NW10 . . . 8 A2
Wharton Ho SE1 . . . 138 C2
Wharton St WC1 . . . . 95 A3
Whateley Rd SE22 . . 64 B2
Whatman Ho 10
E14 . . . . 33 B3
Wheatland Ho 7
SE22 . . . . 64 A4
Wheatlands Rd
SW17 . . . . 72 C1
Wheatley Ho
Gospel Oak NW5 . . . . 13 A4
3 Putney SW15 . . . . 68 C4
Wheatley St W1 . . . 103 C3
Wheat Sheaf CI
E14 . . . . 42 A2
Wheatsheaf La
Fulham SW6 . . . . 47 B3
SW8 . . . . 162 B2
Wheatsheaf Terr
SW6 . . . . 155 A1
Wheatstone Ho 7
W10 . . . . 31 A4
Wheatstone Rd
W10 . . . . 31 A4
Wheeler Ct 4
SW11 . . . . 59 C4
Wheeler Gdns N1 . . . 84 B4
Wheeler La E1 . . . . 110 C4
Wheelhouse The 4
E14 . . . . 42 A1
Wheelwright St
N7 . . . . 14 B1
Wheldon Ct SE1 . . . 138 C4
Wheler Ho
E1 . . . . 24 B1 98 C1
Wheler St
E1 . . . . 24 B1 98 C1
Whellock Rd W4 . . . 38 A3
Whetstone Park
WC2 . . . . 106 C2
Whewell Rd N19 . . . . 5 A2
Whichcote St SE1 . . 121 B1
Whidborne Bldgs
WC1 . . . . 94 A3
Whidborne CI SE8 . . 51 C1
Whidborne St WC1 . 94 B3
Whippingham Ho 22
E3 . . . . 26 B2
Whiskin St EC1 . . . . 96 A3
Whistler Mews 26
SE15 . . . . 49 B3
Whistlers Ave
SW11 . . . . 157 C1
Whistler St N5 . . . . . 15 A3
Whistler Twr
SW10 . . . . 156 C1
Whistler Wlk
SW10 . . . . 157 A2
Whiston Ho 18 N1 . . 15 A1
Whiston Rd E2 . . . . . 24 C4
Whitbread Ctr EC1 . 97 B1
Whitbread Rd SE4 . . 66 B3
Whitburn Rd SE13 . . 67 B3
Whitby Ave NW10 . . 20 A2
Whitby Ct 6 N7 . . . . 14 A4
Whitby Ho NW8 . . . 78 C3
Whitby St
E1 . . . . 24 B1 98 C2
Whitcher CI SE14 . . . 51 A4

Whitcher PI NW1 . . . 13 B2
Whitchurch Ho 16
W10 . . . . 30 C3
Whitchurch Rd
W11 . . . . 30 C2
Whitcomb Ct W1 . . 119 C3
Whitcomb St
WC2 . . . . 119 C3
Whitcome Mews
TW9 . . . . 45 A2
Whiteacre Mews
SE11 . . . . 149 C1
Whiteadder Way
E14 . . . . 42 A2
Whitebeam CI
SW9 . . . . 163 A1
Whitebeam Ho 3
NW3 . . . . 12 B2
White Bear PI 1
NW3 . . . . 11 C4
White Bear Yd EC1 . 95 B1
WHITECHAPEL 110 C1
Whitechapel Gall★
E1 . . . . 111 A2
Whitechapel High St
E1 . . . . 111 A2
Whitechapel Mkt★
E1 . . . . 111 C3
Whitechapel Rd
E1 . . . . 32 A4
Whitechapel Sta
E1 . . . . 32 A4
Whitechurch La 3
E1 . . . . 111 B2
Whitechurch Pas 1
E1 . . . . 111 B2
White City W10 . . . . 30 B3
White City W12 . . . . 30 B2
White City Est
W12 . . . . 30 A2
White City Rd
W12 . . . . 30 B2
White City Sta
W12 . . . . 30 B2
Whitecliff Ho 8
SW18 . . . . 59 A1
White Conduit St
N1 . . . . 85 C2
Whitecross PI
EC2 . . . . 109 C4
Whitecross St EC1 . 97 A1
White Cube The, Art
Gallery★
N1 . . . . 24 A2 98 A3
Whitefield CI
SW15 . . . . 58 A1
Whitefield Mans 3
N19 . . . . 4 B3
Whitehall SW1 . . . . 134 A4
Whitehall Ct SW1 . . 120 B1
Whitehall Gdns
Chiswick W4 . . . . 45 A4
SW1 . . . . 120 A1
Whitehall Mans 3
N19 . . . . 4 B3
Whitehall Park Rd
W4 . . . . 45 A4
Whitehall Pk N19 . . . 4 B3
Whitehall PI WC2,
SW1 . . . . 120 A1
White Hart Ct
EC2 . . . . 110 A3
White Hart La
Mortlake SW13 . . . . . 56 A4
Willesden NW10 . . . . 8 B1

White Hart St
Holborn EC4 . . . . . . 108 B2
Kennington SE11 . . . 149 C2
White Hart Yd
SE1 . . . . 123 B1
Whitehaven St
NW8 . . . . 90 A1
Whitehead CI
SW18 . . . . 71 B4
Whitehead Ho 8
SW15 . . . . 57 C2
Whitehead's Gr
SW3 . . . . 144 B3
White Ho
2 Battersea
SW11 . . . . 167 C2
3 Streatham SW4 . . 73 C4
Whitehorn Ho 5
E1 . . . . 32 B1
White Horse La
E1 . . . . 32 C4
Whitehorse Mews
SE1 . . . . 136 A2
Whitehorse Rd E1 . . 33 A4
White Horse Rd
E1 . . . . 33 A3
White Horse St
W1 . . . . 118 B1
White Horse Yd
EC2 . . . . 109 B2
White Ho The
NW1 . . . . 92 B2
White House Prep
Sch SW12 . . . . 73 A3
White Kennett St
E1 . . . . 110 B2
Whitelands Cres
SW18 . . . . 70 A4
Whitelands Ho
SW3 . . . . 145 A2
Whiteley Ho 9
SW4 . . . . 73 C4
Whiteleys Ctr 10
W2 . . . . 100 B1
White Lion Ct
EC3 . . . . 110 A1
White Lion Hill
EC4 . . . . 122 B4
White Lion St N1 . . . 85 C1
White Lo NW11 . . . . 1 B3
Whitelock Ho 21
E9 . . . . 17 C2
White Lyon Ct
EC2 . . . . 108 C4
Whiteness Ho 18
SW9 . . . . 173 B4
White Post La E9 . . 18 C2
White Post St SE14,
SE15 . . . . 50 B3
White Rd EC2 . . . . . 110 A3
White's Grounds
SE1 . . . . 138 B4
White's Grounds Est
SE1 . . . . 138 B4
White's Row E1 . . . 110 C3
White's Sq SW4 . . . 61 C3
Whitestone La NW3 . 2 B1
Whitestone Wlk
NW3 . . . . 2 B1
Whitethorn St E3 . . . 33 C4
Whitfield Ct SW4 . . 172 A3
Whitfield Gdns
W1 . . . . 105 A4
Whitfield Ho NW8 . . 90 A1
Whitfield PI W1 . . . . 93 A1

Whitfield St W1 . . . 105 A4
Whitgift Ho
Battersea SW11 . . . . 168 A4
Lambeth SE11 . . . . . 148 C4
Whitgift St SE11 . . . 148 C4
Whitington Ave
EC3 . . . . 110 A1
Whitley Ho N1 . . . . . 84 C4
Whitlock Dr SW19 . . 70 A3
Whitman Ho 20 E2 . 25 B2
Whitman Rd E3 . . . . 26 A1
Whitmore Gdns
NW10 . . . . 22 B3
Whitmore Ho 20
E1 . . . . 24 A4
Whitmore Prim Sch
N1 . . . . 87 C3
Whitmore Rd N1 . . . 24 A4
Whitnell Ct 7
SW15 . . . . 57 C2
Whitnell Way
SW15 . . . . 57 C2
Whitney Ho 6
SE22 . . . . 64 A4
Whitstable Ho 11
W10 . . . . 30 C3
Whitsters Ho SE1 . . 138 C4
Whittaker Ct SW4 . 172 B3
Whittaker St SW1 . 145 B3
Whittaker Way 19
SE1 . . . . 153 C4
Whittingham Ct
W4 . . . . 46 A3
Whittingstall Mans
SW6 . . . . 165 A3
Whittingstall Rd
SW6 . . . . 165 A3
Whittington Hospl
The N19 . . . . 4 B2
Whittlebury Ho N4 . . 6 B4
Whittlesey St SE1 . . 121 C1
Whitton NW3 . . . . . . 12 B1
Whitton Wlk E3 . . . . 26 B3
Whitworth Ho
SE1 . . . . 137 A1
Whitworth St
SE10 . . . . 43 A1
Whorlton Rd SE15 . . 65 A4
Whytlaw Ho 10 E3 . . 33 B4
Wicker St 24 E1 . . . . 32 A3
Wickfield Ho 5
SE16 . . . . 139 C3
Wickford Ho 5
E1 . . . . 25 B1
Wickford St E1 . . . . 25 B1
Wickham CI E1 . . . . 32 B4
Wickham Gdns
SE4 . . . . 66 B4
Wickham Ho
SW15 . . . . 57 C1
Wickham Mews
SE4 . . . . 51 B1
Wickham Rd SE4 . . . 66 B4
Wickham St SE11 . . 148 C2
Wick La
Hackney E3 . . . . 18 B1
Stratford Marsh E3 . . 26 C4
Wicklow Ho N16 . . . . 7 B3
Wicklow St WC1 . . . 94 C4
Wick Rd
Hackney E9 . . . . 17 C2
Hackney E9 . . . . 18 A2
Wickstead Ho
TW8 . . . . 36 B1
Wicksteed Ho
SE1 . . . . 137 A1

Wick Village 7
E15 . . . . 18 B3
Wickway Ct 7
SE15 . . . . 49 B4
Wickwood St SE5 . . 48 A1
Widdenham Rd
N7 . . . . 14 B4
Widecombe Ho 32
SE5 . . . . 48 B1
Widegate St E1 . . . 110 B3
Widford 8 NW1 . . . . 13 A2
Widford Ho N1 . . . . . 86 A3
Widley Rd W9 . . . . . 23 C1
Widnes Ho 6 N7 . . . 14 C3
Wigmore Hall★
W1 . . . . 104 A2
Wigmore PI W1 . . . 104 A2
Wigmore St W1 . . . 103 C2
Wigram Ct SW11 . . 168 A4
Wigram Ho 3 E14 . . 34 A2
Wigton PI SE11 . . . 149 C1
Wilberforce Ho 3
SW11 . . . . 59 C4
Wilberforce Mews 7
SW4 . . . . 61 C3
Wilberforce Prim Sch
W10 . . . . 23 A2
Wilberforce Rd
Finsbury Pk N4 . . . . . 6 A2
Highbury N4, N5 . . . . 6 B1
Wilbraham Ho
SW8 . . . . 162 A1
Wilbraham PI
SW1 . . . . 145 B4
Wilby Mews
W11 . . . . 31 B1 113 A2
Wilcox CI SW8 . . . . 162 B2
Wilcox Ho 5 E3 . . . . 33 B4
Wilcox PI SW1 . . . . 133 A1
Wilcox Rd SW8 . . . 162 A2
Wildcroft Manor
SW15 . . . . 69 B4
Wildcroft Rd
SW15 . . . . 69 B4
Wild Ct WC2 . . . . . . 106 C2
Wilde CI E8 . . . . 24 C4
Wilde PI SW18 . . . . 71 C4
Wilderness Mews
SW4 . . . . 61 A3
Wilderton Rd N16 . . . 7 A4
Wild Goose Dr
SE14 . . . . 50 B2
Wilding Ho 17 E9 . . 17 C2
Wild's Rents SE1 . . 138 A2
Wild St WC2 . . . . . . 106 C1
Wildwood Gr NW3 . . 2 B3
Wildwood Rd NW11 . 2 B4
Wildwood Rise
NW11 . . . . 2 B3
Wildwood Terr NW3,
NW11 . . . . 2 B3
Wilfred Fienburgh Ho
N7 . . . . 13 C4
Wilfred St SW1 . . . . 132 C2
Wilfrid Gdns W3 . . . 28 B4
Wilkes Rd 3 TW8 . . 44 A4
Wilkes St E1 . . . . . . 111 A4
Wilkie Ho SW1 . . . . 147 C2
Wilkin St Mews
NW5 . . . . 13 A2
Wilkins Ho 1 SW1 . 160 C4
Wilkinson Ho N1 . . . 87 C1
Wilkinson St SW8 . 162 C1
Wilkinson Way
W4 . . . . 37 C4
Wilkin St NW5 . . . . . 13 A2

Wilks Pl N1 . . . . 24 A3
Willan Wall E16 . . . . . 35 B2
Willard St SW8 . . . . . . 61 A4
Willbury Ho 4 N7 . .13 C3
Willcott Rd W3 . . . . . .28 A1
Willenfield Rd
NW10 . . . . .20 B1
WILLESDEN 8 B1
Willesden Community
Hospl NW10 . . . . . . .8 C1
WILLESDEN
GREEN 9 B2
Willesden Green Sta
NW2 . . . . .9 B2
Willesden Junction
Sta NW10 . . . . .21 B2
Willesden La NW2,
NW6 . . . . .9 C2
Willesden Sports Ctr
W10 . . . . .22 A4
Willes Rd NW5 . . . . . .13 A2
Willett Ho SW9 . . . . . .62 A4
William Banfield Ho
10 SW6 . . . . .164 C2
William Blake Ho 2
SE15 . . . . .49 C1
William Bonney Est 10
SW4 . . . . .61 C3
William Booth Meml
Training Coll SE5 . .48 C1
William Brown Ct
SE27 . . . . .75 A2
E2 . . . . .25 A3
William Caslon Ho 28
E2 . . . . .25 A3
William Channing Ho
6 1 E2 . . . . .25 A2
William Cl SE13 . . . . . .67 B4
William Davis Prim
Sch 11 E2 . . .24 C1 99 B2
William Dromey Ct
NW6 . . . . .10 B1
NW6 . . . . .23 B3
William Dunbar Ho
NW6 . . . . .23 B3
William Ellis Sch
NW5 . . . . .3 C1
William Ellis Way 18
SE16 . . . . .139 C1
William Evans Ho 9
SE8 . . . . .40 C2
William Gdns
SW15 . . . . .57 A2
William Guy Gdns 47
E3 . . . . .27 A2
William Harvey Ho 1
SW19 . . . . .70 A3
William Hogarth Sch
The 15 W4 . . . . .38 A1
William Hunt Mans
SW13 . . . . .47 B4
William IV St
WC2 . . . . .120 A3
William Margrie Cl 1
SE15 . . . . .49 C1
William Mews
SW1 . . . . .131 A3
William Morris Acad
W6 . . . . .39 C1
William Morris Ho
W6 . . . . .47 C4
William Morris Way
SW6 . . . . .166 C1
William Patten Prim
Sch 9 N16. . . . . .7 B2
William Pl 37 E3 . . . .26 B3
William Rathbone Ho
3 1 E2 . . . . .25 A2

William Rd NW1 . . . .92 C3
William Rushbrooke
Ho 4 1 SE16 . . . . .153 B4
William Saville Ho 2
NW6 . . . . .23 B3
William's Bldgs 1
E2 . . . . .25 B1
Williams Cl SW6. . . .154 B2
Williams Coll EC1 107 C3
Williams Ho
12 Bow E3 . . . . . . .26 C2
5 Hackney E9 . . . . .25 A4
14 Streatham SW2 . .74 C3
Williams La SW14 . . .45 B1
Williamson Cl
SE10 . . . . .43 B1
Williamson Ct
SE17 . . . . .150 C1
Williamson St N7 . . . .14 A4
William Sq 15
SE16 . . . . .33 A2
William St SW1 . . . .131 A3
William Tyndale Prim
Sch 27 N1 . . . . .15 A1
William Winter Ct 2
SW2 . . . . .74 C4
Willingham Cl 4
NW5 . . . . .13 B3
Willingham Terr
NW5 . . . . .13 B3
Willington Rd
SW9 . . . . .62 A4
Willis Ho 8 E14. . . . .34 A2
Willis St E14 . . . . .34 A3
Willoughby Ho
EC2 . . . . .109 B3
34 Wapping E1. . . . .32 A1
Willoughby Rd
NW3 . . . . .11 C4
Willoughby St
WC1 . . . . .106 A3
Willoughbys The
SW14 . . . . .56 B3
Willow Ave SW13 . . . .46 B1
Willowbank SW6 . . . .58 A4
Willowbank Rd
SE15 . . . . .49 B4
Willow Bridge Rd
N1 . . . . .15 B2
Willow Cotts TW9 . . .44 C4
Willow Ct
Brixton SW9 . . . . .173 B4
Chiswick W4 . . . . . . .46 A3
EC2 . . . . .24 A1 98 A2
Islington N7 . . . . . . .14 B3
40 Paddington W2 . .31 C4
3 Streatham SW16 .74 A1
Willowdene
Highgate N6 . . . . .3 B4
1 Peckham SE15 . . .50 A2
5 SE15 . . . . .50 A3
Willow Farm La
SW15 . . . . .57 A4
Willow Hall NW3 . . . .11 C4
Willow Ho
9 Maitland Pk
NW3 . . . . .12 B2
North Kensington
W10 . . . . .22 C1
Willow Lo
Fulham SW6 . . . . . . .47 C2
Putney SW15 . . . . . .57 A4
Willow Lodge 10
SW8 . . . . .61 A4
Willowmere SE13. . . .67 A2
Willow Pl SW1 . . . .147 A4

Willow Rd
Ealing W5 . . . . .36 A4
Hampstead NW3 . . . .11 C4
Willow St
EC2 . . . . .24 A1 98 A2
Willows Terr
NW10 . . . . .21 B3
Willow Tree Cl
14 Old Ford E3 . . . . .26 B4
Wandsworth SW18 . .71 A3
Willow Vale W12 . . . .29 C1
Willow Way 9
W11 . . . . .30 C2
Willow Wlk SE1 . . . .152 C4
Willsbridge Ct 1
SE15 . . . . .49 B4
Wilman Gr E8 . . . . . . .16 C1
Wilmcote Ho W2 . . .100 A4
Wilmer Gdns 22
N1 . . . . .24 A4
Wilmer Ho 8 E3 . . . .26 A3
Wilmer Lea Cl E15 . .19 C1
Wilmer Pl N16 . . . . . . .7 B2
Wilmers Ct 5
NW10 . . . . .20 C4
Wilmington Ave
W4 . . . . .45 C3
Wilmington Sq
WC1 . . . . .95 B3
WC1 . . . . .95 B3
Wilmot Cl SE15 . . . . .49 C3
Wilmot Pl NW1 . . . . . .13 B1
Wilmot St E2 . . . . .25 A1
Wilna Rd SW18 . . . . . .71 B4
Wilsham St
W11 . . . . . . .31 A1 112 A2
Wilshaw Ho 10
SE8 . . . . .51 C3
Wilshaw St SE14. . . . .51 C2
Wilson Gr SE16 . . . . . .40 A4
Wilson Ho
38 Clapham SW8 . .171 B1
South Hampstead
NW6 . . . . .11 B1
Wilson Rd SE5. . . . . . .49 A2
Wilson's Pl E14. . . . . . .33 B3
Wilson's Rd W6 . . . . . .39 C1
Wilson St EC2 . . . .109 C4
Wiltern Ct NW2 . . . . .10 A2
Wilton Ave W4 . . . . . .38 A1
Wilton Cres SW1 . . .131 B3
Wilton Ct
4 Richmond
TW10 . . . . .54 A2
17 Stepney E1 . . . . .32 A3
Wilton Est E8 . . . . .16 C2
Wilton Ho 10 SE22 . .64 A4
Wilton Mews
SW1 . . . . .131 C2
Wilton Pl SW1 . . . . .131 B3
Wilton Rd SW1 . . . .146 C4
Wilton Row SW1 . . .131 B3
Wilton Sq N1 . . . . .87 B4
Wilton St SW1 . . . . .132 A2
Wilton Terr SW1 . . . .131 B2
Wilton Villas N1 . . . . .87 B3
Wilton Way E8 . . . . . .16 C2
Wiltshire Cl SW3 . . .144 C3
Wiltshire Ct 2 N4. . . . .5 B3
Wiltshire Rd SW9 . . . .62 C4
Wiltshire Row N1 . . . .87 C3
Wimbart Rd SW2 . . . .74 B4
Wimbledon Lawn
Tennis Mus*
SW19 . . . . .70 A1

Wimbledon Park Ct
SW19 . . . . .70 B3
Wimbledon Park
Montessori Sch
SW18 . . . . .70 C4
Wimbledon Park Prim
Sch SW19 . . . . .71 A4
Wimbledon Park Rd
SW18, SW19 . . . . . . .70 B3
Wimbledon Park Side
SW19 . . . . .69 C3
Wimbledon Park Sta
SW19 . . . . .70 C1
Wimbledon Stadium
Bsns Ctr SW17 . . . . .71 A1
Wimbledon Windmill
Mus★ SW19 . . . . . . .69 B1
Wimbolt St
E2 . . . . .24 C2 99 B4
Wimborne Ho
Canning Town E16 .35 B2
Marylebone NW1 . . .90 B1
South Lambeth
SW8 . . . . .163 A1
Upper Tooting
SW12 . . . . .73 B1
Wimbourne Ct N1 . .87 B2
Wimbourne St N1 . .87 B2
Wimpole Mews
W1 . . . . .104 A3
Wimpole St W1 . . . .104 A2
Winans Wlk SW9 . . .173 B1
Winant Ho 19 E14 . . .34 A2
Wincanton Rd
SW18 . . . . .70 B4
Winchelsea Cl
SW15 . . . . .57 C2
Winchelsea Ho 16
SE16 . . . . .40 B4
Winchelsea Rd
NW10 . . . . .20 C4
Winchendon Rd
SW6 . . . . .165 A4
Winchester Ave
NW6 . . . . .10 A1
Winchester Cl
SE17 . . . . .150 B3
Winchester Ct
Richmond TW9 . . . . .54 B4
W8 . . . . .128 A4
Winchester Ho
Bayswater W2 . . . .100 C1
Chelsea SW3 . . . . .157 C3
24 Tower Hamlets
E3 . . . . .26 B2
Winchester Pal★
SE1 . . . . .123 B2
Winchester Pl
6 Dalston E8 . . . . . .16 B3
Highgate N6 . . . . .4 A3
Winchester Rd
Highgate N6 . . . . .4 A3
South Hampstead
NW3 . . . . .11 C1
Winchester Sq
SE1 . . . . .123 B2
Winchester St
Acton W3 . . . . .37 B4
SW1 . . . . .146 B2
Winchester Wlk
SE1 . . . . .123 B2
Winchfield Ho
SW15 . . . . .56 B1
Winch Ho
Isle of Dogs E14. . . . .42 A3
SW10 . . . . .157 A2

Winchilsea Ho
NW8 . . . . .89 C3
Wincott St SE11 . . . .149 C3
Windermere
NW1 . . . . .92 B4
12 Putney SW15 . . .57 C1
Windermere Ave
NW6 . . . . .23 A4
Windermere Ct
SW13 . . . . .46 B4
Windermere Ho
E3 . . . . .26 B1
Windermere Point 3
SE15 . . . . .50 B3
Windermere Rd
N19 . . . . .4 B2
Winders Rd SW11 . .168 A2
Windham Rd TW9 . . .54 B4
Windlass Pl SE8 . . . . .41 A2
Windlesham Gr
SW19 . . . . .69 C3
Windmill WC1 . . . . .106 C4
Windmill Alley 7
W4 . . . . .38 A2
Windmill Cl
1 Bermondsey
SE1 . . . . .153 C4
SE13 . . . . .52 B1
Windmill Ct NW2 . . .10 A2
Windmill Dr
Clapham SW4. . . . . . .61 A2
Cricklewood NW2 . . .1 A1
Windmill Gdns
SW2 . . . . .62 B1
Windmill Hill
1 Hampstead
NW3 . . . . .11 B4
Hampstead NW3 . . . .2 B1
Windmill Ho
4 Millwall E14 . . . .41 C2
SE1 . . . . .121 C1
Windmill La E15. . . . .19 C2
Windmill Pas 10 W4 . .38 A2
Windmill Rd
W4 . . . . .38 A2
Roehampton SW19. .69 C1
Wandsworth SW18 . .71 A1
Windmill Row
SE11 . . . . .149 B1
Windmill St W1 . . . .105 B3
Windmill Wlk SE1 . .135 C4
Windrose Cl SE16. . . .40 C4
Windrush Cl
Battersea SW11 . . . . .59 C3
Chiswick W4 . . . . . . .45 B3
4 Hackney E8 . . . . .16 C1
Windrush Ho
NW8 . . . . .101 C4
Windrush La SE23 . . .20 C4
Windrush Sq SW9 . . .62 C3
Windsock Cl 5
SE16 . . . . .41 B2
Windsor Ct
Battersea SW11 . . . .167 C2
Bayswater W2 . . . . .114 A4
2 Clapham SW4 . . .144 B2
Clapham SW4 . . . . . .61 B3
3 Clapham SW4 . . .61 B3
Fulham SE16 . . . . . . .58 A4
20 Rotherhithe
SE16 . . . . .32 C1
4 Wandsworth
SW18 . . . . .58 C4

Windsor Ct *continued*
West Hampstead
NW3 . . . . .10 C4
Windsor Gdns W9 . .23 C1
Windsor Ho
4 Acton Green
W4 . . . . .37 B1
Brondesbury NW2 . . .10 A2
4 Globe Town E2 . . .25 C2
Regent's Pk NW1 . . . .**92** B4
Shoreditch N1 . . . . . .**87** A2
Stoke Newington N4 . .6 B3
Windsor Pl SW1 . .**147** A4
Windsor Rd
Richmond TW9 . . . . . .44 B1
Upper Holloway N7 . . .5 A1
Willesden NW2 . . . . . . .9 A2
Windsor St N1 . . . .86 B4
Windsor Terr N1 . . .**97** A4
Windsor Way
W14 . . . .**140** A4
Windsor Wharf E9 . .18 B3
Windsor Wlk SE5 . .48 C1
Windspoint Dr
SE15 . . . . .50 A4
Windus Rd N16 . . . . .7 B3
Windus Wlk N16 . . . .7 B3
Wine Cl E1 . . . . .32 B2
Wine Office Ct
EC4 . . . .**107** C2
Winfield Ho 3
SW11 . . . .**167** C2
Winford Ct 18
SE15 . . . . .49 C2
Winford Ho E3 . . . . .18 B1
Winforton St SE10 . .52 B2
Winfrith Rd SW18 . .71 B3
Wingate Ho
20 Bromley E3 . . . . .27 A2
8 Stoke Newington
N16 . . . . .15 C4
Wingate Rd W6 . . . .39 A3
Wingfield Ct 5
E14 . . . . .34 C2
Wingfield Ho
Paddington NW6 . . . .**78** A2
16 Spitalfields
E2 . . . . .24 B2 **98** C3
Wingfield Mews
SE15 . . . . .64 C4
Wingfield St SE15 . .64 C4
Wingford Rd SW2 . .62 A1
Wingham 5 NW5 . .12 C2
Wingmore Rd
SE24 . . . . .63 B4
Wingrad Ho 18 E1 . .32 B4
Wingrave Rd W6 . . .47 B4
Wingreen 8 NW8 . .78 B4
Winicotte Ho W2 . .**101** C4
Winifrede Paul Ho 7
NW5 . . . . .13 A4
Winkley St 6 E2 . . . .25 A3
Winkworth Cotts 14
E1 . . . . .25 B1
Winnett St W1 . . . .**119** B4
Winnington Ho
10 Kensal Town
W10 . . . . .23 A1
8 SE5 . . . . .48 B3
Winscombe St N19 . .4 A2
Winsham Gr SW11 . .60 C2
Winsham Ho NW1 . .**93** C4
Winslade Rd SW2 . .62 A2

Winsland Mews
W2 . . . .**101** B2
Winsland St W2 . . .**101** B2
Winsley St W1 . . . .**105** A2
Winslow SE17 . . . . .**152** A1
Winslow Rd W6 . . . .47 B4
Winstanley Rd
SW11 . . . . .59 C4
Winston Churchill
Britain at War
Experience★
SE1 . . . .**124** A1
Winston Ho WC1 . . .**93** C3
Winston Rd N16 . . . .15 C4
Winston Wlk 2
W4 . . . . .37 C2
Winterbourne Ho
W11 . . . . .31 A2 **112** A3
Winter Box Wlk
SW10 . . . . .54 B2
Winterbrook Rd
SE24 . . . . .63 B1
Winterfold Cl
SW19 . . . . .70 A2
Winterleys 7
NW6 . . . . .23 B3
Winter Lo 17
SE16 . . . .**153** C1
Winterslow Ho 20
SE5 . . . . .48 B1
Winterton Ho
E1 . . . . .32 B3
Winterton Pl
SW10 . . . .**157** A4
Winterwell Rd
SW2 . . . . .62 A2
Winthorpe Rd
SW15 . . . . .58 A3
Winthrop Ho 10
W12 . . . . .30 A2
Winthrop St E1 . . . .32 A4
Winton Prim Sch
N1 . . . .**84** C1
Wirrall Ho 16
SE26 . . . . .76 C1
Wisbech 5 N4 . . . . .5 B3
Wisden Ho SW8 . .**163** A3
Wise Rd E15 . . . . . . .27 C4
Wiseton Rd SW17 . .72 B3
Wisley Ho SW1 . . .**147** B2
Wisley Rd SW11 . . .60 C2
Wisteria Ho SE4 . . .66 A4
Wisteria Rd SE13 . .67 C3
Wistow Ho 10 E2 . .24 C4
Witanhurst La N6 . . .3 C3
Witan St E2 . . . . . . .25 A2
Witchwood Ho 10
SW9 . . . . .62 C4
Witcombe Point 14
SE15 . . . . .49 C2
Witechapel Sn Ctr
E1 . . . . .32 B4
Witham Ct SW17 . . .72 B1
Witham Ho 34 SE5 . .48 B1
Witherington Rd
N5 . . . . .14 C3
Withers Pl EC1 . . . .**97** A2
Withycombe Rd
SW19 . . . . .69 C4
Withy Ho 4 E1 . . . .25 C1
Witley Ct WC1 . . . . .94 A1
Witley Ho 2 SW2 . .74 B4
Witley Point 8
SW15 . . . . .69 A3
Witley Rd N19 . . . . . .4 B2

Wittering Ho 9
SW11 . . . .**169** A2
Wivenhoe Cl SE15 . .65 A4
Wix Prim Sch
SW4 . . . . .61 A3
Wix's La SW4 . . . . . .61 A3
Woburn Ct
22 Bermondsey
SE16 . . . . .40 A1
Richmond TW9 . . . . .54 B4
Woburn Pl WC1 . . . .94 A1
Woburn Sq WC1 . . . .93 C1
Woburn Wlk WC1 . . .93 C3
Wodeham Gdns 1
E1 . . . . .32 A4
Wodehouse Ave
SE15 . . . . .49 B2
Wodehouse Ct 10
W3 . . . . .36 B3
Woking Sch SW15 . .56 B3
Wolcot Ho NW1 . . . .83 A1
Wolfe Cres 34
SE16 . . . . .40 C4
Wolfe Ho 15 W12 . .30 A2
Wolfson Ct
Golders Green
NW11 . . . . .1 A4
SE1 . . . .**139** A4
Wolftencroft Cl
SW11 . . . . .59 C4
Wollaston Cl SE1 . .**150** C4
Wollotan Ho N1 . . .**85** C2
Wolseley Ave SW18,
SW19 . . . . .70 C2
Wolseley Gdns
W4 . . . . .45 A4
Wolseley Rd W4 . . .37 B2
Wolseley St SE1 . .**139** A3
Wolsey Ct NW6 . . . .11 B1
Wolsey Ho 3
NW5 . . . . .13 C2
Wolsey Mews
NW5 . . . . .13 B2
Wolsey Rd N1 . . . . . .15 C3
Wolsey St E1 . . . . . .32 B4
Wolverley St E2 . . . .25 A2
Wolverton SE17 . . .**152** A2
Wolverton Gdns
W6 . . . . .39 C2
Woman's Liby The★
EC2 . . . .**110** C2
Wontner Cl 5 N1 . .15 B1
Wontner Rd SW12,
SW17 . . . . .72 C2
Woodall Cl 15 E14 . .34 A2
Woodberry Down
N4 . . . . .6 B4
Woodberry Down
Com Prim Sch N4 . .6 B4
Woodberry Gr N4 . . .6 B4
Woodbine Terr 17 E9 .17 B2
Woodborough Rd
SW15 . . . . .57 A3
Woodbourne Ave
SW16 . . . . .73 C1
Woodbourne Cl
SW16 . . . . .74 A1
Woodbridge Cl 10
N7 . . . . .5 B2
Woodbridge Ct N16 .6 C1
Woodbridge St
EC1 . . . .**96** A2
Woodchester Sq
W2 . . . .**100** A4
Woodchurch Ho 15
SW9 . . . .**173** B4

Woodchurch Rd
NW6 . . . . .11 A1
Wood Cl E2 . .24 C1 **99** B2
Woodcock Ho 3
E14 . . . . .33 C4
Woodcote Ho 4
SE8 . . . . .51 B4
Woodcott Ho 1
SW15 . . . . .68 C4
Woodcroft Mews
SE8 . . . . .41 A2
Wood Dene 8
SE15 . . . . .50 A2
Woodfall Rd N4 . . . .5 C2
Woodfall St SW3 . .**144** C1
Woodfarrs SE5 . . . . .63 C3
Wood Field NW3 . . .12 B3
Woodfield Ave
SW16 . . . . .73 C1
Woodfield Ct
SW16 . . . . .73 C1
Woodfield Gr
SW16 . . . . .73 C1
Woodfield La
SW16 . . . . .73 C1
Woodfield Pl W9 . . .23 B1
Woodfield Rd W9 . .31 B4
Woodger Rd W12 . . .39 B4
Woodhall NW1 . . . .**92** C3
Woodhall Ave
SE21 . . . . .76 B1
Woodhall Dr SE21 . .76 B1
Woodhall Ho
SW18 . . . . .72 C2
Woodheyes Rd
NW10 . . . . .8 A3
Wood Ho
Clapham SW4 . . . .**171** C2
6 Paddington NW6 . .23 B3
Woodhurst Rd W3 . .28 B2
Woodison St E3 . . . .26 A1
Wood La W12 . . . . . .30 B2
Woodland Cres
18 Rotherhithe
SE16 . . . . .40 C4
Woodland Gr SE10 . .43 A1
Woodland Mews SE13 . .53 A4
Woodland Mews
SW16 . . . . .74 A1
Woodlands SW4 . . . .61 A3
Woodlands Ave
W3 . . . . .28 A1
Woodlands Ct
NW10 . . . . .22 C4
Woodlands Gt
SW15 . . . . .58 B2
Woodlands Park Rd
SE10 . . . . .53 A4
Woodlands Rd
SW13 . . . . .56 B4
Woodland St 2
E8 . . . . .16 B2
Woodlands The
Highbury N5 . . . . . .15 B4
17 Hornsey N8 . . . . . .5 A4
Woodlands Way
SW15 . . . . .58 B2
Woodland Wlk
9 Greenwich
SE10 . . . . .43 A1
Hampstead NW3 . . .12 A3
Wood Lane High Sch
W12 . . . . .30 A3

Wood Lane Sta
W12 . . . . .30 B2
Wood La Sta W12. . .30 B2
Woodlawn Cl
SW15 . . . . .58 B2
Woodlawn Rd
SW6 . . . . .47 C2
Woodlea Rd N16 . . . .7 A1
Woodleigh Gdns
SW16 . . . . .74 A1
Woodman Mews
TW9 . . . . .45 A2
Woodmans Gr
NW10 . . . . .8 B3
Woodmans Mews
W12 . . . . .30 A4
Woodmere Cl 11
SW11 . . . . .60 C4
Woodpecker Mews
SE13 . . . . .67 C3
Woodpecker Rd 6
SE14 . . . . .51 A4
Wood Point 8
E16 . . . . .35 C4
Woodquest Ave
SE24 . . . . .63 B2
Woodruff Ho 12
SW2 . . . . .62 C1
Woodrush Cl 4
SE14 . . . . .51 A3
Woodseer St E1 . . .**111** B4
Woodsford SE17 . . .**151** B1
Woodsford Sq
W14 . . . .**126** B4
Woods Ho SW8 . . .**170** A4
Wood's Mews W1 . .**117** B4
Woodsome Rd NW5 . .4 A1
Wood's Pl SE1 . . . .**138** B1
Woodspring Rd
SW19 . . . . .70 A2
Wood's Rd SE15 . . .50 A2
Wood St
Chiswick W4 . . . . . .38 A1
City of London EC2 . .**109** A2
Woodstar Ho 3
SE15 . . . . .49 C3
Woodstock Ave
NW11 . . . . .1 A4
Woodstock Ct
SE11 . . . .**149** A2
Woodstock Gr
W12 . . . . .39 C4
Woodstock Ho 2
N5 . . . .**103** C3
Woodstock Mews
W1 . . . .**103** C3
Woodstock Rd
Bedford Pk W4 . . . . .38 A3
Finsbury Pk N4 . . . . . .5 C3
Golders Green NW11. .1 B3
Woodstock St W1 . .**104** A1
Woodstock Studios 21
W12 . . . . .39 C4
Woodstock Terr
E14 . . . . .34 A2
Woodthorpe Rd
SW15 . . . . .57 A3
Woodview Cl N4 . . . .6 A4
Woodville Ct 3
SE10 . . . . .52 B2
Woodville Ho SE1 . .**138** C2
Woodville Rd
Golders Green
NW11 . . . . .1 A4
Paddington NW6 . . .23 B3

Woodville Rd continued
Stoke Newington
N16.................16 A3
Woodwarde Rd
SE22.................64 A1
Woodwell St
SW18.................59 B2
Wood Wharf SE10 .52 B4
Woodyard Cl NW5 ..12 C3
Woodyard La SE21..76 A4
Woolcombes Ct 4
SE16.................32 C1
Wooler St SE17...**151** C2
Woolf Ct 7...........37 B3
Woolf Mews WC1...**94** A2
Woolley Ho SW9 ....63 A4
Woollon Ho 1 E1 ..32 B3
Woolmore Prim Sch
E14 E1.................34 B2
Woolmore St E14...34 B2
Woolneigh St
SW6.................**166** A1
Woolpack Ho 1
E9.................17 B2
Woolridge Way E9...17 B1
Woolstaplers Way
SE16.................**153** B4
Woolstone Ho 7
E2.................24 C4
Woolven Ho SE3....53 B4
Wooster Gdns E14..34 C3
Wooster Pl SE1....**151** C4
Wootton St SE1...**121** C1
Worcester Ct 14
W2.................31 C4
Worcester Dr W4...38 A4
Worcester Gdns
SW11.................60 B2
Worcester Ho
Bayswater W2 ......**100** C1
2 Islington N1 ......15 B1
Lambeth SE1 ....**135** B1
4 Putney SW15 .....69 B4
Worcester Mews 2
NW6.................11 A2
Wordsworth Ho
NW6.................23 C2
Wordsworth Pl 11
NW5.................12 B3
Wordsworth Rd
Bermondsey SE1 ...**153** A3
Stoke Newington
N16.................16 A4
Worfield St SW11.**158** B1
Worgan St
Rotherhithe SE16...40 C2
SE11.................**148** C2
Working Men's Coll
The NW1.........**83** A2
World's End Pas
SW10.................**157** B2
World's End Pl
SW10.................**157** B2
World Trade Ctr
London E14.........42 A4
Worlidge St W6 ....39 B1
Worlingham Rd
SE22.................64 B3
Wormholt Park Prim
Sch W12...........29 C2
Wormholt Rd W12 ..29 C2
Wormwood St
EC2.................**110** A2

Wornington Rd
W10.................31 A4
Woronzow Rd
NW8.................**80** A3
Worple St SW14....55 C4
Worple Way TW10 ..54 A3
Worship St
EC2.........24 A1 **98** A1
Worsley Gr E5.....16 C4
Worsopp Dr SW4...61 B2
Worth Gr SE17....**151** B1
Worthington Ho
EC1.................**95** C4
16 Streatham SW2 ..74 C4
Wotton Ct 14 E14..34 C2
Wotton Rd 18 SE8 ..51 B4
Wouldham Rd E16..35 B3
Wray Ho 8
SW2.................**139** C3
Wray Cres N4 .....5 B2
Wray Ct N4 ....5 B2
Wray Ho 1 SW2 ..74 A3
Wren Ave NW2 .....9 B4
Wren Cl E16.......35 B3
Wren Ho
21 Bow E3...........26 A3
SW1.................**147** B1
Wren Landing E14 .33 C1
Wrenn Ho SW13 ...47 B4
Wren Rd SE5......48 C2
Wren St WC1......**95** A2
Wrentham Ave
NW10.................22 C3
Wren View N6......4 B3
Wrestlers Ct E3 ..**110** A2
Wrexham Rd E3....26 C3
Wrigglesworth St
SE14.................50 C3
Wright Cl SE13....67 C3
Wright Ho SW15...57 A2
Wright's Gn SW4...61 C3
Wright's La W8...**128** A2
Wright's Rd E3....26 B3
Wrights Wlk SW14..55 C4
Wrotham Ho SE1 .**137** C2
Wrotham Rd 13
NW1.................13 A1
Wrottesley Rd
NW10.................21 C3
Wroughton Rd
SW11.................60 B1
Wroxton Rd SE15..50 B1
Wulfstan St W12...29 B3
Wyatt Cl SE16 ....41 B4
Wyatt Dr SW13....47 A3
Wyatt Ho
Blackheath Vale
SE3.................53 B1
NW8.................**89** C1
Wyatt Park Mans 1
SW2.................74 A2
Wyatt Park Rd
SW2.................74 B2
Wyatt Rd N5......6 A1
Wybert St NW1...**92** C2
Wycherley Cl SE3..53 B3
Wychwood End N6 ..4 B4
Wychwood Ho N4 ..6 B4
Wyclif Ct EC1.....**96** A3
Wycliffe Ho 9
N16.................16 A4
Wyclif St EC1.....**96** A3
Wycombe Ct SE3 ..53 C3

Wycombe Gdns
NW11.................1 C2
Wycombe Ho NW8 .**90** A2
Wycombe Pl SW18 .**59** B1
Wycombe Sq
W8.........31 C1 **113** B1
Wyersdale Ho N4...6 B4
Wye St SW11....**167** C1
Wyfold Rd SW6 ..**154** A1
Wyke Rd E3 ......18 C1
Wyldes Cl NW11 ...2 B3
Wyllen Cl E1......25 B1

Wymering Mans 9
W9.................23 C2
Wymering Rd W9...23 C2
Wymondham Ct
NW8.................**79** C4
Wymond St SW15 ..57 B4
Wynan Rd E14 ....42 A1
Wyndham Cres N19 .4 B1
Wyndham Deedes Ho
11 E2.................24 C3
Wyndham Ho
SW1.................**145** B3
Wyndham Mews
W1.................**102** C3
Wyndham Pl W1..**102** C3
Wyndham St W1..**102** C4
Wyndham Yd W1 .**102** C3
Wynford Rd N1...**85** A2
Wynne Ho SE14 ...50 C2
Wynne Rd SW9 ...**173** B1
Wynnstay Gdns
W8.................**127** C2
Wynter Ho 20
SW9.................**173** A1
Wynter St SW11 ..59 B3
Wynton Pl W3 ....28 A3
Wynyard Ho SE11 **149** A2
Wynyard Terr
SE11.................**149** A2
Wynyatt Ho EC1...**96** A4
Wynyatt St EC1....**96** A4
Wytham Ho NW8 ..**89** C1
Wythburn Ct W1..**102** C2
Wythburn Pl W1..**102** C2
Wyvil Prim Sch
SW8.................**162** B2
Wyvil Rd SW8 ...**162** A2
Wyvis St E14 ....34 A4

Y

Yabsley St E14....34 B1
Yaldam Ho SE1...**152** A3
Yalding Ho 20 E5 .17 A3
Yalding Rd SE16 .**153** B4
Yale Ct NW6......11 A3
Yardley St WC1....**95** B3
Yard The N1......**84** B1
Yarmouth Pl W1..**118** A1
Yarnfield Sq 15
SE15.................49 C2
Yarrow Ho
2 Cubitt Town
E14.................42 B3
10 North Kensington
W10.................30 B4
Yatesbury Ct E5...18 A3

Yates Ct NW2.......9 C2
Yates Ho 22
E2.........24 C2 **99** C4
Yatton Ho 15 W10 .30 B4
Yeadon Ho 14
W10.................30 B4
Yearby Ho W10....22 B1
Yeate St N1.......15 C1
Yeats Cl NW10 .....8 A2
Yeldham Ho W6....39 C1
Yeldham Rd W6....39 C1
Yelverton Rd
SW11.................**167** C1
Yeo St SE17.....**151** A1
Yeoman's Row
SW3.................**130** B1
Yeoman St SE8 ....41 A2
Yeoman's Yd E1..**125** A4
Yeo St E3 ....34 A4
Yeovil Ho
Finsbury Pk N7 .....5 B2
North Kensington
W10.................22 B1
Yerbury Prim Sch
N19.................4 C1
Yerbury Rd N19....4 C1
Yeshivo Horomo
Talmudical Coll
N16.................6 C3
Yesodey Hatorah Jun
Sch for Girls 2
N16.................7 B4
Yesodey Hatorah Sec
Sch for Girls 5
N16.................7 B4
Yet Lev Ct E5 .....7 C3
Yewfield Rd NW10 .8 B2
Yew Gr NW2........9 C4
Yew Ho SE14......51 B1
Yew Tree Cl 3
SE13.................67 B4
Yew Tree Ct 8 N16 ..6 C2
Yew Tree Rd W12 ..29 B2
Yoakley Rd N16.....7 A2
Yoke Cl N7.........14 A2
Yonge Pk N4, N7.....5 C1
York Ave
Mortlake SW14.....55 B2
Walworth SE17....**151** A2
York Bldgs WC2..**120** B3
York Bridge NW1 .**91** B2
York Cl 11 SE5.....48 B1
York Gate NW1 ...**91** C1
York Gr SE15 ....**150** B2
York Hall L Ctr E2 .25 B3
York Hill SE27,
SW16.................75 A1
York Ho
Acton W3 ....28 B2
Chelsea SW3 .....**145** A2
Islington N5 ....15 C3
Kensington W8 ...**128** A4
18 Kentish Town N7 .13 C2
Kew TW9 ....44 C2
Lambeth SE1 ......**135** A1
Marylebone W1 ..**102** C4
Pentonville N1 ....**84** C1
Richmond TW10 ...54 C2
York House Pl
W8.................**128** A4
Yorkley Ho 3
W10.................22 B1

York Mans
Battersea SW11...**169** C4
Marylebone W1 ..**103** B4
Walworth SE17...**151** A2
York Mews NW5 ...13 A3
York Pl
Battersea SW11,
SW18.................59 C4
Dagenham W3 .....28 C3
4 Richmond TW10 .54 B2
WC2.................**120** B3
York Place Mans
NW1.................**103** A4
York Rise NW5.....4 A1
York Road Bsns Ctr
SW11.................**167** B1
York St Chambers
W1.................**102** C4
Yorkshire Cl N16 ...7 A1
Yorkshire Grey Pl 13
NW3.................11 B4
Yorkshire Grey Yd
WC1.................**106** C3
Yorkshire Rd E14 ..33 A3
York Sq 12 E14....33 A3
York St W1.......**103** A4
York Terr E NW1 ..**91** C1
York Terr W NW1 ..**91** B1
Yorkton St E2 ....24 C3
York Way
Barnsbury N1, N7,
NW1.................14 A1
N7.................**84** B3
York Way Ct
Islington N1 ....**84** C3
Islington N1 ....**84** B3
York Wr Gate*
SW1.................**120** B2
Young's Bldgs EC1.**97** A2
Youngs Brewery
Visitor Ctr*
SW18.................59 A2
Young's SW11 ...**169** C3
Young St W8 ....**128** A3
Yoxall Ho 2 W10 ..22 B1
Yukon Rd SW12 ...73 A4

Z

Zampa Rd SE16....40 B1
Zander Ct
E2.........24 C2 **99** C4
Zangwill Ho NW6 ..23 B3
Zealand Ho 11 SE5 .48 B1
Zealand Rd E3 .....26 A3
Zennor Rd SW12 ..73 B3
Zetland Ho W8 ..**128** A2
Zetland St E14 ....34 B4
Zeus Ho N1 ......**97** B3
Zion Ho 6 E1 .....32 B3
Zoar St SE1 ....**122** C2
Zodiac Ho 3 E3 ...26 C1
Zoffany St N19 .....4 C2

List of numbered locations

This atlas shows thousands more place names than any other London street atlas. In some busy areas it is impossible to fit the name of every place.

Where not all names will fit, some smaller places are shown by a number. If you wish to find out the name associated with a number, use this listing.

34

A5 8 St James's Ct

| Page number | Grid square | Location number | Place name |

1

A2 **1** Talmud Torah Tiferes Shlomo
B1 **1** Mortimer Ct
2 Primrose Ct
3 Sunnyside Ho
4 Sunnyside
5 Prospect Pl
B4 **1** Berkeley Ct
2 Exchange Mans
3 Beechcroft Ct
4 Nedahall Ct
C1 **1** Portman Hts
2 Hermitage Ct
3 Moreland Ct
4 Wendover Ct

2

B1 **1** Hampstead Sq
2 Stamford Cl
3 Mount Sq The

4

B1 **1** Hunter Ho
2 Fisher Ho
3 Lang Ho
4 Temple Ho
5 Palmer Ho
6 Carlisle Ho
7 Durham Ho
8 Suffolk Ho
9 Lincoln Ho
10 Llewellyn Ho
11 Fell Ho
12 Aveling Ho
13 Merryweather Ct
14 Brennands Ct
15 St Christophers Ct
16 Francis Terrace Mews
17 Tremlett Mews
B2 **1** Flowers Mews
2 Archway Cl
3 Sandridge St
4 Bovingdon Cl
5 Cavell Ct
6 Torrence Ho
7 Rowan Wlk
8 Laurel Cl
9 Forest Way
10 Larch Cl
11 Pine Cl
12 Alder Mews

13 Aspen Cl
14 Hargrave Park Prim Sch
15 Middlesex Univ (Archway Campus)
B3 **1** Calvert Ct
2 Academy The
3 Whitehall Mans
4 Pauntley St
5 Archway Hts
6 Pauntley Ho
7 St Aloysius RC Coll
C1 **1** Melchester Ho
2 Norcombe Ho
3 Weatherbury Ho
4 Wessex Ho
5 Archway Bsns Ctr
6 Harford Mews
7 Opera Ct
8 Rupert Ho
9 All Saints Church
C2 **1** Bowerman Ct
2 Gresham Pl
3 Hargrave Mans
4 Church Garth
5 John King Ct
6 Ramsey Ct
7 St John's Upper Holloway CE Prim Sch
8 Byam Shaw Sch of Art
C3 **1** Louise White Ho
2 Levison Way
3 Sanders Way
4 Birbeck Ho
5 Scholars Ct
6 Mount Carmel RC Tech Coll for Girls
C4 **1** Eleanor Rathbone Ho
2 Christopher Lo
3 Monkridge
4 Marbleford Ct
5 High London
6 Garton Ho
7 Hilltop Ho
8 Caroline Martyn Ho
9 Arthur Henderson Ho
10 Margaret Mcmillan Ho
11 Enid Stacy Ho

12 Mary McArthur Ho
13 Bruce Glasier Ho
14 John Wheatley Ho
15 Keir Hardie Ho
16 Monroe Ho
17 Iberia Ho
18 Lygoe Ho
19 Lambert Ho
20 Shelbourne Ho
21 Arkansas Ho
22 Lafitte Ho
23 Shreveport Ho
24 Packenham Ho
25 Orpheus Ho
26 Fayetville Ho
27 Bayon Ho

5

A1 **1** Northview
2 Tufnell Park Mans
3 Fulford Mans
4 Tollington Ho
5 Grafton Prim Sch
A2 **1** Bracey Mews
2 Christie Ct
3 Ringmer Gdns
4 Kingsdown Ad
5 Cottenham Ho
6 St Paul's Ct
7 Rickthorne Rd
8 Stanley Terr
9 Arundel Lo
10 Landseer Ct
11 St Mark's Prim Sch
A3 **1** Beeches The
2 Lambton Ct
3 Nugent Ct
4 Lambton Mews
5 Mews The
A4 **1** Marie Lloyd Gdns
2 Edith Cavell Cl
3 Marie Stopes Ct
4 Jessie Blythe La
5 Barbara Rudolph Ct
6 Leyden Mans
7 Brambledown
8 Lochbie
9 Lyngham Ct
10 High Mount
11 Woodlands The
12 St Gildas' RC Jun Sch

B1 **1** Pakeman Prim Sch
2 London Meridian Coll
3 American Univ in London The
4 South Eastern Univ
5 Dean Coll of London
6 Montem Prim Sch
B2 **1** Berkeley Wlk
2 Lazar Wlk
3 Thistlewood Cl
4 Tomlins Wlk
5 Andover Ho
6 Barmouth Ho
7 Chard Ho
8 Christ the King RC Prim Sch
9 Methley Ho
10 Rainford Ho
11 Woodbridge Cl
12 Allerton Wlk
13 Falconer Wlk
14 Sonderburg Rd
15 St Mark's Mans
16 Athol Ct
17 Pooles Park Prim Sch
B3 **1** Lawson Ct
2 Wiltshire Ct
3 Fenstanton
4 Hutton Ct
5 Wisbech
6 Islington Arts & Media Sch
C2 **1** Brookfield
2 Churnfield
3 Cornwallis Sq

6

A1 **1** Hurlock Ho
2 Blackstock Ho
3 Vivian Comma Cl
4 Monsell Ct
A2 **1** Parkwood Prim Sch
2 Ambler Prim Sch
3 City & Islington Coll (Ctr for Lifelong Learning)
B4 **1** Finmere Ho
2 Keynsham Ho
3 Kilpeck Ho
4 Knaresborough Ho

5 Leighfield Ho
6 Lonsdale Ho
7 Groveley Ho
8 Wensleydale Ho
9 Badminton Ct
C1 **1** Betty Layward Prim Sch
C2 **1** Chestnut Cl
2 Sycamore Ho
3 Lordship Ho
4 Clissold Ho
5 Beech Ho
6 Laburnum Ho
7 Ormond Ho
8 Yew Tree Ct
9 Oak Ho
C4 **1** Selwood Ho
2 Bnois Jerusalem Girls Sch
3 Mendip Ho
4 Ennerdale Ho
5 Getters Talmud Torah
6 Delamere Ho
7 Westwood Ho
8 Bernwood Ho
9 Allerdale Ho
10 Chattenden Ho
11 Farningham Ho
12 Oakend Ho

7

A1 **1** Gujarat Ho
2 Marton Rd
3 Painsthorpe Rd
4 Selkirk Ho
5 Defoe Ho
6 Edward Friend Ho
7 Sheridan Ho
8 Barrie Ho
9 Arnold Ho
10 Macaulay Ho
11 Stowe Ho
12 Carlyle Ho
13 Shaftesbury Ho
14 Lillian Cl
15 Swift Ho
16 Dryden Ho
17 Scott Ct
18 Kingsfield Ho
19 Uhura Sq
20 Hartopp Ct
A2 **1** Denman Ho

2 St Mary's Stoke Newington CE Prim Sch
A3 1 Godstone Ct
2 Farnham Ct
3 Milford Ct
4 Cranleigh Ct
5 Haslemere Ct
6 Belmont Ct
7 Hockworth Ho
8 Garratt Ho
9 Fairburn Ho
10 Thorndale Ho
11 Oakdene Ho
12 Briardale Ho
A4 1 Beis Rochel d'Satmar Girls Sch
2 Our Lady's Convent RC High Sch
B1 1 Lawrence Bldgs
2 Cottage Wlk
3 Ratley Pl
B2 1 Garnham St
2 Garnham Cl
3 Sanford La
4 Sanford Wlk
5 Abney Gdns
6 Fleet Wood
7 Simon Marks Jewish Prim Sch
8 William Patten Prim Sch
B3 1 Stamford Hill Mans
2 Montefiore St
3 Berwyn Ho
4 Clent Ho
5 Chiltern Ho
6 Laindon Ho
7 Pentland Ho
B4 1 Regent Ct
2 Stamford Lo
3 Holmwood Ct
4 Bobov Foundation Sch
5 Yesodey Hatorah Sec Sch for Girls
6 Lubavitch Boys Prim Sch
7 Yesodey Hatorah Jun Sch for Girls
8 Lubavitch Girls Prim Sch
9 Lubavitch House Sch (Jun Boys)
10 Skinners Company Sch (Upper)
C1 1 Ravenscourt
2 Mellington Ct
3 Rendlesham Ho
4 Carroll Ct
5 St Scholastica's RC Prim Sch
C2 1 Cazenove Mans
2 Chedworth Ho
3 Aldergrove Ho
4 Abbotstone Ho
5 Briggeford Cl
6 Inglethorpe Ho
7 Ashdown Ho
8 Epping Ho
9 Cypress Cl
C3 1 Stamford Gr E
2 Stamford Mans
3 Grove Mans
4 Stamford Gr W
5 Talmud-Torah Yetev-Lev

8
A1 1 Beveridge Rd
2 Purcell Mews
3 George Lansbury Ho
4 Charles Hobson Ho
5 Reade Wlk
6 Westbury Ho
7 Bridge Ct
8 St Joseph's RC Prim Sch
9 Dixon Way
10 Armstrong Rd
11 Brittage Rd
A4 1 Grange Ct
2 Green Ct
C2 1 Regency Mews
2 Tudor Mews
3 Utopia Ho
4 Bell Flats
5 Angel Ct
6 St Andrew & St Francis CE Prim Sch

9
A2 1 St Mary Magdelen's RC Jun Sch
2 Islamic Coll for Advanced Studies
B2 1 Rutland Park Gdns
2 Rutland Park Mans
3 Queens Par
4 Harcourt Ho
5 Solidarity Ho
6 Electra Ct
7 Cassandra Ct
8 Carlton St
9 Convent of Jesus & Mary RC Inf Sch
C4 1 Oaklands Mews
2 Acur Cl
3 Maple Ct
4 Argyle Mans

10
A1 1 Christ Church Ct
2 Paul Daisley Ct
3 Fountain Ho
4 Kingston Ho
5 Waverley Ct
6 Weston Ho
7 Mapes Ho
8 Athelstan Gdns
9 Leff Ho
10 Brondesbury Coll for Boys
B1 1 Alma Birk Ho
2 Brooklands Ct
3 Brooklands Court Apartments
4 Cleveland Mans
5 Buckley Ct
6 Webheath
C1 1 Linstead St
2 Embassy Ho
3 Acol Ct
4 Kings Wood Ct
5 Douglas Ct
6 King's Gdns
7 Carlton Mans
8 Smyrna Mans
9 New Priory Ct
10 Queensgate Pl
11 Brondesbury Mews
12 St Eugene de Mazenod RC Prim Sch

C2 1 Dene Mans
2 Sandwell Cres
3 Sandwell Mans
4 Hampstead West
5 Redcroft
C3 1 Orestes Mews
2 Walter Northcott Ho
3 Polperro Mans
4 Lyncroft Mans
5 Marlborough Mans
6 Alexandra Mans
7 Cumberland Mans
8 Cavendish Mans
9 Ambassador Ct
10 Welbeck Mans
11 Inglewood Mans
12 Dennington Park Mansions
C4 1 Parsifal Coll

11
A2 1 Beswick Mews
2 Worcester Mews
3 Minton Mews
4 Doulton Mews
5 Laurel Ho
6 Sandalwood Ho
7 Iroko Ho
8 Banyan Ho
9 Rosewood Ho
10 Ebony Ho
11 Rosemont Mans
12 Exeter Mews
B1 1 Harrold Ho
2 Glover Ho
3 Byron Ct
4 Nalton Ho
B2 1 Petros Gdns
2 Heath Ct
3 Imperial Twrs
4 Fairhazel
5 St John's Ct
6 New College Ct
7 Chalford
8 Rosslyn Mans
9 Sutherland Ho
10 Holy Trinity CE Prim Sch
11 Phoenix Sch The
12 North Bridge House Sch
13 Southbank International Sch
B3 1 Arkwright Mans
2 Hatstone Ct
3 Hampstead High Sch
B4 1 Windmill Hill
2 Highgrove Point
3 Gainsborough Ho
4 Holly Bush Hill
5 Heath Mans
6 Holly Bush Steps
7 Pavilion Ct
8 Holly Berry La
9 New Campden Ct
10 Holly Bush Vale
11 Benham's Pl
12 Prospect Pl
13 Yorkshire Grey Pl
14 Gardnor Mans
15 Ellerdale Ct
16 Monro Ho
17 Prince Arthur Mews
18 Prince Arthur Ct

19 Village Mount
20 Perrin's Ct
21 Wells Ct
22 Bakers Pas
23 Spencer Wlk
24 Bird In Hand Yd
25 Kings Well
26 New Ct
27 Streatley Pl
28 Mansfield Pl
29 Upper Hampstead Wlk
30 Hampstead Parochial CE Prim Sch
31 Univ Coll Jun Sch
32 Heathside Prep Sch
33 New End Prim Sch
34 Sisters of St Marcellina Sch
C1 1 New College Par
2 Northways Par
3 Noel Ho
4 Campden Ho
5 Centre Hts
6 Hickes Ho
7 Swiss Terr
8 Leitch Ho
9 Jevons Ho
10 Langhorne Ct
11 Park Lo
12 Avenue Lo
13 Frank Barnes Sch
14 Swiss Cottage Sch
C2 1 Belsize Park Mews
2 Baynes Mews
3 McCrone Mews
4 South Hampstead High Sch
C3 1 Belsize Court Garages
2 Roscommon Ho
3 Akenside Ct
4 Fitzjohns Prim Sch
5 St Christopher's Sch
6 St Anthony's Sch
C4 1 White Bear Pl
2 Wells Ho The
3 Boades Mews
4 Flask Cotts
5 Coach House Yd
6 Pilgrim's Pl
7 Rosslyn Mews
8 Royal Sch Hampstead The
9 Academy Sch The

12
A2 1 Banff Ho
2 Glenloch Ct
3 Havercourt
4 Holmefield Ct
5 Gilling Ct
6 Howitt Cl
7 Manor Mans
8 Straffan Lo
9 Romney Ct
10 Lancaster Stables
11 Eton Garages
12 Hampstead Coll of Fine Arts & Humanities
A3 1 Hampstead Hill Sch
B1 1 Hancock Nunn Ho
2 Higginson Ho
3 Duncan Ho
4 Mary Wharrie Ho

5 Rockstraw Ho
6 Cleaver Ho
7 Chamberlain St
8 Sharples Hall St
9 Primrose Mews
10 Rothwell St
11 St Georges Mews
B2 1 Alder Ho
2 Hornbeam Ho
3 Whitebeam Ho
4 Aspen Ho
5 Rowan Ho
6 Beech Ho
7 Chestnut Ho
8 Oak Ho
9 Willow Ho
10 Sycamore Ho
11 Maple Ho
12 Hazel Ho
13 Elaine Ct
14 Faircourt
15 Walham Ct
16 Stanbury Ct
17 Priory Mans
18 Wellington Ho
19 Grange The
B3 1 Cayford Ho
2 Du Maurier Ho
3 Isokon Flats
4 Palgrave Ho
5 Garnett Ho
6 Stephenson Ho
7 Park Dwellings
8 Siddons Ho
9 Mall Studios
10 Park Hill Wlk
11 Wordsworth Pl
12 Fraser Regnart Ct
13 St Pancras Almshouses
14 St Dominic RC Prim Sch
15 Fleet Prim Sch
C1 1 Bridge Ho
2 Hardington
3 Mead Cl
4 Rugmere
5 Tottenhall
6 Beauvale
7 Broomfield
8 Camden Coll of English
C2 1 Silverbirch Wlk
2 Penshurst
3 Wingham
4 Westwell
5 Chislet
6 Burmarsh
7 Shipton Ho
8 Stonegate
9 Leysdown
10 Headcorn
11 Lenham
12 Halstow
13 Fordcombe
14 Cannington
15 Langridge
16 Athlone Ho
17 Pentland Ho
18 Beckington
19 Hawkridge
20 Edington
21 Rhyl Prim Sch
22 Haverstock Sch

13

A1 1 Ferdinand Ho
2 Harmood Ho
3 Hawley Rd
4 Hawley Mews
5 Leybourne St
6 Barling
7 Tiptree
8 Havering
9 Candida Ct
10 Lorraine Ct
11 Donnington Ct
12 Welford Ct
13 Torbay Ct
14 Bradfield Ct
15 Torbay St
16 Water La
17 Leybourne Rd
18 Haven St
19 Stucley Pl
20 Lawrence Ho
21 Chalcot Sch
22 Holy Trinity & Saint Silas CE Prim Sch
23 Hawley Inf Sch
A2 1 Ashington
2 Priestley Ho
3 Leonard Day Ho
4 Old Dairy Mews
5 Monmouth Ho
6 Alpha Ct
7 Una Ho
8 Widford
9 Heybridge
10 Roxwell
11 Hamstead Gates
12 Kingsway Coll
A4 1 Denyer Ho
2 Stephenson Ho
3 Trevithick Ho
4 Brunel Ho
5 Newcomen Ho
6 Faraday Ho
7 Winifrede Paul Ho
8 Wardlow
9 Fletcher Ct
10 Tideswell
11 Grangemill
12 Hambrook Ct
13 Calver
B1 1 Cherry Tree Ct
2 Chichester Ct
3 Durdans Ho
4 Philia Ho
5 Bernard Shaw Ct
6 Foster Ct
7 Bessemer Ct
8 Hogarth Ct
9 Rochester Ct
10 Soane Ct
11 Wallett Ct
12 Inwood Ct
13 Wrotham Rd
14 St Thomas Ct
15 Caulfield Ct
16 Bruges Pl
17 Reachview Cl
18 Lawfords Wharf
B3 1 Eleanor Ho
2 Falkland Pl
3 Kensington Ho
4 Willingham Cl
5 Kenbrook Ho
6 Aborfield
7 Great Field
8 Appleford
9 Forties The
10 Maud Wilkes Cl
11 Dunne Mews
12 Dowdeny Cl
13 Kentish Town CE Prim Sch
B4 1 Benson Ct
2 Tait Ho
3 Manorfield Cl
4 Greatfield Cl
5 Longley Ho
6 Lampson Ho
7 Davidson Ho
8 Palmer Ho
9 Lambourn Cl
10 Morris Ho
11 Owen Ho
12 Eleanor Palmer Prim Sch
C1 1 Hillier Ho
2 Gairloch Ho
3 Cobham Mews
4 Bergholt Mews
5 Blakeney Cl
6 Weavers Way
7 Allensbury Pl
C2 1 Rowstock
2 Peckwater Ho
3 Wolsey Ho
4 Pandian Way
5 Busby Mews
6 Caledonian Sq
7 Canal Bvd
8 Northpoint Sq
9 Lock Mews
10 Carters Cl
11 York Ho
12 Hungerford Rd
13 Cliff Road Studios
14 Cliff Ct
15 Camelot Ho
16 Church Studios
17 Camden Terr
18 Brecknock Prim Sch
19 Hungerford Prim Sch
C3 1 Blake Ho
2 Quelch Ho
3 Lee Ho
4 Willbury Ho
5 Howell Ho
6 Holmsbury Ho
7 Leith Ho
8 Betchworth Ho
9 Rushmore Ho
10 Dugdale Ho
11 Horsendon Ho
12 Colley Ho
13 Coombe Ho
14 Ivinghoe Ho
15 Buckhurst Ho
16 Saxonbury Ct
17 Charlton Ct
18 Apollo Studios
19 Barn Cl
20 Long Meadow
21 Landleys Field
22 Margaret Bondfield Ho
23 Haywood Lo
24 Torriano Jun & Inf Schs
C4 1 Fairlie Ct
2 Trecastle Way
3 Dalmeny Avenue Est
4 Hyndman Ho
5 Carpenter Ho
6 Graham Ho
7 Tufnell Mans

14

A2 1 Clock Tower Pl
2 Clock View Cres
3 Jim Veal Dr
4 Gower Sch The
A3 1 Kimble Ho
2 Saxonbury Ct
3 Poynder Ct
4 Pangbourne Ho
5 Moulsford Ho
A4 1 Arcade The
2 Macready Pl
3 Cardwell Rd
4 Mcmorran Ho
5 Crayford Ho
6 Whitby Ct
7 Prospect Pl
8 City & Islington Coll (Ctr for Bsns, Arts & Technology)
B1 1 Kerwick Cl
2 Rydston Cl
3 Skegness Ho
4 Frederica St
5 Ponder St
6 Kings Ct
7 Freeling St
8 Coatbridge Ho
9 Tilloch St
B2 1 Burns Ho
2 Scott Ho
3 Wellington Mews
4 Roman Ct
5 Piccadilly Ct
6 Knowledge Point Sch
B3 1 Culverin Ct
2 Garand Ct
3 Mount Carmel
B4 1 Buckmaster Ho
2 Loreburn Ho
3 Cairns Ho
4 Halsbury Ho
5 Chelmsford Ho
6 Cranworth Ho
7 City & Islington Coll (Ctr for Health, Social & Child Care)
C1 1 Mountfort Terr
2 Avon Ho
3 Buckland Ho
4 Dovey Lo
5 Carfree Cl
6 Mitchell Ho
7 New College Mews
8 Lofting Ho
9 Brooksby Ho
10 Cara Ho
11 Thornhill Prim Sch
12 North London Science Ctr
C2 1 London Metropolitian Univ (Spring Ho)
C3 1 Slaney Pl
2 Eastwood Cl
3 Milton Pl
4 Hartnoll Ho
5 St James School Flats
6 Widnes Ho
7 Tranmere Ho
8 Victoria Mans
9 Formby Ct
10 Mersey Ho
11 Birkenhead Ho
12 Drayton Park Mews
13 Drayton Park Prim Sch

15

A1 1 Islington Park Mews
2 Evelyn Denington Ct
3 Bassingbourn Ho
4 Cadmore Ho
5 Adstock Ho
6 Garston Ho
7 Flitton Ho
8 Datchworth Ho
9 Battishill St
10 Almeida St
11 Edward's Cotts
12 Hyde's Pl
13 Tyndale Terr
14 Spriggs Ho
15 Barratt Ho
16 Spencer Pl
17 Chadston Ho
18 Whiston Ho
19 Wakelin Ho
20 Tressel Cl
21 Canonbury Ct
22 Halton Ho
23 Shillingford St
24 Highburty Mans
25 Premier Ho
26 Waterloo Gdns
27 William Tyndale Prim Sch
A2 1 Hampton Ct
2 Salisbury Ho
4 Canonbury Prim Sch
5 Laycock Prim Sch
A3 1 De Barowe Mews
2 Fieldview Ct
3 Viewpoint
4 Ashurst Lo
4 Highbury Fields Sch
5 London Metropolitan Univ (Ladbrook Ho)
6 Robinswood Mews
A4 1 Chestnuts The
2 Bowen Ct
3 Peckett Sq
4 De Barowe Mews
B1 1 Astey's Row
2 Lincoln Ho
3 Worcester Ho
4 Melville Pl
5 Wontner Cl
6 Hedingham Cl
7 Laundry La
8 Base Apartments
9 Walkinshaw Ct
10 New Bentham Ct
11 Bentham Ct
12 Haslam Ho
13 Horsfield Ho
14 Riverside Ho
15 Eric Fletcher Ct
16 Annette Cres
17 Ashby Ho
18 Lindsey Mews
19 Cardigan Wlk
20 Red House Sq
21 Orchard Cl
22 Queensbury St
23 Raynor Pl
B2 1 Crowline Wlk
2 Upper Handa Wlk
3 Handa Wlk
4 Lismore Wlk
5 Bardsey Wlk
6 Walney Wlk
7 Upper Bardsey Wlk
8 Upper Lismore Wlk
9 Sark Ho
10 Guernsey Ho
11 Guernsey Rd
12 Sybil Thorndike Ho
13 Clephane Rd
14 Florence Nightingale Ho
15 Jersey Ho
16 Jethou Ho
17 Islay Wlk
18 Upper Caldy Wlk
19 Caldy Wlk
20 Alderney Ho
21 Gulland Wlk
22 Nightingale Rd
23 Upper Gulland Wlk
24 Church Rd
25 Oransay Rd
26 Canonbury Yd E
B3 1 Pearfield Ho
2 Larchfield Ho
3 Beresford Terr
4 Pondfield Ho
5 Ashfield Ho
6 Elmfield Ho
7 Highbury Grove Sch
B4 1 Fountain Mews
2 Woodstock Ho
3 Henson Ct
4 Taverner Sq
C1 1 Downham Ct
2 Trafalgar Point
C2 1 John Kennedy Ct
2 John Kennedy Lo
3 Ball's Pond Pl
4 Haliday Wlk
5 Queen Elizabeth Ct
6 Canonbury Hts
7 Pinnacle The
8 Threadgold Ho
9 Wakeham St
10 Saffron Ct
11 Callaby Terr
12 Tilney Gdns
13 Westcliff Ho
14 Ilford Ho
15 Ongar Ho
16 Greenhills Terr
17 Romford Ho
18 Bute Wlk
19 Upper Ramsey Wlk
20 Rona Wlk
21 Thorndike Rd
22 St Pauls Steiner Sch
C3 1 Newington Green Prim Sch
C4 1 Ledo Ho
2 Salween Ho
3 Prome Ho

4 Arakan Ho
5 Rangoon Ho
6 Mandalay Ho
7 Karen Ho
8 Wingate Ho
9 Jubet Ho
10 Orde Ho
11 Chindit Ho
12 Mabel Thornton Ho
13 Crawshay Ho
14 Avon Ho
15 Connaught Mans
16 Jonson Ho
17 Herrick Ho
18 Donne Ho
19 Thirlmere Ho
20 Grasmere Ho

16
A1 1 Dorchester Ct
2 Wareham Ct
3 Dorset Ct
4 Stratton Ct
5 Swanage Ct
6 Blandford Ct
7 Portland Ct
8 Oscar Faber Pl
9 Metropolitan Bsns Ctr
10 Lancaster Ct
11 Palazzo Apartments
12 Watercress Pl
A2 1 Kingsland Gn
2 Kingsland Pas
3 Metropolitan Benefit Societies Almshouses
4 Nimrod Pas
5 De Beauvoir Pl
6 Warburton Cl
7 Buckingham Mews
8 Aztec Ct
9 Kerridge Ct
10 Isabella Mews
11 St Jude & St Paul's CE Prim Sch
12 De Beauvoir Prim Sch
13 Our Lady & St Joseph RC Prim Sch
14 Childrens House Upper Sch
A3 1 Hewling Ho
2 Matthias Ho
3 Port Royal Pl
4 Cressington Cl
5 King Henry's Yd
6 Bronte Ho
7 Sewell Ho
8 Lydgate Ho
9 Patmore Ho
10 Congreve Ho
11 Elton St
12 Conrad Ho
13 Southwell Ho
14 Neptune Ho
15 Campion Ho
16 Webster Ho
17 Meredith Ho
18 Beckford Ho
19 Ashley Ct
20 Hayling Cl
21 Millard Cl
22 Lydford Cl
23 Salcombe Rd

24 Truman's Rd
25 Templeton Cl
26 John Campbell Rd
27 Gillett Pl
28 Bradbury St
29 Thomas Crowell Ct
30 Shellgrove Rd
A4 1 Londesborough Rd
2 Knebworth Ho
3 Knebworth Rd
4 Bransby Ct
5 Imperial Ave
6 Leonard Pl
7 Shakspeare Mews
8 Binyon Ho
9 Shelley Ho
10 Browning Ho
11 Burns Ho
12 Andrew Marvell Ho
13 Wycliffe Ho
14 Blake Ho
15 Marlowe Ho
16 Fletcher Ho
17 Chaucer Ct
32 St Matthias's CE Prim Sch
B1 1 Hilborough Rd
2 Shoreditch Ct
3 Evergreen Sq
4 Wyndhams Ct
5 Festival Ct
6 Fortune Ct
7 Rose Ct
8 Ability Plaza
9 Briar Ct
10 Lomas Dr
11 Queensbridge Inf Sch
B2 1 Prospect Ho
2 Woodland St
3 Crosby Wlk
4 Kirkland Wlk
5 Bowness Ct
6 Carlisle Wlk
7 Skelton Cl
8 Camerton Cl
9 Buttermere Wlk
10 Houghton Cl
11 Hayton Cl
12 Kingsland Sh Ctr
13 Springfield Ho
14 Parton Lo
15 Sanctuary Mews
16 Fenton Cl
B3 1 Miller's Terr
2 Chow Sq
3 Drysdale Flats
4 Gateway Mews
5 Birkbeck Mews
6 Winchester Pl
B4 1 Coronation Ave
2 Morris Blitz Ct
3 Shacklewell Ho
4 Alexandra Ct
5 Shacklewell Prim Sch
6 Princess May Prim Sch
C1 1 Aldington Ct
2 Bayton Ct
3 Rochford Wlk
4 Windrush Ct
5 Gayhurst Prim Sch
C2 1 Burdon Ct
2 Thomson Ct
3 Bruno Ct
6 Thackeray Mews

7 Madinah Rd
C3 1 Kingsdown Ho
2 Glendown Ho
3 Moredown Ho
4 Blakeney Cl
5 Beeston Cl
6 Benabo Ct
7 David Devine Ho
8 Kreedman Wlk
9 Hermitage Row
10 Grafton Ct
11 Lushington Terr
12 Aspen Ct
13 Pykewell Lo
14 Albion Works Studios

17
A1 1 Fortescue Ave
2 Pemberton Pl
3 Weston Wlk
4 Bayford St Ind Ctr
5 Bayford St
6 Sidworth St
7 Helmsley St
8 Cyntra Pl
9 Signal Ho
10 All Nations Ho
11 Vanguard Ho
12 Hacon Sq
A2 1 Bohemia Pl
2 Graham Mans
3 Marvin St
4 Boscobel Ho
5 Royal Oak Rd
6 Colonnades The
7 Sylvester Ho
8 Sylvester Path
9 Doctor Spurstowe Almshouses
10 Great Eastern Bldgs
11 Sojourner-Truth Cl
A3 1 Birchington Ho
2 Bicknor Ho
3 Boxley Ho
4 Adisham Ho
5 Cranbrook Ho
6 Marden Ho
7 Broome Ho
8 Crandale Ho
9 Cheriton Ho
10 Ditton Ho
11 Langley Ho
12 Dymchurch Ho
13 Elham Ho
14 Davina Ho
15 Pembury Ho
16 Downs Ct
17 Perrywood Ho
18 Staplehurst Ho
19 Pegwell Ho
20 Yalding Ho
21 Northbourne Ho
22 Monkton Ho
23 Milsted Ho
24 Athlone Cl
25 Clarence Pl
26 Gould Terr
27 Quested Ct
28 Brett Pas
29 Marcon Ct
30 Appleton Ct
31 Institute Pl
A4 1 Ross Ct
2 Downs La
3 Gaviller Pl
4 Robert Owen Lo

5 Apprentice Way
6 Arrowe Ct
7 Gilwell Ct
8 Sutton Ct
9 St Andrews Mans
10 Kinnoull Mans
11 Rowhill Mans
12 Sladen Pl
13 Mothers Sq The
14 Richborough Ho
15 Sandgate Ho
16 Sheppey Ho
B1 1 Pitcairn Ho
2 Lyme Grove Ho
3 Shakespeare Ct
4 Upcott Ho
5 Loddiges Ho
6 Parkinson Ho
7 Sloane Ho
8 Vanbrugh Ho
9 Cambridge Pas
10 Lyttleton Ho
11 Victoria Park Ct
12 Tullis Ho
13 Fairchild Ho
14 Forsyth Ho
15 Tradescant Ho
16 Mason Ho
17 Capel Ho
18 Cordwainers Ct
19 Bridgeman Ho
20 St Thomas's Pl
21 Barclay Ho
22 Clayton Ho
23 Danby Ho
24 Sherard Ho
25 Catesby Ho
26 Petiver Cl
27 Leander Ct
28 Philip Turner Est
29 Grendon Ho
30 Shore Mews
31 Shore Bsns Ctr
32 Kendal Ho
33 Classic Mans
34 Tudor Ho
35 Park Ho
36 Enterprise Ho
37 Alpine Gr
38 Clarendon Cl
39 Rotheley Ho
40 Bernie Grant Ho
41 Orchard Cl
42 St John of Jerusalem CE Prim Sch
B2 1 Woolpack Ho
2 Elvin Ho
3 Thomas Ho
4 Hockley Ho
5 Retreat Ho
6 Butfield Ho
7 Brooksbank Ho
8 Crescot Ho
9 Brooksbank St
10 Lennox Ho
11 Milborne Ho
12 Collent Ho
13 Middlesex Pl
14 Elsdale Ho
15 Devonshire Hall
16 Brent Ho
17 Morningside Prim Sch
18 Hackney Free & Parochial CE Sec Sch

B3 1 St John & St James CE Prim Sch
C1 1 Stuart Ho
2 Gascoyne Ho
3 Chelsfield Point
4 Sundridge Ho
5 Banbury Ho
6 Lauriston Ho
C2 1 Musgrove Ho
2 Cheyney Ho
3 Haynes Ho
4 Warner Ho
5 Gilby Ho
6 Gadsden Ho
7 Risley Ho
8 Baycliffe Ho
9 Sheldon Ho
10 Offley Ho
11 Latimer Ho
12 Ribstone Ho
13 Salem Ho
14 Fieldwick Ho
15 Lever Ct
16 Matson Ho
17 Wilding Ho
18 Rennell Ho
19 Dycer Ho
20 Granard Ho
21 Whitelock Ho
22 Harrowgate Ho
23 Cass Ho
24 Lofts on the Park
25 Heathcote Ho
26 Ravenscroft Point
27 Vanner Point
28 Hensley Point
29 San Ho
30 Berger Prim Sch
C4 1 Cromford Path
2 Longford Ct
3 Overbury Ho
4 Heanor Ct
5 Wharfedale Ct
6 Ladybower Ct
7 Ilkeston Ct
8 Derby Ct
9 Rushmore Cres
10 Blackwell Cl
11 Belper Ct
12 Rushmore Prim Sch

18
A2 1 Chigwell Ct
2 Wellday Ho
3 Selman Ho
4 Vaine Ho
5 Trower Ho
6 St Dominics RC Prim Sch
B2 1 Mallard Cl
2 Merriam Ave
3 Gainsborough St
4 Palace Cl
5 St Anthony's Cl
6 Trowbridge Est
B3 7 Wick Village

19
C1 1 Service Route No 2
2 Service Route No 3
7 Newham Sixth Form Coll (Stratford Ctr)

C4
1 Mulberry Ct
2 Rosewood Ct
3 Gean Ct
4 Blackthorn Ct
5 Cypress Ct

20

C4
1 Carlyle Rd
2 Bernard Shaw Ho
3 Longlents Ho
4 Mordaunt Ho
5 Wilmers Ct
6 Stonebridge Ctr
7 Shakespeare Ave
8 Southcroft
9 Brent Adult Comm Education Service Coll

21

A3
1 Futters Ct
2 Barrett Ct
3 Elms The
4 Fairlight Ct

B3
1 New Crescent Yd
2 Harlesden Plaza
3 St Josephs Ct
4 Jubilee Cl
5 Ellery Cl

22

B1
1 Princess Alice Ho
2 Yoxall Ho
3 Yorkley Ho
4 Northaw Ho
5 Oakham Ho
6 Markyate Ho
7 Letchmore Ho
8 Pagham Ho
9 Quendon Ho
10 Redbourn Ho
11 Ketton Ho
12 Hillman Dr

C2
1 Westfield Ct
2 Tropical Ct
3 Chamberlayne Mans
4 Quadrant The
5 Queens Park Ct
6 Warfield Yd
7 Regent St
8 Cherrytree Ho
9 Artisan Mews
10 Artisan Quarter

23

A1
1 Sycamore Wlk
2 Westgate Bsns Ctr
3 Buspace Studios
4 Bosworth Ho
5 Golborne Gdns
6 Appleford Ho
7 Adair Twr
8 Gadsden Ho
9 Southam Ho
10 Norman Butler Ho
11 Thompson Ho
12 Wells Ho
13 Paul Ho
14 Olive Blythe Ho
15 Katherine Ho
16 Breakwell Ct
17 Pepler Ho

18 Edward Kennedy Ho
19 Winnington Ho
20 Queen's Park Prim Sch
21 Middle Row Prim Sch
22 St Mary RC Prim Sch
23 St Thomas' CE Prim Sch

A2
1 Selby Sq
2 Severn Ave
3 Stansbury Sq
4 Tolhurst Dr
5 John Fearon Wlk
6 Mundy Ho
7 Macfarren Ho
8 Bantock Ho
9 Banister Ho
10 Batten Ho
11 Croft Ho
12 Courtville Ho
13 Mounsey Ho
14 Bliss Mews
15 Symphony Mews

B1
1 Octavia Mews
2 Russell's Wharf
3 Western Ho
4 Kelly Mews
5 Queen Elizabeth II Jubilee Sch

B2
1 Boyce Ho
2 Farnaby Ho
3 Danby Ho
4 Purday Ho
5 Naylor Ho
6 Leeve Ho
7 Longhurst Ho
8 Harrington Ct
9 Mulberry Ct
10 Kilburn Ho
11 Carlton Vale Inf Sch

B3
1 Claremont Ct
2 William Saville Ho
3 Western Ct
4 Bond Ho
5 Crone Ct
6 Wood Ho
7 Winterleys
8 Carlton Ho
9 Fiona Ct
10 Kilburn Park Sch

C1
1 Westside Ct
2 Byron Mews
3 Sutherland Ct
4 Fleming Ct
5 Hermes Ct
6 St Peter's CE Prim Sch
7 Paddington Acad

C2
1 Portland Rd
2 Nelson Cl
3 Pavilion Ct
4 Masefield Ho
5 Austen Ho
6 Fielding Ho
7 Argo Bsns Ctr
8 John Ratcliffe Ho
9 Wymering Mans
10 City of Westminster Coll, Queens Park Ctr
11 Essendine Prim Sch

C3
1 Wells Ct

2 Cambridge Ct
3 Ely Ct
4 Durham Ct
5 St Augustine's CE High Sch
6 Sch of the Islamic Republic of Iran The

C4
1 Ryde Ho
2 Glengall Pass
3 Leith Yd
4 Daynor Ho
5 Varley Ho
6 Sandby Ho
7 Colas Mews
8 Bishopsdale Ho
9 Lorton Ho
10 Marshwood Ho
11 Ribblesdale Ho
12 Holmesdale Ho
13 Kilburn Vale Est
14 Kilburn Bridge
15 Coll of NW London
16 St Mary's Kilburn CE Prim Sch

24

A2
1 Pimlico Wlk
2 Aske Ho
3 Hathaway Ho
4 Haberdasher Pl
5 Fairchild Ho
6 Burtt Ho
7 Enfield Cloisters
8 McGregor Ct
9 Royal Oak Ct
10 Hoxton Mkt
11 Bath Pl
12 Chapel Pl
13 Standard Pl
14 Cleeve Workshops
15 Cleeve Ho
16 Printing House Yd
17 Perseverance Works
18 Crooked Billet Yd
19 Drysdale Ho
20 Castlefrank Ho
21 School App
22 Basing House Yd
23 Mail Coach Yd
24 St Monica's RC Prim Sch
25 Symister Mews
33 Hackney Com Coll

A3
1 Bracer Ho
2 Scorton Ho
3 Fern Cl
4 Macbeth Ho
5 Oberon Ho
6 Buckland Ct
7 Crondall Ct
8 Osric Path
9 Caliban Twr
10 Celia Ho
11 Juliet Ho
12 Bacchus Wlk
13 Malcolm Ho
14 Homefield St
15 Crondall Pl
16 Blanca Ho
17 Miranda Ho
18 Falstaff Ho
19 Charmian Ho
20 Myrtle Wlk
21 Arden Ho
22 Sebastian Ho

23 Stanway Ct
24 Jerrold St
25 Rosalind Ho
26 Cordelia Ho
27 Monteagle Ct
28 John Parry Ct
29 James Anderson Ct
30 Ben Jonson Ct
31 Sara Lane Ct
32 Walbrook Ct
33 Burbage Sch

A4
1 Portelet Ct
2 Trinity Ct
3 Rozel Ct
4 St Helier Ct
5 Corbiere Ho
6 Kenning Ho
7 Higgins Ho
8 Cavell Ho
9 Girling Ho
10 Fulcher Ho
11 Francis Ho
12 Norris Ho
13 Kempton Ho
14 Nesham Ho
15 Crossbow Ho
16 Catherine Ho
17 Strale Ho
18 Horner Hos
19 Stringer Hos
20 Whitmore Ho
21 Nightingale Ho
22 Wilmer Gdns
23 Arrow Ho
24 Archer Ho
25 Meriden Ho
26 Rover Ho
27 Bowyer Ho
28 Tiller Ho
29 Canalside Studios
30 Kleine Wharf
31 Benyon Wharf
32 Quebec Wharf
33 Belvedere Ct
34 Portfleet Pl

B2
1 Gorsuch Pl
2 Strout's Pl
3 Vaughan Est
4 George Loveless Ho
5 Baroness Rd
6 James Brine Ho
7 Arthur Wade Ho
8 Robert Owen Ho
9 Sivill Ho
10 Georgina Gdns
11 Old Market Sq
12 Cuff Point
13 Bakers Rents
14 Leopold Bldgs
15 Dunmore Point
16 Wingfield Ho
17 Gascoigne Pl
18 Mandela Ho
19 Virginia Rd
20 Briggs Ho
21 Packenham Ho
22 Gowan Ho
23 Kirton Gdns
24 Chambord Ho
25 Ducal St
26 Strickland Ho
27 Alliston Ho
28 Gibralter Wlk
29 Equity Sq
30 Shacklewell St
31 Rochelle St
32 Sonning Ho

33 Culham Ho
34 Hurley Ho
35 Palissy St
36 Taplow Ho
37 Chertsey Ho
38 Sunbury Ho
39 Sunbury Workshops
40 Datchett Ho
41 Hocker St
42 Coll Sharp Ct
43 Marlow Studio Workshops
44 Marlow Ho
45 Shiplake Ho
46 Wargrave Ho
47 Iffley Ho
48 Virginia Prim Sch
49 Bethnal Green Tech Coll
50 Columbia Prim Sch

B3
1 Queensbridge Ct
2 Godwin Ho
3 Kent Ct
4 Brunswick Ho
5 Weymouth Ct
6 Sovereign Mews
7 Dunloe Ct
8 Cremer Bsns Ctr
9 James Hammett Ho
10 Allgood St
11 Horatio St
12 Cadell Ho
13 Horatio Ho
14 Shipton Ho
15 Haggerston Sch
16 Randal Cremer JMI Sch

B4
1 Hilborough Ct
2 Scriven Ct
3 Livermere Ct
4 Angrave Ct
5 Angrave Pas
6 Benfleet Ct
7 Belford Ho
8 Orme Ho
9 Clemson Ho
10 Longman Ho
11 Lowther Ho
12 Lovelace Ho
13 Harlowe Ho
14 Pamela Ho
15 Samuel Ho
16 Acton Ho
17 Loanda Cl
18 Phoenix Cl
19 Richardson Cl
20 Thrasher Cl
21 Mary Secole Cl
22 Canal Path
23 Pear Tree Cl
24 Hebden Ct
25 Charlton Ct
26 Laburnum Ct
27 Mansfield Ct
28 Garden Pl
29 Amber Wharf
30 Haggerston Studios

C1
1 Bentworth Ct
2 Hawksmoor Pl
3 Kerbela St
4 Fuller Cl
5 Kinsham Ho
6 Menotti St
7 Barwell Ho
8 Grimsby St
9 Reflection Ho

10 Fleet Street Hill
11 Bratley St
12 Weaver Ho
13 Cornerstone Ct
14 Stuttle Ho
15 McGlashon Ho
16 John Pritchard Ho
17 Thomas Buxton Jun & Inf Sch
18 St Anne RC Prim Sch
19 William Davis Prim Sch

C2
1 Providence Yd
2 Lygon Ho
3 Brabner Ho
4 Delta St
5 Delta Point
6 Tillet Way
7 Mullet Gdns
8 Lampern Sq
9 Kite Pl
10 Elver Gdns
11 Cobden Ho
12 Eversley Ho
13 Lorden Wlk
14 Rapley Ho
15 Dence Ho
16 McKinnon Wood Ho
17 Satchwell Rd
18 Dickinson Ho
19 Hutton Ho
20 Simmons Ho
21 Swinton Ho
22 Yates Ho
23 Johnson Ho
24 Jeremy Bentham Ho
25 Waring Ho
26 St James Ct
27 Ebony Ho
28 Azure Ho
29 Westhope Ho
30 Hague St
31 Elizabeth Selby Inf Sch
32 Lawdale Jun Sch

C3
1 London Terr
2 Sturdee Ho
3 Maude Ho
4 Haig Ho
5 Jellicoe Ho
6 Ropley St
7 Guinness Trust Bldgs
8 Ion Ct
9 Columbia Rd
10 Moye Cl
11 Morrel Ct
12 Courtauld Ho
13 Drummond Ho
14 Gurney Ho
15 Atkinson Ho
16 Halley Ho
17 Goldsmith's Sq
18 Shahjalal Ho
19 Ken Wilson Ho
20 April Ct
21 Crofts Ho
22 Sebright Ho
23 Beechwood Ho
24 Gillman Ho
25 Cheverell Ho
26 Besford Ho
27 Dinmont Ho
28 Elizabeth Mews

29 Sebright Pas
30 Wyndham Deedes Ho
31 Sheppard Ho
32 Mary James Ho
33 Hadrian Est
34 Blythendale Ho
35 George Vale Ho
36 Lion Mills
37 St Peter's Ave
38 Pritchard Ho

C4
1 Broke Wlk
2 Rochemont Wlk
3 Marlborough Ave
4 Rivington Wlk
5 Magnin Cl
6 Gloucester Sq
7 Woolstone Ho
8 Marsworth Ho
9 Cheddington Ho
10 Linslade Ho
11 Cosgrove Ho
12 Blisworth Ho
13 Eleanor Ct
14 Wistow Ho
15 Muscott Ho
16 Boxmoor Ho
17 Linford Ho
18 Pendley Ho
19 Northchurch Ho
20 Debdale Ho
21 Broadway Market Mews
22 Welshpool Ho
23 Ada Ho
24 St Paul's with St Michael's Prim Sch

25

A1
1 Rochester Ct
2 Weaver Ct
3 Greenheath Bsns Ctr
4 Glass St
5 Herald St
6 Northesk Ho
7 Codrington Ho
8 Heathpool Ct
9 Mocatta Ho
10 Harvey Ho
11 Blackwood Ho
12 Rutherford Ho
13 Bullen Ho
14 Fremantle Ho
15 Pellew Ho
16 Ashington Ho
17 Dinnington Ho
18 Bartholomew Sq
19 Steeple Ct
20 Orion Ho
21 Fellbrigg St
22 Hague Prim Sch
23 Eagle Ho
24 Sovereign Ho
25 Redmill Ho
26 Berry Ho
27 Grindall Ho
28 Collingwood Ho
29 Stewart Headlam Prim Sch

A2
1 Charles Dickens Ho
2 Adrian Bolt Ho
3 William Rathbone Ho
4 Southwood Smith Ho

5 Rushmead
6 William Channing Ho
7 John Cartwright Ho
8 Charles Darwin Ho
9 Thomas Burt Ho
10 John Fielden Ho
11 Gwilym Maries Ho
12 Joseph Priestley Ho
13 Wear Pl
14 John Nettleford Ho
15 Thornaby Ho
16 Stockton Ho
17 Barnard Ho
18 Gainford Ho
19 Stapleton Ho
20 James Middleton Ho
21 Kedleston Wlk
22 Queen Margaret Flats
23 Hollybush Ho
24 Horwood Ho
25 Norden Ho
26 Newcourt Ho
27 Seabright St
28 Viaduct Pl
29 Sunlight Sq
30 Providence Row Cl
31 Oaklands Sec Sch
32 Raine's Foundation Lower Sch

A3
1 Dinmont St
2 Marian St
3 Claredale Ho
4 Keeling Ho
5 Maple St
6 Winkley St
7 Temple Dwellings
8 Argos Ho
9 Helen Ho
10 Lysander Ho
11 Antenor Ho
12 Paris Ho
13 Nestor Ho
14 Hector Ho
15 Ajax Ho
16 Achilles Ho
17 Priam Ho
18 Peabody Est
19 Felix St
20 Cambridge Cres
21 Peterley Bsns Ctr
22 Beckwith Ho
23 Brookfield Ho
24 Parminter Ind Est
25 Ted Roberts Ho
26 Cambridge Ct
27 Millennium Pl
28 William Caslon Ho
29 Hugh Platt Ho
30 West St
31 Mayfield Ho
32 Apollo Ho
33 Tanners Yd
34 Teesdale Yd

A4
1 Welshpool St
2 Broadway Ho
3 Regents Wharf
4 London Wharf
5 Warburton Ho
6 Warburton St
7 Triangle Rd
8 Warburton Rd
9 Williams Ho

10 Booth Cl
11 Albert Cl
12 King Edward Mans
13 Victoria Bldgs
14 Andrews Wharf
15 London Fields Prim Sch
16 Triangle The
17 Com Coll Hackney The

B1
1 William's Bldgs
2 Donegal Ho
3 Pelican Pas
4 Frederick Charrington Ho
5 Wickford Ho
6 Braintree Ho
7 Doveton Ho
8 Doveton St
9 Cephas Ho
10 Sceptre Ho
11 Bancroft Ho
12 Stothard St
13 Redclyf Ho
14 Winkworth Cotts
15 Amiel St
16 Hadleigh Ho
17 Hadleigh St
18 Ryder Ho
19 Kenton Ho
20 Colebert Ho
21 Ibbott St
22 Rickman Ho
23 Rickman St
24 Stothard Ho
25 Barbanel Ho
26 Stannard Cotts
27 St Peters Ct
28 Rennie Cotts
29 Pemell Cl
30 Pemell Ho
31 Leatherdale St
32 Gouldman Ho
33 Lamplighter Cl
34 Sherren Ho
35 Marlborough Lo
36 Hamilton Lo
37 Montgomery Lo
38 Cleveland Gr
39 Cromwell Lo
40 Bardsey Pl
41 Charrington Ho
42 Hayfield Yd
43 Allport Mews
44 Colin Winter Ho
45 John Scurr Prim Sch

B2
1 Mulberry Ho
2 Gretton Ho
3 Merceron Ho
4 Montfort Ho
5 Westbrook Ho
6 Sugar Loaf Wlk
7 Museum Ho
8 Burnham Est
9 Globe Terr
10 Moravian St
11 Shepton Hos
12 Mendip Hos
13 Academy Ct
14 Pepys Ho
15 Swinburne Ho
16 Moore Ho
17 Morris Ho
18 Burns Ho
19 Milton Ho
20 Whitman Ho

21 Shelley Ho
22 Keats Ho
23 Dawson Ho
24 Bradbeer Ho
25 Forber Ho
26 Hughes Ho
27 Silvester Ho
28 Rogers Est
29 Pavan Ct
30 Stafford Cripps Ho
31 Sidney Godley (VC) Ho
32 Butler Ho
33 Butler St
34 Thorne Ho
35 Bevin Ho
36 Tuscan Ho
37 Globe Prim Sch
38 Bangabandhu Prim Sch
39 Bonner Prim Sch

B3
1 Evesham Ho
2 James Campbell Ho
3 Thomas Hollywood Ho
4 James Docherty Ho
5 Ebenezer Mussel Ho
6 Jameson Ct
7 Edinburgh Cl
8 Roger Dowley Ct
9 Sherbrooke Ho
10 Calcraft Ho
11 Burrard Ho
12 Dundas Ho
13 Ponsonby Ho
14 Barnes Ho
15 Paget Ho
16 Maitland Ho
17 Chesil Ct
18 Reynolds Ho
19 Cleland Ho
20 Goodrich Ho
21 Rosebery Ho
22 Sankey Ho
23 Cyprus Pl
24 Royston St
25 Stainsbury St
26 Hunslett St
27 Baildon
28 Brockweir
29 Tytherton
30 Malmesbury
31 Kingswood
32 Colville Ho
33 St Elizabeth RC Prim Sch
34 Raine's Foundation Sch
35 St John's CE Prim Sch
36 Mowlem Prim Sch

B4
1 Halkett Ho
2 Christchurch Sq
3 Helena Pl
4 Swingfield Ho
5 Greenham Ho
6 Dinmore Ho
7 Anstey Ho
8 Weston Ho
9 Carbroke Ho
10 Bluebell Cl
11 Cherry Tree Cl

12 Georgian Ct
13 Park Cl
14 Regency Ct
15 Norris Ho
C1 **1** Raynham Ho
2 Pat Shaw Ho
3 Colmar Cl
4 Withy Ho
5 Stocks Ct
6 Downey Ho
7 Bay Ct
8 Sligo Ho
9 Pegasus Ho
10 Barents Ho
11 Biscay Ho
12 Solway Ho
13 Bantry Ho
14 Aral Ho
15 Pacific Ho
16 Magellan Ho
17 Levant Ho
18 Adriatic Ho
19 Genoa Ho
20 Hawke Ho
21 Palliser Ho
22 Ionian Ho
23 Weddell Ho
24 Carlyle Mews
25 Greencourt Ho
26 Sundra Wlk
C2 **1** Stubbs Ho
2 Holman Ho
3 Clynes Ho
4 Windsor Ho
5 Gilbert Ho
6 Chater Ho
7 Ellen Wilkinson Ho
8 George Belt Ho
9 Ayrton Gould Ho
10 O'Brian Ho
11 Sulkin Ho
12 Jenkinson Ho
13 Bullards Pl
14 Sylvia Pankhurst Ho
15 Mary Macarthur Ho
16 Trevelyan Ho
17 Wedgwood Ho
18 Pemberton Ct
19 Leatherdale St
20 Walter Besant Ho
21 Barber Beaumont Ho
22 Brancaster Ho
23 Litcham Ho
24 Bradwell St
C3 **1** Kemp Ho
2 Piggott Ho
3 Mark Ho
4 Sidney Ho
5 Pomeroy Ho
6 Puteaux Ho
7 Doric Ho
8 Modling Ho
9 Longman Ho
10 Ames Ho
11 Alzette Ho
12 Offenbach Ho
13 Tate Ho
14 Norton Ho
15 St Gilles Ho
16 Harold Ho
17 Velletri Ho
18 Bridge Wharf

19 Gathorne St
20 Bow Brook The
21 Twig Folly Cl
22 Palmerston St
23 Lakeview
24 Peach Walk Mews
25 Caesar Ct
26 Gatehouse Sch
C4 **1** Lauriston Prim Sch

26
A1 **1** Formosa Ho
2 Galveston Ho
3 Arabian Ho
4 Greenland Ho
5 Coral Ho
6 Anson Ho
7 Cambay Ho
8 Lindop Ho
9 Moray Ho
10 Azov Ho
11 Sandalwood Cl
12 Broadford Ho
A2 **1** Imperial Ho
2 Newport Ho
3 Vassall Ho
4 Maurice Ct
5 Creed Ct
6 Christopher France Ho
7 Beaumont Ct
8 Pembroke Mews
9 Guardian Angels RC Prim Sch
10 Central Foundation Lower Girls Sch The
A3 **1** Nightingale Mews
2 Bunsen Ho
3 Bunsen St
4 Beatrice Webb Ho
5 Margaret Bondfield Ho
6 Wilmer Ho
7 Sandall Ho
8 Butley Ct
9 Josseline Ct
10 Dalton Ho
11 Brine Ho
12 Ford Cl
13 Viking Cl
14 Stanfield Rd
15 Stoneleigh Mews
16 Ruth Ct
17 School Bell Cloisters
18 Schoolbell Mews
19 Medhurst Cl
20 Olga St
21 Conyer St
22 Diamond Ho
23 Daring Ho
24 Crane Ho
25 Exmoor Ho
26 Grenville Ho
27 Hyperion Ho
28 Sturdy Ho
29 Wren Ho
30 Ardent Ho
31 Senators Lo
32 Hooke Ho
33 Mohawk Ho
34 Ivanhoe Ho
35 Medway Mews
36 Chisenhale Prim Sch
37 Olga Prim Sch
B2 **1** Trellis Sq

2 Sheffield Sq
3 Howcroft Ho
4 Astra Ho
5 Frye Ct
6 Byas Ho
7 George Lansbury Ho
8 Regal Pl
9 Coborn Mews
10 Tredegar Mews
11 Cavendish Terr
12 Lyn Mews
13 Buttermere Ho
14 Coniston Ho
15 Tracy Ho
16 Hanover Pl
17 St Clair Ho
18 Longthorne Ho
19 Vista Bldgs
20 Verity Ho
21 Icarus Ho
22 Whippingham Ho
23 Hamilton Ho
24 Winchester Ho
25 Malmesbury Prim Sch
26 Phoenix Sec & Prim Sch
27 Central Foundation Upper Girls Sch The
B3 **1** Roman Road Mkt
2 John Bond Ho
3 McKenna Ho
4 Dennis Ho
5 McAusland Ho
6 McBride Ho
7 Libra Rd
8 Dave Adams Ho
9 Regency Ct
10 Tay Ho
11 Sleat Ho
12 Brodick Ho
13 Ewart Pl
14 Lunan Ho
15 Cruden Ho
16 Anglo Rd
17 Mull Ho
18 Sinclairs Ho
19 Driftway Ho
20 Clayhall Ct
21 Berebinder Ho
22 Partridge Ho
23 Barford Ho
24 Gullane Ho
25 Gosford Ho
26 Dornoch Ho
27 Dunnet Ho
28 Enard Ho
29 Fraserburgh Ho
30 Forth Ho
31 Stavers Ho
32 Rosegate Ho
33 Crowngate Ho
34 Queensgate Ho
35 Towergate Ho
36 Ordell Ct
37 William Pl
38 Old Ford Prim Sch
B4 **1** Hampstead Wlk
2 Waverton Ho
3 Elton Ho
4 Locton Gn
5 Birthwistle Ho
6 Clare Ho
7 Magpie Ho
8 Hornbeam Sq
9 Rowan Ho

10 Barge La
11 Walnut Ho
12 Birdsfield La
13 Atkins Ct
14 Willow Tree Cl
15 Jasmine Sq
16 Tait Ct
17 Ranwell Ho
18 Ranwell Cl
19 Tuffnell Ct
20 Pulteney Cl
21 Vic Johnson Ho
22 Lea Sq
23 Iceni Ct
24 Tamar Cl
25 Roman Rd
26 Valentine Ho
C1 **1** Fairmont Ho
2 Healy Ho
3 Zodiac Ho
4 Buick Ho
5 Consul Ho
6 Bentley Ho
7 Cresta Ho
8 Daimler Ho
9 Riley Ho
10 Jensen Ho
11 Lagonda Ho
12 Ireton St
13 Navenby Wlk
14 Burwell Wlk
15 Leadenham Ct
16 Sleaford Ho
17 Bow Triangle Bsns Ctr
18 Clara Grant Prim Sch The
C2 **1** Bow Ho
2 Denmark Pl
3 Marsalis Ho
4 Lovette Ho
5 Drapers Almshouses
6 Mallard Point
7 Creswick Wlk
8 Bevin Ho
9 Huggins Ho
10 Williams Ho
11 Harris Ho
12 Marina Ct
13 Electric Ho
14 Matching Ct
15 Wellington Bldgs
16 Grafton Ho
17 Berkeley Ho
18 Columbia Ho
19 Bow Sec Sch
20 Wellington Prim Sch
21 London Metrocity Coll
22 Cherry Trees Sch The
C3 **1** Vincent Mews
2 Menai Pl
3 Heathfield Ct
4 Redwood Cl
5 Acorn Ct
6 Primrose Cl
7 Briar Ct
8 Springwood Cl
9 Lacey Mews
10 Matilda Gdns
C4 **1** Ironworks
2 Juno Ho
3 Chariot Cl
4 Saturn Ho
5 Hadrian Cl

6 Mercury Ho
7 Forum Cl
8 Venus Ho
9 Vesta Ho
10 Tiber Cl
11 Gemini Ho
12 Crown Close Bsns Ctr

27
A1 **1** Broxbourne Ho
2 Roxford Ho
3 Biscott Ho
4 Stanborough Ho
5 Hillstone Ct
6 Marner Prim Sch
A2 **1** Bradley Ho
2 Prioress Ho
3 Alton Ho
4 Foxley Ho
5 Munden Ho
6 Canterbury Ho
7 Corbin Ho
8 Barton Ho
9 Jolles Ho
10 Rudstone Ho
11 Baxter Ho
12 Baker Ho
13 Insley Ho
14 Hardwicke Ho
15 St Agnes RC Prim Sch
16 Priory St
17 Sadler Ho
18 Ballinger Point
19 Henshall Point
20 Dorrington Point
21 Warren Ho
22 Fairlie Ct
23 Regent Sq
24 Hackworth Point
25 Priestman Point
26 Wingate Ho
27 Nethercott Ho
28 Thelbridge Ho
29 Bowden Ho
30 Kerscott Ho
31 Southcott Ho
32 Birchdown Ho
33 Upcott Ho
34 Langmead Ho
35 Limscott Ho
36 Northleigh Ho
37 Huntshaw Ho
38 Chagford Ho
39 Ashcombe Ho
40 Shillingford Ho
41 Patrick Connolly Gdns
42 Lester Ct
43 Franklin St
44 Taft Way
45 Washington Cl
46 Veronica Ho
47 William Guy Gdns
48 Denbury Ho
49 Holsworthy Ho
50 Padstone Ho
51 Old Palace Prim Sch
52 Ian Mikardo Sch
C1 **1** Crescent Court Bsns Ctr
2 Ashmead Bsns Ctr
3 Forward Bsns Ctr The
C4 **1** Victoria Mills

37 Pierhead Wharf
38 Scandrett St
39 St Johns Ct
A2 1 Newton Ho
2 Richard Neale Ho
3 Maddocks Ho
4 Cornwall St
5 Brockmer Ho
6 Dellow Ho
7 Bewley Ho
8 Artichoke Hill
9 Queen Anne Terr
10 King Henry Terr
11 King Charles Terr
12 Queen Victoria Terr
13 Sovereign Ct
14 Princes Court Bsns Ctr
15 Kingsley Mews
16 Mulberry Sch for Girls
A3 1 Peter Best Ho
2 Mellish Ho
3 Porchester Ho
4 Dickson Ho
5 Joscoyne Ho
6 Silvester Ho
7 Wilton Ct
8 Sarah Ho
9 Bridgen Ho
10 Tylney Ho
11 Greenwich Ct
12 Damien Ct
13 Philson Mans
14 Siege Ho
15 Jacob Mans
16 Proud Ho
17 Sly St
18 Barnett St
19 Kinder St
20 Richard St
21 Hungerford St
22 Colstead Ho
23 Melwood Ho
24 Wicker St
25 Langdale St
26 Chapman Ho
27 Burwell Cl
28 Walford Ho
29 Welstead Ho
30 Norton Ho
31 Turnour Ho
32 Luke Ho
33 Dunch St
34 Sheridan St
35 Brinsley St
36 Spencer Way
37 Madani Girls Sch
38 East End Computing & Bsns Coll
39 Mulberry Sch for Girls
40 Jamiatul Ummah Sch
41 Bigland Green Prim Sch
A4 1 Wodeham Gdns
2 Castlemaine St
3 Court St
4 Ashfield St
5 London Hospital Dental Inst

6 Princess Alexandra School of Nursing The
B1 1 John Rennie Wlk
2 Malay Ho
3 Wainwright Ho
4 Riverside Mans
5 Shackleton Ho
6 Whitehorn Ho
7 Wavel Ct
8 Prusom's Island
9 St Peter's CE Prim Sch
B2 1 Shadwell Pl
2 Gosling Ho
3 Vogler Ho
4 Donovan Ho
5 Knowlden Ho
6 Chamberlain Ho
7 Moore Ho
8 Thornewill Ho
9 Fisher Ho
10 All Saints Ct
11 Coburg Dwellings
12 Lowood Ho
13 Solander Gdns
14 Chancery Bldgs
15 Ring Ho
16 Juniper St
17 Gordon Ho
18 West Block
19 North Block
20 South Block
21 Ikon Ho
22 Blue Gate Fields Jun & Inf Schs
B3 1 Woollon Ho
2 Dundalk Ho
3 Anne Goodman Ho
4 Newbold Cotts
5 Kerry Ho
6 Zion Ho
7 Longford Ho
8 Bromehead St
9 Athlone Ho
10 Jubilee Mans
11 Harriott Ho
12 Brayford Sq
13 Clearbrook Way
14 Rochelle Ct
15 Winterton Ho
16 Swift Ho
17 Brinsley Ho
18 Dean Ho
19 Foley Ho
20 Robert Sutton Ho
21 Montpelier Pl
22 Glastonbury Pl
23 Steel's La
24 Masters Lo
25 Stylus Apartments
26 Arta Ho
27 St Mary & St Michael Prim Sch
28 Bishop Challoner Collegiate Sch
29 Morton Cl
30 James Voller Way
B4 1 Fulneck
2 Gracehill
3 Ockbrook
4 Fairfield
5 Dunstan Hos
6 Cressy Ct
7 Cressy Hos
8 Callahan Cotts
9 Lindley Ho

10 Mayo Ho
11 Wexford Ho
12 Sandhurst Ho
13 Addis Ho
14 Colverson Ho
15 Beckett Ho
16 Jarman Ho
17 Armsby Ho
18 Wingrad Ho
19 Miranda Cl
20 Drake Ho
21 Ashfield Yd
22 Magri Wlk
23 Jean Pardies Ho
24 St Vincent De Paul Ho
25 Sambrook Ho
26 Louise De Marillac Ho
27 Dagobert Ho
28 Le Moal Ho
29 Odette Duval Ho
30 Charles Auffray Ho
31 Boisseau Ho
32 Clichy Ho
33 Paymal Ho
34 Smithy Street Sch
35 Redlands Prim Sch
C1 1 Clarence Mews
2 Raleigh Ct
3 Katherine Ct
4 Woolcombes Ct
5 Tudor Ct
6 Quayside Ho
7 Princes Riverside Rd
8 Surrey Ho
9 Tideway Ct
10 Edinburgh Ct
11 Falkirk Ct
12 Byelands Cl
13 Gwent Ct
14 Lavender Ho
15 Abbotshade Rd
16 Bellamy's Ct
17 Blenheim Ct
18 Sandringham Ct
19 Hampton Ct
20 Windsor Ct
21 Balmoral Ct
22 Westminster Ct
23 Beatson Wlk
24 Peter Hills Sch
C2 1 Barnardo Gdns
2 Roslin Ho
3 Glamis Est
4 Peabody Est
5 East Block
6 Highway Trad Ctr The
7 Highway Bsns Pk The
8 Cranford Cotts
9 Ratcliffe Orch
10 Scotia Bldg
11 Mauretania Bldg
12 Compania Bldg
13 Sirius Bldg
14 Unicorn Bldg
15 Keepier Wharf
C3 1 Pattison Ho
2 St Thomas Ho
3 Arbour Ho
4 Bladen Ho
5 Antill Terr
6 Majorie Mews

7 Billing Ho
8 Dowson Ho
9 Lipton Rd
10 Chalkwell Ho
11 Corringham Ho
12 Ogilvie Ho
13 Edward Mann Cl
14 Reservoir Studios
15 Lighterman Mews
16 Tower Hamlets Coll
17 Marion Richardson Prim Sch
C4 1 Roland Mews
2 Beatrice Ho
3 Morecambe Cl
4 Stepney Green Ct
5 Milrood Ho
6 Panama Ho
7 Galway Ho
8 Jacqueline Ho
9 Crown Mews
10 Caspian Ho
11 Darien Ho
12 Riga Ho
13 Flores Ho
14 Taranto Ho
15 Aden Ho
16 Master's St
17 Rosary Ct
18 Stepney Green Maths & Computing Coll
19 Sir John Cass Foundation & Redcoat CE Sec Sch

33

A1 1 Edward Sq
2 Prince Regent Ct
3 Codrington Ct
4 Pennington Ct
5 Cherry Ct
6 Ash Ct
7 Beech Ct
8 Hazel Ct
9 Laurel Ct
A2 1 St Georges Sq
2 Drake Ho
3 Osprey Ho
4 Fleet Ho
5 Gainsborough Ho
6 Victory Pl
7 Challenger Ho
8 Conrad Ho
9 Lock View Ct
10 Shoulder of Mutton Alley
11 Frederick Sq
12 Helena Sq
13 Elizabeth Sq
14 Sophia Sq
15 William Sq
16 Lamb Ct
17 Lockside
18 Adriatic Bldg
19 Ionian Bldg
20 Regents Gate Ho
A3 1 Hearnshaw St
2 Berry Cotts
3 Causton Cotts
4 Elizabeth Blount Ct
5 Carr St
6 Shaw Cres
7 Darnley Ho
8 Mercer's Cotts
9 Troon Ho
10 Ratcliffe Ho

11 Wakeling St
12 York Sq
13 Anglia Ho
14 Cambria Ho
15 Caledonia Ho
16 Ratcliffe La
17 Bekesbourne St
18 John Scurr Ho
19 Regents Canal Ho
20 Basin App
21 Powlesland Ct
22 Cayley Prim Sch
23 Stephen Hawking Sch
A4 1 Waley St
2 Edith Ramsay Ho
3 Andaman Ho
4 Atlantic Ho
5 Pevensey Ho
6 Solent Ho
7 Lorne Ho
8 Cromarty Ho
9 Dakin Pl
10 Greaves Cotts
11 Donaghue Cotts
12 Ames Cotts
13 Waterview Ho
14 Limehouse Fields Est
B2 1 Hamilton Ho
2 Imperial Ho
3 Oriana Ho
4 Queens Ct
5 Brightlingsea Pl
6 Faraday Ho
7 Ropemaker's Fields
8 Oast Ct
9 Mitre The
10 Bate St
11 Joseph Irwin Ho
12 Padstow Ho
13 Bethlehem Ho
14 Saunders Ct
15 Roche Ho
16 Stocks Pl
17 Trinidad Ho
18 Grenada Ho
19 Kings Ho
20 Dunbar Wharf
21 Limekiln Wharf
22 Belgrave Ct
23 Eaton Ho
24 Cyril Jackson Prim Sch (North Bldg)
25 Cyril Jackson Prim Sch (South Bldg)
B3 1 Dora Ho
2 Flansham Ho
3 Gatwick Ho
4 Ashpark Ho
5 Newdigate Ho
6 Midhurst Ho
7 Redbourne Ho
8 Southwater Cl
9 Andersens Wharf
10 Whatman Ho
11 Butler Ho
12 Fitzroy Ho
13 Salmon St
14 Mission The
15 Aithan Ho
16 Britley Ho
17 Cheadle Ho
18 Elland Ho
19 Wharf La
20 Docklands Ct
21 Park Heights Ct

22 Grosvenor Ct
23 Lime House Ct
24 Swallow Ho
25 St Anne's Trad Est
26 Stepney Greencoat CE Prim Sch The
27 Sir William Burrough Prim Sch
28 Our Lady RC Prim Sch
B4 1 Wearmouth Ho
2 Elmslie Point
3 Grindley Ho
4 Stileman Ho
5 Wilcox Ho
6 Huddart St
7 Robeson St
8 Couzens Ho
9 Perley Ho
10 Whytlaw Ho
11 Booker Cl
12 Tunley Grn
13 Callingham Cl
14 Bowry Ho
15 Perkins Ho
16 Printon Ho
17 Tasker Ho
18 St Paul with St Luke CE Prim Sch
C2 1 West India Ho
2 Berber Pl
3 Birchfield Ho
4 Elderfield Ho
5 Thornfield Ho
6 Gorsefield Ho
7 Arborfield Ho
8 Colborne Ho
9 East India Bldgs
10 Compass Point
11 Salter St
12 Garland Ct
13 Bogart Ct
14 Fonda Ct
15 Welles Ct
16 Rogers Ct
17 Premier Pl
18 Kelly Ct
19 Flynn Ct
20 Mary Jones Ho
21 Cannon Dr
22 Horizon Bldg
23 Holy Family RC Prim Sch
C3 1 Landin Ho
2 Thomas Road Ind Est
3 Vickery's Wharf
4 Abbotts Wharf
5 Limehouse Ct
6 Charlesworth Ho
7 Gurdon Ho
8 Trendell Ho
9 Menteath Ho
10 Minchin Ho
11 Donne Ho
12 Old School Sq
13 Anglesey Ho
14 Gough Wlk
15 Baring Ho
16 Gladstone Ho
17 Hopkins Ho
18 Granville Ho
19 Overstone Ho
20 Pusey Ho
21 Russell Ho
22 Stanley Ho
C4 1 Bredel Ho

2 Linton Ho
3 Matthews Ho
4 Woodcock Ho
5 Limborough Ho
6 Maydwell Ho
7 Underhill Ho
8 Meyrick Ho
9 Ambrose Ho
10 Richardson Ho
11 Carpenter Ho
12 Robinson Ho
13 Bellmaker Ct
14 Lime Tree Ct
15 Bracken Ho
16 Bramble Ho
17 Berberis Ho
18 Bilberry Ho
19 Ladyfern Ho
20 Rosebay Ho
21 Invicta Ct
22 Phoenix Bsns Ctr
23 Metropolitan Cl
24 Busbridge Ho
25 St Paul's Way Com Sch
26 Stebon Prim Sch

34
A2 1 Westcott Ho
2 Corry Ho
3 Malam Gdns
4 Blomfield Ho
5 Devitt Ho
6 Leyland Ho
7 Wigram Ho
8 Willis Ho
9 Balsam Ho
10 Finch's Ct
11 Poplar Bath St
12 Lawless St
13 Storey Ho
14 Abbot Ho
15 Woodall Cl
16 Landon Wlk
17 Goodhope Ho
18 Goodfaith Ho
19 Winant Ho
20 Goodspeed Ho
21 Lubbock Ho
22 Goodwill Ho
23 Martindale Ho
24 Holmsdale Ho
25 Norwood Ho
26 Constant Ho
27 Tower Hamlets Coll
A3 1 Colebrook Ho
2 Essex Ho
3 Salisbury Ho
4 Maidstone Ho
5 Osterley Ho
6 Norwich Ho
7 Clarissa Ho
8 Elgin Ho
9 Shaftesbury Lo
10 Shepherd Ho
11 Jeremiah St
12 Elizabeth Cl
13 Chilcot Cl
14 Fitzgerald Ho
15 Vesey Path
16 Ennis Ho
17 Kilmore Ho
18 Cygnet House N
19 Cygnet House S
20 Lansbury Lawrence Prim Sch
21 Bygrove Prim Sch

22 Mayflower Prim Sch
23 Tower Hamlets Coll
A4 1 Sumner Ho
2 David Hewitt Ho
3 St Gabriels Ct
4 Limehouse Cut
5 Colmans Wharf
6 Foundary Ho
7 Radford Ho
8 Manorfield Prim Sch
9 St Saviour's CE Prim Sch
10 Pioneer Cl
B1 1 Lumina Bldg
2 Nova Ct W
3 Nova Ct E
4 Aurora Bldg
5 Arran Ho
6 Kintyre Ho
7 Vantage Mews
8 Managers St
9 Horatio Pl
B2 1 Concordia Wharf
2 Discovery Ho
3 Mountague Pl
4 Virginia Ho
5 Collins Ho
6 Lawless Ho
7 Carmichael Ho
8 Commodore Ho
9 Mermaid Ho
10 Bullivant St
11 Anderson Ho
12 Mackrow Wlk
13 Robin Hood Gdns
14 Prestage Way
15 Woolmore Prim Sch
B3 1 Glenkerry Ho
2 Carradale Ho
3 Langdon Ho
4 Balfron Twr
5 St Frideswides Mews
6 Tabard Ct
7 Delta Bldg
8 Findhorn St
9 Kilbrennan Ho
10 Thistle Ho
11 Heather Ho
12 Tartan Ho
13 Sharman Ho
14 Trident Ho
15 Wharf View Ct
16 Culloden Prim Sch
B4 1 Mills Gr
2 St Michaels Ct
3 Duncan Ct
C2 1 Quixley St
2 Romney Ho
3 Pumping Ho
4 Switch Ho
5 Wingfield Ct
6 Explorers Ct
7 Sexton Ct
8 Keel Ct
9 Bridge Ct
10 Sail Ct
11 Settlers Ct
12 Pilgrims Mews
13 Studley Ct
14 Wotton Ct
15 Cape Henry Ct
16 Manchester Ct
17 Adventurers Ct

18 Susan Constant Ct
19 Atlantic Ct
C3 1 Lansbury Gdns
2 Theseus Ho
3 Adams Ho
4 Jones Ho
5 Sam March Ho
6 Arapiles Ho
7 Athenia Ho
8 Julius Ho
9 Jervis Bay Ho
10 Helen Mackay Ho
11 Gaze Ho
12 Ritchie Ho
13 Blairgowrie Ct
14 Circle Ho
15 Dunkeld Ho
16 Rosemary Dr
17 Sorrel La
18 East India Dock Road Tunnel

35
B3 1 Newton Point
2 Sparke Terr
3 Montesquieu Terr
4 Crawford Point
5 Rathbone Ho
6 George St
7 Emily St
8 Sabbarton St
9 St Luke Prim Sch
10 Briary Ct
11 Shaftesbury Ho
B4 1 Radley Terr
2 Bernard Cassidy St
3 Rathbone Mkt
4 Thomas North Terr
5 Mary St
6 Hughes Terr
7 Swanscombe Point
8 Rawlinson Point
9 Kennedy Cox Ho
10 Cooper St
C1 1 Capulet Mews
2 Pepys Cres
3 De Quincey Mews
4 Hardy Ave
5 Tom Jenkinson Rd
6 Kennacraig Cl
7 Charles Flemwell Mews
8 Gatcombe Rd
9 Badminton Mews
10 Holyrood Mews
11 Britannia Gate
12 Dalemain Mews
13 Bowes-Lyon Hall
14 Lancaster Hall
15 Victoria Hall
C2 1 Clements Ave
2 Martindale Ave
3 Balearic Apts
4 Marmara Apts
5 Baltic Apts
6 Coral Apts
7 Aegean Apts
8 Capital East Apts
C4 1 Odeon Ct
2 Edward Ct
3 Newhaven La
4 Ravenscroft Cl
5 Douglas Rd
6 Ferrier Point
7 Harvey Point

8 Wood Point
9 Trinity St
10 Pattinson Point
11 Clinch Ct
12 Mint Bsns Pk
13 Keir Hardy Prim Sch

36
A1 1 Burford Ho
2 Hope Cl
3 Centaur Ct
4 Phoenix Ct
C1 1 Surrey Cres
2 Forbes Ho
3 Haining Cl
4 Melville Ct
5 London Stile
6 Stile Hall Par
7 Priory Lo
8 Meadowcroft
9 St James Ct
10 Rivers Ho

37
A1 1 Churchdale Ct
2 Cromwell Ct
3 Cambridge Rd S
4 Oxbridge Ct
5 Tomlinson Cl
6 Gunnersbury Mews
7 Grange The
8 Gunnersbury Ct
9 Belgrave Ct
A2 1 Orchard House Sch
A4 1 Cheltenham Pl
2 Beaumaris Twr
3 Arundel Ho
4 Pevensey Ct
5 Jerome Twr
6 Anstey Ct
7 Bennett Ct
8 Gunnersbury Ct
9 Barrington Ct
10 Hope Gdns
11 Park Road E
B1 1 Arlington Park Mans
2 Sandown Ho
3 Goodwood Ho
4 Windsor Ho
5 Lingfield Ho
6 Ascot Ho
7 Watchfield Ct
8 Belgrave Ct
9 Beverley Ct
10 Beaumont Ct
11 Harvard Rd
12 Troubridge Ct
13 Branden Lo
14 Fromow's Cnr
15 Heathfield House Sch
B2 1 Chiswick Green Studios
2 Bell Ind Est
3 Fairlawn Ct
4 Dukes Gate
5 Dewsbury Ct
6 Chiswick Terr
7 Mortlake Ho
B3 1 Blackmore Twr
2 Bollo Ct
3 Kipling Twr

37 B3

4 Lawrence Ct
5 Maugham Ct
6 Reade Ct
7 Woolf Ct
8 Shaw Ct
9 Verne Ct
10 Wodehouse Ct
11 Greenock Rd
12 Garden Ct
13 Barons Gate
14 Cleveland Rd
15 Carver Cl
16 Chapter Cl
17 Beauchamp Cl
18 Holmes Ct
19 Copper Mews
B4 1 Belgrave Ct
2 Buckland Wlk
3 Frampton Ct
4 Telfer Cl
5 Harlech Twr
6 Corfe Twr
7 Barwick Ho
8 Charles Hocking Ho
9 Sunninghill Ct
10 Salisbury St
11 Jameson Pl
12 Castle Cl
C1 1 Chatsworth Lo
2 Prospect Pl
3 Townhall Ave
4 Devonhurst Pl
5 Heathfield Ct
6 Horticultural Pl
7 Merlin Ho
8 Garth Rd
9 Autumn Rise
C2 1 Disraeli Cl
2 Winston Wlk
3 Rusthall Mans
4 Bedford Park Mans
5 Essex Place Sq
6 Holly Rd
7 Homecross Ho
8 Swan Bsns Ctr
9 Jessop Ho
10 Belmont Prim Sch

38
A1 1 Glebe Cl
2 Devonshire Mews
3 Binns Terr
4 Ingress St
5 Swanscombe Rd
6 Brackley Terr
7 Stephen Fox Ho
8 Manor Gdns
9 Coram Ho
10 Flaxman Ho
11 Thorneycroft Ho
12 Thornhill Ho
13 Kent Ho
14 Oldfield Ho
15 William Hogarth Sch The
A2 1 Chestnut Ho
2 Bedford Ho
3 Bedford Cnr
4 Sydney Ho
5 Bedford Park Cnr
6 Priory Gdns
7 Windmill Alley
8 Castle Pl

9 Jonathan Ct
10 Windmill Pas
11 Chardin Rd
12 Gable Ho
13 Chiswick & Bedford Park Prep Sch
14 Arts Educational Sch The
A3 1 Fleet Ct
2 Ember Ct
3 Emlyn Gdns
4 Clone Ct
5 Brent Ct
6 Abbey Ct
7 Ormsby Lo
8 St Catherine's Ct
9 Lodge The
A4 1 Longford Ct
2 Mole Ct
3 Lea Ct
4 Wandle Ct
5 Beverley Ct
6 Roding Ct
7 Crane Ct
B1 1 Miller's Ct
2 British Grove Pas
3 British Grove S
4 Beresford Rd
5 North Eyot Gdns
B2 1 Flanders Mans
2 Stamford Brook Mans
3 Linkenholt Mans
4 Prebend Mans
5 Middlesex Ct
B3 1 Stamford Brook Gdns
2 Hauteville Court Gdns
3 Ranelagh Gdns
C1 1 Chisholm Ct
2 North Verbena Gdns
3 Western Terr
4 Verbena Gdns
5 Montrose Villas
6 Hammersmith Terr
7 South Black Lion La
8 St Peter's Wharf
9 Eden High Sch
10 St Peter's CE Prim Sch
C2 1 Hamlet Ct
2 Derwent Ct
3 Westcroft Ct
4 Black Lion Mews
5 St Peter's Villas
6 Standish Ho
7 Chambon Pl
8 Court Mans
9 Longthorpe Ct
10 Charlotte Ct
11 Westside
12 Park Ct
13 London Ho
14 Latymer Upper Sch
15 Polish Univ Abroad
C3 1 Elizabeth Finn Ho
2 Ashchurch Ct
3 King's Par
4 Inver Ct
5 Ariel Ct
6 Pocklington Lo
7 Vitae Apartments
C4 1 Becklow Gdns
2 Victoria Ho

3 Lycett Pl
4 Kylemore Ct
5 Alexandra Ct
6 Lytten Ct
7 Becklow Mews
8 Northcroft Ct
9 Bailey Ct
10 Spring Cott
11 Landor Wlk
12 Laurence Mews
13 Hadyn Park Ct
14 Askew Mans
15 Malvern Ct

39
A1 1 Prince's Mews
2 Aspen Gdns
3 Hampshire Hog La
4 Blades Ct
A2 1 Albion Gdns
2 Flora Gdns
3 Lamington St
4 Felgate Mews
5 Galena Ho
6 Albion Mews
7 Albion Ct
8 King Street Cloisters
9 Dimes Pl
10 Clarence Ct
11 Hampshire Hog La
12 Marryat Ct
13 Ravenscourt Ho
14 Ravenscourt Theatre Sch
15 Cambridge Sch
16 Godolphin & Latymer Sch
17 Flora Gardens Prim Sch
A3 1 Ravenscourt Park Mans
2 Paddenswick Ct
3 Ashbridge Ct
4 Brackenbury Prim Sch
A4 1 Westbush Ct
2 Goldhawk Mews
3 Sycamore Ho
4 Shackleton Ct
5 Drake Ct
6 Scotts Ct
7 Raleigh Ct
8 Melville Court Flats
9 Southway Ct
B1 1 Bridge Avenue Mans
2 Bridgeview
3 College Ct
4 Beatrice Ho
5 Amelia Ho
6 Edith Ho
7 Joanna Ho
8 Mary Ho
9 Adela Ho
10 Sophia Ho
11 Henrietta Ho
12 Charlotte Ho
13 Alexandra Ho
14 Bath Pl
15 Elizabeth Ho
16 Margaret Ho
17 Peabody Est
18 Eleanor Ho
19 Isabella Ho
20 Caroline Ho
21 Chancellors Wharf

22 Sussex Pl
23 St Paul's CE Prim Sch
B2 1 Phoenix Lodge Mans
2 Samuel's Cl
3 Broadway Arc
4 Brook Ho
5 Hammersmith Broadway
6 Broadway Ctr The
7 Cambridge Ct
8 Ashcroft Sq
9 Sacred Heart High Sch
10 King Street Coll
B4 1 Verulam Ho
2 Grove Mans
3 Frobisher Ct
4 Library Mans
5 Pennard Mans
6 New Shepherd's Bush Mkt
7 Kerrington Ct
8 Granville Mans
9 Romney Ct
10 Rayner Ct
11 Sulgrave Gdns
12 Bamborough Gdns
13 Hillary Ct
14 Market Studios
15 Lanark Mans
16 Miles Coverdale Prim Sch
17 St Stephen's CE Prim Sch
18 London Coll of Fashion (Lime Grove)
C2 1 St Paul's Girls' Sch
2 Bute House Prep Sch
3 Jacques Prevert Sch
4 Larmenier & Sacred Heart RC Prim Sch
C3 1 Grosvenor Residences
2 Blythe Mews
3 Burnand Ho
4 Bradford Ho
5 Springvale Terr
6 Ceylon Rd
7 Walpole Ct
8 Bronte Ct
9 Boswell Ct
10 Souldern Rd
11 Brook Green Flats
12 Haarlem Rd
13 Stafford Mans
14 Lionel Mans
15 Barradell Ho
C4 1 Vanderbilt Villas
2 Bodington Ct
3 Kingham Cl
4 Clearwater Terr
5 Lorne Gdns
6 Cameret Ct
7 Bush Ct
8 Shepherds Ct
9 Rockley Ct
10 Grampians The
11 Charcroft Ct
12 Addison Park Mans
13 Sinclair Mans
14 Fountain Ct

15 Woodford Ct
16 Roseford Ct
17 Woodstock Studios

40
A1 1 Hockney Ct
2 Toulouse Ct
3 Lowry Ct
4 Barry Ho
5 Lewis Ct
6 Gainsborough Ct
7 Renoir Ct
8 Blake Ct
9 Raphael Ct
10 Rembrandt Ct
11 Constable Ct
12 Da Vinci Ct
13 Gaugin Ct
14 Michelangelo Ct
15 Monet Ct
16 Weald Ct
17 Jasmin Lo
18 Birchmere Lo
19 Weybridge Ct
20 Florence Ho
21 Gleneagles Cl
22 Sunningdale Ct
23 Muirfield Cl
24 Turnberry Cl
25 St Andrews Ct
26 Kingsdown Ct
27 St Davids Ct
28 Galway Ct
29 Edenbridge Ct
30 Birkdale Cl
31 Tralee Ct
32 Woburn Ct
33 Belfry Cl
34 Troon Ct
35 Holywell Ct
A2 1 Market Pl
2 Trappes Ho
3 Thurland Ho
4 Ramsfort Ho
5 Hambley Ho
6 Holford Ho
7 Pope Ho
8 Southwell Ho
9 Mortain Ho
10 Radcliffe Ho
11 Southwark Park Est
12 Galleywall Road Trad Est
13 Trevithick Ho
14 Barlow Ho
15 Donkin Ho
16 Landmann Ho
17 Fitzmaurice Ho
18 Dodd Ho
A3 1 Perryn Rd
2 Chalfont Ho
3 Prestwood Ho
4 Farmer Ho
5 Gataker Ho
6 Gataker St
7 Cornick Ho
8 Glebe Ho
9 Matson Ho
10 Hickling Ho
11 St Andrews Ho
12 Southwark Coll (Surrey Docks Ctr)
13 Southwark Park Prim Sch
A4 1 Butterfield Cl
2 Janeway Pl
3 Trotwood Ho

4 Maylie Ho
5 Cranbourn Pas
6 Cranbourn Ho
7 Cherry Garden Ho
8 Burton Ho
9 Morriss Ho
10 Dixon's Alley
11 King Edward The Third Mews
12 Cathay St
13 Mission The
14 Millstream Ho
B1 15 Ilderton Prim Sch
B2 1 Damory Ho
2 Antony Ho
3 Roderick Ho
4 Pedworth Gdns
5 Banner Ct
6 Rotherhithe Bsns Est
7 Beamish Ho
8 Corbetts Pas
9 Gillam Ho
10 Richard Ho
11 George Walter Ho
12 Westlake
13 Adron Ho
14 Cavendish Sch
15 McIntosh Ho
B3 1 Blick Ho
2 Neptune Ho
3 Scotia Ct
4 Murdoch Ho
5 Edmonton Ct
6 Niagara Ct
7 Columbia Point
8 Ritchie Ho
9 Wells Ho
10 Helen Peele Cotts
11 Orchard Ho
12 Dock Offices
13 Landale Ho
14 Courthope Ho
15 Hithe Gr
16 China Hall Mews
B4 1 Mayflower St
2 St Mary's Est
3 Rupack St
4 Frank Whymark Ho
5 Adams Gardens Est
6 Hatterasck St
7 East India Ct
8 Bombay Ct
9 Stable Ho
10 Grannary The
11 Riverside
12 Cumberland Wharf
13 Seaford Ho
14 Hythe Ho
15 Sandwich Ho
16 Winchelsea Ho
17 Rye Ho
18 Kenning St
19 Western Pl
20 Ainsty St
21 Pine Ho
22 Beech Ho
23 Larch Ho
24 Turner Ct
25 Seth St
26 Risdun Ho
27 Risdon St
28 Aylton Est
29 Manitoba Ct
30 Calgary Ct
31 Irwell Est
32 St Olav's Sq
33 City Bsns Ctr
34 Albion Prim Sch
C2 1 John Kennedy Ho
2 Brydale Ho
3 Balman Ho
4 Tissington Ct
5 Harbord Ho
6 Westfield Ho
7 Albert Starr Ho
8 John Brent Ho
9 William Evans Ho
10 Raven Ho
11 Egret Ho
12 Fulmar Ho
13 Dunlin Ho
14 Siskin Ho
15 Sheldrake Ho
16 Buchanan Ct
17 Burrage Ct
18 Biddenham Ho
19 Ayston Ho
20 Empingham Ho
21 Deanshanger Ho
22 Codicote Ho
23 Buryfield Ct
24 Rotherhithe Prim Sch
C4 1 Schooner Cl
2 Dolphin Cl
3 Clipper Cl
4 Deauville Ct
5 Colette Ct
6 Coniston Ct
7 Virginia Ct
8 Derwent Ct
9 Grantham Ct
10 Serpentine Ct
11 Career Ct
12 Lacine Ct
13 Fairway Ct
14 Harold Ct
15 Spruce Ho
16 Cedar Ho
17 Sycamore Ho
18 Woodland Cres
19 Poplar Ho
20 Adelphi Ct
21 Basque Ct
22 Aberdale Ct
23 Quilting Ct
24 Chargrove Ct
25 Radley Ct
26 Greenacre Sq
27 Maple Leaf Sq
28 Stanhope Ct
29 Hawke Pl
30 Drake Cl
31 Brass Talley Alley
32 Monkton St
33 James Ho
34 Wolfe Cres

41
A1 1 Sir Francis Drake Prim Sch
2 Deptford Park Prim Sch
A2 1 Trafalgar Cl
2 Hornblower Cl
3 Cunard Wlk
4 Caravilla Ct
5 Carinthia Ct
6 Freswick Ho
7 Graveley Ho
8 Husbourne Ho
9 Crofters Ct
10 Pomona Ho
11 Hazelwood Ho
12 Cannon Wharf Bsns Ctr
13 Bence Ho
14 Clement Ho
15 Pendennis Ho
16 Lighter Cl
17 Mast Ct
18 Rushcutters Ct
19 Boat Lifter Way
B1 1 Gransden Ho
2 Daubeney Twr
3 North Ho
4 Rochfort Ho
5 Keppel Ho
6 Camden Ho
7 Sanderson Ho
8 Berkeley Ho
9 Strafford Ho
10 Richman Ho
11 Hurleston Ho
12 Grafton Ho
13 Fulcher Ho
14 Citrus Ho
B2 1 Windsock Cl
2 St George's Mews
3 Linberry Wlk
4 Lanyard Ho
5 Golden Hind Pl
6 James Lind Ho
7 Harmon Ho
8 Pelican Ho
9 Bembridge Ho
10 Terrace The
11 George Beard Rd
12 Colonnade The
13 Pepys Ent Ctr
C1 1 Hudson Ct
2 Shackleton Ct
3 De Gama Pl
4 Mercator Pl
5 Maritime Quay
6 Perry Ct
7 Amundsen Ct
C2 1 Nova Bldg
2 Apollo Bldg
3 Gaverick Mews
4 Windmill Ho
5 Orion Point
6 Galaxy Bldg
7 Venus Ho
8 Olympian Ct
9 Poseidon Ct
10 Mercury Ct
11 Aphrodite Ct
12 Cyclops Mews
13 Neptune Ct
14 Artemis Ct
15 Hera Ct
16 Ares Ct
17 Ringwood Gdns
18 Dartmoor Wlk
19 Rothsay Wlk
20 Ashdown Wlk
21 Radnor Wlk
22 Ironmonger's Pl
23 Britannia Rd
24 Deptford Ferry Rd
25 Magellan Pl
26 Dockers Tanner Rd
C3 1 Dowpright Point
2 St Hubert's Ho
3 John Tucker Ho
4 Broadway Wlk
5 Nash Ho
6 Fairlead Ho
7 Crosstrees Ho
8 Stanliff Ho
9 Keelson Ho
10 Clara Grant Ho
11 Gilbertson Ho
12 Scoulding Ho
13 Hibbert Ho
14 Cressall Ho
15 Alexander Ho
16 Kedge Ho
C4 1 Anchorage Point
2 Waterman Bldg
3 Jefferson Bldg
4 Pierpoint Bldg
5 Franklin Bldg
6 Vanguard Bldg
7 Edison Bldg
8 Seacon Twr
9 Naxos Bldg
10 Express Wharf
11 Hutching's Wharf
12 Tobago St
13 Bellamy Cl
14 Dowlen Ct
15 Cochrane Ho
16 Beatty Ho
17 Scott Ho
18 Laybourne Ho
19 Ensign Ho
20 Beaufort Ho
21 Spinnaker Ho
22 Bosun Ct
23 Topmast Point
24 Turner Ho
25 Constable Ho
26 Knighthead Point
27 Seven Mills Prim Sch

42
A1 1 Slipway Ho
2 Taffrail Ho
3 Platehouse The
4 Wheelhouse The
5 Chart House The
6 Port House The
7 Beacon Ho
8 Blasker Wlk
9 Maconochies Rd
A2 1 Brassey Ho
2 Triton Ho
3 Warspite Ho
4 Rodney Ho
5 Conway Ho
6 Exmouth Ho
7 Akbar Ho
8 Arethusa Ho
9 Tasman Ct
10 Cutty Sark Ho
11 Harbinger Prim Sch
A3 1 Turnberry Quay
2 Balmoral Ho
3 Aegon Ho
4 Marina Point
B2 1 St John's Ho
2 Betty May Gray Ho
3 Castleton Ho
4 Urmston Ho
5 Salford Ho
6 Capstan Ho
7 Frigate Ho
8 Galleon Ho
9 Barons Lo
B3 1 Cardale St
2 Hickin St
3 John McDonald Ho
4 Thorne Ho
5 Skeggs Ho
6 St Bernard Ho
7 Kimberley Ho
8 Kingdon Ho
9 Killoran Ho
10 Alastor Ho
11 Lingard Ho
12 Yarrow Ho
13 Sandpiper Ct
14 Nightingale Ct
15 Robin Ct
16 Heron Ct
17 Ferndown Lo
18 Crosby Ho
B4 1 Llandovery Ho
2 Rugless Ho
3 Ash Ho
4 Elm Ho
5 Cedar Ho
6 Castalia Sq
7 Aspect Ho
8 Normandy Ho
9 Valiant Ho
10 Tamar Ho
11 Watkins Ho
12 Alice Shepherd Ho
13 Oak Ho
14 Ballin Ct
15 Martin Ct
16 Grebe Ct
17 Kingfisher Ct
18 Walkers Lo
19 Antilles Bay
C2 1 Verwood Lo
2 Fawley Lo
3 Lyndhurst Lo
4 Blyth Cl
5 Farnworth Ho
6 Francis Cl
7 St Luke's CE Prim Sch

43
A1 1 Bellot Gdns
2 Thornley Pl
3 King William La
4 Bolton Ho
5 Miles Ho
6 Mell St
7 Sam Manners Ho
8 Hatcliffe Almshouses
9 Woodland Wlk
10 Earlswood Ct
11 St Joseph's RC Prim Sch
B1 1 Baldrey Ho
2 Christie Ho
3 Dyson Ho
4 Cliffe Ho
5 Moore Ho
6 Collins Ho
7 Lockyer Ho
8 Halley Ho
9 Kepler Ho
10 Sailacre Ho
11 Union Pk
B3 1 Teal St
2 Maurer Ct
3 Mudlarks Blvd
4 Renaissance Wlk
5 Alamaro Lo
C1 1 Layfield Ho
2 Westerdale Rd
3 Mayston Mews

4 Station Mews Terr
5 Halstow Prim Sch
6 Holyrood Mews

44

A4 1 Ferry Sq
2 Watermans Ct
3 Wilkes Rd
4 Albany Par
5 Charlton Ho
6 Albany Ho
7 Alma Ho
8 Griffin Ct
9 Cressage Ho
10 Tunstall Wlk
11 Trimmer Wlk
12 Running Horse Yd
13 Mission Sq
14 Distillery Wlk
B2 1 Primrose Ho
2 Lawman Ct
3 Royston Ct
4 Garden Ct
5 Capel Lo
6 Devonshire Ct
7 Celia Ct
8 Rosslyn Ho
9 Branstone Ct
10 Lamerton Lo
11 Kew Lo
12 Dunraven Ho
13 Stoneleigh Lo
14 Tunstall St
15 Voltaire
C2 1 Clarendon Ct
2 Quintock Ho
3 Broome Ct
4 Lonsdale Mews
5 Elizabeth Cotts
6 Sandways
7 Victoria Cotts
8 North Ave
9 Grovewood
10 Hamilton Ho
11 Melvin Ct
12 Royal Par
13 Power Ho
14 Station Ave
15 Blake Mews
C4 1 Strand-on-the-
Green Schs

45

A2 1 Terrano Ho
2 Oak Ho
3 Aura Ho
4 Maple Ho
5 Cedar Ho
6 Saffron Ho
7 Lime Ho
8 Lavender Ho
9 Juniper Ho
A4 1 Falcons Pre Prep
Sch The

46

B1 1 Melrose Rd
2 Seaforth Lo
3 St John's Gr
4 Sussex Ct
5 Carmichael Ct
6 Hampshire Ct
7 Thorne Pas
8 Brunel Ct

9 Beverley Path

47

C4 1 Cobb's Hall
2 Dorset Mans
3 St Clements Mans
4 Bothwell St
5 Hawksmoor St
6 Melcombe Prim
Sch

48

A1 1 Langport Ho
2 Iveagh Ho
3 Newark Ho
4 Edgehill Ho
5 Hopton Ho
6 Ashby Ho
7 Nevil Ho
A2 1 Fairbairn Grn
2 Hammelton Grn
3 Foxley Sq
4 Silverburn Ho
5 Butler Ho
6 Dalkeith Ho
7 Turner Cl
8 Bathgate Ho
9 Black Roof Ho
10 Charles Edward
Brooke Sch (Den-
nen Site)
11 Charles Edward
Brooke Sch
A3 1 St Michael & All
Angels CE Acad
A4 1 Faunce Ho
2 Garbett Ho
3 Harvard Ho
4 Doddington Pl
5 Kean Ho
6 Jephson Ho
7 Cornish Ho
8 Bateman Ho
9 Molesworth Ho
10 Walters Ho
11 Cruden Ho
12 Brawne Ho
13 Prescott Ho
14 Chalmer's Wlk
15 Copley Cl
16 King Charles Ct
B1 1 Bergen Ho
2 Oslo Ho
3 Viking Ho
4 Jutland Ho
5 Norvic Ho
6 Odin Ho
7 Baltic Ho
8 Nobel Ho
9 Mercia Ho
10 Kenbury Gdns
11 Zealand Ho
12 Elsinore Ho
13 Norse Ho
14 Denmark Mans
15 Dane Ho
16 Canterbury Cl
17 York Cl
18 Kenbury Mans
19 Parade Mans
20 Winterslow Ho
21 Lilford Ho
22 Bartholomew Ho
23 Guildford Ho
24 Boston Ho
25 Hereford Ho
26 Weyhill Ho

27 Lichfield Ho
28 Lansdown Ho
29 Honiton Ho
30 Pinner Ho
31 Baldock Ho
32 Widecombe Ho
33 Nottingham Ho
34 Witham Ho
35 Barnet Ho
36 Empress Mews
B2 1 Bertha Neuberger
Ho
2 Mornington Mews
3 Badsworth Rd
4 Pearson Cl
5 Elm Tree Ct
6 Samuel Lewis Trust
Dwellings
7 Millwall Yd
8 Keswick Ho
9 Mitcham Ho
10 Sacred Heart RC
Sec Sch
B3 1 Boundary Ho
2 Day Ho
3 Burgess Ho
4 Carlyle Ho
5 Myers Ho
6 Thompson Ave
7 Palgrave Ho
8 Winnington Ho
9 Brantwood Ho
10 Lowell Ho
11 Jessie Duffett Ho
12 Otterburn Ho
13 Crossmount Ho
14 Venice Ct
15 Bowyer St
16 Livingstone Ho
17 Gothic Ct
18 Coniston Ho
19 Harlynwood
20 Carey Ct
21 Finley Ct
22 Grainger Ct
23 Hayes Ct
24 Moffat Ho
25 Marinel Ho
26 Hodister Cl
27 Arnot Ho
28 Lamb Ho
29 Kipling Ho
30 Keats Ho
31 Kenyon Ho
32 New Church Rd
33 Sir John Kirk Cl
34 Comber Grove Prim
Sch
35 St Joseph's RC Inf
& Jun Schs
C1 1 Selborne Rd
2 Hascombe Terr
C2 1 Joiners Arms Yd
2 Butterfly Wlk
3 Cuthill Wlk
4 Colonades The
5 Artichoke Mews
6 Peabody Bldgs
7 Brighton Ho
8 Park Ho
9 Peabody Ct
10 Lomond Ho
11 Lamb Ho
12 Kimpton Ct
13 Belham Wlk
14 Datchelor Pl
15 Harvey Rd

C3 1 Masterman Ho
2 Milton Ho
3 Pope Ho
4 Chester Ct
5 Marvel Ho
6 Flecker Ho
7 Landor Ho
8 Leslie Prince Ct
9 Evelina Mans
10 Langland Ho
11 Drinkwater Ho
12 Procter Ho
13 Shirley Ho
14 Drayton Ho
15 Bridges Ho
16 Cunningham Ho
17 Hood Ho
18 Herrick Ho
19 Dekker Ho
20 Houseman Way
21 Coleby Path
22 Brunswick Park
Prim Sch
C4 1 Queens Ho
2 Arnside Ho
3 Horsley St
4 St Peter's Ho
5 St Johns Ho
6 St Marks Ho
7 St Stephens Ho
8 St Matthew's Ho
9 Red Lion Cl
10 Boyson Rd
11 Bradenham

49

A1 1 Springfield Ho
2 Craston Ho
3 Walters Ho
4 Edgecombe Ho
5 Fowler Ho
6 Rignold Ho
7 Chatham Ho
A2 1 Barnwell Ho
2 Brunswick Villas
3 St Giles Twr
4 Bentley Ho
5 Dawson Ho
6 Dryden Ho
7 Mayward Ho
8 Longleigh Ho
9 Fairwall Ho
10 Bodeney Ho
11 Sandby Ho
12 Vestry Mews
13 Netley
14 Lakanal
15 Racine
16 Camberwell Coll of
Arts
A3 1 Tower Mill Rd
2 Tilson Cl
3 Granville Sq
4 Edgar Wallace Cl
5 Potters Cl
6 Dorton Cl
7 Samuel Jones Ind
Est
8 Dibden Ho
9 Marchwood Cl
10 Pilgrims Cloisters
11 Beacon Ho
12 Teather St
13 Stacy Path
14 Rumball Ho
15 Ballow Cl
16 Rill Ho

17 Southwark Coll
(Camberwell Ctr)
18 St George's CE
Prim Sch
A4 1 Downend Ct
2 Andoversford Ct
3 Pearse St
4 Watling St
5 Gandolfi St
6 Comfort St
7 Tower Mill Rd
B2 1 Colbert
2 Voltaire
3 Finch Mews
4 Charles Coveney Rd
5 Bamber Rd
6 Crane St
7 Curlew Ho
8 Mallard Ho
9 Tern Ho
10 Crane Ho
11 Falcon Ho
12 Bryanston Ho
13 Basing Ct
14 Marcus Ho
15 Sheffield Ho
16 Highshore Sch
17 St James The Great
RC Prim Sch
18 Oliver Goldsmith
Prim Sch
B3 1 Painswick Ct
2 Sharpness Ct
3 Mattingly Way
4 Hordle Prom N
5 Burcher Gale Gr
6 Calypso Cres
7 Hordle Prom S
8 Cinnamon Cl
9 Savannah Cl
10 Thames Ct
11 Shannon Ct
12 Amstel Ct
13 Danube Ct
14 Tilbury Cl
15 Hordle Prom E
16 Indus Ct
17 Oakcourt
18 Palm Ct
19 Rowan Ct
20 Blackthorn Ct
21 Pear Ct
22 Lidgate Rd
23 Whistler Mews
24 Boathouse Wlk
25 Camberwell Coll of
Arts
B4 1 Willsbridge Ct
2 Cam Ct
3 Quedgeley Ct
4 Saul Ct
5 Quenington Ct
6 Westonbirt Ct
7 Wickway Ct
C1 1 William Margrie Cl
2 William Blake Ho
3 Quantock Mews
4 Choumert Sq
5 Parkstone Rd
6 Atwell Rd
C2 1 Canal Head Public
Sq
2 Angelina Ho
3 Jarvis Ho
4 Richland Ho
5 Honeywood Ho
6 Wakefield Ho

7 Primrose Ho

7 Primrose Ho
8 Hardcastle Ho
9 Dunstall Ho
10 Springtide Cl
11 Purdon Ho
12 Flamborough Ho
13 Lambrook Ho
14 Witcombe Point
15 Yarnfield Sq
16 Winford Ct
17 Portbury Cl
18 Robert Keen Cl
C3 1 Thornhill Ho
2 Vervain Ho
3 Woodstar Ho
4 Tamarind Ho
5 Hereford Retreat
6 Haymerle Ho
7 Furley Ho
8 Thomas Milner Ho
9 Applegarth Ho
10 Freda Corbett Cl
11 Rudbeck Ho
12 Henslow Ho
13 Lindley Ho
14 Collinson Ho
15 Sister Mabel's Way
16 Timberland Cl
17 Hastings Cl
18 Sidmouth Ho
19 Budleigh Ho
20 Stanesgate Ho
21 Breamore Ho
22 Ely Ho
23 Gisburn Ho
24 Silkin Mews
25 Peckham Park Prim Sch
26 St Francis RC Prim Sch
C4 1 Bowles Rd
2 Western Wharf
3 Northfield Ho
4 Millbrook Ho
5 Denstone Ho
6 Deerhurst Ho
7 Caversham Ho
8 Battle Ho
9 Cardiff Ho
10 Bridgnorth Ho
11 Exeter Ho
12 Grantham Ho
13 Aylesbury Ho
14 Royston Ho
15 Haymerle Sch

50

A1 1 Walkynscroft
2 Ryegates
3 Hathorne Cl
4 Pilkington Rd
5 Russell Ct
6 Heaton Ho
7 Magdalene Cl
8 Iris Ct
10 St Mary Magdalene CE Prim Sch
A2 1 Willowdene
2 Pinedene
3 Oakdene
4 Beechdene
5 Hollydene
6 Wood Dene
7 Staveley Ho
8 Carnicot Ho
9 Martock Ct
11 Cherry Tree Ct

12 Kendrick Ct
13 John Donne Prim Sch
A3 1 Tortington Ho
2 Credenhill Ho
3 Bromyard Ho
4 Hoyland Ct
5 Willowdene
6 Ashdene
7 Acorn Par
8 Havelock Ct
9 Springall St
10 Harry Lambourn Ho
11 Grenier Apartments
B1 1 Honiton Gdns
2 Selden Ho
3 Hathway Ho
4 Hathway Ho
5 Station Ct
6 Symons Ct
7 Hollydale Prim Sch
B2 1 Trotman Ho
2 Buddington Ho
3 Haydon Ho
4 Boulter Ho
5 Astbury Bsns Pk
B3 1 Ambleside Point
2 Grasmere Point
3 Windermere Point
4 Roman Way
5 Laburnum Ct
6 Juniper Ho
7 Romney Cl
8 Hammersley Ho
9 Hutchinson Ho
10 Hammond Ho
11 Fir Tree Ho
12 Glastonbury Ct
13 Highbridge Ct
14 Filton Ct
15 Chiltern Ct
16 Cheviot Ct
B4 1 Penshurst Ho
2 Reculver Ho
3 Mereworth Ho
4 Camber Ho
5 Chiham Ho
6 Otford Ho
7 Olive Tree Ho
8 Aspen Ho
9 Lewis Silkin Ho
10 Richborough Ho
11 Dover Ho
12 Eynsford Ho
13 Horton Ho
14 Lamberhurst Ho
15 Canterbury Ind Pk
16 Upnall Ho
17 Sissinghurst Ho
18 Rochester Ho
19 Saltwood Ho
20 Leybourne Ho
21 Lullingstone Ho
22 Pilgrims Way Prim Sch
C3 1 Richard Anderson Ct
2 Palm Tree Ho
3 Edward Robinson Ho
4 Antony Ho
5 Gerrard Ho
6 Palmer Ho
7 Pankhurst Cl
C4 1 Harrisons Ct
2 Grantley Ho
3 Sunbury Ct

4 Tilbury Ho
5 Graham Ho
6 Connell Ct
7 St Clements Ct
8 Henderson Ct
9 Jemotts Ct
10 Verona Ct
11 Heywood Ho
12 Francis Ct
13 Hind Ho
14 Donne Ho
15 Carew Ct
16 Burbage Ho
17 Newland Ho
18 Dobson Ho
19 Greene Ct
20 Redrup Ho
21 Tarplett Ho
22 Stunell Ho
23 Gasson Ho
24 Bryce Ho
25 Barnes Ho
26 Barkwith Ho
27 Bannister Ho
28 Apollo Ind Bsns Cntr

51

A2 1 Archer Ho
2 Browning Ho
3 Hardcastle Ho
4 Brooke Ho
5 Wallis Ho
A3 1 Batavia Ho
2 Marlowe Bsns Cntr
3 Batavia Mews
4 Woodrush Cl
5 Alexandra St
6 Primrose Wlk
7 Vansittart St
8 Granville Ct
9 Cottesbrook St
10 Ewen Henderson Ct
11 Fordham Ho
12 Deptford Green Sch (Annex)
A4 1 Portland Ct
2 Phoenix Ct
3 Rainbow Ct
4 Hawke Ter
5 Chubworthy St
6 Woodpecker Rd
7 Hercules Ct
B3 1 Austin Ho
2 Exeter Way
3 Crossleigh Ct
4 Mornington Pl
5 Maple Ho
B4 1 Chester Ho
2 Lynch Wlk
3 Arlington Ho
4 Woodcote Ho
5 Cornbury Ho
6 Prospect Pl
7 Akintaro Ho
8 Mulberry Ho
9 Laurel Ho
10 Linden Ho
11 Ashford Ho
12 Wardalls Ho
13 Magnolia Ho
14 Howard Ho
15 Larch Cl
16 Ibis Ct
17 Merganser Ct
18 Wotton Rd
19 Kingfisher Sq

20 Sanderling Ct
21 Dolphin Twr
22 Mermaid Twr
23 Scoter Ct
24 Shearwater Ct
25 Brambling Ct
26 Kittiwake Ct
27 Diana Ct
28 Guillemot Ct
29 Marine Twr
30 Teal Ct
31 Lapwing Twr
32 Violet Ct
33 Skua Ct
34 Tristan Ct
35 Rosemary Ct
36 Cormorant Ct
37 Shelduck Ct
38 Eider Ct
39 Pintail Ct
40 Fulcher Ct
41 Grinling Gibbons Prim Sch
C1 1 Ashmead Mews
2 St Stephen's CE Prim Sch
C2 1 Admiralty Cl
2 Harton Lodge
3 Sylva Cotts
4 Pitman Ho
5 Heston Ho
6 Mereton Mans
7 Indiana Bldg
8 St John's Lodge
9 Dean's Gateway
10 Lucas Vale Prim Sch
11 Adeley & Stanhope Sch
12 Lewisham Coll (Deptford Campus)
C3 1 Sandpiper Ct
2 Flamingo Ct
3 Titan Bsns Est
4 Rochdale Way
5 Speedwell St
6 Reginald Pl
7 Fletcher Path
8 Frankham Ho
9 Cremer Ho
10 Wilshaw Ho
11 Castell Ho
12 Holden Ho
13 Browne Ho
14 Resolution Way
15 Lady Florence Ctyd
16 Covell Ct
17 Albion Ho
18 Maritime Greenwich Coll
19 St Joseph's RC Prim Sch
20 Tidemill Prim Sch
C4 1 Dryfield Wlk
2 Blake Ho
3 Hawkins Ho
4 Grenville Ho
5 Langford Ho
6 Mandarin Ct
7 Bittern Ct
8 Lamerton St
9 Ravensbourne Mans
10 Armada St
11 Armada Ct
12 Benbow Ho
13 Oxenham Ho

14 Caravel Mews
15 Hughes Ho
16 Stretton Mans

52

A1 1 Morden Mount Prim Sch
A2 1 Washington Bldg
2 California Bldg
3 Utah Bldg
4 Montana Bldg
5 Oregon Bldg
6 Dakota bldg
7 Idaho Bldg
8 Atlanta Bldg
9 Colorado Bldg
10 Arizona Bldg
11 Nebraska Bldg
12 Alaska Bldg
13 Ohio Bldg
14 Charter Bldgs
15 Flamsteed Ct
16 Friendly Pl
17 Dover Ct
18 Robinscroft Mews
19 Doleman Ho
20 Plymouth Ho
A3 1 Finch Ho
2 Jubilee The
3 Maitland Cl
4 Ashburnham Retreat
B1 1 Ellison Ho
2 Pitmaston Ho
3 Aster Ho
4 Windmill Cl
5 Hermitage The
6 Burnett Ho
7 Lacey Ho
8 Darwin Ho
9 Pearmain Ho
B2 1 Penn Almshouses
2 Jervis Ct
3 Woodville Ct
4 Darnall Ho
5 Renbold Ho
6 Lindsell St
7 Plumbridge St
8 Trinity Gr
9 Hollymount Cl
10 Cade Tyler Ho
11 Robertson Ho
B3 1 Temair Ho
2 Royal Hill Ct
3 Prince of Orange La
4 Lambard Ho
5 St Marks Cl
6 Ada Kennedy Ct
7 Arlington Pl
8 Topham Ho
9 Darnell Ho
10 Hawks Mews
11 Royal Pl
12 Swanne Ho
13 Maribor
14 Serica Ct
15 Queen Elizabeth's Coll
16 James Wolfe Prim Sch
17 Greenwich Coll
B4 1 Crescent Arc
2 Greenwich Mkt

52 B4
3 Turnpin La
4 Durnford St
5 Sexton's Ho
6 Bardsley Ho
7 Wardell Ho
8 Clavell St
9 Stanton Ho
10 Macey Ho
11 Boreman Ho
12 Clipper Appts
C4 1 Frobisher Ct
2 Hardy Cotts
3 Palliser Ho
4 Bernard Angell Ho
5 Corvette Sq
6 Travers Ho
7 Maze Hill Lodge
8 Park Place Ho
9 Meridian Prim Sch

53

B1 1 Heath House Prep Sch
B3 1 Westcombe Ct
2 Kleffens Ct
3 Ferndale Ct
4 Combe Mews
5 Mandeville Cl
7 Pinelands Cl
C3 1 Mary Lawrenson Pl
2 Bradbury Ct
3 Dunstable Ct
4 Wentworth Ho
C4 1 Nethercombe Ho
2 Holywell Cl

54

A1 1 Lancaster Cotts
2 Lancaster Mews
3 Bromwich Ho
4 Priors Lo
5 Richmond Hill Ct
6 Glenmore Ho
7 Hillbrow
8 Heathshott
9 Friars Stile Pl
10 Spire Ct
11 Ridgeway
12 Matthias Ct
13 Old Vicarage Sch
A2 1 Lichfield Terr
2 Union Ct
3 Carrington Lo
4 Wilton Ct
5 Egerton Ct
6 Beverley Lo
7 Bishop Duppa's Almshouses
8 Regency Wlk
9 Clear Water Ho
10 Onslow Avenue Mans
11 Michels Almshouses
12 Albany Pas
13 Salcombe Villas
A3 1 St John's Gr
2 Michel's Row
3 Michelsdale Dr
4 Blue Anchor Alley
5 Clarence St
6 Sun Alley
7 Thames Link Ho
8 Benns Wlk
9 Waterloo Pl
10 Northumbria Ct
B1 1 Chester Cl
2 Evesham Ct
3 Queen's Ct
4 Russell Wlk
5 Charlotte Sq
6 Jones Wlk
7 Hilditch Ho
8 Isabella Ct
9 Damer Ho
10 Eliot Ho
11 Fitzherbert Ho
12 Reynolds Pl
13 Chisholm Rd
B2 1 Alberta Ct
2 Beatrice Rd
3 Lorne Rd
4 York Rd
5 Connaught Rd
6 Albany Terr
7 Kingswood Ct
8 Selwyn Ct
9 Broadhurst Cl
B3 1 Towers The
2 Longs Ct
3 Sovereign Ct
4 Robinson Ct
5 Calvert Ct
6 Bedford Ct
7 Hickey's Almshouses
8 Church Estate Almshouses
9 Richmond International Bsns Ctr
10 Abercorn Mews

55

A3 1 Hershell Ct
2 Deanhill Ct
3 Park Sheen
4 Furness Lo
5 Merricks Ct
C4 1 Rann Ho
2 Craven Ho
3 John Dee Ho
4 Kindell Ho
5 Montgomery Ho
6 Avondale Ho
7 Addington Ct
8 Dovecote Gdns
9 Firmston Ho
10 Glendower Gdns
11 Chestnut Ave
12 Trehern Rd
13 Rock Ave
14 St Mary Magdalen's RC Prim Sch

56

C2 1 Theodore Ho
2 Nicholas Ho
3 Bonner Ho
4 Downing Ho
5 Jansen Ho
6 Fairfax Ho
7 Devereux Ho
8 David Ho
9 Leigh Ho
10 Clipstone Ho
11 Mallet Ho
12 Arton Wilson Ho

57

B2 1 Inglis Ho
2 Ducie Ho
3 Wharncliffe Ho
4 Stanhope Ho
5 Waldegrave Ho
6 Mildmay Ho
7 Mullens Ho
C1 1 Balmoral Cl
2 Glenalmond Ho
3 Selwyn Ho
4 Keble Ho
5 Bede Ho
6 Gonville Ho
7 Magdalene Ho
8 Armstrong Ho
9 Newnham Ho
10 Somerville Ho
11 Balliol Ho
12 Windermere
13 Little Combe Cl
14 Classinghall Ho
15 Chalford Ct
16 Garden Royal
17 South Ct
18 Anne Kerr Ct
19 Ewhurst
C2 1 Geneva Ct
2 Laurel Ct
3 Cambalt Ho
4 Langham Ct
5 Lower Pk
6 King's Keep
7 Whitnell Ct
8 Whitehead Ho
9 Halford Ho
10 Humphry Ho
11 Jellicoe Ho
12 South Thames Coll (Putney Ctr)
C3 1 Olivette St
2 Mascotte Rd
3 Glegg Pl
4 Crown Ct
5 Charlwood Terr
6 Percy Laurie Ho
7 Our Lady of Victories RC Prim Sch
C4 1 Griffin Gate
2 Darfur St
3 John Keall Ho
4 Henry Jackson Ho
5 Felsham Ho
6 Ardshiel Cl
7 Ruvigny Mans
8 Star & Garter Mans
9 University Mans
10 Lockyer Ho
11 Phelps Ho
12 Princeton Ct
13 Kingsmere Cl
14 Felsham Mews
15 St Mary's CE Prim Sch

58

A2 1 Claremont
2 Downside
3 Cavendish Cl
4 Ashcombe Ct
5 Carltons The
6 Espirit Ho
7 Millbrooke Ct
8 Coysh Ct
9 Keswick Hts
10 Avon Ct
11 Merlin Sch The
B2 1 Keswick Broadway
2 Burlington Mews
3 Cambria Lo
4 St Stephen's Gdns
5 Atlantic Ho
6 Burton Lo
7 Manfred Ct
8 Meadow Bank
9 Hooper Ho
10 Aspire Bld
C2 1 Pembridge Pl
2 Adelaide Rd
3 London Ct
4 Windsor Ct
5 Westminster Ct
6 Fullers Ho
7 Bridge Pk
8 Lambeth Ct
9 Milton Ct
10 Norfolk Mans
11 Francis Snary Lo
12 Bush Cotts
13 Downbury Mews
14 Newton's Yd
15 Roche Sch The
16 St Joseph's RC Prim Sch
17 West Hill Prim Sch
18 St Michael Steiner Sch The

59

A2 1 Fairfield Ct
2 Blackmore Ho
3 Lancaster Mews
4 Cricketers Mews
5 College Mews
6 Arndale Wlk
6 St Anne's CE Prim Sch
7 South Thames Coll (Wandsworth Ctr)
B2 1 St Faith's CE Prim Sch
B4 1 Molasses Ho
2 Molasses Row
3 Cinnamon Row
4 Calico Ho
5 Calico Row
6 Port Ho
7 Square Rigger Row
8 Trade Twr
9 Ivory Ho
10 Spice Ct
11 Sherwood Ct
12 Mendip Ct
13 Chalmers Ho
14 Coral Row
15 Ivory Sq
16 Kingfisher Ho
C3 1 Burke Ho
1 High View Prim Sch
2 Centre Acad
2 Fox Ho
3 Buxton Ho
4 Pitt Ho
5 Ramsey Ho
6 Beverley Cl
7 Florence Ho
8 Linden Ct
9 Dorcas Ct
10 Johnson Ct
11 Agnes Ct
12 Hilltop Ct
13 Courtyard The
14 Old Laundry The
15 Oberstein Rd
16 Fineran Ct
17 Sangora Rd
18 Harvard Mans
19 Plough Mews
C4 1 Milner Ho
2 McManus Ho
3 Wilberforce Ho
4 Wheeler Ct
5 Sporle Ct
6 Holliday Sq
7 John Parker Sq
8 Carmichael Cl
9 Fenner Sq
10 Clark Lawrence Ct
11 Shaw Ct
12 Sendall Ct
13 Livingstone Rd
14 Farrant Ho
15 Jackson Ho
16 Darien Ho
17 Shepard Ho
18 Ganley Ct
19 Arthur Newton Ho
20 Chesterton Ho
21 John Kirk Ho
22 Mantua St
23 Heaver Rd
24 Candlemakers
25 Thames Christian Coll
26 Falconbrook Prim Sch

60

A4 1 Kiloh Ct
2 Lanner Ho
3 Griffon Ho
4 Kestrel Ho
5 Kite Ho
6 Peregrine Ho
7 Hawk Ho
8 Inkster Ho
9 Harrier Ho
10 Eagle Hts
11 Kingfisher Ct
12 Lavender Terr
13 Temple Ho
14 Ridley Ho
15 Eden Ho
16 Hertford Ct
17 Nepaul Rd
B1 1 Staplehurst Ct
2 Teyham Ct
3 Honeywell Jun & Inf Schs
B2 1 Clapham Computer & Secretarial Coll
C1 1 Rayne Ho
2 St Anthony's Ct
3 Earlsthorpe Mews
4 Nightingale Mans
C4 1 Shaftesbury Park Chambers
2 Selborne
3 Rush Hill Mews
4 Marmion Mews
5 Crosland Pl
6 Craven Mews
7 Garfield Mews
8 Audley Cl
9 Basnett Rd
10 Tyneham Cl
11 Woodmere Cl
D1 5 Broomwood Hall (Lower Sch)

61

A1 1 Oliver House Prep Sch
A4 1 Turnchapel Mews

2 Redwood Mews
3 Phil Brown Pl
4 Bev Callender Cl
5 Keith Connor Cl
6 Tessa Sanderson Pl
7 Daley Thompson Way
8 Rashleigh Ct
9 Abberley Mews
10 Willow Lodge
11 Beaufoy Rd
B1 1 Joseph Powell Cl
2 Cavendish Mans
3 Westlands Terr
4 Cubitt Ho
5 Hawkesworth Ho
6 Normanton Ho
7 Eastman Ho
8 Couchman Ho
9 Poynders Ct
10 Selby Ho
11 Valentine Ho
12 Gorham Ho
13 Deauville Mans
14 Deauville Ct
B2 1 Timothy Cl
2 Shaftesbury Mews
3 Brook Ho
4 Grover Ho
5 Westbrook Ho
6 Hewer Ho
7 Batten Ho
8 Mandeville Ho
9 George Beare Lo
10 St Mary's RC Prim Sch
B3 1 Polygon The
2 Windsor Ct
3 Trinity Cl
4 Studios The
5 Bourne Ho
B4 1 Clapham Manor Ct
2 Clarke Ho
3 Gables The
4 Sycamore Mews
5 Maritime Ho
6 Rectory Gdns
7 Floris Pl
8 Clapham Manor Prim Sch
C1 1 Parrington Ho
2 Savill Ho
3 Blackwell Ho
4 Bruce Ho
5 Victoria Ct
6 Victoria Ho
7 Belvedere Ct
8 Ingram Lo
9 Viney Ct
10 Bloomsbury Ho
11 Belgravia Ho
12 Barnsbury Ho
C3 1 Kendoa Rd
2 Felmersham Cl
3 Abbeville Mews
4 Saxon Ho
5 Gifford Ho
6 Teignmouth Cl
7 Holwood Pl
8 Oaklands Pl
9 Wilberforce Mews
10 William Bonney Est
11 London Coll of Bsns & Computer Studies
C4 1 Chelsham Ho
2 Lynde Ho

3 Greener Ho
4 Towns Ho
5 Hugh Morgan Ho
6 Roy Ridley Ho
7 Lendal Terr
8 Slievemore Cl
9 Cadmus Cl
10 Clapham North Bsns Ctr

62
A2 1 King's Mans
2 Clapham Court Terr
3 Clapham Ct
4 Clapham Park Terr
5 Pembroke Ho
6 Stevenson Ho
7 Queenswood Ct
8 Oak Tree Ct
9 Park Lofts
10 Ashby Mews
A3 1 Morris Ho
2 Gye Ho
3 Clowes Ho
4 Thomas Ho
5 Stuart Ho
6 Storace Ho
7 Bedford Ho
8 Ascot Ct
9 Ascot Par
10 Ashmere Ho
11 Ashmere Gr
12 Ventura Ho
13 Vickery Ho
14 Stafford Mans
15 Beresford Ho
A4 1 Callingham Ho
2 Russell Pickering Ho
3 Ormerod Ho
4 Lopez Ho
5 Coachmaker Mews
6 Brixton Day Coll
B2 1 Beatrice Ho
2 Florence Ho
3 Evelyn Ho
4 Diana Ho
5 Brixton Hill Ct
6 Austin Ho
7 Manor Ct
8 Camsey Ho
9 Romer Ho
10 Gale Ho
11 Byrne Ho
12 Farnfield Ho
13 Marchant Ho
14 Rainsford Ho
15 Springett Ho
16 Mannering Ho
17 Waldron Ho
18 Sudbourne Prim Sch
19 Corpus Christi RC Prim Sch
B3 1 Freemens Ho
2 Roger's Almshouses
3 Gresham Almshouses
4 Exbury Ho
5 Glasbury Ho
6 Dalbury Ho
7 Fosbury Ho
8 Chalbury Ho
9 Neilson-Terry Ct
10 Pavilion Mans
11 Daisy Dormer Ct

12 George Lashwood Ct
13 Marie Lloyd Ct
14 Trinity Homes
15 Lethaby Ho
16 Edmundsbury Ct Est
17 Regis Pl
18 Marlborough Mews
19 Alpha Ho
20 Beta Pl
21 Cedars Ho
22 South Chelsea Coll
B4 1 Turberville Ho
2 Thrayle Ho
3 Percheron Ct
4 Draymans Ct
5 Lansdowne Sch
6 Stockwell Prim Sch
C1 1 Eccleston Ho
2 Scarsbrook Ho
3 Purser Ho
4 Rudhall Ho
5 Hardham Ho
6 Heywood Ho
7 Haworth Ho
8 Birch Ho
9 Lansdell Ho
10 Lomley Ho
11 Laughton Ho
12 Woodruff Ho
13 Bascome St
14 Dudley Mews
15 Herbert Mews
16 Blades Lo
17 Dick Shepherd Ct
18 Charman Ho
19 Morden Ho
20 Bishop Ct
21 Blackburn Ct
22 Leigh Ct
23 John Conwey Ho
24 Bristowe Ct
C2 1 Crownstone Ct
2 Brockwell Ct
3 Nevena Ct
4 St George's Residences
5 Hanover Mans
6 Fleet Ho
7 Langbourne Ho
8 Turnmill Ho
9 Walker Mews
10 Cossar Mews
11 Carter Ho
12 Arungford Mews
C3 1 Electric Mans
2 Electric La
3 Connaught Mans
4 Clifton Mans
5 Hereford Ho
6 Chaplin Ho
7 Brixton Oval
8 Lord David Pitt Ho
9 Marcus Garvey Way
10 Montego Cl
11 Bob Marley Way
12 Leeson Rd
C4 1 Buckmaster Cl
2 Albemarle Ho
3 Goodwood Mans
4 Angell Park Gdns
5 Fyfield Rd
6 Howard Ho
7 Harris Ho
8 Broadoak Ct
9 Burgate Ct

10 Witchwood Ho
11 Blacktree Mews
12 Chartham Ct
13 Chilham Ct
14 Northgate Ct
15 Westgate Ct
16 Dover Mans
17 St Helen's RC Sch
18 Dorrell Pl

63
A2 3 Poets Mews
1 St Jude's CE Prim Sch
A3 1 Mahatma Gandhi Ind Est
2 Dylan Rd
3 Bessemer Park Ind Est
4 Pablo Neruda Cl
5 Langston Hughes Cl
6 Walt Whitman Cl
7 James Joyce Wlk
8 Alice Walker Cl
9 Louise Bennett Cl
10 Chadacre Ho
11 Burwood Ho
12 Pyrford Ho
13 Wangford Ho
14 Ashford Ho
15 Kenwood Ho
16 Moyne Ho
17 Elveden Ho
18 Carrara Cl
19 Broughton Dr
20 Angela Davis Ind Est
21 Tilia Wlk
22 County Ho
23 Hill Mead Prim Sch
A4 1 Mallams Mews
2 Amberley Ct
3 Harper Ho
4 Leicester Ho
5 Station Ave
6 Wellfit St
7 Loughborough Ct
8 Belinda Rd
9 Higgs Ind Est
10 Tham Cl
C3 1 Shaftesbury Ct
2 Mayhew Ct
3 Morris Ct
4 Swinburne Ct
5 Perth Ct
6 Tayside Ct
7 Matlock Ct
8 Hunter Ct
9 Turner Ct

64
A2 1 Velde Way
2 Delft Way
3 Arnhem Way
4 Isel Way
5 Kempis Way
6 Terborch Way
7 Steen Way
8 Deventer Cres
9 Nimegen Way
10 Hilversum Cres
11 St Barnabas Cl
12 James Allen's Girls' Sch
13 James Allen's Prep Sch

67 C1 305

A4 1 Harfield Gdns
2 Karen Ct
3 Seawington Ho
4 Appleshaw Ho
5 Birdsall Ho
6 Whitney Ho
7 Wheatland Ho
8 Wilton Ho
9 Walcot Ho
10 Whaddon Ho
11 Melbreak Ho
12 Ledbury Ho
13 Tidworth Ho
14 Riseholme Ho
15 Ringmer Ho
16 Petworth Ho
17 Stagshaw Ho
18 Ivybridge Ho
19 Inwood Ho
20 Gatcombe Ho
21 Felbridge Ho
22 Cowdray Ho
23 Dog Kennel Hill Sch
B3 1 Dulwich Mews
1 New Hope Christian Sch
2 St James's Cloisters
C2 1 Dorothy Charrington Ho
2 Keswick Ct
3 Kendall Ct
4 Halliwell Ct
C4 1 St John's & St Clements CE Jun & Inf Sch
5 Bellenden Prim Sch

65
A4 1 Tilling Ho
2 Goodwin Ho
3 Tyrells Ct
4 Citron Terr
5 Basswood Cl
6 Cheam St
7 Rye Oak Sch
C3 1 Laxton Path
2 Barlings Ho
3 Bayfield Ho
4 Coston Wlk
5 Coverham Ho
6 Gateley Ho
7 Dereham Ho
8 Greenwood Ho
9 Hilton Ho
10 Goodall Ho
11 Horsley Ho
12 Jordan Ho

66
A3 1 Turnham Prim Sch

67
A4 1 Pine Tree Way
2 Waterway Ave
3 Lewisham Bridge Prim Sch
B4 1 Bankside Ave
2 Elder Wlk
3 Yew Tree Cl
4 Mill Ho
C1 1 Park Piazza
2 Birdwood Ave

C4
1 Our Lady of Lourdes RC Prim Sch

68
C3
1 Farnborough Ho
2 Rushmere Ho
3 Horndean Cl
4 Highcross Way
5 Timsbury Wlk
6 Foxcombe Rd
7 Ryefield Path
8 Greatham Wlk
9 Gosport Ho
10 Stoatley Ho
11 Milland Ho
12 Clanfield Ho
13 Fareham Ho
14 Grayswood Point
C4
1 Woodcott Ho
2 Lyndhurst Ho
3 Wheatley Ho
4 Allibrook Ho
5 Bordon Wlk
6 Chilcombe Ho
7 Vicarage Ct
8 Shawford Ct
9 Eastleigh Wlk
10 Kings Ct
11 Somborne Ho

69
A3
1 Ramsdean Ho
2 Purbrook Ho
3 Portsea Ho
4 Blendworth Point
5 Eashing Point
6 Hindhead Point
7 Hilsea Point
8 Witley Point
9 Buriton Ho
10 Grateley Ho
11 Hascombe Ho
12 Dunhill Point
13 Westmark Point
14 Longmoor Point
15 Cadnam Point
B4
1 Cumberland Ho
2 Devonshire Ho
3 Cornwall Ho
4 Norfolk Ho
5 Leicester Ho
6 Warwick Ho
7 Sutherland Ho
8 Carmarthen Ho
9 Worcester Ho
10 Rutland Ho
11 Paddock Way
12 Putney Hill
C3
1 Sandringham Cl
2 Eastwick Ct
3 Oatlands Ct
4 Banning Ho
5 Grantley Ho
6 Caryl Ho
7 Duncombe Ho
8 Chilworth Ct
9 Kent Lo
10 Turner Lo
11 Marlborough
12 Parkland Gdns
13 Lewesdon Cl
14 Pines Ct
15 Ashtead Ct
16 Mynterne Ct

17 Arden
18 Stephen Ct
19 Marsham Ct
20 Doradus Ct
21 Acorns The
22 Heritage Ho
23 Conifer Ct
24 Spencer Ho
25 Chartwell
26 Blenheim
27 Chivelston
28 Greenfield Ho
29 Oakman Ho
30 Radley Lo
31 Simon Lo
32 Admirals Ct
33 Augustus Rd
C4
1 Brett Ho
2 Brett House Cl
3 Sylva Ct
4 Ross Ct
5 Potterne Cl
6 Stourhead Cl
7 Fleur Gates
8 Greenwood
9 John Paul II Sch
10 Our Lady Queen of Heaven RC Prim Sch
11 Prospect House Sch

70
A3
1 William Harvey Ho
2 Highview Ct
3 Cameron Ct
4 Galgate Cl
5 Green Ho The
6 King Charles Wlk
7 Florys Ct
8 Augustus Ct
9 Albert Ct
10 Hertford Lo
11 Mortimer Lo
12 Allenswood
13 Ambleside
14 Hansler Ct
15 Roosevelt Ct
16 Southmead Prim Sch
A4
1 Douglas Gracey Ho
2 Aman Dalvi Ho
3 Andrew Reed Ho
4 Stoford Ct
5 Ronald Ross Prim Sch

71
B2
1 Bremans Row
2 St Andrew's Ct
3 Townsend Mews
4 Sheringham Mews
5 Rainbow Sch
6 Garratt Park Sec Specl Sch

72
A2
1 St Peters Cl
2 St Hildas Cl
3 St Edmunds Cl
4 St Hughes Cl
5 St Anthonys Cl
6 St Benets Cl
7 St Catherines Cl
8 Elsley Sch
C2
1 Upper Tooting Park Mans

2 Cecil Mans
3 Marius Mans
4 Boulevard The
5 Elmfield Mans
6 Holderness Rd
7 Lumiere Ct
C3
1 Heslop Ct
2 St James's Terr
3 Boundaries Mans
4 Station Par
5 Old Dairy Mews
6 Chestnut Grove Sch
7 Hornsby House Sch
8 Trinity St Mary's Prim Sch
C4
1 Hollies Way
2 Endlesham Ct
3 Broomwood Hall Sch (Upper Sch)
4 Holy Ghost RC Prim Sch

73
A3
1 Holbeach Mews
2 Mildreth Street Mews
3 Coalbrook Mans
4 Hub Buildings The
5 Metropolis Apartments
6 Hildreth St
A4
1 Meyer Ho
2 Faraday Ho
3 Hales Ho
4 Frankland Ho
5 Graham Ho
6 Gibbs Ho
7 Dalton Ho
8 Ainslie Wlk
9 Rokeby Ho
10 Caistor Ho
11 Ivanhoe Ho
12 Catherine Baird Ct
13 Marmion Ho
14 Devonshire Ct
15 Blueprint Apartments
16 Royal Duchess Mews
17 Alderbrook Prim Sch
B3
1 Henry Cavendish Prim Sch
2 Margaret Rutherford Pl
B4
1 Limerick Ct
2 Homewoods
3 Jewell Ho
4 Glanville Ho
5 Dan Bryant Ho
6 Olding Ho
7 Quennel Ho
8 Weir Ho
9 West Ho
10 Neville Ct
11 Friday Grove Mews
12 St Bernadette RC Jun Sch
C3
1 Sinclair Ho
2 MacGregor Ho
3 Ingle Ho
4 St Andrews Mews
5 Telferscot Prim Sch
C4
1 Riley Ho
2 Bennett Ho
3 White Ho
4 Rodgers Ho

5 Dumphreys Ho
6 Homan Ho
7 Prendergast Ho
8 Hutchins Ho
9 Whiteley Ho
10 Tresidder Ho
11 Primrose Ct
12 Angus Ho
13 Currie Ho

74
A1
1 De Montfort Ct
2 Leigham Hall Par
3 Leigham Hall
4 Endsleigh Mans
5 John Kirk Ho
6 Raebarn Ct
7 Wavel Ct
8 Homeleigh Ct
9 Howland Ho
10 Beauclerk Ho
11 Bertrand Ho
12 Drew Ho
13 Dowes Ho
14 Dunton Ho
15 Raynald Ho
16 Sackville Ho
17 Thurlow Ho
18 Astoria Mans
A2
1 Wyatt Park Mans
2 Broadlands Mans
3 Stonehill's Mans
4 Streatleigh Par
5 Dorchester Ct
6 Picture Ho
A3
1 Beaumont Ho
2 Christchurch Ho
3 Staplefield Cl
4 Chipstead Ho
5 Coulsdon Ho
6 Conway Ho
7 Telford Avenue Mans
8 Telford Parade Mans
9 Wavertree Ct
10 Hartswood Ho
11 Wray Ho
A4
1 Picton Ho
2 Rigg Ho
3 Watson Ho
4 MacArthur Ho
5 Sandon Ho
6 Thorold Ho
7 Pearce Ho
8 Mudie Ho
9 Miller Ho
10 Lycett Ho
11 Lafone Ho
12 Lucraft Ho
13 Freeman Ho
14 New Park Par
15 Argyll Ct
16 Dumbarton Ct
17 Kintyre Ct
18 Cotton Ho
19 Crossman Hos
20 Camelford Ct
21 Parsons Ho
22 Brindley Ho
23 Arkwright Ho
24 Perry Ho
25 Brunel Ho
26 New Park Ct
27 Tanhurst Ho
28 Hawkshaw Cl

29 Richard Atkins Prim Sch
B1
1 Carisbrooke Ct
2 Pembroke Lo
3 Willow Ct
4 Poplar Ct
5 Leigham Ct
6 Mountview
7 Spa View
B3
1 Charlwood Ho
2 Earlswood Ho
3 Balcombe Ho
4 Claremont Cl
5 Holbrook Ho
6 Gwynne Ho
7 Kynaston Ho
8 Tillman Ho
9 Regents Lo
10 Hazelmere Ct
11 Dykes Ct
12 Hartwell Ct
13 Christ Church Streatham CE Prim Sch
14 Streatham Hill & Clapham High Sch
B4
1 Archbishop's Pl
2 Witley Ho
3 Outwood Ho
4 Dunsfold Ho
5 Deepdene Ct
6 Warnham Ho
7 Albury Lo
8 Tilford Ho
9 Elstead Ho
10 Thursley Ho
11 Brockham Ho
12 Capel Lo
13 Leith Ho
14 Fairview Ho
15 Weymouth Ct
16 Ascalon Ct
17 China Mews
18 Rush Common Mews
C3
1 Valens Ho
2 Loveday Ho
3 Strode Ho
4 Ethelworth Ct
5 Harbin Ho
6 Brooks Ho
7 Godolphin Ho
8 Sheppard Ho
9 McCormick Ho
10 Taylor Ho
11 Saunders Ho
12 Talcott Path
13 Derrick Ho
14 Williams Ho
15 Baldwin Ho
16 Churston Cl
17 Neil Wates Cres
18 Burnell Ho
19 Portland Ho
20 Fenstanton Prim Sch
21 St Martin-in-the-Fields High Sch
C4
1 Ellacombe Ho
2 Booth Ho
3 Hathersley Ho
4 Brereton Ho
5 Holdsworth Ho
6 Dearmer Ho
7 Cherry Cl
8 Greenleaf Cl
9 Longford Wlk

www.philips-maps.co.uk

First published in 2001 by
Philip's, a division of
Octopus Publishing Group Ltd
www.octopusbooks.co.uk
Endeavour House,
189 Shaftesbury Avenue
London WC2H 8JG
An Hachette UK Company
www.hachette.co.uk

Fourth edition 2010
First impression 2010
LONDA

© Philip's 2010

Spiral-bound
ISBN 978-1-84907-062-1

Perfect-bound
ISBN 978-1-84907-063-8

Hardback (red)
ISBN 978-1-84907-105-5

Hardback (blue snake)
ISBN 978-1-84907-106-2

Hardback (red reptile)
ISBN 978-1-84907-107-9

 Ordnance Survey®

This product includes mapping data licensed
from Ordnance Survey® with the permission
of the Controller of Her Majesty's Stationery
Office. © Crown copyright 2010. All rights
reserved. Licence number 100011710.

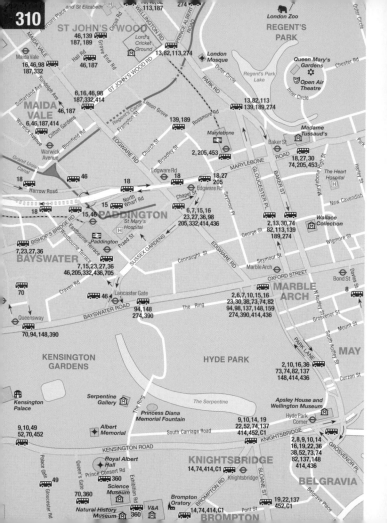

REGENT'S PARK

London Zoo

St ELIZABETH
and St Elizabeth

ST JOHN'S WOOD

46,139
187,189
Hall Rd

MAIDA VALE

16,46,98
187,332

6,16,46,98
187,332,414

46,187

6,46,187,414

Lord's
Cricket
Ground

13,82,113,274

London
Mosque

Queen Mary's
Gardens
Chester Rd

Open Air
Theatre

Regent's Park
Lake

13,82,113
139,189,274

Madame
Tussaud's

Marylebone

139,189

2,205,453

18,27,30
74,205,453

The Heart
Hospital

MARYLEBONE ROAD

Edgware Rd

18,27
205

18

Edgware Rd

New Cavendish

46

18

North
Wharf Rd

15

Wallace
Collection

PADDINGTON

6,7,15,16
23,27,36,98
205,332,414,436

2,13,30,74
82,113,139
189,274

St Mary's
Hospital

15,46

18

Paddington

Wigmore St

BAYSWATER

7,23,27,36

Praed St

Seymour St

7,15,23,27,36
46,205,332,436,705

Connaught St

Marble Arch

OXFORD STREET

70

46

Lancaster Gate

Bond St

8

94,148
274,390

The Ring

2,6,7,10,15,16
23,30,36,73,74,82
94,98,137,148,159
274,390,414,436

MARBLE
ARCH

BAYSWATER ROAD

Queensway

70,94,148,390

MAY

KENSINGTON
GARDENS

HYDE PARK

2,10,16,36
73,74,82,137
148,414,436

Curzon St

Serpentine
Gallery

The Serpentine

Apsley House and
Wellington Museum

Kensington
Palace

Princess Diana
Memorial Fountain

Hyde Park
Corner

9,10,14,19
22,52,74,137
414,452,C1

9,10,49
52,70,452

Albert
Memorial

South Carriage Road

KNIGHTSBRIDGE

2,8,9,10,14
16,19,22,36
38,52,73,74
82,137,148
414,436

KENSINGTON ROAD

Royal Albert
Hall

49

360

70,360

Prince Consort Rd

Science
Museum

Exhibition Rd

KNIGHTSBRIDGE

14,74,414,C1

Knightsbridge

19,22,137
452,C1

BELGRAVIA

Natural History
Museum

360

V&A

Brompton
Oratory

14,74,414,C1

Pont St

BROMPTON

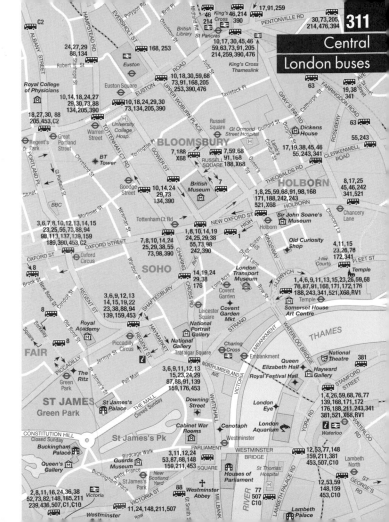

MAYOR OF LONDON

© Transport for London

Reg. user No. 09/1596/P

Website
tfl.gov.uk

24 hour travel information
020 7222 1234

Improvement works may affect your journey, please check before you travel

Transport for London

Version A TfL 12.09   Correct at time of going to print

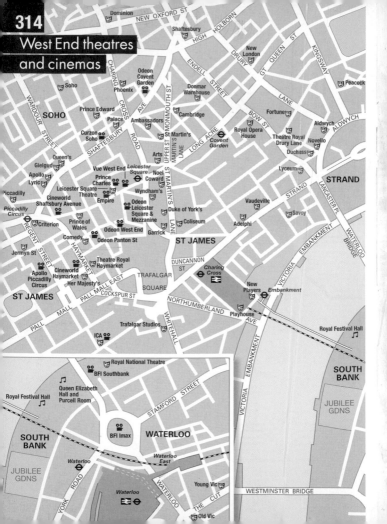